타이틀 나인

타이틀 나인

초판 1쇄 인쇄 2023년 12월 6일
초판 1쇄 발행 2023년 12월 20일

지은이 셰리 보셔트
옮긴이 노시내
펴낸이 이승현

출판2 본부장 박태근
논픽션 팀장 강소영
편집 강소영
디자인 함지현

펴낸곳 ㈜위즈덤하우스 **출판등록** 2000년 5월 23일 제13-1071호
주소 서울특별시 마포구 양화로 19 합정오피스빌딩 17층
전화 02) 2179-5600 **홈페이지** www.wisdomhouse.co.kr

ISBN 979-11-7171-089-8 03300

Title IX

여성이 투표권을 얻은 이래
가장 중요한 법

셰리 보서트 지음

노지양 옮김

타이틀 나인

37 Words:
Title IX and Fifty Years of
Fighting
Sex Discrimination

위즈덤하우스

표지 설명

전체적으로 보라색 바탕이 깔려있다. 표지 전면에 2행으로 "Title"(타이틀)과 9를 뜻하는 로마자 "IX"(나인)이 검은 글씨로 적혀있다. T의 세로획이 로마자 IX(나인)이 적힌 두 번째 행까지 길게 늘어져 있고 그 세로획 왼쪽에 "셰리 보셔트 지음" "노시내 옮김"이라고 지은이와 옮긴이 이름이 오른쪽으로 90도 기울인 민트색 글씨로 작게 적혀있다. 표지 오른쪽 상단, 즉 i, t, l, e의 위쪽에 "여성이 투표권을 얻은 이래 가장 중요한 법"이라는 책의 부제가 민트색으로 적혀있고, 그 아래 오른쪽 중간부, 즉 i, t, l, e와 로마자 IX(나인) 사이에 책 제목인 "타이틀 나인"이 민트색으로 적혀있다. 그 아래 로마자 IX(나인) 위를 덮으며 책의 원제인 "37 Words: Title IX and Fifty Years of Fighting Sex Discrimination"이 민트색으로 적혀있다. 맨 아래에 출판사 위즈덤하우스의 로고가 있다.

이 책이 오디오북, 점자책 등으로 만들어지거나 전자책으로 제작돼 TTS(Text To Speech) 기능을 이용할 독자들을 위해 간단한 표지 설명을 덧붙인다.

No person in the United States shall, on the basis of sex,
be excluded from participation in,
be denied the benefits of,
or be subjected to discrimination under
any education program or activity
receiving federal financial assistance.

— Title IX's first 37 words

미국에서 그 누구도 성별을 이유로
연방정부의 재정 지원을 받는
모든 교육 프로그램 또는 활동에서
제외되거나,
혜택을 받지 못하거나,
차별 대상이 되어서는 안 된다.

— 타이틀 나인의 첫 37어절

추천의 글

체계적이고 제도적인 구조적 차별은 한 사람이 알아채거나 맞서 대응하기 어렵다. 차별금지 법제는 차별에 이름을 부여하여 사회가 맞서야 하는 대상을 분명히 하고, 이 싸움을 개인이 아닌 모두의 과업으로 만든다. 이런 법들을 만들어진 시기의 사회정치적 맥락과 한계를 넘어 끊임없이 진화하는 '살아있는 문서'로 만드는 힘은 무엇일까? 《타이틀 나인》에는 성평등이라는 이상을 실현하는 작은 틈새를 연 사람들, 숨어있던 차별을 발견해 만방에 드러낸 사람들, 활동가, 정치인, 법률가, 전략적 소송 당사자, 연대자 등 보통 사람들이 펼친 놀랍고 용감한 이야기로 가득하다. 50년 전 미국의 제정자들은 많은 여성이 타이틀 나인 덕분에 동등한 교육의 기회를 얻고, 차별에 맞설 근거를 축적·공유해, '그들만의 운동장'을 '모두의 운동장'으로 만들어 누리는 미래를 과연 상상했을까? 추상적인 37개 어절에 생명력을 부여하며 함께 확장하고 쌓아 올린 평등의 가능성과 투쟁의 경험. 어떤 법은 시공을 넘어 세상을 바꾸는 혁명이 된다. 만약 포괄적 차별금지법이 제정된다면 한국 사회는 어떻게 변화할까? 《타이틀 나인》을 통해 한국에서 포괄적 차별금지법이 열어줄 새 미래를 더욱 구체적으로 상상할 수 있을 것이다. 모든 차별에 반대하는 사람에게, 존재 자체로 차별에 저항하는 이들에게 주고 싶은 책.

　　　　　　　　　　— 류민희 | 공익인권변호사모임 희망을만드는법 변호사

부재할수록 간절해지는 것이 있다. 부재가 길어지면 간절함은 절망이 되기도 한다. 한국에서 차별금지법도 그렇다. 우리가 '차별금지법 있음'을 생생하게 그려볼수록 간절함은 열망이 될 텐데, '차별금지법 없음'에 익숙한 사회에서 그것의 있음을 상상하기란 쉽지 않다. 법안을 들여다본들 단어들만 있을 뿐이다. 이 몇 단어들을 구름판 삼아 도약하던 사람들의 이야기를 어디선가 들을 수 있다면 어떨까? 《타이틀 나인》은 우리가 그려볼 수 없어 포기했던 것을 기억해 내고 하고 싶었던 일을 상상하게 돕는다.

나는 《타이틀 나인》을 법보다는 역사에 관한 책으로 읽었다. 교수 지원에 면접 기회조차 얻지 못하던 드센 여자 샌들러가, 대학에 입학하며 '출입 금지' 경고를 받은 느낌에 휩싸인 흑인 민족주의자 프라이스가, 자신을 남성 대명사로 불러달라고 교사에게 요청한 개빈 그림이, 서로의 역사가 되어줄 수 있었던 장소가 법이었을 뿐이다. 심판의 언어로 상상되던 법이, 이들의 용기를 연결하는 장소로 다시 보이면 설레지 않을 수 없다. 법을 짓고 법을 뚫고 싸운 이들의 역사에 우리를 연결하는 일은 더욱 설렐 것이다.

널리 알려진 긴즈버그 전 대법관이 배경 인물로 등장할 뿐인 이 책이 누구를 독자로 초대하고 싶은지는 분명하다. 책에 등장하는 수많은 이들이 자신의 이름을 일일이 기억해달라 바랄 것 같지는 않다. 다만 당신이 당신의 이름으로 살아갈 수 있기를, 그렇게 성차별 철폐의 역사가 끝까지 이어지기를 간절히 바랄 것이다.

— 미류 | 인권운동사랑방 상임활동가

한 걸음 나아갔다고 안도하여 자만하거나 장애물에 상처 입었다고 절망하지 않기. 늘 스스로 거는 이 주문을 《타이틀 나인》을 읽으며 다시 구체적으로 확인했다. 교육계 성차별을 없애려는 '타이틀 나인'이 제정된 지 50년이 지났다. 그런데 책은 그 치열하고 고단한 50년을 우리에게 보여준 뒤 "향후 50년을 바라보며"로 마무리된다. 결말이 없다. 끝나지 않았다. 이것이 우리의 현실이다. 여성과 소수자들은 교육받고, 운동하고, 직업을 갖고, 인간으로서 기본적인 권리를 요구하기 위해 목숨까지 걸어야 했으나, 여전히 그것은 '과거형'이 아니다. 차별은 치밀하고 집요하게 벌어진다. 저항에 지름길은 없다. 멀리 보고 바른길을 찾는 작업은 수많은 시행착오와 좌절, 그런데도 포기하지 않는 지속성으로 이뤄진다. 나는 책을 읽으며 이 저항과 투쟁의 길이 무엇보다 수많은 사람과의 만남, 곧 관계를 통해 만들어졌다는 점에 고취됐다. 독자들은 타이틀 나인을 둘러싼 50년 성차별 투쟁의 역사를 되돌아보며 "각기 따로 흘러가다가 그 모든 흐름이 물줄기로 연결되기도 하고, 때로는 한꺼번에 모여서 반짝이는 호수가 되"는 과정을 엿볼 수 있을 것이다. 지름길은 없다는 것. 모든 저항에서 만남과 관계가 소중하다는 것. 우리를 다시 일으킬 주문이 되길 바란다.

— 이라영 | 예술사회학 연구자

50년 역사를 한 권으로 응축해 낸 대단한 성과. 타이틀 나인이 학교에서 여자 학생의 스포츠 참여 기회 확대와 긴밀히 연결되었던 법 제정 초기부터, 교내 성폭력과 성소수자 보호에 대한 책임을 학교 당국에 지우는 데 도구로 활용된 경위까지, 타이틀 나인의 여정을 상세히 엮었다.

—《워싱턴 먼슬리》

저자는 타이틀 나인에 의한 보호가 자동으로 이뤄진 게 아니라 정치가와 활동가들의 압박으로 가능했다는 점을 설명하고, 타이틀 나인이 인종, 젠더 등 여러 차별이 겹치는 사례를 해결할 중요한 단서가 된다고 강조한다. 투쟁으로 힘겹게 얻어낸 평등의 성취를 그려낸 이 이야기에 독자들은 용기를 얻을 것이다.

—《퍼블리셔스 위클리》

중요한 주제에 관한 미묘한 역사를 탄탄한 자료 조사를 바탕으로 기록해 낸 소중한 책.

—《북리스트》

실제적이고 명백한 효과를 발휘했다는 점에서, 20세기에 제정된 법 가운데 아마 가장 중요한 법인 타이틀 나인을 생생히 묘사했다. 독자의 세계를 확장하고, 독자를 시대를 뛰어넘는 여정으로 데려가는 책이다.

— 데이브 지린 | 《더 네이션》 스포츠 담당 편집자

버니스 샌들러라는 겸손하지만 용감한 여성이 어떻게 자신이 받은 성차별적 억압을 수백만 여성을 위한 교육 해방으로 전환했느냐 하는 놀랍고도 흥미진진한 이야기를 잘 담아냈다. 한 페이지, 한 페이지마다 정신이 번쩍 들면서도 희망을 안겨주는 탁월함이 빛난다. 부디 놓치지 말기를.

— 제니퍼 프라이드, 기관의 용기를 위한 센터Center for Institutional Courage 설립자

학생, 교원, 학교 행정 담당자, 학부모 등 교육을 염려하는 모든 사람, 그러니까 기본적으로 모든 사람이 반드시 반드시 읽어야 할 책.

— 낸시 치 캔털루포 | 타이틀 나인 전문 법학자, 웨인주립대학교 법학교수

1972년 법을 획득하고, 시행하고, 보존하기 위한 힘겨운 싸움이 생생하게 묘사된다. 저자는 1960년대에서 현재에 이르기까지 그 과정을 지휘한 지도자들의 활약을 전기적으로 선명히 묘사해 읽는 재미를 더한다. 또 #미투 운동의 역사적 기원과 이전 사례를 조명한다.

— 루스 밀크먼 | CUNY대학원센터 사회학·역사학 교수

셰리 보셔트는 페미니스트들이 교육계의 성 불평등에 반대하고 여성과 소녀의 동등한 접근권과 기회 보장을 위해 수십 년에 걸쳐 벌인 투쟁을 이 책에 담아낸다. 후퇴와 승리, 시위와 집회, 의회와 법정에서의 투쟁을 전부 기록한다. 중요한 시기에 출간된 중요한 책. 타이틀 나인을 지키기 위해 계속해서 싸워야 할 당위를 우리에게 상기시킨다.

— 캐서린 스필러 | 《미즈》 편집장

한 개인의 체험이 어떻게 전국적인 운동으로 전환될 수 있는지 알고 싶은 독자라면 이 책이 흥미진진하게 술술 읽힐 것이다.

— 데버라 T. 애시퍼드 | 호건러벨스 LLP 수석 변호사

하나의 역사이기도 하지만, 진보를 위해 무엇이 필요한지를 일목요연하게 알려주는 지침서이기도 하다. 정말로 중요한 책이다.

— 루시 제인 블레드소 | *No Stopping Us Now* 저자

저자는 타이틀 나인을 설명하면서 교차적 페미니즘을 핵심적인 요소로 훌륭하게 옹호했다. 흑인 여성과 다른 유색인종 여성들 이야기를 부수적으로 덧붙이는 것이 아니라 전체 서사에서 필수적인 요소로 제시한 것을 보고 참 기뻤다.

— 나카이 애디 | 작가, 편집자, 컨설턴트

지난 50년간 학교에서 젠더 형평성을 향상해온 타이틀 나인에 바치는 탁월하고 감동적인 찬사. 이 획기적인 법을 수호한 인물들, 즉 법안 발의자와 옹호자들, 생존자와 운동선수들, 그리고 꿈을 이루기 위해 젠더 고정관념을 깨부순 학생 한 사람 한 사람이 이 책의 중심에 놓인다. 면밀한 연구를 바탕으로 작성한 책이자 희망으로 가득한 이 책은, 모든 사람을 위한 젠더 정의를 위해 계속되는 우리의 투쟁에 영감을 제공한다.

— 노린 페럴 | 평등권옹호회Equal Rights Advocates 대표

나는 타이틀 나인의 역사에 관한 충실하고 정확한 기록이 없었던 점을 자주 안타까워했다. 타이틀 나인은 여성이 투표권을 얻은 이래로 미국에서 가장 중요한 법이기 때문이다. 이 책이 그 공백을 메워줄 것이다. 타이틀 나인의 역사에서 핵심을 이룬 인물들의 이야기를 풀어놓음으로써, 책은 더 광범위한 독자들을 대상으로, 앞으로 그들도 어떻게 하면 타이틀 나인과 교육계의 젠더 형평성의 미래에 중요한 역할을 담당할 수 있을지 이해를 높이는 일에 도움을 줄 것이다.

— 버니스 레스닉 샌들러, 2019년 사망하기 전 원고 전반부를 읽고 남긴 말

차례

일러두기

1. *37 Words: Title IX and Fifty Years of Fighting Sex Discrimination*(2022)을 우리말로 옮긴 책이다.
2. 고딕체로 표기된 것은 원문에서 이탤릭체로 표기된 것이다.
3. 후주는 저자 주이고 각주와 대괄호([ ])는 옮긴이의 첨언이다. 본문에서 한 번 등장하는 저자의 첨언은 [— 저자]로 표시했다.
4. 법안과 단체 이름에 원문과 함께 약어를 병기했다. 독자의 이해를 돕기 위해 이 책에 등장하는 약어를 13쪽에 따로 수록했다.
5. 본문에 나오는 비용은 한국어판 출간 무렵의 평균 원·달러 환율 1300원으로 계산해 대괄호([ ])로 첨언해두었다. 해당 시기의 화폐가치까지 반영된 것은 아님을 밝혀둔다.
6. 단행본·정기간행물에 겹화살괄호(《 》)를, 기사·논문·영화·노래·방송 프로그램 등에 홑화살괄호(〈 〉)를 사용했다.

약어

AAC Association of American Colleges (이후 'and Universities'가 명칭에 추가됨): 미국대학협회

AAUW American Association of University Women: 미국여대생협회

ACE American Council on Education: 미국교육협의회

ACLU American Civil Liberties Union: 미국시민자유연합

AIAW Association for Intercollegiate Athletics for Women: 대학대항여성체육협회

APGA American Personnel and Guidance Association: 미국인사지도협회

EADA Equity in Athletics Disclosure Act: 체육공평성공개법

EEOC Equal Employment Opportunity Commission: 평등고용기회위원회

ERA Equal Rights Amendment: 평등권 수정안

EROC End Rape on Campus: 대학강간근절

HEW U.S. Department of Health, Education, and Welfare: 미국보건교육복지부 (1980년부터 교육부는 따로 분리되었다.)

KYIX Know Your IX: 타이틀 나인을 알자

LCCR Leadership Conference on Civil Rights: 민권지도자회의(이후 '민권인권지도 자회의'로 개칭)

NAACP National Association for the Advancement of Colored People: 전국유색인 종지위향상협회

NCAA National Collegiate Athletic Association: 전국대학체육협회

NCWGE National Coalition for Women and Girls in Education: 여성및소녀교육전국 연합

NOW National Organization for Women: 전국여성단체

NWLC National Women's Law Center: 전국여성법률센터

OCR Office for Civil Rights: 민권사무국. 1980년까지는 보건교육복지부에 속해있었 으나 교육부가 독립하면서 그 산하로 옮겼다.

OFCC Office of Federal Contract Compliance, U.S. Department of Labor: 미국노동 부 산하 연방계약이행 사무국 (1975년 이후 명칭에 '사업' 추가되어 연방계약이행 사업 사무국)

PE physical education: 체육

PEER Project on Equal Education Rights of the NOW Legal Defense Fund: 전국여 성단체(NOW)의 법률구조기금이 주관하는 평등교육권사업

PSEW Project on the Status and Education of Women, Association of American Colleges: 미국대학협회의 여성지위교육사업

UNC University of North Carolina Chapel Hill: 노스캐롤라이나대학교 채플힐

WEAL Women's Equity Action League: 여성공평행동연맹

WEEA Women's Educational Equity Act: 여성교육공평법

한국어판 서문

사회적·정치적 운동은 언제, 어디서 시작되나? 운동이 진행되면서 가장 중요한 사건은 무엇인가? 그 운동을 주도하는 활동가들은 누구인가? 이전에 일어난 일, 그러니까 우리의 역사에 관해 우리가 서로 공유하는 이야기는 필연적으로 이렇게 시간, 장소, 인물의 선택에 초점을 두게 되고, 우리는 그 요소를 잘 조합함으로써 현재 상황에 통찰력을 더할 수 있기를 소망합니다. 하지만 인류 발전의 과정은 요지경과도 같아서, 같은 이야기라도 그 다양한 측면을 통해 전체 그림을 더 넓고 경외심을 불러일으키는 방식으로 이해할 수 있습니다.

바로 그런 요지경의 경이로움처럼 《타이틀 나인》37 Words이 한국의 차별금지법 논의와 운동에 이바지하길 바라며, 특히 법·교육·페미니즘·인권 분야의 여성, 성소수자, 연구자, 활동가들에게 유용했으면 합니다. 《타이틀 나인》은 미국 역사, 특히 교육 분야의 성차별과 관련된 역사입니다. 그러나 공정성, 형평성, 인권을 위한 투쟁은 시대를 초월하여 전 세계적으로 존재합니다. 한국도 평등한 권리와 교육 기회를 향한 역동적인 운동의 역사를 갖고 있습니다. 우리는 서로의 역사를 이해함으로써 서로 배우고, 지지하고, 운동들을 강화할 수 있습니다.

이 책은 1972년에 제정된 미국 교육개정법 제9편(타이틀 나인)과 그

배후에 있었던 용감한 여성들과 남성들의 이야기입니다. 이 이야기는 되풀이할 만한 가치가 있습니다. 그 인물들과 그들의 인간적인 이야기가 성차별로 개인적 손실을 겪는 모습, 다른 사람과 함께 일하며 어려움을 지탱할 힘을 얻는 모습, 그리고 승리를 쟁취하여 사람들의 영혼과 결의가 자양분을 얻는 모습을 보여주기 때문입니다.

타이틀 나인은 미국 교육에서 성차별을 금지한 최초의 법입니다. 1972년에 이 법이 통과되는 일은 쉽지 않았습니다. 같은 해 미국 의회는 사회 모든 영역에서 성차별을 금지하는 더 포괄적인 헌법 개정안도 통과시켰습니다. 하지만 유권자들의 비준을 받지 못해서 타이틀 나인의 존재가 더욱 중요해졌습니다. 한국은 2006년 이후 국회가 최소 11건의 법안 초안을 통과시키지 못하는 등 포괄적인 차별금지법 통과에 어려움을 겪고 있습니다.

타이틀 나인 통과 이후 여성 인권에 대한 반발에 맞서 싸우는 것은 법안 통과보다 훨씬 더 어려운 일이었습니다. 그 후 또 다른 반발이 이어졌습니다. 그리고 수십 년 동안 반복해서 역풍이 불었습니다. 그러나 여성과 남성 지지자들은 끈질기게 저항했고, 타이틀 나인이 약속한 권리를 위해 계속 싸웠습니다. 사회가 발전함에 따라 성적 괴롭힘과 성폭행에 대한 인식과 이해도 향상되었습니다. 성소수자에 대해서도 더 많이 알게 되었습니다. 타이틀 나인은 모든 사람에게 공정한 교육을 제공하기 위해 성폭행 피해자나 성소수자의 요구를 해결하고자 노력하면서 교육의 형평성에 대한 우리의 목표를 확장하는 도구를 제공했습니다.

타이틀 나인과 이를 둘러싼 훨씬 더 큰 규모의 여성운동은 지난 반세기 동안 미국인 수억 명의 삶을 더 나은 방향으로 크게 변화시켰습니다.

그러나 타이틀 나인은 여러 가지 면에서 교육 평등에 대한 약속을 이행하지 못하고 있다고 말할 수 있습니다. 한국처럼 미국에서도 수많은 여성이 고등교육을 받고 대학에 진학하지만, 예를 들어 정교수 같은 직급에는 소수만 채용됩니다.

여아의 교육을 보장하는 조항이 대한민국 헌법에 담긴 이래로 한국 사회는 지난 70여 년 동안 여성의 교육 기회를 크게 확대했습니다. 하지만 교육의 형평성을 위해서는 아직 갈 길이 멉니다. 한국 여성은 과학, 기술, 공학, 의학 등 주로 남성이 차지하는 고임금 직종보다는 '여성적'으로 여겨지는 과목과 직업으로 떠밀리고 있으며, 이것은 미국도 마찬가지입니다. 두 나라 모두 여성 근로자는 비슷한 직종에 종사하는 남성보다 임금을 적게 받습니다. 널리 퍼진 미투 운동과 생존자 운동의 파급 효과는 교육 및 기타 여러 분야에서 계속 진화하고 있습니다. 성적 괴롭힘과 성폭행은 피해자의 동등한 학습권을 박탈하며 더는 용납될 수 없다는 점을 지난 10년간 젊은 활동가들이 분명히 해왔습니다.

타이틀 나인의 역사는 계속되고 있습니다. 그 역사를 아는 것은 현재 진행 중인 전 세계적인 인권 운동에서 우리가 다음 단계를 선택하는 일에 영향을 미칠 수 있습니다. 타이틀 나인의 첫 37어절과 그 안에 담긴 사람들의 감동적인 이야기가 독자들에게 역사에서 자신의 역할을 껴안도록 동기를 부여했으면 좋겠습니다. 결국 우리는 같은 목표를 향해 함께 가고 있으니까요.

2023년 11월,

셰리 보셔트

1969

· 1 ·

드센 여자

남편은 출근하고 아이들은 등교해서 혼자 집에 있던 버니스 레스닉 샌들러Bernice Resnick Sandler가 큰 소리를 내질렀다. 그 "유레카!"의 순간에 그는 뛸 듯이 기뻐했다. 찾아내고야 말았다. 불리한 게임에서 구해줄 묘수였다. 그 발견에 흥분해서 소리를 질렀더니 심장 박동이 막 빨라졌다.

샌들러는 문제 해결책을 찾기 위해 방대한 자료를 읽다가, 어느 무미건조한 정부 문서 한 편에서 각주에 파묻혀 있던 정보를 발견했다. 샌들러의 어머니 아이비 레스닉은 바로 그런 자료를 "참고문헌"이라고 불렀다. "이해가 안 가면 물어봐." 어머니는 그렇게 말했다. "그래도 이해가 안 가면 읽어." 알고 싶은 내용에 관해 읽을 수 있는 모든 것을 읽으라고 했다. 아이비는 10인 가족 중에서 처음으로 고등학교를 졸업했다. 그는 열렬한 독서가로서 딸에게도 참고문헌을 사랑하는 법을 가르쳤다.

이후 40년 동안 샌들러는 자신의 발견을 미국인 수억 명의 삶을 바꾸는 일에 활용하게 되지만, 1969년 이날에 그가 바란 것은 그저 취업이었다. 그는 자신이 취업 자격 요건을 갖췄다는 걸 알았다. 적어도 지난 몇 달 동안 취업한 다른 동료들보다 뒤지지 않았다. 그 모호한 각주는 샌들러의 취업을 가로막는 장애물이 불법이자 차별일 수 있다는 최초의 증거를 제시했다.

샌들러는 41세에 메릴랜드대학교에서 박사 학위 취득을 앞두고 있었다. 그는 교육학 박사과정과 병행하여 학생들을 가르치는 일이 정말 즐거웠다. 학생들도 샌들러의 강의를 좋아하는 것 같았다. 정년 트랙 교원 7인을 새로 모집하는 것으로 보아 교육학부는 성장하고 있었다. 하지만 샌들러가 지원하자 면접 기회도 주지 않았다. 메릴랜드대학만이 아니라 다른 대학도 마찬가지였다. 같은 학위 과정을 밟는 남자들은 전국의 대학교에서 면접 기회를 얻었을 뿐 아니라 심지어 면접 없이도 일자리 제의를 받았다. 펜실베이니 아주 시골에 있는 대학도 이 남자들을 찾아내서 뽑아주는데, 어떻게 모교인 메릴랜드대학교는 샌들러에게 눈길 한번 안 주나? 그는 이 대학 교수진이 남학생의 채용을 도와주고 있다는 사실을 몰랐다. 1969년에는 "올드보이 네트워크"라는 용어를 몰랐다.

"이해가 안 가면 물어봐." 어머니의 목소리가 들리는 듯했다. "최악의 경우래야 거절밖에 더 당하겠니." 샌들러는 뉴욕 브루클린의 플랫부시 구역 출신으로 시끄럽고 활력 넘치는 대가족 유대인 가정에서 컸다. 그는 성년기 초기까지 자기가 숫기 없고 말수가 적다고 생각하다가, 그게 아니라 가족과 있을 때만 그렇다는 것을 깨달았다. 레스닉 가에서는 방에 들어서면 십중팔구 네 식구가 다닥

다닥 붙어 앉아 웃고 소리치는 가운데 한 번에 여섯 가지 대화가 펼쳐지는 소리를 들을 수 있었다. 그렇게 자라서 샌들러는 붙임성이 있었다. 또한 여자는 남 앞에서 상냥하고 친절하게 행동할 것으로 기대된다는 점도 인지하고 있었다.

또한 그는 우수한 지능과 넘치는 에너지를 타고났다. 가족과 친구들은 그를 '버니'Bunny라고 불렀다. 버니스의 이디시어 버전인 '버니아'Bunya의 변형이었다. 집에서 그는 사회정의를 위해 확고한 태도를 취하라고 배웠다. 어느 날 어머니 아이비와 당시 여섯 살이던 버니스가 신발을 사러 갔다가 시위대가 피켓을 들고 가게 앞을 막은 것을 보고 발걸음을 멈췄다. 아이비가 말했다. "저 가게에서는 네 신발 안 산다." 버니스는 더 좋은 세상을 만들기 위해 일하고 싶다고 생각하며 자랐다. 대학교수가 되어 가르치고 연구하는 것도 한 방법일 수 있다고 생각했다.

샌들러는 다른 박사과정 학생들보다 나이가 많은 데다 시간강사로 일하고 있어서 교원 파티에 초대받아 갔다가 교수 몇 사람과 친해졌다. 그는 어느 날 용기를 내어 그중 한 사람에게 자신의 상황에 관해 물어보기로 했다.

샌들러가 그 교수 연구실에 찾아가 의자에 앉았다. 그리고 왜 메릴랜드대학교가 자기에게 면접 기회를 주지 않는 건지 질문했다.

교수가 한 치의 주저함도 없이 대답했다. "솔직히 말해서, 버니, 당신은 여자치고는 너무 드세요."

말문이 막힌 샌들러는 그의 말을 곱씹었다. 나는 왜 교수들과 전문적인 사안을 토론했던 걸까? 왜 대학원 수업과 교직원 회의에서 거침없이 의견을 말한 거지? 이만큼이나 멀리 와놓고 어쩌자고 모든 일을 망쳐버렸니?

버니스는 아주 어릴 때부터 교육도 받고 싶었고 직업도 갖고 싶었다. 1940~1950년대 미국 젊은 여성들에게 그 두 가지는 당연한 일이 아니었다. 여성복 상점 주인이던 아버지 에이브러햄과 경리 담당 겸 주부였던 어머니는 배움을 강조했다. 버니스는 등록금이 무료인 브루클린대학교를 졸업하고 시간제 비서로 일하면서 뉴욕 시립대학교에서 임상심리 및 학교심리학 석사과정을 밟았다. 졸업 후 얻은 일자리는 또 비서직이었다. 교사, 간호사, 주부와 더불어 당시 여성이 가장 흔히 구할 수 있는 직업이었고, 백인일 경우에 한해 여자를 환영하는 극소수의 직종이었다.[1]

그러다가 제럴드 샌들러를 만났다. 제럴드가 인디애나대학교에 채용되자 그들은 1952년에 결혼하고 바로 인디애나주 블루밍턴으로 이사했다. 버니스도 박사 학위를 따고 교수가 되려고 인디애나대학교 심리학과 대학원에 지원했으나 입학 허가가 나지 않았다. 그 대학은 남학생과 남자 교수를 선호했다.[2]

한국전쟁이 심화되자 제럴드가 입대하여 해군 장교로 복무했다. 그들은 6년 동안 열한 차례나 이사를 다녔다. 버니스는 딸 데버러와 에밀리를 키우며 살림만 하기에는 외롭고, 똑똑하고, 너무 초조했다. 다시 학교에 다녀봤지만, 대학이 시간제 학생을 받아주지 않았다. 세 살짜리와 네 살짜리 아이들을 키우며 공부를 병행하기는 힘들었다. 결국 학교를 그만두었다.

대신 그는 기타를 배우고 가르쳤으며, 피트 시거Pete Seeger의 음악과 흑인 영가, 광부와 노조 노동자의 노래, 역경에 관한 노래, 자유를 위한 투쟁의 노래 같은 포크 음악을 연주했다. 시간제로 유치원 교사도 하고 연구 조교로도 일했다. 놀이터를 찾는 엄마들 중에 가끔 대졸 여성이 있었는데 그중 몇 명이 시간제로 일했다. 그러나 샌들러를 포함해 다들 아이들 얘기만 했다. 정치나 자기 전문 분야나 개인적 꿈과 희망에 대해서는 전혀 언급하지 않았다. 직업이나 시사 문제는 좁게 한정된 여성성의 정의에 들어맞지 않았다. 백인 여성은 바로 그 협소한 여성성으로 평가당했고, 반면에 흑인 여성은 전업주부가 되고 싶어도 생계 때문에 취업해야 했다.

그러다가 베티 프리던Betty Friedan이 1963년에 《여성성의 신화》*The Feminine Mystique*를 펴내 그런 관념에 도전했다. 프리던은 여성을 오로지 남성의 욕구와 관련지어 정의하는 것, 다시 말해 성적 대상으로, 번식의 수단으로, 돌봄을 담당하는 존재로만 정의하는 계략이 바로 여성성의 신화라고 요약했다.[3] 이 책은 똑똑하고 심심하고 초조한 중상류 계급 여성에게 수백만 부 판매되어, 자기 인생을 불평해도 되고 뭔가를 더 욕망해도 된다는 일종의 허가증을 부여했다. 샌들러도 두 아이가 모두 학교에 가며 여유 시간이 생기자 박사 학위에 재도전하기로 했다.

이 무렵 메릴랜드주 실버스프링 지역에 거주했으므로 그는 칼리지파크에 있는 메릴랜드대학교 심리학과를 노렸다. 규모가 작은 학과였는데 교수들이 아무도 샌들러와 상담해 주지 않았다. 교수들과 얘기도 못 하는데 어떻게 입학할 수 있을지 의문이었다.

운 좋게도 샌들러는 친구가 연 파티에서 심리학과 입학전형위원회 위원장을 만났다. 샌들러가 순발력 있게 물었다. "어떤 학생이 가장 우수한가요?" 재향군인들이라고 그가 답했다. "저도 재향군인과 비슷해요!" 샌들러가 말했다. "집에서 애들을 키우다가 이제 학교로 돌아가려고 합니다." 위원장은 그 비유가 마음에 들었으나 학과가 여성을 잘 안 받아주고, 특히 나이 든 여성은 더 안 받아준다고 경고했다. 샌들러는 36세였다. 그래도 입학하고야 말았다.[4]

샌들러는 심리학과에서 한 학기밖에 못 버텼다. 샌들러와 다른 여자 대학원생 대여섯 명이 강의 시간 전에 여자 화장실 앞에서 농담했다. "어느 날 여기 와보면 여자 화장실이 잠겨있을 거야." 그들은 웃었다. 그들을 불청객처럼 느끼게 만드는 이유는 고사하고 그 기분조차 달리 어찌 묘사해야 좋을지 몰라서, 그저 웃는 수밖에 없었다.

샌들러는 여학생을 좀 더 환영하는 분위기인 교육학과로 전과하여 거기서 활짝 피어났다. 그는 자신이 대학생 가르치는 일을 좋아할 뿐만 아니라 잘한다는 것을 깨달았다. 대학은 그를 임시 강사로 고용해 야간 강의를 맡겼고, 그는 그 일을 하면서 상담 및 교육서비스 전공으로 박사과정을 마쳤다.

그러는 동안 1960년대의 사회정치적 격변은 그에게 간접적인 영향만 미쳤다. 샌들러는 민권운동 뉴스를 지켜보았고, 백인이 과거에 인종 '편견'(마치 그것이 단순히 개인의 감정인 양)이라고 부르던 것이 이제는 인종 '차별'(편견이 깃든 행동의 대규모 사회적 양태)로 이해된다는 것도 배웠다. 1964년 민권법에 따라 고용 차별금지의 집행을 담당할 평등고용기회위원회Equal Employment Opportunity

Commission: EEOC가 창설됐다. EEOC가 생기고 첫 2년 동안 제출된 성차별 진정은 4000건이 넘었다.[5]

그러나 아직 학생 신분이었던 샌들러는 직장에서 발생하는 문제는 깊이 생각해보지 않았다. 언론을 통해 가끔 여성들이 동등한 처우를 요구하는 모습을 보기는 했지만, 자기와는 무관한 얘기라고 생각했다.

1966년에 새로 전국여성단체National Organization for Women: NOW가 설립된 일은 알고 있었다. 베티 프리던, 그리고 민권 및 페미니즘 운동 분야에서 활약하는 천재적인 흑인 변호사 폴리 머리Pauli Murray 등 여성 권리 지도자들이 세운 단체였다. 1967년 NOW는 8개 항목으로 된 여성 권리장전을 지지하고, 평등하고 성별을 분리하지 않는 교육, 직업 훈련, 그리고 고용 성차별 금지법의 집행을 요구했다.[6] 전국에서 여성들이 NOW에 속속 가입했으나 샌들러는 아직이었다.

중산층으로 얌전하게 살던 샌들러는, 민권운동과 베트남 반전 운동을 조직하며 날카롭게 정치 감각을 연마한 젊은 여성들을 주축으로 1960년대 중반에 일어난 풀뿌리 페미니즘 혁명에 공감하지 못했다. 1966~1968년 무렵 민권운동과 반전운동을 통해 자긍심과 능력을 키운 여성들이 소그룹으로 모여 소속 집단과 사회에서 겪은 성차별을 논의하기 시작했다.

이런 '의식화 집단'은 활동가 모임의 범위를 벗어나 확산했고, 곧 수십만 여성에게 도달했다. 그들 가운데 많은 수가 새로 발견한 의식을 저항적인 길거리 연극, 보육 사업 조직, 강간 대응 센터 설립, 그 밖의 다양한 행동으로 옮겼다. 이들은 간간이 비판적인 언론 보도에 직면했다. 이를테면 1968년 뉴저지주 애틀랜틱시티에서 열린 미스 아메리카 미인대회에서 활동가 수백 명이 여성 대상화에 항의한 사건을 보도하던 TV의 태도가 그랬다. 활동가들은 상징적으로 브래지어를 휴지통에 던져 넣고 미인대회 중에 '여성해방'을 선언하는 현수막을 펼쳤다. 거기서 몇 블록 떨어진 곳에서는 미스 아메리카 대회의 인종주의를 지적하기 위해 최초의 '미스 블랙 아메리카' 대회가 열렸다.[7]

탄력이 붙은 이른바 제2 물결 페미니즘 운동(제1 물결은 여성 참정권 운동)은 이미 미국 사회를 근본적으로 바꾸어놓고 있었으나 샌들러는 의식적으로 이 가운데 일부만 흡수했고 나머지는 잘 인식하지 못했다. 하지만 1960년대 어느 시점에 자동차를 몰다가 난생처음 깨달았다. "나는 사람이야!" 그저 엄마, 아내, 딸, 자매가 아니야. 다른 어떤 사람에 못지않게 소중하고 응당한 대우를 받아야 하는, 그 자체로 온전한 사람이야. 그는 운전하며 흥얼거렸다. "나는 사람이야. 나는 사람이야. 나는 사람이야!" 자꾸만 반복해서 읊조렸다. 이보다 행복한 순간은 기억에 없었다.[8]

샌들러는 젊은 여성이 어떻게 직업을 결정하는지를 주제로 학위 논문을 써보고 싶다고 박사 논문 지도교수에게 제안했다. 지도교수가 황당하다는 표정을 지었다. "여성에 관한 연구라고요? 그건 진지한 연구가 아니죠." 샌들러는 황급히 다른 주제를 찾았다.[9]

샌들러는 반전운동과 민권운동으로 1960년대 후반 대학가에서 촉발된 대규모 시위 뉴스도 열심히 따라잡았다. 1968년 2월 한 볼링장에서 인종분리 방침에 항의하는 민권 시위가 벌어진 뒤 인근

사우스캐롤라이나주립대학교 교내에서 열린 집회에서 경찰이 발포해 세 명이 숨졌다. 1968년 5월에는 컬럼비아대학교 활동가들이 사상 최대 규모의 시위를 벌여 건물 다섯 채를 점거하고, 이 일로 경찰이 700명을 체포했다. 명문 대학들이 여성 입학 허가를 고려하기 시작했다.

주류 언론도 드물게나마 여성운동을 진지하게 보도했다. 샌들러가 왜 자기에게 교수직 면접 기회가 안 오는지 의문을 품기 시작하던 1969년 초, 베라 글레이저Vera Glaser가 전국 TV 방송 기자회견에서 리처드 닉슨 대통령에게 중요한 질문을 던졌다.

"대통령님, 취임하신 이후로 약 200명을 임명하셨는데요, 그중 여성은 세 명뿐이었습니다. 여성의 능력이 앞으로 좀 더 공평하게 인정받을 것으로 기대해도 좋겠습니까, 아니면 저희가 계속 이렇게 패배한 성으로 남아야 하겠습니까?" 글레이저는 북미신문연맹 신디케이트의 워싱턴 지국장이었다.[10]

닉슨과 거기 있던 남자 기자들이 처음엔 웃다가, 이러면 좋은 인상을 주지 못할 수 있음을 깨달은 닉슨이 어조를 바꿨다. 그는 이 문제를 검토해보겠다고 했다. 글레이저가 던진 질문은 다른 언론 매체의 문의를 촉발했고 정부에서 여성이 맡은 제한된 역할을 소재로 후속 기사들이 뒤따랐다. 여기에 대응하여 닉슨은 '여성의 권리와 책임에 관한 대통령 직속 대책본부'를 마련하고 글레이저를 위원으로 포함시켰다.

그 기자회견 이후 얼마 안 되어 글레이저는 캐서린 이스트Catherine East 노동부 연구원으로부터 놀라운 편지를 받았다. "(대통령에게 던진) 질문의 어조로 미루어 몇 가지 통계에 관심 있으실 것으로 생각됩니다." 이스트는 음지에서 공무원으로 일하면서 고용 관행에 관해 수년간 자료를 수집했다. 그는 아직 인터넷이 없던 시절 정부 안팎에서 성차별을 염려하던 여러 전문직 여성을 전략적으로 이어주는 비공식 중개인 역할을 했다.

글레이저는 이스트가 제공한 자료를 바탕으로 5회에 걸쳐 '성차별' — 최근에야 널리 사용되기 시작한 용어였다 — 에 관한 연재 기사를 작성해 각 신문사에 배포했다. 1969년 3월 중순에 개시된 기획 연재 기사 〈여성 반란〉The Female Revolt은 《워싱턴 포스트》를 비롯해 500여 개 미국 일간지에 실렸으며, 《의회 의사록》Congressional Record에도 기재되었다.

그러나 샌들러가 보기에 그 기사들은 별로 자기에게 적용되지 않았다. 차별에 항의하는 여성해방론자들은 자기만큼 열심히 일해 보지 않았을 것 같았다. 자기는 대학 강사였다. 곧 박사 학위도 받는다! 그런데도 지금 그의 처지는 어떤가. 애들은 자라 10대가 되고 엄마인 자기가 드디어 샌들러 "박사"가 되는 꿈을 이루게 됐는데, 자기가 너무 드세게 구는 바람에 교수가 될 기회를 망쳐버렸다.

그날 밤 샌들러는 아이들 몰래 제리와 함께 현관 앞 공간을 개조한 방에 앉아서 티슈 한 통을 다 쓸 정도로 펑펑 울며 남편에게 자기가 너무 드세다는 소리를 들었다고 말했다. 제리는 아내가 실컷 울게 놔두다가 이렇게 물었다. "당신 박사과정에 있는 남자들은 안 드센가?" 물론 드세다고 샌들러가 말했다. 다들 드센 성격이었다. 남자들이니까.

"그렇다면 문제는 당신이 아니야." 제리가 말했다. "문제는 성차별이야." 당시 성차별 개념은 비교적 새로운 것이었지만, 제리는 다른 차별 문제와 연관된 직무를 맡고 있던 터라 더 예민하게 인지하는 것 같았다. 그는 포드재단의 자금과 스미스소니언의 찬조로 도시 빈곤 아동의 독해 능력 향상을 위한 도서 제공 사업을 책임지고 있었다.[11]

샌들러는 남편의 말이 사실로 믿기지 않았다. 취직이 안 되는 것은 자기 탓이 틀림없다고 느꼈다. 성차별 문화가 너무 뿌리 깊다 보니 그도 다른 많은 남녀처럼 코앞에 있는 성차별도 알아보지 못했다. 초등학생 시절 그는 건널목 안전 자원봉사자를 맡아 멋진 띠를 두르고 학생들이 안전하게 건널목을 건너도록 돕고 싶었다. 하지만 그 일은 남학생에게만 맡겨졌다. 영사기 작동을 돕는 일도 남학생에게만 허락했다. 교실 잉크통이 비면 학교 지하실 ─ 신비한 금단의 지하실 ─ 에 가서 다시 채워오는 일도 남학생의 몫이었다. 어린 샌들러는 자기도 그런 모험을 체험하고 싶었으나 곧 자신의 운명에 순응했다. 세상은 그렇게 돌아가는 법이라고 생각했다. 그런 관례가 자연스럽게 받아들여졌고, 사람들은 대부분 거기에 의문을 제기하지 않았다. 의문을 제기하려고 해도 표현할 용어가 없었다. 아무도 그런 기준을 가리켜 '성차별'이라고 부르지 않았다. 그렇다 보니 샌들러는 취직이 안 되는 상황을 자기 탓으로 여긴 것이다. 다른 여자 동기 중에 아무도 취직한 사람이 없고 오로지 남자들만 취직했다는 사실을 그는 아직 모르고 있었다.

그로부터 3개월 내로 그는 생각이 바뀌었다. 자격 요건을 충분히 갖춘 연구직에 면접을 보러 갔더니, 면접관이 자기가 여자를 채용하지 않는 이유에 대해서만 떠들어댔다. 여자는 애들이 아프면 집으로 달려간다는 것이 주된 이유였다. 또 다른 유일한 채용 면접은 임시직 구인대행사에서 이뤄졌는데 그곳 면접관은 샌들러가 전문직 종사자가 아니라 복학한 주부에 불과하다고 말했다.

마침내 샌들러에게 패턴이 보였다. 이건 차별이라는 직감이 왔다. 이건 부도덕하다는 느낌이 들었다. 혹시 이게 합법적인 걸까? 여러 날이 흘렀다. 애들을 병원이나 치과에 데려가고, 집에 새로 카펫을 깔고 페인트칠을 하려고 비용 견적을 받았다. 데버러를 피아노 레슨으로, 에밀리를 무용 발표회로 실어 날랐다. 그 와중에도 샌들러는 시간을 들여 '참고문헌'을 살폈다.

그는 1963년 평등임금법Equal Pay Act을 찾아냈다. 1945년부터 여러 차례 시도한 끝에 마침내 통과된 미국 최초의 임금 성차별 금지법이었다. 이 법은 같은 직장에서 같은 직무를 수행하는 남녀가 다른 임금을 받는 일을 금지했다. 케네디 대통령이 이 법에 서명했을 당시, 남성이 1달러를 받을 때 여성은 평균 59센트를 받았다. 그러나 1938년 공정노동기준법을 개정한 평등임금법은 전문직, 관리직, 행정직에는 적용되지 않았다. 여자 교사, 교수, 행정직원은 평등임금법의 보호를 받지 못한다는 뜻이었다. 평등임금법 주요 발의자 이디스 그린Edith Green(민주당-오리건주) 하원의원이 바랐던 일은 아니었다. 법안을 통과시키려면 그런 결점을 감수해야 했다. 의회 법 제정 때면 전형적으로 일어나는 골치 아픈 경우들 말이다.

1964년 민권법에도 샌들러에게 도움이 될 만한, 그러나 완벽하지는 않은 항목 두 개가 담겨있었다. 민권법 제6편은 연방정부의 재정 지원을 받는 프로그램이나 활동에서 인종, 피부색, 출신국을 이유로 차별하는 행위를 금지했지만, 성별에 근거한 차별금지는 빠져있었다.[12] 민권법 제7편은 행정직과 전문직 노동자에 적용되는 고용 보호에 성별도 차별의 근거로 포함했으나 "교육 활동에 종사하는" 교육기관 직원을 특정하여 법 적용 대상에서 제외했다.[13] 따라서 이 규정도 학교에서 일하는 여자 교사, 교수, 행정직원은 보호하지 못했다.

이해가 안 되고 절망스러웠지만, 샌들러는 계속 읽었다. 각주까지 꼼꼼히 읽었다. 어쨌든 그는 학자가 맞았다. 그리고 드디어 그가 찾던 생명줄을 찾아냈다. 흑인 민권 강화에 관한 미국민권위원회 보고서에 달린 각주로서, 행정명령 11375호에 의해 개정된 행정명령 11246호를 언급하는 부분이었다.

모든 미국 대통령은 연방정부 운영을 위해 행정명령을 작성한다. 가장 많은 행정명령을 작성한 대통령은 프랭클린 D. 루스벨트였다. 1941년 루스벨트는 행정명령 8802호를 발표했다. 흑인 민권 운동 지도자들과 그들의 동맹인 노조 지도자 에스더 피터슨과 영부인 엘리너 루스벨트 등이 압박한 결과였다. 행정명령 8802호는 연방정부와 국방 산업체에서 인종, 신념, 피부색, 출신국 등에 근거한 차별을 금지했으나 성별에 근거한 차별을 제외하여 피터슨을 크게 실망시켰다. 2년 뒤 루스벨트는 이 행정명령을 개정하여 정부와 계약을 체결해 이행하는 계약자도 적용받도록 했다(행정명령 9346호).[14]

피터슨은 활발한 정치 활동을 이어가면서 계속 여성에 대한 공평한 처우를 요구했다. 존 F. 케네디 대통령은 그를 노동부 차관보 겸 여성국 국장으로 임명했다. 피터슨은 케네디를 설득해 최초로 '여성의 지위에 관한 대통령 직속 위원회'를 마련하게 했으며, 이 위원회가 1963년에 획기적인 보고서를 발표했다(캐서린 이스트가 이 보고서의 공동 저자였다). 이 보고서를 계기로 1966년까지 45개의 주별 위원회가 발족하여 각 주의 여성 지위 현황에 대한 조사가 이뤄졌다. 샌들러는 위원회 보고서를 비롯해 수많은 보고서들을 섭렵했다. 법안이란 법안은 다 살피고 논문과 주석을 확인하다가 끝내 발견했다. 각주에 참조하라고 들어간 린든 B. 존슨 대통령의 행정명령 11375호를.

1960년대 초에 존슨이 피터슨을 소비자사무국 특별장관으로 임명했을 때 피터슨은 존슨에게 만약 행정명령 8802호를 개정하거나 확대할 경우 꼭 성차별 금지 규정을 넣을 것을 약속받았다.[15] 1965년 존슨은 노동부 장관에게 차별금지 규정을 집행할 책임을 지우는 행정명령 11246호에 서명하여 행정명령 8802호를 강화했지만, 성차별 금지 항목은 여전히 넣지 않았다. 피터슨은 크게 분노했고, 다른 여성 권리 옹호자들도 마찬가지였다. 왜 그랬는지 따지자, 존슨 정부는 행정명령 작성자들이 성차별 금지를 포함시키는 일을 그냥 "잊었다"라고 답변했다. NOW는 행정명령 11246호를 "수정하는" 또 다른 행정명령을 존슨에게 한층 강력히 요구했다. 마침내 1967년 존슨 대통령은 행정명령 11375호를 발표해 11246호를 개정하고 1968년 10월 13일부터 연방정부 계약자에 의한 성차

별을 금지했다.[16]

샌들러가 이 부분을 읽었을 때 머릿속에 번쩍하고 아이디어가 떠올랐다. 대다수의 대학교가 연방정부와 계약을 맺고 있었다. 행정명령에 따르면 대학교에서 이뤄지는 성차별은 분명히 불법이었다.

샌들러는 외쳤다. "대학은 정부와 계약을 맺은 계약자야! 성차별 금지가 적용된다고!" 그는 부엌 식탁의 빈 의자들을 향해 고함쳤다.

그러나 그는 금방 자기 생각을 의심했다. 그가 지닌 정치 관련 경험은 투표권 행사와 어느 해 투표 참관인으로 일한 것이 전부였다. 행정명령에 대해 내가 대체 뭘 안다고? 하지만 그가 이 행정명령을 제대로 읽어낸 것이 맞다면, 자신만이 아니라 전국 방방곡곡의 여성들에게 엄청난 영향을 줄 수 있었다. 자, 이제 어쩔 것인가?

1970

·2·

진정

빈센트 매컬루소Vincent Macaluso는 전화를 기다렸다. 꼭 샌들러가 아니더라도, 요즘 우리가 '유리 천장'으로 일컫는 장벽에 부딪힌 누군가가 그걸 깨부수고 싶어서 행정명령 11375호를 발견해주기를 기대했다.

매컬루소는 정부의 공공서비스가 좋은 일을 할 수 있다고 믿었다. 직업 공무원인 그는 미국 노동부 연방계약이행 사무국Office of Federal Contract Compliance: OFCC 부국장으로 일했다.[1] 법률이나 행정명령이 일단 제정되면 공무원들이 시행규정을 마련해야 한다. 매컬루소의 직무는 대부분 인종차별 금지법 집행에 치중되어 있어서, 작년에야 비로소 그의 팀은 행정명령 11375호 성차별 금지의 시행을 위해 무엇을 해야 할지 고민하기 시작했다. 그는 1969년 여름 성차별 금지 시행규정에 담길 내용을 논의하는 노동부 공청회에 참석했다. 매컬루소는 팀에 여성 직원이 있어서 자기가 무의식적인 성차별주의 때문에 잘못하는 일이 있으면 지적하거나 심지어 야단쳐줄 수 있는 점을 감사히 여겼다. 그러나 OFCC 내의 다른 직원들이 새 행정명령을 무시하고 있다는 점이 점점 우려되었다.

샌들러는 연방정부 계약자에게 적용되는 행정명령에 관해 의논할 사람을 찾다가 노동부 OFCC에 문의하면 되지 않을까 생각했다. 대표전화에 연락하니 매컬루소와 연결해주었다. 연방공무원과 이야기해보는 것은 처음이었다. 매컬루소는 자기 직무 범위를 훌쩍 뛰어넘어 샌들러를 위한 도움을 아끼지 않았다.

매컬루소는 공정성을 좋아했다. 그는 1930년대에 프랭클린 D. 루스벨트 대통령을 영웅으로 생각하며 성장했고, 대통령의 라디오 노변담화를 열성적으로 청취했다. 그는 샌들러에게 만나자고 열렬히 청했다.

샌들러의 낮은 자존감이 또다시 발목을 잡았다. "이런 맙소사. 저 사람이 내게 추파를 던지는 게 틀림없어. 이거 어쩌지? 정말 만나야 하나?"

그는 용기를 내서 1969년 12월 10일 매컬루소의 OFCC 사무실을 찾아갔다. 매컬루소는 샌들러가 행정명령을 정확히 해석한 게 맞는다며 안심시켰다. 샌들러는 대학들이 행정명령을 위반하고 여성을 차별한다는 사실을 널리 알리고 싶다고 말했다. 매컬루소가 활짝 웃음 지으며 말했다. "어휴, 대학들이 겁 좀 먹겠는데요!"[2]

매컬루소는 자신에게 위험부담이 있음을 이해했다. 그는 특정 사안을 홍보하거나 활동가를 이끌어줄 권한이 없었으므로 샌들러와 만난 일은 업무보고서에 언급하지 않았다.

당근으로 회유하는 전략을 써도 기관들이 고집스럽게 차별을 멈추지 않을 경우, OFCC가 샌들러의 '거대한 회초리'가 될 수 있음을 그는 알았다. 그때나 지금이나 정부와의 계약은 미국 땅에서 이뤄지는 거래에서 엄청난 비중을 차지했다. 대개는 정부가 대는 자금이 끊길 수 있다는 위협만으로도 계약자들에게 차별금지 규정을 지키겠다는 약속을 받아낼 수 있었다. 드문 일이긴 하지만, 정부가 위협을 실행에 옮겨야 하는 때도 있었다. 이를테면 1960년대에 정부는 클리블랜드 건축업계가 소수자를 더 많이 채용할 때까지 지원금 지급을 중단했다.

매컬루소는 샌들러에게 대학 한 곳의 학과별 교수 명단을 구해서 그 대학의 학과별 여자 교수 비율을 정부에서 집계한 분야별 여자 박사 학위 취득자 비율과 비교해보라고 조언했다. 1969년에 정부가 수집한 여성 관련 자료가 많지는 않았지만, 수여된 박사 학위의 수를 성별로 분류한 자료는 있었다. 예를 들어 미국 심리학 박사학위 취득자 중 여성 비율이 25퍼센트인데 어느 학교의 심리학과 여자 교수 비율이 2퍼센트에 불과하다면, 샌들러는 그 학교의 차별 양태와 행정명령 위반을 고발하는 연방 진정을 제기할 수 있었다. 보복이 두려워서 ― 매우 현실성 있는 두려움이었다 ― 익명으로 남길 바라는 여성을 대표하여 샌들러가 그런 진정을 제기하는 것이 가능했다. 매컬루소는 샌들러의 첫 진정서 작성을 도와서 그것을 견본으로 삼을 수 있게 했으며, 사본을 상·하원 의원들과 노동부 장관에게도 보내 행정명령의 집행을 촉구하라고 일러주었다.

사실 샌들러는 매컬루소를 만나기 전부터 아군이 되어줄 사람들을 찾아 자료를 수집했다. 광범위한 여성운동의 내부에는 학계의 사회적·정치적 기회 제약에 도전하는 활동가가 많았다. 1960년

식품의약국이 승인한 최초의 피임약은 임신 위험을 감소시켜 여성의 성생활 통제권과 사회적 역할을 확대했다. 민권운동과 반전운동에서 활약하던 젊은 여성들이 학생비폭력조정위원회 및 민주사회학생회 내에 존재하던 성차별에 맞서 목청을 높였다. 시카고대학교 여학생들은 1967년 첫 여성해방단체인 여성급진행동프로젝트 Women's Radical Action Project를 결성했다.[3] 뉴저지주의 주립대학인 럿거스대학교는 1960년대 말 미국에서 여성학 강의를 개설한 최초의 대학에 속했다. 예일대학교와 프린스턴대학교는 명문 남자 대학이었다가 1969년 여학생 입학을 허가하여 공학이 된 첫 사례에 해당했다. 남자 대학에 흥미를 잃어가는 남학생의 지원을 장려하려던 것이 두 대학의 주된 동기였지만 말이다.[4]

1960년대 말에서 1970년대 초까지 전국 또는 지역을 기반으로 다양한 철학과 전략을 표방하는 페미니즘 단체가 10개 이상 생겨났다. 전국여성단체NOW는 대도시의 일부 여성해방단체에 비하면 온건한 편임에도 샌들러의 눈에는 너무 급진적인 것 같고, 뭐랄까, 별로 숙녀답지 않아 보였다. 그보다는 좀 더 보수적인 여성공평행동연맹Women's Equity Action League: WEAL에 끌렸다. 의견이 심하게 갈리던 낙태 이슈를 피해 1968년 NOW에서 갈라져 나온 단체였다.[5] 오하이오주 클리블랜드에 설립한 WEAL의 '점잖은' 여성 회원들은 고용, 교육, 경제 문제로 초점을 좁혔다. 전국에 배포된 글레이저의 1969년 기획 연재 기사에서 알려진 뒤, 그해에만 회원이 두 배 가까이 늘었다.

샌들러는 이 단체와 함께 일할 수 있을 것 같은 예감이 들었다.

그들은 주류 매체에서 브래지어를 태우는 과격파로 조롱받는 활동가가 아니었다. 자기와 비슷한 부류였다! 남자 지원자만 찾는 구인광고를 문제 삼은 WEAL의 캠페인 덕택에, 샌들러는 자신이 속한전문직 단체 미국인사지도협회Americal Personnel and Guidance Association: APGA의1969년 7월 일자리 공고란에서 문제점을 발견했다. 최소한 9개의채용 공고가 예컨대 "상담 및 심리 서비스 부장 (…) 남성 선호" 또는 "임상심리학자 (…) 남성" 하는 식으로 성별을 특정했다.

1969년 11월, 샌들러는 APGA에 민권법 제7편을 위반하는 차별적 표현을 중단하라고 촉구했다. 그리고 WEAL의 베티 보이어Betty Boyer에게 그 항의 서한의 사본을 보냈다. 샌들러는 매컬루소와 상의한 뒤 APGA에 또 한 차례 항의 서한을 보내면서 이번에는 상대편변호사에게 행정명령 11375호에 의해 수정된 행정명령 11246호를살펴보라고 경고했다. APGA는 연방정부의 계약자이므로 차별 행위는 불법이었다. 그달을 채 넘기기도 전에 APGA 담당 변호사가샌들러의 말이 옳다고 인정하고 그 사안을 해당 위원회에 넘겨 협회의 취업공고 방침을 변경하게 했다.

샌들러가 올린 최초의 대승리로 보였다.[6]

1969년 가을, 심리학·사회학·인류학·정치학 등 다양한 분야의페미니스트 학자들이 서로 미리 협력하여 각자 자기 분야 연례 회의에서 회의장을 장악하고 성차별에 항의하는 시위를 벌였다. 예컨대 미국사회학협회 연례 회의에서 시위자들은 전국 188개 사회학대학원 박사과정 학생 가운데 30퍼센트가 여성인데 여성 정교수의비율은 4퍼센트뿐이라는 점을 지적했다.[7]

이 사건에 고무된 샌들러는 그 선동자들과 접촉하고, 평소에 잘 수집되지 않는 고용 통계, 즉 대학원 지원자, 대학원생, 교원을 성별로 분류한 통계를 메릴랜드대학에 요청했다. WEAL의 조언에 따라 그는 이 자료를 요청할 때 차별이나 WEAL을 언급하지 않았다. "그냥 '고등교육의 문제점'과 '여성 교육에 대한 시각' 등에 관해 '어떤 연구'를 하고 있다고만 얼버무렸어요. 내가 무슨 소리를 하는지 아무도 이해하지 못했고 물론 학술적으로 매우 그럴듯하게 들렸습니다." 그는 WEAL의 어느 지도자에게 그렇게 써 보냈다.[8]

샌들러는 1969년 가을 메릴랜드대학에 관한 21쪽 분량의 보고서를 작성해 WEAL에 보내면서 아직 행정명령은 언급하지 않고 성 불공평 문제만 강조했다.[9]

샌들러는 보이어의 격려 편지와 남편 제리의 지지에 용기를 얻어 1969년 12월 6일 WEAL 연례 대회에 참석하기 위해 극심한 비행공포증을 극복하고 비행기를 타기로 했다. 벌써 수년째 비행기를 타지 않은 터였다. 제리는 일부러 같은 시기에 클리블랜드에 업무 회의 일정을 잡아서, 같은 비행기를 타고 아내의 손을 꼭 잡아주었다.[10] 샌들러는 WEAL 대회에서 강한 유대감을 느꼈고 WEAL 지도부에게 자신이 어떤 사람인지도 보여주었다.

12월 10일에 매컬루소와 만난 뒤 샌들러는 자기가 무언가 큰 일에 직면했음을 알았다. 어쩌면 WEAL 단독으로 진행하기 어려울 만큼 거대한 사안일 수 있었다. "마음의 준비를 하시고 일단 앉으세요." 그는 바로 그날 WEAL의 신임 회장 낸시 다우딩Nancy Dowding에게 편지를 썼다. "정말로 행정명령이 대학교 성차별에 적용이 됩니다.

그리고 매컬루소가 저희들이 이 사안을 어떻게 처리할지에 지대한 관심을 보이고 있습니다." 샌들러는 WEAL만으로는 대대적인 홍보가 어려울 것이므로 NOW의 협조를 얻자고 허락을 구했다. 훨씬 대규모인 NOW가 이 캠페인을 뺏어간다고 해도 "우리는 일차적으로 여성들에게 책임져야 하며 WEAL은 그다음 순위"라고 샌들러는 말했다.[11] 12월 18일, 다우딩은 좋다고 답변했다.[12]

매컬루소는 샌들러에게 직함이 있으면 진정서에 이름만 적는 것보다 더 강한 인상을 줄 수 있다고 조언했고, 이에 따라 WEAL은 계약이행 행동위원회를 신설하여 샌들러를 위원장 — 그리고 유일한 위원 — 으로 임명했다. 또한 매컬루소는 샌들러가 연방정부에서 비공식 여성 네트워크의 중추 역할을 하던 노동부 직원 캐서린 이스트와 만나도록 점심 미팅을 주선했다.

다른 학교 자료를 찾던 샌들러는 글자도 똑바로 안 쳐지는 고물 타자기로 편지를 작성해 WEAL 회원들과 몇몇 학자 지인에게 보냈다. 한 번에 서너 장씩 찍히도록 복사용 먹지를 대고 타자했다. 필요한 만큼 여러 차례 타자를 반복했다. 그때는 컴퓨터도 없었고 복사기를 쓸 수 있는 사람도 극소수였다. 하지만 일부 대학에 복사기가 있어서 학계 여성들이 샌들러의 편지를 복사해 동료들과 공유하고 전화로도 그 소식을 나눴다.

22개 주의 WEAL 회원들이 즉시 샌들러를 위해 정보를 모았다. 일화성 보고보다는 학술연구가 더 바람직했으나 대학가에 늘어나는 여성 활동에도 불구하고 샌들러에게 참고가 될 만한 정보는 극히 적었다. 그러나 시카고, 캘리포니아, 뉴욕 등지에서 받은 보고서들에는 쓸 만한 자료가 있었다.

1969년 초에 시카고대학교에서 학생과 교수들이 몇 주 동안 여성 차별 항의 시위를 벌였다. 사회학과 박사과정 학생의 30퍼센트가 여성인데 1892년 설립 이래 이 대학 사회학과에서 정년이 보장된 여성 교수는 다 합쳐봐야 네 명뿐이라고 시위자들은 지적했다. 모든 대학의 대다수 학과에서 반복되는 패턴이었다.[13] 지난 77년 동안 시카고대학교 인류학과는 여자 교수를 두 명 채용했고 정치학과는 단 한 명 채용했다.[14]

《워싱턴 포스트》기자가 이 시카고대학 논란을 소재로 꽤 충실한 기사를 썼으나 도입부는 좀 불쾌했다. "32세의 통통한 금발 여성 말린 딕슨Marlene Dixon은 트레일러에 살면서 바지 차림으로 부엌을 오가며 이웃 여자들에게 커피나 따라주는 상냥한 처자를 연상시킨다. 하지만 사실 말린 딕슨은 시카고대학교 사회학 박사이며, 대학 당국은 애초에 그런 사람을 몰랐으면 하고 절박하게 바라는 상태다. 연좌 농성, 시위, 험악한 상황이 수주 동안 벌어진 것은 딕슨의 고용 계약 갱신을 거부한 대학의 결정 때문이었다."[15]

서부에서는 스탠퍼드대학교의 페미니스트들이 1969년 3월과 12월에 학부와 의학전문대학원을 대상으로 똑같이 신랄한 보고서를 내놓았다. 스탠퍼드대학교 입학처장은 학부에 여자를 40퍼센트 이상 받으면 남자가 들어올 수 있는 자리가 그만큼 제한되고 남자를 선호할 여지가 줄어들어서 "사실상 남자에게 불이익을 주게 된다"라고 주장했다.[16]

동부에서는 1969년 12월 뉴욕 컬럼비아대학교 여성 교수 다섯 명이 — 이들은 모두 '컬럼비아 여성해방'Columbia Women's Liberation의 회원이었다 — 성차별에 대한 대학의 형식적인 태도와 차별 실태를 비판하는 10쪽 분량의 보고서를 발표했다.[17] 이 학교 대학원에서 수여한 박사 학위의 약 4분의 1을 여성이 받았으나 정년 보장 교수로 채용된 여성은 2퍼센트에 불과했다. "대학원 교수진이 여성들을 그렇게 열심히 교육하면서 채용은 안 한다는 사실이 혼란스럽다"라고 보고서는 언급했다.

"우리가 바라는 것은 그저 여성이 취업해서 능력에 맞게 승진하는 것입니다." 영문학과 강사 레이철 뒤플레시Rachel DuPlessis가 1970년 1월 《뉴욕 타임스》 인터뷰에서 말했다. "그런 바람이 소박하게 들리지만, 현 상황에서는 커다란 요구이지요." 샌들러는 《뉴욕 타임스》에서 컬럼비아대학교 기사를 보고 그 대학 미술사학과 조교수이자 컬럼비아 여성해방 보고서 공동 저자인 앤 서덜랜드 해리스Ann Sutherland Harris에게 편지를 썼다. "여성공평행동연맹은 현재 이 문제와 관련해 새로운 법적 해결 방안을 탐색하는 중입니다." 샌들러는 그렇게 쓰고서 그 보고서를 보내달라고 요청했다. 그는 채용, 임금(같은 직급인데도 차별했다), 승진 성차별에 관한 예전 논문도 몇 편더 찾아냈다.[18]

샌들러가 다니는 메릴랜드대학교는 인문과학대학 15개 학과 중에서 9개 학과에 여성 정교수가 없었다.[19] 미국 심리학 박사의 23퍼센트가 여성인데도 메릴랜드대학 심리학과에 종신직 여자 교수는 단 한 명(3퍼센트)이었다. 그래도 심리학과 교수진에 여성이 전혀 없는 캘리포니아대학교 버클리보다는 그나마 나은 편이었다.

샌들러는 수집한 모든 자료를 바탕으로 80쪽에 달하는 진정서를 작성했다. 그중 인용 자료의 출처를 기재한 4쪽이 샌들러의 방대한 '참고문헌'을 잘 드러냈다. 매컬루소는 진정서에 첨부할 조지 P. 슐츠 노동부 장관에게 보내는 서신을 더 날카롭게 쓰라고 설득했다. 매컬루소는 "충격적"이고 "괘씸한" 교육계 성차별 문제에 손 놓고 있는 정부에 제대로 "직격탄"을 날렸으면 했다. "숙녀다운" 어조는 나약함으로 풀이된다고 그는 주장했다. 샌들러는 서신에 그 조언을 일부 반영했으나 "아마 그가 만족할 만한 수위에는 못 미쳤을 것"이라고 다우딩에게 전했다.[20]

샌들러는 포드재단에서 일하는 남편 친구의 도움을 받아 진정서를 200부 가까이 복사했다. 제리는 WEAL에서 보도자료를 내면 어떻겠느냐고 제안했다. 1970년 1월 31일 토요일, 그러니까 샌들러가 "여자치고는 너무 드세다"는 생각 때문에 울었던 날로부터 약 1년 뒤, 샌들러와 WEAL은 메릴랜드대학교에 관한 구체적인 고발 사안과 함께 미국 대학 전체의 성차별을 고발하는 역사적인 집단 진정을 제기했다. 낸시 다우딩 WEAL 회장이 여기에 서명했다. 이 진정은 연방정부와 계약 관계에 있는 모든 고등교육기관이 행정명령 11375호에 의해 개정된 행정명령 11246호를 제대로 이행하는지 즉각 검토할 것을 슐츠 노동부 장관에게 요구했다.

샌들러는 여성 의원 11명과 로버트 H. 핀치 보건교육복지부 장관에게 복사본을 보냈다. 또한 상·하원 핵심 위원회 위원들과 각종 여성 전문직 단체, 그리고 그에게 자료를 제공한 이들과 언론 매체 등에도 보냈다.[21]

WEAL 진정서는 '교육계 전체'의 여성 차별 양상을 고발했다.[22] 일부 대학은 여성이 입학조차 할 수 없다는 문제도 있었다. 버지니아주 최고의 공립 고등교육기관인 버지니아대학교는 1960년대 초에 여성 지원자 2만 1000명을 불합격 처리했으나 같은 시기에 불합격시킨 남성 지원자는 한 명도 없었다.[23]

샌들러는 염려스러운 추세 하나를 지적했다. 1969년에 법대, 공대, 의대에 입학한 여성 비율이 1930년보다도 적다는 사실이었다. 그는 러시아와의 냉전 경쟁 상황을 조심스레 암시하며 이렇게 적었다. "핀란드 치과의사의 85퍼센트, 러시아 의사 75퍼센트가 여성인 이유는 뭘까요? 미국은 여성 의사가 불과 7퍼센트입니다." 이것은 여성의 몫을 억누르기 때문이라는 이유 말고 달리 설명할 수 없다고 그가 비판했다.

전국적으로 대학에 진학해 석·박사 학위를 받고 대학에 채용된 소수의 여성을 보면 승진이 어렵거나 아예 불가능했다. 패턴은 분명했다. 위로 올라갈수록 여성이 적었다. 여자 교수는 남자 교수와 재직 기간과 자격 요건이 동일해도 낮은 임금을 받는다는 사실이 여러 연구에서 드러났다. 평등임금법의 허점 — 전문직, 관리직, 행정직을 제외하는 단서 — 때문에 그런 차별은 부도덕할 수는 있어도 불법은 아니었다.

의원들에게 보내는 진정서 사본에는 슐츠 노동부 장관에게 답변을 독촉해달라는 부탁을 곁들였다. 몇 주 내로 20여 명의 의원이 그렇게 했다. WEAL이 제출한 진정서는 매컬루소의 책상에 도달하여 노동부의 '의견'을 기다렸다.[24] 노동부는 대학을 상대로 행정명령을 집행할 책임이 있는 보건교육복지부로 그 진정을 전달했다. 샌들러는 진정 제기 이후 여러 단체에 바쁘게 편지를 보내, 그들에게 해당 지역 의원을 접촉하고 자체적으로도 진정을 내달라고 부탁했다.

"판도라의 상자를 연 것 같은 기분입니다." 그가 매컬루소에게 편지를 썼다. "너무너무 감사합니다."[25]

지역 신문사와 다른 몇몇 매체에 보낸 진정서 사본을 《워싱턴 포스트》가 기사화하여 '여성' 면에 실었다. 당시 《워싱턴 포스트》는 아직 지역 신문에 가까웠고, 전국적인 영향력을 보유하는 매체로 성장한 것은 워터게이트 사건이 터진 이후였다.[26] 이 진정은 처음에는 전국적인 관심을 끌지 못했지만,《토요문학평론》Saturday Review of Literature에서 내보낸 몇 줄 안 되는 짤막한 뉴스에 담긴 샌들러의 연락처로 전국 각지 여성들의 편지와 전화 연락이 쇄도했다. 그들은 샌들러가 개별 대학에 관해 진정을 제기할 때 필요한 정황과 통계를 보내왔다.

여성심리학협회 회장 조 앤 가드너Jo Ann Gardner는 피츠버그대학교 교원을 성별로 분류한 자료를 샌들러에게 보냈다. 가드너가 보낸 편지지 상단에는 "건방진 여자들이 뭉친다"Uppity Women Unite라는 선언이 인쇄되어 있었다. 샌들러는 그 말이 무척 마음에 들었다. '건방진'uppity이라는 말은 1800년대 이후 감히 인종주의와 계급적 위계질서에 대항하는 흑인을 경멸하는 말로 가장 흔하게 사용되었고, 권력자가 보기에 '그럴 만한 자격'이 없는데도 더 나은 처우를 바라는 여성이나 이 밖의 사람에게도 쓰였다. 그러다가 1960년대와 1970

년대에 일부 페미니스트가 민권운동에서 영감을 얻어 이 단어를 회수하고 포섭했다. 이 표현은 여성운동이 민권운동이라는 더 광범위한 투쟁에 연결되어 있음을 암시했다. 페미니스트들은 건방진 여자가 되는 것을 자랑스럽게 여겼다.

샌들러는 이후 40년 동안 그 표어가 담긴 단추형 배지 약 1만 3000개를 만들어 배포했다. 그는 가드너에게 자료를 보내며 감사하다는 메시지를 전했다. "제 생각에 우리가 아마 여성운동에 눈덩이 효과가 일어나는 것을 목격하게 된 것 같습니다. 우리 각자가 다른 사람의 활동에서 용기를 얻고 있습니다."[27]

눈덩이 효과가 맞았다. 이것은 1970년대에 들어서며 눈사태처럼 확대된 여성운동의 일부였다. 언론도 사회 여러 분야에서 일어난 여성의 항거에 점점 큰 관심을 보였다. 예일대학교 여학생들은 학교가 최초로 여자의 입학을 허용한 지 1년 반 만인 1970년 2월에 동문 만찬회에서 마이크를 잡고 여학생이 받은 대우에 항의하며 개선을 요구했다.[28] 시카고대학교 여학생들은 자신들이 여성의 역사, 문학, 예술에 관해 아무것도 못 배운 채 석·박사 학위를 받은 사실을 깨달았다. 비록 학업 성취는 자랑스러웠지만, 그들은 기자회견을 열고 학위증을 공개 소각했다.[29]

여성해방 운동가들은 성명서를 작성해 다른 여러 도시의 단체들에 보냈다. 팸플릿도 전국으로 배포했다. 주간지 《뉴스위크》는 급성장하는 여성운동을 처음으로 커버스토리로 계획했으나, 여성을 전속 기자로 채용하지 않았기 때문에 기사 작성을 한 편집자의 아내에게 맡겼다. 밝은 노란색 표지에 "항거하는 여성"이라는 제목이 적힌 3월 16일 자《뉴스위크》가 발행되던 날,《뉴스위크》소속 여성 자료 조사원과 보조원들은 미국시민자유연합American Civil Liberties Union: ACLU 사무실에서 열린 기자회견에서 그 잡지를 흔들며《뉴스위크》를 상대로 성차별 집단소송을 제기한다고 선언했다. 며칠 내로 《레이디스 홈 저널》Ladies' Home Journal 잡지사의 여직원들도 연좌 농성을 벌였다. 로펌, 기업, 비영리 단체에서도 비슷한 시위가 벌어졌다.[30]

대립의 강도는 좀 덜 했지만, 주요 대도시 이외의 지역에서도 건방진 여자들이 나타났다. 테네시주 녹스빌《뉴스 센티넬》News Sentinel 신문사에서, 여자도 바지 차림으로 출근할 수 있게 해달라는 기자의 요청을 남자 편집장이 거부하자, 1970년 8월 26일 편집국 소속 여직원 전원이 바지를 입고 출근했다. "도무지 믿기질 않네." 여자들이 한 명씩 문을 열고 들어올 때마다 편집장이 중얼거렸다. 그렇게 몇 시간을 중얼거리며 줄담배를 피우다가 그가 동료에게 말했다. "어떻게 하면 되는지 알아. 그냥 무시하면 돼." 이후 여직원들은 계속 바지를 입었다.[31]

활동가들은 전국 여러 도시에 여성센터를 열었다. 루터교회는 최초의 여성 목사를 임명했다. 뉴욕주, 알래스카주, 하와이주가 최초로 낙태를 허용했다. 민주당 전국우선순위위원회Committee on National Priorities 위원장이 여성은 "호르몬 불균형이 극심해서" 의사 결정을 못한다고 발언했다가 대중의 분노를 사 위원장직에서 물러났다.[32]

샌들러는 숨 가쁜 생활로 접어들었다. 드디어 2월에는 보건교육복지부에 새로 생긴 '여성행동프로그램'에서 실력 본위 평가제를 조정하는 임시직 심리사로 채용됐다. 또한 메릴랜드대학에서 야간 강좌 두 개를 맡아 가르쳤다. 가장 신나게 한 일은 WEAL 자원봉사였다. 그는 난생처음 수많은 똑똑한 전문직 여성들과 함께 상의해 가며 일했고, 그중 일부는 직접 만나기도 했다. "혹시 이 근처에 왔다가 묵을 곳이 필요하면 우리 집에서 지내세요. 10대인 두 딸과 개한 마리, 기니피그, 햄스터, 그리고 우리 집의 유일한 남자인 제 남편과 함께 지내는 것이 불편하지만 않으시다면." 1970년 2월, 그는 멀리 사는 동지에게 그렇게 써 보냈다.[33]

《워싱턴 포스트》에서 샌들러의 진정에 관한 기사를 눈여겨본 아본 프레이저Arvonne Fraser가 새로 듬직한 동맹이 되어주었다. 그는 하원의원인 남편의 선거운동을 조직했고 미네소타주에서 민주당 지역당 간부로도 일했다. 프레이저가 갖춘 의회 내부자로서의 지식과 출중한 조직 능력은 샌들러와 WEAL의 역량을 한층 높은 수준으로 끌어올렸다.

대공황 시기에 미네소타의 농장에서 자란 아본은 7학년 때 이미 자기는 커서 자식을 다섯 명 낳을 생각이고 아들 키우기가 더 재미있으니 자식이 전부 아들이었으면 좋겠다고 선언했다. 그는 자기 힘으로 학비를 벌어 대학을 마쳤다. 두 번째 남편 도널드 프레이저와는 미네소타주 민주당에서 활동하다가 만났고, 도널드의 실질적인 선거운동본부장이 되어 그의 의원 당선과 의회 진출을 도왔다. 도널드는 선거운동 관련 서류에 남자 이름을 올리려는 목적으로 경력도 별로 없는 남자를 선거운동본부장으로 채용하여 아본에게 상처를 주었다. 하지만 모든 결정은 아본과 도널드가 한다는 것을 그 본부장이 깨달았을 때, 아본은 그에게 측은한 마음마저 들었다.

아본의 자존심이 바닥을 친 것은 워싱턴DC로 이사했을 때였다. 그는 더 이상 승리를 이뤄낸 선거운동본부장도, 미네소타주 민주·농민·노동당 부위원장도, 민주당 여성포럼 의장도, 미니애폴리스 공공복지위원회 위원도 아니었다. 여섯 아이를 (전부 아들은 아니었다) 여기저기 실어 나르는 교외 전업주부 생활을 하다 보니, 자신이 독립된 인간이 아닌 것처럼 느껴졌다.

그는 다시 도널드의 사무실에서 시간제 자원봉사자로 일하면서 우울에서 벗어났다. 그게 가능했던 것은 로제타 맥도널드Rosetta McDonald라는 흑인 여성을 가사도우미로 고용할 수 있었기 때문이었다. 프레이저 가족이 DC 시내로 이사하면서 상황이 좀 더 나아졌다. 아본은 NOW의 DC 지부 모임에 나갔다가 거기 나오는 여성들이 정치적으로 순진하다고 판단했다. 여성전국민주당클럽Woman's National Democratic Club에도 가봤지만, 백인 남성만 연설자로 초대하는 것을 보고 실망했다. 아들 톰이 구독권을 사주어 읽게 된 소규모 페미니스트 신문《우리 좀 그만 괴롭혀》off our backs에서 여성 의식화 그룹에 관해 알게 됐으나 별로 마음이 끌리지는 않았다.

1969년 그는 주로 정치인, 외교관, 언론인의 아내를 대상으로 격식 없는 오찬 모임을 친구와 함께 조직하여 나름대로 페미니즘에 이르는 길을 개척했다. 당시 워싱턴에서 지내던 여자들로서는 급진적인 행동이었다. 심지어 자기들이 '여성해방론자들'이 하는 것과 비슷하게 지원그룹을 꾸렸다는 사실조차 스스로 인정하지 않았다. 그들이 조직한 월례 모임의 핵심 원칙은 자신을 남성과 연결 지어 소개하지 말고 자기가 무슨 일, 무슨 생각을 하는지, 또는 무슨 말이

하고 싶은지와 연결 지어 소개하라는 것이었다. 첫 모임에서 한 참석자가 프레이저에게 말했다. "워싱턴에서 20년을 살았지만, 내가 누군지 질문받은 것은 이번이 처음이네요."[34]

이 모임을 알게 된 기자들이 참석자들에게 남편이 누구냐고 귀찮게 물어댔다. 그걸 밝히는 대신 이 단체는 스스로 '익명의 자매회'The Nameless Sisterhood로 칭했다.

프레이저가 익명의 자매회에 초청한 최초의 외부 연사는 버니스 샌들러였다. 자매회 회원들은 샌들러의 강연에 고무되어 WEAL에 동참했다. 그로부터 1년이 채 못 되어 프레이저는 WEAL 워싱턴 DC 지부를 조직하고, 곧 WEAL의 입법 사무소도 설립했으며, 이어 WEAL 전국회장으로 취임했다. 동참에 관심을 보일 만한 친구와 동료의 연락처를 다들 서로 공유했다. 그들은 그렇게 성공적으로 네크워크를 구축해갔다.

그러는 동안 샌들러는 WEAL을 통해 계속 진정을 제출했다. 최초의 진정을 제외하고는 전부 샌들러가 직접 서명했다. 이후 2년 동안 250개가 넘는 대학을 문제 삼아 진정을 제기했는데, 이것은 미국 고등교육기관 2525개 가운데 10퍼센트에 달하는 수치였다.[35] 정치적으로 노련한 WEAL 창립자 보이어는 샌들러에게 진정을 제기할 때 해당 대학 총장에게 통고하지 말고, 그 대학교가 있는 지역 신문사에 진정서 사본을 보내라고 조언했다. 그러면 총장은 기자에게 전화를 받을 때까지 그 사실을 모르고 있다가 전화를 받을 때쯤이면 사건은 벌써 공론화된다.

샌들러는 진정을 낼 때 반드시 통계자료에 의존하거나, 아니면

20건의 경우 교수 채용 공고에 담긴 차별적 문구를 근거로 삼았다. 아래와 같이 차별 경험담이 적힌 편지를 자주 수신했지만, 일화성 자료에만 의지하여 제기한 진정은 하나도 없었다.

에미 부이Emmy Booy는 메인주 베이츠대학교 지질학과 교수직에 지원했을 때 받은 짤막한 채용 불합격 편지를 샌들러에게 보냈다. 거기에는 이렇게 적혀있었다. "우리는 남자 지원자만 받습니다." 1969년 아이오와대학교 동물학과는 뉴욕에서 채용 지원서를 보낸 유니스 카한Eunice Kahan 박사에게 채용되면 남편과 떨어져 살 수 있겠느냐고 질문하며 답변을 요구했다.

오하이오주 유클리드에 사는 간호사 러레인 그랜트Loraine Grant는 교육보건학 석사로, 여성 채용을 꺼리는 행태 때문에 취업에 어려움을 겪자 슐츠 장관에게 편지를 보내고 그 사본을 샌들러에게 발송했다. 미네소타주 칼턴대학교에 다니는 그랜트의 딸은 총장 채용 공고에 "남성 선호"라는 표현을 넣은 대학 당국을 비판하고 다른 학생과 함께 성차별 반대 운동을 조직했다. 뉴욕주 코넬대학교에 다니는 아들도 성차별주의의 피해자라고 그랜트는 덧붙였다. "저는 아들이 걱정됩니다. 왜냐하면 여자를 끌어내려야 남자가 올라설 수 있다면, 어떤 남성도 올바른 인간으로 성장할 수 없다고 생각하거든요."[36]

샌들러에게 정보를 주는 여성들은 보복 위험에 노출됐다. 뉴욕시립대학교는 샌들러의 진정에 기여한 두 여성을 정식으로 견책했다. 종신직이어도 자칫하면 해고될 수 있었다.[37] 다른 몇몇 대학은 항의하는 여성들의 강사 계약을 해지했다. 그중 최소한 한 명이 그

후 직장을 찾지 못해 생활보조비를 신청했다.

미국 교육사무국이 성별 통계 자료를 수집하지 않았던 까닭에 샌들러의 교육계 성차별 자료가 미국에서 가장 방대한 자료로 빠르게 자리매김했다.

샌들러에게 정보를 준 사람들과 WEAL 회원들은 매컬루소의 조언에 따라 해당 지역 의원들에게 편지를 썼다. 그렇게 보낸 수많은 서신이 의회를 통과해 다시 보건교육복지부와 노동부의 업무 경로로 줄줄이 흘러들었다. 결국 의원과 유권자가 보내온 방대한 양의 서신을 전부 처리하느라고 해당 정부 부처는 상당한 인력을 배정해야 했다.[38]

행정명령 위반에 관해 진정하는 샌들러의 전략은 다른 여성 단체로 금방 퍼져나갔다. 그는 시간 나는 대로 각종 모임과 회의에 참석해 강연했고, 그때마다 비행기 타는 것이 두려워 대부분 기차를 이용했다. 하루는 한 흑인 여성 동지가 휴스턴에서 열리는 회의에 연사로 참석해달라고 초청했다. "여기 오셔서 여성 문제에 관해 강연하시면 어떨까요?"

샌들러가 기대에 들떠 물었다. "휴스턴까지 기차가 가나요?"

"기차라니 무슨 소립니까? 비행기 타고 오셔야지요!"

"저, 비행기 안 타거든요." 샌들러가 자신의 심한 비행 공포증을 언급했다. 그러면 보통 상대방이 "저런, 안됐네요" 하고 동정하면서 다른 교통수단을 생각해냈다. 그런데 이번에는 아니었다.

"저기요. 비행기 타는 법을 배우시든가, 아니면 여성운동 그만두세요." 샌들러가 깜짝 놀라 들은 대로 행동에 옮겼다. 여전히 두려웠지만, 샌들러는 비행기에 올랐다.

한번은 강연 장소에서 뉴욕주립대학교 버펄로에서 가르치는 영문학 교수 앤 스콧Ann Scott을 만났다. 스콧은 1970년도 초에 NOW가 새로 설립한 전국대학조정위원회에서 위원장을 맡고 있었다.[39]

3월에 스콧이 샌들러에게 이렇게 편지했다. "WEAL의 목표와 우리의 목표가 동일한 만큼 NOW는 대학별로 진정을 제기하는 전국 캠페인을 추진하여 WEAL이 OFCC에 제출한 집단 진정을 뒷받침하겠습니다." 그 후 NOW는 100건에 달하는 진정을 차근차근 제출했으며, 그 과정에서 샌들러와 빈번히 긴밀하게 소통했다. 4월에 스콧은 뉴욕시 자택에 샌들러를 초대해 머물게 했고, 그 기간에 샌들러는 전문직여성회Professional Women's Caucus에 참석해 페미니스트 저자 케이트 밀렛Kate Millett 같은 인물과 교류했다.[40]

뉴욕에서 돌아오는데 제리가《플레이보이》지를 들고 역으로 마중 나와 샌들러를 놀라게 했다. '이건 제리답지 않다'고 생각했다. 제리는 실은 "맹렬한 페미니스트들"The Fiery Feminists이라는 기사를 아내에게 보여주려고 산 거였다. 샌들러는 스콧에게 감사 편지를 쓰면서 농담했다. "내가 페미니스트여서 남편이《플레이보이》를 사주더라는 말을 다른 사람에게 어떻게 설명하죠?"[41]

스콧이 WEAL에 가입했고, 샌들러도 마침내 NOW에 가입했다.[42] 스콧은 샌들러가 공유한 진정 제기 요령을 정리했다. 그렇게 정리한 내용을 그들은 NOW와 WEAL을 통해 전국에 배포했다.

2월 6일, 그러니까 1970년 1월 말 WEAL에서 샌들러가 준비한 집단 진정을 제기하고 일주일도 채 되기 전, 보스턴 지역의 한 여성

단체 연합이 하버드대학교 총장에게 〈하버드대학교 여성 지위에 관한 성명과 제언〉을 보냈다.[43] 이 보고서는 행정명령을 언급하지 않았으나, 통계자료의 제시와 함께 하버드대에서 발생하는 성차별의 시정을 촉구했다. 보스턴 지역 NOW 지부는 이 보고서를 바탕으로 3월 25일 슐츠 장관에게 정식으로 진정했다.

마침 노동부는 인종차별 혐의로 이미 하버드대학을 조사하던 중이었다. 슐츠는 거기에 성차별 조사도 추가했다. 교육계에서 처음 있는 일이었다.

그 보고서에 따르면 하버드대 법학전문대학원과 인문대학원 정년 보장 교수 473명 가운데 여성은 단 한 명도 없었다.[44] 대학은 여자 대학원생 비율을 고의로 낮게 유지했으며(학과에 따라 8~22퍼센트), 여자 교수 비율은 그 낮은 여자 대학원생 비율에도 못 미쳤다. 그런데도 하버드대는 연방정부와 계약을 맺고 수천만 달러에 해당하는 지원금을 받았으며, 그 금액은 2020년도 화폐가치로 수억 달러에 해당했다.

처음에 하버드대는 연방정부의 조사가 "흠잡기용 정보 수집"이라며 채용, 임금, 승진에 관한 인사 기록 제출을 거부했다. 4월이 되자 보건교육복지부는 15일 기한을 주며 기록 공개를 요구했다. 계약상의 지원금 약 400만 달러(2020년 화폐가치로 2670만 달러[약 347억 원])의 지급을 중지하는 드물게 엄중한 조치도 취했다. 하버드대학은 마지못해 기록을 공개했다.[45]

1970년 5월에는 미시간대학교 여성 교직원들이 임금 불평등 금지 행정명령을 토대로 진정함으로써, 보건교육복지부가 최초로 공립대학 성차별 사건 조사에 돌입했다. 하버드대처럼 미시간대도 처음에는 협조를 거부하다가 연방정부가 계약에 따라 지급하는 연간 6600만 달러[약 858억 원]를 잃을 위험을 자초했다. 보건교육복지부는 행정명령을 근거로 여러 대학에 연방 지원금 지급을 차근차근 중단했다. 결국 미시간대학교는 굴복했다.[46]

4월 중순까지 샌들러는 32개 고등교육기관에 관해 진정을 제기했다. 2주 후에는 총 43건에 이르렀다.

4월에 보건교육복지부 민권사무국OCR은 마침내 샌들러가 적을 둔 메릴랜드대학교의 성차별 조사에 착수하면서 노동부와 협력하여 대학별로 여성 고용 현황을 조사할 것이라고 밝혔다.[47] 샌들러는 슐츠에게 또 한 차례 편지를 보냈다. "OFCC가 건축업계 인종차별과 싸울 때 보여준 것과 똑같은 수위의 엄격한 법 집행을 촉구합니다."

샌들러와 WEAL의 진정에는 언급되지 않았지만, 유색인종 여성은 교육계에서 이중 차별을 받았다. 흑인, 멕시코계, 푸에르토리코계 미국인의 해방운동은 소수자 학생을 더 입학시키고 민족학 프로그램에 재정 지원을 보강하도록 각 대학을 압박했다. 1969년에 5개월 동안 전개된 동맹 휴학 — 역사상 가장 긴 동맹 휴학이었다 — 으로 샌프란시스코주립대학교는 흑인학과와 민족학과를 설립했다. 미시간대학교 앤아버에서도 흑인행동운동Black Action Movement의 주도로 10일간 동맹 휴학에 들어갔으며, 학교가 흑인 재학생 비율을 1973년 가을학기까지 최소한 10퍼센트로 늘려 미시간주 흑인 인구 비율과 가깝게 맞추는 데 동의함으로써 1970년 4월 초에 상황이 종료됐다. 흑인 학생들은 다른 어떤 학생 집단 못지않게 똑똑하고 고등교육에 열의를 보였음에도 수 세기에 걸친 구조적 인종주의가 고등교육 접근과 거기에 필요한 지원을 가로막고 있었다.[48]

1968년 미스 아메리카 미인대회에서 벌어졌던 시위처럼 여성단체와 인종정의 단체는 대체로 나란히 움직였고, 때때로 겹치기도 했다.

그러는 동안 노동부 여성국의 캐서린 이스트는 대학교수의 직급과 임금이 성별에 따라 큰 차이를 보인다는 사실을 담은 5쪽 분량의 현황 요약서를 작성해 샌들러의 진정 내용을 뒷받침했다. 그보다 8개월 전 여성국이 발표한 데이터 중심의 9쪽짜리 팸플릿은 여직원은 아이가 아프면 "집으로 달려간다"거나 (샌들러가 들은 채용 거부 핑계 가운데 하나였다) 결혼하면 그만둔다는 미신을 타파했다.[49] 4월 말에 보건교육복지부는 몇몇 대학의 성차별 문제를 조사 중이라고 공식 확인했다.[50]

앤 스콧은 교육계의 여성 채용에는 정부가 소수인종 채용에 강제되는 적극적 우대조치를 요구하지 않는다는 사실에 주목하고, 여성을 위한 적극적 우대조치 모델인 'NOW 계획'을 고안했다. 샌들러의 권고에 따라 스콧은 그 계획을 매컬루소에게 검토받았다. "매컬루소는 어떻게 하면 더 강경하게 나갈 수 있을지 훌륭하게 조언해줘요." 샌들러가 스콧에게 언급했다.[51]

5월에 샌들러가 WEAL 소속 자격으로 NOW 계획을 노동부에 제출했으나 별 반응을 얻지 못했다. "전국에서 여성들과 남성들이 (…) WEAL에 정식 진정을 제기해달라며 소속 기관에 대한 자료를 보내오고 있습니다. (…) 우리 활동이 잘 알려지지 않아서, 이 모든 일이 전부 입에서 입으로 전달하는 방식으로 이뤄지고 있습니다.” 슐츠 장관에게 보내는 편지에 그는 그렇게 적었다.[52]

스콧은 피억압자뿐만 아니라 억압자도 해방하라는 호소로 그 적극적 우대조치 계획의 결론을 마무리했다. “남성이 부담하는 숨겨진 비용도 마찬가지로 높다. 남성이 선호되면 여성을 희생시키고 이익을 보는 처지에 놓인다. 어떤 이익도 그런 비용을 정당화할 수 없다. 모든 사람이 평등해질 때까지는 아무도 평등하지 않다”라고 스콧은 적었다. “남성도 사회적으로 결정된 우월성을 억지로 유지해야 하는 문화적 지위의 포로다. 그 우월성은 여성을 열등한 존재로 만들어서 얻어진다. 제대로 된 남성이라면 여자보다 얼마나 더 우월한가로 자신의 남성성을 규정하고 싶어 할 리 없다. 그렇게 믿기에는 남성들이 너무 현명하며, 남성도 자신을 존중한다면 그런 관념을 허락하지 않으리라고 믿고 소망한다.”[53]

스콧과 샌들러는 매컬루소와 다른 노동부 관료들을 만날 기회가 있었는데, 그때 샌들러는 자기보다 노련한 스콧이 목표를 향해 정략적으로 수완을 발휘하는 모습을 지켜보며 배웠다.

주류 언론도 여성운동의 영향이 커지는 것을 서서히 인정하기 시작했고 이전보다 존중하는 어조로 보도했다. 그중 주목할 만한 사례는 ABC 뉴스의 말린 샌더스Marlene Sanders가 제작하고 보도한 최초의 여성운동 다큐멘터리로 1970년 5월 26일에 방송되었다.[54] 그러나 대중에게 널리 존중받는 일은 생각보다 쉽지 않았다.

샌들러가 강의 중에 학생들에게 연방 진정에 관해 설명하자, 한 남학생이 손을 들었다. "남편이 신청서를 대신 써줬나요?" 그 질문에 아무도 놀라지 않았다. 그 시절에는 그런 질문을 합당하게 여겼다.

"아니요." 샌들러가 설명했다. "제가 직접 썼습니다."

샌들러는 누가 아무리 자기를 비난해도 학생과 동료를 상냥하고 예의 바르게 대했다. 단 한 번, 예외가 있었다.

교수 하나가 강의 사이 휴식 시간에 복도에서 샌들러에게 다가왔다. "당신이 무슨 일을 벌이는지 압니다." 그가 말했다. "왜 좀 더 숙녀답게 굴지 못하죠?"

그 말에 샌들러는 몹시 기분이 상했다. 그 세대의 많은 여성이 그랬듯, 샌들러는 그 모든 활동을 하면서도 늘 '숙녀답게' 처신하려고 대단히 애썼다. 직장이나 기자회견에 나갈 때는 세심하게 정장을 차려 입었고, 남들 앞에서 감정을 조절했으며, 차별을 얘기할 때도 정중한 어법을 사용했다. 그는 지금 불의를 시정하고자 연방 진정을 제기하는 진지한 일을 하는데, 이 교수는 그것이 자기가 생각하는 여성성에 어긋난다는 점에만 연연했다. 샌들러는 신물이 났다.

"저는 40년 넘게 숙녀로 살았습니다." 샌들러가 소리 질렀다. "그래서 그게 저에게 도대체 무슨 도움이 됐는데요?!"

샌들러는 그 학기가 끝나고 메릴랜드대학교 강사직을 잃었다.

그러나 더 중대한 일들이 그를 기다리고 있었다. 의회 안팎의 페미니스트들이 관례를 타파하고자 앞으로 여러 해 지속될 입법 전쟁의 도화선을 당겼다. 성차별을 저지할 더 강력한 도구를 마련하기 위해서였다. 그중 하나가 바로 '타이틀 나인'Title IX이라는 법률이었다.

1970~1972

·3·

법 제정

샌들러는 미 하원 레이번 빌딩 2261호실 관람석에 앉아 연신 오른발을 들썩이며 억눌린 에너지를 방출했다. 고등교육기관 성차별에 관한 최초의 의회 공청회였다! 그가 준비를 도운 공청회였다! 세게 튼 에어컨이 6월의 후덥지근한 바깥 열기를 막아주었다.[1]

샌들러 앞에 놓인 반들거리는 나무 탁자는 증인석과 기자석이었고, 그것과 마주 보는 단상 위의 길쭉한 반원형 탁자는 분과위원회 위원들이 앉을 자리였다. 그 뒷벽에 짙은 색 목제 패널이 붙어있고, 바닥에는 푹신한 푸른색 카펫이 깔려있었다. 위원장 이디스 그린 하원의원이 단상 중앙에 자리 잡았다. 그는 총 535명의 상·하원의원 중 여성 11인 가운데 하나로, 여성으로서는 드물게 고위 의원으로서 영향력을 보유했다.

1970년 6월과 7월에 열린 7일간의 공청회는 그린이 발의한 H.R. 16098* 제805절을 중점적으로 다뤘다. 이것은 어느 일괄 교육법안의 일부였는데, 작지만 잠재적으로 강력한 규정이 될 수 있었

다. 제805절은 연방정부의 재정 지원을 받는 모든 프로그램 또는
활동에서 성차별을 금지했다. 그린은 자신이 위원장으로 있는 하원
교육특별분과위원회의 다른 위원 15인(전원 남성이었다)과 그 상
위 조직인 교육노동위원회 위원 35인 — 그린과 1964년 최초의 아
시아계 여성이자 유색인종 여성 하원의원으로 선출된 패치 타케모
토 밍크Patsy Takemoto Mink (민주당-하와이주)[2]를 제외하고 전원 남성이
었다 — 을 설득하는 일이 쉽지 않을 걸 알았다.

그린의 동료 대다수와 닉슨 정부는 제805절에 차가운 반응을
보였다. 그린이 속한 분과위원회 위원 7인은 아예 공청회에 참석하
지도 않았다. 그린과 함께 거의 매일 참석한 위원은 한 사람뿐이었
다. 노동부는 행정명령 집행 권한이 있는 책임자를 공청회에 보내
지 않았다. 행정부 측 증인들은 그린을 설득하여 제805절의 내용을
약화하려고 애썼다.

공청회 2일째인 6월 19일 샌들러는 관람석에서 증언석으로 자
리를 옮겨 난생처음으로 의회에서 증언했다. 그는 비록 강사직을
잃었지만, 선구적인 민권 변호사이자 브랜다이스대학 미국학 교수
인 폴리 머리, 그리고 컬럼비아대학교 미술사 조교수 앤 서덜랜드
해리스와 여기 이렇게 나란히 앉아있었다.

놀라운 일화와 통계가 거의 매일 자신의 책상에 도달한다고, 샌
들러는 그날 참석한 두 명의 분과위원회 위원인 그린과 윌리엄 D.
해서웨이William D. Hathaway (민주당-메인주)에게 말했다.[3] 예를 들어 모

• 하원에 제안된 법안은 H.R.(House of Representatives), 상원에 제안된
법안은 S(Senate)와 함께 일련번호를 붙여 표기한다.

대학 어느 학과의 여자 정교수는 대학원을 갓 졸업한 남자 조교수보다 적은 임금을 받았다. 또 다른 대학에 10년간 재직한 여자 부교수는 자기 연봉이 그 대학 최하 등급보다 1000달러(2020년도 가치로 6711달러[약 900만 원]) 이상 낮다는 사실을 알아냈다.

"여성들은 자칫 학자 인생에 차질이 올까 봐 소속 기관에서 일어나는 차별에 항의하기를 기피합니다." 샌들러가 덧붙였다. 그는 여러 여성이 소속 대학에서 성차별에 항의했다가 교수임용계약 갱신을 거부당한 일을 알고 있었다.

"그런데 이게 전부 합법적이라는 겁니다!" 교육계의 성차별을 막아줄 다른 법은 없었다. 행정명령이 그 역할을 했지만, 고용에만 적용되고 교육의 다른 측면에는 적용되지 않았다. 게다가 행정명령은 법률의 지위를 갖지 않아서 대통령이 바뀌면 행정명령도 바뀔 수 있었다. 또한 연방 계약은 주로 규모가 큰 대학과 체결했으므로, 이 행정명령은 대다수의 소규모 대학과 K-12 학교**에는 적용되지 않았다. 행정명령만으로는 부족했다. 여성에게는 그린 의원이 발의한 제805절 같은 법률이 필요했다.

"점점 더 많은 정보가 수집될수록, 대학 성차별이 대규모에다 일관되고 악랄한 양상을 보인다는 데 의심의 여지가 없습니다." 샌들러가 말했다.[4]

그린 의원은 평소 모습대로 담백하게 공청회를 진행했다. 전직 교사였던 그는 15년간 의원 생활을 하면서 하원 분과위원회 위원

** 유치원에서 고등학교 졸업반인 12학년까지의 교육 기간을 가리키는 용어.

장도 맡고 교육 관련 법안은 거의 모두 직접 작성하거나 영향을 미쳐서 '미세스 에듀케이션'이라는 별명을 얻었다.

그린을 좋아한 동료는 많지 않았지만, 그들은 못마땅해하면서도 그린을 존중했다. 1969년 말에 나온 뉴스 기사는 키 163센티미터에 60세인 그린을 "암사자"로 묘사했다. 이 아담한 은발의 할머니가 "분명히 점잖아 보여도" 일단 입법 전쟁에 임하면 "힘센 남자들을 공포와 분노에 떨게" 만들었는데, 왜냐하면 "적을 제대로 채찍질할 수 있는 맹렬한 전사"였기 때문이다. 《워싱턴 포스트》는 1969년 그린을 다룬 기사에 성차별적인 부제목을 달았다. "숙녀인가 악녀인가"LADY OR SHREW.**5**

그린은 쿠클럭스클랜이 오리건주 정계를 장악한 시절에 성장했지만, 스스로 생각하는 법을 배웠다.**6** 그는 자기 앞으로 오는 민권 법안이 있으면 꼭 원본 그대로는 아니더라도 언제나 지지했으며, 8년간 투쟁한 끝에 1963년 평등임금법을 통과시켰다. 그러나 1970년 그린은 학교 인종 통합을 위해 멀리 사는 학생들을 버스로 실어 나르는 강제 방침busing에 반대하고 그런 결정은 지역 당국에 맡겨야 한다고 주장했다. (이것은 인종 통합 반대자들이 단골로 내세우는 근거였으나 그린은 그렇게 보지 않았다.) 비판자들은 그를 "진보 인종주의자" "남부 사람들의 연인" "닉슨 민주당파"로 일컬었다.**7**

샌들러는 NOW의 앤 스콧에게 사과하는 어조로 편지했다. "저는 여성 문제를 제외한 나머지 사안은 그린 의원의 입장에 눈감아 주고 있습니다. 비겁한 핑계인지 모르겠지만, 안 그랬으면 여성을 위해 큰 성취를 이루기 어려웠을 겁니다."**8**

샌들러가 그린의 공청회에서 발언할 수 있게 도운 인물 중에 NOW 이사회 구성원 피니어스 인드리츠Phineas Indritz가 있었다. 그는 변호사로서 다양한 하원 분과위원회의 이면에서 영향력을 발휘했다.[9] 인드리츠가 그해 초에 샌들러와 그린을 연결해주었고, 그린은 샌들러에게 여성 차별을 주제로 열릴지 모르는 1일 공청회에 증인으로 참석할 사람을 추천해달라고 부탁했다.[10] 2월 중순이 되자 그린이 속한 분과위원회의 입법 자문역 해리 호건Harry Hogan이 공청회를 2일로 늘리자고 제안했다. 샌들러는 호건을 컬럼비아대학교의 '건방진' 여자 교수들과 연결해주었다. 공청회 기간은 금세 5일로 늘었다가 다시 7일로 늘어났다. 인드리츠는 샌들러에게 교육계 차별 행태에 관한 마사 그리피스Martha Griffiths(민주당-미시간주) 하원의원의 의회 연설 원고도 작성해달라고 요청했다.

1970년 2월 첫째 주, 보건교육복지부에 얻은 새 임시직을 준비하며 메릴랜드대학에서 마지막으로 가르치는 야간 강의 두 개를 막 시작한 샌들러는 연설문 초고를 신랄하게 작성했다. 이 원고는 앞으로 샌들러 본인이 하게 될 수십 차례의 연설과 이후 몇 년간 이뤄질 의회 증언의 견본으로도 활용되었다. 그리피스는 거의 샌들러가 써준 그대로 3월 9일에 연설했고, 이것이 뉴스로 보도됐다.[11]

샌들러는 워싱턴이 어떻게 돌아가는지 단기 속성으로 배웠다. 매컬루소는 샌들러에게 인종, 피부색, 출신국뿐만 아니라 성별에 근거한 차별도 금지할 수 있도록 민권법 제6편을 수정하는 일에 노력을 기울이는 것이 어떻겠느냐고 제안했다. 샌들러가 그 아이디어를 인드리츠에게 언급했고, 인드리츠가 그린을 부추겨 그린이 발의

할 법안에 그것을 보태게 했다.[12]

2월 19일 그린은 거대 법안 '1970년 일괄 고등교육법'Omnibus Post-Secondary Education Act of 1970: H.R. 16098을 발의했다. 고등교육 프로그램들을 재승인하기 위해 꽤 오래 계획된 대규모 법안이었다. 이 법안 제805절은 샌들러가 결함을 발견한 3개의 법, 즉 민권법 제6편과 제7편, 그리고 공정노동기준법에 포함된 평등임금법을 수정하도록 되어 있었다.

평등임금법이 수정되는 방식은 엉큼하다고 할 만큼 훌륭했다. 그린을 도와 평등임금법을 입안하고 제정하는 일을 도운 노동부 직원 모래그 심착Morag Simchak은 제805절의 표현을 의도적으로 불명확하게 했다. 의원들이 그 규정의 실질적인 내용을 알아내고자 추가적인 수고를 하지 않을 것이므로 반대할 생각을 못 하리라는 점을 알았다.[13] 심착이 살면서 경험한 바로, 때로는 살아남으려면 눈속임이 필요했다. 그는 건초 더미를 실은 수레에 숨어 나치가 점령한 폴란드를 탈출했으며 1941년 난민 신분으로 미국에 왔다고 샌들러에게 말했다. 그의 첫 남편은 폴란드 저항군으로 싸우다가 1944년 바르샤바 봉기 때 사망했다.[14] 호건과 그린은 심착의 표현들을 그대로 채택하고 제805절이 진화하는 동안 그의 조언에 의지했다.

그사이 WEAL의 진정 제출에 관해 소문이 퍼졌다. 그해 봄 폴리 머리 교수와 다른 학자들이 샌들러에게 연락을 취했다. 샌들러는 그들에게 그린의 공청회에 증인으로 출석할 것을 제안했다.

공화당의 몇몇 여성 하원의원도 샌들러에게 연락을 해왔다. 그 중 네 명은 1969년 1월 이후로 닉슨 대통령 보좌진에게 주기적으로 여성 문제를 제기했다. 닉슨이 신설한 '여성의 권리와 책임에 관한 대통령 직속 대책본부'가 1969년 12월에 보고서를 냈으나 처음에는 행정부가 이것을 공개하지 않았다. 〈단순한 정의의 문제〉A Matter of Simple Justice라는 제목이 붙은 그 보고서는 각계에 만연한 성차별에 대응할 구체적인 조치들을 권고했다.[15] "대통령이 옳은 일을 할 것으로 믿습니다." 대책본부 구성원이었던 플로런스 드와이어Florence Dwyer (공화당-뉴저지주) 하원의원이 샌들러에게 그렇게 편지했다. "그렇지만 차별 철폐와 기회 확대라는 매우 심각한 사안의 해결을 더는 지체할 수 없습니다."[16] 이윽고 대책본부의 누가 그 보고서를 언론에 유출했다.

WEAL과 NOW는 계속 대중의 관심을 자극했다. 3월에 샌들러는 노스캐롤라이나대학교와 뉴욕시립대학교CUNY에 소속된 모든 대학에 관해 진정을 제기했다.[17] 5월에는 플로리다주의 주립대 시스템 전체와 2년제 대학을 타깃으로 삼았다. 6월에는 WEAL이 캘리포니아주의 모든 주립대를, 그리고 NOW는 세계 최대의 대학 시스템인 뉴욕주립대학교SUNY를 고발하는 진정을 제출했다.

"제 생각에 머지않아 우리가 엄청나게 많은 대학을 뒤흔들어놓을 것 같습니다." 샌들러는 어느 동지에게 이렇게 적어 보냈다.[18]

닉슨의 대책본부나 그린의 법안에 들어간 제805절이나 모두 크게 주목받지 못했다. 그보다도 대중의 관심은 의회에서 토론 중인 별도의 헌법 수정안 '평등권 수정안'Equal Rights Amendment: ERA*에 집중되었

---

* '성평등 헌법 수정안' 또는 '남녀평등 헌법 수정안' 등으로 옮기기도 한다. 그러나 이 책에서는 원문을 따라 '평등권 수정안'으로 옮겼다.

다. 여성들이 47년 동안 추구해온 이 수정안이 통과되면 교육 분야를 넘어 훨씬 광범위하게 성차별을 금지할 수 있었다.[19]

막강한 미국교육협의회American Council on Education: ACE의 로비스트가 그린의 제805절에 관한 공청회 참석을 거부하며 이렇게 언급했다. "고등교육기관에 성차별은 없습니다. 그리고 문제점도 아니고요."[20] 그린의 공청회는 여러 분야의 고용 차별에 주로 초점을 맞추고, 거기에 추가로 학생 입학, 상담, 교과서 문제 등을 약간 다루었다. 증인 대다수가 석·박사 학위를 보유했다. 미국 사회에서 고질적인 인종주의와 금전적인 어려움이 전문직에 합류하는 데 걸림돌이 된다는 문제가 제기된 지 얼마 안 된 시기여서, 증인의 대다수가 백인이었다.

공청회 내내 그린은 성차별이 인종차별보다 더 큰 문제라고 거듭 언급했는데, 당시 그 두 가지를 경쟁 관계에 놓는 것은 흔한 사고방식이었다.

폴리 머리 교수는 그런 사고를 깨려고 시도했다. 샌들러에 이어 증언에 나선 그는 먼저 ACLU를 대표해서 발언한 다음 본인의 생각을 말했다.[21] 머리는 1960년 이전에 법학으로 학위를 취득한 극소수의 여성이었고, 당시 그런 흑인 여성은 더더군다나 드물었다. 연방대법관 서굿 마셜Thurgood Marshall이 아직 변호사이던 시절 브라운 대 교육위원회Brown v. Board of Education 사건을 맡았을 때 인종분리 문제에 관한 머리의 학문적 업적이 그 사건에서 인종차별적 교육제도 반대 논거에 기여했다. 머리는 케네디 대통령이 설치한 '여성의 지위에 관한 대통령 직속 위원회' 위원을 지냈고, 흑인으로는 최초로 예일

왼쪽부터 민권 변호사 폴리 머리, NOW 공동 창립자 소니아 프레스먼 푸엔테스, 버니스 샌들러. 1977년경. (© 하버드대학교 래드클리프연구소 슐레진저도서관)

대에서 법학 박사 학위를 취득했으며, NOW를 공동 창립했다. 그린의 공청회가 열릴 당시 그는 대학교수 겸 ACLU 전국 이사회 구성원이었으며, 1976년에는 성공회 신부로 사제 서품을 받은 최초의 여성이 되었다.

머리는 인종차별 투쟁과 성차별 투쟁이 "똑같이 시급하다"라고 말했다.[22] 그는 성차별주의를 "제인 크로"Jane Crow라고 부르며 짐 크로* 인종주의와 연결 지었다. '제인 크로'라는 표현을 대중화한 사람이 바로 머리였다. 그는 인종, 젠더, 연령, 계급 억압이 중첩된다는 사실을 분명하게 강조했다. (2017년에 출간된 한 평전은 머리에 대한 풍부한 개인 정보를 근거로 그가 트랜스젠더 남성이었다고 설득력 있게 주장했으나, 머리 본인은 그 문제에 관해 한 번도 공개적으로 언급하지 않았다.)[23]

"저는 개인의 재능 개발을 가로막는 모든 성적 장벽을 함께 허물기 전에는 미국에서 인종차별을 근절할 수 없다는 가설에 도달했습니다." 그가 말했다. "우리가 한 국가로 살아남으려면 흑인과 백인, 부자와 빈민, 남성과 여성, 노인과 젊은이, 북미 원주민과 갈색 인종, 그 밖의 모든 사람이 권력과 부를 나눠야 한다고 ― 또는 그 권력과 부를 재분배해야 한다고 ― 저는 굳게 믿습니다." 서로 다른 차별이 뒤엉켜 있으므로, 해결 방안도 이를 동시에 다뤄 한 종류 이상의 차별을 겪는 사람들이 방치되지 않게 해야 한다고 그는 주장했다.

• 짐 크로 법은 19세기 말에서 1960년대 중반까지 미국 남부에서 흑인을 겨냥해 시행한 인종분리법이다.

미국 최초의 흑인 여성 의원이자 이 공청회에서 증언한 유일한 하원의원 셜리 치점Shirley Chisholm (민주당-뉴욕주)은 7월 1일 발언에서 머리가 언급한 내용에 대부분 동의했다. 치점이 제805절에 대해 아쉽게 여긴 유일한 부분은 좀 더 강력한 법 집행 장치가 있으면 좋겠다는 것이었다. 다만 치점은 인종차별보다는 그린처럼 성차별을 더 심하게 당했다. "정치 생활을 해오는 내내 제 성별이 피부색보다 훨씬 큰 장애 요소였습니다."[24]

치점은 바베이도스에서 초등학교를 다녔고 브루클린대학교를 졸업했다. 학부생 1만 명 가운데 흑인 학생은 약 60명이었고 치점이 그중 하나였다. 졸업 후에는 교사직을 얻었다. 치점은 남편 콘래드의 전폭적인 지지를 등에 업고 뉴욕 주의회 의원직에 출마해 승리한 다음, 이어서 연방의회 의원이 되었다.[25] 그는 항의 집회나 시위를 삼가고 주로 투표 절차를 통해 민권, 사회정의, 페미니즘, 흑인 민족주의(하지만 그는 많은 흑인 민족주의자의 '남성성 과시'에는 반대했다), 학생운동, 수감자 권리, 베트남전 중단을 지지했다. 그리고 NOW가 창립되자마자 회원으로 가입했다. 그 시절 드물게 인종, 젠더, 계급 문제를 연결해서 바라본 몇 안 되는 정치인으로서 백인 페미니스트와 유색인종 여성의 연합 구축을 위해 부단히 애썼다. 그는 유색인종 여성이 중요시하는 문제를 당시 많은 백인 페미니스트가 제기하지 못하는 점이 불만이었다. 주간 탁아시설 요구처럼 "흑인 여성에게 와닿는 부분도 여성해방운동에 일부 존재한다"라고 그는 언급했다. "그러나 나머지는 잠꼬대 같은 소리다."

미국민권위원회 위원 중 유일한 여성이자 유일한 흑인인 프랭

1971년 뉴욕주 올버니에서 열린 한 대회에 참석한
버치 바이 상원의원과 셜리 치점 하원의원. (© 인디애나대학교 도서관)

키 M. 프리먼Frankie M. Freeman도 치점과 같은 날 공청회에서 증언했다. 그는 인종차별이 여성차별보다 더 심각한 문제라고 반박했다.[26] 프리먼이 남부에서 흑인 여성으로 겪은 삶은 북부에 사는 바베이도스계 미국인 치점의 삶과는 달랐다. 프리먼은 그린의 법안에 의해 인종, 피부색, 출신국에 따른 차별 문제가 희석될까 봐 염려했다.

프리먼과 닉슨의 측근들은 제805절의 거의 모든 측면에 일일이 반대하여 그린에게 좌절감을 안겼다. 교육부 대변인은 성차별 통계에 동의하고 문제점을 인정한다고 증언했다가, 다시 입장을 번복해 그린이 제시하는 해결책에 반대했다. 심지어 여성국 국장 엘리자베스 쿤츠Elizabeth Koontz도 닉슨의 공화당 방침에 발맞추었다.

"실로 오랜만에 듣던 중 최고의 헛소리를 들었다고 말하지 않을 수 없네요." 그린이 쿤츠의 증언을 듣고서 보인 반응이었다.[27]

닉슨 정부는 인종, 피부색, 또는 출신국에 근거한 차별을 금지한 민권법 제6편에 '성별'에 근거한 차별을 추가하는 일에 특히 반대했다. 그렇게 제6편을 개정하면 교육 분야만이 아니라 연방정부의 지원을 받는 주택, 보건, 숙박업소나 대중교통 같은 공중 시설 등 사회의 많은 분야에 적용될 것이므로, 평등권 수정안ERA이 통과될 경우를 제외하고 가장 강력한 성차별 금지법이 될 수 있었다. 행정부 관계자들은 남녀 기숙사 분리가 폐지되고 종교의 자유가 위협받을까 봐 염려된다고 증언했다. 그들은 개정법이 교육기관의 화장실, 직업 훈련, 체육 시간, 운동 시설을 전부 남녀가 공유하도록 강제하게 될 것이라고 우려했는데, 하원이 법안 계류 중에 들은 스포츠 관련 논의는 이것이 유일했다.[28]

샌들러와 다른 여성 운동가들은 민권법 제6편의 개정을 강력히 주장했다. 머리가 말했다. "경험상 모든 차별금지 조치에는 인종, 피부색, 종교, 출신국, 연령, 그 외 다른 금지된 차별 근거와 더불어 성별이 포함되어야 마땅합니다."[29]

행정부 관계자들은 민권법 제6편을 개정하는 대신 제805절을 별도의 법률로 제정해야 한다고 주장했다. 제6편과 똑같은 문구를 사용하되 그 적용 범위를 교육 분야로 한정하라는 거였다. 그린과 그의 보좌진은 앞으로 타이틀 나인으로 진화하게 되는 법안들 속에 민권법 제6편을 개정하는 규정을 담을지 마음을 못 정하고 이후 2년 동안 그 규정을 넣다 빼기를 반복했다.[30]

샌들러와 머리는 그 공청회 이후 몇 년 동안 꾸준히 서신을 주고받으며 소식을 공유하고 아이디어를 시험했다. "이 시대에 살아있어서, 그리고 오늘날 이 운동에 몸담은 당신과 다른 수많은 여성과 교류할 수 있어서 정말 기쁩니다." 머리는 공청회 직후에 그렇게 편지하며 몇 가지 전략에 관해 생각을 나눴다. 평소에 왕성하게 편지를 쓰는 사람답게, 머리는 몇 주 후 또 자필로 쓴 메시지를 보내왔다. "친애하는 버니! 앞으로 이 시대를 기록하는 역사책이 당신에 관해 적을 때 학계의 성 혁명을 일으킨 작은 아씨로 일컬어야 할 겁니다."[31]

샌들러는 답신에 좋은 소식을 하나 적어 보냈다. 그린 의원이 샌들러를 시간제로 고용해 1월 7일까지 성차별 관련 공청회 서면 기록을 정리하는 일을 맡겼다.[32] "사는 게 정말 바쁘네요. 그래도 이제는 새 일자리 덕분에 일하는 시간을 거의 통째로 여성운동 관련 사안에 쏠 수 있게 됐어요. 휴가를 다녀왔더니 회신해야 할 편지가 50~75통쯤 되고 할 일이 많습니다."[33]

럿거스대학교의 젊은 법학 교수 루스 베이더 긴즈버그Ruth Bader Ginsburg가 샌들러에게 편지를 보냈다. (긴즈버그는 나중에 여성으로는 두 번째로 연방대법관에 올랐다.) 긴즈버그는 1971년 봄학기에 여성의 권리에 관한 강의에서 다룰 계획이라며 WEAL의 진정에 관해 정보를 요청했다.[34] 샌들러와 긴즈버그의 서신 교환은 1969년에 시작되어 1970년대 내내 이어졌다.[35] 긴즈버그가 법학 학술지에 기고할 논문 원고에 샌들러가 의견을 주자 긴즈버그가 감사 편지를 썼다. "덕분에 법률가로서 특히나 당혹스러울 수 있는 종류의 실수를 피할 수 있었습니다."[36]

샌들러는 여전히 외부자로 활동하면서도 이젠 좀 더 내부자가 된 것 같은 기분이었다. 1970년 8월 26일 뉴욕시에서 NOW가 급하게 조직한 '평등을 위한 여성 파업'Women's Strike for Equality에 약 5만 명이 참석하여 "파업이 뜨거운 동안에는 다림질하지 말라!"Don't Iron While the Strike Is Hot!라는 구호와 함께 행진했다. 샌들러와 다른 활동가 스무 명은 같은 날 워싱턴DC 백악관 건너편 라파예트 공원에 모인 1000~2000명 규모의 시위대 앞에서 ERA 제정을 촉구하는 연설을 했다. 큼직한 안경과 하얗게 세어가는 앞머리가 얼굴에 개성을 더해주던 샌들러가 군중에게 말했다. "인구의 절반 이상인 여성이 이등 시민인 나라는 무언가 잘못된 나라입니다. (…) 이제 요람을 흔드는 손이 나라를 흔들어야 할 때입니다." 잘 알려진 페미니스트 구호였다.[37]

샌들러는 그린의 공청회 기록 1261쪽을 두 권으로 정리했다. 그린은 이것을 각각 3000부씩 총 6000부 인쇄했는데 관례보다 여섯 배 많은 부수였다.[38] 이 공청회 기록은 "기념비적입니다. 그리고 폴리, 정말로 차별은 우리가 상상했던 것보다 훨씬 더 극심합니다." 샌들러는 머리에게 그렇게 써 보냈다.[39]

샌들러와 NOW의 앤 스콧은 행정명령 집행에 관해 자주 의논했다. 1970년 9월 30일 스콧이 샌들러에게 편지했다. "친애하는 버니, 지난 2년간 여성운동에서 일어난 가장 중요한 사건은 당신이 새 타자기를 마련한 일이에요!" 이제 샌들러가 타자하는 글자들이 한 자씩 제멋대로 위로 갔다 아래로 갔다 하지 않고 똑바로 한 줄로 박혔다.[40]

1970년 10월 5일 샌들러는 그린 공청회에서 들은 증언을 바탕으로 미국의 모든 의학전문대학원에 관해 진정을 제기했다.[41] 언론 보도가 그의 인지도를 높여주고 그의 메시지도 확산시켰다. 《위민스 웨어 데일리》*Women's Wear Daily*는 그를 가리켜 그린을 보좌하는 "아담하고 깡마른 교육 전문가"이며 "여성 권리에 관한 한 불같이 거침없는 인물"로 일컬었다.[42]

1970년 말까지 여성들은 행정명령을 근거로 최소한 262개 대학에 맞서 84건의 성차별 진정을 냈다.[43] 그러나 그린의 고등교육 법안은 분과위원회를 벗어나지 못한 채 폐기되고, 제805절도 그와 함께 사장됐다.

샌들러, WEAL, NOW는 예일대학교와 미국의 모든 법학전문대학원을 고발하는 성차별 진정과 함께 1971년을 열었다.[44] 미국 의회에서 펼쳐지던 여성운동의 기세는 1970년대 초반까지 한동안 지속되다가 반대 진영의 조직력이 개선되면서 누그러졌다. "우리는 모든 것에 성차별 규정을 넣었습니다." 벨라 앱저그Bella Abzug (민주당-뉴욕주) 하원의원이 회상했다. 대다수의 하원의원이 그 의미를 제대로 이해하지 못해서 통과된 경우가 대부분이었다고 샌들러가 훗날 언급했다.[45]

그린은 92대 회기에 발의하고자 호건에게 이전의 성차별 법안을 다시 다듬어달라고 부탁했다. 호건은 이 작업을 위해 샌들러, 그리고 심착과 자주 의논했다.[46] 그린은 다른 일로도 무척 분주했다. 자기가 대표하는 오리건주에서 야생마들이 목장 주인들을 성가시게 하는 문제를 해결하는 일도 그중 하나였다.

4월 초에 그린은 1970년 일괄 교육법안을 대체하는 거대 법안 '1971년 고등교육법' H.R. 7248을 발의했다. 이전 법안에 들어있던 제805절은 새 법안에서 제10편Title X으로 대체했다. 다음 날 호건은 샌들러에게 법안 사본을 보내면서 거의 사죄하는 어조였다. 제10편이 단일 성별 대학에는 적용되지 않았기 때문이다. 샌들러, 긴즈버그, NOW 등은 공적 지원금을 받는 모든 학교의 성차별을 금지하도록 그린을 설득해봤지만, 여자 대학과 남자 대학들이 여러 의원을 압박하여 적용을 면제받는 데 성공했다.[47]

호건은 이 문제를 비롯해 의견이 엇갈리는 그 밖의 이슈에서 타협점을 찾기 위해, 그해 봄과 여름 내내 여성 운동가들과 소관 분과위원회 보좌관들 사이를 바쁘게 오갔다. 시간이 가면서 법안은 민권법 제6편을 개정하려던 것에서 방향을 틀어 제6편의 표현을 이용하되 교육 분야에만 적용하는, 처음보다 협소한 별도의 법률로 바뀌었다. 어쩌면 그린 의원의 입장에서는 교육계뿐만 아니라 미국 사회 곳곳에 영향을 주는 제6편의 개정을 시도하다가 지나친 주목과 반발을 받아 법안이 자칫 폐기될 수도 있다고 느꼈는지 모른다. 아니면 공청회 증언에서 제6편 개정에 반대했던 민권위원 프랭키 프리먼과 닉슨 정부의 의견을 존중한 것일 수도 있다. 당시로서는 타당한 전략이었는지 모르겠으나 여러 민권의 통합성을 강조할 기회는 놓치고 말았다. 그리하여 이때부터는 서로 다른 민권법이 성, 연령, 장애, 인종, 피부색, 출신국 등에 근거한 차별을 각기 따로 금지하려고 애쓰게 된다. 이후 몇 십 년이 흐르면서 예컨대 유색인종 여성이 겪는 다중 차별에 대한 인식은 높아졌지만, 이렇게 분산된 법들은 중첩되는 차별의 가중적 효과에 맞서 피해자를 보호하는 법적 장치가 되어주지 못했다. 인종차별이나 성차별을 각각 따로 다룰 수는 있어도 인종차별과 성차별이 겹치는 고유한 난관에는 대처할 수 없었다.

그린이 법안을 발의한 지 일주일도 안 되어 버치 바이Birch Bayh 상원의원 사무실이 정보를 요청했다. 바이 의원은 공화당이 강세인 인디애나주에서 선출된 젊은 민주당원으로, 출중한 아내 마벨라Marvella를 통해 페미니즘을 접하고 상원에서 여성들의 막강한 아군이 되었다. 고교 시절 최우수 학생이었던 마벨라는 버지니아대학교에 지원하려다가 "여성은 지원할 필요 없다"는 대답을 들었다. 그는 대학에서 남편을 만나 1952년에 결혼할 때 직업을 갖고 싶었으나 버치의 청에 따라 아이가 좀 더 성장할 때까지 기다리기로 부득이 동의했다. 마벨라는 농민이었던 버치에게 인디애나 주의회에 출마하고 법대에도 가라고 강력히 권했으며, 1962년 버치가 상원에 출마하자 집 차고를 본부 삼아 선거운동을 조직해서 당선에 기여했다.[48]

버치가 재선 선거전에 본격적으로 돌입할 무렵 린든 존슨 대통령이 마벨라에게 민주당 전국위원회 부위원장을 맡기려고 했다. 마벨라는 그 제안에 뛸 듯이 기뻐했다. 그러나 버치는 자기 보좌진의 의견을 물었다. 남자들이 바이 부부의 집에 모여 상의하는 동안 마벨라는 옆방에서 서성이다가 창밖을 내다보며 울었다. 보좌진은 마벨라가 그 직책을 맡으면 버치가 표를 잃을 거라고 했다. 버치는 존슨 대통령에게 아내가 그 직책을 맡기보다는 자기 선거운동을 도와줘야 할 것 같다고 말했고, 마벨라는 그 일을 두고두고 용서하지 않았다. 나중에 버치는 그것이 자기가 저지른 최악의 실수였다고 언급했다. 그는 박빙의 표 차로 재선되었다.

마벨라는 버치에게 교육계 성차별을 막고 ERA를 통과시키라고 수년간 설득했다. 버치는 상원에서 가장 핵심적인 ERA 지지자가 되었다. 1970년 12월 그는 마벨라가 심도 있게 조사한 내용을 바탕으로 전국보육방안을 발표했다. 1971년에는 WEAL 자문위원회에도 합류했다.

1971년 여름, 상원 전체 회의에서 그린이 발의한 고등교육법안의 상원 버전(S. 659)을 토론할 때, 바이가 그린의 제10편을 보충하는 성차별 수정안을 발의했다. 피터 H. 도미닉Peter H. Dominick (공화당-콜로라도주) 상원의원이 바이의 수정안에 담긴 의도에 관해 연속으로 질문을 던졌다.[49] 이때 스포츠 얘기가 나왔는데, 스포츠가 거론된 것은 그린의 공청회 때 세 차례, 상원 토론에서 두 차례, 이렇게 총 다섯 차례뿐이었다.

"저는 이 수정안이 남녀 기숙사를 합치거나 미식축구 경기에 남녀를 섞을 것을 강제한다고 보지 않습니다." 바이가 답변했다. 그는 상원 빌딩 옥상에서 미식축구공 주고받기를 즐기는 스포츠 애호가로 잘 알려져 있었다. "우리가 의도하는 것은 여학생과 남학생에게 동등한 학습권을 부여하고 미식축구처럼 고유한 활동을 제외한 나머지 학교 과외 활동에도 평등하게 참여하게 하는 것입니다. 대학 대항 미식축구 경기에서 남녀 선수가 함께 뛰거나 남자 선수 탈의실을 여자에게 개방하라고 요구하는 것이 아닙니다."

도미닉이 언급했다. "이렇게 말해도 될지 모르겠지만, 대학 미식축구에 남녀 선수가 같이 뛰면 훨씬 더 재미있을 것 같은데요." 바이가 응수했다. "본 인디애나주 의원은 그 문제에 관해 더 발언하고 싶은 유혹을 꾹 참겠습니다." 남자 상원의원들 사이에서 웃음소리가 터져 나왔다.

이번에는 스트롬 서먼드Strom Thurmond (공화당-사우스캐롤라이나주) 상원의원이 사우스캐롤라이나주에 있는 시타델공립군사대학교도 이 규정에 따라 여성의 입학을 허가해야 할지 물었다. 바이는 그렇다고 대답했다. 그것은 서먼드가 원하던 답변이 아니었다. 서먼드는 의사진행발언을 신청해 성차별 수정안은 심의 중인 교육법안과 무관하다고 주장했다. 다른 상원의원들도 여기에 동의하여 바이의 수정안은 폐기됐다.[50] 교육법안의 나머지 부분은 그해 여름 통과되었다.

바이는 1971년 남은 회기 동안에도 그 수정안을 여러 차례 상원에 발의했으나 성공하지 못했다. 대통령 선거에 출마할 생각도 해봤지만, 1971년 10월 마벨라가 유방암 판정을 받았다. 버치는 마벨라 곁에서 더 시간을 보내려고 상원에 남았다. 마벨라는 치료 후 TV 논평가 겸 미국암협회 대변인으로 일하며 원하던 커리어를 추구하다가 1979년에 결국 암으로 사망했다.[51]

다른 의원들도 그린과 바이가 시도한 것과 내용이 겹치는 법안을 발의했다. 1970년 초 그린이 제805절을 발의한 지 얼마 안 되어 애브너 미크바Abner Mikva (민주당-일리노이주) 하원의원이 밍크 의원 및 다른 의원 4인과 공동으로, 대통령 직속 대책본부의 권고 사항 등을 반영한 여성공평법Women's Equity Act 법안을 발의했다.[52] 여러 하원의원이 그 법안의 몇 가지 버전을 1971, 1972, 1973년에 각각 발의했다. 바이가 1971년 6월에 발의했던 수정안이 그것의 상원 버전이었다. 그러나 어느 것도 통과되지 못했다.

그와는 별도로 연관 있는 법안 하나가 통과되었다. 입학 성차별을 금지하는 최초의 법으로서, 엘리트의 세상인 의대에 적용되었다.

미국 의학전문대학원들은 1960년대에 여성 신입생 비율을 평균 7~10퍼센트로 제한했다.[53] 그린의 1970년 공청회에서 들은 증언에 자극받은 그린과 바이는 이 문제를 시정하기 위해 1971년 종합보건인력교육법과 1971년 간호사교육수정법에 똑같이 반영될 성차별 개정안을 통과시켰다.[54] 이로써 학교와 병원은 여성이 의학 또는 보건 교육과정에 입학하는 것을 더 이상 거부할 수 없었다. 그랬다가는 연방정부가 주는 1972년도 지원금 6억 1600만 달러(2020년 가치로 4조 1000억 달러[약 5330조 원])를 놓칠 위험이 있었다.[55] 그러나 공공보건서비스법 제7편과 제8편으로 알려진 이 법은 학생이 일단 입학한 후에 겪는 성차별은 방지하지 못했다. 그래서 여전히 그린의 제10편이 필요했지만, 그 대규모 교육법안의 여타 부분에서 일어난 의견 불일치 때문에 함께 폐기될 위기에 처했다.

"그린의 법안이 위험에 처했다. 그린, 브래더머스Brademas, 크위Quie 하원의원 사이에서 어떤 타협이 이뤄져야 할 텐데, 일단 그들이 거래를 시작하면 성차별 금지 규정이 어떻게 될지 불확실하다." 샌들러가 8월 말에 남긴 메모다.[56]

9월에 샌들러는 마침내 정규직을 얻었다. 그가 농담 삼아 "한 번도 못 들어본 최고의 인문대학들이 모인" 동업 조합이라고 즐겨 칭하던 미국대학협회Association of American Colleges: AAC에서 신설한 '여성지위교육사업'Project on the Status and Education of Women: PSEW의 사업단장이 된 것이다. 워싱턴DC 듀폰트서클 근처에 있는 AAC 본부는 서로 연결된 두 채의 타운하우스에 사무실을 두고 있었는데, 샌들러의 사무실은 그중 한 채의 2층이어서 R 거리의 가로수가 내다보이는 예쁜 풍경도 즐기고 다른 AAC 직원들과 한 발짝 떨어져 자신의 직감에 따라 일하는 여유도 누렸다.

그는 PSEW가 다소 막연하게 초점을 두는 여성학 및 여성인문교육보다는 차별과 공정성 문제에 집중했다. WEAL을 통한 진정 제출은 더 이상 그가 맡을 수 없었다. 이제 다른 회원들이 그 역할을 맡아주어야 했다.[57]

샌들러는 PSEW에서 일할 첫 직원 프랜실리아 글리브스Francelia

Gleaves를 뽑으며 고민했다. 글리브스는 이미 AAC에서 일하던 하버드 대학교 수석 졸업생이었다.[58] "비서를 뽑으면서 너무 괴로웠습니다. 그 많은 똑똑한 대졸 여성들의 장래가 그렇게 어둡다니요." 샌들러가 머리에게 그렇게 편지했다. 인사과장은 글리브스가 문제 많은 직원이라고 경고했지만, 샌들러는 잘하면 자산이 될 수 있는 자질이라고 생각했다.[59] 샌들러는 글리브스에게 비서보다 나은 연구보조원 직함을 주고 임금도 원래 예산에서 정해진 것보다 좀 더 높게 주었다. "하지만 어휴, 제가 정말로 기득권층에 합류해서 그들처럼 여성을 착취하고 있는 기분입니다."[60]

흑인 여성인 글리브스는 여성차별 철폐도 인종차별 철폐만큼이나 흑인 여성의 지위 향상에 중요하다고 믿었다. 그는 PSEW에 도달하는 수많은 전화 연락과 편지를 처리하며 — 그중 유색인종 여성들이 보내오는 연락이 꽤 많았다 — 이 사업의 중요성을 인식했다. 글리브스는 PSEW 소식지의 발간을 돕고 교육계의 여성 소수자와 전통적으로 여성 직종이 아닌 부문에 종사하는 여성 등을 주제로 데이터 분석 논문도 여러 편 써냈다. PSEW를 대표해서 신설 흑인 페미니스트 단체들이 여는 대회에도 참석했으나, 그 단체들은 대부분 단명했다. 다른 흑인 여성과 모이는 느낌은 좋았다. 그들 중에는 아슬아슬 줄타기하는 기분을 느끼는 사람이 많았는데, 흑인 남성을 제쳐두고 차마 여성의 권리에 대해서만 목청을 높일 수 없었기 때문이다. 흑인의 절반이 나락으로 떨어지면 어떻게 흑인의 지위를 공평한 수준으로 끌어올리나? 글리브스는 흑인이냐 여성이냐 사이에서 선택할 수 없었다.

그는 관료들을 만나거나 대중 앞에서 강연할 때 그 자리에서 유일한 흑인일 때가 많았다. 하지만 당혹해하지 않았다. 벌써 열두 살 때, 그러니까 민권운동이 절정에 이른 시기에, 그는 인종분리를 시행하던 감리교회의 노스캐롤라이나주 하계 대회에 강연자로 초청받았다. 거기 모인 수천 명이 전부 백인 청소년이었고, 그중 다수는 같은 또래 흑인 아이와 한 번도 어울려 본 적이 없었다. 그는 두려웠지만 확고한 의지로 혼자서 그 자리에 참석했다. 그때에 비하면 교육계에 종사하는 성인들과 대화하는 일은 쉬웠다.

그린의 분과위원회는 장시간의 논의 끝에 9월 23일에 대규모 고등교육법안을 교육노동상임위원회에 회부했지만, 그에 앞서 8 대 7 표결로 그린 의원이 제안한 제10편을 사립과 공립을 막론하고 모든 남녀공학 대학 학부생 입학에 적용하지 않는 것으로 바꿔버렸다. 그러면 대학의 95퍼센트가 여성 입학 차별금지를 면제받게 된다고 그린이 항의했다.[61] "돌아오는 화요일에 상임위원회에서 전투가 벌어질 거예요." 그린이 친구에게 알렸다.[62] 상임위원회 소속 의원 37명 가운데 치점과 밍크를 포함해 5명이 여성이고 민주당 소속이 공화당 소속 남자 의원 16명보다 많아서 잘하면 그린이 원하는 방향으로 갈 수도 있었다.[63]

그린은 9월 29일 상임위원회에 제10편을 원래대로 복구하는 수정안을 발의했다. 토론 중에 앨(앨버트) 크위Al Quie (공화당-미네소타주) 의원이 입학 차별금지가 학교에 유해할 수 있다고 항의했다. 어떤 학교에 유해한지 구체적인 예를 들라고 요청받자, 그가 머뭇거리며 답했다. "스튜어디스 학교는요?" 만약 그린의 법안이 통과

1977년 사무실 건물 후면에 있는 계단에 모인 여성지위교육사업(PSEW) 직원들.
맨 위는 알린 퐁 크레이그, 중간 열은 왼쪽부터 케이 메키스, 코니 라이드, 버니스 샌들러.
아래는 왼쪽부터 프랜실리아 글리브스, 데비 마티네즈, 마거릿 덩클, 캐슬린 윌슨.
(© 하버드대학교 래드클리프연구소 슐레진저도서관)

되면 "남자 승무원들이" 음료와 음식을 서빙하게 될 텐데 그건 분명히 여성이 할 일 아니냐는 의미였다. 상임위원회 위원들이 소리 내어 웃었다.[64] 결국 그린이 수정한 문구에 대한 상임위원회의 표결은 정당 노선에 따라 이뤄졌다.

10월 27일부터 나흘과 하룻밤 동안 이어진 교육법안 토론에서 하원이 법안에 들어있던 제9편(정계 인턴 관련 규정)을 거부해 삭제하는 바람에, 그린의 성차별 수정안은 제10편에서 제9편*으로 변경되었다. 《워싱턴 포스트》와 《뉴욕 타임스》는 둘 다 타이틀 나인에 반대하는 사설을 게재했다. 《뉴욕 타임스》는 남녀가 서로 다른 욕구와 열망을 갖고 있으므로 "의도는 좋지만 그런 법률은 부적절하다"라고 주장했다.[65] 하버드나 예일 같은 엘리트 사립대는 정부에 간섭받기 싫어서 타이틀 나인 반대 서한을 대량으로 국회에 보냈다.

그린 의원은 자신의 1971년 법안을 반대하는 "주된" 세력은 "극히 한정된 소수의 이른바 '일류' 내지 '엘리트' 동부 대학들"이라고 편지에 적었다. "그 20~30개 대학은 미국 고등교육을 대표하지도 않고 또 그런 적도 없습니다."[66]

11월 4일에는 존 N. 얼렌본John N. Erlenborn (공화당-일리노이주) 하원의원이 아이비리그 대학들이 내세우는 논점을 똑같이 되풀이하면서 모든 학부 과정 입학에 성차별 금지를 면제하려고 또 시도했다. 일류 대학 고위 관계자들은 "다양성"을 원한다고 주장했으나, 그들이 말하는 다양성이란 단일 성별 학교나 남녀를 동등하게 처우

• Title IX. 이하에서 '제9편' 대신 국내에 더 널리 알려진 명칭인 '타이틀 나인'으로 표기한다.

하는 학교 이외에도 더 다양한 학교가 있어야 한다는 것, 다시 말해 능력이 아니라 성별을 근거로 남자를 여자보다 더 많이 받는 학교도 있어야 한다는 의미였다.[67]

민주당 의원들은 얼렌본의 수정 제안에 반대했다. "수백만 여성이 연방정부에 세금을 냅니다. 그 세금으로 여성의 동등한 입학을 거부하는 학교를 지원하는 일에 우리는 단체로 분노합니다." 밍크 의원이 토론 중에 발언했다. 앱저그는 미국대학협회 34개 회원 가운데 24개 대학이 성차별로 정식 항의를 받거나 고발당했다고 지적했다. 에드 코치Ed Koch (민주당-뉴욕주) 하원의원은 얼렌본의 수정안이 여성에게 권리를 완전하게 주지 않고 "찔끔찔끔" 준다며, 여성들이 "의회의 살라미 전술", 다시 말해 "한 번에 쥐꼬리만큼만 주겠다"라는 식의 행태를 용납하지 않을 것이라고 일갈했다.[68]

그러나 민주당 의원들은 이 접전에서 졌다. 하원은 얼렌본의 1971년 수정안을 다섯 표 차이로 통과시킴으로써 학부 입학을 타이틀 나인 적용에서 면제했다.

한편 대규모 교육법안의 다른 부분들이 더 뜨거운 논란을 불러왔다. 인종분리 시정을 위한 버스 통학 방침 및 인종분리 철폐 자체에 반대하는 수정안 세 개가 발의되었고, 인종분리 철폐를 시도하는 학교에 대한 보조금, 학생 보조금 배분 산정 방식, 민족학과 설치 등도 논의되었다.[69] 일주일 가까이 토론이 이어지고 각종 수정안에 15차례의 표결이 이뤄진 끝에 11월 5일 새벽 하원은 찬성 332표, 반대 38표, 기권 60표로 H.R. 7248을 통과시켰다.[70]

밍크가 표결 후 서면 의견을 제출했다. "어젯밤 하원은 헌법에

폭력을 가하고 지난 10년간 이룬 인권 개선을 무효로 만들었다." 그가 교육 관련 법안에 반대표를 던진 것은 의원 생활 7년 만에 처음이었다. "흑인, 여성, 모든 소수민족, 우리 아이들과 우리 대학생들, 즉 우리 사회에서 진정으로 대표성이 부족한 모든 집단이 내 의원 생활 중 가장 슬펐던 이날 잔해 더미에 묻히고 말았다."[71]

그러나 그린은 한시름 놓았고 법안 통과를 감사히 여겼다. 그가 법안에 담은 모든 재정 지원 항목이 그대로 통과되었고, 유일하게 양보한 주요 사안은 얼렌본이 타이틀 나인에 가한 수정뿐이었다. "정말 날아갈 듯 기뻤습니다." 그린이 말했다. "그만큼 기뻤던 적이 있었나 싶습니다. 그 법안 통과를 위해 참 오래 일했고 무척 힘들게 싸웠습니다."[72] 그럼에도 그는 여성 운동가들에게 서신을 보내 얼렌본의 제약을 뺀 버전이 상원에서 통과되도록 상원을 압박하라고 당부했다.[73] 상원은 1972년 그 교육법안 전체를 재심의할 예정이었다. 그때 바이 의원이 타이틀 나인을 바로잡는 일을 시도해볼 수 있었다.[74]

세상을 긍정적으로 바라보는 샌들러는 상황을 낙관했다. 피해는 그의 예상보다 크지 않았다.[75] WEAL, NOW, 그리고 개인들이 1971년 말까지 교육기관 350여 곳의 행정명령 위반에 관해 진정을 제기했다.[76] 샌들러의 강연 일정도 바빠졌다. PSEW 근무 첫해에 그는 크고 작은 회의에 최소한 32차례 참석했다.[77]

또한 PSEW는 강력한 동맹을 얻었다. 20세기 말 미국 최대의 자선사업 재단이었던 포드재단의 여직원들이 1970년 초 항의 시위를 조직했다. 그들은 여성이 의사결정을 하는 직위로 승진하고 재단의 자금이 여성과 소수자를 위한 사업에 더 많이 배정되길 원했다. 그리고 커피 심부름은 안 해도 되기를 바랐다.[78] 이에 포드재단 고등교육사업부장 메리엄 K. 체임벌린Mariam K. Chamberlain은 PSEW에 상당한 금액이 지속성 있게 지원되도록 조처했다. PSEW는 카네기재단과 그 밖의 단체로부터도 지원금을 얻어냈다.[79]

1972년 초 앤 스콧은 워싱턴DC로 거처를 옮겨 NOW가 신설한 입법사무소에 단독 직원으로 부임했다.[80] 치점 의원은 흑인 여성으로서는 사상 처음으로 대선 경선 후보로 출마했다.[81] 그러나 페미니즘의 초기 영향력이 사그라드는 조짐이 보였다. 보수 저자 겸 활동가 필리스 슐래플리Phyllis Schlafly가 설립한 단체 '이글포럼'Eagle Forum은 "급진 페미니스트들"의 제안을 반대하는 일을 목표로 삼았다.

상원이 2월에 고등교육법안을 재검토할 때, 바이는 자신이 작성한 타이틀 나인 수정안을 발의했다.[82] 서먼드 의원이 반대하지 않도록 이번에는 군사대학교를 면제했다. 그 대신 하원 버전에서 삭제당한 공립대 학부생 입학에 다시 성차별 금지를 적용하되, 사립대 학부생 입학에 대한 적용 면제는 그대로 남겨 일류 사립대들의 저항을 모면하고자 했다.

"이런 면제 규정 중 다수는 더 심도 있는 연구와 논의가 이뤄질 경우 타당성을 잃을 것으로 봅니다." 바이가 말했다. 1964년 민권법이 다른 차별 유형에 관한 연구를 요구했던 것처럼, 바이의 수정안도 교육사무국장이 성차별 연구를 이행하여 1973년 말까지 입법적 시정 권고안을 제시할 것을 요구했다. 그러면 면제 규정은 대부분 폐지될 것으로 그는 믿었다. 그러나 상·하원 협의회가 다양한 버전의 법안을 두고 이견을 조정하는 과정에서 모든 적용 면제의 타당성 연구를 요구하는 바이의 규정을 삭제했고, 따라서 면제 규정은 그대로 존속했다.

2월 법안 토론 중에 스포츠에 관한 주제가 마지막으로 간략히 논의되었다. 바이는 동료들에게 타이틀 나인 때문에 탈의실이 남녀 공용으로 바뀌지 않으며 개인의 프라이버시는 보호된다고 확언했다. 그 말은, 그 밖에 다른 측면에서는 이 법이 학교 스포츠에도 적용된다는 뜻이었다.[83]

그는 상원 토론 중에 노련하게 요약한 자료를 제시하고 샌들러의 보고서 전문을 《의회 의사록》에 기재했다.[84] 샌들러는 가톨릭계 학교 수장을 맡은 수녀들이 없었다면 1970년에 여성 대학 총장의 수는 같은 해 '멸종 위기종'으로 지정된 아메리카흰두루미보다 적었을 거라고 보고서에 적었다. "대학 총장 중에서 여성은 1퍼센트 미만이다. 어쩌면 여성 총장을 멸종 위기종으로 지정해야 할지도 모른다."

상원은 바이의 수정안과 고등교육법안 전체를 통과시켰다. 그와는 별개로 의회는 1972년 3월 평등고용기회법을 제정하여 민권법 제7편의 교육자, 공무원, 전문직 종사자 면제 규정을 폐지했다. 이 시정 조치는 타이틀 나인에도 담겼다.

여성 권리 신장을 위한 학생운동이 1972년 전국 방방곡곡에서 거세졌다. 그해 2월 캔자스대학교 여학생들은 보육시설과 여성을 위한 적극적 우대조치 및 고용 차별 철폐 등을 요구하며 학교 건물을 13시간 동안 평화적으로 점거했다. 뉴욕주 세인트로렌스대학교와 워싱턴DC 아메리칸대학교에서도 비슷한 시위가 벌어졌다. 교육계의 성차별 철폐를 위한 법 제정이 주 단위 의회에서 이뤄지기 시작했다.[85]

상·하원 협의회는 여러 버전의 고등교육법안을 두고 246건의 이견을 조정하느라 고심했다. 이 협의회가 타이틀 나인에서 발생한 10건의 이견을 검토할 무렵, ERA는 이미 큰 표 차로 의회를 통과한 상태였다.[86] 그럼에도 얼렌본과 프랭크 톰프슨 주니어Frank Thompson Jr.(민주당-뉴저지주) 하원의원은 또 공립대 학부를 타이틀 나인에서 면제하자고 협의회에 제안했다.

그린이 그 장면을 NOW 지도자 한 명에게 보내는 서신에서 묘사했다.[87] 그는 자기가 톰프슨에게 이렇게 항의했다고 썼다. "의원님은 하원에서 평등권 수정안에 찬성표를 던져놓고, 협의회 막후 협상에서는 '소녀와 젊은 여성을 차별하는 입학 정책을 모든 대학에 얼마든지 허락한다'는 것을 의회의 공식 방침으로 삼으려고 하다니 도저히 믿기지 않습니다." 그린은 다행히 대리투표 6표로 톰프슨의 공격을 막아냈다고 적었다. "이번 일은 아직도 여자는 애나 낳고 맨발로 부엌일이나 하면 된다고 생각하는 무리와 맞서 계속 전투해야 한다는 것을 확연하게 보여줍니다!!!"

10주 동안 진행된 협상에서 인종분리 시정을 위한 버스 통학 방침과 재정 지원에 관한 규정을 두고 벌어진 의견 충돌은 그린이 원하는 방향으로 풀리지 않았다.[88] 5월 17일 오전 5시에 그린은 15시간 동안 마라톤처럼 이어진 상·하원 협의회 최종 회의에서 퇴장해버렸다.[89] 협의회 구성원들이 그린이 도저히 받아들일 수 없는 법안을 채택하기로 합의했기 때문이다.[90] 그린은 차라리 전체 법안의 통과를 막으려 했다.[91] 그는 대학 총장, 학장, 학생 보조금 관리자, 동료 정치인에게 법안 폐기를 도와달라고 요청하는 편지를 수십 통 보냈다.[92] 심지어 그린은 테리 샌퍼드Terry Sanford 듀크대학교 총장이 작성한 법안 반대 메모까지 유포했다. 그 메모에서 샌퍼드는 이렇게 주장했다. "여성에 대한 편견 철폐에 관한 한 이 법안은 실효성이 없으며, 이 방향으로는 이미 적극적 우대조치가 더 큰 희망을 제시하고 있다." 그린은 그 말을 믿지도 않으면서 이용했다.[93]

법안에 담긴 복합적인 이슈가 정당 노선에 따른 표결을 어렵게 만들었다. 버스 통학 정책을 제한하는 "비양심적인" 방침에 히스패닉 변호사 모임 라라자전국변호사협회La Raza National Lawyers Association가 반대했지만, 여성 하원의원 13인 가운데 공화당 의원 3인과 밍크를 포함한 7인이 상·하원 협의회의 협의 결과에 찬성표를 던졌다.[94] 치점과 앱저그는 여러 가지 이유로 그린과 함께 반대표를 던졌다. 6월 8일 하원은 찬성 218표, 반대 180표, 기권 34표로 상·하원 협의회 결과를 승인했다.[95]

리처드 닉슨 대통령의 측근들이 워터게이트 호텔 민주당 선거본부에 잠입해 나라에 정치 위기를 일으키고 2년 후 대통령을 사임하게 만든 그 사건일로부터 5일 뒤인 6월 23일, 닉슨은 1972년 교육수정법에 서명했다.[96] 《뉴욕 타임스》는 그 뉴스를 다룬 기사에서 타이틀 나인에 단 한 문장을 할애했을 뿐이다.[97] 타이틀 나인에 주목한 사람은 거의 없었다. 축하 파티도 없었다. 대중의 관심은 평등권 수정안 비준 운동과 베트남전쟁 중단 등 다른 논란거리에 더 집중되어 있었다.

타이틀 나인의 첫 37어절은 민권법 제6편의 표현을 그대로 따오되 "인종, 피부색, 또는 출신국"을 "성별"로 대체했다. "미국에서 그 누구도 성별을 이유로 연방정부의 재정 지원을 받는 모든 교육 프로그램 또는 활동에서 제외되거나, 혜택을 받지 못하거나, 차별 대상이 되어서는 안 된다."[98]

그 37어절에 이어서 상세한 규정과 설명을 담은 16개의 절, 관, 항이 뒤따랐으며, 민권법 제6편에는 없는 결함, 즉 면제 규정이 거기에 포함되었다. 타이틀 나인은 직업교육기관, K-12 학교, 고등교육기관과 교육과정에 적용되었다. 만일 타이틀 나인을 위반하면 연방정부 지원금을 상실할 수 있었다. 그러나 타이틀 나인은 사립대학부 입학 절차에는 적용되지 않았다. 또한 기존의 단일 성별 학교, 군사학교, 그리고 "규정을 준수하는 것이 교리와 상반될 경우" 종교 단체가 운영하는 학교에도 적용을 면제했다.[99]

타이틀 나인은 "연방정부의 재정 지원을 받는 교육 프로그램 또는 활동"을 구체적으로 정의하지 않았다. 보수 세력은 나중에 그 점을 이용해 법이 학교 전체가 아니라 특정 학과에만 적용된다거나 교육구 전체가 아니라 특정 학교에만 적용된다는 식의 필사적인 주장을 펼쳐, 의회의 법안 토론에서 의도했던 광범위한 적용 범위를 부정했다.

1972년 7월 샌들러는 점점 늘어나는 PSEW 우편물 수취자들에게 두툼한 자료 묶음 3000부를 우송했다. 그 자료 묶음에는 타이틀 나인, 평등권 수정안, 행정명령, 1971년 종합보건인력교육법과 간호사교육수정법에 관한 보고서 등 각종 자료가 담겨있었다.

샌들러는 그린에게 위로 편지를 보냈다. "2년 반 전에 WEAL이 최초로 진정을 제기했을 때(1970년 1월) 교육 분야에서 성차별을 금지하는 규정은 행정명령뿐이었습니다. 평등권 수정안은 아직 공청회도 안 열렸던 시기였지요. 민권법 제7편은 교육기관을 제외했고, 평등임금법은 교원에게 적용되지 않았고, 여학생 차별을 금지하는 규정도 없었습니다. 하지만 의원님 덕분에 여성들이 진정으로 큰 성취를 이루었습니다. 아직 할 일이 많이 남았지만, 좋은 법을 제정함으로써 가장 힘든 최초의 발걸음을 내디뎠습니다. 현재와 미래의 여성들이 의원님께 감사드릴 것입니다."

그린은 샌들러가 해준 말에 노란 형광펜을 긋고 별표를 달아 부하직원에게 가로 15센티미터 세로 10센티미터 색인 카드에 타자해 달라고 부탁했다. 그리고 샌들러에게 회신했다. "사실 그 입법 활동 하나하나에 제가 일조했다는 것이 기쁩니다."[100]

하지만 그 전투가 그린의 기력을 조금 축낸 듯했다. 그는 막강한 하원 세출위원회로 옮기고 '미세스 에듀케이션' 역할에서 물러났다. 1974년 말 그린은 정계를 은퇴하여 오리건주로 돌아갔다.

타이틀 나인이 통과된 직후 몇 개월 동안 샌들러는 자기와 그린이 별로 염두에 두지 않았던 주제, 즉 스포츠를 둘러싸고 서서히 논란이 커지는 현상을 눈치챘다. 샌들러는 1972년 7월 PSEW에 합류한 25세의 연구원 마거릿 덩클Margaret Dunkle에게 이 문제를 거론했다.

"마거릿." 샌들러가 구체적으로 당부했다. "앞으로 학교 스포츠가 아주 중요한 쟁점이 될 것 같아요. 한번 잘 알아보세요."[101]

1972~1977

· 4 ·

시행

타이틀 나인이 제정되기 전에도 스포츠에 참여할 기회를 달라는 소녀와 여성의 요구는 갈수록 높아지고 있었다.[1] 주법이나 수정헌법 제14조 평등보호조항을 근거로 소를 제기한 사람도 있었다. 타이틀 나인 제정 이전에 제기한 소송은 대부분 패소했지만, 남학생만 받던 고등학교 육상부, 테니스부, 골프부, 스키부에 여학생도 들어갈 수 있게 한 판결이 극소수 존재했다.[2] 다른 수많은 여학생이 법정에서 뜻을 관철하려고 시도했으나 실패했다.

어느 흐린 봄날 야구 연습 중이던 메그 뉴먼Meg Newman은 유격수 위치에서 구부리고 있던 자세를 폈다.[3] 뉴욕 로슬린고등학교 야구부에 가입 테스트를 받으러 온 다른 선수들도 — 전부 남학생이었다 — 왜 교장과 다른 학교 행정관리자가 야구장에 나타났는지 궁금해하며 자세를 풀었다. 그들이 나타난 이유는 그라운드에 서 있던 그 여학생 때문이었다.

롱아일랜드에서 자란, 기운 넘치고 지나치리만큼 활동적인 뉴먼은 팀 스포츠에 참여하는 것이 소원이었다. 뉴먼이 다니던 고등학교에서 여학생이 할 수 있는 스포츠는 '개인' 경기인 테니스뿐이었다. 그는 집 자동차 진입로에서 농구공 드리블하는 법을 익혔고, 방과 후 학교 체육관에서 연습하려고 농구공을 가져갔으나 남학생들이 그를 비웃으며 쫓아냈다. 그 후 그는 틈나는 대로 야구장에 가서 아버지가 공중으로 던지는 플라이볼을 받아냈다.

1971년 고교 야구 시즌을 앞두고 2학년인 뉴먼은 좋은 선생님이자 학교 야구부 감독인 톰 린치Tom Lynch를 찾아갔다. "저도 선수로 뛰고 싶어요." 그 말에 린치가 고개를 저었다. 불가능하다고 했다. 그러나 린치는 아내와 딸과 대화한 뒤 며칠 후 학교에서 뉴먼에게 선수로 뛰고 싶다면 입단 테스트를 받으라고 일렀다.

뉴먼은 방과 후에 남학생들과 함께 연습하기 시작했다. 그러나 입단 테스트가 정식으로 시작되기도 전에 그 두 명의 학교 행정관리자가 연습 중에 나타난 것이다. 그중 한 명이 린치 감독과 함께 그라운드로 걸어 들어와 뉴먼에게 다가왔다. 그는 뉴욕주 관료들이 내린 지시라면서, 뉴먼의 선수 활동은 허락되지 않는다고 말했다.

뉴먼은 '이건 옳지 않다'고 생각했다. "이건 공정하지 않습니다." 학교 관계자가 뉴먼의 팔을 조심스럽게 붙들어 야구장 밖으로 데리고 나갔다. 함께 연습하던 선수들이 뉴먼이 퇴장하는 모습을 응시했다.

뉴먼은 백팩에 교과서와 야구 글러브를 넣었다. 자기가 이 일에 저항하려고 하면 부모님이 좋아하지 않을 터였다. 하지만 다음 날 그는 학교 공중전화 부스에 가서 나무와 유리로 된 접이문을 열고 들어갔다. 그리고 전화번호 안내원에게 물었다. "미국시민자유연합 전화번호가 어떻게 되지요?"

린치 감독은 뉴먼을 장비 관리자 겸 득점 기록원으로 임명하여 야구부 원정 경기에 따라다닐 수 있도록 배려했다. 행정관리자들 모르게 팀 연습 시간에도 계속 참여시켰다. 그들이 평소에 연습하는 야구장은 학교에서 400미터 떨어진 거리에 있었다. 하지만 결국 아무런 법적 조치도 취해보지 못하고 뉴먼은 졸업했다.[4]

타이틀 나인이 생기기 전에도 여학생과 학부모들이 취한 이런 수천 개의 행동이 스포츠 참여의 문을 조금씩 비집어 열기 시작했다. 이제는 새로 제정된 타이틀 나인이 그들에게 더 단단한 쇠지레가 되어줄 수 있었다.

고등학교 대표 팀에서 선수로 활동하는 여학생의 수는 타이틀 나인이 제정되기 1년 전과 비교해 타이틀 나인 제정 첫해인 1972~1973년에 약 세 배로 늘어 81만 7073명이 되었다.[5] 다른 많은 여학생이 스포츠에 참여할 생각을 안 한 이유는, 뛰면 난소에 해롭다느니 스포츠를 좋아하는 여자는 변태 동성애자이거나 문란한 이성애자라느니 하는 터무니없는 여성혐오적 미신을 주입받았기 때문이었다.

대학교에서는 1960년대에 여자 대학생이 증가한 것이 요인이 되어 그 연대 후반에 대학 스포츠에 참여하는 여학생이 두 배로 늘었다. 이런 압박 요인에 의해 기존의 남자 스포츠가 형식적이나마 여성에게 문을 열기 시작했고, 여자 대학 스포츠 프로그램을 이끄는 지도자들은 여자 팀도 다른 학교 여자 팀과 경기할 수 있도록 기회를 확대했다.[6]

타이틀 나인의 의회 통과 5개월 전 여성 체육 지도자들이 대학 대항여성체육협회Association for Intercollegiate Athletics for Women: AIAW를 창립하여 대학 대표 팀을 만들고 여자 대학생 운동선수들을 코치했다. AIAW는 오로지 승리만을 위해 선수를 함부로 대하고 부정도 서슴지 않는 '남성형' 스포츠를 거부했다. 여성형 스포츠는 더 교육적이고, 평등하고, 많은 사람을 경기에 폭넓게 참여시키는 제도, 다시 말해 "모든 스포츠에 여학생이 참여하고, 모든 여학생이 스포츠에 참여하는" 시스템을 목표로 삼았다. 그 점을 염두에 두고 AIAW는 여자 선수 영입을 까다롭게 제한했다. 학업 성적을 고려하지 않고 운동 기량만을 기준으로 여자 선수에게 스포츠 장학금을 수여하는 일도 금지했는데, 이것은 타이틀 나인에 위배될 수 있었다. 여학생은 남학생이 받는 스포츠 장학금과 똑같은 장학금을 원했고, 그것을 요구할 준비도 되어있었다.[7]

플로리다주에 있는 대학교 두 곳에서 여자 테니스 선수 11명과 코치 3명이 AIAW의 장학금 금지 방침은 수정헌법 제14조 평등보호조항 위반이라고 주장하며 1973년 1월 AIAW를 상대로 소를 제기했다.[8] AIAW 지도부는 이 문제를 해결해줄 변호사가 필요했다. 그리고 우연히 한 사람을 찾아냈다.

마고 폴리비Margot Polivy가 자신의 법률사무소에서 리 모리슨Lee Morrison AIAW 협회장을 맞이한 것은 1973년 초의 일이었다. 폴리비는 벨라 앱저그 하원의원의 보좌관으로 2년 근무하다가 최근에 의회를 떠나, 본래 자기 분야인 통신법 전문으로 개업했다. 모리슨은 타이틀 나인에 관해서 의논하고 싶어 했다. 그들은 한참 대화하다가, 원래 모리슨이 추천받은 변호사는 '캐럴 폴러위'Carol Polowy라는 미국교수협회 법률고문이었는데 마고 폴리비를 그로 혼동하여 잘못 찾아온 것임을 깨닫게 되었다. 하지만 상관없었다. 그 혼동 덕택에 폴리비는 이후 10년 동안 AIAW의 법률고문을 맡아 협회를 보위했다.[9]

스포츠계의 남성들은 아직 타이틀 나인의 함의를 깨닫지 못한 상태였으나, 여성 활동가들과 보건교육복지부의 민권사무국OCR은 재빨리 이것을 이해했다. 일단 의회가 법을 통과시키면, 행정부는 법 시행을 위한 시행규정을 마련하고 이를 집행하는 책임을 진다. 타이틀 나인의 경우 그 책무는 OCR의 소관이었다. OCR은 1964년 민권법 제6편의 집행을 위해 1960년대 중반에 보건교육복지부 산하에 설치되었으며, 초창기에는 학교의 인종분리를 시정하는 일에 집중했다. OCR이 법무부와 협력하여 이뤄낸 커다란 진전에 기분이 상한 미국 남부 백인 의원들과 다른 비판자들은 OCR이 하는 일이 도가 지나치다는 둥 법이 허용하는 범위를 넘어선다는 둥 하며 비난했다. 특히 성별, 장애 유무, 연령 등에 따른 차별을 금지하는 새 민권법들을 집행하는 책임이 OCR의 소관 사무로 확대되면서, 공화당 측은 그런 불평을 후렴처럼 반복했다.[10]

타이틀 나인의 역사에서 그 자체로 하나의 등장인물이었던 OCR은, 백악관을 민주당이 차지하느냐 공화당이 차지하느냐에 따라 지킬 박사와 하이드처럼 채찍질에 힘을 넣거나 뺐다. OCR 지도부는 정치적으로 임명되므로 정권에 따라 조직을 변화의 유용한 도구로 쓰기도 하고, 때로는 무력화하거나 망가뜨리려고 시도했다.

하지만 우호적인 정권이 들어선 최선의 상황일 때조차 민권 운동가들은 OCR이 더 잘하도록 언제나 압력을 넣어야 했다.

타이틀 나인의 시행규정은 근본적인 물음에 답해야 했다. 차별 없는 상태라는 것은 어떻게 정의할 것인가? 어떤 행동이나 조건이 적법하거나 위법한가? 규정 위반자는 구체적으로 어떤 처분을 받는가? 1972년 8월, PSEW의 마거릿 덩클은 학교 스포츠의 공평성 문제에 관해 OCR에 몇 가지 자료를 보내면서, 타이틀 나인과 관련하여 전반적으로 간단하게 리트머스 시험지 역할을 해줄 한 가지 기준을 제시했다. "어떤 관례가 실제로 차별적인지 판단할 때 많은 여성 단체가 경험에 근거한 방법 하나를 활용합니다. '흑인'을 '여성'으로 대체하고 '백인'을 '남성'으로 대체하는 것입니다."[11] 만일 어느 학교가 남자 선수에게는 유니폼을 주고 여자 선수에게는 안 준다면, 그것은 백인 선수에게는 유니폼을 주고 흑인 선수에게는 안 주는 행위에 상응하는 차별 행태가 아니겠냐는 것이었다.

NOW의 앤 스콧이 1972년 10월 《미즈》*Ms.*에 기고한 글과 PSEW 소식지 11월호는 학교 스포츠에 타이틀 나인 시행규정을 적용해야 한다고 독자의 주의를 환기했다. 1972년 말에는 루스 베이더 긴즈버그가 학교 스포츠의 공평성에 관한 자료를 발표하고 이 주제에서 덩클과 샌들러의 견해에 동의했다.[12] 그러나 여성 운동가들은 학교 스포츠에서 남녀를 섞느냐 나누느냐를 두고 의견이 갈렸다. 민권운동 출신 활동가들과 OCR 관료들은 '분리하되 평등한 교육'을 주장하는 세력과 오랜 세월 투쟁한 바 있었다. 그럼에도 OCR은 혼성 운동부라는 발상을 금방 포기했다. 그러다가 자칫하면 출중한 극소수

의 여성만 선수 자격을 얻을 수 있다고 우려했기 때문이다.[13]

여성 단체는 다른 민권 단체와 이전보다 더 자주 협력하기 시작했으나, 때때로 어려움에 부딪혔다. 130개 단체가 참여하는 민권지도자회의Leadership Conference on Civil Rights: LCCR에 NOW 대표로 참석한 스콧은, LCCR이 NOW와 의논도 없이 평등권 수정안의 오랜 반대자인 의원 두 명의 민권운동 공적을 치하하는 저녁 만찬 행사를 1973년 1월에 열기로 계획한 일에 항의했다. LCCR 회장 로이 윌킨스Roy Wilkins는 여성 권리에 관한 그 두 의원의 행보를 고려하지 않은 이유는 LCCR이 평등권 수정안에 아무 입장도 표명한 적이 없기 때문이라고 답변했다. 스콧과 NOW는 LCCR 회원 단체들을 대상으로 '인권의 불가분성'에 관한 서신 캠페인을 펼쳤다.[14]

그 저녁 만찬에 앞서 열린 LCCR 이사회에서 스콧은 평등권 수정안에 대한 지지를 요청했다. 다수가 동의했으나 "충분한 의견 일치가 이뤄지지 않아서" 그 두 의원을 위한 저녁 만찬 행사는 예정대로 진행될 거라고 스콧이 페미니스트 동지들에게 알렸다. NOW 회원들은 만찬회 장소에서 피켓 시위를 벌였다. 몇 개월 후 윌킨스는 스콧에게 LCCR이 여성 평등권을 위해 어떻게 투쟁하면 좋을지 연구하는 신설 위원회의 위원장을 맡아달라고 부탁했다. 1974년 4월 LCCR은 평등권 수정안을 정식으로 지지하고 직원들에게 평등권 수정안 비준을 위한 지지 확대 운동을 벌이도록 지시했다.

텍사스주 웨이코시의 여러 공립학교를 비롯해 미시간대학교, 미네소타대학교, 위스콘신대학교 등에서 여성들은 행정명령, 수정헌법 제14조, 타이틀 나인을 근거로 고용 성차별과 학교 스포츠 성차별에 관해 연속으로 진정을 제기했다.[15] 교육 분야의 성차별 문제와 관련하여 대중의 관심은 얼마 안 있어 고용 등의 사안보다도 스포츠 문제로 가장 많이 쏠렸다. 스포츠에 참여하고 싶어 하는 소녀와 여성의 수가 엄청나게 많기도 했거니와 스포츠에서 일어나는 성차별은 누가 봐도 쉽게 이해할 수 있었기 때문이다. 여학생이 선수로 뛸 기회를 얻느냐 마느냐의 문제였다. 여학생이 남학생과 똑같이 훈련, 지원금, 시설을 제공받느냐 못 받느냐의 문제였다. 학교 스포츠에서 남자 경기는 거액의 지원금으로 지탱되는 거대한 관리 구조를 갖추고 있었고, 기자들은 그 사실을 바탕으로 남녀 스포츠 프로그램이 받는 지원 수준을 비교했다.

《스포츠 일러스트레이티드》Sports Illustrated는 1973년과 1974년에 크고 작은 불공평을 조명하는 기사를 연재했다. 예를 들어 뉴저지주의 한 고등학교는 남자 스포츠 10개 종목에 여자 스포츠 세 종목에 배정한 것보다 11배나 많은 예산을 배정했다. 남자 경기를 압도적으로 지원하는 전국대학체육협회National Collegiate Athletic Association: NCAA의 연간 운영예산 150만 달러[약 20억 원]에 비하면, AIAW의 연간 운영예산 2만 4000달러[약 3000만 원]는 보잘것없는 금액이었다.[16]

타이틀 나인의 제정으로 이제 학생들은 성차별에 저항할 새로운 방법을 얻었다. 이전에는 학교 관계자에게 비공식적으로 항의하든지 아니면 소송을 걸어야 했다. 그러나 이제는 OCR에 공식으로 진정을 내어 학교가 타이틀 나인을 위반했다고 주장할 수 있게 되었고, 앞으로 타이틀 나인 시행규정이 국민 의견 수렴 등의 긴 절차를 거쳐 법적 효력을 발휘하게 된다면 시행규정을 위반했다고 주장할 수도 있었다.

타이틀 나인은 OCR의 차별 방지 지침이라는 형태로 교육기관 운영자들에게도 새로운 도구를 부여했다. 타이틀 나인이 제정된 이래로 OCR은 법과 시행규정을 어떻게 해석할지 그 지침을 담은 서신 〈동료들에게〉Dear Colleague를 여러 차례 발행했다. 이 지침은 강제 사항은 아니지만, 이를 지키면 OCR은 해당 학교가 타이틀 나인을 준수하는 것으로 가정하겠다고 알렸다.

〈동료들에게〉를 발행하는 것이 시행규정 자체를 개정하려고 애쓰는 것보다 빠르고 간편하며, OCR의 입장에서 의문이나 논란에 비교적 신속하게 대응할 수 있었다. 반면에 〈동료들에게〉에 담았던 내용은 정권이 바뀌면 순식간에 철회될 수 있었다. 행정부를 장악한 정당이 OCR의 예산을 정하고, 업무의 초점을 조정하고, 〈동료들에게〉의 내용을 결정할 권한을 쥐기 때문이다.

OCR은 공화당 닉슨 대통령과 포드 대통령 밑에서 타이틀 나인 관련 진정을 접수하기 시작했으나, 아직 시행규정이 마련되지 않아 진정 처리를 보류했다. 1964년 민권법 제6편은 적용 범위가 교육 분야보다 훨씬 광범위한데도 시행규정 제정에 6개월이 걸렸다. 타이틀 나인의 시행규정 제정은 3년이 걸렸다. 바이 의원은 나중에 이렇게 말했다. "타이틀 나인의 시행규정을 마련하는 일은 마치 치아를 손가락으로 뽑는 것과 같았다."[17]

새로 등장한 여성 권리의 법적 옹호자가 시행규정 제정이 지연되는 문제로 OCR을 비판했다. 마샤 그린버거Marcia Greenberger는 이후 40년 동안 타이틀 나인을 지켜낸 최고의 법적 수호자로 자리매김했다.

그린버거는 원래 변호사가 되려고 계획하지 않았다. 학부에서 역사를 전공하고 대학원에서도 역사학으로 학위를 받을 생각이었다. 그런데 지도교수가 여자는 대부분 박사 학위를 못 받으니 시간 낭비하지 말고 다른 길을 찾아보라고 했다. 그래서 그린버거는 여자친구 두 명과 함께 법학전문대학원 입학시험을 보기로 하고, 시험 장소인 필라델피아 템플대학교에 모였다.

"여기서 뭐 하는 겁니까?" 시험장에 있던 남자들이 시험이 시작되기 전에 여자들에게 대들었다. "집에 가세요!" 누가 요구했다. "꺼지라고요!" 1966년 가을학기에 법학전문대학원에 입학하면, 징집 면제를 받아 베트남전쟁에 가지 않을 수 있었다. 한 남자가 말했다. "당신이 입학하면 다른 누가 전쟁터에 가서 싸워야 하고, 가서 죽을 수도 있다고요!" 사실 이 징집 면제가 종료되고 여러 해가 흐른 뒤에도 계속 남자들은 감히 법대 입학시험을 보는 여성들을 불쾌한 말로 괴롭히고 이렇게 소리 질렀다. "이건 남자가 하는 일입니다!"[18]

그린버거는 법대들이 여성 입학을 제한해서 전체 여자 법대생이 4퍼센트뿐이라는 사실을 몰랐다. 그런 제약에도 불구하고 그는 펜실베이니아대학교 법대에 합격했다. 200명이 넘는 입학 동기 가운데 여학생은 두 손으로 셀 만큼 적었다.[19] 당시 법대에서 공부하던 여학생들은 적의와 의심의 눈초리에 직면했다. 교수들은 강간죄 사례를 다룰 때 일부러 여학생들을 찍어 질문했다. 기숙사 외출 제한 시간을 어기면 여학생은 퇴학당했지만, 남학생은 외출 제한 시간이 없었다. 4년간 학부를 다니고 3년간 법대를 다니는 동안 여자 교수한테 배운 적은 한 번도 없었다.

1960년대 여성운동이 대담하게 변화를 요구한 덕분에 1970년 그린버거가 우등으로 학부를 졸업할 무렵에는 법대 여학생 인원이 꾸준히 증가했다. 타이틀 나인은 그런 기세의 반영이기도 했고, 또 거꾸로 그 기세에 가속도를 붙였다.

많은 로펌이 여성 변호사 채용을 노골적으로 거부했다. 여성이 밤늦게 일하는 것은 너무 위험하다는 이유를 댔지만, 그러면서도 여자 비서에게는 밤늦은 시간까지 일을 시켰다.[20] 워싱턴DC에 최초의 공익 로펌 가운데 한 곳인 법사회정책센터Center for Law and Social Policy 에서 1971년 여자 인턴과 행정직원들이 회사에 항의했다. 그들은 다음의 네 가지 사항을 요구했다. 여자 변호사를 고용할 것, 여성 권리에 관한 사건을 맡을 것, 여직원에게 저임금을 주지 말고 능력과 직무의 난이도에 상응하는 임금을 줄 것, 그리고 여직원에게 커피 심부름을 시키지 말 것. 이 로펌은 타이틀 나인이 제정되고 4개월 후에 26세의 그린버거를 채용했다. 그는 워싱턴DC에서 여성 권리 관련 사건만 전문으로 다루는 유일한 변호사였다. 상사가 그린버거에게 여성권리사업 쪽에 할 일이 충분한지 물었다.

그린버거는 즉시 샌들러 등에게 연락해 어디에 초점을 두면 좋을지 조언을 구했고, 오랜 세월 지속될 그들의 직업적 교분은 그렇게 시작되었다. 샌들러는 그린버거에게 상근 직원 25명은 있어야 처리할 수 있을 만한 분량의 일을 주었다. 그린버거는 여성권리사업의 초점을 교육, 고용, 보건 문제에 맞췄다.

1970년대에 전국 각지에서 그린버거가 하는 일과 비슷한 일을 하는 법률 단체들이 조직되어 여성 권리의 신장을 도모했다. 워싱턴DC의 여성법률구조기금Women's Legal Defense Fund (현재 명칭은 여성가족전국동맹National Partnership for Women & Families), 샌프란시스코의 평등권옹호회Equal Rights Advocates, 로스앤젤레스의 캘리포니아여성법률센터California Women's Law Center, 뉴욕 ACLU의 재생산권프로젝트(ACLU 여성권리프로젝트와 별개), 그 외 필라델피아, 클리블랜드, 코네티컷 등지에 생긴 여러 단체가 법정에서 여성을 위해 싸우고 정책 입안자와 의원들을 상대로 압박의 수위를 높였다.

여성 법조인과 타이틀 나인이 변화를 재촉하는 채찍 역할을 했다면, 별개의 법안 하나가 당근을 제시했다. 페미니스트들이 입안한 이 법은 연방 지원금으로 타이틀 나인의 준수를 장려하는 것이 목적이었다.

26세의 하원 교육분과위원회 보좌관 알린 호로위츠Arlene Horowitz의 요청으로 모인 소수의 여성이 회의실을 둘러보았다. 1970년대 초였다. 호로위츠는 교육 프로그램 특별법안을 이미 많이 봐왔기 때문에 혼자서도 충분히 법안 아이디어를 낼 수 있었다.

"액수가 얼마나 되죠?" 거기 모인 사람 중 한 명이 물었다.

그들이 작성하는 법안은 교재, 상담, 그 밖의 영역에서 성 편견을 타파하는 프로그램에 지원금을 주려는 것이었다. 한 연구에 따르면 아동 도서 제목에 소년이 등장하는 경우가 소녀보다 5배 많고, 삽화도 수컷 동물의 그림이 암컷보다 4배 많았다.[21]

1971년 가을, 호로위츠는 일단 의회 근처에서 일하는 소규모 페미니스트 네크워크에 연락해 법안 입안에 도움을 요청했다. 그들은 회의적이었으나 호로위츠는 끈질기게 설득했다. 그는 그 법안으로 공청회만 열 수 있어도 도움이 된다고 주장했다. 샌들러, 덩클, 아본 프레이저, 치점 의원의 보좌관 셜리 다운스Shirley Downs, 그리고 다른 몇 사람이 그의 노력에 가세했다.[22]

법안 문구를 조정하는 회의에서 참석자들은 의회가 승인할 금액을 명시하는 부분에 이르렀다. 그들은 서로 쳐다보며 물었다. "3000만 달러 어때요?"[23] 모두 웃음을 터뜨렸다. "어차피 통과되지도 못할 텐데" 꿈이라도 한번 야무지게 꿔보자고 한 명이 말했다.

1972년 3월, 그들은 이 법안의 발의자로 교육분과위원회 고참 위원인 패치 타케모토 밍크 의원을 택했다. 밍크는 의회에서 여성의 권리를 가장 크게 부르짖는 의원은 아니었지만, 개인적으로 차별을 겪은 굳센 페미니스트였다.

1970년 초, 워싱턴DC 남서 구역에 있는 자택 현관으로 들어선 밍크는 갖고 들어온 우편물 가운데 스탠퍼드대학교에서 온 봉투를 딸 그웬돌린(웬디)에게 건넸다. 고등학교 졸업반인 웬디는 스탠퍼드대학교에 가고 싶어 했다. 웬디가 봉투를 열었다. 표정이 흐려졌다. 그 편지는 불합격을 통보하면서, 스탠퍼드대는 학부 여성 합격자의 비율을 40퍼센트로 제한한다고 언급했다. 웬디는 남자 합격자는 놔두고 그 40퍼센트의 여자 합격자와 자기를 비교하면서 "내 능력이 부족한 탓"이라고 생각했다. 웬디가 어머니에게 편지를 내밀었다.[24]

"아니, 이럴 수가 있나." 밍크가 소리 질렀다. "이건 할당제잖아!"

밍크 본인도 과거에 10여 개의 의학전문대학원에 불합격했다. 그
중 몇 학교는 아예 노골적으로 여성의 입학을 제한한다고 밝혔다.
네브래스카대학교 졸업 후 그가 찾을 수 있었던 최선의 직업은 타
이피스트였다. 그는 전략을 바꿔 시카고대학교 법학전문대학원에
지원했다. 그 학교는 희한하게도 그에게 외국 학생 할당제를 적용
해 입학시켰다. 그는 신입생 90명에 포함된 여자 두 명 중 하나이자
아시아계 미국인 두 명 중 하나였다. 대학원을 졸업했지만, 여성인
그를 채용하려는 시카고 로펌은 없었다. 그는 남편 존 밍크, 그리고
당시 유아였던 딸 웬디와 함께 고향 하와이로 돌아갔으나 거기서도
백인 일색인 로펌들이 아시아계 미국인을 채용하려 하지 않았다.
그는 정계로 뛰어들었고, 유권자들은 1964년에 그를 하원의원으로
선출했다.

1972년 4월 밍크는 그 법안을 여성교육법Women's Education Act이라는
명칭으로 발의하고, 1973년 첫 주에 여성교육공평법Women's Educational
Equity Act: WEEA으로 개칭하여 다시 한번 발의했다. 아본 프레이저는 월
터 먼데일Walter Mondale (민주당-미네소타주) 상원의원을 설득하여 상
원에도 그 법안을 발의하게 했다.

"소수자 여성에게도 세심한 관심을 기울일 필요가 있습니다."
1973년 10월 WEEA에 대한 상원 공청회에서 샌들러가 지적했다.
"우리가 지금까지 시행해온 소수자 프로그램은 주로 소수자 남성
을 대상으로 할 때가 너무 많았고, 여성을 위한 프로그램은 주로 백
인 여성에 초점을 두는 경우가 너무 많았습니다. 예를 들어 그동안
교재를 만드는 출판사들이 흑인과 그 밖의 소수자가 선망받는 직종

에서 일하는 모습을 담으려고 특별한 노력을 기울인 덕분에, 이제는 소수자가 책에서 의사, 판사, 엔지니어로 나옵니다. 하지만 그런 그림이나 일화에 등장하는 소수자는 거의 소수자 남성으로만 한정됩니다."[25]

타이틀 나인은 소녀와 여성에게 문을 열어주었으나 그렇게 마련된 공간이 살 만한 곳이 되려면 WEEA가 필요하다고 샌들러는 말했다.

공청회 2일째인 11월 9일에는 테니스 스타 빌리 진 킹Billie Jean King이 나서서 세간의 관심을 WEEA로 유도했다. 그보다 7주 전, 29세인 킹이 55세의 은퇴한 프로 테니스 선수 바비 리그스Bobby Riggs와 대결하여 승리했는데, 그 시합을 본 시청자는 약 3700만 명(미국 인구의 약 17퍼센트)으로 추산됐다. 대대적으로 홍보된 이 '성 대결'은 휴스턴 애스트로돔 경기장에서 3만 명이 넘는 관중이 지켜보는 가운데 이뤄졌다.[26] 킹은 그랜드슬램 단식 타이틀 10개를 보유했고 복식 타이틀도 몇 개 갖고 있었다. 그 이벤트는 존중을 요구하는 소녀와 여성들, 그 요구를 들어주지 않는 남자들, 그리고 여자 스포츠를 둘러싸고 커지는 갈등이라는 당시의 시대정신을 십분 활용한 방식으로 꾸며졌다.

리그스는 그가 "단짝 친구들"bosom buddies•로 부르는 여성 5인이 끄는 인력거를 타고 애스트로돔에 입장했다. 한편 킹은 상반신을 드러낸 남자 네 명이 운반하는 가마를 타고 들어왔다. 리그스는 "세계

• 젖가슴을 의미하는 bosom은 여성을 속되게 가리키는 대유법으로 사용되었다.

최대의 빨판"sucker에게 주는 선물이라며 킹에게 거대한 '슈거 대디' 막대사탕Sugar Daddy sucker*을 주었다. 킹은 리그스가 "돼지 같은 남성 우월주의자"임을 자랑스럽게 뽐낸다는 걸 잘 안다는 의미에서, 그에게 살아있는 아기 돼지를 한 마리 선사했다. 테니스 코트에서 킹은 6 대 4, 6 대 3, 6 대 3으로 세 세트를 연달아 승리하고 상금 10만 달러(2020년 가치로 64만 달러[약 8억 3000만 원])를 챙겼다.[27]

킹은 그 승리로 전국을 환하게 밝힌 광채를 워싱턴DC 더크슨 상원 빌딩 4232호실로 그대로 옮겨와, 공청회에서 WEEA를 지지하는 발언을 했다.[28] 킹이 증언에서 사용할 표현을 샌들러가 미리 코치했다. "흔히 소녀는 고등학교나 대학교에 들어갈 때가 되면 벌써 스포츠는 자기와 무관하다고 생각하도록 잘 세뇌된 상태가 됩니다." 킹이 발언했다.[29] WEEA는 그런 세뇌를 막는 프로그램에 재정 지원을 해줄 수 있었다.

먼데일 의원은 상원에 발의할 법안을 1974년 초중등교육법Elementary and Secondary Education Act 연장안에 첨부했다. 밍크가 발의한 법안은 하원을 통과하지 못했다. 밍크는 최종 법안에서 WEEA가 유지되도록 상·하원 협의회에 로비하라고 여성 운동가들에게 강력히 당부했다.[30] 1974년 8월 21일 WEEA가 통과되었고, WEEA 프로그램에 연방정부가 매년 최고 3000만 달러[약 390억 원]까지 지원할 수 있게 되었다.[31] 하지만 의회는 WEEA가 통과된 첫해에 627만 달러[약 82억 원], 이듬

---

* '슈거 대디'는 미국에서 판매하는 막대사탕 이름이면서 여자에게 돈을 대주는 부유한 중년 남자를 가리키는 용어이기도 하다. '서커'는 막대사탕이라는 뜻 외에 어떤 것에 사족을 못 쓰는 사람, 잘 속는 어리숙한 사람이라는 뜻도 있으므로 여기서는 여성을 비하하는 중의적 의미로 사용되었다.

해에 727만 달러[약 95억 원]의 예산을 배정했다. 옹호자들이 꿈꾸었던 것만큼은 아니었지만, 그래도 성공이었다.[32]

WEEA 말고도 수많은 페미니즘 법안이 계속 의회에서 발의됐다. 1973년 9월에만 의회에 계류 중인 여성 관련 법안이 41건이었으며, 이 법안들은 기존 민권법의 개정과 새 민권법의 제정을 도모하고 교육, 금융, 주택, 공공 숙박시설, 세금 혜택, 사회보장, 가족계획, 낙태, 출산, 보육, 경칭인 '미즈'Ms.의 사용, 연금, 보험, 군 복무, 최저임금, 화장품 안전성, 유연근무제, 리틀야구연맹 등에서 변화를 꾀했다.[33]

1974년 2월, OCR은 발효를 앞둔 타이틀 나인 시행규정에 학교 운동경기에 평등하게 참여할 기회를 보장하는 규정이 담긴다고 분명하게 밝혔다.[34] 이참에 대학교 체육부장들과 NCAA는 평등을 향해 나아가는 사회적 추세를 수용하고 남녀 스포츠 프로그램에 예산이나 장학금을 동등하게 배분하거나, 경기 일정, 장비, 선수 영입에서 공정하게 균형을 잡거나, 동등한 자격 요건을 갖춘 코치를 배정하는 등 진지한 노력을 기울일 수도 있었다. 하지만 그들은 정반대로 나갔다. 남자의 영역을 지키겠다며 타이틀 나인을 공격했다.

NCAA는 가입 대학들을 부추겨 시행규정이 스포츠에 적용되지 않도록 보건교육복지부를 설득하려고 했다. PSEW는 학생 운동선수에 대한 성차별을 연구한 최초의 논문 〈스포츠에서 여성 평등의 구성 요소는 무엇인가?〉What Constitutes Equality for Women in Sport?를 전국에 발간해 이에 대응했다. 덩클이 작성한 이 21쪽 분량의 논문은 1974년 4월에 발표되었다.[35] 덩클은 OCR 직원들과 정기적으로 의견과 초안을 공유하고 피드백을 받았다. 이 논문은 학교 운동경기에서 공평성을 구현하기 위한 각종 모형을 탐색했다. 팀을 구성할 때 선수의 성별이 아니라 신장과 체중을 기준으로 해야 할까? 아니면 남자 팀과 여자 팀으로 나눠 둘 다 학교 대표로 다른 학교와 경기하게 한 후 올림픽처럼 양 팀의 점수를 합산해 우승 학교를 결정해야 할까? 그러면 남녀 양 팀에 동등한 투자와 자원 배분을 보장할 수 있을지 모른다. 덩클은 앞으로 해결해야 할 이슈를 개괄적으로 서술하고 OCR 시행규정의 학교 스포츠 적용을 위한 토대를 제공했다.

궁극적으로 여성 운동가들도 남자 팀, 여자 팀을 나눠야 할지 말지 의견 일치를 보지 못했다.[36] WEAL과 AIAW는 나누자고 했고, NOW는 나누지 말자고 했다. 샌들러는 자기와 다른 몇 사람이 "뛰어난 변호사, 정책 전문가, 체육 관계자, 민권운동가, 연방정부의 민권 관계자, 여성 권리 활동가들과 수많은 시간을 보냈으며 다들 어떤 실질적인 해결 방안을 고안하려고 애썼다"라고 기록했다. "그러나 그 모든 이른바 '해결 방안'에는 저마다 어느 정도 심각한 결함이 있었다."[37]

워싱턴DC의 느슨한 여성단체 네트워크가 그 밖의 구체적인 규정들을 타이틀 나인 시행규정에 추가하도록 OCR을 상대로 로비를 벌이기로 하고, 1974년 초부터 기세를 올렸다. OCR은 그중 몇 가지를 채택했다. 예컨대 학교가 성차별 문제를 자체적으로 평가하고, 고충처리 절차를 도입하고, 학교 스포츠에 관한 다양한 권고를 채택하는 것을 의무 사항으로 삼았다. 하지만 타이틀 나인 제정 후 2년이 흘렀는데도 OCR은 시행규정을 아직 공포하지 않았다.

DC 여성 네트워크의 핵심이던 그린버거는 자신이 담당하는 여성권리사업에서 쓰는 법적 수단을 이용하여 더 광범위한 연합을 위해 봉사했다. 그는 법원이 닉슨 정부에 민권법 집행을 소홀히 하지 말라고 명령한 사실을 알고 있었다. 전국유색인종지위향상협회 NAACP 법률구조기금이 미시시피주에 사는 여섯 자녀를 둔 흑인 아버지 존 퀸시 애덤스John Quincy Adams 등을 대리한 소송 애덤스 대 리처드슨Adams v. Richardson 덕분이었다.[38] 법원은 정부가 법을 집행하는 방식과 누구를 질책할지 정하는 문제에 큰 재량권을 보유하는 것은 맞지만, 법 집행 자체를 거부할 재량권은 없다고 판결했다. 1974년 11월 그린버거는 여러 여성 단체와 개인 학생을 대리하여 비슷한 소송(WEAL 대 캘리파노WEAL v. Califano)을 제기했다. 정부가 타이틀 나인과 행정명령의 시행규정 및 집행 장치를 마무리하도록 재촉하기 위해서였다.[39] 법원은 애덤스 사건과 WEAL 사건을 하나로 병합했다. 여기에 장애인 권리 운동가들도 원고로 참가하여, 타이틀 나인처럼 민권법 제6편의 표현을 차용한 별도의 장애 차별 금지법인 1973년 재활법 제504절의 집행을 촉구했다.[40]

그린버거는 1977년에 합의를 얻어냈으나 OCR이 직무를 게을리할 때마다 매번 다시 사건을 법정으로 가져갔다. 그는 타이틀 나인의 집행을 재촉하려고 WEAL 대 캘리파노 소송을 처음 제기하던 그해에 딸을 낳았는데, 그 소송은 딸이 16세가 될 때까지도 종료되지 않았다.[41] 그 사건이 그렇게 오래 살아남은 것은 그린버거의 공이었을 뿐만 아니라 재능 있는 농구 선수 도러시 래플Dorothy Raffel의 덕분이기도 했다. WEAL 회장의 딸 래플은 자기가 다니는 중학교에 남자 농구부만 있고 여자 농구부는 없다는 이유로 1974년 OCR에 타이틀 나인 진정을 제기했다. 그는 고등학교, 대학교, 심지어 대학원에 다닐 때까지 내내 WEAL 대 캘리파노 사건에서 원고로 참여했다. 1980년대에 정부가 이 사건을 종료하려고 하자, 법원은 원고 중에 현재 피해를 보고 있는 사람이 있는지 물었다. 바로 도러시 래플이 피해 당사자였다. 그는 박사과정 학생이었지만 대학원 농구부에서 선수로 받아주지 않았고, 남학생들은 농구부에서 직업적인 인맥을 쌓을 기회를 얻었다.

한편 1974~1975년에 학교 스포츠를 둘러싸고 확산한 갈등 때문에 아직 진행 중이던 타이틀 나인 시행규정 제정이 거의 좌초될 뻔했다.

1974년 5월 20일, 엘런 호프먼Ellen Hoffman이 상원 회의장에서 자기와 다른 보좌관 외에 상원의원을 세어보니 딱 다섯 명이었다. 호프먼의 상관인 먼데일 의원은 그 자리에 없었다.[42] 존 타워John Tower (공화당-텍사스주) 상원의원이 일어나 조용한 목소리로 초중등교육법에 추가될 수정안을 발의했다. 그 수정안은 대학 대항 경기 종목이 "수입이나 기부금"을 생성할 경우 타이틀 나인의 적용을 면제했다. NCAA가 바라던 바였다. 그 자리에 출석한 소수의 의원이 호명투표로 수정안을 통과시켰다. 그대로 놔두면 그 수정안은 스포츠 분야에서 타이틀 나인을 무력화할 터였다. 학교 스포츠 운영자들은 미식축구처럼 단 1달러라도 입장료 수입이 생기는 종목을 실컷 지원할 수 있게 되고, 그러고도 자금이 남는다면 나머지 운동부가 그걸 나눠 쓰게 될 상황이었다.

"이게 무슨 일이람." 호프먼은 서둘러 AIAW 자문 폴리비에게 연락했다.

여성 운동가들은 신속하고도 은밀하게 대처해야 했다. 미식축구 논쟁이 1면 기사로 대서특필되는 일은 피해야 한다고 호프먼이 경고했다.[43] 그러면 미식축구 팬들의 화를 돋워 성차별 철폐라는 초점이 흐려진다는 거였다. 그들에게 단 한 번의 기회가 있었다. 타워 의원의 수정안이 첨부된 초중등교육법 법안은 이견 조정을 위해 상·하원 협의회로 이송될 예정이었다. 운동가들은 여성단체를 결집하여 다음 몇 주 동안 협의회 구성원들에게 타워 수정안의 삭제를 강력히 촉구했다.

상·하원 협의회가 그 수정안을 논의하는 동안 폴리비는 회의장 밖 복도에서 치점 의원 및 다른 몇 사람과 모여 서 있었다. 제이컵 재비츠Jacob Javits (공화당-뉴욕주) 상원의원이 휴식 시간에 밖으로 나와 그들의 의견을 구했다. 만일 그가 대안이 될 만한 수정안을 발의하면 협의회가 타워 수정안을 포기할 것 같다며 대체 수정안의 어휘를 어떻게 골라야 할지 도움을 청했다. 서둘러야 했다.

폴리비는 펜과 종이를 들고서 대리석으로 덮인 퀭한 복도를 두리번거렸으나 필기하기에 적당한 공간을 찾지 못했다. "여기다 대고 쓰세요." 치점이 말했다. 그가 뒤돌아 등을 내밀었다. 폴리비는 그 등에 대고 이후 '재비츠 수정안'으로 알려지게 되는 내용의 초고를 작성했다. 이 수정안은 보건교육복지부가 (비공식적으로 유출된 내용 말고는 아직 아무것도 내놓지 않았으므로) 30일 내로 타이틀 나인 시행규정 초안을 발표하도록 지시했으며, 시행규정에는

"대학 대항 경기와 관련하여 특정 종목들의 속성을 고려한 적절한 규정이 담겨야 한다"라고 언급했다.[44] 재비츠 수정안은 타이틀 나인을 학교 스포츠에 적용하는 것이 의회의 의도가 맞는다는 점을 명확히 하되, 미식축구처럼 비용이 많이 드는 일부 스포츠를 다른 스포츠와 다르게 취급할 수 있는 재량을 허락했다. 예컨대 미식축구 유니폼이 수영복보다 비싼 것은 맞기 때문이었다. 덕분에 협의회는 재비츠 수정안에 긍정적으로 반응했다.

1974년 6월 18일, OCR은 마침내 타이틀 나인 시행규정 초안을 발표했다. 샌들러는 그 사본 한 부를 집으로 가져와서 뒤뜰에 편히 앉았다. 무더위가 찾아오기 전에 초여름을 즐길 셈이었다. 그는 시행규정 초안에 담긴 중대한 결함들을 쉽고 분명한 말로 요약하고 그 문제에 대한 의견을 제출할 방법을 자세히 메모하며 즐거운 주말을 보냈다. 샌들러와 덩클이 작성하고 다듬은 그 분석문은 여성의 권리를 직접 옹호하는 글이었기 때문에 PSEW의 이름으로 제출하기가 곤란했다. 그래서 〈WEAL 분석문〉으로 명명되었다. 이 문서를 앱저그 하원의원이 《의회 의사록》에 기재하여, 독자들은 〈WEAL/앱저그 분석문〉을 전국 도서관에서 쉽게 찾아볼 수 있게 되었다.

PSEW는 그 요약문을 우편물 수취자 명부에 있는 수천 명에게 발송하면서 대학에 여성의 요구 사항을 알리는 글이라고 설명했다. 폴리비는 시행규정 초안에 "'여성을 차별하고도 교묘히 모면할 수 있는 1001가지 방법'이라고 부제를 달면 딱 적당할 것 같다"라고 일갈했다.[45]

시행규정 제정 절차에서 다음 단계에 해당하는 OCR의 '공지 및 의견 수렴' 기간에 (평소처럼 10~400개가 아니라) 거의 1만 개에 달하는 의견이 쏟아져 들어왔다. 시행규정에서 스포츠 관련 내용은 10퍼센트 이하였는데도 제출된 의견의 90퍼센트가 스포츠를 거론했다.[46] 제출된 국민 의견의 절대다수는 남녀 스포츠에 동등하게 지출할 것을 요구했다.[47] 그러나 OCR은 그것을 지나친 요구로 보고 재비츠 수정안을 고수했다.

OCR이 시행규정 초안을 발표하거나 국민 의견을 수렴하기 전부터 정부가 타이틀 나인의 시행을 주저하는 모습을 가장 명확히 꿰뚫어 본 사람 중 하나는 27세의 공무원 할리 녹스Holly Knox였다. 그는 1974년 여성 대회에 참석하려고 워싱턴DC에서 버스를 타고 버지니아주 시골에 있는 어느 피정 센터로 향했다. 교육사무국에서 일하는 녹스의 상관이 참석을 지시했다. 녹스는 버스에서 우연히 NOW 교육위원회 위원장으로 자원봉사를 하던 앤 그랜트Anne Grant 옆자리에 앉게 되었다. 그들의 화제가 타이틀 나인으로 넘어갔다.

"그런데 말이죠." 녹스가 그랜트에게 경고했다. "정부가 이걸 집행하지 않을 거예요."

4년 전 녹스는 피터 뮤어헤드Peter Muirhead 보건교육복지부 차관보가 1970년 그린 공청회에서 진술한 증언의 작성을 담당했었다. 당시 녹스는 성차별 문제에 관해 잘 몰랐다가, 뮤어헤드의 증언 작성에 참고하려고 샌들러의 WEAL 진정서를 읽으면서 대단한 충격을 받았다.[48] 그는 민권법 제6편의 수정과 그린의 목표를 지지하는 열정적인 글로 뮤어헤드의 증언을 준비했지만, 정부 관계자들은 그린

법안에 반대하는 쪽으로 결론을 바꾸라고 그에게 지시했다.

2년 후 타이틀 나인의 의회 통과를 앞두고, 녹스와 교육사무국 직원 메리 앤 밀샙Mary Ann Millsap은 교육계 전반의 광범위한 성차별을 주제로 140쪽 분량의 보고서를 써냈다.[49] 학교 미화원에서부터 그 위로 어떤 직급이든 여성은 남성보다 임금을 덜 받았다. 대다수의 여학생은 스포츠 활동을 할 기회가 없었다. 교과서는 여성 차별적인 고정관념으로 가득했다. 한 교과서에 나오는 인물은 이렇게 말했다. "엄마 저 여자애 좀 보세요. 저거 보시라고요. 딱 여자애처럼 굴어요. 하다 말고 포기하잖아요." 핵심은 정부가 차별적인 제도에 재정 지원을 하고 있다는 점이라고 저자들은 결론지었다.

타이틀 나인 시행규정 마련이 장기간 힘겹게 진행되는 동안, 녹스가 보기에 교육사무국은 일을 진전시키는 데 별 관심이 없었다. 버스에서 녹스가 그랜트에게 말했다. "당신들이 이곳 워싱턴에 옹호 세력을 구축해서 정부에 압박을 가해야 할 겁니다."

그랜트가 잠시 녹스를 쳐다보았다. "당신이 해보면 어때요? 당신이 지원금을 타서 그 일을 해보면요?"

"네? 저요?" 녹스가 놀라 되물었다. "지원금 신청을 어떻게 하는지도 전혀 모르는데요."

"제가 도와드릴게요. 우리가 도와드리겠습니다."

녹스는 NOW가 새로 비영리단체 법률구조교육기금Legal Defense and Education Fund을 설립한 사실을 알았다. 그 단체는 재단이 주는 보조금을 받을 수 있었다. 얼마 안 있어 포드재단의 테리 사리오Terry Saario가 녹스에게 잠깐 만나자고 했다. 그는 미국 교육의 여러 방면에서 일어나는 성차별을 철폐하기 위해 고안된 사업이 있으면 자금을 댈 계획이라고 했다.

녹스는 생각했다. '오. 그렇군. 어쩌면 가능하겠는데.'

그는 샌들러가 PSEW를 통해 타이틀 나인을 어떻게 촉진했는지 잘 봐두었기 때문에 그 방식을 모델로 삼았다. NOW 법률구조교육기금의 조언과 남자친구의 도움으로 녹스는 포드재단에 지원금을 신청하여, 자기가 PEER라고 명명한 프로젝트, 바꿔 말해 NOW 법률구조교육기금이 주관하는 평등교육권사업Project on Equal Education Rights를 위한 지원금을 얻어냈다.[50] 녹스는 공무원을 그만두고 PEER의 총책임자가 되었다.

샌들러와 WEAL이 고등교육에서 한 일을, 녹스와 PEER는 K-12 교육에서 시도했다. 각지의 NOW 지부와 풀뿌리 조직들을 활용하여 학부모와 교직원이 성차별에 대항할 수 있도록 힘을 실어주었다.

녹스는 샌들러, 덩클, 폴리비, 그린버거 등 워싱턴 지역에서 활동하는 똑똑한 여성 활동가들과 친하게 지내며 긴밀히 협력했다. 이들은 편하게 만나 교육 분야의 성적 공평성을 위한 정보와 전략을 공유했다.[51] 그들 대다수는 경제적으로 안정되고 고등교육을 받은 백인 여성들이었다. 가장 활발하게 활약하던 20여 명 가운데 아홉 명은 연방정부 기관에서 3년 넘게 일했다.[52] 그들은 이 모임을 '교육대책위원회'Education Task Force라고 이름 지었다.

타이틀 나인 시행규정 토론이 이어지는 동안, 타이틀 나인 제정의 두 일등 공신인 그린 하원의원과 바이 상원의원이 타이틀 나인 자체에 수정을 가했다. 그동안 보이스카우트, 걸스카우트, 남녀 대학생 사교 동호회 같은 단일 성별 단체가 학교의 지원을 받는 일이 금지되는가를 두고 논란이 있었다. 타이틀 나인에 더 심각하게 해가 될 수 있는 법 제정을 사전에 차단하기 위해, 바이 의원은 그런 단체에는 타이틀 나인을 적용하지 않는다는 수정안을 제안하여 1974년 12월에 통과시켰다.[53]

1975년 초에 페미니스트들은 투사 한 명을 또 잃었다. NOW의 앤 스콧이 유방암으로 45세에 세상을 떠났다. 1975년 2월 17일 워싱턴 올 소울스 유니테리언 교회에서 열린 추도식에서 바이 의원을 비롯해 여러 사람이 고인을 칭송했다. 치점 의원은 추도식 진행 순서 안내문에 이렇게 적었다. "인간 평등을 위한 모든 투쟁에는 대의에 대한 온전한 헌신을 삶 자체로 보여주는 사람들이 있다. 앤이 바로 그런 사람이었으며, 평등 원칙을 사수하는 전투에서 언제나 최전선을 지켰다. 우리 가운데 앤 스콧이 살았기 때문에 우리 모두의 삶이 더욱 풍요로워졌다."[54]

워싱턴DC 프로의 세계에서 활약하는 페미니스트도 최전방에서 투쟁하다가 터무니없는 성차별 관례를 수용해야 하는 때가 있었다. 샌들러는 햇살 가득한 PSEW 사무실에 앉아 전화를 받았다. AIAW 법률고문 마고 폴리비였다. 폴리비는 오늘 백악관에 와서 관계자와 타이틀 나인 시행규정을 의논하라고 방금 연락받았는데 샌들러가 같이 가줄 수 있겠는지 물었다.

샌들러는 당연히 그러고 싶었지만, 이렇게 말했다. "마고. 저는 백악관에 못 갈 것 같아요. 지금 바지 정장을 입었거든요!" 백악관에 바지를 입고 가다니 상상할 수 없는 일이었다. 폴리비는 자기도 마찬가지로 바지 차림이지만, 이 기회를 놓칠 수 없다고 했다. 두 사람 다 이럴 때를 대비해 사무실에 걸어둔 정장 상의가 있었다. 그들은 한 가지 묘수를 냈다.[55]

폴리비와 샌들러는 바지에 반듯한 정장 재킷을 입고 미팅 시간보다 조금 이르게 도착했다. 그들은 백악관 직원이 오기 전에 두 사람이 상의할 것이 있으니 회의실로 안내해달라고 부탁했다. 그 백악관 관계자가 나타나자 두 사람은 자리에서 반쯤 일어나 엉거주춤한 자세로 탁자 반대편으로 몸을 기울여 그와 악수했다. 미팅은 순조롭게 이뤄졌다. 그 직원은 — 태어난 지 얼마 안 된 딸을 둔 흑인 남성이었다 — 스포츠를 좋아했고 타이틀 나인에 호의적으로 보였다. 미팅이 종료되자 샌들러와 폴리비는 필기한 것을 검토할 수 있도록 회의실에 몇 분 더 머물러도 될지 물었다. 그들은 다시 엉거주춤 몸을 굽혀 그와 작별 악수를 했다. 바지 입은 모습을 상대에게 용케 보여주지 않고 미팅을 마무리한 것이다.[56]

1975년이 되자 타이틀 나인 시행규정을 촉구하는 로비 활동에 본격적으로 속도가 붙었다. 여론도 여성에게 호의적인 방향으로 바뀌었다. 1974년 여론 조사에 따르면 국민의 88퍼센트가 공립학교 남녀 스포츠에 재정 지원이 평등하기 이뤄지기를 원했다. 1970년대 중반에는 피트니스 열풍이 불면서 남녀 모두가 조깅, 테니스, 체력 훈련 등을 시작했다. 샌들러도 조깅을 시작했고 담배도 끊으려고 여러 차례 시도했다.

1975년 2월 28일 보건교육복지부가 포드 대통령에게 시행규정 최종안을 보내 승인받고자 했으나 타이틀 나인 옹호자들이 보기에 내용이 놀랍도록 부적절했다.[57] 바이 의원은 시행규정이 타이틀 나인의 "정신과 의도"에 위배된다고 일갈했다.[58] 제1회 흑인여성국 제대회 참석자들은 타이틀 나인 지지 결의안을 채택했다.[59] NOW, PEER, AIAW 등은 사람들에게 경고 메시지를 발송하고, 대통령이 시행규정을 의회로 이송하기 전에 내용 수정을 촉구하는 연락을 취할 것을 강력히 권고했다. 여성 연합은 만나는 빈도를 주 1회로 늘려서 시행규정을 거부할지 수용할지 토론을 벌였다.

그러는 동안 전국에서 가장 잘나가고 인기 있는 미식축구 감독 8인이 워싱턴으로 날아와 포드 대통령과 1시간 넘게 만났다. 포드 대통령은 미시간대학교 시절 미식축구 팀에서 센터로 활약한 스타 선수였고 법대에 다닐 때는 예일대학교 팀의 코치를 맡기도 했었다.

1975년 6월 3일 포드 대통령이 의회로 이송한 시행규정 최종안은 감독들의 소망과는 달리 미식축구를 면제하지 않았다. 교육대책위원회의 로비 덕분에 가당치 않은 규정들은 삭제되었다.[60] 그 최종안은 경쟁 실력에 기반하는 스포츠 종목의 경우 남녀 팀 구분을 허용하되 강제하지 않았다. 학교가 남녀 팀을 따로 둘 경우 두 팀을 다르게 처우할 수 없었다. 남녀 팀을 따로 두지 않을 겨우, 학교는 스포츠 참여에 대한 학생의 흥미가 충족되도록 보장해야 했다. 시행규정은 덩클의 아이디어를 채택하여 학교 스포츠의 총 11개 항목에서 평등한 기회를 요구하는 긴 목록을 만들었다. 관심과 능력의 고려, 장비와 물품, 경기 및 훈련 일정, 여행 경비, 코치 및 개인 교습, 코치와 개인 지도교사에 대한 보수 지급, 탈의실 및 경기 시설, 의료 및 훈련 시설과 서비스, 숙소 및 식당, 홍보, 장학금 등이 그 목록에 담겼다. 또한 시행규정은 성별에 따라 지원금이 달라지는 것이 반드시 차별의 증거라고 볼 수는 없지만 조사관들은 타이틀 나인 준수 여부를 심사할 때 그 점을 하나의 요소로 고려할 수 있다고 명시적으로 규정했다.[61]

시행규정이 발효되기 전에 한 가지 할 일이 남아있었다. 특이한 1974년 법 하나 때문에(나중에 폐기되었다) 의회는 새 시행규정을 45일 내로 불승인할 수 있었다. 의원들이 아무 행동도 취하지 않으면 시행규정은 그대로 발효되었다.[62] 그 시행규정을 원할 경우 여성계는 의회에 가만히 있으라고 — 시행규정을 불승인하지 말라고 — 로비해야 했다. 하지만 그렇게 싸워야 할 만큼 시행규정이 만족스러운가? 시간이 촉박했다. 페미니스트들은 어떻게 행동할지 빨리 합의해야 했다.

1975년 6월 초에 샌들러와 덩클은 R 거리에 있는 그들의 사무실에서 듀폰트서클 1번지까지 가로수 길을 따라 다섯 블록을 걸어 도착했다. 그리고 엘리베이터로 8층에 있는 미국교육협의회 이사회실로 올라갔다.[63] 샌들러는 교육대책위원회가 소집한 이 회의에 참석한 24개 단체의 대표자들을 세어보았다. 그중에는 전통적인 교육 관련 단체들과 함께 전국도시연맹National Urban League, 전국흑인여성협의회National Council of Negro Women 같은 여성·흑인 민권 단체도 포함되어 있었다.

논의는 엄숙하고 힘겹게 진행됐다. 학교 스포츠와 관련해 타이틀 나인 이행의 판단 기준이 될 그 '긴 목록'은 선수 모집 등 학교 스포츠 프로그램의 다른 핵심 부분을 담지 않았다. 또한 큰 그림으로 봤을 때 시행규칙은 남녀 통합 팀으로 나아가는 계획이 전혀 없이 남녀 스포츠를 견고하게 구분했다.[64] 여성계는 이런 시행규정을 지지해야 할까, 반대해야 할까?

샌들러는 기회가 사라져가는 것을 느낄 수 있었다. 완벽하지 않다는 이유로 좋은 것을 버리지 말자고 그는 주장했다. 정치는 타협이니 가능한 것을 성취하자고 했다. 샌들러와 다른 몇 사람은 이번에 시행규정이 승인되지 않으면 앞으로 한동안 타이틀 나인이 집행되지 못하여 차별 진정에 대한 대응이 더욱 지연될 것을 우려했다. ACLU는 남녀 스포츠 구분은 평등할 수 없고 시행규정이 너무 미약하다며 거리를 두었으나, 의회가 시행규정을 불승인하도록 촉구하지는 않겠다고 했다.[65]

이 회의에서 그들은 더 큰 영향력을 발휘하려면 인지도를 높일 필요가 있다는 것도 깨달았다. 이후 몇 달 동안 교육대책위원회는 여성및소녀교육전국연합National Coalition for Women and Girls in Education: NCWGE으로 명칭을 변경하고 30개 단체 총 350만 회원을 대표하게 되었다. 초대 의장은 덩클이 맡았다. 샌들러는 친분을 기반으로 시작된 네트워크가 워싱턴에서 가장 잘 조직된 여성 연합체로 발전했다고 생각했다. 참여자들은 자기를 이 조직과 너무 동일시한 나머지 이 전국연합을 "우리"라고 부르고 자기 소속 단체를 "그들" 또는 "그 단체"로 지칭했다. 수십 년이 흐른 뒤 그중 일부는 당시를 가장 신나게 일했던 시절로 묘사했다.[66]

타이틀 나인 시행규정을 발효하도록 의회를 설득하기 위해서 미국여대생협회American Association of University Women: AAUW와 여성유권자연맹

League of Women Voters은 NCWGE 자원봉사자들에게 로비 활동 요령을 가르쳤다. 샌들러와 덩클은 "여성에게 스포츠 활동의 기회를 주라" 또는 "타이틀 나인에 신의 축복이 내리기를"이라고 적힌 단추형 배지를 1만 개 넘게 제작했다.[67] 7월 17에는 밍크, 치점, 앱저그 등을 비롯한 14인의 의원이 동료 하원의원들을 초청해 타이틀 나인을 위협하는 요소에 관해 논의했다.[68]

그해 여름, 시행규정을 불승인하거나 학교 스포츠를 타이틀 나인 적용에서 면제하거나, '수입이 생기는' 스포츠를 제외하려는 의도로 상·하원에 발의된 법안과 결의안이 최소 9건이었다. 의회는 45일 기한 내에 세 차례의 공청회를 열었다.[69] 치점, 밍크, 앱저그, 바이 등은 공청회에서 증언도 하고 여성 단체들과 나란히 로비도 펼쳤다.

NCWGE 회원들은 공청회장 밖에 서서 그곳을 오가는 의원과 보좌진에게 말을 걸고 복도를 다니며 유인물과 배지를 나눠주었다. 그들은 엘리베이터 안까지 따라 들어와 자기주장을 펼쳐서 일부 의원을 놀라게 했다.[70] 각종 교육 협회, 여성 단체, 학생 단체, 노동조합도 서신과 전보로 일관된 메시지 — 지금 발효를 앞둔 시행규정보다 더 강력했으면 좋았겠지만 아무 규정도 없는 것보다는 낫다는 메시지 — 를 대거 보내왔다.[71] NCWGE가 활발하게 움직이고 동맹들이 애쓴 덕분에 타이틀 나인에 반대하는 모든 조치를 물리치고 1975년 말에 발의된 다른 법안도 최소한 두 건 이상 막아냈다.[72]

의원들이 "수백 명의 여성 권리 로비스트"의 기세에 굴복했다고 《워싱턴 포스트》가 1면 기사로 보도했다. 그런 인식에 폴리비가 픽

웃었다. "우리는 다 합쳐봐야 27명이었어요." 그가 회상했다. "하지만 워낙 말이 많은 사람들이었죠."[73]

막바지 표결 중 하나가 시행규정이 발효되기 약 1주일 전에 이뤄졌다. 밥 케이시Bob Casey (민주당-텍사스주) 하원의원이 세출법안에 첨가하여 발의한 수정안을 놓고 하원에서 장시간 토론이 이어진 끝에 표결이 진행됐다. 케이시 수정안은 체육 수업의 남녀 구분을 허용했는데, 이 조치는 상원에서 이미 한 번 거부되었다. 민권지도자회의를 비롯한 40개 단체와 최소한 28개 일간지가 그 수정안에 반대했다.[74]

7월 16일에 있었던 이 하원 토론 중에, 밍크 의원은 코넬대학교 대학원생이던 딸 웬디가 뉴욕주 시러큐스에서 자동차 정면충돌 사고로 흉부가 손상되고 늑골이 부러지는 중상을 입고 중환자실로 실려 갔다는 소식을 전해 들었다. 밍크는 즉시 웬디에게 달려갔다. 그날 하원은 찬성 212, 반대 211, 즉 1표 차이로 케이시 수정안을 유지했다. 그러나 이튿날 상원이 찬성 26, 반대 65로 그 수정안을 또 한 번 확실하게 거부했다. 밍크는 웬디가 중환자실에서 나와 양호한 상태가 될 때까지 시러큐스에 머물렀다. 세출법안을 마무리 짓고 싶었던 하원은 결국 상원에 항복하여 케이시 수정안을 찬성 178, 반대 215로 폐기했다.[75]

1975년 7월 21일 마침내 타이틀 나인 시행규정이 발효됐다. 타이틀 나인이 제정된 지 3년 만이었다. OCR은 보건 교육에서 성차별을 금지하는 공공보건서비스법에 관한 최종 시행규정도 법 통과 후 거의 4년 만에 공포했다.

7월 29일 저녁에 타이틀 나인의 생일을 축하하는 파티가 즉석에서 꾸려지고 설탕 옷을 입힌 2단 케이크에 밑동은 도톰하고 위로 갈수록 갸름해지는 모양의 기다란 초 세 개가 꽂혔다. 신설 NCWGE 의장 덩클이 초에 불을 붙였다. 덩클 옆에 있던 치점 의원의 표정이 환했다. 하원에서 힘을 보태준 다른 의원들도 그 자리에 모였다. 참석하지 못한 바이 의원에게는 사무실로 케이크를 보냈는데 그가 아주 기뻐했다.[76] 샌들러는 직원과 축하할 일이 생기면 그냥 지나치는 법이 없어서 PSEW 사무실로 케이크도 가져가고 집에서 시행규정 수호 투쟁에서 세운 공적을 기념하는 표창장을 만들어 각 직원에게 수여했다.

1975년에 발효된 시행규정은 1년 내로 각 학교의 자체 평가를 요구했지만, 마지못해 겨우 흉내만 내는 학교가 대부분이었다.[77] 또한 각 교육기관은 타이틀 나인 조정관을 지정하고, 학생과 직원에게 조정관과 연락할 방법을 공지하고, 신속하고 공정한 신고 처리를 위해 고충처리 절차를 게재해야 했다.[78] 그러나 많은 학교가 그런 요구 사항을 무시하다시피 했다.

타이틀 나인 시행규정이 마무리되자 OCR은 민권 관련 진정을 일체 조사하지 않겠다는 규정안을 별도로 발표했다.[79] 이 '특정 민권법 집행 및 강제를 위한 통합 절차 규정' Consolidated Procedural Rules for Administration and Enforcement of Certain Civil Rights Laws은 그 대신 적절하다고 판단될 경우 교육기관의 "규정 준수 여부를 심사"하는 것으로 OCR의 직무를 제한했다. 포드 정부 관계자들은 OCR이 모든 조사를 수행하기에는 인력이 부족하다고 주장했다. 이렇게 되면 OCR은 피해자들의 진정을 무시한 채 규정 준수 심사 대상을 마음대로 선정할 수 있었다. 그리고 OCR이 원하면 제1 언어가 영어가 아니고 진정도 잘 제기하지 않을 저소득 학생이 많은 학교 위주로 조사할 수도 있었다.

모든 민권 단체는 뒤통수를 맞은 기분이었다. OCR은 타이틀 나인 제정 후 3년 동안 타이틀 나인 진정 사건을 단 한 건도 조사하지 않았으면서, 이제 앞으로도 절대로 조사하지 않겠다고 선언한 것이다. "이 일로 모두 기분이 안 좋다"라고 밍크의 보좌관 수전 카케사코 Susan Kakesako가 메모에 적었다.[80]

민권지도자회의 소속 162단체는 보건교육복지부에 규정안 철회를 요구했다.[81] 같은 날 미국민권위원회는 차별금지법을 집행하지 않은 정부를 비판하는 673쪽 분량의 보고서를 발표했다. 바이 의원은 OCR 규정안에 반대하는 문서에 상원의원 100명 중 80명의 서명을 받아냈다.

일부 OCR 직원은 민권 단체들을 이간질했다. 여성이나 스페인어 사용 시민이 제기한 진정의 조사를 거부하면서 자기들은 애덤스 판례 때문에 인종차별에 집중해야 한다는 핑계를 댔다.[82] 그러면서 다른 한편으로는 성차별 진정이 너무 많이 쏟아져 들어와서 인종, 출신국, 장애에 근거한 차별까지 해결할 여력이 없다고 둘러댔다.

민권 운동가들이 수개월에 걸쳐 압박한 끝에 1976년 3월 OCR은 통합 규정안을 철회했다.[83] OCR은 타이틀 나인 준수 심사와 차별 진정 조사를 모두 실시하기로 동의했다.

맹렬한 질주 끝에 타이틀 나인 시행규정이 마무리되자, NCWGE는 타이틀 나인에 계속 가해지는 공격을 막아내고 다른 페미니즘 법안을 홍보하기 위해 신속히 로비 및 교육 활동에 나섰다. NCWGE의 핵심 지도자들은 각자 여러 단체에서 맡은 역할을 이용해 목표를 이루고자 했다. 샌들러는 번갈아가며 PSEW를 대표하기도 하고, 대통령의 지명으로 WEEA가 창설한 여성교육과정전국자문회의National Advisory Council on Women's Educational Programs: NACWEP 의장으로서 그 조직을 대표하기도 했다.[84] 녹스는 PEER을 대변하거나 또는 NACWEP 입법위원회 위원장 자격으로 발언했다. 덩클은 PSEW를 대표하면서 NCWGE 제1대 의장으로도 활동했다.[85] 글리브스는 PSEW와 전국흑인여성협의회 고등교육위원회를 동시에 대표했다.[86] PSEW의 영향력은 1976년 중반에 최고조에 달했는데 당시 직원이 상근 직원 7인을 포함해 총 8인이었다.

인터넷 이전 시대, 그러니까 자전거 메신저로 주요 문서를 보내고 IBM 전동 타자기가 최첨단 기기이던 시절에 수많은 NCWGE 소속 단체의 의견을 조정해 합의를 이뤄내는 일은 힘든 업무였다. NCWGE는 잘 다듬어진 합의와 엄격하고 단호한 조정자 덩클의 주도로 각 부처 장관, 백악관 관계자, 상·하원 의원 등과 만나 입법 및 정책에 의견을 개진했다.

OCR은 타이틀 나인 시행규정 준수에 관한 지침을 담은 메모와 〈동료들에게〉를 이후 수십 년 동안 여러 차례 발행했는데, 시행규정 발효일로부터 두 달 뒤에 그 첫 번째 메모가 나왔다.[87] PEER는 학부모, 학생, 교육자가 자기 권리를 이해할 수 있게 차트를 작성했다. 차트 왼편에 시행규정의 난해한 법률 용어를 열거하고 오른편에 그것을 쉬운 말로 풀어 썼다. 덩클은 폴리비, 샌들러, OCR 직원 등의 조언을 받아 교육기관을 대상으로 학교 스포츠 관련 타이틀 나인 준수 절차를 상세히 설명하는 142쪽 분량의 매뉴얼을 작성했다. 보건교육복지부는 1976년 9월에 그 매뉴얼을 출간했다.[88]

학교 스포츠에 변화를 요구하는 여성이 많아지자 많은 남성이 기겁했다. NCAA는 보건교육복지부의 학교 스포츠 통제 시도가 지나친 월권이라고 주장하며 1976년 2월에 소송을 걸었으나 무산되었다.[89]

항상 즉각적인 결실을 거두지는 못했어도 대학 내 여성운동은 계속 성장했다. 조지아주 애틀랜타에 있는 95년 역사의 흑인 여자대학 스펠먼대학교는 그때까지 단 한 번도 흑인 여성이 총장에 오른 적이 없었다. 1976년 4월에 이사회가 차기 총장으로 또 남성을 선출하자, 학생들이 이사회 임원 14명을 이사회실에 26시간 감금했다. 재학생의 약 절반에 해당하는 600여 명이 복도에서 밤을 지새우며 첫 여성 총장을 요구했다. 그들은 밧줄로 이사회실 출입문을 묶어 차단했다. 교수와 동문들이 학생들에게 음식을 가져다주었다. 마침내 임원들이 시위 학생들과 대화하기로 하자 학생들이 그들을 풀어주었다. 그러나 스펠먼대학교는 1987년이 되어서야 흑인 여성 총장을 맞았다.[90]

1976년 9월, 보건교육복지부는 고등교육기관 일자리로 소수자와 여성 인력을 공급하는 방안에 관한 '브레인스토밍 회의'에 NCWGE 회원들과 그 밖의 인사를 초청했다. 막상 참석자들이 가보니 여성은 뒷전이었다. 행사 프로그램이나 주요 강연자 중 아무도 여성 문제를 구체적으로 다루지 않았다. 보건교육복지부가 회의에서 나눠준 현안 보고서도 여성의 요구를 간과했으며, 소수자 여성이 겪는 이중 차별 문제나 그 해결책을 논의하지 않았다. 취업하려는 여성의 '공급'이 문제가 아니라 취업하려는 여성을 차별하는 것이 문제라는 점에서 그 '브레인스토밍'의 전제 자체가 핵심에서 벗어나 있었다. 1974년 박사 학위 보유자 가운데 실업 상태인 남성은 18퍼센트인데 여성은 26퍼센트였다.[91]

1970년대 내내 여성 운동가들은 적대적인 법 제정으로부터 타이틀 나인을 지켜내야 했다. 타이틀 나인과 그 시행규정만으로는 충분하지 않았다. 그것들이 무력화되지 않도록 끊임없이 경계하며 타이틀 나인을 수호해야 했다. 1976년 한 해에만 타이틀 나인을 약화하려는 법안이 10여 건 이상 제안됐다.

장기적인 관점에서는 연방 정책이 점진적으로 변화하는 모습을 보이지만, 당시에는 새로운 위협 하나하나가 신속하고 창의적이고 집요하게 대응해야만 하는 심각한 위협으로 느껴졌다.[92] NCWGE는 마치 두더지 잡기 게임을 하듯 하나씩 최선을 다해 물리쳤다. 그렇게 한 번씩 퇴치할 때마다 수없이 통화하고, 회의하고, 정부 관계자와 만나고, 의원 동지들의 도움을 얻고, 관련 단체의 회원을 결집하는 등 엄청난 시간과 노력을 들였다.[93]

또한 NCWGE는 타이틀 나인에서 몇 가지를 변경하기 위해 바이, 밍크, 치점 의원 등과 긴밀히 협력했다. 공적인 논란의 소지를 제거하고 잠재적으로 더 치명적일 수 있는 법안이 1976년 교육수정안에 첨가되는 일을 미연에 방지하기 위해서였다. 예컨대 학교가 남녀 모두에게 "적절하게 비슷한" 행사를 제시할 경우 부자간 행사나 모녀간 행사를 열 수 있게 타이틀 나인을 수정했다. 학교가 미국재향군인회American Legion에서 운영하는 주소년단Boys State, 주소녀단Girls State, 전국소년단Boys Nation, 전국소녀단Girls Nation을 지원할 때도 타이틀 나인의 적용을 면제했다. 단일 성별 미인대회 우승자에게 수여하는 장학금에도 타이틀 나인을 적용하지 않았다.[94]

한편 NCWGE 회원 단체들은 1976년 교육수정안에 직업교육 성차별 퇴치에 필요한 자원과 권한을 각 주에 부여하는 규정을 담기 위해 노력했다. 1976년에 고등학교 직업 교육과정 학생의 수는 700만 명으로 10년 만에 두 배 이상이 되었고, 대학 직업 교육과정 재학생은 150만 명으로 같은 기간에 6배로 증가했다. 하지만 소녀와 여성은 대부분 저임금 직종으로 밀려났다. 교육수정안 통과 후 NCWGE와 동맹들은 전국 50개 주에서 약 6000명을 결집하여 보건교육복지부가 주관하는 직업교육법 시행규정 초안 회의로 보냈다. 그들이 힘을 합쳐 노력한 끝에 성 형평성을 강도 높게 요구하는 표현이 최종 시행규정에 담겼다.[95]

NCWGE는 전국 단체 50개를 회원으로 거느린 큰 조직으로 성장했으나 주요 동맹 몇 명이 의회를 떠났다.[96] 밍크와 앱저그가 하원 의석을 잃을 것을 각오하고 1976년 상원에 출마했다가 패배했다. 하지만 다행히 유권자가 잠재적 동맹인 민주당 지미 카터를 대통령으로 선출했다.

타이틀 나인과 시행규정은 행정부의 강행 의지가 있어야 그만큼 효과를 발휘할 수 있는데, 전반적으로 그렇지 못했다. OCR에 부임한 카터의 측근들은 포드가 대통령일 때 OCR이 대응하지 않은 타이틀 나인 진정 또는 문의 600건가량이 상자 두 개에 담긴 것을 발견했다. 검토하다가 미해결 상태로 남겨둔 타이틀 나인 사안도 수백 건이나 더 있었다.

타이틀 나인의 집행은 사실상 처음부터 다시 시작해야 했다.

1977~1980

·5·

성적 괴롭힘

프라이스는 이제 예일대학교 복도에 걸린 초상화 속의 저 모든 백인 남자가 응시하는 눈길을 거의 의식하지 않게 되었다. 거기에는 짙은 색 얼굴도 없었고, 여성의 얼굴도 없었다. 그러나 자부심 강한 흑인 민족주의자 패멀라 프라이스_{Pamela Price}가 민권운동의 아이콘 앤절라 데이비스_{Angela Davis}처럼 아프로 헤어스타일을 하고 1974년 예일대에 입학했을 때 받은 문화충격은 엄청났다. 계급 차이도 컸지만, 그 문화충격은 단순히 계급만의 문제는 아니었다.

나지막한 담장이 석재로 된 기숙사와 다른 여러 예일대 건물을 해자처럼 둘러치고 은근하게 '출입 금지' 경고를 보냈다. 학교가 흑인 학생을 왠지 이방인처럼 느끼게 했고, 그런 기분이 프라이스에게 소외감을 안겼다. 흑인 학생은 학적부에 눈에 안 보이는 별표라도 박힌 듯 '너희가 예일대에 들어온 것은 오로지 적극적 우대 조치 때문'이라는 암시를 받았다. 프라이스는 남들이 자기를 흑인이라는 이유로 열등하게 보고, 여성이라는 이유로 가볍게 보는 것을 느낄

△
패멀라 프라이스. 1978년 예일대학교 졸업 앨범
'예일 배너'에 담긴 사진. (© 예일대학교 도서관)

▽
패멀라 프라이스. 2017년. (© 셰리 보셔트)

수 있었다. 예일대가 흑인 학생을 받게 된 것은 민중이 그곳에 입학할 권리, 배제되지 않을 권리를 쟁취하기 위해 격렬하게 항의하고 투쟁했기 때문이라는 것을 그는 알았다. 더 열악한 상황도 겪었는데 이 정도는 헤쳐 나갈 수 있다고 프라이스는 생각했다.

그는 열한 살 때부터 백인 우월주의에 저항하는 길을 걸으면서, 오하이오주에 사는 자신의 중산층 가족과 거리를 두었다. 1968년에 발생한 민권 지도자 마틴 루터 킹 주니어 박사 암살 사건이 프라이스를 뼛속까지 뒤흔들었다. 동네 슈퍼를 운영하는 포스터 씨가 그 일대 청소년들에게 학교에서 배우지 못한 흑인의 역사와 시사 문제를 알려주었다. 남부의 실정도 들려주었다. 프라이스는 그에게서 아프리카에 뿌리를 둔 미국 흑인의 기원과 그들의 조상에 해당하는 여러 부족에 대해 처음으로 배웠다.

신시내티에 흑표당Black Panther Party은 없었지만 프라이스는 흑인 민족주의자들에게 관심을 두고 그들을 통해 흑인의 역사 지식을 넓혔다. 그는 그들이 발행하는 소식지에서 FBI 방첩 프로그램인 '코인텔프로'COINTELPRO: Counterintelligence Program 때문에 체포되거나 살해된 활동가 이야기를 읽었다. 코인텔프로의 파괴적이고 불법적인 활동의 전모는 여러 해 동안 대중에게 공개되지 않았다. 1969년 12월 4일, 시카고 경찰 14명이 FBI의 도움으로 시카고 흑표당의 거점인 집 한 채를 동트기 전에 급습하여 탄환 82~99발을 발사했다. 그 집에 있던 사람들은 자다가 깨서 단 한 발을 쏘았을 뿐이다.[1] 흑표당 일리노이 지부 의장이던 21세 프레드 햄프턴Fred Hampton은 근거리에서 쏜 총탄에 머리를 맞아 숨졌다. 22세 마크 클라크Mark Clark도 경찰의 총탄에 희생됐다. 그 외 여러 명이 부상당했다. 킹 목사 암살 사건처럼 이 살해 사건도 패멀라 프라이스를 바꿔놓았다.

그는 이 사건에 항의하기 위해 자기가 다니던 월넛힐스공립고 등학교에서 연좌 농성을 벌이는 일을 돕고 흑인 민족주의자 몇 사 람을 강연자로 초청했다. 그러자 학교가 그를 퇴학 조치했다. 프라 이스의 부모는 딸에게 크게 화를 내며 걱정했다. 교사인 어머니와 화학공학 기술자인 아버지는 경제적으로 상승 중이던 흑인으로서 자녀에게 더 나은 삶을 주고자 애썼다. 교육이 핵심이었다. 그들은 딸의 활동에 단호히 반대했다. 딸이 민권운동에 더 깊이 연루되었 다가 혹시 신시내티 길거리에서 살해당할까 봐 두려웠다.

성나고, 고집스럽고, 변화를 위한 투쟁 의지가 확고했던 프라이 스는 1970년 1월 열세 살 나이에 가출을 감행했다. 그는 법원의 보 호를 받는 피후견인으로 지정되어 위탁 가정에 맡겨졌고, 이후 소 년원, 위탁 가정, 공동생활 가정 등을 전전했다. 그러다 어느 집회에 서 체포되어 소년사법제도를 거치는 과정에서, 다행히 세 명의 흑 인 여성이 그의 길잡이 겸 위탁부모가 되어주었다.[2] 그중 한 명인 로리나 오도넬Lorena O'Donnell은 교육자였는데, 예일대학교에서 펠로십 을 얻게 되어 프라이스를 코네티컷주로 데리고 갔다. 거기서 프라 이스는 월버크로스고등학교를 한 학기 다녔다. 그리고 신시내티로 돌아와서 16세에 위탁 보호에서 벗어났다.

세 여성은 프라이스가 가는 길을 계속 지켜보았다. 오도넬은 프 라이스가 부모에게 돌아가길 바라며 그와 부모 사이에 만남을 주선 했다. 그 만남은 순조롭지 않았다. 프라이스는 한동안 남자친구와 동거했다. 남자친구와 헤어진 뒤에는 노숙자가 되어 짧지만 공포스러운 시간을 보냈다. 한 교사가 그가 지낼 곳을 찾아주었다. 프라이스는 우드워드고등학교 구내 시설에서 원하는 만큼 머무를 수 있었으나 숙박료를 내야 했다. 졸업반이 됐을 때 그는 학교를 자퇴하고 리넨 직물 공장에 일하러 갔다.

이 모든 상황에도 불구하고 어쩐 일인지 예일대학교 지원 서류가 그에게 도달했다. 어쩌면 그를 아끼는 로리나 오도넬이 한 일이거나, 아니면 그가 예전에 전국우수장학금 최종후보에 올랐던 일 때문일 수도 있었다. 이건 웃기는 일이라고 프라이스는 생각했다. 예일대가 그를 받아줄 리 만무했다. 그래도 그는 지원서를 작성해서 보냈다. 고등학교에 다니지 않았지만, 가끔 학교 상담사와 연락해 상황을 확인했다. 공장 점심시간에 프라이스가 상담사에게 전화했다.

"안 그래도 널 찾고 있었어." 상담사가 말했다. "너 예일대학교에 합격했어. 다시 학교로 돌아와서 고등학교 졸업장을 따야 해. 그래야 예일대에 갈 수 있어." 예일대가 그에게 전액 장학금을 주었다.

예일대 입학 초기 문화충격을 받을 때 프라이스에 안정감을 준 것은 흑인 공동체였다. 그는 예일대 흑인 교회 합창단에서 노래했다. 예일대 흑인 학생회에도 가입하고, 흑인 학생과 지역 주민의 연합체인 우모자 대가족Umoja Extended Family (현 우모자 공동체Umoja Community)에도 참여했다.[3] 밤에는 학생들의 리포트를 타자해주는 아르바이트로 돈을 벌고, 2학년 때는 미국흑인문화센터에 일자리를 얻었다.

머지않아 그는 자기가 다른 학생에 결코 뒤지지 않으며 더 잘할 때도 있다는 것을 깨달았다. 그러자 자기 능력에 대한 모든 의심이 사라졌다. 남녀 학생 비율이 거의 3 대 1인 현실에도 기죽지 않았다.

프라이스는 정치학을 전공으로 택했다. 가나에서 유학 온 학생이 그에게 암마Amma라는 아샨티어 별명을 지어주었다. 그는 그 별명을 흑인 단체 소식지에 실을 도발적인 정치 기고문을 작성할 때 필명으로 사용했다. 흑인 활동가로서의 내공과 주변의 기민하고 세심한 흑인 공동체가 앞으로 닥칠 상황에서 그에게 요긴한 자산이 되어주었다.

2학년 말에 프라이스는 몸이 안 좋아서 세 과목의 기말 리포트 제출 기한 연장을 요청했다. 몸이 회복됐을 때 기말 리포트 〈탄자니아 개발과 종속이론〉을 제출하려고 6월 6일에 정치학과 레이먼드 듀발Raymond Duvall 교수의 연구실에 갔다. 교수가 문을 열더니 좀 들어와보라고 해서 프라이스를 놀라게 했다. 당시 19세였던 프라이스는 그다음에 일어난 일을 이렇게 기억했다.[4]

프라이스가 그를 따라 비좁고 어수선한 연구실로 들어가자, 듀발이 자신의 좁은 책상머리로 돌아갔다. 연구실은 별다른 장식품 없이 책장에 책만 가득 꽂혔고 책상 위에도 쌓여있었다.

"앉아." 그가 말했다. 프라이스가 교수에게 리포트를 건넨 뒤 문과 책상 사이의 좁은 공간을 거의 다 차지한 두 개의 의자 가운데 하나에 앉았다. 듀발이 서류를 뒤적였다.

"어, 기말고사 성적이 별로 안 좋네." 듀발이 프라이스를 쳐다보지도 않고 말했다.

"좀 아팠습니다. 그래서 과제 제출 기한을 연장해주신 겁니다.

그 리포트 내려고 오늘 온 거고요." 프라이스가 말했다.

"이거 A 학점 받을 만한 리포트여야겠는데."

"저도 그랬으면 좋겠습니다."

잠시 침묵하던 듀발이 천천히 일어나 책상 앞쪽으로 걸어 나왔다. 프라이스와의 거리는 1.5미터 정도였다. 프라이스가 의자에 앉은 채로 올려다본 교수의 얼굴은 천정의 형광등을 등지고 있어 어두웠다. 듀발은 프라이스의 시선을 피하며 같은 말을 반복했다. "이거 A 학점짜리 리포트여야겠어."

"네, 그래요, 맞습니다. 저도 그랬으면 좋겠습니다." 프라이스가 말했다.

듀발이 이어서 말했다. "정말 너한테 C 주기 싫거든."

"네, 다행이네요." 프라이스가 맞장구쳤다. "저도 C 받기 싫습니다. 저는 C 학점짜리 학생이 아니니까요."

듀발이 프라이스 옆에 놓인 의자에 앉더니 아주 가까이 몸을 기울였다. "나 정말, 정말, 너한테 C 주기 싫어." 그가 또 그렇게 말했다.

"저도 C 학점은 싫습니다." 프라이스는 그 대화에서 혼란을 느꼈다.

드디어 듀발이 말했다. "너 말이야, 나랑 잘래?"

이런 일을 겪는 것은 처음이어서 프라이스는 그 질문과 나머지 대화를 연결 짓지 못했다. '싫다'는 생각만 제일 먼저 들었을 뿐이다. 교수의 물음이 마치 타당한 물음인 것처럼 이 상황을 이해하려고 애쓰면서 드는 생각은 오로지 하나였다. '싫어. 이 연구실에서? 싫어. 지금 저 사람이 무슨 소리 하는 거야? 싫어.' 그는 머릿속으로

'싫다'고 말해야 할 모든 이유를 하나씩 검토해 내려갔다.

"아니요, 아니요, 그러지 않겠습니다." 그 이상한 요청에 마음이 부글거렸지만, 크고 사무적인 목소리로 대답했다. "아니요. 그런 일은 없을 겁니다." 프라이스가 머리를 가로저었다. "좋은 생각이 아닙니다. 싫습니다. 싫습니다."

잠시 후 여전히 상황을 실감하지 못한 채 프라이스가 말했다. "그럼 이만 가봐도 될까요?"

"그래, 가봐." 듀발이 말했다. 프라이스가 일어나 두 의자 사이의 좁은 틈으로 빠져나오는데 듀발의 눈길이 그를 뒤쫓았다. 프라이스가 문을 열고 나갈 때 그가 말했다. "야, 너 진짜 몸 죽인다!"

듀발은 나중에 프라이스의 진술을 부인했다.

프라이스는 1층까지 걸어 내려왔다. '무슨 저런 사람이 있냐?' 그가 생각했다. '뭔가 단단히 잘못된 사람이야.' 계단을 다 내려왔을 때 그는 마침내 방금 전 상황의 의미를 온전히 깨닫고 분노했다.

그는 자기가 일하는 흑인문화센터로 곧장 가서 상사인 칼리드 럼Khalid Lum에게 무슨 일이 있었는지 즉시 알렸다. "그 교수가 저에게 대놓고 같이 자자고 했어요. 같이 자면 A를 주겠다고 제안했는데 제가 '싫다'고 했으니 C를 줄 것 같아요."

럼은 바로 프라이스를 자리에 앉히고 방금 있었던 일을 — 한 마디 한 마디 있는 그대로 — 정확히 타자해서 신고서를 작성하게 한 뒤 이바 발로그Eva Balogh 학장에게 즉시 전달하게 했다. 그리고 프라이스가 학장에게 신고서를 제출하러 갈 때 미식축구 선수 케빈을 딸려 보냈다.[5] 서면 진술이 존재하고 그것이 전달되는 모습을 본 증인이 있으면 학교 당국이 신고의 존재를 부인할 수 없게 된다. 프라이스는 발로그에게 듀발이 A 학점을 미끼로 성을 갈취하려 했다고 알렸다. 그때 발로그가 이런 일은 다반사로 일어나며 대처할 방법이 없다고 말한 것을 프라이스는 기억했지만, 나중에 발로그는 자기는 그저 프라이스에게 듀발이 어떤 학점을 주는지 기다려볼 것을 권했을 뿐이라고 했다.

듀발은 프라이스의 기말 리포트에 C를 주고, 과목 전체 성적도 C를 주었다. 프라이스가 예일대에서 받은 유일한 C 학점이었다. 학교는 성적 괴롭힘에 관한 고충처리 절차도 갖추고 있지 않았고 프라이스의 신고에도 무반응이었다. 이 일이 있고 얼마 안 있어 그는 전부터 계획했던 대로 3학년 과정을 해외에서 이수하려고 탄자니아로 떠났다. 학교에서 겪은 이상한 적대 상황에서 벗어나 안도했고, 흑인의 나라에서 살아본다는 생각에 마치 고향에 가듯 신이 났다.

듀발은 그해 여름에 미네소타대학교로 전근했다.

그 일이 있기 두 달 전인 1976년 3월 3일, 예일대 여자 조정부 선수들이 여자 운동부 총책임자 조니 바넷Joni Barnett의 사무실로 행진해 들어갔다. 《뉴욕 타임스》 비상근 통신원 한명과 사진기자도 따라 들어갔다. 조정 선수들은 훌훌 옷을 벗고 예일대를 상징하는 청색으로 "타이틀 나인" 또는 "나인"이라고만 적은 등과 가슴을 드러냈다.[6]

"이것이 예일대가 학대하고 있는 신체입니다." 크리스 언스트Chris Ernst 주장이 성명서를 읽어 내려갔다. "오늘 같은 날이면 피부에 닿은 물기가 얼어붙습니다. 그 상태로 버스에 30분 앉아있으면 얼었던 물이 녹으면서 옷을 적시고 그 물기가 땀과 합쳐져 몸이 완전히 젖어버립니다. 그 한기를 견디며 우리는 30분을 앉아있습니다. (…) 우리 중에 지금 대여섯 명이 아파요." 그중 한 명은 폐렴에 걸렸다. 남자 조정부는 연습이 끝나면 후서토닉강 언저리에 있는 전용 탈의실에서 뜨거운 물로 샤워를 했지만, 여자 팀은 강가에 탈의실도 샤워장도 없었다. 그들은 바람이 숭숭 드는 버스를 타고 20킬로미터 떨어진 학교까지 돌아와야 했다.

《뉴욕 타임스》 기사를 본 AP통신사가 그 기사를 전 세계에 내보내자, 이를 망신스럽게 여긴 예일대가 여자 팀에게 좀 더 양호한 시설을 마련해주었다.

여자 선수들이 취한 행동은 1974년 9월 앤 올리바리어스Ann Olivarius가 다른 학생 6인과 예일학부여성회Yale Undergraduate Women's Caucus를 공동 창립한 이래로 예일대 학생들 사이에서 높아지던 페미니즘 의식을 일부 반영했다.[7] 패멀라 프라이스가 탄자니아에서 공부하는 동안 예일학부여성회(이하 "학부여성회")는 예일대 여성 문제에 관한 보고서를 마련해 1977년 예일재단(대학교 이사회)에 제시했다. 보고서 작성 과정은 혼란스러웠고, 갈등도 조금 있었다. 제3세계여성협의회The Council of Third World Women는 예일대의 소수자 처우를 비판하는 내용이 보고서에 담기기를 바랐지만, 학부여성회는 "감히 여기서 제3세계 여성의 특수한 이슈와 문제까지 다루려는 것은 아니다"라는 단서를 보고서에 삽입하고 협의회에는 별도의 보고서를 제출하도록 독려했다.[8]

23쪽 분량의 최종 보고서 가운데 다섯 쪽은 학생들이 저지른 강간 세 건과 조교 한 명이 저지른 강압적 성관계 및 성폭행 사건을 담았다. 이런 문제는 "드물지 않았다". 피해 여성이 용기를 내서 교수나 학장에게 알려도 기껏해야 위로의 말을 들을 뿐이었다. 공식적인 신고 처리 절차가 없었으므로, 사건을 신고받은 사람은 다른 학생도 동일한 가해자 문제로 다른 교수나 학장에게 신고하고 있다는 사실을 알 길이 없었다. 학교 관계자는 각 여성에게 스스로 알아서 해결해야 할 개인의 문제라고 개별적으로 타일렀다.[9]

이들의 이야기는 당시 불붙기 시작한 더 광범위한 성폭력 반대 운동과 궤를 같이했다.

매사추세츠주 스프링필드에 있는 베이패스전문대학에서 프레더릭 스토래스카Frederic Storaska라는 인물이 1975년 4월 26일 강간을 변명하는 강연을 하자, 청중 400명 속에 섞여있던 페미니스트들이 침묵하길 거부했다. 무대에 선 스토래스카가 여성들에게 강간이 일어날 것 같은 상황이 되면 동조하는 척하다가 약삭빠르게 강간범의 허를 찌르라고 조언했다. 맞서 싸우지 말라며, 당시 시작되던 자기 방어 운동을 반박했다. 스토래스카는 1960대에 각지로 강연을 돌며 자칭 강간 전문가로 돈벌이를 했다. 이번 강연은 자기 책《강간범에게 싫다고 말하고 살아남는 법》How to Say No to a Rapist — and Survive을 홍보하는 강연이었다.

검은 머리가 귀를 덮는 헤어스타일로 멋을 낸 통통한 스토래스카가 앞머리 한 줌을 찰랑거리며 무대를 누비고, 몸을 쭈그리고, 손동작으로 논점을 강조했다. 그는 강간범도 인간이어서 여자친구가 자기를 모욕하거나, 애무는 하면서 갈 데까지 다 가려고 하지 않을 때, 아니면 사회가 여성을 너무 받들어 모실 때, 또는 강간범이 냉정한 엄마 밑에서 자랐을 때 절망감이 분노로 변해서 강간하는 것으로 이해하라고 충고했다. 그 모든 가상의 시나리오가 남성의 공격을 여성의 탓으로 돌리고 있었다. 청중 가운데 몇 사람이 씩씩거리며 못마땅해했다.

여성은 신체적으로 남자를 밀어낼 수 없다고 스토래스카가 주장했다. 살아남기 위해 싸워야 한다고 느낀다면 최소한 소리는 지르지 말라고 했다. 그러면 강간범의 화를 돋운다고 했다. 좋은 척하고 받아주다가 강간범이 안심하면 도망갈 수 있다며, 그게 더 좋은 방법이라고 했다. 강간범이 젖가슴을 만져도 겁에 질릴 필요가 없다고 했다. "헐거운 거 아니면 안 떨어져 나갑니다."[10]

여학생 30여 명이 소리 질렀다. "강간은 농담거리가 아닙니다." 그중 일부가 무대로 올라가 마이크 줄을 빼버렸다. 소란이 일어나고, 결국 경찰이 한 여학생을 체포했다.

이후 여러 대학에서 그의 강연이 취소됐다. 11월 위스콘신대학교 밀워키에서 열린 강연과 그 외 다른 강연에서는 여학생들이 스토래스카의 이론에 아무 근거가 없다는 경고 유인물을 배포하고 질문 시간에 그의 주장을 반박했다.

이런 학생운동은 흔히 유색인종 여성이 앞장서서 100년 넘게 구축해온 성폭력 반대 운동의 연장이었다. 1866년에 흑인 여성들은 — 노예 출신 트랜스젠더 여성 프랜시스 톰프슨Frances Thompson도 그중 한 명이었다 — 의회에 출석하여 멤피스 폭동 중에 백인 폭도가 저지른 집단 강간을 증언했다. 1940년대부터 로자 파크스와 다른 운동 조직자들은 백인 우월주의의 지배를 영구화하는 두 가지 수단, 즉 백인 남자가 흑인 여자를 강간하는 행위와 백인들이 흑인 남자를 강간범으로 모는 행위를 막는 운동을 전개했다.[11] 1971년 뉴욕 페미니스트들은 강간을 주제로 공개 발언 대회를 열었다.[12]

의식화 모임으로 시작했던 여성운동이 구체적인 행동으로 진화하면서 페미니스트들은 아이오와대학교, 사우스플로리다대학교, 캘리포니아주립대학교 프레즈노, 조지워싱턴대학교, 그 외 여러 대학에 강간위기센터를 설립하고, 자기방어 강좌를 개설하고, 강간법 개혁 투쟁을 벌이고, '밤을 되찾자'Take Back the Nights 연례 행진을 조직했다.[13] 각지의 NOW 지부에 설치된 강간 태스크포스도 원래 15개였던 것이 1974년 초까지 66개로 급증했다.[14] 1975년에는 WEAL 같은 점잖은 단체까지 나서서, 신고 사건 가운데 강간범의 절반이 피해자와 면식이 있었다는 사실을 널리 홍보했다.[15] 강간 신고 자체가 워낙 드물어서, 보다 정확한 2017년 자료에 따르면 사실상 강간범의 80퍼센트가 피해자와 아는 사이였던 것으로 드러났다.[16]

예일대 여학생들은 1976년에 페미니스트 단체와 흑인 단체가 전국에서 활발하게 벌이던 존 리틀Joan Little 석방 캠페인에 참여했다. 리틀은 노스캐롤라이나주 워싱턴시 교도소에서 백인 교도관을 살해했는데 교도관이 얼음송곳을 머리에 들이대며 강제로 오럴섹스를 시키자 정당방위로 저지른 일이었다. 1년 동안 시위하고 홍보한 끝에, 배심원단은 만장일치로 리틀이 무죄라고 평결했다. 이로써 리틀은 성폭행에 저항하기 위해 치명적인 물리력을 사용하고도 무죄로 풀려난 미국 최초의 여성이 되었다.[17]

성폭력에 대한 관심이 커지는 가운데, 성폭행sexual assault보다 수위는 낮아도 직장에서 매우 흔하게 일어나는 성폭력sexual misconduct을 근절하려는 운동도 활발해졌다. 코넬대학교 물리학 교수의 행정비서였던 흑인 여성 카미타 우드Carmita Wood는 그 백인 교수의 끈질긴 성적 접근을 피하다가 스트레스 때문에 병까지 났다. 1975년 초, 우드는 코넬대의 '인간 문제 과정'Human Affairs Program 소속 활동가들에게 도움을 청했고, 세 명의 급진 페미니스트 린 팔리Lin Farley, 수전 마이어Susan Meyer, 캐런 소비녜Karen Sauvigné가 이 사안을 검토했다. 알고 보니 그들이 아는 모든 여성이 그동안 저마다 우드가 신고한 사건과 비슷한 일을 겪었고 그중 대부분이 침묵하고 있었다. 그래서 세 사람은 이 문제에 대응하기 위해 취업여성연합Working Women United이라는 단체를 조직하고 우드에게 변호사를 연결해주었다.[18]

문제를 해결하려면 먼저 문제를 명명해야 했다. 그들은 우드와 상담하면서 '성학대'sexual abuse, '성적 위협'sexual intimidation, '성적 강압'sexual coercion 등을 거론했다. 1975년 4월, 그들은 다양한 행위를 넓게 포괄하는 '성적 괴롭힘'sexual harassment이라는 표현을 사용하기로 했다. 곧 언론도 그 용어를 쓰기 시작했다.

우드는 항소심에서 졌지만, 다른 용감하고 결사적인 여성들이 1971~1975년 사이에 여섯 건의 소송을 제기하여 큰 반향을 일으켰다. 그 재판에서 흑인 여성 3인과 백인 여성 4인이 각기 자신들의 상사인 백인 남성 4인, 흑인 남성 2인이 저지른 성적 강압, 성폭행, 성적 보복을 고발하고, 또한 그들의 행동을 수수방관한 고용주를 고발했다. 궁극적으로 이 사건들은 민권법 제7편이 성적 괴롭힘을 금지한다는 점을 최초로 확립했다.[19] 이것은 수많은 여성에게 큰 의미가 있었다. 직장 여성 9000명을 대상으로 시행한 1976년 설문조사에 따르면, 90퍼센트가 직장에서 어떤 식으로든 성적 괴롭힘을 겪은 것으로 나타났다.[20]

매사추세츠주 케임브리지에서는 프레다 클라인Freada Klein, 린 웨얼리Lynn Wehrli, 엘리자베스 콘스턴츠Elizabeth Cohn-Stuntz 등 페미니스트 3인이 1976년 6월 성적강압반대연합Alliance Against Sexual Coercion을 창립하고 정치 시위와 법적 대응을 옹호했다. 이 단체는 새로운 연구, 자료, 분석문 등을 왕성하게 발표하여 자본주의, 가부장제, 인종주의가 결합하는 부분에서 성적 괴롭힘이 발생한다는 사실을 규명했다. 다시 말해 남자들은 자신의 권력, 남성성, 경제 지위를 위협하는 듯한 존재를 성적으로 괴롭혔다.

학부여성회가 예일대의 성적 괴롭힘 사건을 모아 정리하는 과정에서 상습적으로 성적 괴롭힘을 저지르는 일부 교수의 이름이 드러났다.

학부여성회 공동 창립자 앤 올리바리어스는 우호적인 학교 관계자를 찾아가 상습범들을 제재할 방법이 있을지 문의했다. 올리바리어스와 샘 촌시Sam Chauncy 대학 비서관은 수개월 동안 거의 매주 만났다. 촌시는 자기가 도우려면 고발된 교원과 피해 학생의 이름이 필요하다고 했다. 올리바리어스는 학생들에게 이름과 사건 내용을 촌시와 공유해도 될지 허락을 구했다. 촌시는 비밀을 지키겠다 약속해놓고 그 약속을 깼다.[21] 올리바리어스에 따르면, 강간 혐의를 받고 있는 음악 강사 겸 악대 대장 키스 브라이언Keith Brion에게 촌시가 그 사실을 알렸다.

학부여성회가 들은 브라이언의 학생 강간 건은 셋이었다. 또 다른 예일대 학생들의 진술에 따르면 브라이언은 음악 교습 시간에 사무실 문을 걸어 잠그고 학생의 귀에 키스하고, 학생이 쓰는 악보 보면대에 《플레이보이》 잡지 중앙에 접혀 들어가는 커다란 여자 나체 사진을 올려놓기도 했다.[22] 그를 피하려고 교습이나 악대를 그만둔 학생이 여럿이었다.

브라이언은 올리바리어스를 스토킹하기 시작했다. 올리바리어스가 졸업 전에 돈을 조금 벌려고 기숙사 청소 일을 하는데 그가 거기까지 쫓아왔다. 장신에 마른 체형인 브라이언이 올리바리어스에게 위협적인 언사를 퍼부었다. 그러더니 이번에는 예일대에서 비서로 일하는 그의 아내 러루LaRue가 올리바리어스의 학적부에서 예일대 브랜퍼드 기숙사에 사는 것을 알아내고 찾아왔다. 러루는 학생들이 거짓말하는 거라며 스스로를 정말 페미니스트로 여긴다면 자기 가정에 상처 주지 말라고 올리바리어스에게 빌었다. 그런 호소가 통하지 않자, 이 일을 관두지 않으면 너의 성적부를 "엉망으로 만들어서"fuck with 펠로십과 대학원 지원을 방해하겠다고 협박한 일을 올리바리어스가 기억했다.

불안해진 올리바리어스가 촌시에게 연락해 조언을 구했다. "문제가 생겼습니다."

촌시가 과연 문제가 생긴 게 맞다며, 올리바리어스에게 놀라운 거짓말을 했다. 브라이언이 올리바리어스를 명예훼손죄로 고발해 체포당하게 할 생각이고 예일대는 올리바리어스가 아니라 브라이언을 지지한다는 거였다. "변호사를 구해야 할 겁니다." 촌시가 말했다. 올리바리어스는 나중에 대단히 잘나가는 페미니스트 변호사가되지만, 명예훼손죄로는 체포할 수 없다는 사실을 그때는 몰랐다.

졸업 주간이어서 몇 시간 뒤 부모님이 도착할 예정이었다. 올리바리어스는 서둘러서 조교 캐서린 매키넌Catherine MacKinnon과 상의했다. 당시 예일대 대학원생이던 매키넌은 나중에 저명한 페미니스트 법이론가가 된다. 매키넌은 그에게 새로 생긴 공동체 중심의 법률사무소 '뉴헤이븐 법공동체'New Haven Law Collective를 소개해주었다. 뉴헤이븐 그린 공원을 굽어보는 상업용 빌딩 2층에 단출한 사무실이 있었다. '캔위 치템 앤드 하우'Canwe Cheatem & Howe•에서 흔히 볼 수 있는 요란한 장식은 없었다. 심플하고 넓은 공간에 작은 방이 몇 개 있었고, 진한 갈색 벽돌로 된 벽에 연달아 뚫린 창문으로 빛이 들어와 나무 바닥에 드문드문 놓인 책상들을 비추었다.

켄트 하비Kent Harvey 변호사는 올리바리어스의 사연을 듣고서 예일대 학장 한 사람에게 연락했다. 그 학장이 하도 크게 고함치는 바람에 하비는 수화기를 귀에서 멀리 들고 있어야 했다.

"방법을 강구해야 해요. 꼭 그래야 해요." 올리바리어스가 호소했다. 자기만을 위해서가 아니라, 괴롭힘이나 폭행을 당하는 모든 여학생을 위해 꼭 그래야만 했다. 앤 E. 사이먼Anne E. Simon 변호사가 방어전보다 공격전으로 나가자고 했다. 하지만 어떻게? 그들은 법

• 전형적인 미국식 변호사 농담으로 'Can we cheat them and how?', 즉 '그들을 어떻게 하면 속일 수 있을까?'라는 문장을 법률사무소 이름처럼 패러디한 것이다.

대 졸업논문을 마무리 중이던 매키넌을 활용하기로 했다. 그의 졸업논문은 나중에 획기적인 1979년 저서 《취업 여성이 겪는 성적 괴롭힘》Sexual Harassment of Working Women으로 출간되었는데, 변호 팀은 매키넌의 견해를 교육 현장에 적용하여 새로운 법적 해결의 길을 열고자 했다.[23]

사이먼이 주도하여, 교육 현장에서 성적 괴롭힘을 막지 않는 것은 성차별이므로 예일대가 타이틀 나인을 위반했다는 사상 최초의 소장을 작성했다. 그러나 개인이 타이틀 나인의 이행을 요구하며 소를 제기할 권리가 있는지 분명치 않았다. 이 전략은 도박이었다.[24]

올리바리어스는 학부여성회의 도움을 받아 소송에서 원고로 나설 수 있는 다른 사람들을 찾았다. 그는 증거를 수집하고 변호 팀이 초안을 잡은 법적 주장에 허점이 있는지 검토했다.

4학년 로니 알렉산더Ronni Alexander는 자신이 겪은 일을 말하기로 했다. 2학년 때였다. 12월 어느 날, 알렉산더는 너무나 어지럽다 못해 메스꺼웠다. 눈이 사시가 된 듯 초점이 안 맞았다. 그는 친구가 몰던 차에서 내리다가 자동차 문틀에 심하게 머리를 부딪혀 뇌진탕을 일으켰다. 친구가 그를 병원에 데려갔으나 병원에서 귀가 조치했다. 알렉산더는 비틀거리며 기숙사를 향해 걷기 시작했다.

바로 그때 브라이언이 그를 보았다. 브라이언은 기숙사까지 데려다주겠다고 했다. 말도 제대로 나오지 않는 상태에서 알렉산더는 "네" 하고 대답했다. 사실 알렉산더는 브라이언이라면 근처에 가는 것도 싫었다. 1학년 때 그에게 플루트 교습을 받다가, 그가 "호흡을 체크"한다며 자기 가슴을 만지자 교습을 그만두었다. 또 한번은 그가 알렉산더를 붙잡고 싶다고 하는데도 입을 맞추고 몸을 만졌다. 하지만 그는 예일대의 유일한 플루트 강사였고 예일 음대에 지원하는 것이 알렉산더의 꿈이었으므로 2학년 때 다시 교습을 받기 시작했다.

기숙사로 가는 길에 브라이언이 가족과 떨어져 혼자 쓰는 학교 근처 아파트 앞에서 발을 멈췄다. 그는 알렉산더를 데리고 들어가 침대에 눕혔다. 알렉산더는 '시트에서 불쾌한 냄새가 난다'는 생각을 했다. 이어 브라이언이 그를 강간했다. 알렉산더는 저항하지 않았고, 왜 그런 일이 일어났는지 이해할 수 없었고, 수치심 때문에 아무에게도 얘기하지 않았다. 얼마 후 학교 상담사에게 교수가 학생에게 성관계를 강요하면 어떻게 되는지 물어보았다. 상담사가 학장에게 이를 문의하자, 학장은 그럴 경우 교수와 학생을 자기 집무실로 불러 대화로 해결한다고 대답했다. 알렉산더는 침묵했다. 브라이언은 이후에도 그를 한 차례 이상 강간했다. 그는 좀비처럼 무기력하게 저항하지 않았고, 자신을 책망했다. 알렉산더는 그레이하운드 버스를 타고 캐나다로 갔다. 거기서 자살하려던 그를 친구가 설득하여 막았다. 결국 예일대로 돌아온 그는 기숙사에서 나와 아파트를 얻었고, 음악을 포기했다.

학부여성회 회원들이 4학년이 된 알렉산더를 찾아가 다른 학생들이 브라이언에게 당한 이야기를 하자, 그는 예일대에 신고하고 소송에 참가하기로 동의했다. 사건 명칭은 그의 이름을 따서 '알렉산더 대 예일'Alexander v. Yale이 되었다. 다른 원고로 올리바리어스 외에도 브라이언에게 당한 학생의 룸메이트였던 리사 스톤Lisa Stone이 포함되었다. 스톤은 어느 영문학과 교수에게 브라이언을 신고했는데, 그 교수가 보인 반응은 스톤에게 같이 자자고 제안한 것이 전부였다. 교수 중에서 유일하게 원고 측에 동참한 존(잭) 윙클러John(Jack) Winkler는 고전학자, 퀴어 이론가, 정치 운동가이자 스톤의 논문 지도 교수였다.[25] 그는 예일대에서 일어나는 성적 괴롭힘이 남자 교수에 대한 "불신 풍조"로 이어져 자신이 학생을 가르치는 데 지장을 주었다고 주장했다.[26] 처음부터 원고들은 익명이기를 거부했다. 그들은 부끄럽지 않았다.

사이먼이 전동타자기로 소장을 작성하고 복사본을 만들어 1977년 7월 3일 뉴헤이븐에 있는 미국 연방지방법원에 제소했다. 그는 샌들러가 일하는 PSEW에 서신을 보내 타이틀 나인에 관한 정보를 요청했다. 《뉴욕 타임스》는 이 소송에 관한 기사를 '가족/스타일' 난에 실었다.[27] 예일대 대변인은 교수 성폭력이 "크게 문제 되고 있지 않다"라고 《뉴욕 타임스》에 언급했다.

올리바리어스가 가장 상처받은 부분은, 그가 그리도 사랑했던 학교가 — "신을 위하여, 국가를 위하여, 예일을 위하여" — 자신과 다른 모든 여성을 지지한다고 해놓고 오히려 공격한 점이었다. 한 예일 관계자는 기자들에게 올리바리어스가 레즈비언이고 강의에서 낙제하는 학생이라는 말을 흘려 그의 진실성에 흠집을 내려고 했다. 둘 다 거짓이었다. 조디악 킬러를 모방하여 알파벳을 하나씩 잘라 붙인 협박 편지가 그에게 날아오기 시작했다. 그런 협박이 몇 년이나 이어졌고, 특히 소송에 관한 뉴스가 보도되면서 더 심해졌다. 그렇게 받은 증오 메시지가 다 합쳐서 100개도 넘었다. 그를 "천천히 강간"하겠다는 메시지도 있었고, 그의 "음순"을 "도려내겠다"라고 적힌 메시지도 있었다. 누가 그의 편지함에 배설물을 넣어 놓기도 했다.

학부여성회는 — 이제 회원이 200명에 달할 정도로 힘이 커졌다 — 1년 전 프라이스의 신고 사실을 알게 되어 그에게도 소송 참가를 권했다. 프라이스는 타이틀 나인에 관해 들어본 적이 없어서 바로 동의하지는 않았다. 그러나 C 학점을 받은 일과 듀발의 비행이 마음에 걸렸고, 무엇보다도 예일대가 로니 알렉산더를 취급하는 방식을 도저히 좌시할 수 없었다. 여학생이 강간당했는데 자기가 뭔가를 해야만 한다고 느꼈다. 그는 소송에 참가했다. 처음부터 알렉산더 대 예일은 타이틀 나인이 강간(이 소송에서는 '강압된 성교'coerced sexual intercourse로 지칭되었다)과 '성적 괴롭힘'이라는 말로 통칭되는 각종 행위를 방지해 줄 수 있는가를 따져보는 사건이었다.

사이먼은 프라이스와 더불어 또 한 명을 소송에 원고로 추가했다. 필드하키 코치에게 괴롭힘을 당한 마저리 라이플러Margery Reifler였다.[28] 이 소송에서 원고들은 성적 괴롭힘 신고를 처리할 공식 고충처리 절차를 예일대에 요구했다. 고충처리 절차를 요구하는 학생 청원서에 1200명이 서명했다.[29] WEAL 기금이 소송 비용을 지원했다.[30] 마샤 그린버거의 여성권리사업은 타이틀 나인에 따라 그 원고들에게 소를 제기할 권리가 있다는 원고 지지 논거를 직접 판사에게 제시하겠다는 이례적인 요청을 했다. 아직 확립된 판례가 없는 사안이었다. 판사가 동의하자, 마거릿(마지) 콘Margaret (Margy) Kohn 변호

사가 뉴헤이븐으로 출동하여 판사에게 타이틀 나인에 대해 간략히 가르쳐 주었다.[31]

예일대 여학생들의 소송은 학교와 뉴헤이븐 일대에서 화제에 올랐고, 곧 전국의 관심을 끌면서 지지와 야유를 동시에 받았다. 학부여성회는 교내 토론회와 모금 행사를 열었다. 하지만 로니 알렉산더가 TV에 출연해 그 소송에 관해 논하고 얼마 후 직장 여성들이 애용하는 술집에 갔다가, 거기서 의외로 차갑고 적대적인 반응을 접하고 놀랐다. 자신들은 모두 남 앞에서 성적 괴롭힘을 불평하지 않고 긴 세월을 꾹 참아왔는데 그런 이야기를 하다니, 그를 남의 관심이나 끌려는 나약한 응석받이로 보는 듯했다.[32] 예일대 여학생 중에도 그렇게 생각하는 사람이 적지 않았다.[33] 그럼에도 성적 괴롭힘이 곧 성차별이라는 관념은 학생들 사이에서 요원의 불길처럼 퍼져나갔다.

첫 판결은 1977년 12월 21일에 내려졌다. 지방법원 연방부판사* 아서 H. 래티머Arthur H. Latimer가 사상 초유의 판결을 내렸다. "학업을 성취하는 일에 성적 요구에 대한 굴복을 조건으로 다는 것은 교육 성차별"이므로 학교에서 일어나는 성적 괴롭힘에 타이틀 나인이 적용된다고 인정한 것이다. 판사는 개인이 타이틀 나인을 근거로 소를 제기할 권리가 있다는 점도 인정했다.[34]

그러나 판사는 알렉산더는 이미 졸업했고 라이플러는 사건을 신고한 적이 없다는 이유로 (예일대에 신고할 수 있는 절차가 없었

---

* 종신으로 근무하는 연방지방법원 판사들이 다수결로 임명하는 8년 임기의 임기제 판사.

음에도) 원고적격을 부정했다. 또한 스톤, 올리바리어스, 윙클러의 원고적격도 부정했다. 그들은 교육의 기회를 개인적으로 박탈당했다고 주장하지 않았으며 "타이틀 나인의 사법적 강제는 어떤 분위기나 간접적으로 체험한 부당함처럼 가늠하기 어려운 상황에까지 적절하게 확대될 수 없다"라는 것이 이유였다. 그런 상황이 '성적으로 적대적인 환경'으로 인정받게 된 것은 수년이 지나서였다.

이제 이 소송을 계속 진행할 수 있는 유일한 원고는 프라이스 뿐이었다. 그 판결로 흑인 여학생 하나가 백인 남자 교수를 상대로 홀로 투쟁하는 모양새가 됐다. 프라이스와 사이먼은 예일대 여학생 전체를 대표하는 집단소송을 신청했으나 래티머 판사가 각하했다.[35]

프라이스가 유일한 원고로 남기 전에는 그의 여러 친구들이 "저 백인 여자들" 또는 "저 페미니스트들" 해가며 사건을 폄하했다. 그러나 이제 그들의 어조가 달라졌다.

"저는 흑인이니까 열등하고 여자니까 진지하게 볼 수 없다는 이중적 선입견에 예속되었습니다."[36] 1977년 12월 21일, 프라이스가 진술했다. "제가 받은 학점은 교수가 저라는 사람에 대해 내리는 인종차별적이고 성차별적인 평가를 구체적으로 드러냅니다. 제 경우에는 그 두 가지 태도가 본질적으로 연결됩니다."[37]

예일대의 제3세계여성협의회와 흑인문화센터가 지지를 규합하는 일을 도왔다.[38] 학부여성회는 이 사건에 함축된 인종주의, 그리고 유색인종 여성이 겪는 인종차별과 성차별의 이중고를 지적하는 언론 성명 및 현황 요약서를 배포했다. 프라이스는 이 소송이 흑인과 백인 운동가들 사이에 가교가 된 것이 기뻤다. 하지만 언론은 이 사건을 대대적으로 다루면서도 인종 문제는 거의 무시했다. 프라이스는 TV 제작자의 제안으로 전국 방송 토크쇼에 출연하기 위해 로스앤젤레스로 날아가기도 했다.[39]

프라이스가 재판을 기다리는 동안, 성적 괴롭힘을 주제로 한 책들이 1978년에 처음으로 출간됐다. 취업여성연합의 린 팔리Lin Farley가 지은 《성적 갈취》Sexual Shakedown에 이어, 성적강압반대연합의 회원인 콘스턴스 백하우스Constance Backhouse와 리아 코언Leah Cohen이 《은밀한 억압: 취업 여성이 겪는 성적 괴롭힘》The Secret Oppression: Sexual Harassment of Working Women에서 다중 차별 문제를 제기했다.

성적 괴롭힘으로 고발당한 남성들은 신고자나 여성의 신고를 받아준 고용주에게 반격하기 시작했다. 예를 들어 텍사스 A&M대학교 교수 하나는 직원의 성적 괴롭힘 신고로 자기가 강제 사임 당했다며 1978년 대학에 소송을 걸었다. 사건은 항소법원에서 대학교 측의 승소로 종결됐다.[40]

샌들러는 대학가에서 성적 괴롭힘에 대한 관심이 커지는 추세를 감지했다. 이것은 샌들러의 사고를 급진적으로 바꾸어놓았다. 그가 대학생이던 1940년대 말에서 1950년대 초에는 성적 강압이나 강간에 관해 큰 목소리로 말하는 사람이 없었다. 수군거리기만 했다. 누가 (극적인 효과를 노려 잠시 멈췄다가) "공격당했다"라고 속삭였다. 매우 심각한 사건에서도 사람들은 단체로 피해자를 탓했다. 샌들러와 그의 친구들은 여성을 차별하는 사회에서 배운 방식대로 그런 사건을 바라보았다.

"그 얘기 들었어?" "애들이 그러는데 그 여자애가 파티에서 남자 여덟 명이랑 잤대!" "어머! 걔는 색광이 틀림없어!" 사실은 남학생 한 무리가 파티에서 술에 취한 여학생을 윤간했다. 그러나 남자의 행동은 — 어떤 행동이든 거의 전부 — 정상이고, 여자가 그걸 싫어하면 그 여자가 이상한 거라고 생각하는 사람이 다수였다.

1978년과 1979년에 몇몇 대학을 방문해 학생들에게 성적 괴롭힘에 관해 질문하던 샌들러는 옛날에 정형외과 의사가 자기 몸을 더듬은 일, 직장 생활 초기에 상사의 성적 접근을 거절했다가 해고당한 일 등 억눌렸던 기억이 되살아났다.[41]

1978년에 PSEW는 7쪽 분량의 보고서 〈성적 괴롭힘: 감춰진 이슈〉Sexual Harassment: A Hidden Issue와 8쪽 분량의 〈대학 강간 문제〉The Problem of Rape on Campus를 차례로 발표했다. 이 두 보고서에서 성적 괴롭힘과 강간 방지책 또는 대응책이 각각 10여 항목 이상 열거된 것은 전형적인 샌들러 스타일이었다.[42] 카터 대통령에 의해 여성교육프로그램 전국자문회의 의장으로 임명된 샌들러가 그 의장 자격으로 의뢰한 PSEW 보고서 〈성적 괴롭힘〉은 타이틀 나인을 성적 괴롭힘에 적용하여 고등교육 현장에서 법적 책임의 기준을 세울 수 있을지 그 가능성을 검토했다.[43] 이 보고서는 예일대 소송을 유심히 지켜보아야 할 사건으로 중요하게 다루었다.

1979년 1월, 드디어 예일대 사건 — 사건명은 이제 '프라이스 대 예일'이었으나 사람들은 아직도 '알렉산더 대 예일'로 부를 때가 많았다 — 에 대한 재판이 개시되었을 때, 프라이스는 이미 졸업해 캘리포니아대학교 버클리의 보울트 법학전문대학원 1학년에 재학 중이었다. 그는 재판 때문에 3주 동안 강의를 듣지 못했다. 교수 둘은 출석을 문제 삼지 않고 나중에 강의 진도를 따라잡을 수 있게 도와주었으나, 부학장이 다른 한 과목의 결석을 눈감아줄 수 없다고 미리 경고했다. 그가 덧붙였다. "내가 예일 출신이거든."[44]

프라이스가 의지하는 목사가 재판 기간 2주 내내 매일 뉴헤이븐 연방지법 건물 2층 법정에 와서 그를 응원했다. "이 소송은 (1) 여성들이 성적 괴롭힘에 맞서 투쟁하는 소송, (2) 여성들이 성학대에 맞서 발언하는 소송, (3) 제3세계 여성과 백인 여성이 뭉쳐 '인종차별과 성차별은 싫다'고 선언하는 소송이므로" 재판을 직접 방청하러 오라고 독려하는 유인물이 배포됐다. 재판이 이뤄지는 동안 온갖 피부색의 학생과 일반인이 뉴헤이븐 그린 공원에 모여 집회를 열었다. 예일 법대 재학생과 교수들이 재판을 보러 왔다.

예일 법대 출신인 엘런 브리 번스Ellen Bree Burns 판사는 이 재판을 집단소송의 경우처럼 여러 사람이 광범위하게 입은 피해를 고려하지 않고 한 개인의 피해 주장을 다루는 불법행위 소송으로 진행하기로 했다. 판사는 예일대가 타이틀 나인 준수에 실패했는가를 따지지 않고, 프라이스의 개인 체험에 관한 심리 및 증거만 허용했다.[45] "이것이 그저 개인의 일이었다면 저는 이 자리에 서지 않았을 겁니다." 프라이스가 언론에 말했다. "이 소송은 듀발이 저에게 성관계를 요구한 사실 그 이상의 의미를 지닙니다. 이것은 성적 괴롭힘을 당하는 모든 여성에 관한 소송입니다."[46]

1979년 7월 2일, 번스 판사가 판결했다. 듀발이 성관계를 요구한 증거가 없고, C 학점은 받을 만했으며, 프라이스는 이미 졸업했으므로 예일대의 방침이 그에게 아무 영향도 주지 않는다는 판결이었다.[47] "진부한 판결이다." 프라이스가 성명을 통해 언급했다. "성에 관한 한, 흑인 여성의 고발은 거짓말로 간주되고 백인 남성이 사실을 부정하면 믿어준다. 여성 판사가 담당한 이 재판은 불행히도 사회에 팽배하고 법에도 반영되어 있는 인종주의와 성차별주의의 또 다른 징후에 불과하다."[48]

캘리포니아주 스탠퍼드대학교로 전근한 윙클러 교수를 제외한 다섯 학생 모두 항소하는 데 동의했다. 전국에서 가장 탁월한 페미니스트 변호사 두 명, 즉 헌법권리센터 소속 네이딘 타우브Nadine Taub와 리즈 슈나이더Liz Schneider가 항소를 진행하기로 했다. 수많은 여성 단체가 법정의견서를 제출하는 방식으로 지지에 나섰다.[49]

예일대는 알렉산더와 다른 학생을 강간한 혐의를 받고 있는 악대 대장 키스 브라이언을 재고용하고 승진까지 시켰다.

예일대 소송과 전반적인 성적 괴롭힘 반대 운동에 고무된 대학생들이 다른 6개 주 이상에서 성적 괴롭힘 반대 투쟁을 조직했다.[50] 1979년 미국교육협의회는 전국 각지에서 성적 괴롭힘 대응 방침을 주제로 세미나를 열었다.[51] 보스턴대학교와 하버드대학교 비서들은 각각 1979년과 1980년에 노조를 결성하고 노조계약에 사상 최초로 성적 괴롭힘 관련 규정을 넣는 일에 성공했다. 성적강압반대연합은 대학 고충처리 절차의 확립을 위한 지침서를 만들고, 매사추세츠주의 여러 고등학교에서 일어나는 성적 괴롭힘을 조사한 보고서를 펴내고, 성적 괴롭힘에 관한 안내 책자 2종을 스페인어로 마련해 배포했다.[52]

알렉산더 대 예일 사건에서 영감을 얻은 캘리포니아대학교 버클리(이하 'UC버클리') 학생 30여 명은 성적괴롭힘반대여성조직 Women Organized Against Sexual Harassment: WOASH을 자칭하며 사회학과 부교수 엘바키 허마시Elbaki Hermassi가 저지른 성적 괴롭힘에 대한 13건의 신고를 공개했다. UC버클리에는 고충처리 절차도 없고, 타이틀 나인 조정관조차 없었다. 후자는 분명한 위법이었다. 1977년 설문조사에서 학부 4학년 여학생의 약 20퍼센트, 여자 대학원생의 7퍼센트가 교수들로부터 지속적인 성적 언사, 신체 접촉, 또는 성관계 제안을 받았다고 답변했다.[53] 성적 괴롭힘은 대부분 정년이 보장된 교수들이 저질렀고, 정년 보장 교수의 94퍼센트는 백인 남성이었다.

WOASH는 버클리 법대에 다니는 프라이스에게 연락했다. 3월에 하루 종일 진행된 포럼에서 WOASH는 타이틀 나인 진정을 제기하겠다고 선언했고, 프라이스는 폴리 연회장에 모인 300~400명에게 교육 현장에서 발생하는 성적·인종적 괴롭힘에 맞서 싸우라고 간곡히 촉구했다.[54]

1979년 8월, 프라이스는 WOASH 소속 흑인 회원과 공동으로 연 기자회견에서 "번스 판사에게 거짓말쟁이 취급을 받은 일이 불쾌했다"라고 언급했다.[55] 두 사람은 그 기자회견에서 경험상 인종차별과 성차별을 따로 나눠 생각할 수 없다고 강조했다. WOASH 회원은 허마시가 흑인 여자와 "해보고" 싶다고 말하며 자신을 성적으로 괴롭혔다고 했다. "그런 일이 발생한 것은 제가 여자여서 허마시 교수 눈에 만만해 보인 것도 있지만, 제가 흑인 여자이기 때문이기도 합니다."

성적 괴롭힘을 저지르는 교수의 대다수가 백인인데 하필이면 튀니스 출신의 피부색 연한 흑인이고 UC버클리의 몇 안 되는 유색 인종 교수 허마시를 상대로 싸워야 할지를 두고, 대부분 백인 중산층인 WOASH 회원들이 격렬한 토론을 벌였다. 허마시는 정년 트랙 승진 대상자였고, 정년 보장 교수가 되면 그의 행동에 항의하기가 훨씬 더 힘들어질 터였다. 게다가 그의 피해자 중 일부는 유색인종 여성이었으므로 WOASH는 싸우기로 했다.[56] WOASH 회원 몇 사람의 연계 활동 덕분에 UC버클리의 흑인여학생회와 멕시코계미국인여학생회, 버클리 지역에서 활동하는 제3세계여성연맹도 탄원서와 서신에 서명하는 등 힘을 보탰다.

허마시의 얼굴을 넣어 '지명수배' 느낌으로 디자인한 전단이 교내 곳곳에 나붙었다. 익명의 활동가들이 사회학과 건물로 잠입해 백인 남자 교수 네 명의 연구실 문에 붉은 스프레이 페인트로 페미니스트 구호와 상징을 그렸다. 총학생회는 시위자들의 요구를 지지하는 결의문을 압도적인 찬성으로 가결했다.[57]

UC버클리는 당시 어차피 안식년이던 허마시에게 한 쿼터 학기 [약 10주] 동안 무급휴직 처분을 내렸다. 1980년 가을 허마시는 안식년이 끝나기도 전에 사임하고 정년 보장 심사도 포기했다.

그 후 얼마 지나지 않아서 학교 스프라울홀 경리 사무실에서 일한 흑인 여직원 두 명이 백인 남자 상사의 성적 괴롭힘에 항의하다가 해고당한 일을 신고했다. 그 흑인 직원들을 위해 프라이스와 다른 사람들이 벌인 항의 시위에 동참한 WOASH 회원은 소수였다. WOASH는 회원들이 학업에 복귀하거나 졸업하면서 흐지부지되었다.

프라이스의 예일대 사건 항소를 위해 앤 E. 사이먼, 네이딘 타우브, 뉴헤이븐 법공동체 소속 필리스 L. 크로커Phyllis L. Crocker가 뉴욕으로 향했다. 법정 변론에 앞서 필수로 거쳐야 하는 분쟁 조정 절차에 참석하기 위해서였다. 제2 순회구역 연방항소법원 회의실 탁자에 둘러앉은 사람들, 즉 프라이스를 변호하는 세 여성과 반대편인 예일대 대리 변호사, 예일대 관계자, 조정인 등 전원이 예일대 학부나 예일 법대 출신이었다. 그 세 남자가 세 여성에게 예일대를 다니는 특권을 누렸으면서 감사한 줄도 모른다며 꾸짖고 항소를 포기하라고 했다고 크로커는 회상했다. 세 여성은 대답했다. 정말 이해를 못 하시네요.[58]

1980년 4월 16일, 그들은 뉴욕시 제2 순회구역 항소법원 법정에 출두해 나이 든 백인 남자 판사 3인 앞에서 정식으로 항소심 변론을 진행했다. 그때쯤에는 예일대에도 고충처리 절차가 생겼지만, 일부 사람들의 눈에는 그것만으로는 부족했다.[59] 9월 22일, 항소법원은 번스 판사의 판결을 지지하면서 예일대에 승소 결정을 내렸다. 판사들은 브라이언의 강간으로 플루트 연주자가 되려던 소망이 꺾였다는 알렉산더의 주장은 "추측성이 다분하다"라고 했으며, 프라이스는 사건에 대해 아무것도 증명하지 못했다고 했다.

그러나 알렉산더 대 예일 사건이 종결되고 2년 안에 미네소타대학교, 위스콘신대학교, 캘리포니아대학교 산타크루즈, 브라운대학교, 스탠퍼드대학교, 툴레인대학교가 공식적인 성차별 대응 방침과 고충처리 절차를 채택했다. 내용은 대체로 미약한 편이었으나 적어도 첫출발은 이루어졌다.[60] UC버클리는 "급진적"이라는 명성에도 불구하고 타이틀 나인 이행 조정관을 임명하기까지 수년이 더 걸렸다. 고충처리 절차는 1986년에야 비로소 마련했다.[61]

1980년에 샌프란시스코의 어느 형사소송 전문 로펌에서 학생 인턴으로 일하던 프라이스는 변호사에게 항소심 패소 사실을 알리는 연락을 받았다. '이제 끝이야. 타이틀 나인은 끝장났어.' 프라이스는 타이틀 나인이 앞으로 강간이나 성적 괴롭힘과 싸울 때 유용한 도구가 되지 못하리라고 생각했다.

그러나 이후 5년 동안 수백 개의 대학이 고충처리 절차를 도입했다.[62] 이것은 시작에 불과했다.

1975~1979

·6·

법 집행

예일대나 UC버클리 같은 대도시 대학과 권력의 중심지인 워싱턴 DC에서 멀리 떨어진 캘리포니아주 프레즈노는 '미국 최고의 소도시'를 자처했지만 다소 시골 분위기였다. 실제로 농업이 이곳의 권력 구조를 크게 좌우했다. 이 비옥한 캘리포니아 곡창지대의 중심에서는 센트럴밸리에 대농장을 소유한 부자 백인 남성들이 결정권을 휘둘렀다. 도시 인구 41만 3000명 가운데 65퍼센트가 백인, 25퍼센트가 히스패닉이었다. 프레즈노의 핵심 기관인 프레즈노주립대의 프레더릭 네스Frederic Ness 총장은 1971년에 학교를 떠나 미국대학협회 회장이 되었다. 그는 아내와 다섯 딸을 데리고 워싱턴DC로 이사한 다음, 거기서 샌들러를 고용하여 여성지위교육사업PSEW 사업단장을 맡겼다.

그러나 프레즈노는 고요한 벽지가 아니었다. 1960년대 말 네스가 총장일 때 프레즈노주립대에서는 반전 시위와 민족학에 대한 지원 부족을 둘러싸고 갈등이 첨예했다. 당시 프레즈노주립대 재학생의 42퍼센트가 여자였지만, 여성운동이 전부터 이어지던 인종·민족 조직화 운동에 합류한 것은 네스가 학교를 떠난 뒤인 1970년대였다.

1970년, 미술가 주디 시카고Judy Chicago가 프레즈노주립대에 미국 최초의 페미니즘 미술 과정을 개설했다. 1971년에는 여자 교수들이 여성학 강좌를 개설했다. 당시 이 대학 여성 교수의 비율은 18퍼센트였다. 여성학 과목이 생기자 학생 200명이 강의를 수강했다.[1] 이 학생들은 이디스 그린 하원의원이 발의한 타이틀 나인의 전신인 '제10편'에 관해서 — 아마도 NOW 또는 WEAL을 통해 — 알게 되었고, 1971년에 한 학생이 그린의 집무실에 전화해 프레즈노주립대에 와서 강연해달라고 청했다.[2] 1972년 타이틀 나인이 통과되던 무렵 프레즈노주립대는 캘리포니아주립대학교 시스템의 일부가 되었고, 미국에서 가장 먼저 여성학 과정을 신설한 대학군에 속하게 되었다. 그중 여성 섹슈얼리티, 상담과 페미니즘 이슈, 장애여성 등의 주제를 다루는 과목을 개설한 것은 프레즈노주립대가 최초였다.

그런데 이 대학 체육학과 학생 다이앤 밀류티노비치Diane Milutinovich는 남자 운동부만 유니폼과 운동화를 지급받는 것을 눈치챘다. 테니스부, 배구부, 농구부 등 세 여자 운동부는 체육 수업용 흰색 운동복 반바지를 입고 경기했다. 그 세 종목만 해도 프레즈노고등학교에 다닐 때보다는 선택의 여지가 늘어난 편이었다. 밀류티노비치는 세르비아계 미국인 중산층 가정 출신으로, 부모가 운영하는 식당에서 일을 거들지 않아도 될 때는 두 남자 형제와 동네에서 운동경기를 하며 컸다. 프레즈노주립대에서 체육교육으로 학위를 받은 뒤

이디스 그린 하원의원과 그의 반려견.
1973년 자택에서. (© 오리건역사학회)

남쪽으로 약 480킬로미터 떨어진 캘리포니아주의 작은 마을 페리스에서 체육 교사로 첫 일자리를 얻었다. 타이틀 나인이 제정되던 시기였다.

어머니 바이올렛이 친구들에게 자랑했다. "다이앤이 페리스Perris에서 교사로 일해!" 그 말을 들은 친구들의 눈이 동그래졌다. "와! 파리Paris에서 일해!?" 바이올렛은 도시명의 철자를 알려주기 전 그 오해의 순간을 즐겼다.

페리스에서 밀류티노비치는 행정 사무에 흥미를 느꼈다. 그는 학교가 여자 운동부보다 남자 운동부에 코치도 더 많이 고용하고 코치 임금도 더 많이 주는 것이 거슬렸다. 남학생이 더 좋은 스포츠 시설을 쓰고, 여학생과 같이 쓰는 시설도 남학생이 우선권을 차지하는 것이 거슬렸다. 야구장은 완벽하게 관리하면서 소프트볼 구장은 방치하는 것이 기분 나빴다. 하지만 자기가 할 수 있는 일은 별로 없는 듯했다.

그러다가 1975년에 타이틀 나인 시행규정이 발효되었다. 1976년 밀류티노비치는 서던캘리포니아대학교에서 개최된 '여성, 스포츠, 법' 학회에 처음으로 참석했다. 학회에서 받은 안내 책자에는 PSEW, ACLU의 여성권리프로젝트, 《위민스포츠》womenSport* 가 제공하는 타이틀 나인과 학교 스포츠에 관한 정보가 담겨있었다. 또한 타이틀 나인 때문에 미식축구가 망할 거라고 경고하는 NCAA나 제시 헬름스 상원의원 같은 타이틀 나인 반대 세력의 글도 들어있었

---

* 미국 최초의 여성 스포츠 전문 월간지.

다. 처음부터 가장 시끄러운 반대의 목소리는 항상 미식축구를 거론했다.

페리스로 돌아온 밀류티노비치는 어느 날 오후 여자 소프트볼 연습 시간에 소프트볼 구장으로 나갔다. 여학생들이 연습하는 것을 뻔히 알면서 경기장 관리자들이 살수기를 틀어놓았다. 더는 참을 수 없었다. 밀류티노비치는 1976년 민권사무국OCR에 타이틀 나인 진정을 제출했다. 보복을 피하려고 익명으로 신청했다.

전반적으로 체육 교사들은 정치적으로 보수 성향이거나 정치와 무관하게 묵묵히 자기 일만 하고 싶어 했다. 여자 체육 교사 중에는 레즈비언이 많았으나 그 사실을 입 밖에 낼 생각도 못 했다. 사생활은 어디까지나 사생활이고, 터놓고 말하기에는 부정적인 인식이 너무 컸다. 주에 따라서는 동성애자라는 이유로, 또는 동성애자라는 의심만 받아도 해고될 수 있었다. 이성애자인 밀류티노비치도 머리가 짧다거나 운동 능력이 뛰어나다는 이유로 가끔 레즈비언으로 오해받았다. 그런 점 때문에 학교 스포츠의 불공평성 등을 문제 삼으면 해고나 괴롭힘을 당할 위험이 컸다.[3]

이런 위험과 스포츠계 여성 다수의 전반적인 정치적 보수성 때문에 타이틀 나인을 학교 스포츠에 적용하려는 여성들의 노력은 당시 새롭게 성장하던 동성애자 권리 운동과는 대개 별도로 전개되었다. 인종 정의 운동이나 장애인 권리 운동도 각기 따로 흘러가다가 그 모든 흐름이 물줄기로 연결되기도 하고, 때로는 한꺼번에 모여서 반짝이는 호수가 되어 여성운동에 몸담은 사람들의 관점을 넓혀주었다.

1977년 11월 18~20일 휴스턴에서 전국 최초로, 그리고 단 한 번 열린 전국여성대회National Women's Conference에서 그런 호수 하나가 형성되었다. 버니스 샌들러는 메릴랜드주 대표로 이 대회에 참가했다. 미국의 각 주와 자치령에서 온 대표 2000명을 앨버트 토머스 컨벤션센터의 둥그런 관중석을 채운 관중 2만여 명이 지켜봤다. 샌들러는 아마도 전체 세션 사이사이 휴식 시간에 루스 베이더 긴즈버그나 벨라 앱저그, 패치 밍크 의원 등과 인사를 나눴을 것이다. 전체 세션에서 대표들은 전국행동계획National Plan of Action을 위한 26개의 제안 항목을 검토했다.[4] 이 전국대회에 앞서 연방 자금으로 주별 대회를 개최하고 대회 참석을 위한 왕복 이동 경비도 보조받은 덕분에 대회 운영자들은 연령, 인종, 민족, 계급 등을 고려해 사회 전체를 골고루 대표할 만한 다양한 참가자를 인상적으로 모집할 수 있었다.

토요일에 통과된 교육 관련 항목은 모든 단계의 교육기관에서 학업과 스포츠 프로그램의 성차별 근절을 촉구했으며, 또한 이중 언어 교육과 여성학 과정을 확대하고 교재에서 인종적·성적 고정관념을 제거할 것을 요구했다. 평등권 수정안 비준을 지지하는 제11번 항목은 1시간가량 토론을 거친 뒤 토요일 밤 자정 직전에 통과되었다. 관중은 환호하며 통로로 몰려나와 노래하고 춤췄으며, 의장이 의사봉을 마구 두드려도 아랑곳하지 않았다. 대담한 프린트의 튜닉 셔츠를 입은 샌들러가 "평등권 수정안 찬성!"이라고 적힌 플래카드를 번쩍 치켜들고 흔들었다. 미소가 양 귓가로 환하게 번졌다.

일요일 세션에서 다룬 세 항목은 장애여성, 소수 인종·민족 여성, 복지권리 운동가들이 원문에 불만을 표시함에 따라 즉석에서 수정되었다. 일부 여성 운동가들이 인종, 성별, 계급, 성적 지향에 근거한 중첩 억압에 관해 목청을 높이는 일이 점점 많아졌다. 예컨대 동년 4월 컴바히강 공동체Combahee River Collective가 낸 성명서는 민권법 운동이나 백인 페미니즘 운동이 흑인 여성이 직면하는 문제들을 충분히 다루지 않는다는 점을 지적했다.

전국 단위로 협력하는 일이 드문 아시아인, 히스패닉, 북미 원주민, 흑인 단체 등이 휴스턴 대회에서 밤샘 협상을 벌이며 각 집단의 문제를 개별적으로 제기하는 동시에 그 모든 집단의 여성이 경험하는 "이중 차별"을 드러내는 항목을 작성했다. "유색인종 여성"이라는 표현이 이 대회에서 거론됐다. 일요일 전체세션에서 코레타 스콧 킹Coretta Scott King이 유색인종 대표자들에게 둘러싸여 소수자 집단에 관한 항목을 낭독하던 순간, 샌들러를 비롯해 많은 사람의 눈시울이 뜨거워졌다. 킹이 말했다. 이제 휴스턴을 출발하여, "새로운 힘, 새로운 인식, 새로운 자매애로 이곳에서 태어난 모든 불의에 저항하라. 우리는 다시는 분열되어 패배하지 않을 것이다."[5] 누가 〈우리 승리하리라〉를 노래하기 시작했다. 그러자 회의장의 모든 사람이 어느덧 따라 부르며 손에 손을 잡았다.

그러나 필리스 슐래플리와 이글포럼이 이끄는 백인 중심의 반페미니즘 기독교 전통주의 운동이 부상하면서, 주별 대회를 일부 자기들 쪽으로 끌어가고 전국대회를 방해하려 시도하기도 했다. 슐래플리는 영리하고 언론을 능숙하게 다룰 줄 아는 맹렬한 반공주의 저자 겸 운동가였고, 돈 많은 변호사의 배우자였다. 그는 타이틀 나인 덕분에 여성 입학 정원이 늘어난 법대에 들어가 1978년에 법학

전문석사_{JD}를 취득했지만, 타이틀 나인과 평등권 수정안을 파괴하는 일에 주저함이 없었다.

슐래플리는 보수 가톨릭교도, 모르몬교도, 기독교 근본주의자, 극우반공 단체 존버치협회 회원, 백인우월주의자 등을 규합해 네트워크를 형성했으나 마지막 두 집단의 연루를 부인했다. 그들은 보수주의자 약 300명을 모아 전국여성대회에 대표로 보내는 일에 성공했다. 또한 이들은 도심 건너편 휴스턴 애스트로아레나 실내 경기장에서 일일 집회를 조직해 경쟁적으로 언론의 관심을 끌었다. 백인 반페미니스트 1만 5000명과 극소수의 흑인으로 구성된 집회 참석자 중에는 쿠클럭스클랜 단원들도 섞여있었다고 쿠클럭스클랜 지도부가 언론에 밝혔다.[6] 슐래플리는 "여성해방론자"와 호전적인 레즈비언들이 남성이 가장인 전통 가정을 파괴할 것이라고 경고했다.

그런 주장이 샌들러의 사고를 흐린 것은 전국여성대회 본회의에서 대표자들이 전국행동계획 제23번 항목인 '성적 선호'를 토론하며 레즈비언의 권리 지지를 찬성할 때였다. 만일 대표자들이 성적 선호 항목을 통과시키면 슐래플리가 그 점을 교묘히 활용해 근거 없는 공포감을 조성하고 평등권 수정안을 좌초시킬지도 몰랐다. 샌들러는 어떤 종류의 차별도 원치 않았다. 그러나 불편했다. 여기에 대표자들은 여성 문제를 논하러 왔잖아, 이게 대체 왜 안건으로 올라왔지?

다른 많은 여성 옹호자와 마찬가지로 샌들러도 타이틀 나인과 같은 법으로 모든 여성의 권리를 실현하려면 모든 형태의 차별과 맞서 싸워야 한다는 점을 이해하는 데 시간이 걸렸다.

"주변을 좀 봐." 한 친구가 말했다. "여기 온 사람 중 상당수가 동성애자야. 운동가 중에 레즈비언이 많아."[7]

"아, 그래?" 샌들러는 누가 레즈비언인지 잘 몰랐다. "예를 들어 누구?"

"마고도 레즈비언이야." 친구는 대학대항여성체육협회 법률고문 마고 폴리비를 가리켜 말했다.

샌들러는 폴리비를 아끼고 존경했다. 여성및소녀교육전국연합NCWGE 회원들은 친교나 회의를 목적으로 폴리비가 사는 집을 방문했다. 그럴 때면 폴리비와 같이 살며 변호사 업무를 함께 하는 커트리나 레누프Katrina Renouf와 마주쳤다. NCWGE 회원 중 몇 명은 폴리비와 친구가 되기도 했지만, 폴리비는 그 누구에게도 자기가 레즈비언이라는 얘기를 하지 않았고, 그건 21세기가 되어서도 마찬가지였다. 나중에 그는 아무도 물어보는 사람이 없어서 그랬다고 말했다.

휴스턴 대회에 끼어든 보수주의자들은 성적 지향 항목에 반대하는 발언을 했고, 일부 페미니스트도 그 항목에 반대했다. 한 페미니스트는 그것이 여성운동에 "장애 요소"로 작용할 수 있다고 경고했다.[8] 레즈비언들은 그 항목의 통과를 촉구했으며, 레즈비언이라고 비난받고 괴롭힘당한 이성애자 여성들도 여기에 동조했다. 과거에 레즈비언들의 요구를 "연보라색 공포"라 부르며 반대했던 베티 프리던도 의외로 성적 지향 항목에 지지 의사를 밝혀 사람들을 놀라게 했다. 샌들러도 찬성하기로 마음먹었다.

이 항목이 통과되자 보수 대표자들은 회의장 한가운데서 연단을 등지고 서서 마치 기도하듯 일제히 고개를 숙였다. 관중석에서는 레즈비언 권리 지지자 수천 명이 풍선을 날리고 "자매님들 고맙습니다"라고 적힌 플래카드를 흔들었다.

여성운동과 성소수자 권리 운동의 이런 교차융합은 이전에 다양한 민권운동들이 겪은 융합이 대부분 그랬듯, 타이틀 나인과는 별개로 이뤄졌다. 타이틀 나인이 성소수자 권리를 성차별이라는 측면에서 다루기 시작한 것은 그로부터 수십 년이 지난 후였다.

샌들러는 여러 운동이 서로 맞물리는 현상에 대해 더 넓어진 식견으로 업무에 복귀했지만, 그것이 PSEW의 업무에 직접 적용되는 일은 드물었다. 그리고 PSEW도 변화를 겪는 중이었다. 직원들이 하나둘 떠나면서 '가족' 같던 원래 팀도 사라졌다. 게다가 인플레이션 때문에 인원이 감축되었다. 마거릿 덩클은 보건교육복지부로 자리를 옮겨 교육 관련 법안을 담당하는 특별 보좌관이 되었고 NCWGE 의장직에서 사퇴했다. 덩클과 샌들러는 평생 친구로 남았다. 프랜실리아 글리브스는 WEAL의 여성교육공평법WEEA 프로젝트 소식지의 편집자가 되었다. 글리브스가 떠난 후 PSEW 소식지에서 '소수자 여성'을 다루는 부분이 크게 줄었다. 또 다른 보조원 알린 퐁 크레이그Arlene Fong Craig가 공무원이 되어 1979년 말에 PSEW를 떠나자, 이제 몇 안 남은 직원은 전원 백인이었고 1980년대 내내 그대로 유지되었다.

샌들러의 가정, 더 구체적으로 말해 샌들러의 결혼 생활도 흔들렸다. 그가 행정명령에 근거하여 진정을 제출하던 초기에는 제리가 큰 도움을 주었다. 제리가 가르쳐준 것도 많았다. 누구와 만난 뒤 감사 편지를 보내는 에티켓 같은 소소한 것들도 그가 알려주었다. 그러나 아내가 성차별 관련 주제에 관해 자기보다 더 많이 알게 되고 남들에게 인정받는 전문가가 되자 변하는 듯했다. 샌들러에 따르면, 그는 자신이 모든 것을 가르친 여자의 배후에 있는 남자로 인정받는 한은 그런 지위 변화를 감수했다. 하지만 자신이 지시하는 전략에 아내가 이견을 내놓기 시작하자 불같이 화를 냈다. 이제까지 본 적 없는 모습이었다. 샌들러는 1970년대에 점점 더 독립적인 여성으로 변모해가며 남편에게도 변화를 요구했고, 그는 그것을 수용할 수 없었다. 결혼생활의 다른 부분에도 금이 갔다. 어차피 무너질 결혼이었다고 샌들러는 생각했다.

힘들었지만 마음을 굳게 먹고 샌들러는 짐을 싸서 집을 나왔다. 결국 결혼은 끝났다. 그와 제리는 1978년에 이혼했다. 모든 것이 우울했다. 그 우울함이 두려워서 심리 치료를 받았다. 그는 우울해지지 않으려고 정말로 열심히 노력했다. 그러다가 결국 저항하기를 멈췄다. 자신의 감정을 온전히 체험하는 편이 오히려 덜 무서웠고, 심지어 안도감까지 들었다. 그는 그렇게 고비를 넘겼다.[9]

샌들러는 아파트를 샀다.[10] 35년 만에 처음으로 다시 등산도 시작하고 자전거도 탔다. 그와 함께 심리 치료와 조깅, PSEW에서 신나게 하는 일 덕분에 샌들러는 삶을 이어갈 수 있었다.[11]

교육 공평성을 위한 여성운동은 힘차게 진행됐다. 그들은 1974년 OCR에 타이틀 나인의 시행규정 마련을 종용했고, 이제 OCR에 그 법의 집행을 요구했다. 밀류티노비치가 캘리포니아주 페리스에서 제기한 타이틀 나인 진정은 초창기에 주로 쏟아진 스포츠·고용 관련 사안 가운데 하나였다.[12] 1976년 프레즈노에서 K-12 학교에 관해 제기된 타이틀 나인 진정은 세 건이었는데, 두 건은 임금·수당·승진에서 남자보다 불리한 대우를 받은 학교 미화원들이 제출했고, 다른 한 건은 남자 운동부 코치보다 3분의 1이나 낮은 급여를 받은 여자 운동부 코치들이 제출했다.[13]

밀류티노비치는 진정 제출 직후에 페리스를 떠나 캘리포니아 폴리테크닉주립대학교 포모나에서 체육행정 석사과정에 들어갔다. 페리스는 큰 변화가 없었다. 아버지가 세상을 떠난 후 1978년부터 어머니와 같이 살면서 석사 논문을 쓰고 프레즈노주립대에서 여성학 과목을 몇 개 수강했다. 그가 학부생일 때는 존재하지 않던 과목들이었다.

프레즈노주립대 학생과 여성 코치들은 여자 운동부에 지원을 늘려달라고 수년 동안 학교에 공손히 요청했으나 별 성과가 없었다. 1975~1976학년도에 학교가 여자 운동부 예산을 거의 배로 늘렸지만, 남자 운동부 예산에는 아직 한참 못 미쳤다.

1977년에 옹호자들이 압박의 수위를 높였다. 학생 하나가 이를 주도했다. 여자 농구부 공동 주장 4학년 메그 뉴먼이었다. 뉴욕에서 다닌 고등학교와 처음 입학했던 대학에서 내민 빈약한 선택지와 비교하면, 캘리포니아에서 누리는 스포츠는 천국이었다. 그렇지만 프레즈노주립대도 남자 운동부를 우선시했다. 이 대학 체육부장은 1975~1976학년도에 남자 운동부에 41만 6000달러[약 5억 4000만 원]를, 여자 운동부에는 고작 2만 2000달러[약 3000만 원]를 지원한 사실을 인정했다. 학교 대항전 종목도 남자 종목은 11개, 여자 종목은 6개만 제시했다. 남자 선수들은 스포츠 장학금으로 18만 3000달러[약 2억 4000만 원]를 받고, 여자 선수들은 4000달러[약 500만 원]를 받았다.

뉴먼과 다른 농구부원은 원정 경기 때 식비로 받은 몇 푼 안 되는 금액의 일부를 남겨 경기용 양말을 사 신었다. 남자 팀 원정 경기 때는 직업 운전사들이 버스로 선수들을 실어 날랐다. 여자 팀은 선수 한 명이 학교 승합차를 몇 시간씩 운전해서 경기 장소까지 가고, 여자 팀 감독은 자기 차를 직접 몰고 갔다.

연습 중에 넘어져 부러진 오른손에 깁스를 한 채, 뉴먼은 여러 프레즈노주립대 팀의 여자 선수들을 대표하여 작은 휴대용 타자기로 편지를 작성했다. 이들은 합동으로 지원 확대를 요구했다. 한 코치의 주장대로 뉴먼은 서신에서 강조했다. "여러분 모두와 협력하고 싶은 것이 우리의 강렬한 소망입니다." 그리고 이렇게 추가했다. "그러나 아무 답변이 없다면 우리는 보건교육복지부에 연락할 수밖에 없다는 점을 강조합니다."[14]

학교 관계자가 학생들과 만나 여자 스포츠에 지원을 늘려줄 여유가 없다고 주장했다.[15] "자원이 제한되어 있다면 공평하게 배분하길 바란다"라고 뉴먼은 학생 신문 《칼리지언》*Collegian*에 언급했다. 그는 두 달 후 졸업해서 학교를 떠났다. 학생들은 타이틀 나인 진정을 내지 않았다.

타이틀 나인 시행규정이 승인되자, 여성들은 스포츠와 관련하여 학생운동의 수위를 높였다. 예컨대 예일대 3학년 애비 스미스 Abbe Smith가 작성한 한 장짜리 보고서는 예일대 여자 운동부도 다른 대학과 비슷하게 안타까운 상황이라고 설명했다. "예일대는 분명히 타이틀 나인을 직접적으로 위반하고 있다"라고 스미스는 적었다. 여성 코치 두 명이 이미 고용 차별을 이유로 민권법 제7편에 근거하여 진정을 제기한 바 있으니, 학생들도 가능하면 빨리 타이틀 나인 진정을 제기하라고 스미스는 촉구했다.[16]

그러나 진정을 제출해도 대부분은 정부의 무대응이라는 블랙홀로 빨려 들어갔다.

1977년 NCWGE 지도부는 여성교육공평법 연장 법안을 논의하는 하원 분과위원회에 출석해, 타이틀 나인 제정 후 첫 5년 동안 교육계의 성차별을 근절하는 일에 별 진전이 없었다고 증언했다.[17] 교재에도 성차별 요소가 여전했다. 교과서를 분석한 한 연구에 따르면 남성은 147개 직종에 종사하고, 여성은 엄마·여왕·마녀를 제외하고 단 23개 직종에 종사했다. 1976년에 여성은 고등학교 교장의 2퍼센트 미만, 대학교 정교수의 10퍼센트 미만이었다.

할리 녹스의 평등교육권사업PEER에서 발표한 두 연구는 OCR이 타이틀 나인의 집행을 위해 한 일이 없다는 것을 보여주었다. 1976년에 나온 첫 연구는 주립 교육기관이 타이틀 나인에 따른 기본적 의무 사항을 최소한 하나 이상 위반한 경우가 50주 가운데 41개 주에서 발생했다고 밝혔다. 그중 4개 주는 타이틀 나인의 모든 의무 사항을 위반했다고 이 연구는 평가했다.[18] 1977년 PEER 보고서 〈시작부터 막히다〉Stalled at the Start는 1972년 6월 23일부터 1976년 10월 1일까지 전국 50개 주에서 초·중·고등학교와 관련해 OCR에 제출된 진정 871건을 분석했다. 고용 차별 진정이 가장 많았고(36퍼센트),

편향된 스포츠 프로그램(22퍼센트), 수업 접근성 부족(18퍼센트) 등이 그 뒤를 이었다. 제출된 진정의 40퍼센트가 한 항목 이상의 위반을 언급했다.[19] OCR이 '해결한' 진정은 179건, 즉 5건에 1건 정도에 불과했으며, 그것도 대개는 학교나 교육구 관계자와 서신이나 몇 통 주고받는 식이었다. 조사관들이 해당 교육구를 방문한 경우는 4분의 1 미만이었다. 개선을 약속한 소수의 학교에 대해서는 OCR이 추적 확인도 하지 않았다.

OCR이 한 사안을 해결하는 데는 평균 14개월이 걸렸다. 어떤 사안은 수년씩 미해결로 남았다. 1973년에 제기된 타이틀 나인 진정의 3분의 1 이상이 해결되지 않았는데, 그것은 인력 부족 때문이 아니라고 PEER는 지적했다. 워싱턴DC와 11개 지역사무소에서 근무하는 OCR 직원이 100명이 넘고 1973~1976년에 OCR이 접수한 타이틀 나인 진정은 1년에 조사관 1인당 평균 두 건 미만이었다. 인종, 민족, 장애, 성별에 근거한 차별 사안을 모두 합쳐도 조사관 한 사람이 다루는 진정 사건은 1년에 여섯 건 남짓이었다.

진정과는 별도로, OCR이 타이틀 나인 제정 이후 실시한 규정 준수 심사는 전국 1만 6000개 교육구 가운데 12곳에 그쳤다.

"대통령 이하 고위 공직자들이 법 집행의 성과를 요구한다면 성과가 나올 것이다. 보건교육복지부는 집행 수단과 인력을 갖추었고 법도 마련되어 있으니, 필요한 건 의지뿐이다"라고 PEER은 결론지었다. 〈시작부터 막히다〉를 출간하며 PEER는 보건교육복지부가 타이틀 나인을 집행하지 않는 점에 주요 언론이 관심을 갖도록 유도했다. 《워싱턴 포스트》는 이 보고서를 1면에 실었다.

스포츠와 관련해 타이틀 나인을 준수하도록 고등교육기관에 주어진 3년간의 '적응 기간'이 1978년 7월 21일로 종료됐지만, 프레즈노주립대를 비롯해 대다수의 대학이 타이틀 나인을 어겼다.[20] OCR은 50여 개 대학의 스포츠 성차별을 고발하는 진정을 100건 가까이 접수했다.[21] 대학 체육부는 대부분 그 3년의 유예 기간을 핑계 삼아 거의 아무것도 바꾸지 않았다. 1978년 7월까지 남녀 스포츠 프로그램을 완전히 공평하게 바꿨어야 했지만, 많은 대학이 실행 계획만 세우면 되는 줄 알았다고 주장했다. 그리고 OCR의 1975년 시행규정에 적힌 것 가운데 동등한 스포츠 기회를 어떻게 제공해야 할지 잘 모르겠다고 변명했다. 예컨대 "공평한" 탈의실이 대체 어떤 모습이어야 하냐며, 자세히 설명해달라고 OCR 공무원들에게 요구했다.

새 법에 고집스럽게 저항하는 학교 행정관리자들이 "문제를 극도로 과장하고 있다. 저들은 그저 최소한의 노력으로 합격선을 넘을 방법을 알아내려는 것이다"라고 폴리비는 불평했다. PEER 직원 하나가 말했다. "법률과 시행규정은 이행해야 할 일에 관해 매우 분명하게 규정하고 있다. 남녀의 스포츠 활동 기회가 '비슷해야 한다는 것'comparability이 무엇을 의미하는지는 명확하다. 그걸 이해하지 못하겠다고 하는 사람은 그저 두뇌 사용을 거부하는 것이다." 다른 민권 시행규정도 타이틀 나인 시행규정과 크게 다르지 않았으므로, 완전히 생소한 내용도 아니었다.[22]

1978년 12월 11일, OCR은 1975년 시행규정의 스포츠 관련 조항들을 보충하고 혼란을 해소하고자 구체적인 정책설명의 초안을 제시했다.[23] 남녀 스포츠에 지급되는 지원금 비율이 그 학교 재학생의 남녀 비율과 같다면 그 학교는 타이틀 나인을 준수하는 것으로 간주할 것이며, 그렇지 않다면 OCR은 그 학교를 이런저런 여타 기준으로 심사할 것이라는 등의 내용이 담겨있었다. 이 초안에 대해 3월까지 수렴된 국민 의견은 700건이 넘었다.

분노한 각 학교 스포츠 행정관리자들은 즉석에서 연합을 형성하고, 1972년에 타이틀 나인의 제정을 막고자 싸웠던 테리 샌퍼드 듀크대학교 총장을 대변인으로 삼았다. 샌퍼드는 61개 대학의 임원을 대표해 보건교육복지부에 보낼 서신을 작성했다. 기발한 아이디어랍시고 적은 내용은 그저 자기들을 믿어달라는 거였다. 모든 것을 해결할 핵심은 시행규정이 아니라 "자발적 준수"와 "대학의 리더십"이라고 했다. 심지어 이디스 그린도 해리스 보건교육복지부 장관에게 샌퍼드를 지지하는 서신을 보냈다.[24]

1979년 내내 OCR은 고위 교육 관계자, 각 학교 체육부장, 여성 단체 등과 여러 차례 만나 정책설명 초안에 관해 논의했다. 또한 OCR은 신디 브라운Cindy Brown에게 타이틀 나인 정책을 고안하는 태스크포스의 지휘를 맡겼다. 전직 OCR 직원인 브라운은 NCWGE와 민권지도자회의에서 활동하다가 OCR로 돌아왔다. 브라운이 이전에 OCR에서 집중한 전문 분야는 인종 문제와 빈곤이었기 때문에 AIAW의 폴리비에게 청해 스포츠 분야와 관련해 여러 차례 사적으로 개인 지도를 받았다.[25]

OCR은 디비전 I에 속하는 8개 대학교에 브라운과 소규모 팀을 보내 OCR이 제시한 정책설명이 현장에서 어떻게 작동할지 평가하게 했다. 총장들은 브라운에게 만찬을 베푸는 한편, 임원들을 시켜 그가 관계자와 면담하는 동안 가까이에서 지켜보게 했다. 리치먼드 대학교 관리자들은 그를 잠시도 혼자 놓아두지 않았다. 그는 그 학교 여성체육 담당 부장으로부터 진실을 듣기 위해 여자 화장실로 피신해야 했다. 여성 부장은 대학 당국이 남자 선수는 왕으로 대접하고 여자 운동부는 존재하지도 않는 것처럼 취급한다고 말했다.[26]

그러는 동안 연방대법원이 타이틀 나인의 집행에 중요한 도구 하나를 여성들에게 마련해주었는데, 바로 소송할 권리였다. 39세의 수술 전문 간호사 제럴딘 캐넌Geraldine Cannon은 시카고대학교와 노스웨스턴대학교 의대에 지원했다가 30세 이상의 지원자는 받지 않는다는 이유로 둘 모두로부터 입학을 거부당했다. 재고해달라는 설득에 실패한 캐넌은 1975년 4월 OCR에 진정을 제출했다. OCR이 접수했다는 언급만 하고 아무 반응이 없자, 그는 3개월 후에 소송을 제기했다. 캐넌은 여성은 남성보다 교육이 중단되거나 경력이 지연되는 경우가 많기 때문에 연령 제한 정책이 성차별이라고 주장했다. 연방항소법원이 타이틀 나인의 집행은 정부만 할 수 있다고 판결했지만, 다른 여성들이 제기한 소송에서는 그와 상충하는 판결이 나왔다.

연방대법원이 이 사건을 심리하기로 하자 카터 정부가 법정의 견서를 제출했다. 카터 정부는 OCR은 모든 성차별 진정에 일일이 대응할 만한 자원이 없다고 인정하며 캐넌의 소송 권리를 지지했다. 1979년 5월 14일, 연방대법원이 6 대 3으로 개인이 타이틀 나인을 근거로 소를 제기할 권리가 있다고 인정하면서 타이틀 나인 집행의 유일한 제재 수단 — 교육기관에 연방 지원금 지급을 전부 중단하는 것 — 이 너무 극단적이어서 한 여성 개인의 진정을 해결하기에 실효성이 없다는 점도 부분적인 이유로 언급했다. 덕분에 캐넌은 소를 제기할 수 있었고, 두 대학은 곧 그와 합의했다.[27]

프레즈노에서는 밀류티노비치가 논문을 쓰면서 1978~1979학년도에 프레즈노주립대 여자 농구부 2군 팀을 코치하기 시작했다. 여성 코치들은 여자 운동부를 지원하지 않는 대학 당국에 좌절하다가 1979년 2월 마침내 분노가 폭발했다. 그중 9인이 프레즈노주립대를 상대로 성차별 소송을 제기하겠다고 위협했다.

"우리 요구에 내내 협조하지 않았습니다. 대학은 강제당하기 전에는 아무것도 할 생각이 없어요." 여자 농구부 감독 도나 피컬Donna Pickel이 말했다. 이들은 대학 당국을 '덮칠' 기회를 노리는 '급진주의자 무리'와는 거리가 멀었다. 여자 배구부 감독 레일러니 오버스트리트Leilani Overstreet는 학생 기자에게 장담했다. "그게 사실이라면 벌써 1975년에 진정을 제출했을 겁니다." 그가 덧붙였다. "사실 우리는 평등을 원하는 게 아닙니다. 공평한 처우를 바랄 뿐입니다."[28]

여러 대학의 남자 체육부장들이 OCR의 정책설명 초안을 공격하자, 전국의 여성 지도자들은 의원들에게 대거 편지를 보내 타이틀 나인 시행규정을 강력하게 집행하도록 OCR에 압력을 넣을 것을 촉구하는 등 나름대로 압박의 수위를 높였다. 1979년 4월 22일 일요일, 백악관 건너편에서 약 300명이 집회를 열었다. 거기에 모인 많은 사람이 "타이틀 나인, 한 치도 물러서지 마"라고 적힌 티셔츠를 입고 스키 챔피언 수지 채피Suzy Chaffee와 함께 구호를 외쳤다.

그런 다음 국회의사당을 향해 펜실베이니아 거리를 행진했다.[29] NCWGE 회원들이 작성한 여성체육권리선언문을 자원봉사자들이 의원들에게 직접 전달했다. 이들은 샌퍼드가 미국민권위원회의 공청회에서 제안한 내용을 비판했다. 9월에 이 위원회는 미식축구는 타이틀 나인 적용 면제 대상이 아니라고 선언했다.[30]

샌들러는 타이틀 나인 비판 세력의 주장을 반박하려고 정책설명에 관한 허구와 팩트를 조목조목 정리했다. 이를테면 "허구: 보건교육복지부의 체육정책은 소수자 운동선수에게 해가 된다" "팩트: 소수자인 여자 선수는 남자 선수와 동등하게 장학금 받을 기회를 누리지 못한다." 그것을 시정할 수 있는 것이 타이틀 나인이었다.[31]

새로 생긴 여성스포츠재단은 전국 26개 스포츠 단체의 연합체를 조직하고 1500만 명을 대표하여 정책설명의 빠른 마무리를 촉구했다.[32] 그러나 최종안을 향한 진전은 더디기만 했다.

장기간 지속된 애덤스 소송과 WEAL 소송이 OCR의 정책설명 마무리에 기여했다. 법원이 OCR에 직원 898명을 추가로 고용해 미해결로 적체된 차별 진정을 1979년 3월까지 해결하라고 명령했음에도, 그해 4월까지도 성차별 사안 1371건이 해결되지 않았다. 그래서 그린버거는 법정모욕죄로 소를 제기해 OCR이 남은 일을 처리하도록 압박했다.[33] 새로 임명된 보건교육복지부 최초의 흑인 여성 장관 퍼트리샤 해리스Patricia Harris 밑에서 1979년 12월 11일 보건교육복지부가 학교 스포츠 관련 타이틀 나인 시행규정 정책설명의 최종안을 발표했다.[34] 그런데 이 정책설명 최종안의 내용이 이전 안과 달랐다.

예컨대 타이틀 나인 준수 심사에서 1인당 지출 비용이 동등해야 한다는 기준을 OCR이 삭제했다. 반대자들이 그 기준이 적정한 차이를 허용하는 재비츠 수정안에 위배된다고 주장했기 때문이다. 남녀 스포츠 장학금은 "비례적으로 평등"하게 지급해야 하며, 스포츠와 관련한 그 밖의 기회와 혜택은 지출 이외의 기준으로 양성에게 "동등"equivalent하게 주어져야 한다고 OCR은 언급했다. 정책설명안은 그것이 무엇을 뜻하는지 자세히 기술했다. 또한 1975년 시행규정에서 공평한 처우를 요구한 11개 항목에 2개 항목(선수 모집과 지원 서비스)을 추가했다.[35] 그러나 학교가 예컨대 미식축구 유니폼이 더 비싸기 때문에 남자 팀에 더 큰 지출을 하는 것은 허용했다.

OCR은 선수의 숫자나 스포츠 예산을 남녀로 정확히 반반 나누도록 요구하는 방침을 고려했다가 결국 그러지 않기로 했다. 대신에 NCAA와 미식축구코치협회에서 밀어붙이고 여성 운동가들이 거부했던, 비교적 복잡한 절충안을 채택했다.[36]

새 지침은 학교가 다음의 '3대 요건' 중 하나를 이행할 경우 타이틀 나인의 스포츠 관련 시행규정을 준수하는 것으로 본다고 언급했다. (1) 재학생 전체의 성비에 "상당히 비례"하게 스포츠 참여 기회를 제공할 것(따라서 재학생의 40퍼센트가 여성이면 선수 자리도 40퍼센트는 여성의 몫이다). (2) 과소대표된 성을 위해 스포츠를 개선해온 "전력과 꾸준한 실천"이 있었음을 보여줄 것. (3) 제공된 스포츠 프로그램이 과소대표된 성의 관심과 능력에 부합한다는 점을 보여줄 것.

NCWGE 지도부는 새 지침이 생겨서 안도했다. 완벽하게 만족스럽지는 않더라도, 당시로서는 얻어낼 수 있는 최선의 결과였다.[37] 그해 여성의 대학 진학률이 남성을 앞지르자 남자 운동부 감독들은 3대 요건 중 첫 번째 요건을 유감스럽게도 여겼다. 여자 대학생 비율의 증가로 그들이 누릴 수 있는 스포츠 활동의 몫도 함께 커졌기 때문이다.[38] 남자 스포츠 관계자들은 페미니스트들이 그 요건을 도입해놓고 자기들이 한 일이 아닌 척 속였다고 분개했다. 필리스 슐래플리는 심지어 3대 요건을 밀어붙인 장본인이 샌들러라고 언급했다. 샌들러는 자기 기준으로 꽤 "험악한 편지"에 해당하는 서신을 슐래플리에게 보내 그것이 사실이 아님을 주장했다. "그런 거짓말을 계속 퍼뜨린다면 저는 대단히 분노할 것입니다."[39]

앞으로의 상황은 OCR이 새 지침을 어떻게 강행하느냐에 달려 있다는 것을 타이틀 나인 옹호자들은 경험으로 알고 있었다. PSEW는 정책설명을 한 페이지로 정리한 요약문 1만 6000장을 배포하여 사람들이 자신의 권리를 주장하도록 독려했다.[40] 해리스 장관은 보건교육복지부에서 갈라져 나와 독립한 신설 교육부 차관보에 가까운 동지 신디 브라운을 임명하여 카터 정부의 남은 임기 8개월 동안 OCR을 지휘하게 했다.

"이 지침은 한 발 진보일 뿐, 그 이상도 그 이하도 아니다"라고 PEER의 녹스가 적었다. "여성이 동등한 몫을 차지하려면 아직 갈 길이 멀다. 이제 그 길을 떠나자."[41]

프레즈노주립대에서는, 활동가들이 연방 진정은 내지 않고 꾸준한 압박만으로 점진적인 변화를 거뒀다. 이 학교 재학생 총 1만 5257명 가운데 여학생 비율은 이제 51퍼센트였다. 여자 배구부와 여자 농구부는 남자 팀과 비슷한 수준으로 물품과 인력을 제공받았다. 그러나 남자 팀 감독은 여자 팀 사용 시간에 언제든 자기들이 체육관을 써야 하니 양보하라고 요구할 수 있었고, 그러고도 아무 제재도 받지 않았다. 그런 일이 발생할 때마다 여자 팀 감독들은 여자 선수들을 위해 다른 걸 얻어내려고 협상을 시도했다. 스포츠 프로그램 연례 평가 철에는 연방 진정 제출을 면하고 싶으면 타이틀 나인을 준수하라고 프레즈노주립대 당국에 촉구했다.[42]

1971~1972학년도에 전국적으로 7퍼센트였던 고등학교 대표 팀 여자 선수 비율은 1981~1982학년도에 35퍼센트로 훌쩍 증가했다.[43] 1970년대 초에 2퍼센트였던 대학 대항 여자 경기 예산은 1978년에 16퍼센트로 증가했다.[44] 그런 개선을 이끌어내기 위해서 여성 옹호자들이 법정으로 가야 하는 경우가 너무 많았다. 1970년대를 통틀어 여성 옹호자들은 불공평한 학교 스포츠에 관한 주요 소송 36건 중 25건에서 승소했다.[45] 1980년 8월까지 OCR에 적체된 진정 576건 가운데 124건이 교육기관 80군데의 스포츠 프로그램과 관련된 사안이었다.[46]

샌들러는 현실적인 평가를 내렸다. "대다수의 교육기관이 우리가 원했던 변화를 전부 이루지는 않았으나, 약간의 변화는 있었다."[47] 강연과 인터뷰에서 샌들러는 이렇게 말하곤 했다. "극도로 참혹했던 상황이 아주 안 좋은 상황 정도로 바뀌었다."

그러나 타이틀 나인은 그보다 훨씬 더 나쁜 상황에 봉착하기 직전이었다.

1980~1990

·7·

역풍

1981년 봄, 여성및소녀교육전국연합NCWGE 회의에 참석한 사람들이 충격으로 멍하니 앉아있었다. 진이 빠졌다. 무력감이 들었다. 샌들러는 그것을 애도의 한 단계로 보았다.

1980년 선거에서 대통령이 된 로널드 레이건의 극우 정권과 상원에서 다수가 된 공화당이, 여성들이 생애의 8~10년을 바쳐 힘겹게 쟁취한 성과를 파괴하려고 노렸다. 사회적 전통주의, 백인 남성 우월주의, 재정적 개인주의가 '정부의 과잉 개입'을 반대하는 운동으로 결합하여 급속히 부상했고, 이것이 자기 특권의 일부를 민권법에 빼앗겨 분개하던 사람들에게 호소력을 발휘했다. 필리스 슐래플리 등이 힘을 실어주어, 이들은 주와 지역의 의사결정에 참견하는 교육부를 통째로 폐지하겠다고 공약한 레이건을 대통령으로 뽑았다.

레이건은 여성 차별 및 소수자 차별과 맞서 싸우겠다고 공언했지만, 그가 임명한 관리예산처Office of Management and Budget 직원들은 대놓

고 성차별, 인종차별 농담을 일삼았다. 그들은 타이틀 나인을 "레즈비언 권리장전"이라고 불렀다.[1]

레이건의 선출로 차별금지 규정의 집행, 경제적으로 공평한 경쟁의 장 마련, 기초적 사회 안전망 유지, 인프라 구축을 정부의 역할로 보지 않는 공화당의 지배가 이후 40년 이상 굳어졌다. 레이건은 특히 부유층과 기업에 혜택이 돌아가도록 감세 및 경제 정책을 고안하고 복지사업을 축소했다. 재선되어 재임 6년째가 되던 1986년에는 흑인 시민의 30퍼센트 이상이 빈곤에 시달렸다.[2]

레이건은 취임 후 바로 민권 프로그램을 없애거나 예산을 삭감하기 시작했다. 레이건 정권의 민권사무국OCR은 의회가 1980~1985년에 배정한 예산 2000만 달러[약 260억 원]를 다 쓰지도 않았다. OCR 예산 삭감은 공화당이든 민주당이든 후임 대통령 밑에서도 수십 년 동안 지속되었다. 1981년에 1099명이던 OCR 상근 직원은 2016년 563명으로 줄었다. 같은 기간에 접수한 민권 관련 진정이 연간 2887건에서 1만 6720건으로 증가했는데도 그러했다.[3]

설상가상으로 그동안 의회에서 여성의 동맹이 되어준 바이 상원의원과 다른 의원 9인이 1980년 선거에서 의석을 잃었다.

이후 몇 달 사이에 활동가들이 받은 충격은 분노로 바뀌었다. NCWGE에서는 지친 선배 운동가들이 많이 물러나고 젊은 운동가들이 다시 조직에 활기를 불어넣었다. 샌들러도 이제 회의에 직접 가기보다는 직원을 보냈지만, 필요한 곳에 자신의 전문 지식을 제공하려고 늘 대기했다.[4]

레이건은 교육부와 몇몇 다른 부서를 폐지하려고 시도하다가 실패했다. 그는 예산을 삭감했다. 그의 예산안은 습관적으로 여성 교육공평법WEEA을 무시했다. 의회가 여성교육공평법에 배정할 예산을 예산안에 담기는 했으나 액수가 갈수록 줄었다. 레이건은 여성교육공평법과 1964년 민권법 제4편(교육구의 차별금지법 준수를 돕는 규정), 그리고 10여 개의 작은 보조금 프로그램을 한데 합쳐 '정액 보조금'으로 주에 지급하는 방안을 제시했다. 주들은 대개 연방 보조금을 교육 공평성을 위해 쓰지 않았으므로, 레이건의 제안은 교육 민권을 공격하는 편법이었다.

WEAL의 입법부장 퍼트리샤 로이스Patricia Reuss는 말했다. "대통령은 소녀들을 부엌으로, 장애인들을 보호 시설로, 흑인들을 빈민가로, 이민자들을 벌판으로 돌려보내고 싶어 한다. 그렇게 해서 안전하게 비운 교실과 운동장은 남은 백인 소년들의 차지다."[5] 여성 옹호자들은 대통령의 제안을 저지하기 위해 네트워크를 활성화했다.

전국여학생연합National Women Students Coalition과 다른 16개 여성 단체 및 고등교육 단체는 1981년 10월 5일을 시작으로 '타이틀 나인 인식 주간' 행사를 지원하고, 타이틀 나인에 대한 지지를 모으기 위해 워크숍을 열고 청원 운동을 벌였다.[6] 지지자들은 수천 통의 편지와 전보를 보내고, 의원들에게 전화하거나 직접 찾아갔다.[7] 그들은 공화당 하원 기금 모금 행사에 난입해 공화당 소속 여성 의원들을 설득하기도 했다.

효과가 있었다. 해당 위원회 소속 하원의원들이 주에 지급할 정액 보조금에서 여성교육공평법과 민권법 제4편을 제외했다. 두 법은 살아남았다. 상원에서 공화당이 옛날처럼 타이틀 나인을 공격

하는 법안을 발의했을 때도 NCWGE와 동맹들은 다시 한번 막아냈다. 그러나 힘겨웠다.[8]

1981년 11월 예일대학교에서 있었던 두 차례 강연에서 샌들러는 "워싱턴 통신: 학교에 있는 여성들에게 불리한 시절"이라는 주제로 참석자들과 이야기 나눴다.[9] 1982년에 레이건은 자기 정권의 첫 OCR 국장 클래런스 토머스를 평등고용기회위원회 위원장 자리로 전임시켰다. 그는 적극적 우대조치에 반대하는 흑인 남성이었는데, 그런 사람을 적극적 우대조치를 옹호해야 하는 직책에 임명한 것이다. 조지 H.W. 부시 부통령은 "부담스럽거나 불필요하거나 비생산적인" 연방 규정을 포착해 제거하는 대통령 직속 규제완화 태스크포스를 이끌면서, 정확하게 타이틀 나인을 겨냥했다.

레이건은 공무원 지위에 있는 레슬리 울프Leslie Wolfe WEEA 부장만 빼고 자기가 임명할 수 있는 모든 자리에서 페미니스트를 배제했다. 그러다가 WEEA의 사업제안서를 검토하는 시점이 다가오기 직전에 울프를 다른 자리로 이임하고 지원금 검토에 경험이 많던 전문 인력을 치과의사, 부동산 업자, 화장품 판매원, 족보학자 등 자격 미달 반페미니스트 50명으로 교체해버렸다. 타이틀 나인 사업 지원금 신청을 검토하는 일을 맡은 여성 하나가 회의 진행자에게 물었다. "타이틀 나인이 뭐예요?"[10]

NCWGE는 울프가 계속 WEEA 부장직을 유지할 수 있도록 언론에 기고하고 테럴 벨Terrel Bell 교육부 장관에게 수백 통의 편지를 보내는 등 캠페인을 벌였다. 친 여성계 하원의원들은 회계감사원에 조사를 요청했다. 1982년 6월 16일, 샌들러는 NCWGE 회원 150

명과 함께 국회의사당 계단에서 타이틀 나인 10주년을 축하하는
자리에 참석했다. 이 행사에는 고등학교 악대, 풍선, 케이크, 공연
등을 곁들였고 인디애나폴리스 500 자동차 경주에서 레이서로 활
약하는 재닛 거스리Janet Guthrie 등의 연설자도 초청했다. 유니폼을 착
용한 운동선수들이 의원 집무실에 타이틀 나인 책자를 전달했다.
PEER는 지지자에게 각자 자기 동네에서 지역 행사를 열 것을 독려
했다.

고위 관계자들은 울프를 WEEA 부장으로 재임명했다. 레이건
정부도 천하무적은 아니었노라고 샌들러는 적었다. 대중의 항의가
변화를 가져왔다.

레이건은 초당적이던 여성교육과정전국자문회의NACWEP에서 샌
들러와 몇몇 다른 구성원을 공화당 소속 여성으로 교체했다. 한 명
만 제외하고 전부 백인이었다. 의장직은 슐래플리의 조수였던 사람
에게 맡겼다. 샌들러, 녹스 등은 여성교육시민회의Citizens Council on Women's
Education를 조직하여 NACWEP를 감시하고 비판했다. 이것은 레이건
정부의 보수적인 민권위원회를 감시하려고 '그림자' 민권위원회를
구성했던 민권 운동가들의 전략을 모방한 것이었다.[11]

전국적으로 정치 상황이 암담했으나 샌들러는 진전을 발견할
수 있었다. 평등권 수정안ERA이 비준되려면 의회가 설정한 1982년
기한까지 37개 주의 찬성을 얻어내야 하는데 아직 3개 주가 모자랐
다. 그러나 1981~1982학년도에 법학전문대학원에 입학한 여학생
은 10년 전보다 다섯 배로 늘었다.[12] 연방대법원은 1981년 타이틀
나인이 고용에 적용된다고 결정하고(노스헤이븐 교육위원회 대 벨

North Haven Board of Education v. Bell), 1986년에는 민권법 제7편이 일정한 범위 내에서 대가성 성적 괴롭힘과 성적으로 적대적인 직장 환경을 금지한다고 결정함으로써(메리터 저축은행 대 빈슨Meritor Savings Bank v. Vinson), 취업 여성에 대한 보호를 강화했다.[13]

마샤 그린버거는 타이틀 나인과 기타 법무 사안으로 자기 팀이 너무 바빠지자, 1981년 낸시 더프 캠벨Nancy Duff Campbell과 함께 전국여성법률센터National Women's Law Center: NWLC를 공동 설립하여 법사회정책센터로부터 갈라져 나왔다.

22세의 배드민턴 선수 롤린 해퍼Rollin Haffer의 전화 한 통이 그린버거가 기다리던 사건, 즉 학교 스포츠에 타이틀 나인이 적용되지 않는다는 집요한 주장을 마침내 종식할 사건을 NWLC에 안겨주었다. NWLC의 마지 콘이 담당한 해퍼 대 템플대학교Haffer v. Temple University 사건은 대학 스포츠 프로그램 전체에 성차별이 있다고 주장한 최초의 소송으로서, 소를 제기한 원고 8인은 필라델피아 템플대의 모든 여자 운동부를 하나씩 대표했다.[14] 이 학교 대표 선수의 42퍼센트가 여성인데도 이들은 체육 예산의 13퍼센트만 받았다. 많은 지원금이 미식축구 팀으로 갔다. 여자 선수들의 여건은 물품, 유니폼, 장학금, 이동 수단, 원정 경기 시 숙박 시설, 연습 시설 등 모든 면에서 열악했다. 템플대학교는 자기들은 직접 연방 지원금을 받지 않으므로 타이틀 나인의 적용을 받지 않는다고 주장했다. 그린버거 팀은 그 주장을 반박하기 위한 증거를 수집했다. 알고 봤더니 경기 입장권 판매금 정산 업무를 하는 학생들이 연방의 일-학업 병행 프로그램으로부터 지원금을 받았다. 그리고 학생 선수들이 받는 연방 장학금 덕분에 학교가 받는 민간 지원금을 다른 스포츠 관련 용도로 쓸 수 있었다는 점도 알아냈다.

연방지방법원과 항소법원은 해퍼의 손을 들어주었으나, 몇몇 유사한 소송이 모순된 판결을 내렸다.[15] 템플대가 항소하면 그린버거가 조심스럽게 구축한 사건이 연방대법원까지 갈 수 있었고, 만일 연방대법원이 해퍼의 편을 들어준다면 마침내 이 사안을 종결할 수 있었다. 그러나 또 다른 사건이 연방대법원에 먼저 당도하여 타이틀 나인이 학교 스포츠에 적용될 길을 폐쇄하고 말았다. 바로 그로브시티대학교 대 벨Grove City College v. Bell 사건이었다.

카터 정부 시절에 OCR이 각 학교에 타이틀 나인 준수를 약조하는 문서를 다시 제출하라고 요청했을 때 학교와 교육구 22곳이 이를 거부한 바 있었다. 그중 한 곳이 피츠버그 북쪽에 자리한 기독교계 사립학교 그로브시티대학교였다. 이 학교 학생들도 연방정부로부터 개인적으로 지원금과 학자금 융자를 받았지만, 그로브시티대학 당국은 그건 학교에 대한 직접적인 지원금이 아니므로 자기들은 민권법에 구속받지 않는다고 주장했다. OCR은 연방 지원금을 끊었고, 이에 대학이 소를 제기했다. 레이건이 집권하자 법무부는 타이틀 나인을 성심껏 방어하려는 의지를 보이지 않았다. 그럼에도 법무부는 타이틀 나인이 자기 학교에 적용되지 않는다는 그로브시티대학의 주장에는 동의하지 않았고, 재학생이 연방 지원금을 받을 경우 그 사무를 처리하는 학교 사무처는 스포츠 장학금 수여 등에서 반드시 타이틀 나인을 준수해야 한다고 주장했다. 하지만 그 주장은 타이틀 나인은 오로지 직접 연방 지원금을 받는 프로그램이나 학과에만 적용된다는 논리에 여지를 제공했다. 이것은 타이틀 나인을 물리칠 방법을 있는 대로 동원해서 시도해보던 도입 초창기부터 학교 스포츠 관계자들이 반복해서 내세우던 논리였다.

1984년 2월 28일, 연방대법원은 6 대 3 판결로 타이틀 나인의 적용 범위를 바로 그렇게 제한했다.[16]

그 결과, 이제 학교 스포츠에서 타이틀 나인의 성차별 금지는 연방 지원금 사무처가 관리하는 스포츠 장학금 수여에만 적용되고, 나머지 측면에는 적용되지 않았다.[17] 예컨대 OCR은 노스이스턴대학교 성적 괴롭힘 진정 사건 처리를 보류했는데, 그 성적 괴롭힘이 레이크 건물 내 경제학과에서 일어났고, 레이크 건물은 연방 지원금으로 지어지거나 개조된 적이 없기 때문이라는 것이 보류의 이유였다.[18]

이렇게 민권 집행의 길이 막히자, 여러 대학이 여자 운동부를 축소했다.[19] 법원은 8건 이상 타이틀 나인 소송을 기각했다.[20] 그린버거는 수정헌법 제14조 평등보호조항과 펜실베이니아주 평등권 수정안으로 차별금지 근거법을 변경하여 해퍼 소송을 이어갔다. OCR은 타이틀 나인 사안 65건의 조사를 종료하거나 조사의 범위를 제한했다. 그중 28건이 학교 스포츠 관련 사안이었다.[21] 레이건 정부는 OCR 예산의 3분의 1을 삭감했다.[22]

그로브시티 판결의 여파는 타이틀 나인을 넘어섰다. 타이틀 나인의 첫 37어절은 민권법 제6편을 본뜬 것이었고 연령차별금지법과 장애 차별에 관한 제504절도 마찬가지였기 때문에, 그 판결은 성별, 인종, 피부색, 출신국, 연령, 장애 등에 근거한 차별금지를 학교 전체에 적용하지 않고 연방 지원금을 직접 받는 학과나 프로그램에만 좁게 적용하여 진정 제기의 여지를 제한함으로써 교육 분야에서 그 모든 민권을 전부 무력화하고 말았다.[23]

그러나 모든 민권법에 대거 영향을 준 것이 오히려 결국에는 그것을 살린 것일 수 있었다. 그때까지 산발적으로 연합하던 기존의 다양한 민권 단체가 이 사태를 계기로 하나로 똘똘 뭉쳐 모든 민권에 주목할 것을 촉구했기 때문이다. 그로브시티 판결 전에도 레이건은 각종 민권을 온갖 방식으로 공격하여 잠재적 동지들의 힘을 분열시켰다. 흑인 단체는 투표권법 개정안에 맞서 투쟁했다. 히스패닉 단체는 발의된 이민법안을 막기 위해 싸웠다.[24] 백인 여성이 다수를 이루는 여성 단체들은 타이틀 나인과 낙태권을 수호하는 한편, 유색인종 여성이 불균형적으로 큰 비중을 차지하는 저소득 여성에게 영향을 미칠 복지 혜택 등의 이슈에도 상당한 노력을 기울였다.

이 단체들은 이미 이전부터 자신들의 핵심 캠페인에 에너지를 집중하는 동시에 서로서로 힘을 보탰다. 그러나 그로브시티 판결로 인해 이들은 의회의 법 제정이라는 유일한 해결책을 강구하려면 일치단결이 필요하다는 것을 깨달았다.

NWLC의 그린버거와 콘은 여성법률구조기금의 주디스 릭트먼Judith Lichtman과 함께 법안 초안을 작성하여 여러 의원에게 직접 전달하거나 동맹 단체를 통해 전달했다. 랠프 니스Ralph Neas 민권지도자회의 의장은 이 법 제정 캠페인의 전략기획을 담당했다. 이들은 민권법에 더 진보적인 변화를 가하지 말자는 쪽으로 합의했다. 그랬다가 더 적대적인 반대 법안이 등장하거나 패배 위험이 커질 수 있기 때문이었다. 그래서 현상 유지에 힘을 기울이기로 했다. 이들이 새로 준비한 민권복원법Civil Rights Restoration Act 법안은 간단히 연방 지원금의 "수령자"란 해당 교육기관 전체를 가리키는 것으로 정의된다는 점만 명확히 했다.

릭트먼은 이렇게 적었다. "핵심 전략은 보호 대상 집단을 가능하면 전부 하나로 묶는 동시에, 유리하든 불리하든 어떤 수정안에도 일체 반대하는 것입니다. 우리는 (예컨대 민권법 제6편을 수정하여 타이틀 나인을 강화하려고 하지 않는 등) 지금 큰 자제심을 발휘하는 중입니다." 그렇게 하여 성차별 금지를 법에 넣고, 동시에 낙태권이나 인종분리 시정을 위한 버스 통학 방침 등을 없애려 드는 적대적인 수정안에 반대했다.[25]

NCWG 지도부는 기자회견을 열고, 회원들에게 의회에 연락하도록 독려하고, 공청회에서 증언하고, 유명 운동선수를 동원해 상원의원들을 상대로 민권복원법 통과를 위한 로비를 펼쳤다. 로비 노력에 힘을 불어넣기 위해 릴레이 행사도 준비하여, 국회의사당에서 점화한 횃불을 볼티모어와 델라웨어주 윌밍턴을 거쳐 NOW 연례 대회가 열리는 필라델피아까지 봉송했다.

그린버거는 테니스 슈퍼스타 마르티나 나브라틸로바Martina Navratilova와 동반하여 의회에 가기 전날 밤 법안과 관련해 어떤 질문이나 우려에도 대응할 수 있도록 열심히 공부했다. 하지만 그런 준비는 불필요했다. 상원의원들의 관심사는 오로지 하나였다. 그들은 너도나도 자기 테니스 라켓을 꺼내 들고 나브라틸로바에게 물었다.

"라켓 잡는 자세 좀 봐줄 수 있어요?"

한편 레이건 정부 관계자들은 기독교 복음주의 TV 선교자들을 동원해 반대 캠페인을 조직했다. 그들은 다른 민권법은 안 되고 타이틀 나인만 복원하는 것으로 법안을 고쳐 오면 행정부에서 받아줄 수도 있다는 식으로 말하여 법안 지지 세력을 분열시키려고 했다.[26] 그로브시티 판결이 내려지고 3개월 내로 연방대법원의 결정을 뒤집는 법안이 하원을 통과했지만, 결국 상원에서 저지당했다.[27]

타이틀 나인이 간신히 연명 중이던 1987년, 이디스 그린 전 하원의원이 4월 21일에 향년 77세로 세상을 떠났다. 주요 일간지에 실린 사망 기사들은 그의 최고 업적 가운데 하나인 타이틀 나인을 전혀 언급하지 않았다.

1987년 민주당은 상하 양원에서 다수 의석을 탈환하고 민권복원법 법안(S. 557)을 다시 발의했다. 보수 진영은 벌써 지난 몇 해 동안 민권복원법을 볼모로 학교에 낙태 시술을 거부할 권한을 주어 타이틀 나인으로 악화하려고 했고, 여성 옹호자들이 이를 물리쳐왔다. 1975년에 발효된 최초의 타이틀 나인 시행규정은 대학 보건소가 피임 수단과 낙태 시술을 제공해야 한다고 규정했는데, 당시 교육부 장관이던 캐스퍼 와인버거가 낙태를 합법화한 연방대법원의 1973년 로 대 웨이드Roe v. Wade 결정에 따라 그런 의무규정이 있어야 한다고 판단했기 때문이었다.

그러나 1987년에 민주당 지도부는 교내 낙태 시술을 학생의 권리가 아니라 대학의 선택 사항으로 하면 마침내 확실하게 민권복원법을 통과시킬 수 있을 것으로 계산했다. 민권 연합체에 속한 일부

여성 단체는 다른 민권법들의 복원을 기다리는 일에 지쳐서 그런 타협에 동조했다. 의회 지도부가 여성 옹호자들에게 그들이 원하든 원하지 않든, 어차피 의회는 학교의 낙태 시술 거부를 허용하는 법률을 제정할 것이라고 알려왔다.[28] 여성들은 이를 막을 힘이 없었다.

NOW는 하나의 여성 권리를 얻기 위해 또 다른 여성 권리를 내어주는 법안을 우리 17만 5000 회원은 지지할 수 없다고 끝까지 주장했다.[29] 그러나 피할 수 없는 상황 앞에서 그린버거와 릭트먼은 친 여성계 의원들을 설득하여 학생이 임신이나 낙태를 이유로 퇴학당하거나, 각종 지원을 거부당하거나, 그 밖의 차별을 받아서는 안된다는 문구를 넣게 하는 등 법이 끼칠 피해를 줄여보려고 막후에서 밤낮으로 일했다.

1988년 초에 그 법안은 의회를 통과했다. 그해 3월 16일에 레이건이 거부권을 행사했으나 6일 후 상·하원은 거부된 법안을 다시 가결해 법률로 확정했다.[30]

이후 그린버거는 민권의 현상 유지만 시도하는 전략은 두 번 다시 채택하지 않았다. 그런 시나리오에서는 타협이란 이전에 누렸던 권리의 상실을 의미했다. 기존의 권리만 되찾을 것이 아니라 반드시 한계에 도전해 권리를 확장해야 한다고 그린버거는 민권 옹호자들에게 누누이 강조했다. 그의 새로운 관점은 1991년 민권법에서 결실을 보았다. 1991년 민권법의 주요 목적은 고용 차별을 금지하는 1964년 민권법 제7편을 근거로 원고가 소를 제기하고 구제받을 능력을 연방대법원이 너무 엄격하게 제한해버린 결정을 뒤집는 것이었다. 1991년 민권법의 주요 목표는 이전 상태의 복원이었으나, 그린버거와 동맹들은 다른 집단이 이미 누리는 권리, 즉 차별 소송에 승소했을 때 손해배상금을 받아낼 권리를 직장 내 성차별에도 적용하여 여성에게도 손해배상금을 부여하라고 밀어붙였다. 의회는 다른 차별에는 없는 손해배상 한도를 성차별에만 설정하기는 했으나, 그럼에도 이로써 여성은 민권법 제7편을 근거로 직장 내 성차별에 맞서 싸울 때 유리하게 쓸 수 있는 새 도구를 추가로 확보했다.

타이틀 나인이 1988년에 다시 발효되자 템플대학교는 그해 9월에 해퍼 소송을 합의로 종결하고 여성 스포츠 장학금의 지급 확대와 여자 스포츠 개선을 위한 5개년 프로그램의 도입을 약속했다.[31] 롤린 해퍼는 8년이나 이어진 재판으로 무거운 대가를 치렀다. 교수들이 그를 쌀쌀하게 대했고, 템플대 미식축구 선수들이 그를 위협했으며, 졸업 후 교사직을 얻는 데도 어려움을 겪었다. 그러나 해퍼는 "타이틀 나인"이라고 새긴 자동차 번호판을 특별 주문했다. 전 PSEW 직원 마거릿 덩클의 번호판도 주는 달랐지만 역시 "타이틀 나인"이었다. 샌들러의 번호판은 "WNDR WM"(원더우먼)이었다.

다른 곳에서는 일부 여성이 덜 호전적인 접근법으로 학교 스포츠에서 점진적인 성과를 얻어냈다. 프레즈노주립대의 다이앤 밀류티노비치는 코치직에서 체육부 행정직으로 자리를 옮겼다. 그는 모두와 무난히 잘 지내려고 노력하면서 여자 운동부, 남자 운동부 할 것 없이 양쪽 프로그램에 최선을 다했다.

어느 주말, 근무 외 시간에 그는 무릎 꿇은 자세로 둘둘 말린 경기장용 롤잔디를 펼치며 흙냄새, 땀내에 푹 젖었다. 밀류티노비치가 잔디 한쪽 끝을 잡고, 자원봉사자가 다른 한쪽 끝을 잡았다. 그들은 기다란 녹색 잔디 한 줄을 펼쳐서 가장자리와 귀퉁이가 옆줄 잔디에 잘 들어맞도록 땅에 꾹꾹 다져 깔았다. 그 두 사람과 그날 불도그 스타디움 필드에서 일하던 자원봉사자는 모두 흙투성이가 되었다. 그들은 지저분해진 모습에 한바탕 웃었다.

미식축구부 감독 짐 스위니Jim Sweeney가 부탁한 일이었다. 불도그 스타디움의 잔디를 교체해야 하는데 대학 당국이 교체 비용을 부담할 여력이 없다고 했다. 그래서 그들은 직접 잔디를 사고 자원봉사자를 모아 어느 토요일에 다 함께 새 잔디를 깔았다. 밀류티노비치를 포함해 체육부 행정관리자, 남녀 운동부 코치, 비서 할 것 없이 다들 도왔다. 불도그로 상징되는 프레즈노 팀을 그들 모두가 사랑했다.

밀류티노비치는 잔디 교체, 경기장 내 매점 운영, 입장권 받기, 경기 안내 책자 판매, 모금 등 체육부에서 필요한 일이라면 뭐든지 도왔다. 1981년 체육부장이 그를 여성체육 담당 부장으로 승진시켰다. 타이틀 나인이 요구하는 의무 사항을 숙지하고 준수하는 것도 그가 맡은 직무였다. 그 법 때문에 예산이 낭비된다고 누가 투덜거리면, 그는 이렇게 말하곤 했다. "스포츠 예산은 세금, 입장권, 학생 기금으로 충당되는데요, 제가 알기로 그중 절반은 여자들이 냅니다. 그렇지만 남자들이 뭔가를 잃는 모습을 보고 싶지는 않습니다."[32]

그는 학교 행정관리자 회의에 들어가는 거의 유일한 여성이었다. 밀류티노비치는 자기가 여성 스포츠에 관해 하는 말을 남이 듣게 하려면, 먼저 남자 스포츠의 모든 면을 — 예산 문제나 다른 학교는 어떻게 하고 있는지 등등 — 완벽하게 꿰고 있어야 한다는 것을 재빨리 깨달았다. 그러다가 똑똑한 척한다는 평판도 들었지만, 그래도 그가 총대를 메야 했다. 1982년 프레즈노주립대가 (캘리포니아주립대학교 시스템 가운데서 유일하게) 체육법인Athletic Corporation을 설립했을 때도, 이 대학의 스포츠 재정 지원이 전부 이 체육법인을 통해 이뤄졌기 때문에 백인 남성 일색인 그 체육법인 이사회에서 일이 어떻게 복잡하게 돌아가는지를 익혔다. 이것도 여자 선수들에게는 또 다른 장벽이었다.

OCR의 1979년 정책설명이 나오고 한 달 후, 여자 스포츠가 성장세라고 확신한 전국대학체육협회NCAA 회원들은 여자 경기를 자기들이 장악하기로 했다. 이미 약화한 대학대항여성체육협회는 1982년 6월 30일에 해체되었다.[33] 격렬하고 배타적인 경쟁, 경제적 계층화, 학업을 대수롭지 않게 여기는 태도가 특징인 남성형 스포츠가 승리를 거뒀다. 이런 남성형 스포츠 시스템은 누가 무엇을 얻으면 다른 사람은 반드시 잃는 것으로 여기는, 승자와 패자로 구성된 인위적이고 편협한 제로섬 게임의 세계였다.

1980년에 OCR은 지역 사무소 조사관들이 사용할 수 있도록 타이틀 나인 관련 학교 스포츠 임시 매뉴얼을 발행하고, 이어서 1982년에 후속 지침을 발표했다.[34] 바로 그때 그로브시티 사건 판결이 나왔다. 그러나 타이틀 나인의 도입이 학교 스포츠의 모든 것을 바꾸지 못했듯, 타이틀 나인의 무력화도 학교 스포츠의 모든 것을 바꾸지는 못했다. 여성들은 1984년 로스앤젤레스 올림픽에서 사상 최고의 메달 수를 기록했다.[35]

정책이 바뀌었어도 1980년대에 프레즈노주립대 여자 운동부는 큰 타격을 입지 않았지만, 대신 남자 운동부는 득을 보았다. 대학은 220만 달러(2020년도 화폐가치로 560만 달러[약 73억 원])를 들여 야구장을 리모델링했다. 미식축구와 남자 농구에 배정된 예산도 급증했다.

밀류티노비치는 신중히 행동하는 전략을 고수했다. 고위 관리자들과 예산 회의를 할 때는 "남자 선수들은 무슨 혜택을 받나요?" 하고 물은 다음 여자 선수도 비슷한 혜택을 받도록 애썼다. 수입을 창출하는 종목이 최고다, 그 수입으로 다른 종목을 지원할 수 있기 때문이다, 라는 신화와 그는 항상 씨름해야 했다. 프레즈노주립대나 거의 모든 대학에서 미식축구, 야구, 남자 농구가 (입장권 판매 등으로) 수익을 올리는 것은 사실이었지만, 그것으로는 자기 팀에 드는 비용조차 제대로 충당하지 못했다. 하지만 밀류티노비치는 '수익 창출' 운운하는 사고방식에 도전하지 않는 편이 현명하다는 것을 일찍이 터득했다. 평지풍파를 일으키는 것도 좋지만, 지나치면 곤란했다. 사람들과 잘 어울려야 했다. 최소한 캘리포니아주에는 타이틀 나인의 주 단위 버전이 존재했으므로, 그는 법적 의무사항을 지적해가며 계속 옳은 일을 할 수 있었다.[36] 1985년까지 총 16개 주가 주 단위에서 타이틀 나인과 비슷한 법을 제정했으며, 그런 주는 계속 늘어났다.

상황이 옳은 방향으로 가는 한, 밀류티노비치는 점진적 진보에 만족했다.[37] 그는 동료들에게 이성적으로 생각해보라고 설득했다. 자기는 텍사스대학교의 도나 로피아노Donna Lopiano나 뉴멕시코대학교의 린다 에스테스Linda Estes 같은 타교 여성 행정관리자들이 하는 요구는 하지 않았다. 자기는 그들처럼 "급진적"이지 않았다. 밀류티노비치는 진전만 이뤄진다면 점진적인 변화를 수용할 의사가 있었다. 이처럼 "나는 급진적이지 않다"라고 호소하는 전략은 WEAL이나 여성스포츠재단 같은 단체가 선호하는 전략이기도 했다.[38]

프레즈노주립대 체육부의 훈훈하던 분위기는 1987년 전임 체육부장이 떠나고 여자 스포츠에 비우호적인 남자가 후임으로 오면서 옅어졌다.

한편, 체육부 바깥에서는 프레즈노주립대 학생들이 1980년에 최초로 '밤을 되찾자' 행진을 벌이며 성폭력에 반대했다. 예일대에서 열린 1981년 '밤을 되찾자' 집회는 시인이자 극작가 엔토자키 샹게Ntozake Shange, '능력이 다른 여성'Differently Abled Women* 옹호자 다이 톰프슨Dai Thompson, 중첩 억압 문제를 탐색한 1981년 저서 《내 등이라고 불리는 이 가교: 급진 유색인종 여성의 글》This Bridge Called My Back: Writings by Radical Women of Color의 공동 편집자 글로리아 안잘두아Gloria Anzaldua 등 소수자들의 목소리를 포함했다.[39] '밤을 되찾자'는 많은 학교에서 연례행사로 굳어졌고 때로는 훼방꾼들이 찾아왔다.

1987년 4월, 프린스턴대학교에서 처음 열린 '밤을 되찾자' 행진에서 남자 30여 명이 "우리는 누구든 마음대로 강간할 수 있다"라고 적힌 플래카드를 들고 나타났다. 그중 몇 명이 위협적으로 고함쳤다. "강간 한번 당해 봐!" "씨발 다 두들겨 패!" "동성애자 년들을

* 장애여성을 일컫는 대안 용어.

되찾자!" 한 명이 바지를 내리며 소리 질렀다. "내 좆을 빨아!" 남자 두 명은 자동차로 행진 참가자 두 명을 향해 돌진했다. 이 행진이 있기 전, 교무처장이 여성센터 지도부와 만나 이렇게 일렀다. "프린스턴 남학생은 여성을 공격하지 않습니다. 프린스턴 남학생은 신사들입니다." 행진 참가자 한 명이 사태를 캠코더로 촬영했다. 학교 당국이 부인해봤자 이번엔 아무 소용 없었다. 전국의 일간지가 이 습격을 보도했다.[40]

1970년대부터 확산한 성적 괴롭힘과 성폭력 반대 운동은 1980년대에 와서 더는 무시할 수 없을 만큼 우뚝 성장했다. 1981년 8월에 발행된 OCR 메모는 타이틀 나인이 성적 괴롭힘에 적용된다는 점(성폭력도 포함하는 것으로 이해되었다)을 명백히 하고 고충처리 절차, 진정 처리, 조사 진행 방식 등에 관하여 지침을 제공했다. 하지만 이 메모가 OCR 외부에서 얼마나 널리 읽혔는지는 불확실하다.[41]

PSEW 소식지 《여성과 함께 교정에서》On Campus with Women는 대학에서 발생한 성적 괴롭힘 관련 뉴스를 10여 건씩 모아 공유했다.[42] 1981년에는 워싱턴DC에서 성적 괴롭힘에 관한 최초의 법률 심포지엄이 개최됐다.[43] 법률 잡지와 학술지도 성적 괴롭힘 문제를 특집으로 다뤘다. 성적 괴롭힘의 실태와 인식에 관한 사회과학 연구도 증가했으나, 성적 괴롭힘이 소수인종과 민족, 성소수자, 그 외 소수자 집단에 미치는 영향을 고려한 경우는 드물었다.[44]

평등고용기회위원회EEOC에 접수되는 직장 성적 괴롭힘 진정은 많아지는데 레이건이 EEOC 직원을 감원하는 바람에 1980년대에 미해결 진정이 두 배로 늘었다.[45] 학교 관리자들은 학생이 제출한 성적 괴롭힘이나 성폭행 신고를 해당 학생이 졸업할 때까지 해결하지 않고 미루다가 폐기해버렸다. 성적 괴롭힘 혐의로 신고된 교수들의 반격 소송도 증가했다.[46] 필리스 슐래플리는 의회에서 증언하면서 "보스가 비서 좀 만진 걸 가지고 연방 사건으로 부풀린다"라며 페미니스트들을 비난했다.[47]

1980년 가을, 항소법원 판사들은 알렉산더 대 예일 항소를 기각했다. 패멀라 프라이스는 임신 사실을 알게 되었다. 법대 재학 중에 그는 함께 있으면 정말 재미있는 남자와 사랑에 빠졌으나, 그 사람은 힘든 어린 시절을 보내고 개인사가 아주 복잡했다. 그와 지내는 시간이 좋을 때도 있고 그렇지 않을 때도 있었다. 그 사람은 종종 분노로 폭발했다. 결국 상황이 고조되었다. 그가 프라이스를 때렸다. 프라이스가 바로 맞받아쳤다. 몸싸움을 몇 차례 겪었다. 한번은 그가 집에서 프라이스를 밀어 넘어뜨렸다.

프라이스는 싱글맘으로 아이를 키울 수 있을지 확신이 없었다. 아이 아빠와 결혼할 생각도, 같이 살 생각도 없었다. 그보다는 출산 전에 법대를 마치고 UC버클리에서 1년 더, 즉 총 4년 공부해서 법학전문석사에 법사회정책 석사까지 추가로 취득할 생각이었다. 법대 공부에 비해 그게 힘들어봤자 얼마나 더 힘들까? 그는 석사과정과 육아를 병행할 수 있을 것으로 생각했다.

프라이스는 임신 때문에 법대 마지막 학기의 대부분을 육체적으로 힘들게 보냈다. 그래도 임신 덕택에 학생가족생활관에서 지낼 자격만은 생겼다. 버클리에서 가까운 올버니에 위치한 이곳은 제2

차 세계대전 때 미군이 사용하다가 학생용으로 개조한 나지막한 연립주택 단지였다. 1981년 6월, 프라이스는 딸을 낳았다.

아이가 태어난 지 몇 개월 안 됐을 때였다. 프라이스는 아이와 교회에 갔다 와서 집에서 아이 아빠를 만났다. 그날 두 사람 다 기분이 안 좋았다고 프라이스는 회상했다. 그들은 말다툼을 시작했다. 아이 아빠의 기분이 급격히 악화했다. 프라이스는 그에게 가라고 했다. 그는 가지 않고 심하게 화를 내며 프라이스에게 위협적인 언사를 했다. 이제는 프라이스의 안전만 문제 되는 것이 아니었다. 아이의 안전을 생각해야 했다. 프라이스는 올버니 경찰을 불렀다. 도착한 경찰은 프라이스가 아니라 아이 아빠와 바로 대화하기 시작했다. 경찰이 프라이스에게 집 밖으로 나오라고 했다. 딸이 아직 집 안에 있었다. 이때 아이 아빠가 가겠다고 했다. 경찰은 아이 아빠가 아이를 데려가야 한다고 판단했다.

프라이스는 쏜살같이 집 안으로 달려 들어갔다. "안 돼요, 아이는 못 데려가요! 안 돼요. 아무도 못 데려가요. 저 사람은 내 아이를 데려갈 수 없습니다. 당신들이 내 아이를 저 사람에게 내줄 수는 없어요." 경찰이 프라이스를 체포해 올버니 경찰서로 연행했다.

그날 밤 경찰은 프라이스를 일단 풀어주었고 친구가 데리러 왔다. 다음 날 프라이스는 아이 아빠의 모친에게 전화했다. 보나 마나 아이 아빠가 아이를 그리로 데리고 갔겠거니 짐작했기 때문이다. 역시나 딸은 그 집에 있었고, 프라이스가 아이를 집으로 데려왔다.

프라이스가 뉴헤이븐에서 의지했던 끈끈한 흑인 네트워크가 여기는 없었다. UC버클리는 흑인 학생 수도 적고 도시의 흑인 주민과도 단단한 관계망을 이루고 있지 않았다. 그는 체포 사건을 겪기 전에 흑인법대생협회에도 가입하고 지역 활동가들과 공동으로 '베이에어리어 가정폭력 피해여성 변호위원회'를 설립했으나 오래 가지는 못했다. 프라이스와 이 단체 회원들이 폭력적인 남자친구를 살해한 혐의를 받는 그 지역 흑인 여성 카산드라 피튼Cassandra Peten을 위해 홍보와 모금을 돕고 법정에도 동행했으나, 담당 변호인이 피튼에게 양형 거래를 받아들이고 징역을 살도록 설득하는 바람에 실망만 안았다.

프라이스는 자신과 딸을 보호하려고 취한 행동을 스스로 죄로 인정하여 처벌받을 생각이 없었다.

체포에 불응한 혐의로 배심재판을 받기까지 아직 몇 달 시간이 있었다. 그 전에 프라이스는 갓난 딸을 백팩에 넣어 꽉 동여매고 다니면서 끈질기게 공부하여 1982년에 졸업했다. 그는 샌프란시스코 베이뷰헌터스포인트재단Bayview Hunters Point Foundation에서 운영하는 공동체 변호인 사무소에서 형사전문 변호사로 일하기 시작했다.

재판에서 배심원들은 예일대와 UC버클리 법대 출신에 석사 학위도 하나 더 있는 사람을 공연히 빈약한 구실로 기소했다고 보고 프라이스를 무죄 방면했다. 훗날 배심원들은 재판 당시 자기들 반응이 어땠는지 프라이스에게 말해주었다. "이거 뭐 하자는 거야?" "왜 이 젊은 여자의 인생을 망치려고 하는 거지?" 프라이스는 검사들이 특히 흑인 여자에게 그런 짓을 한다고 그들에게 말했다. 유색인종인 사람들이 경찰을 잘 부르지 않는 이유가 바로 그것 때문이었다.

사건이 종결되자 프라이스는 법과 정의의 간극에 염증을 느끼고 1984년 민권 및 형사사건 변호 업무를 그만두었다. 게다가 싱글맘으로 딸을 키워야 했다. 그는 버클리로 이사해 부동산 관련 소송과 법무 과실 변호를 전문으로 하는 작은 로펌에서 일했다. 이 경력을 통해 그는 복잡한 민사 소송을 익혔다.

1980년대에 많은 유색인들의 목표는 살아남는 거였다. 부유층에 경제 이익을 주고 빈곤층 지원을 줄이는 것이 레이건 대통령과 조지 H.W. 부시 대통령의 정책이었다. 두 대통령은 민권 보호 규정을 약화하고 차별금지를 대거 완화했다. 교도소의 소수인종 수감자 비율도 불균형적으로 커졌다. 예컨대 백인이 선호하는 분말 코카인보다 흑인이 많이 사용하는 크랙 코카인* 마약 사범에 대한 양형을 더 무겁게 책정하는 조치 등이 여기에 기여했다. 이런 정책 때문에 전체적으로 수감자의 수가 늘고, 특히 유색인종 수감자가 대폭 증가했으며, 대형 교도소 산업단지가 속속 들어섰다.

샌들러의 업무는 생명이 왔다 갔다 하는 일은 아니어도 전보다 힘들어졌다. PSEW가 쓸 수 있는 자금도 줄었고 레이건의 민권 공격이 도무지 멈출 줄을 몰랐다. 그 상황에서도 그는 22번째 금연 시도에서 마침내 성공하여 담배를 끊었다.[48] 이혼 후 시간이 흐르면서 다시 삶에 활력을 되찾았다. 1983년 8월에 열린 NCWGE 회의에서 회원들은 누가 《워싱턴 포스트》에 연락했는지 서로 물었다. 이 신문이 타이틀 나인에 관해 놀랍게 긍정적인 사설을 내보냈기 때문이

* 코카인을 결정체로 만들어 담배처럼 피우며, 분말 코카인보다 저렴해서 저소득층과 소수자들이 사용한다.

다. 연락한 사람은 아무도 없었다. "정의는 승리합니다!" 샌들러가 자기도 모르게 말했다.

그는 끊임없이 전국 방방곡곡의 대학을 방문해 교수, 사무직원, 학생들과 대화하고, 상담하고, 그들의 사연을 들어주는 일을 진심으로 즐겼다. 그 과정에서 알게 된 사실은 직원들과 공유했다. PSEW에는 백인 여성 직원 4~6명이 1980년대 내내 근속했는데, 샌들러는 그들과 아주 친해졌다. 이들은 생일, 학위 취득, 자녀 탄생을 함께 축하했다. 때로는 사무실을 몰래 빠져나가 쇼핑도 하고 점심시간에 서로 힘든 사정도 들어주면서 앞으로 평생 이어갈 우정을 다졌다.

샌들러는 임원 19명(그중 여성은 네 명이었다)을 대상으로 열린 아스펜 연구소 세미나에 참석했다가 거기서 여성의 발언이 더 자주 방해받는 현상을 눈치챘다. 그는 발언을 방해하는 사람의 성별과 방해받는 사람의 성별을 기록해 차트로 정리하기 시작했다. 남성이 같은 남성의 발언을 방해하는 경우보다 여성의 발언을 방해하는 경우가 두 배로 많았고, 두 방해는 질적으로도 달랐다. 샌들러는 가능한 한 상냥한 태도로 세미나 중에 그 결과를 남자들과 공유했다. 남자들은 샌들러의 차트가 정확할 리 없다고 했다. 분명 오해가 있다고 했다. 그러나 다음 날 아침이 되자 아무도 여성의 발언을 방해하지 않았다. 행동은 바뀔 수 있었다! 가장 노골적인 소녀 차별과 여성 차별이 타이틀 나인에 의해 금지됐으니, 이제 그는 교육 분야의 좀 더 미묘한 장애물에 관해 보고서를 써보기로 했다.[49]

그런 덜 노골적인 차별을 샌들러와 직원들은 '냉랭한 분위기'chilly

climate라고 명명하고, 1982년 2월 〈교실 분위기: 여성에게 냉랭한가?〉 The Classroom Climate: A Chilly One for Women?라는 제목으로 22쪽 분량의 보고서를 발표했다.[50] 이후 8년 동안 PSEW는 고등교육기관에 이 보고서를 약 2만 8000부 배포했으며 추가로 2만 5000부 이상을 요청받았다.

이 보고서는 연구조사와 일화에 근거하여 사람들이 잘 인식하지 못하는 행동 30가지와 그 효과를 정리했다. 여성은 강의실에서 따로 지목받거나 아니면 아예 무시당하는 경우가 많았다. 교수들은 (남자가 대다수였지만 남녀 교수 모두 해당되었다) 주로 남학생과 눈을 마주치고, 대화하고, 조급함보다 관심을 전달하는 말투를 썼다. 질문에 대답을 기다릴 때도 남학생에게 더 많은 시간을 주고, 현지답사 같은 활동도 남학생을 데리고 갈 때가 많았다. 초등학생을 지도하는 가정교사들은 남자 우등생에게는 잘했다고 칭찬해주고 여자 우등생에게는 쉬운 과제였다고 말할 때가 많았다. 초등학교 교사들도 남학생에게는 과제를 주고 스스로 알아서 방법을 찾게 하고, 여학생에게는 과제 푸는 방법을 알려주면서 학생이 할 일을 부분적으로 대신 해주었다. 남학생이 제출한 숙제는 질적으로 우수하나 형식이 깔끔하지 않다고 평가하고, 여학생이 제출한 숙제는 그 반대로 평가했다.

심지어 여자 대학생들도 학술 논문의 저자가 남자로 보이면 그 논문을 더 높이 평가했고, 남자보다 자기 능력에 자신이 없었다. 여학생은 대학에 다니는 동안 학문과 직업에 대한 야심이 '놀랍게도' 위축됐다. 그런 분위기는 남학생에게도 영향을 미쳐서, 여자에 대한 부정적 시선이 강화하고 여성을 동등한 존재로 이해하는 능력을 막았다.

그렇게 미묘하지 않은 차별도 많았다. 폄하 발언과 성적으로 모욕적인 언행은 거의 언제나 여성을 표적으로 삼았다. 예를 들어 어느 교수는 여자 대학원생이 과제를 발표하는 자리에서 말을 끊고 몸 전체에 주근깨가 있는지 물었다.

PSEW 보고서는 특정한 학교 관리자, 교수, 학생, 전문 단체 등을 대상으로 '냉랭한 분위기'의 온도를 높이기 위한 114개의 권고 사항을 제시했다.

2년 후 PSEW가 발표한 20쪽 분량의 후속 보고서는 강의실 이외의 환경, 예컨대 실험실, 일·학업 병행 프로그램 등에서 발생하는 비슷한 문제를 다뤘다. 이 보고서는 한 부분을 할애하여 나이 든 여성, 소수자 여성, 장애여성 등 "특별히 영향받기 쉬운 여성 집단"과 그들이 겪는 "이중 폄하"를 논했다. 이어서 1986년에 발표한 또 다른 보고서 〈대학 분위기 재검토: 여자 교수, 행정직원, 대학원생에 냉랭〉The Campus Climate Revisited: Chilly for Women Faculty, Administrators, and Graduate Students은 대학에서 학부생 이외의 여성들도 비슷하게 냉랭한 대접을 받는다고 밝혔다.[51]

이 '냉랭한 분위기' 보고서 시리즈는 널리 공유되고 언론에서도 보도했지만, 샌들러는 또 다른 주제로 더 많은 주목을 끌었다. 바로 성폭행 문제였다.

샌들러가 대학을 방문할 때 듣는 가장 충격적인 이야기는 남학생 동호회에서 주로 벌어지는 집단 강간group rape이었다. 어떤 학교 학생들은 집단 강간이 거의 매주 발생한다고 말했다. 남학생 동호회의 파티 전단은 아예 "돌림빵"~gang bang~이나 줄지어 강간할 차례를 기다리는 "기차놀이"~pulling train~가 있을 거라는 광고까지 했다.[52]

1985년 1월, 샌들러는 확인된 "파티 윤간"~party gang rape~ 사건 50건을 수집하고 "윤간"~gang rape~이라는 용어를 사용하기로 했다.

스탠퍼드대, 듀크대, 브라운대, UCLA, 미시간주립대 등 여러 대학에서 여학생들이 용기를 내어 강간에 관해 발언했다. 이들은 다른 곳에서도 비슷한 운동이 일어나고 있다는 사실을 잘 모르는 경우가 많았다. 이들이 목청을 높이면 다른 학생들은 그들을 피하거나 괴롭혔으며, 강간범이 사법 당국이나 대학 당국에 의해 제대로 처벌받는 일도 드물었다.

검사들은 1987년 노스캐롤라이나대학교에서 강간 혐의로 고발된 시그마 파이 엡실론 남학생 동호회 회원 두 명 중 한 명을 불기소 처분했다. 다른 한 명은 "항변을 포기"하고 집행유예 2년에 보호관찰 및 벌금 200달러[약 25만 원] 처분을 받았다. 한 흑인 정신과 의사는 미주리 과학기술대학교 남학생 8인이 저지른 윤간을 "문화적인 행태"~cultural behavior~라며 사소하게 취급했다.[53] 때때로 고발된 강간이 사실로 인정되면, 강간범은 경우에 따라 상담 처분을 받거나 강간에 관한 자료를 읽고 보고서를 쓰라는 처분을 받았다. 남학생 동호회의 경우는 일정 기간 파티 개최를 금지당했다.

1985년 11월, PSEW가 20쪽 분량의 연구 논문 〈대학 윤간: 파티 게임인가?〉~Campus Gang Rape: Party Games?~를 발표하자, 언론이 냉큼 이것을 보도했다.[54] "이런 파티에서 여성들은 먹잇감이 됩니다. 이는 아주 의도적으로 이뤄집니다." 샌들러가 기자들에게 말했다.[55] 그에게 대학에 와서 강연해달라는 요청이 급증했다.

당시 남학생 동호회가 전부 모여 하나의 주를 이뤘다고 가정하면, 아마 버몬트주 인구의 절반 정도에 해당하는 조그만 주가 생겼을 것이다. "만약 그 정도 규모의 주에서 2~3년 사이에 50건의 윤간 사건이 발생한 것으로 확인된다면, 공정한 관찰자들은 그곳에 의문을 제기할 것입니다." 뉴햄프셔대학교 관계자가 말했다.[56]

윤간에는 명확한 패턴이 있었다. 젊은 여성이 남학생 동호회 파티에서 술을 마시거나 마약을 사용하여 성폭행에 전혀 저항할 수 없는 상태가 된다. 남학생들은 이것을 동의나 심지어 유혹으로 간주하고, 2~10여 명이 그 여성을 강간한다. 그들은 이것을 강간으로 생각하지 않지만, 그 여성은 그것이 강간임을 안다. 그러나 (피해자를 비난하는) 오명이 두렵고 기소 가능성도 적기 때문에 경찰에 신고하지 않는다. 그 남학생들은 거의 모든 주에서 중죄로 보는 범죄를 저질렀지만, 피해자가 학교 당국에 신고해도 학교 관리자들이 피해자를 도와주거나 남학생들을 처벌할 가능성은 미미하다. 그래서 강간 생존자들은 쉽사리 자기 판단력을 의심하고, 이전처럼 다시 남을 신뢰하는 일에 어려움을 느낀다. 목청을 높이면 거짓말쟁이라고 비난받는다. 결국 많은 사람이 전학하거나 중퇴했다.

하루는 중퇴하지 않기로 결심한 강간 피해 여학생이 강의 들으러 가는데 가해 남학생들이 그를 둘러쌌다. 그를 겁주려는 것이었다. 다른 대학에서는 학생신문이 남학생 동호회에서 일어난 윤간을 보도하자 독자 편지가 쏟아져 들어왔다. 그런데 그 편지의 대부분이 기사 때문에 남학생 동호회의 평판에 흠집이 났다며 화를 내는 내용이었다. 또 다른 대학에서는 여학생 수십 명이 남학생 동호회가 모여있는 길을 따라 과감하게 행진했다. 그들이 든 플래카드에는 이렇게 적혀있었다. "너희가 아무리 돈 많고, 백인이고, 남학생 동호회 회원이어도 그건 여전히 강간임." 동호회 회원들이 창문과 베란다 밖으로 몸을 내밀고 "윤간, 윤간" 하고 구호를 외치거나 "쟤 강간해버려!" "쟤는 내 차지야"라고 하며 시위대를 놀렸다.

〈대학 윤간〉 보고서는 이 문제를 해결할 105개 방안을 권고하고, 더불어 강간 미신 깨기를 한 장으로 정리한 내용과 지원 정보 목록을 담았다. 성적 괴롭힘과 강간에 관한 PSEW 보고서 시리즈도 물론 완벽하지는 않았다. 샌들러와 그의 동료들이 미처 보지 못한 부분이 있었다. 〈대학 윤간〉 보고서는 "남자들은 친구들과 술을 마시면서 농락당할 걱정을 하지 않아도 된다"라고 언급했는데, 당시 남성을 대상으로 한 성폭행 자료가 아직 없었기 때문이다.[57] 그러나 PSEW 보고서가 제시하는 핵심 정보는 그런 약점을 압도했다.

일반적으로 대학 당국은 학생 사이에서 일어나는 성적 괴롭힘보다 교수가 학생을 상대로 저지르는 대가성 성적 괴롭힘에 주목했다. 그러나 프레즈노주립대에서는 학생이나 교수나 누가 타이틀 나인 조정관인지 전혀 몰랐고, 학생이 성적 괴롭힘을 직접 신고할 방법도 없었다. 둘 다 타이틀 나인 위반이었다. 1985년에 비로소 성적 괴롭힘 담당자를 임명할 때까지 학생들의 신고는 학교의 탁상행정으로 흐지부지되었다. 1988년 봄학기에 그 담당자가 조사한 여섯 사안은 전부 남자 교수의 성적 괴롭힘에 관한 것으로, 피해 학생 중 여자가 5인, 남자가 1인이었다.

상황은 학생들에게 불리했다. 프레즈노주립대에는 학생과 "데이트"하는 교수에 관한 지침이 전혀 없었다. 학교 당국은 "교수들의 현명한 판단에" 맡긴다고만 했다. 성적 괴롭힘 사건을 신고하거나, 심지어 학생이 교수의 접근에 "싫다"라고 말하는 것만으로는 충분하지 않았다. 학생이 "싫다"라고 말했다는 증거가 있어야 했다. 증인이나 일기나 기록 같은 것이 필요했다. 학생들은 수강 철회나 자퇴밖에 길이 없다고 느낄 때가 많았다. 타이틀 나인이 집행되지 않는다는 것은 학생의 학습권을 부정하는 것과 같았다.

여러 대학의 활동가들은 학생과 교수가 저지르는 성폭력 문제를 제기하기 위해 다양한 전술을 시도했다. 이들은 해당 학교의 상징 색 페인트를 골라 교정 보도에 스텐실로 메시지를 박았다. "여성 다섯 중 한 사람이 강간당합니다." "이곳에서 한 여성이 강간당했습니다."[58] 1986년 예일대에서 최초로 열린 강간 인식 주간에는 행사 운영자들이 교내에서 여성이 성폭행당한 장소에 테이프로 커다랗게 X자 표시를 해놨다. 미시간주의 어느 대학에서는 활동가들이 행정 사무실을 점거하고 학내 강간에 대한 대학 당국의 무관심에 항의하는 시위를 벌였다. PSEW 소식지 《여성과 함께 교정에서》는 학회, 강연, 자료, 새로 생긴 대학 성폭력 센터 등 강간 관련 정보 수십 항목을 매회 게재했다.[59]

대학 성폭력에 관한 최초의 전국 설문조사에서 32개 대학에 재학 중인 여학생 6159명 중 27.5퍼센트가 강간 또는 강간미수 생존자라고 응답했다.[60] 조사자들의 결론은 강간 반대 운동에 몸담은 여성들이 10년 넘게 강조해온 메시지와 동일했다. "강간은 생각보다 훨씬 더 심하게 만연해 있다." 이후 수십 년간 많은 연구가 여자 대학생의 20~25퍼센트가 성폭력을 경험한다는 점을 재확인했다.

그와는 별도로 성차별 대상이 유색인종, 장애인, 빈곤층, 이민자, 성소수자 학생 등 취약 집단에 불균형적으로 쏠려있다는 사실을 제시하는 연구도 나오기 시작했다. 샌들러가 일하는 PSEW도 그렇게 치중된 현상을 보고서에서 언급했다. 1984년 의회는 WEEA의 목표를 확대하여 "성별, 인종, 출신 민족, 장애, 연령 등을 이유로 다중 차별, 편견, 고정관념으로 고통받는 여성과 소녀를 위해 공평한 교육을 제공하고자 한다"라는 항목을 추가했다.[61]

PEER는 1979, 1982, 1985, 1986년에 주별로 공평한 교육에 얼마나 진전이 있었는지 진단하는 '성적표'를 마련했다. 그러나 다중 차별을 식별할 수단이 부족했다. "아쉽게도 입수 가능한 자료 가운데 인종과 성별에 따라 분류된 자료가 거의 없고 장애여성과 여아의 실태에 관한 정보는 전무하다"라고 PEER는 보고했다. "교육 분야에서 유색인종 여성이나 장애여성의 실태를 주별로 종합 분석해 제공하기란 사실상 불가능하며, 따라서 1980년대 교육계에서 여성이 직면한 가장 시급한 여러 공평성 문제에 대한 정책 입안자들의 대응 능력에는 한계가 있다."[62]

페미니스트들은 ─ 흔히 유색인종 여성들의 주도로 ─ 중첩되는 억압이 단순히 각 부분을 합친 것 이상의 문제를 초래한다는 관념을 두고 점점 더 치열하게 고심했다. 페미니즘과 반인종주의 운동을 따로 나눠 별개의 경로로 유도하는 일은, 예컨대 유색인종 여성의 체험을 주변화한다. 유색인종 여성에게 차별은 그렇게 딱딱

깔끔하게 나뉘는 문제가 아니기 때문이다. 따라서 제시하는 해결책이 도움이 안 되고, 각종 차별 반대 운동이 서로 경쟁 관계에 놓인다. 1983년 최초의 흑인여성학 교재 《모든 여성은 백인이고, 모든 흑인은 남성이지만, 우리 중 일부는 용감하다》*All the Women Are White, All the Blacks Are Men, but Some of Us Are Brave*가 바로 그런 생각을 탐구했다.[63] 이듬해에는 억압을 다면적으로 분석한 책이 두 권 더 나왔다. 오드리 로드Audre Lorde의 《시스터 아웃사이더》*Sister Outsider*와 벨 훅스bell hooks의 《페미니즘: 주변에서 중심으로》*Feminist Theory: From Margin to Center*였다.

1989년 법학 교수 킴벌리 크렌쇼Kimberlé Crenshaw가 그 다면성에 명칭을 부여했다. 그는 이것을 "교차성"intersectionality으로 명명했다. 사회에서 가장 취약한 구성원에게 불공정한 다중의 제도적 장벽을 좀더 쉽게 식별할 수 있게 해주는 관념이었다. 차별을 한 번에 하나씩 문제 삼을 것이 아니라 "가장 불리한 자들의 요구와 문제를 해결"하고 "현재 주변부에 있는 자들을 중앙에 놓으면" 모든 사람에게 득이 된다고 크렌쇼는 주장했다.[64] 1990년대에 크렌쇼와 다른 학자들은 이 관념을 비판적 인종 페미니즘 법이론Critical Race Feminist Legal Theory으로 발전시켰다. 이 이론이 학계와 법조계에 확산되면서 2000년대에 크게 번성했다.

하지만 사회 전반에서 기성 유력 단체들은 다른 형태의 차별을 인정하더라도 여전히 한 가지 차별에 집중하는 경향을 보였다. 예컨대 샌들러의 PSEW는 취약 여성 집단에 대한 다중 억압을 보고서에서 언급하면서도 그 문제를 중심에 두지는 않았다. 인종, 성별, 연령, 성적 지향, 장애 유무, 기타 요소에 근거한 차별 반대 작업은 여전히 따로 나뉘어 이뤄졌다. 1964년 민권법에 들어가지 않은 요소들이 이후 각각 별개의 민권법으로 제정되어 병존하는 상황이 굳어졌다. 그럼에도 각각의 분야가 연합을 형성하고 서로에게 영감을 주었다.

미국 헌법 비준 200주년인 1988년에 '헌법과 여성' 학회가 열렸다. 샌들러는 입석만 남은 세션에서 거의 맨 뒷자리에 앉았다. 그는 애틀랜타에서 강연자로 초청받아 흥미진진한 며칠을 보내고 왔다. 강연자들을 위해 마련된 만찬회에서 코레타 스콧 킹_{Coretta Scott King}*도 만나고, 참석자 모두가 축제 기분으로 함께 노래도 불렀다. 오래 기념할 만한 기억이었다. 아무리 훌륭한 학회라도 한 이틀 정도 지나면 지치기 마련이라 이번 세션에서 앉을 수 있어서 다행이었다. 늦게 도착한 사람들이 계속 들어왔다.

"어머나, 세상에." 샌들러 옆에 앉은 여성이 나직하게 내뱉었다. "로자 파크스가 왔네." 아담한 체구의 파크스가 빈자리를 찾고 있었다. "파크스 선생님!" 옆자리 여성이 손을 흔들었다. "제 자리에 앉으세요."

나이 지긋한 그 전설의 민권 운동가가 고맙다고 인사하고 샌들러 옆에 앉았다. 샌들러는 말문이 막혔다. 민권에 이바지한 파크스의 그 모든 공적에, 그리고 나 같은 수많은 사람에게 공정성을 쟁취하도록 영감을 준 사실에 어떻게 감사해야 좋을까? 마음을 전할 기회였다. 그런 말을 해서 오히려 부담을 드리는 것은 아닐까? 그냥

---

* 민권 운동가이며 마틴 루터 킹 주니어의 아내.

아무 말도 하지 않는 것이 좋을까?

어쩔지 생각해볼 틈도 없이 파크스의 고개가 꾸벅꾸벅하더니 천천히 샌들러의 오른쪽 어깨로 착륙했다. 파크스는 순식간에 잠이 들었다. 샌들러는 그 자세로 50분 동안 꼼짝도 하지 않았다. 적어도 로자 파크스가 쉬도록 도와주는 것쯤이야 얼마든지 할 수 있다고 생각했다.

세션이 종료하자 샌들러는 파크스를 깨우려고 조심스럽게 몸을 움직였다. 파크스가 방금 자기 어깨에 기대고 낮잠 잔 것을 깨달았는지는 확실치 않았다. 샌들러는 아무 말도 하지 않았고, 파크스는 미소를 지었다.[65]

샌들러는 1987년과 1988년에 PSEW 보고서 두 편의 발행을 지휘하면서 흑인, 히스패닉, 아시아계 미국인, 유대인, 과체중 여성 집단에 대한 성적 괴롭힘 증가율을 좀 더 상세히 조명했다. 그리고 PSEW는 남성도, 특히 동성애자로 여겨질 경우 같은 남성에게 괴롭힘을 당한다는 사실을 처음으로 인정했다. PSEW는 1987년 초 12쪽 분량의 보고서 〈'친구' 사이의 강간: 당신에게도 일어날 수 있을까?〉"Friends" Raping Friends: Could It Happen to You?를 낸 데 이어, 1988년 9월에는 15쪽 분량의 보고서 〈학생 간 괴롭힘: 여자는 학교에서 괴롭다〉Peer Harassment: Hassles for Women on Campus를 발표했다.[66]

존 챈들러 미국대학협회AAC 회장은 윗사람들이 이런 주제를 반기지 않는다고 샌들러에게 일렀다. 그들은 샌들러가 대학 교과과정, 교수법, 여성학 등에 집중하길 바란다고 했다. 샌들러와 팀원들은 강간과 성적 괴롭힘에 관한 보고서 발행을 멈추었으나 그 이슈

들은 사라지지 않았다.[67]

1988년 11월, 뉴욕주립대학교 빙엄턴에서 학생 300여 명이 학내 성범죄와 성 편견 및 인종 편견 문제를 제기하며 37시간 동안 연좌 농성을 벌였다.[68] 그로부터 13개월 후, 사냥복 차림의 남자 하나가 몬트리올대학교 공대 강의실에 진입해 프랑스어로 "너희는 전부 페미니스트야!"라고 소리치며 총기를 난사해 15명을 사살하고 12명에게 부상을 입힌 뒤 자살했다. 사망자 가운데 14명이 여성이었다.[69]

1990년 4월에 샌들러에게 의외의 전화가 걸려왔다. AAC 이사회가 그날 임원 회의에 그의 출석을 요청했다. 그는 PSEW 건물과 AAC를 연결하는 복잡한 복도를 통과하여, 이사회 회의실을 향해 카펫이 덮인 좁은 계단을 올라갔다. 어쩌면 최근에 회장과 나눈 대화와 관련된 일인지도 몰랐다. 회장이 샌들러의 출장이 너무 잦다고 했다. 샌들러는 그래야 PSEW가 홍보되고, 자료 판매, 수익 창출, 사업 지원금 획득에도 유리하다고 설명했다. 회장이 그 말을 반박하지 않았으므로 그것으로 일단락된 줄 알았다.

샌들러는 긴 타원형 탁자에 앉았다. 이사회가 해고를 통보했다. PSEW는 AAC가 직접 감독할 것이며 여성학 분야에 집중할 것이라고 했다.

잘못 들은 줄 알았다.[70] 말이 되지 않았다. 그는 지금까지 따로 업무 평가를 받은 적이 없었다. 샌들러는 거기 앉은 이사 6인(전원 남자였다)의 실적을 전부 합친 것보다 자신이 홍보도 더 많이 하고, 보고서도 더 많이 내고, 매해 AAC 회원들도 더 많이 만났다.

'냉랭한 분위기' 워크숍 모델을 개발하는 사업 지원금으로 1991년 6월 30일까지 AAC에서 1년 더 일해도 좋다고 이사회가 말했다. 샌들러는 63세였다. 현 직위에 맞는 비슷한 전일제 직장을 찾기란 불가능하지는 않더라도 쉽지 않을 터였다. 그다음 주에 90세인 샌들러의 어머니 아이비의 병환이 깊어졌다. 3개월 뒤 아이비는 세상을 떠났다.

자존심에 깊은 상처를 입고 상심한 샌들러는 AAC에서 일하던 마지막 해에 대학을 방문할 일이 생기면 그곳 사람들에게 자기 해고 사실을 알렸다. 그들의 분노에 샌들러는 기운을 차렸다. 그중 한 명이 AAC 이사회 의장에게 항의했다가 샌들러의 근속 연수가 길어져 임금이 높아지는 바람에 비용을 절감해야 했다는 답변을 듣고, 그 사실을 샌들러에게 알려주었다. 샌들러가 상담한 변호사는 이것이 연령 차별이라고 했다. 그는 소를 제기했다.[71] 소송 관련 증거자료를 조사하는 과정에서 샌들러의 또 다른 의심, 그러니까 그동안 다른 임원들보다 상대적으로 낮은 임금을 받은 것 같다는 의심이 사실로 확인되었다.

샌들러의 해고 소식이 퍼지자 분노에 찬 서신과 전화가 AAC에 쏟아졌다. 학자들이 항의의 표시로 이사회와 위원회에서 물러났다. 샌들러의 복직 운동을 개시한 사람도 있었다. AAC 지도부는 결정을 재검토하겠다고 해놓고 결국 해고를 고수했다.[72]

샌들러는 합의금을 수용하라는 변호사의 설득을 받아들였다. 액수를 언급하는 일은 허용되지 않았지만, 그는 만족했다. 그리고 다른 기대할 만한 일이 있었다. 첫 손주가 태어났고, 곧 또 하나가 태어날 예정이었다.

연대가 바뀌기 직전인 1989년, WEAL은 자원봉사자를 충분히 유지하지 못하여 해산했다. 뒤이어 PEER도 해산했다. 패치 밍크 하원의원은 14년 만에 의회로 돌아와 하원 교육노동위원회에 다시 합류했다. 타이틀 나인 제정 이후 태어난 세대가 이제 대학에 갈 나이였다.

샌들러는 자기를 지지하는 편지를 써준 116명에게 감사 편지를 보냈다. 그는 이렇게 적었다. "한 시대가 막을 내렸습니다."

1991~1999

·8·

크리스틴, 재키,
리베카, 니콜, 얼리다,
라숀다

1991년, 패멀라 프라이스도 나름대로 새 시대를 열었다. 그는 오클랜드에 법률사무소를 개업했다. 이듬해 처음으로 결혼도 했다. 상대는 캘리포니아주 머린 카운티 적극적 우대조치 담당 사무관 버넌 크롤리Vernon Crawley였다.[1] 프라이스의 딸과 크롤리의 다섯 자녀까지 합쳐 그들은 한 가정을 이루었다. 프라이스는 변호사로 꽤 성공하여 오클랜드에 빌딩 한 채를 샀고, 거기에 차린 사무실 벽을 보라색으로 칠했다. 패션도 옷, 신발, 매니큐어까지 화려한 색상을 선호해서 회의와 법정에서 금방 눈에 띄었다.

프라이스는 자기가 다른 로펌에서 하던 업무, 그러니까 부동산 소송과 법무 과실 변호를 앞으로도 계속하게 될 것으로 생각했다. 그런데 조지아주 출신의 10대 소녀 크리스틴 프랭클린Christine Franklin이 그가 하는 일의 향방을 바꿔놓았다.

1986년, 조지아주 노스귀넷고등학교 경제 과목 교사 겸 체육 코치 앤드루 힐Andrew Hill은 2학년이던 프랭클린에게 남자친구와 성 경험이 있는지 물었다. 귀가한 프랭클린에게 전화질을 하고 학교 주차장에서 강제로 키스했다. 1987년, 힐은 수업 시간에 찾아와 담당 교사에게 프랭클린을 잠시 내보내 달라고 요청했다. 프랭클린은 그날 힐이 자기를 개인 사무실로 데려가 강간하고, 그 후에도 두 차례 더 강간했다고 밝혔다.[2]

과거에도 다른 학생들이 힐의 성적 괴롭힘을 학교 관계자들에게 신고한 일이 있었다. 프랭클린은 어머니에게 상황을 알렸고, 어머니는 학교 당국과 해당 교육구 관계자에게 그 사실을 신고했다. 학교 악대 단장은 크리스틴에게 학교에 부정적인 이미지가 생기니 조용히 있으라고 충고했다. 프랭클린 가족은 민권사무국OCR에 진정을 제기했다. 힐과 교장이 사임하고 학교가 고충처리 정책을 채택하자 OCR은 만족했다. 1988년, 프랭클린 가족은 교육구를 상대로 소를 제기하고 타이틀 나인을 근거로 크리스틴 프랭클린이 겪은 고통에 대한 손해배상으로 1100만 달러[약 143억 원]를 지급하라는 이례적인 요구를 했다.

프랭클린 대 귀넷 카운티 공립학교Franklin v. Gwinnett County Public Schools 사건이 있기 전에는, 원고가 타이틀 나인을 근거로 받아낼 수 있는 최상의 판결은 법원이 학교에 개선을 명령하는 것이었고, 그나마도 원고가 아직 그 학교에 재학 중이어야 했다. 그러나 손해배상 주장은 학생이 졸업해도 유효했고, 금액이 커지면 상대방이 그만큼 실질적인 대가를 치르게 될 터였다.[3] NWLC와 다른 20개 단체는 프랭클린 대 귀넷 소송을 지지하는 법정의견서에서 민권법 제6편이 손해배상금 지급을 허용하므로 타이틀 나인도 그래야 한다고 주장

했다.[4]

귀넷 교육구 관계자들은 이를 반박했고 조지 H.W. 부시 정부도 교육구를 지지했다.[5] 사건이 연방대법원에 도달했을 때 프랭클린은 22세의 기혼자였다. 1992년 2월 26일, 연방대법원은 만장일치로 타이틀 나인에 근거한 손해배상을 명했다.[6] 결국 귀넷 교육구는 프랭클린과 법정 밖에서 합의를 보고, 비공개로 합의금을 지급했다.

타이틀 타인 소송이 급증했다. 1992년 말에서 1995년까지 24건의 판결이 이루어졌다.[7] 프라이스는 프랭클린 사건에 주목했다. 그리고 또 다른 '힐' — 앤드루 힐이 아니라 어니타 힐Anita Hill — 논란에도 주목했다. 어니타 힐은 상원의 연방대법관 지명자 인사청문회에서 성적 괴롭힘 문제에 전국의 이목을 집중시켰다.

1991년 조지 H.W. 부시 대통령은 레이건 시절 OCR 국장과 평등고용기회위원회 위원장을 지낸 클래런스 토머스를 연방대법관에 지명했다. 그러자 옛 부하직원들이 토머스에게 성적 괴롭힘을 받은 이야기를 밝혔다. 상원 사법위원회는 그들에게 인사청문회에서 발언할 기회를 주려 하지 않았다.

10월 8일, 여성 하원의원들은 상원의 인준 투표 연기를 요구하는 1분 연설에 돌입했다. 패치 밍크를 비롯한 다섯 명의 의원이 즉흥적으로 상원으로 행진하여 여성들의 증언을 허가하라고 요구했다. 이들이 의사당 계단을 걸어 올라가는 모습을 담은 사진이 뉴스로 보도되었다. 상원의원들은 결국 흑인 법학 교수 어니타 힐의 증언에만 동의하고 토머스가 EEOC 직원들을 괴롭힌 일을 증언할 수 있는 다른 3인의 출석은 거부했다.[8]

1991년 10월 11일에 이뤄진 힐의 증언이 TV로 중계되어 전국의 시선을 사로잡았다. 전원 백인에 남성인 상원 패널이 힐을 거짓말쟁이, 레즈비언, 음란녀로 몰았다. 패널 중 누구도 (심지어 민주당 의원들조차) 힐을 옹호하지 않았다.[9] 흑인 남성인 토머스는 자기 증언 시간에 힐의 주장을 부인하며 성을 내고, 비난자들을 공격하고, 자신이 인종차별과 정치적 괴롭힘의 희생자인 척했다.[10] 그는 이 청문회가 "감히 높은 자리를 넘보는 흑인을 혼내려는 고도의 린치"라고 주장했다. 전국에서 여성들이 소리 높여 반대하는데도 상원은 서둘러 인준 투표에 임하여 찬성 52, 반대 48로 토머스를 종신직인 연방대법관 자리에 앉혔다.

여성들은 해당 지역구 의원 사무실로 전화해서 자신이나 딸들이 겪은 성적 괴롭힘에 대해 울분을 토하며 설명했다. 《뉴욕 타임스》에 실린, 흑인 여성 1만 6000명이 서명한 "우리 자신을 지키기 위한" 편지는 클래런스 토머스와 그의 뒤에 버티고 있는 차별적 제도에 의해 어니타 힐이 당한 인종차별과 성차별을 규탄했다.[11] EEOC에 제기된 직장 성차별 진정 건수도 사상 최고를 기록했다.[12] 클래런스 토머스의 인준 다음 달에 마샤 그린버거와 다른 여성 옹호자들은 '1991년 민권법' 제정에 성공했다. 이 법은 직장에서 인종차별을 당한 노동자와 똑같이, 직장에서 성적 괴롭힘을 당해 소를 제기한 여성에게도 손해배상 지급을 허락했다. 이 법이 생기기 전에는 유색인종 여성이 직장에서 괴롭힘을 당했을 경우 피고가 손해배상 지급을 피하려고 피해 여성이 당한 괴롭힘이 성적 괴롭힘이지 인종주의 괴롭힘이 아니라고 주장할 수 있었다. 피해 여성이 백인

이면 손해배상을 받을 길이 아예 없었다.

정부, 군대, 학교에서 고발된 성적 괴롭힘으로 몇몇 상원의원이 사임하거나 재선 출마를 포기했다. 1992년 선거에서는 유권자가 28명의 여성을 의회로 보내는 전례 없는 일이 벌어졌다. 이 일로 1992년은 "여성의 해"로 일컬어졌으나 여성 의원 비율은 여전히 10퍼센트였다.[13] 유권자들은 부시 대통령을 민주당 빌 클린턴 대통령으로 갈아치웠다. 그러나 클린턴도 1990년대 말에 백악관 인턴에 대한 성적 괴롭힘 혐의로 조사받고 의회에서 위증한 혐의로 탄핵 소추를 받았다.

어니타 힐의 증언 이후 패멀라 프라이스의 사무실은 성적 괴롭힘을 호소하는 잠재적 의뢰인들로 북적였다.

캘리포니아주 버클리 통합교육구가 10대 초반의 혼혈 자매 두 명을 성학대한 백인 음악 교사의 해고를 거부했다고 자매의 엄마가 프라이스에게 호소했다. 그 일은 1987년 크리스마스 방학 기간에 시작되었다. 두 자매의 엄마 퍼트리샤 H.와 음악 교사 찰스 해밀턴은 사귀고 있었다. 방학을 맞아 퍼트리샤 H.와 두 딸인 12세 재키, 10세 리베카, 그리고 해밀턴은 다 함께 설경을 즐기러 타호 호수로 향했다. 버클리 집으로 돌아와 몇 주가 지났을 때 재키가 당혹해하며 엄마에게 왔다. 집에서 해밀턴이 알몸으로 재키의 침대에 들어와 몸을 밀착했다고 했다. 알고 보니 타호 호수에 갔을 때도 재키에게 억지로 그의 성기를 만지게 하고 고약한 언행을 했다.[14]

퍼트리샤가 해밀턴에게 따졌다. 그는 타호 호수에서 그런 적이 없다고 부인했다. 버클리 집에서 자기가 재키를 "쓰다듬고" "간지

럽힌" 적은 있지만, 그건 술과 코카인 때문에 판단이 흐려져서 그랬다고 변명했다. 퍼트리샤는 그와 헤어졌다.

그러나 퍼트리샤의 딸들은 학교에서 그를 피할 수 없었다. 해밀턴은 버클리에 하나뿐인 중고교에서 일했고 일부 다른 지역 학교에서는 순환 근무만 했다. 퍼트리샤는 버클리 교육구 관계자에게 도움을 요청했으나 소용없었다. 1988년 8월, 퍼트리샤는 재키를 미네소타주에 있는 친척에게 보내어 거기서 8학년을 다니게 했다.

퍼트리샤는 버클리 경찰에 해밀턴을 신고했다. 경찰은 경범죄 성추행 혐의가 있다고 보고 기소 의견으로 검찰에 송치했으나, 검찰은 해밀턴이 약물 남용 상담 및 심리치료를 받겠다고 동의하자 불기소 처분했다. 교육구는 그에게 휴직 처분을 내렸고 캘리포니아주는 그의 교사자격증을 3개월 정지했다.

둘째 딸 리베카는 해밀턴이 자기를 성추행하지 않았다고 했지만, 5학년 때 학교에서 달라졌다. 그때까지 늘 성적이 좋았던 아이가 갑자기 산만하고, 정리를 못 하고, 숙제를 제때 제출하지 않는다고 담임교사가 말했다.

1990년 7월 20일, 퍼트리샤는 리베카가 남긴 메모를 발견했다. "엄마, 찰스가 나를 성학대한 게 맞아. 우리 편지로 얘기하면 안 될까?" 해밀턴은 타호 호수로 놀러 가기 열흘 전쯤 리베카를 성추행했다. 경찰은 고소 접수를 거부했다. 그로부터 2년 후 재키가 미네소타에서 돌아와 인근 도시에 있는 학교로 멀리 통학하다가, 다시 버클리고등학교로 옮겼다. 그러나 음악 수업은 받을 수 없었다. 해밀턴이 가르쳤기 때문이다. 재키의 행동과 성적은 점점 더 악화했다. 해밀턴이 보이면 학교에서 도망치기도 하고 학교에 아예 안 가기도 했다. 상담사는 재키의 행동이 성추행에 의한 외상후스트레스 증상이라고 설명했다.

"두 아이 모두 해밀턴을 두려워합니다." 재키가 고등학교 졸업반이던 1992년 11월, 패멀라 프라이스는 모녀 세 사람을 대리해 버클리 교육구를 상대로 소를 제기하면서 그렇게 말했다.

해밀턴이 소녀들을 성학대 했느냐를 따지는 것이 아니었다. 검사와 주 당국은 이미 그가 성학대를 저질렀다고 결론지었다. 타이틀 나인은 유죄나 처벌에 관한 규정이 아니라 성별 때문에 학생의 교육이 부당하게 중단되거나 방해받는 것을 문제 삼고 해결하는 규정이다. 버클리 교육구가 해밀턴을 학교에 계속 남겨둠으로써 적대적인 환경을 용인했다는 것이 이 소송의 요지였다. 그 가족이 정신적인 피해를 겪고, 정상적인 교육을 못 받고, 전학과 상담 등으로 비용이 들었다고 프라이스는 주장했다.

프라이스는 퍼트리샤 H.와 재키를 데리고 교육구 측 변호사들이 일하는 강철과 유리로 된 고층 빌딩의 대리석 로비에 들어섰다. 해리슨 거리에 있는 이 건물은 오클랜드의 메리트 호수에서 한 블록 떨어진 곳에 있었다. 그들은 엘리베이터를 타고 13층으로 올라갔다. 회의실로 안내받아 자리에 앉았다. 탁자 반대편에는 양복 차림의 남자들이 (흑인 변호사 한 명을 제외하고 전부 백인이었다) 앉아있었다. 버클리 통합교육구에 제기된 소송에서 재판에 앞서 사실관계 파악을 위해 재키를 신문하여 증언을 녹취할 사람들이었다.

질의응답 과정이 빠른 속도로 험악해졌다. 한 남자 변호사가 재키에게 남자를 좋아하냐고 물었다. 프라이스는 즉각 상대의 의도를 눈치챘다. 피해자를 탓하려는 것이다. 재키를 난잡한 아이로 몰거나 그 사건이 합의에 의해 벌어졌다고 주장하려고 개인사를 조작하려 드는 것이다. 여자는 어리든 성인이든 문란하고 보복성 거짓말을 잘하며 특히 흑인 여자는 더 그렇다는 흔한 미신과 편리하게 맞아떨어진다. 성폭행을 신고하는 사람이 극소수인 이유도 바로 이것 때문이다.[15] 프라이스는 알렉산더 대 예일 소송에서 자신이 가혹하게 신문받은 기억을 떠올리고, 자기 의뢰인은 그런 일을 당하지 않게 하겠다고 맹세했다.

"이보세요!" 프라이스가 즉시 개입했다. "뭡니까? 지금 진짜로 그 질문을 하는 겁니까?" 모두가 그를 쳐다보았다. "제 의뢰인이 정말로 그 질문에 답할 거라고 생각합니까?"

"그럼요." 상대편 변호사 하나가 말했다. "그 질문에 대답해야 합니다."[16]

"아니요, 그렇지 않습니다." 프라이스가 강경하게 말했다. "연방 규정에 의해 보호받습니다. 그 질문에 대답할 필요도 없고, 대답하지도 않을 겁니다." 연방법뿐만 아니라 캘리포니아주 증거법도 성적 괴롭힘과 성폭행 관련 민사소송에서 원고의 성적 행동이나 평판에 대한 질문을 금지했다.[17]

탁자 반대쪽 끄트머리에 앉은 또 다른 남자가 반발하며 선언했다. "어쨌든 나는 똑같은 질문을 할 거고요, 대답할 것을 강하게 요구하는 바입니다."

프라이스가 일어났다. "아니요. 받아들일 수 없습니다." 그는 노트와 다른 물건들을 챙기기 시작했다. "판사에게 연락하겠습니다. 그리고 그런 질문에는 일체 대답하지 않겠습니다." 프라이스가 의뢰인들에게 말했다. "어서 일어나세요. 가시죠." 그가 퍼트리샤와 재키를 데리고 회의실을 나서면서 문을 하도 세게 닫아서 문짝이 떨어져 나가려고 했다.

프라이스는 정말로 판사에게 연락했다. 그들은 그 간사한 질문을 멈추었다.

NWLC를 비롯한 여성 단체들이 프라이스의 소송을 지지하는 의견서를 제출했다.[18] 프라이스는 약식 판결(판사가 사실심리 이전에 내리는 조기 판결)을 신청하여 변호사 친구들을 놀라게 했다. 주로 피고 측에서 활용하는 전술이었다. 원고 측 대리인은 그런 거 안 해! "흠, 나는 해." 프라이스가 답했다. 그는 민권법 제7편이 성적으로 적대적인 직장 환경을 금지한다고 확인한 1986년 연방대법원 판결처럼, 타이틀 나인에도 비슷한 원칙이 적용되어야 한다고 판사 W.H. 오릭Orrick — 알렉산더 대 예일 사건에서 프라이스가 어떤 역할을 했는지 잘 아는 예일대 졸업생이었다 — 을 설득했다. 오릭은 1993년 7월 21일에 판결했다. "그런 폭행을 당했을 경우 이성적인 학생이라면 학교에서 해밀턴을 보고 겁먹고 두려워하는 것이 당연하며, 심할 경우 그런 두려움은 학습 능력을 저해할 것이다." 성적 괴롭힘으로 초래된 적대적 교육 환경에 대해 학생이 타이틀 나인에 근거하여 손해배상을 청구할 수 있다는 판결은 사상 처음이었다. 이로써 손해배상청구 소송을 진행할 수 있었다. 곧 다른 판례들도 타이틀 나인이 적대적 환경을 금지한다는 해석을 지지했다.[19]

프라이스는 이제 버클리 교육구가 이길 가능성은 없다고 봤지만, 시간이 오래 걸렸다. 재키는 계속 안 좋은 상태로 빠져들었다. 1994년 9월, 버클리 교육구는 퍼트리샤 H. 대 버클리 통합교육구 소송에서 합의금 180만 달러[약 23억 원]를 지급하는 데 동의했다. 하지만 교육구는 잘못을 인정하지 않았으며, 계속 해밀턴을 고용했다.[20]

성폭력과 타이틀 나인에 대한 국민의 인식은 이후 10년 동안 급격히 발전했고, 샌들러도 그 물결에 올라탔다. 주간지《피플》은 1990년 12월에 데이트 강간 피해자에 관한 이야기를 게재했다. 일간지《USA 투데이》는 대학 성범죄를 집중 취재하여 7회에 걸쳐 연재 기사를 내보냈다. 1991년 6월 3일에는 "데이트 강간"이라는 제목이 주간지《타임》의 커버를 장식했다. 일부 학교는 점진적으로 개선을 이루었다. 예를 들어 브라운대학교는 성폭행을 학생 행동수칙 위반으로 규정했다. 그 전에는 학교가 성폭행 생존자 학생에게 변호사를 알아보라는 말만 했었다.[21]

샌들러는 미국대학협회를 떠날 때 이 주제를 다룬 자료와 간행물을 챙겨두었다. 이제 그는 여성정책학센터Center for Women Policy Studies에서 일했다. 플로리다주 올랜도에서 개최된 제1회 대학 성폭력 국제회의에 기조연설자로 참석한 그는 또래 간 성적 괴롭힘과 윤간에 관해 이야기했다.[22] 듀크대학교는 샌들러를 "성적 괴롭힘에 대한 합리적 대응 방침" 마련을 위한 태스크포스 팀장으로 임명했다.[23]

1986년, 펜실베이니아주 베슬러헴에 있는 리하이대학교 기숙사에서 조소프 헨리Josoph Henry가 1학년인 18세의 진 클러리Jeanne Clery를 강간 살해한 후, 피살자의 부모는 지난 3년 동안 그 학교에서 강력 범죄가 37건이나 발생한 사실을 대학 당국이 쉬쉬한 것을 알아냈다. 이 일로 여론의 질타를 받은 의회는 1990년 연방 지원금을 받는 대학교를 대상으로 교내와 인근 지역에서 발생한 범죄 정보를 추적하고 공개할 의무를 부과하는 법을 통과시켰다. '클러리법'으로 알려진 이 법은 타이틀 나인과 나란히 학내 활동가들에게 중요한 도구가 되어주었다.[24] 1992년에 의회는 특별히 학생 간 폭력 생존자를 염두에 두고 이 법을 개정하여, (1) 진술 청취 과정에서 증인들에게 평등한 기회를 부여할 것, (2) 사안 처리 결과를 평등하게 통보할 것, (3) 학교는 신고자에게 반드시 상담 서비스 정보를 줄 것, (4) 경찰에 신고하는 선택지를 줄 것, (5) 가해자와 마주치지 않도록 강의나 숙소를 바꿀 수 있게 해줄 것 등 다섯 가지 기본 권리를 강제 사항으로 규정했다.[25]

학생들은 주로 지역 단위로 꾸준히 성폭력 반대 운동을 조직했다. 브라운대학에서는 익명의 여학생들이 도서관 화장실 벽에 자신을 강간한 남학생의 이름을 목록으로 만들어 적었다. 관리인이 아무리 지워도 그 목록은 매번 교내 여러 화장실에 다시 나타났고 거기에 적힌 이름은 30개로 늘어났다. 그러자 학교 관리자들은 여성 문제를 전담할 학장직을 새로 마련하고, 신입생에게 데이트 강간에 관한 세미나를 필수로 듣게 하고, 여러 책자에 흩어져 있던 성적 괴롭힘이나 데이트 강간 신고 방법을 모아 하나의 자료집으로 정리하기로 했다.[26]

스탠퍼드대학교 학생 단체 '강간교육프로젝트'Rape Education Project는 학생 2400명을 설문 조사하여 여학생 3인 중 1인, 남학생 8인 중 1인이 강요에 의해 원치 않는 성행위를 한 적이 있음을 밝혀냈다. 이 대학의 한 전문위원회는 "유죄는 합리적 의심을 배제할 수 있는 수준으로 증명되어야 한다"라는 형사소송의 원칙을 대학이 채택할 경우 성폭행 가해자를 징계하는 일은 불가능에 가깝다고 언급했다. 그리고 감독관 선임을 권고했다. 일부는 비용이 든다며 불만을 표했으나 "성폭행 조정관은 우리 대학의 다른 여러 행정직보다 훨씬 중요하다"라고 스탠퍼드대학교 3학년 미날 하지라트왈라_{Minal Hajratwala}가 《뉴욕 타임스》에 말했다.[27]

미네소타대학교에서는 성폭력 프로그램을 다시 마련하고 관련 서비스를 확대할 것을 요구하는 시위가 연속으로 벌어졌고 경찰은 시위 참가 학생 13명을 체포했다. 결국 1990년 2월에 학교가 학생들의 요구를 들어주었다. 브리검영대학교에서는 여학생 폭행 사건에 학교 당국이 여학생은 밤에 교내에서 혼자 다니지 말라는 훈수로 대응하자, 여학생위원회가 집회를 열었다. 여기에 모인 300명은 밤 10시 이후에는 여학생이 아니라 모든 남학생에게 의무적으로 동행자를 붙여서 아무도 폭행하지 못하게 감시하라고 역으로 제안했다.[28]

"제일 큰 문제는 대학이 학생의 안녕보다는 학교 이미지를 더 걱정한다는 점입니다." 제1회 NOW 젊은 페미니스트 대회에 온 어느 학생 지도자가 말했다.[29]

밍크 의원을 비롯한 민주당 의원들은 1991년 여성폭력방지법_{Violence Against Women Act} 법안을 발의했다. 여성 수천 명이 로비를 벌인 결과 1994년에 법이 제정되었고, 이로써 전국가정폭력 상담전화 및 주 단위에서 마련하는 가정폭력·성폭력·스토킹 관련 프로그램에 6년간 총 15억 달러[약 2조 원]를 확보할 수 있게 되었다.

성적 괴롭힘과 성폭행에 관한 학술 연구도 늘어나서 대학 성폭행 발생률이 높은 점과 이 문제가 대학에만 국한하지 않는 점을 부단히 지적했다. 미국 중등 교육과정 5~8학년 학생 179명을 대상으로 이뤄진 설문조사에 따르면 학교에서 어떤 형태로든 성적 괴롭힘을 겪은 학생이 3분의 1에 달했다. 어떤 징계가 이뤄져야 할지 묻자, 학생들은 일제히 학교의 현 징계 방침보다 더 강력한 조치를 바란다고 답변했다.[30]

1992년 전반부에 최소한 20개 주가 스토킹 금지법을 제정했고, 제정을 앞둔 주도 여럿이었다.[31] 1993년에는 마침내 전국 50개 주에서 부부 사이의 강간을 범죄로 규정했다.

언론의 관심도 부쩍 증가했다. 샌들러가 1996년에 출간한 첫 저서를 비롯해 많은 도서, 영화, 연극, 대중음악이 성적 괴롭힘과 성폭행을 주제로 다뤘다.[32]

그러나 이에 대한 반발도 커져서 성폭력 반대 운동의 성장을 두고 "피해의식에 찬 페미니즘"이라느니, "평범한" 행동을 경찰처럼 감시하는 "정치적 올바름"이라느니, 표현의 자유에 대한 위협이라느니 하며 비난했다. 샌들러는 어느 대학 강연회에서 역풍이 거세지는 이유를 이렇게 설명했다. "우리가 큰 진전을 이뤘기 때문이기도 하지만, 여성이 단순히 더 좋은 직업만 바라는 게 아님을 저들이 깨달았기 때문이기도 합니다. 여성들은 제도가 바뀌기를 바랍니다.

세상이 바뀌기를 바랍니다."[33]

여성교육공평법WEEA의 지원을 받는 젠더폭력 관련 간행물에 대한 주문도 늘었다.[34] 그러나 1992회계연도에 WEEA 재정 지원이 50만 달러[약 6억 5000만 원]로 감소했다. 여성및소녀교육전국연합 NCWGE은 밍크 의원에게 도움을 요청했다. 의회는 초중등교육법 재승인의 일부로서 WEEA를 재승인하고 재정 지원을 우선 200만 달러[약 26억 원]로 늘린 후, 1996년에 400만 달러[약 52억 원]로 한 번 더 늘렸다. 큰 그림으로 보면 미미한 액수였으나 아예 없는 것보다는 나았다.[35]

1990년대 초에 OCR은 고용, 학생 상담, 학교 스포츠, 임신 또는 육아 중인 10대 청소년 관련 안내 책자와 공식 지침은 많이 내놨지만, 성적 괴롭힘에 관해서는 1981년 메모에서 언급한 이후로 조용했다. 1996년 전국여성법률센터NWLC의 주선으로 NCWGE가 교육부 장관과 만났다. 샌들러도 참석한 이 회의에서 여성계는 종합적인 성적 괴롭힘 관련 정책을 신속히 마련할 것을 OCR에 요구했다.[36]

OCR이 성적 괴롭힘 진정을 조사하고 해결하는 과정에서 일정한 지침을 제공하는 경우가 있기는 했다. 대학 행정관리자들이 바로 그런 지침을 참고하고 있었다. 이를테면 워싱턴주 올림피아에 있는 에버그린주립대학은 성적 괴롭힘을 당했다는 피해자의 주장에 "명백하고 설득력 있는" 증거를 요구하여 타이틀 나인을 위반했는데, 1995년 4월 4일에 이 지역 OCR 담당관이 그 대학 총장에게 "타이틀 나인에 따른 행동에는 '우세한 증거'의 원칙을 적용합니다"

라고 적어 보냈다.[37]

　'우세한 증거'의 원칙은 민사소송의 일반 원칙으로서 타이틀 나인에도 적용된다. 혐의가 사실일 개연성이 그렇지 않을 개연성보다 높다면 사실로 인정하는 것이다. 이 증거 원칙은 형사소송에서 사용하는 기준, 즉 합리적인 의심을 배제할 수 있는 수준으로 증명해야 한다는 기준보다 덜 엄격하다. 형사소송의 엄격한 증거 원칙은 국가가 중벌을 내리기 전에 피고인에게 추가로 보호 장치를 부여하기 위해 고안된 것이다. '우세한 증거'의 원칙은 '합리적인 의심을 배제할 수 있는 증거'의 원칙보다 덜 엄격하고, 민사소송에서 내려지는 잠재적 처벌도 형사소송보다는 가볍다. 에버그린주립대학을 비롯한 일부 학교가 그 두 원칙의 중간에 해당하는 '명백하고 설득력 있는' 증거의 원칙을 적용하려고 시도했다. 그러나 이 학교들은 아무 논리적 근거도 없이 그런 엄격한 증거 원칙을 성적 괴롭힘과 성폭행 사안에만 적용하고 다른 학생 행동 수칙 위반에는 적용하지 않았다.

　타이틀 나인을 성폭행에 적용하는 일에 대한 반발이 커지는 가운데, 일부 비판자와 심지어 소수의 페미니스트까지 모든 성폭행은 경찰과 형법이 다뤄야 한다고 주장했다. 이들은 형사사법제도가 강간범과 성적 괴롭힘 가해자들을 제대로 처벌하지 못하는 실태를 간과하고 피해자의 공평한 학습권을 보장하는 타이틀 나인의 목표와 피고인의 유무죄를 결정하는 형사사법제도의 목표를 혼동했다.[38]

　지침에 대한 요구가 거세지자 OCR은 학생, 교사, 학교 행정관리자, 연구자 등을 각각 대표하는 집단과 여러 차례 회의를 열고 학교에서 발생하는 성적 괴롭힘 문제를 논의했다. 1996년에 공개한 OCR 지침 초안에 수렴된 국민 의견은 약 80건이었는데 이런 문서에서 그 정도 숫자는 보통이었다. 1997년 3월 13일에 OCR이 발표한 학생 성적 괴롭힘에 관한 최종 지침은 가해 행위가 "충분히 가혹하거나, 집요하거나, 광범위하여 학생의 학습에 지장을 주거나 적대적 또는 폭력적 교육 환경을 초래할 경우" 타이틀 나인에 근거한 진정이 인정된다고 규정했다. 또한 해당 학교가 그 성적 괴롭힘에 관해 "알았을 경우, 또는 적절한 주의를 기울였다면 진작 알았어야 마땅한 경우" 책임을 져야 한다고 규정했다.

OCR 지침은 학교마다 최소한 한 명의 타이틀 나인 조정관을 지정해야 하며 — 조정관이 가해자일 경우에 대비해 한 명 이상인 것이 더 좋다 — 모든 유형의 성차별을 없애기 위해 반드시 효과적인 정책과 절차를 마련해야 한다고 되풀이해 강조했다. 또한 이 문서는 성적 괴롭힘이 일으킨 결과를 바로잡을 전문 상담이나 기타 서비스 비용을 학교 측이 의무적으로 부담할 경우에 관해 규정했다.[39]

그러나 성적 괴롭힘 신고에 요구되는 증명의 기준에 관해 과거에 '우세한 증거'의 원칙을 주장했던 OCR이 1997년 지침에서는 이를 분명하게 논하지 않았다. 민사 진정에 OCR이 적용하는 기준은 "범죄 행위에 대한 법적 기준과 다르다"라고만 간단히 언급했을 뿐이다.[40]

여성정책학센터에서 무보수로 일하던 샌들러는 직장과 서로 기대가 어긋나 관계가 틀어졌다. 그는 자유롭게 일하는 데 익숙했고, 여성정책학센터는 샌들러가 자기들 업무에 좀 더 통합되길 바랐다.

샌들러는 이전 직장에서 가져온 자료와 관련해 센터와 금전적으로 의견 충돌이 생기자 소를 제기하고 합의로 마무리했다.[41] 1994년 샌들러는 전국여성교육협회National Association for Women in Education: NAWE 무보수 선임연구원직으로 옮겨 '냉랭한 분위기 지침서'를 마련하는 작업을 했다. NAWE는 2000년 자금 부족으로 해산했다.

그는 교육 분야의 성적 괴롭힘 뉴스를 주시하면서 사건과 관련해 유급 컨설턴트로 일하거나 전문가 증인으로 나서겠다고 제의하는 편지를 써 보냈다. 그런 식으로 그는 1995년 말까지 7개 대학에서 일어난 사건에 개입했다.[42] 1996년 연방대법원이 주정부의 지원금을 받는 군사학교는 여성의 입학을 허가해야 한다고 명령했을 때, 샌들러는 3년짜리 계약을 따냈다.[43] 사우스캐롤라이나주 시타델공립군사대학교는 샌들러의 전문 지식에 기대어 여성 생도를 학교의 일원으로 '동화'assimilation하는 계획, 성적 괴롭힘 대응 정책, 교육 프로그램, 임신 관련 정책 등을 마련했다. 이제 샌들러와 다른 성폭력 반대 운동가들은 잠재적 가해자에만 주목하기보다 주변인을 잠재적인 개입 주체로 교육하여 성폭행을 예방하거나 근절하는 쪽으로 방향을 일부 조정했다.[44]

1997년 에머리대학교 방문은 그가 많이 했던 출장 컨설팅의 전형이었다. 샌들러는 교수진의 일부와 조찬 미팅을 한 뒤 대학원생을 대상으로 성적 괴롭힘 워크숍을, 교수들을 대상으로 '냉랭한 분위기'를 데우는 효과적인 강의 전략에 관한 워크숍을 진행했다. 그런 다음 공개 강연을 하고, 몇몇 교수와 '근사한' 저녁을 먹고, 이튿날 아침 6시에 그곳을 떠났다. 어느 초청자는 이렇게 적었다. "에너지가 대단하군! 나도 나이 들어서 딱 저 사람 같았으면 좋겠다!"[45]

타이틀 나인이 제정되고 첫 25년이 지나는 동안 샌들러는 애초에 자기를 이 자리로 이끈 이슈들의 엇갈린 진전을 목격했다. 연간 석·박사 학위 취득 여성의 수는 분야에 따라 10배에서 24배까지 증가했다.[46] 타이틀 나인 제정 이후 수많은 여성이 교수직을 얻었다. 그러나 여교수는 여전히 최하위 직급에 몰려있다고 그는 강연이나 인터뷰에서 강조했다. 정교수 직급에서 여성의 비율은 10년 동안 변하지 않았다.

대학원 교육, 고용, 학교 스포츠 등에서 이룬 진전은 대부분 중산층이나 상류층 백인 소녀와 여성에게 돌아갔다. 유색인종이나 빈곤층 소녀와 여성에게 돌아간 혜택은 미미하다고 NWLC 보고서 〈타이틀 나인 25주년 젠더평등 성적표〉가 밝혔다. 이 성적표가 매긴 전국 평균 성적은 C 학점이었다.[47] NCWGE도 나름대로 25주년 기념 성적표를 발표했는데, 학내 성적 괴롭힘 근절에 준 학점은 D+였다. 미성년자에 대한 성적 괴롭힘은 특히 유색인종 소녀 및 장애인 소녀들을 대상으로 이뤄졌으므로, 이런 기준에서 미국 교육제도는 유색인종 및 장애인 소녀 보호에서 완전히 낙제였다.[48]

1997년 6월 23일, 타이틀 나인 25주년 기념일에 밍크 의원과 공동발의자 64인이 그간의 성과는 인정하지만 "타이틀 나인이 약속한 바를 실현하려면 아직도 할 일이 많다"라는 내용의 결의안을 발의했다. 밍크는 동료들에게 보내는 서신에서 자신이 1972년에 "타이틀 나인의 입안을 도왔다"라고 말하고 "당연히 타이틀 나인을 제가 이룬 가장 중요한 업적의 하나로 생각합니다"라고 언급했다. 따지고 보면 1972년에 하원 교육노동위원회 소속이었던 의원 37명이 전부 그렇게 주장할 수 있었지만, 그래도 밍크의 언급은 타이틀 나인의 입안자가 이디스 그린 하원의원과 버치 바이 상원의원이 아니라 자기라는 오해를 일으킬 수 있었다.[49]

OCR이 1999년 1월에 발행한 도표는 교육 기회의 장벽을 인종, 젠더, 장애, 연령으로 깔끔하게 나눠 그것들을 제거하는 일에 "민권법이 끼친 영향"을 홍보했다. 인종에 관한 부분은 젠더를 언급하지 않았고, 젠더에 관한 부분은 인종을 언급하지 않았다. 교차성 개념은 여전히 OCR에 도입되지 않은 상태였다.

패멀라 프라이스는 교육자가 되었다. 그는 남편과 함께 성적 괴롭힘과 책임 예방을 다루는 강좌를 개발하여 학회, 조직 인사과, 경찰 및 보안부서 등을 대상으로 프레젠테이션했다. 이 주제에 관해 컨설팅과 강좌를 제공하는 산업이 성장하는 추세였다. 프라이스는 많은 교육구가 아직도 타이틀 나인 조정관이나 고충처리 절차를 갖추지 않은 상태임을 발견했다. 어떤 단체는 타이틀 나인에 관해 아예 몰랐다.

"이 법을 알지도 못하고 집행해 본 경험도 없는 상태로 미국의 거의 전 지역이 아직 1977년에 머물러 있다"라고 프라이스는 적었다.[50]

프라이스는 캘리포니아주 마티네스중학교에 다니는 어린 의뢰인 니콜 M.을 대리하면서 새로운 법적 토대를 다졌다. 니콜은 1991년 9월에 입학하자마자 고질적인 또래 괴롭힘에 시달렸다. 남학생들이 니콜의 몸매에 관해 외설적인 언급을 반복했다. 한 명이 교실에서 니콜의 가슴을 만졌다. 교장은 그 남학생을 단 하루 정학 처분하고 니콜을 다른 반으로 옮겼으나 가장 지독한 가해 학생이 그 반에 배정되었다. 그가 니콜을 계속 괴롭혔다. 니콜은 안전하지 않다고 느끼고 1992년 다른 교육구로 전학했다.

1993년 12월, 프라이스는 니콜을 돕지 않은 마티네스 교육구와 개별 관계자들을 상대로 소를 제기했다. 이것이 니콜 M. 대 마티네스 통합교육구 사건이다.[51] 교직원이 사춘기 아이들을 통제하기는 어렵다며 마티네스 교육구는 반박했으나, 그건 "사내애들이 다 그렇지 뭐" 하는 말과 다를 것이 없었다. 또한 교육구는 자기들에게 10대들의 얌전한 행동을 보장하라고 강제할 경우 수많은 소송이 촉발될 것이라고 주장했다. 북부 캘리포니아 연방지방법원 최초의 여성 판사 매릴린 홀 퍼텔Marilyn Hall Patel은 그 의견에 동의하지 않았다. 1997년 4월, 퍼텔은 타이틀 나인이 또래 간 성적 괴롭힘에 적용된다고 판결했다. 그런 취지의 판결로는 최초에 해당했다. 그리하여 소송을 진행할 수 있었다.

또한 프라이스는 샌프란시스코시립대학교(이하 "시립대") 학생 두 명을 대리했다. 캐서린 M.과 스테파니 G.는 사진작가 지망생이었다. 사진 전공 교수 제임스 두카스James Doukas가 이들을 여러 차례 성적으로 괴롭혔다는 것이 1994년 소송에서 제기된 주장의 골자였다. 두 여학생은 시립대를 떠났다. 교육을 강제로 포기한 것이다. 그들은 두카스와 시립대를 관할하는 교육구를 상대로 소송을 걸었다. 관할 교육구는 결국 두카스가 광범위하게 성적 괴롭힘을 저지른 점을 인정하고 그를 해고했다. 그러나 교육구를 상대로 법정에서 싸우며 겪어야 했던 시립대 대리인들의 적대적이고 사나운 질문은 원고들에게 악몽 같았다.

1997년 1월, 샌프란시스코 카운티 상급법원*판사가 시립대가 그해 소송에서 피고적격이 없다고 결정한 일을 언론이 보도했다. 두 여성의 신고에 교육구 관계자가 대응을 했다는 것이 그 이유였다.[52] 프라이스는 시립대가 세부적인 절차상 문제로 법망을 벗어났다고 말했다. 성적 괴롭힘은 법적으로 아직 확립되지 않은 분야였다. 법원은 피해 여성들이 소를 제기하기 전에 먼저 캘리포니아주 공정고용주택부를 통해 해결을 도모했어야 했다고 말했다. 시립대는 학교 측 변호사 비용 4만 달러를 프라이스의 의뢰인들에게 부담하라고 요구했다. 프라이스는 시립대 측 여자 변호사가 갑자기 원고에게 지갑을 꺼내라고 한 일을 회상했다. "지갑에 지금 얼마나 있어요?" 그 변호사가 물었다. "그거 우리가 받겠습니다." 프라이스의 의뢰인들은 여러 해 동안 그 변호사가 나오는 악몽을 꾸었다.

프라이스가 소송을 이어갈 수 있기를 바라며 카운티 상급법원의 결정에 항소하는 동안, 미국 연방대법원은 1998년 겝서 대 라고 비스타 독립교육구Gebser v. Lago Vista Independent School District 판결로 지난 20년간 쌓인 성적 괴롭힘 관련 법리를 대거 훼손하고 프라이스의 소송을 무력화했다.[53]

14세의 얼리다 스타 겝서Alida Star Gebser와 다른 학생들에게 교사 프랭크 월드롭Frank Waldrop이 성적인 내용을 암시하는 언행을 하기 시작했을 때 얼리다는 8학년이었다. 이윽고 그는 얼리다를 상대로 입

---

* 명칭은 상급법원(Superior Court)이지만 샌프란시스코시와 샌프란시스코 카운티를 관할하는 1심 법원이다.

맞추고, 몸을 만지고, 이어서 자기와 "성관계를 맺게 했다"(즉 강간하기 시작했다). 주로 방과 전에 저질렀지만, 학교 구내는 피했다. 젭서는 이것이 옳지 않다는 것을 알았으나 어떻게 해야 좋을지 몰랐다. 라고비스타에는 성적 괴롭힘 근절 방침이나 신고 절차가 없었다. 학생들이 월드롭의 언동을 신고했으나 교장은 이 일을 해당 교육구 타이틀 나인 조정관에게 전혀 알리지 않았다. 월드롭은 젭서를 강간한 혐의로 경찰에 체포됐다. 얼리다 젭서와 어머니 얼리다 진 매컬로Alida Jean McCullough는 손해배상청구 소송을 제기했다. 이 사건은 연방대법원까지 올라갔다.

연방대법원은 성적 괴롭힘을 당한 개인이 타이틀 나인에 근거해 손해배상금을 받을 수 있는 것은 맞지만, 그러려면 사건에 대응할 권한을 지닌 학교 관계자가 그 차별 행위를 "실제로 알았고", 알면서도 의도적으로 적절하게 대응하지 않았다는 두 가지 요건을 충족해야 한다고 5 대 4로 결정했다.

젭서 대 라고비스타 판결에서 제시된 두 요건으로 인해 학생이 성적 괴롭힘을 당했을 때 타이틀 나인에 근거해 학교에 책임 지우는 일이 직원이 성적 괴롭힘을 당했을 때 민권법 제7편에 근거해 고용자에게 책임 지우는 일보다 훨씬 더 까다로워졌다. 민권법 제7편은 직원에게 적절한 절차를 제공하고 그 절차에 관해 잘 알려놓았는데도 피해 직원이 그것을 활용하지 않았다는 사실을 고용자가 입증하지 못하면, 고용자가 성적 괴롭힘 발생의 책임을 지는 것으로 본다. 젭서 판결은 타이틀 나인에서 그 요건을 뒤집어놓았다. 다시 말해, 피해 학생이 학교의 잘못을 입증하지 못하면 학교는 교내에서 발생한 성적 괴롭힘에 책임이 없는 것으로 본 것이다.

더 나쁘게는, 겝서 판결 때문에 학교가 성적 괴롭힘 사실을 모르는 편이 법적으로 유리해졌다. 따라서 학교 입장에서는 신고 절차를 일부러 어렵거나 불투명하게 만들어서 나 몰라라 한 다음, 알았으면 대응했을 거라고 주장할 유인이 생겼다. 그리고 신고가 있을 때는 아무리 효과 없는 대응이라도 뭐든 일단 해놓기만 하면 그것으로 충분했다. 최소한 시도는 했으니까. 성적 괴롭힘을 결코 의도적으로 좌시하지 않은 게 된다!

겝서는 교육구에 성적 괴롭힘과 성폭행을 신고할 수 있는 명확한 절차가 없어서 못 한 것인데도, 신고하지 않았다는 이유로 교육구에 책임을 지울 수 없었다. 겝서가 신고를 했더라도, 연방대법원의 요건에 따르면 학생들이 가장 많이 찾아갈 만한 교사나 상담사에게 신고하는 것은 소용없었다. 문제에 대응할 수 있는 권한을 지닌 교장이나 교육감 등 높은 사람을 찾아가 신고해야 할 책임을 피해자에게 지운 것이다. 겝서는 패소했고, 판례가 확립되었다.

프라이스가 캐서린 M.과 스테파니 G.를 대리해 진행하던 사건에서, 항소법원은 샌프란시스코 시립대의 피고적격을 부정하면서 겝서 판결을 인용했다.[54] 성적 괴롭힘 혐의자 두카스는 1999년 합의금 37만 5000달러[약 5억 원] 지급에 동의한 뒤 파산 신청을 해버렸다. 프라이스는 파산법원에 합의금 변제를 청구했다. 몇 년 뒤 두카스가 가족신탁의 형태로 유산 상속을 받자, 캐서린 M.과 스테파니 G.는 프라이스가 법원에 신청한 변제 청구를 통해 간신히 합의금을 받아냈다.

1998년 9월, 프라이스가 맡은 또 다른 사건 니콜 M. 대 마티네스 통합교육구의 배심 재판이 시작되었다. 소를 제기한 지 거의 5년이 지났다. 겝서 판결에 따를 것을 지시받은 배심원단은 교육구 관계 자들이 자기들은 성적 괴롭힘 고발을 매우 심각하게 받아들이며 절 대로 그런 사건의 발생을 고의로 허용하지 않는다고 증언하자 교육 구와 그 관계자 전원에게 면죄부를 주었다. 성적 괴롭힘은 못 막았 지만, 어쨌든 가해자를 하루 정학시키고 니콜을 다른 반으로 옮겨 주었으니 그것으로 충분하다는 거였다. "'의도적 무시'를 입증하기 란 불가능하다. 너무 엄격하다"라고 프라이스는 훗날 언급했다.

겝서 판결 이후 1년도 채 지나지 않아서 또 다른 중요한 사건이 프라이스의 법률사무소를 정신없이 바쁘게 했다. 학생 간 성적 괴 롭힘에 타이틀 나인이 적용되는지 여부를 놓고 법 의견이 충돌한 데이비스 대 먼로 카운티 교육위원회Davis v. Monroe County Board of Education 사 건은 연방대법원까지 올라갔다.

10세 라숀다 데이비스LaShonda Davis는 성적 괴롭힘 가해자 G.F.로부 터 벗어날 수 없었다. 조지아주 먼로 카운티 포사이스에 위치한 허 바드초등학교 5학년인 두 학생은 같은 반에서 2인용 책상을 같이 썼다. 1992년 12월부터 G.F.가 라숀다의 가슴과 성기를 자꾸 만지 려고 했다. 그는 운동장에서 다른 소녀들도 쫓아다녔고, 그들과 라 숀다에게 "같이 자고 싶다" "젖 만지고 싶다"는 등 외설스러운 언행 을 했다. 성적 괴롭힘은 5개월 동안 점점 더 심해졌고, 주로 라숀다 가 표적이 되었다.

라숀다는 괴롭힘을 당할 때마다 교사들과 어머니 오렐리아에게 알렸다. 오렐리아는 딱 한 번을 제외하고 매번 교사나 교장에게 전화하거나 직접 찾아가 딸을 보호해달라고 요구했다. 라숀다와 여학생 몇 명이 담임교사에게 교장실에 G.F.를 신고하게 해달라고 허락을 구했지만, 담임은 교장이 그들을 만나고 싶으면 부를 거라며 허락해주지 않았다. 바뀐 것은 없었다. 해당 교육구에는 타이틀 나인 조정관이 없었다.

한때 열성적인 우등생이었던 라숀다는 이제 공부에 집중도 잘 못 하고 잠도 잘 못 잤다. 우울증 증상을 보이기 시작했고 학교 가는 것을 두려워했다. 좋았던 성적이 떨어졌다. 어느 날 방과 후 집에 와서 어머니에게 말했다.

"그 아이를 얼마나 더 피할 수 있을지 모르겠어요."

G.F.는 체육 시간에 바지에 문 버팀쇠를 넣고 라숀다를 향해 사타구니를 들이밀며 찌르는 시늉을 했다. 분노한 오렐리아는 다시 한번 교장에게 전화했다. "제가 좀 더 따끔하게 혼내야 할 것 같네요." 교장이 말했다. G.F.가 백인 여학생을 공격했을 때는 학교가 바로 징계했지만, 라숀다는 흑인이었다. 라숀다와 그의 어머니가 항의한 후 학교 관계자가 G.F.를 다른 자리로 옮기기까지 3개월이 걸렸다. 괴롭힘은 계속 이어졌다. 오렐리아는 계속 교사들과 교장에게 전화하거나 찾아갔다. 교육위원회에도 일부러 찾아가 대응을 요구했다. 조지아주 학교 자격 인증원과 해당 지역 사회서비스 기관에도 연락했다. 그럼에도 아무 변화가 없었다. 1993년 4월, G.F.가 학교 복도에서 라숀다의 몸에 자기 몸을 대고 성적으로 비벼댔다.

그 일이 있은 후 라숀다의 아버지가 딸의 자살 유서를 발견했다.

오렐리아가 지역 경찰에 신고하여 경찰이 G.F.를 체포했다. 학년 말인 5월에 G.F.는 성추행에 유죄를 인정했다. 교육구는 라숀다도 보호하지 못했지만, G.F.에게 책임 있게 행동하거나 자기 행동에 책임지는 법을 가르치지 못함으로써 그 남자아이도 보호하지 못했다.

데이비스 가족은 타이틀 나인 진정을 제출한 뒤, 적대적인 환경 조성과 라숀다의 학습권 침해를 이유로 1994년에 교육위원회, 교육감, 교장을 상대로 소를 제기했다. 1심은 패소했다. 항소심과 연방대법원에서는 NWLC 소속 흑인 변호사 버나 윌리엄스Verna Williams와 그의 동료들이 데이비스를 대리했다. 그들은 샌들러에게 의뢰비를 지급하고 전문가 증인으로 세웠다. 연방대법원은 그들에게 달콤 쌉쌀한 승리를 안겨주었다.

연방대법원은 데이비스 대 먼로 카운티 교육구 사건에서 타이틀 나인은 학생 간 성적 괴롭힘에도 적용되며 원고는 손해배상청구 소송을 제기할 수 있다고 5 대 4로 결정했다.[55] 또한 법원은 먼로 카운티 관계자들이 성적 괴롭힘에 관해 "사실상의 통지"를 받았고 이를 의도적으로 무시했으므로 소송을 진행할 수 있다고 동의했다. 연방대법관들은 흑인 학생에 대한 괴롭힘과 백인 학생에 대한 괴롭힘에 학교가 어떻게 다르게 대응했는지에 대해서는 논하지 않았다.[56] 한편 연방대법원은 법적 대응이 가능한 성적 괴롭힘의 정의를 고용보다 교육 분야에서 더 엄격하게 규정하여 타이틀 나인을 약화했다. 민권법 제7편에서는 성적 괴롭힘이 성립하려면 그런 괴롭힘이 객관적으로 적대적인 환경이 조성될 만큼 극심하거나 또는 만연해야 한다. 반면에 데이비스 판결 이후 타이틀 나인에서 성적 괴롭힘이 성립하려면 그런 괴롭힘이 극심하고, 만연하고, 객관적으로 불쾌해야 한다는 세 요건을 모두 충족해야 하며, 또한 학생의 학습 기회를 박탈해야 한다.

겝서 판례와 데이비스 판례가 세운 엄격한 요건 때문에 교육 분야의 성적 괴롭힘 소송에서 승소하기가 훨씬 어려워졌다.

라숀다가 대학에 다니던 2001년, 교육위원회는 데이비스 가족과 법정 밖에서 합의로 사건을 매듭지었다.[57] 각종 연구 조사가 K-12 학교에서 벌어지는 성폭력 문제의 실상을 밝혀내기 시작했다. 1996~2000년에 미국 남부의 여러 중학교에서 성적 괴롭힘 워크숍 200여 건을 시행해 밝혀낸 바에 따르면, 심각하게 만연하는 성적 괴롭힘은 인종이나 사회경제적 지위 등을 막론하고 모든 학생 집단에 영향을 끼쳤다.[58]

연방대법원의 결정이 내려질 때마다 OCR은 학교 관계자들이 여전히 타이틀 나인에 따라 성적 괴롭힘 예방 및 대응을 위한 "합리적인 조치"를 취해야 한다고 경고했다. 2001년, OCR은 1997년 성적 괴롭힘 지침을 개정하여 겝서 판결과 데이비스 판결은 민사 손해배상청구 소송에만 적용되고 그보다 더 광범위하게 이뤄지는 OCR의 타이틀 나인 집행에는 적용되지 않는다는 사실을 명료하게 알렸다.[59]

사법적으로 겝서 판결과 데이비스 판결의 문구에 약간의 희망이 남아있었는데, 즉 원고가 학교 관계자 개인을 상대로 소를 제기할 수 있는 여지가 있었다. "직무 수행을 안 하거나 거부한 책임을 학교 관리자 개인에게 지게 하지 않으면 아무것도 변하지 않을 것"
이라고 프라이스는 적었다.[60]

개업 10년 차인 프라이스는 이제 도움을 청하는 대기자가 보통
50명이고, 때로는 그 명단이 120명까지 늘어났다. 교도소에서 간호
사로 일하다가 받은 차별로 고민하던 한 의뢰인은 프라이스에게 오
기 전에 변호사 50여 명에게 거절당했다. 프라이스는 그 남성 의뢰
인의 민권 사건을 맡아 배심원 평결에서 승소했다.[61] 학교보다는 직
장에서 발생한 성적 괴롭힘 관련 소송에서 승소할 때가 많았다.[62]

성적 괴롭힘 사건을 진행하는 일은 힘든 작업이었다. 준비 과정
과 재판에 엄청난 비용이 들었고 시간과 노력 면에서 희생을 요했
다. 비판 세력은 원고들을 말썽꾼으로, 타이틀 나인을 "변호사들의
횡재"로 취급했다. 프라이스는 그 말을 들으면 웃음밖에 안 나왔다.

겝서 판결과 데이비스 판결 이후 프라이스는 학생 성적 괴롭힘
사건에서 너무 많이 패소했다. 재단의 지원금이나 기부금을 받는
NWLC 같은 대형 단체와는 달리 수임료에 의존하는 소형 법률사
무소 주인으로서 그는 반복되는 패소를 감당할 만한 금전적인 여유
가 없었다. 프라이스는 타이틀 나인 사건을 더 이상 수임하지 않았
다. 겝서 판결과 데이비스 판결이 초래한 어려움 때문에 또 얼마나
많은 변호사가 학생 성폭행과 성적 괴롭힘 사건의 수임을 회피했을
지 짐작하기 어렵다.

1992~1999

· 9 ·

학교 스포츠

프레즈노주립대 체육부장 게리 커닝엄Gary Cunningham이 심각한 얼굴로 부서 직원들을 바라보았다. 1993년 8월, 그는 미식축구 스타디움 옆에 있는 덩컨 체육관 대회의실에 직원을 소집했다. NOW가 캘리포니아주립대학교 시스템 전체를 상대로 스포츠 관련 소송을 제기했다는 기사는 다들 읽었다. 지금 OCR이 학교가 어떤 식으로 남자를 여자보다 우대했는지 조사 중이었다.

대학 체육부에 억지로 변화를 강요한다며 커닝엄이 불쾌해했다. "어떤 사람은 득을 보겠죠." 그가 말했다. "그리고 어떤 사람은 피해를 볼 겁니다."

다이앤 밀류티노비치는 커닝엄이 말하지 않은 것들이 더 선명하게 들렸다. 그는 이렇게 말하지 않았다. "타이틀 나인은 법이고, 우리는 이 법을 준수하려는 노력을 너무 오랫동안 하지 않았다. 우리는 어떤 종목도 없애지 않기 위해 최선을 다할 것이지만, 어쩌면 없애야 할지도 모른다." 그는 또한 이렇게 말하지 않았다. "사실 이게 옳다. 나도 딸들이 있다." 그리고 이렇게도 말하지 않았다. "가족을 생각해보라. 자식이 둘 있는데 — 예컨대 미식축구와 테니스 — 셋째가 생기면 그 아이를 굶길 게 아니라 떡을 공평하게 삼등분하면 된다."

아니, 그 반대였다. 다이앤이 들은 것은 그들이 더 이상 한 팀이 아니라는 메시지였다. 커닝엄은 "우리"와 "저들" 사이에 선을 그었다. 남자 운동부는 "피해를 보고" 여자 운동부는 득을 본다는 뜻이었다. 체육부장이 부서 전체의 분위기를 좌우한다는 것을 밀류티노비치는 알고 있었다. 아니나 다를까 남자들은 맘대로 불평할 면허를 얻은 것처럼 굴었다. 린디 비버스Lindy Vivas 감독과 마지 라이트Margie Wright 감독이 남자들의 비난을 반박했고, 모두 목청이 높아졌다. "맞 싸우지 마세요." 밀류티노비치가 자기 양편에 앉은 두 여성에게 조용히 말했다. 회의가 통제 불능 상태로 치달았다. 누군가 후회할 만한 말을 내뱉기 직전이었다.

"맞고함은 자제하세요." 밀류티노비치가 계속 타일렀다. "우리는 이 문제를 다른 방식으로 다룰 수 있어요."

1991년에 밀류티노비치가 체육부 차장 겸 상급 여성 행정관리자로서 맡은 직무에는 체육부에 타이틀 나인에 관한 정보를 주는 일도 포함됐다. 어떤 기준에서 보면 프레즈노주립대는 다른 대학보다 평균 이상으로 잘하고 있었다. 밀류티노비치는 누가 물으면 프레즈노주립대는 그동안 진전을 이루었으나 공평성 실현을 위해서는 아직 갈 길이 멀다고 대답했다.

비버스와 라이트는 늘 침착을 유지하고 요령 있게 처신하는 밀류티노비치의 성향을 항상 좋아하지는 않았다. 밀류티노비치는 이른바 "타고난 공정성 감각"을 갖추고 있어서, 항상 여성과 남성 모두에게 공평한 방식을 찾아내려고 노력했다. 설사 남자들이 그런 호의에 보답하지 않더라도 말이다.

타이틀 나인에 대한 적개심이 콜라병 속 탄산 거품처럼 부글거렸다. 커닝엄은 그 콜라의 병뚜껑을 따서 내용물을 잔에 따라놓고 거품이 가라앉기를 기다렸다가 모든 사람과 함께 나눠 마실 수도 있었다.

그러는 대신 그는 콜라병을 막 흔들어버렸다.

밀류티노비치는 그들이 방향을 틀어 험악한 곳으로 들어섰음을 깨달았다. 8월의 폭염 속에 그는 세워둔 차를 향해 걸었다. 그리고 차로 쇼 거리에 있는 맥도널드에 갔다. 거기에 공중전화가 있었다. 그는 수첩을 꺼내고, 공중전화에 동전을 넣고, 최근에 상담사를 만나기 시작한 친구에게 전화했다. "그 여자 상담사 이름이 뭐라고 했지?" 그가 친구에게 물었다. 밀류티노비치는 그 자리에서 상담사에게 전화해 다음 주로 약속을 잡았다. 상담사를 만나는 건 난생처음이었다. 그는 이후 15년 동안 같은 상담사를 만났다.

프레즈노주립대 스포츠 프로그램은 지역 주민에게 언제나 거대한 중요성을 지녔다. 캘리포니아주의 광대하고 비옥한 농업지대 샌와킨밸리San Joaquin Valley에 주요 프로 스포츠 팀이 하나도 없었기 때문이다. 프레즈노주립대 학생 대부분이 샌와킨밸리 출신이고 졸업 후에도 그 지역에 남는 경우가 많아서 수많은 동문이 인근에 살았다. 그 지역 마이너리그 프로야구나 아이스하키 경기를 좋아하는 팬들도 있기는 했지만, 이곳 열성 스포츠 팬의 대다수는 오랜 세월 프레즈노주립대 팀에 동질감을 지녀왔다.

이곳에는 고등학교마다 미식축구부가 있었고, 프레즈노주립대는 NCAA 디비전 I 미식축구 및 기타 스포츠에서 '거물급' 팀들과 경기했다. 자긍심만의 문제가 아니라 걸린 돈도 컸다. NCAA는 장학금 지급 건수, 스포츠 종목 수, 선수 졸업 비율을 기준으로 교육기관에 비용을 환급했기 때문에 프레즈노주립대는 스포츠 장학금도 더 많이 주고 경기 팀도 더 많이 보유할 수 있었다. 프레즈노주립대가 NCAA에 속한 더 크고 막강한 대학들만큼 누리지 못하는 것이 있다면 TV 중계 계약과 거기서 얻어낼 수 있는 수익이었다. 프레즈노주립대는 이 리그에서 1980년도를 통틀어 네 차례 우승했다. 3만 석이 넘는 미식축구 경기장이 팬으로 꽉 차거나 도심에 위치한 1만 석 규모의 셀런드 경기장에서 남자 농구 경기가 매진되는 일은 흔했다. 승승장구하는 이 학교 소프트볼 팀의 시합은 디비전 I의 다른 어떤 소프트볼 경기보다 많은 관중을 불러 모았다. 프레즈노주립대는 소속팀의 경기 성적을 기준으로 NCAA 디비전 I의 300여 개 대학 가운데 상위 3분의 1에 속했다.

이곳 시민은 프레즈노가 '최고의 소도시'가 되려면 프레즈노주립대 스포츠 팀들이 이겨줘야 한다는 생각이 강했다. 프레즈노주립대는 샌와킨밸리 스포츠 팬들에게 응원할 대상을 제공했고, 대학 관계자들은 그런 열성적인 공생관계를 이용해 스포츠 프로그램에 돈과 야심을 쏟아부었다. 적어도 남자 팀에 대해서는 그랬다.

학교는 남자 운동부 시설만 확충하고 개선했으며, 여자 운동부는 지원하지 않았다. 스포츠 장학금과 경기 참여 기회도 여자가 남자에 여전히 뒤처졌다. 여자 스포츠에 진척이 없자, 밀류티노비치는 OCR과 비공식으로 소통을 개시했다.

밀류티노비치가 보기에 여자 스포츠에 대한 저항은 1991년 이래 이 대학 총장을 맡고 있는 존 웰티John Welty의 탓도 일부 있었다. 웰티는 전에 펜실베이니아 인디애나대학교에서 스포츠 프로그램을 축소하면서 남녀 운동부를 각각 7개씩 남겼으나, 거대한 미식축구부를 유지하기 위해 여자 선수 자리를 불공평하게 줄였다. 그때 체조 선수 돈 파비아Dawn Favia의 주도로 여자 선수들이 타이틀 나인 소송을 제기했다. 대학이 그렇게 선수 자리를 줄였기 때문에 OCR이 요구한 공평한 스포츠 참여 3대 요건 중 두 번째 요건(여성에게 스포츠 기회를 확대해온 꾸준한 전력이 있을 것) 또는 세 번째 요건(여자 선수들의 관심과 능력에 맞을 것)은 충족할 수 없었다. 따라서 타이틀 나인을 준수했다는 판정을 받으려면 첫 번째 요건을 충족해야 했다. 다시 말해 경기에 참가할 수 있는 선수 자리가 재학생 전체의 성비에 상응해야 했다. 법원은 대학 측에 여성 운동부 2개를 되살리라고 명령했다. 고의든 아니든, 재정적인 어려움을 성차별의 구실로 삼을 수 없다고 법원은 판결했다.[1]

남자들은 변화에 저항하고, 타이틀 나인과 함께 자란 여성과 소녀들은 공평성을 기다리다 지쳤다. 전국의 거의 모든 대학 체육부에서 긴장이 고조되었다. 대학들은 1980년대 내내 남자 엘리트 스포츠에 엄청난 돈을 쏟아붓다가 어느 순간부터 예산 긴축을 시행했다. 체육부장들은 미식축구에 위협이 될 만한 상황에 직면하면 주로 타이틀 나인을 희생시키고 '비주류' 남자 스포츠의 예산도 줄여서 미식축구의 우위를 유지했다.

NCAA는 주디 스위트ⱼᵤdy Sweet를 첫 여성 회장으로 선출하고 NCAA 경기와 관련해 여성의 현황을 조사하는 최초의 연구를 실시했다. 그러나 여자 선수를 위해 장학금 지급을 늘리라는 그 조사 보고서의 권고 사항은 무시했다.[2] 한편으로는 타이틀 나인 준수 여부 판정을 위한 공평한 스포츠 참여 3대 요건 중에서 재학생 성비에 상응해야한다는 요건을 충족할 것을 각 대학에 권장했으며, 10년 전 NCAA가 대학대항여성체육협회를 흡수하기 전까지 대학 대항 여성 경기종목이었던 것들을 "새로 뜨는 스포츠"로 홍보했다. 그 대부분은 조정, 아이스하키, 핸드볼, 수구, 싱크로나이즈드 스위밍, 양궁, 배드민턴, 볼링, 스쿼시 등 고소득층 백인 여학생에게 더 익숙한 종목이었다. 거기에 비해 큰 대학에서 스포츠 장학금을 받는 흑인 여자 선수의 83퍼센트는 농구나 육상 선수였다.[3]

레이건이나 부시 대통령 시절에는 OCR이 공평한 스포츠 실현에 별 도움이 되지 않았다. OCR은 1991년에 발행한 안내 책자에서 타이틀 나인에 규정된 의무 사항을 재차 강조했으나 학교의 상황을 확인하는 일은 드물었으며, 확인할 경우에도 해당 학교가 개선을 약속하면 그것으로 충분했다. OCR이 타이틀 나인을 준수하는 것으로 간주한 학교들이 법원에서 연달아 타이틀 나인 위반 판결을 받았다.[4]

유권자가 1992년 '여성의 해' 선거에서 조지 H.W. 부시 대신 고른 빌 클린턴 대통령은 '멕시코계미국인 법률구조교육기금'Mexican

American Legal Defense and Education Fund에서 일하던 노마 V. 칸투Norma V. Cantú 변호 사를 OCR 국장으로 삼았다. 1994년, 칸투는 학교 스포츠와 관련해 타이틀 나인의 이행을 전국적으로 관장할 조정관을 임명했다.[5] 클린턴의 첫 임기 4년 동안 OCR은 불공평한 스포츠 참여 기회 등 타이틀 나인 진정 80건을 종결하고 총 8년의 임기 동안 NCAA 대학 1200개 중 44개 대학에서 타이틀 나인 준수 심사를 시행했다.[6]

1988년에서 2017년까지 프레즈노 카운티에서 학생과 직원이 OCR에 제출한 타이틀 나인 진정은 112건이었다. 학교 스포츠에서 일어난 차별(37퍼센트), 성적 괴롭힘(18퍼센트) 또는 고용 차별 (12퍼센트)에 관한 진정이 대다수였다.[7]

1992년 1월, OCR은 프레즈노주립대를 포함해 캘리포니아주에 있는 대학 네 군데에 타이틀 나인 준수 심사를 통고했다. 게다가 누가 1992년 4월에 프레즈노주립대에 관해 OCR에 진정을 제기하여 스포츠에서 발생한 차별 11건과 성적 괴롭힘 1건 등 총 12건의 타이틀 나인 위반 행위를 고발했다. 이어서 1993년 2월에는 캘리포니아주 NOW 지부CalNOW가 타이틀 나인 위반 및 평등한 스포츠 기회를 보장하는 캘리포니아주 교육법 위반을 이유로 캘리포니아주립 대 시스템에 속하는 20개 대학 전체를 상대로 소를 제기했다.[8] 캘리포니아주립대 시스템 소속 대학교에 다니는 여학생 비율은 이미 전체 재학생의 절반이 넘었으나 여자 운동선수의 비율은 1978년 36퍼센트에서 1993년 30퍼센트로 감소했다.[9]

연방대법원은 프랭클린 대 귀넷 판결에서, 타이틀 나인의 20년 역사와 학교 스포츠에 대한 OCR의 지도가 수년 동안 높은 수준으로 이뤄진 점으로 미루어, 학교 스포츠에서 발생하는 모든 성차별은 고의로 이뤄졌을 가능성이 높다고 언급한 바 있었다.[10] 브라운대학교 체조 선수 에이미 코언 등이 제기한 소송에서도 학교는 무슨 수를 써서라도 차별을 유지하려는 모습을 보였다.

그 학생들은 1992년에 집단소송을 제기했다. 브라운대학교는 재학생 중 여성 비율은 48퍼센트인데 운동선수 중 여성 비율은 37퍼센트였다. 자금이 모자란 것도 아니면서 학교는 스포츠 예산의 대부분을 남자 운동부에 지출했다.[11]

브라운대학교는 패소를 거듭하면서도 6년을 싸우고 소송에 약 200만 달러[약 26억 원]를 지출했으며, 전 국민이 주시한 이 사건에서 온갖 상투적인 주장을 펼쳤다. 대학 측 변호사는 3대 요건은 역차별이며 여자는 남자만큼 스포츠에 관심이 없다고 주장했다. 브라운대학은 최후의 필사적 시도로서 연방대법원에 사건 심사를 요청했으나 거부당했다. 1998년, 하급 법원은 브라운대학의 여학생 비율과 이 대학 운동선수 중 여성 비율의 차이를 3.5퍼센트 범위 내로 유지해야 한다는 의무 사항을 담은 시정 조치를 승인했다.

샌들러는 코언에게 그 획기적 소송에 대한 감사 편지를 보내고 타이틀 나인 배지를 동봉했다.

코언 대 브라운대학교Cohen v. Brown University 사건이 미해결 상태였던 6년 동안 NCAA 소속 대학들은 여자 대표 팀 1162개를 신설했다. 여성들은 원고 개인이 졸업해도 소송이 이어지도록 집단소송을 제기하는 법을 배웠다. 프랭클린 판례로 인해 손해배상 위험이 커지자, 점점 더 많은 대학이 협상할 뜻을 내비쳤다. 브라운대학교 사건

말고도 여성들은 오번대학교, 코넬대학교, 콜로라도주립대학교, 캘리포니아주립대학교 풀러턴, UCLA, 매사추세츠대학교, 오클라호마대학교, 텍사스대학교 오스틴 등과 맞서 유리한 합의를 얻어냈다.[12] 법원은 평등과 정의는 필수이지 사치가 아니며, 타이틀 나인에 의해 강제된다고 누차 강조했다.

1993년 어느 날 밤, 밀류티노비치가 어머니와 집에 있는데 10시에 전화가 울렸다.[13] 한 여자 농구 선수의 어머니였다. 여자 농구부는 브리검영대학교에서 열리는 리그전에서 원정 경기를 치르기 위해 주말 동안 유타주 프로보에 가 있었다.

"그 사람, 정신 나갔나 봐요." 선수 어머니가 밥 스펜서Bob Spencer 감독을 가리켜 그렇게 말했다. 딸이 집에 전화해서, 감독이 밤늦게까지 선수들을 못 자게 하고 "부적절한" 성적 언행을 해서 불편하다고 호소했다는 것이다. 밀류티노비치는 그 어머니에게 알려줘서 고맙다고 했다. 프레즈노주립대는 1990년에도 스펜서를 15일간 정직 처분한 적이 있었다. 그 전 경기 시즌에 그가 여성 부감독을 성적으로 괴롭힌 사실이 대학의 조사로 확인되었기 때문이다.[14] 밀류티노비치는 체육부장의 승낙을 얻어 다음 날 아침 비행기를 타고 유타주로 향했다.

그는 스펜서에게 브리검영대학교의 소프트볼 시설을 살펴보러 왔다고 말했다. 일부러 선수들이 묵는 호텔에서 지내고, 경기도 보러 가고, 가능하면 그들 가까이에서 맴돌았다. 스펜서가 선수 모집 문제로 잠시 자리를 비웠을 때 밀류티노비치는 선수들과 이야기를 나눴다. 그는 감독의 행동을 기록하여 상사에게 보고했다.

1년마다 재계약하게 되어있는 스펜서의 고용계약을 대학이 갱신하지 않을 거라는 소문이 돌았다. 스펜서는 12번째 경기 시즌을 마치고 3월에 은퇴를 선언했다. 스펜서가 밀류티노비치를 원망하면서 할 수만 있다면 총을 구해 쏴버리겠다고 말한 사실을 지인이 밀류티노비치에게 전했다. 밀류티노비치는 대학 경찰*에 그를 신고했고, 경찰은 스펜서의 교내 접근을 1년간 금지했다. 그럼에도 스펜서는 이듬해 여자 농구 경기에 나타나 선수들과 신임 감독을 불편하게 했다.

체육부장 게리 커닝엄은 이전에도 여러 번 있었던 타이틀 나인 이슈 회의를 위해 운동부 감독들을 소집하면서 이번에는 밀류티노비치나 다른 행정관리자를 부르지 않았다. 몇몇 여자 감독은 그 점이 신경 쓰였다. 회의실에서 여자들은 거의 다 탁자 한 편에 모여 앉고 남자들은 그 반대편에 앉았다.

OCR이 곧 프레즈노주립대의 타이틀 나인 심사 결과를 발표할 예정이며 학교가 앞으로 몇 가지를 바꿔야 할 거라는 이야기가 나왔다. 금세 남자 세 명의 목청이 커졌다. 그들은 이게 다 소프트볼 감독마지 라이트의 탓이라고 여겼다. 누가 그들에게 타이틀 나인 진정을 제기한 사람이 라이트라고 (잘못) 알린 것이다. 그들은 타이틀 나인을 욕하며 여자들이 프레즈노주립대에 "한 짓"을 보라고 했다.

"당신들은 남자 운동부는 어떻게 되든 상관 안 하잖아!" 그중 한 명이 회의실에 있는 여자들에게 고함쳤다.

* 미국 대학의 대다수가 자체적으로 경찰을 보유하고 있다.

"그건 사실이 아닙니다." 한 여성이 응수했다. 그들은 가만히 앉아서 고함을 들어줄 의사가 없었다. 배구부 감독 린디 비버스의 반대편에 앉은 남자 감독이, 부스터 클럽**이 그의 팀을 위해 모금한 돈을 여자 팀들이 전부 가져갔다고 비난했다. 부스터 클럽과 학교가 지원하는 스포츠 자금은 한데 모았다가 공평하게 배분하게 되어있다는 것을 이해하지 못한 듯했다. 이에 비버스는 납세자의 세금으로 지탱되는 교육기관은 학생을 차별할 수 없으며 모든 학생을 공정하게 대우해야 한다는 표준적인 논지를 펼쳤다. 그러자 그 남자 감독이 폭발했다. 그가 비버스에게 소리 지르기 시작했다.[15]

"이거 보세요." 비버스가 말했다. "당신 팀보다 가진 건 별로 없지만, 정말로 돈이 지금보다 더 필요하면 우리 것도 다 가져가세요. 가져가시라고요. 전 상관없어요."

그가 자리에서 벌떡 일어나더니 기다란 회의 탁자의 반대편에서 비버스 쪽으로 상체를 기울이며 계속 함부로 입을 놀렸다. 그는 키 162센티미터의 비버스를 주먹으로 칠 기세였다. '가만히 있자. 다이앤이 말한 대로 가만히 있자.' 속으로 그렇게 생각하면서도 비버스 역시 벌떡 일어났다.

라이트가 소리쳤다. "대체 이거 뭡니까!" 다른 몇몇 감독들도 입을 열었다. "그래요, 다들 진정합시다." "그만들 두세요." 그러나 그 공격적인 남자 감독에게 "자리에 앉으라"라고 말하거나 그를 가로막는 사람은 없었다. 회의는 곧 종료했다.

** 해당 학교 학생과 팬들이 모금 등으로 학교 스포츠 팀을 후원하기 위해 설립한 조직.

그로부터 얼마 안 있어 다른 주에 사는 친구가 비버스를 방문했다. 목사인 그는 요세미티 계곡 근처로 결혼식 주례를 보러 가던 길이었다. 비버스는 그에게 스포츠용품점에 같이 가자고 했다. 그들은 블랙스톤 거리에 있는 허브 보어 스포츠용품점으로 차를 몰았다. 계산대 직원이 잠겨있던 보관 용기를 열고 권총 몇 자루를 꺼냈다. 비버스는 한 자루씩 손에 들고 무게와 잡는 느낌을 가늠해 보았다.

"내 사무실에는 곁문이 없어." 비버스가 친구에게 말했다. "그 남자들 중 하나가 울컥해서 극으로 달리면, 사무실로 쳐들어와 여자들을 전부 총으로 쏠 수도 있을 것 같아. 그러면 달아날 방법이 없어." 사무실 책상 서랍에 총을 보관하는 것은 불법이지만, 상관없었다.

"이러지 않는 게 좋을 것 같아." 친구가 말했다.

"지금 농담해?" 비버스가 말했다. "내 사무실에서 손쉬운 표적이 되어 희생되고 싶지 않아."

"이러지 않는 게 좋겠어." 친구가 여러 차례 부드럽게 말했다. "그러면 안 될 것 같아."

그들은 집에 돌아왔다. 총은 사지 않았다. 비버스는 그 얘기를 밀류티노비치에게 수년이 지나서야 털어놓았다. 격노한 밀류티노비치는 비버스가 계획을 실행에 옮겼으면 어떤 결과가 초래됐을지 줄줄이 열거하며 따끔하게 한 소리 했다.

한편 전국 각지에서 '비주류' 종목 남자 선수들이 타이틀 나인을 막으려고 소송을 걸기 시작했으나 성과는 없었다. 그들은 미식축구부, 남자 농구부와 야구부가 학교의 비호를 받으며 비대해지는 현상에 항의하는 대신, 자기들 종목이 축소되는 것을 타이틀 나인의

탓으로 돌렸다.[16]

NCAA 소속 대학들은 1984년 그로브시티 판결로 타이틀 나인이 무력해졌을 때도 1988년까지 4년 동안 남자 레슬링부 53개를 해체했고, 민권복원법으로 타이틀 나인의 효력이 되살아났을 때도 4년 동안 해체된 레슬링부의 수는 55개로 비슷했다. 또한 1982~1992년 사이에 각 학교가 해체한 남자 체조부 39개는 같은 기간에 해체한 여자 체조부 83개에 비하면 절반도 안 되는 수준이었다.[17] 따라서 타이틀 나인이 '비주류' 남자 스포츠 축소의 원인이 아님이 확실했는데도 남자들은 여전히 그렇게 주장했다.

특히 레슬링 선수들은 J. 데니스 해스터트J. Dennis Hastert (공화당-일리노이주) 하원의원과 폴 웰스톤Paul Wellstone (민주당-미네소타주) 상원의원 같은 힘 있는 지지자를 두었는데, 두 사람 모두 학생 시절 레슬링 선수였다. 해스터트는 정치에 입문하기 전 고등학교 교사 겸 전국레슬링코치협회 회장까지 지낸 레슬링 코치였으며, 1999년에서 2009년까지 최장수 공화당 하원의장을 지냈다. 또한 그는 고교 레슬링 코치였을 때 남학생 네 명 이상을 성추행했고, 피해자 한 명에게 입막음용으로 수년간 돈을 건넨 사실과 관련해 허위진술과 금융거래법 위반 혐의로 2015년 유죄 선고를 받고 수감됐다.[18]

해스터트는 1990년대 내내 법안을 발의하고, 정부에 조사를 요구하고, 수차례 청문회를 여는 등 자기 지위를 이용해 사납게 타이틀 나인을 공격했다.[19] 진정한 문제를 고집스럽게 부인했기 때문에 그런 공격이 가능했다. 1992년 NCAA 회장의 증언에 따르면, 대학의 지출이 디비전 I에서 여자보다 남자 종목에 더 많이 이뤄진 주요 요인은 미식축구 때문이었는데, NCAA 미식축구 프로그램 전체 가운데 93퍼센트가 적자였다. 디비전 I-A 미식축구 예산이 대폭 늘어난 것과 비교하면, 여자 스포츠에 새로 지출된 금액은 아무것도 아니었다.[20]

남자 레슬링 팀, 남자 수영 팀 등이 해체되는 것을 여성 스포츠의 잘못으로 몰아가는 소송이 패소를 거듭했지만, '비주류' 남자 팀은 소 제기를 멈추지 않았다. 사건마다 패소하는데도 15년 넘게 비슷비슷한 소송을 제기하면서 헛발질을 계속했다. 법원은 전반적으로 남자가 여자보다 불균형적으로 더 높은 스포츠 참여 기회를 누리거나 더 좋은 시설과 서비스를 누린다면 남자 팀을 해체하는 것은 남성에 대한 성차별이 되지 않는다고 판단했다.[21]

CalNOW가 캘리포니아주립대 시스템 전체를 상대로 제기한 소송은 1993년 10월 이른바 'CalNOW 동의판결*'로 알려지게 되는 합의에 따라 종결되고, 이에 따라 캘리포니아주립대학들은 엄격한 목표와 일정에 맞추어 5년 내로 스포츠의 성별 격차를 시정해야만 했다. 프레즈노주립대와 다른 29개 대학은, NCAA 선수 자격을 충족하는 학부생 중 여성의 비율과 학교 선수나 스포츠 장학금 수여자 중 여성의 비율 등 두 가지 차이를 1998~1999학년도까지 5퍼센트 범위 내로 줄여야 했다. 운동부 경비에 대한 예산 배정 비율은 NCAA 선수 자격을 충족하는 학부생 중 여성의 비율과 비교해서 10퍼센트 범위 내로 유지해야 했는데, 이것은 미식축구가 비용이

---

* 분쟁 당사자 간에 이룬 합의를 반영해 내리는 법원 판결.

많이 드는 점을 고려해 좀 더 여유를 둔 조치였다.[22]

이와 별도로 OCR은 프레즈노주립대의 타이틀 나인 준수 심사 결과를 공개하고 학교에 타이틀 나인을 준수하기 위한 계획을 마련하라고 지시했다. 프레즈노주립대의 팬들 가운데서 일부는 불평했지만, 전부 그렇지는 않았다. "우리의 불쌍하고 늙은 느림보 굼벵이 프레즈노주립대"는 남녀에게 공평한 경쟁의 장을 만들 시간이 18년이나 있었는데도 그동안 체육부 임원들이 실천은 안 하고 말만 앞세웠다고 《프레즈노 비》*Fresno Bee* 칼럼니스트 짐 워서먼*Jim Wasserman*이 적었다. "그러다가 연방정부가 펑! 하고 들이닥쳐 포드 정부 이래로 대체 뭘 했느냐고 묻자, 저들은 남자들이 뭔가를 들켰을 때 전형적으로 하는 짓을 했다. 즉 자기들이 피해자인 양 투덜댔다."[23]

프레즈노주립대는 타이틀 나인 준수 심사 통과를 위한 실행 방안을 OCR에 제출했으나 그 내용이 부적절하여, 이후 몇 달 동안 학교와 OCR 사이에 서신이 오갔고, 이것이 OCR 관계자들의 인내심을 시험했다. 1994년 4월, OCR은 프레즈노주립대가 스포츠 관련 11개 항목에서 타이틀 나인을 준수하지 않았다고 판정했다. 이 대학 전일제 학부생의 54퍼센트가 여성인데 운동선수 가운데 여성의 비율은 불과 27퍼센트였고 종목, 시설, 선수 유치 자금, 훈련 시간, 의료 서비스 등도 여자 팀이 남자 팀보다 열악했다.[24]

"프레즈노 시민 연합이 우리가 하는 일을 집요하게 주시하고 있습니다." OCR 지역사무국 대변인이 언론에 언급했다. "법이 통과된 것이 벌써 언제인지 생각해보면, 이해가 갑니다."[25]

OCR 샌프란시스코 지역사무국 팻 셸턴*Pat Shelton*은 협상 회의에

온 프레즈노주립대 총장 웰티와 밀류티노비치와 다른 관계자 두 명을 맞았다. 키 작은 웰티가 몸집이 비교적 큰 여성인 팻과 악수하니 그 모습이 더욱 왜소해 보였다. 밀류티노비치는 타이틀 나인과 관련해 프레즈노주립대의 상황을 묻는 대로 척척 알려줄 수 있는 유일한 사람이었으므로 웰티가 이 회의에 동행해달라고 요청했다. 네 사람은 프레즈노주립대 스포츠 프로그램의 불공평성에 관해 세부 사항을 하나씩 검토해갔다.

예를 들어, 무료 제공 차량이 문제가 됐다. 그 지역 자동차 영업소가 운동부 감독들을 위해 공무용 자동차를 무료로 여러 대 빌려주었다. 그런 식으로 영업소는 홍보 효과도 얻고 지역민들에게 좋은 인상을 줄 수 있었다. 그런데 프레즈노주립대 당국이 남자 감독들에게는 7대를, 여자 감독들에게는 3대를 주었다고 셸턴이 지적했다.

"맞습니다." 웰티가 말했다. 하지만 학교 체육부에서 다른 여자 감독들에게 경기 목적으로 쓰도록 자가용 운행 경비를 지급했다고 응수했다. "그러므로 큰 문제가 되지 않습니다."

셸턴이 그를 쳐다봤다. "자 그러면, 남자들에게 준 차 중에서 3대를 여자들에게 주세요." 그 대신 남자들에게 자가용 경비를 지급하라고 하자, 웰티의 얼굴이 벌겋게 달아올랐다. "큰 문제가 안 된다면서요, 총장님."

OCR을 집요하게 주시한다는 그 프레즈노 시민 연합이 1994년 봄 기습적으로 기자회견을 열어 학교를 압박했다.

프레즈노주립대의 체육 코치 한 사람이 소프트볼 구장의 철조

망 문을 열어놓았다. 학생 식당에서 가깝고 체육부가 쓰는 단층 건물과 테니스장 사이에 있는 아담하고 잔디 덮인 구장이었다. 밀류티노비치는 다른 도시에 가 있었다. 프레즈노주립대 여자 코치들은 괜히 시위에 참석하는 것처럼 보였다가 보복당할까 봐, 행사가 열리는 정오 시간대에 소프트볼 구장을 피했다. 신설된 프레즈노카운티 타이틀나인공평성연합Title IX Equity Coalition of Fresno County에서 요청한 기자회견에 기자들과 여성 40~60여 명이 무리 지어 왔다.[26]

NOW, 미국여대생협회, 여성유권자연맹, 전국여성정치회의, 프레즈노 카운티 여성변호사회 소속 대표자들이 스펀지 같은 잔디 위를 걸어 마운드로 들어섰다. 연설자들은 이곳 벤치형 관중석에 불과 몇 십 명밖에 못 앉는 점, 조명등이 없어서 야간 경기를 못 하는 점, 장애인이 시설에 접근하기 어렵다는 점, 경기장에 선수 대기석, 탈의실, 심지어 화장실도 없는 점에 언론을 주목시켰다.

그런 다음 그들은 손으로 북서 방향을 가리켰다. 소프트볼 다이아몬드 그라운드에 서 있던 사람들의 시야에는 안 들어와도 거기 있던 모두의 마음속에 야구장이 보였다. 소프트볼 구장에 없는 최첨단 시설을 갖춘 야구장이었으나 지난 10년간 야구부가 리그전에서 이긴 것은 단 두 차례였다. 같은 기간에 소프트볼 팀은 리그전에서 일곱 차례나 우승했고, 칼리지 월드시리즈*에 일곱 번 출전했으며, 세 차례의 NCAA 토너먼트 경기에서 2위를 차지하면서 상당한 팬덤을 구축하여 이들이 치르는 경기에 오는 관중의 규모가 전국

---

* NCAA 디비전 I 대학 소프트볼 결승 시리즈.

최상위권이었다.[27]

여성들은 전국적인 층위에서도 책임을 요구했다. 카디스 콜린스_{Cardiss Collins} 하원의원과 캐럴 모슬리 브라운_{Carol Moseley Braun} 상원의원 등 일리노이주를 대표하는 두 흑인 의원이 체육공평성공개법_{Equity in Athletics Disclosure Act: EADA} 법안을 발의했다. 패치 밍크를 비롯해 하원의원 52인과 상원의원 5인이 이 법안에 찬성자로 연서했다. 1994년에 의회를 통과한 이 법은 연방정부의 지원금을 받는 고등교육기관이 의무적으로 대학 운동부에 관한 자료를 연차보고서로 정리해 공개하게 했다.[28] 초·중·고등학교 자료는 여전히 불투명했지만, 대학교의 타이틀 나인 준수 여부는 이 체육공평성공개법 덕분에 어느 정도 확인이 가능했다.

CalNOW 동의판결의 요구 사항에 직면하여 프레즈노주립대는 1994년 OCR과 시정 방안에 합의하고 남녀 모두를 위한 제대로 된 체력단련실, 대형 소프트볼 경기장, 그리고 새로 생긴 노스짐 체육관 별관에 여자 탈의실 네 곳을 마련하기로 했다. 또한 이 시정 방안에 따라 프레즈노주립대에 젠더 형평성 감시위원회가 마련되었는데, 초창기 위원 11명 중에 밀류티노비치와 마지 라이트 소프트볼 감독이 포함되었다.[29] "이로써 남녀 학생 선수에게 공평한 기회를 제공하는 일에 큰 진전을 이루게 될 것"이라고 밀류티노비치는 언론에 말했다. 남자 육상 코치들이 악의를 품고 남자 육상부도 전용 탈의실이 없으니 여자 육상부와 테니스부에 새 여자 탈의실을 쓰지 말라고 했다. 그러나 남자 선수용 탈의실은 전체적으로 훨씬 더 많았다.

뒤에 언뜻 보이는 카디스 콜린스(오른쪽), 데일 킬디(왼쪽) 하원의원 등과 함께
1993년 기자회견에서 교육 젠더 형평성에 관한 법안을 소개하는
패치 타케모토 밍크 하원의원.
(ⓒ 마이클 젠킨스 의회도서관 《콩그레셔널 쿼털리》 롤콜 포토그래프 콜렉션)

1996년에 프레즈노주립대에서 소수 인종·민족 학생이 다수가 되었다.[30] 전국적으로도 이들의 인구 비율이 커지면서 스포츠 정책 및 예산이 유색인종 학생에게 미치는 영향도 함께 커졌다.

여성스포츠재단 회장이며 올림픽 리듬체조 종목에 출전한 최초의 흑인 여성 웬디 힐리어드Wendy Hilliard는 1995년 의회 공청회에서 증언할 때 타이틀 나인 반대자들이 점점 더 강하게 내세우던 한 가지 주장을 거론했다.

"젠더 형평성을 지지하면 인종차별을 지지하는 것과 같다고 저급한 주장을 하는 사람들이 있습니다." 그가 말했다. 흑인 남자 선수의 비율이 높은 미식축구, 농구, 육상 등의 종목을 축소하고 백인 여자 선수가 많은 골프나 라크로스 종목을 추가하면 소수자가 손해라는 논리였다.[31]

그런 식의 사고는 "진정한 차별 문제와 소수자의 다른 종목 참여를 장려하지 않는 문제"는 제기하지 않고 "소수자 전용" 스포츠의 관념을 영속화한다고 힐리어드는 반박했다. "스포츠에 인종 통합이 실현될 때까지 젠더 형평성 노력을 중단해야 한다고 말하는 것은 얼토당토않습니다. 그런 입장은 여성과 소수인종이라는 두 차별 피해 집단을 서로 대립시키는 결과를 초래합니다."

스포츠 분야의 타이틀 나인 논란은 너무나 잘 알려져서 대중 오락물의 소재로도 쓰였다. 1995년 영화 〈대통령의 연인〉The American President에 등장하는 길Gil이라는 인물이 크리스마스 파티에서 대통령(마이클 더글러스 분)의 주의를 끈다. "대통령 각하, 호전적인 여자들이 이 나라의 대학 미식축구를 망치려고 듭니다." 길이 말한다.

"그래요?" 대통령이 말한다.

"저 아랫동네 애틀랜타의 상황에 대해 들으셨습니까? 이 여자들이 소프트볼, 필드하키, 배구 등등에서 평등을 원한다고……."

"내 기억이 맞는다면 법원이 타이틀 나인 판결을 내린 것이 20년 전일 텐데요."

"네 각하. 그런데 글쎄 이 여자들이 이제 법을 집행해달라는 겁니다."[32]

남자 스포츠 옹호자들이 의회와 OCR을 압박해 타이틀 나인을 약화하려고 했지만, 의회는 타이틀 나인 시행규정을 고수했다. OCR은 1992년 1월에 발행한 〈동료들에게〉와 정책설명에서 '공평한 스포츠 참여 3대 요건'을 다시 지지하고, 학교가 세 요건 모두가 아니라 한 요건만 충족하면 된다고 재차 강조했다. 타이틀 나인은 남자 운동부를 축소하라고 요구하지 않는다. 실제로 규제 기관도 남자 운동부의 축소보다는 여성의 경기 참여 확대를 선호한다고 OCR은 언급했다.[33] OCR은 1990년에 이미 한 차례 타이틀 나인과 학교 스포츠 지침을 개정한 바 있고, 그 이듬해에는 학교의 타이틀 나인 관련 의무 사항을 요약한 책자를 배포했다. 1998년에 발행된 〈동료들에게〉는 스포츠 장학금을 받는 남녀 비율은 재학생 전체의 남녀 비율이 아니라 학교 스포츠에 참여하는 남녀 비율과 비교해서 그 차이가 1퍼센트 범위 이내여야 한다고 한층 더 자세히 설명했다.[34]

필사적이 된 타이틀 나인 반대 세력은 이제 인신공격에 의존했다. 1995년 어느 봄날, 프레즈노주립대 소프트볼 선수들이 벤치형 관중석으로 올라갔다. 다들 비슷하게 하나로 묶은 머리가 찰랑거렸다. 그들은 자리에 앉아 라이트 감독, 밀류티노비치, 그리고 대학 인사과장 지닌 레이먼드_{Jeannine Raymond}를 마주 보았다. 서류상 레이먼드는 시간제로 타이틀 나인 조정관직도 맡고 있었으나 대학 당국은 1996년까지 그 사실을 널리 공지하지 않았다. "와서 선수들이 하는 말을 직접 들어보셔야 합니다." 밀류티노비치와 라이트가 레이먼드를 설득했다.

야구부에 괴롭힘을 당하는 것이 힘들다고 선수들은 토로했다. 야구부 선수들은 심지어 강의 시간에도 "너희는 스파이크화를 신은 레즈비언이야"라는 등의 언행을 일삼았다. 소프트볼 팀의 뛰어난 경기 성적을 질투했을 수도 있고, 아니면 학교 행정관리자들이 여학생의 스포츠 참여 기회를 늘리면서 미식축구부를 축소하지 않으려고 야구부원을 35명에서 30명으로 줄인 일에 분개한 것일 수도 있었다. 하지만 야구 선수들이 여자들을 괴롭히는 이유는 중요하지 않았다. 괴롭힘을 당장 멈춰야 했다.

"그런 땐 그냥 다른 쪽 뺨을 내밀어야 해요." 레이먼드가 말했다. 그는 뭔가를 더 말했으나 깜짝 놀라 할 말을 잃은 선수들에겐 다른 말이 들리지 않았다. 레이먼드는 그렇게 말한 것을 나중에 부인했지만, 밀류티노비치와 라이트도 그 말을 들었다.[35] 일이 이상한 방향으로 흘러가자 그들은 너무 놀란 나머지 레이먼드를 반박하지 못했다.

레이먼드가 가고 나서 그들은 팀과 이야기 나눴다. "그건 옳지 않아요." 밀류티노비치가 그렇게 말하며 천천히 고개를 가로저었다.

성소수자는 미국 사회에서 점점 더 널리 포용되고 있었지만, 동성애 혐오는 여전히 심했고 레즈비언이라고 불리는 것은 낙인과도 같았다. 프레즈노주립대 게이·레즈비언 학생 모임이 학생회관 앞에 설치한 부스를 누가 훼손하거나 파괴하는 사건이 1980년대에 자주 있었다. 종교 보수 세력은 강연이나 기고문에서 대학 성소수자 공동체를 비판했는데, 일부는 이것을 '혐오 발언'으로 여겼다.[36]

동성애 혐오는 특히 스포츠 분야에서 고질적이었다. 펜실베이니아주의 어느 대학 여자 농구 감독은 자기가 지도하는 팀에는 레즈비언을 받지 않겠다고 선언했다가 견책받고 그 발언을 철회했다. 대학 팀 선발 대상인 우수 농구 선수의 부모 가운데 모 대학 감독이 레즈비언이라고 적힌 익명의 편지를 받은 이도 있었다.[37]

"경기에 참여할 권리를 주장하는 이성애자 여성의 수가 늘어남에 따라 경기장과 탈의실에서 동성애 혐오가 점점 증가했다." 루시 제인 블레드소Lucy Jane Bledsoe는 1997년 《하버드 게이 앤드 레즈비언 리뷰》Harvard Gay & Lesbian Review에 적었다. "여자 스포츠 홍보자들이 여자 경기에서 레즈비언 이미지를 씻어내려고 애쓰고 있다." 그리고 이렇게 덧붙였다. "스포츠에서 여성이 설 자리를 위해 오랫동안 힘겹게 투쟁한 레즈비언들 — 그리고 레즈비언으로 불리는 일을 두려워하지 않은 이성애자 여성들 — 이 아니었다면, 오늘날 여자 선수의 자리는 없었을 것이다."[38]

밀류티노비치는 앞으로 누가 자기에게 레즈비언이라고 하면 시인도 부인도 하지 않기로 했다. 그래야 이성애자든 동성애자든 선수가 자기에게 와서 뭐든지 의논하는 일을 꺼리지 않을 터였다. 그리고 어떤 딱지를 붙이기 전에 먼저 그 사람을 잘 알게 되면, 그런 딱지는 문제 되지 않는다고 믿었다.

1995년 10월 26일, 여느 때와 마찬가지로 밀류티노비치는 사무실 문을 활짝 열어놓았다. 웬일인지 이날 오후는 그 건물에 있는 모든 사람이 문이 열어놓은 듯했다. 사무실마다 라디오를 크게 틀고 KMJ 방송을 듣고 있었다. KMJ는 프레즈노주립대 남자 팀 시합을 중계하는 파트너 방송국이었다. 그 전날 KMJ 토크쇼 진행자 레이 애플턴Ray Appleton이 목요일에는 프레즈노주립대 체육부의 문제점이 뭔지, 누가 그리고 왜 그런 문제를 일으키는지 알아보겠다고 청취자들에게 예고한 바 있었다. 그러나 얼마 전 코치 7인이 자기를 찾아와 돈을 주며 공격을 사주한 사실은 말하지 않았고, 자기가 이 주제를 심층 조사했다고 주장했다. 그건 사실이 아니었다.

오후 1시가 되자 애플턴의 목소리가 체육부 건물에 울려 퍼지면서 복도를 지나다니는 모든 사람에게 들렸다.

그는 밀류티노비치, 라이트 감독, 비버스 감독이 "타이틀 나인이라는 작고 못된 괴물"을 밀어붙인다며 3시간이나 장황하게 비난을 퍼부었다. "이것은 공평한 경쟁의 장을 마련하는 것과는 무관"하고, 개인의 욕심과 갑질이라고 했다. 그들이 스포츠 자금을 개인 용도로 남용했다는 암시까지 했다. 애플턴은 밀류티노비치가 결정권도 없는 사안에 "지시를 내렸다"라고 말했다.³⁹

밀류티노비치는 체육부 홍보담당관 스콧 존슨의 사무실로 쫓아갔다. 열린 문틈으로 애플턴의 목소리가 요란하게 흘러나왔으나 존슨의 모습은 보이지 않았다.

이 방송에 전화 연결된 청취자는 대부분 타이틀 나인에 대한 애플턴의 혐오에 동조했다. 두 명만은 예외였다. 한 여성 청취자는 야구 감독 밥 베넷Bob Bennett을 조롱했다. "전용 체력단련실이 없다고 징징거려요. 그게 뭐 하는 거냐고요! 여학생들은 탈의실도 없거든요. 그냥 잔디에 앉아서 팀 미팅을 한다고요." 고등학교 여자 운동부 코치를 맡고 있다는 남자 청취자는 "다른 청취자들의 양심"과 여자 선수들이 겪는 차별에 대한 사람들의 무지가 그에게 좌절감을 안긴다고 언급했다. "17년 전에 들었던 소리와 똑같은 논리를 들으니 기가 막힙니다."

"제가 아는 사실이 더 있습니다." 전화 연결된 또 다른 청취자에게 애플턴이 말했다. 그는 밀류티노비치, 라이트, 비버스에 관한 "지저분한 비밀을 알고 있다"라고 주장하며 "모두 같이 협력해서 이 일을 해결하지 않으면" 비밀을 폭로하겠다고 위협했다. 그는 "레즈비언"이라는 단어는 입에 올리지 않았으나 청취자에게 이렇게 말했다. "여러분도 그 지저분한 얘기를 아마 들으셨을 겁니다, 그렇죠? (…) 다들 벌써 알고 있으니까요. 하지만 그 숨겨진 추잡한 비밀에 관해 다들 언급을 꺼리는 거죠."

밀류티노비치는 그날 밤 오빠가 운영하는 고급 레스토랑 '라임라이트'에서 저녁을 먹었다. 프레즈노의 거물들이 이 레스토랑에 자주 들렀다. 그는 애플턴의 공격에 겁먹지 않는 모습을 그들에게 보여주고 싶었다. 겁먹기는커녕 밀류티노비치와 라이트는 애플턴을 상대로 명예훼손 소송을 제기했다. 스콧 존슨이 애플턴에게 "다이앤만 제거하면 마지나 린디는 걱정하지 않아도 된다"라고 말하는 소리를 들었다고 어느 증인이 증거자료 조사 과정에서 증언했다.

존슨을 비롯해 애플턴에게 공격을 사주한 코치 7인(남자 6인, 여자 1인)은 견책조차 받지 않았다.

KMJ 라디오와 레이 애플턴을 상대로 명예훼손 소송을 제기한 지 거의 2년이 되어가던 1997년 6월, 밀류티노비치와 라이트는 법정 밖에서 합의하고 약 6만 달러[약 8000만 원]의 합의금을 받았으나 그 대부분이 소송 비용으로 들어갔다. 그 합의에 따라 애플턴은 자기가 밀류티노비치와 라이트에 관해 말한 내용의 일부를 대학이 "부정확"한 것으로 지적했다고 시인하는 조심스럽게 작성된 성명서를 방송에서 낭독해야 했다.[40] 사람들은 승자를 좋아하기 마련이라, 소송에서 두 여성을 대리한 변호사가 승소 축하 파티를 열자 프레즈노 유력 인사들이 일제히 찾아왔다.

1996년 2월. 전날부터 밤새 내리던 차가운 비가 일요일 아침까지 계속 쏟아졌다. 이날은 프레즈노주립대가 350만 달러[약 46억 원]를 들여 지은 새 소프트볼 스타디움의 개장일이었다. 전국 1위인 UCLA와 맞붙는 더블헤더 경기*를 준비하기 위해 밀류티노비치, 시설관리 팀, 스타디움 관계자 전원이 일찌감치 도착했다. "팬들이 올까?" 밀류티노비치가 궁금해했다.

경기 시작 3시간 전에 하늘이 개고 해가 났다. 관중 5427명이 입석을 채웠다. 아직 초구도 안 던졌는데 프레즈노 팀은 벌써 우승한 기분이었다. 대학교 교내에 지어진 최초의 경기장인 이 소프트볼

---

* 같은 두 팀이 하루에 두 경기를 몰아서 하는 제도.

스타디움은 최첨단 시설을 갖추고 있었다. 이날 첫 시합은 UCLA에 지고, 두 번째 시합은 이겼다.

전국 각지의 대학에서 프레즈노주립대에 스타디움 설계도를 요청하기 시작했다. 그 대학들은 타이틀 나인 분쟁에서 계속 패배하는 데 지쳤거나, 아니면 프레즈노 소프트볼 스타디움보다 좀 작은 경기장이라도 지어주고 분쟁을 피하려고 했다.

1997년 타이틀 나인 25주년을 맞아 전국여성법률센터는 체육공평성공개법 덕분에 새로 입수한 자료를 바탕으로 스포츠 장학금과 관련해 25개 대학을 고발하는 타이틀 나인 진정을 제출했다. 일부 주요 일간지도 이 사건을 보도했다. OCR은 이를 조사하여 8개 대학에는 무혐의 판정을 내리고, 나머지 17개 대학에는 여성 스포츠 장학금을 위해 앞으로 1년 반 동안 자금을 확충하도록 했다.[41]

타이틀 나인 진정 사유는 성적 괴롭힘이 압도적이었지만, 1994~1998년에 시행된 타이틀 나인 준수 심사 41건 가운데 30건이 스포츠 관련 사안에 중점을 두고 이뤄졌다. 타이틀 나인 진정 가운데 스포츠 관련 사유는 5위였으나 학교가 개선 촉구에 동의할 가능성이 제일 높은 것은 스포츠였다(사안의 67퍼센트). OCR에 접수되는 성적 괴롭힘 진정은 스포츠 진정보다 세 배 이상 많았고, 학교가 개선을 약속하는 비율은 16퍼센트에 그쳤다. 나머지 진정은 OCR이 일부를 각하하거나 시정이 불필요하다고 판정했고, 나머지 사안은 평등고용기회위원회EEOC나 기타 기관으로 이송했다.[42]

여성및소녀교육전국연합NCWGE은 클린턴 대통령, 재키 조이너커시 청소년센터재단Jackie Joyner-Kersee Youth Center Foundation과 함께 타이틀 나인 25주년 기념행사를 공동 후원했다.[43] 1997년 6월 17일에 있었던 이 행사에서 클린턴은 타이틀 나인 제정을 주도한 버치 바이 전 상원의원의 노고를 치사했다. 또한 이날 클린턴은 자체적으로 학교를 운영하는 모든 연방정부 기관(세계 최대의 '교육구'에 해당하는 국방부, 그리고 농무부와 에너지부가 여기에 해당했다)에 타이틀 나인 관련 규정을 마련하도록 한다는 계획을 발표했다. NCWGE가 1970년대부터 요구하던 사항이었다. 2000년 여름까지 해당 기관 29군데가 전부 규정을 반포했다.[44]

교육부 보고서 〈타이틀 나인: 25년의 성과〉Title IX: 25 Year of Progress와 뒤이어 발행된 도표는 법 제정 이후 이룬 성과에 긍정적인 견해를 보였다. 대수, 기하, 미적분 수업을 듣는 여학생과 남학생 비율은 이제 비슷해졌다. 타이틀 나인이 제정된 이후 1996~1997학년도까지 고등학교에서 스포츠 활동에 참여한 여학생은 8배, 대학 대항전에서 대표 선수로 뛴 여학생은 4배 증가했다. 하지만 대표 팀은 아직도 남자 팀이 여자 팀보다 2만 4000개 더 많았다. 대학교 여자 스포츠의 운영비 지출 규모는 1992~1997년 사이에 89퍼센트 늘었으나, 남자 스포츠는 139퍼센트 늘었다.[45]

한편 1994~1998년에 실시된 캘리포니아주 타이틀 나인 준수 심사 80건을 바탕으로 이뤄진 연구에 따르면, K-12 학교의 교사와 행정관리자가 타이틀 나인이나 캘리포니아주의 성형평교육법을 잘 모르는 것으로 드러났다. 1992년부터 캘리포니아 주법이 학교에 성적 괴롭힘 대응 방침 마련을 강제했으나 많은 학교가 이를 이행하지 않았다.[46]

1998년 프레즈노주립대가 학교 스포츠 시설에 게시한 한 장짜리 유인물은 학생이 성적 괴롭힘을 당했을 때 전화할 수 있는 사람을 9인이나 열거했으나, 그중 누가 타이틀 나인 조정관인지는 표시하지 않았다.[47]

소프트볼 팀이 1998년 전국대회에서 우승을 거두자 — 프레즈노대학에서 NCAA 디비전 I 경기 우승은 사상 처음이었다 — 일부 남자들의 질투와 적개심이 더욱 깊어졌다. 하지만 여자 스포츠의 인기는 그 어느 때보다 높았다. 1998년에 미국 여자 하키 팀이 사상 최초로 올림픽 금메달을 땄을 때는 그 팀의 사진이 아침 식사용 시리얼 상자에 등장했다.[48] 1999년에는 미국 여자 축구 대표 팀이 패서디나 로즈볼 경기장에서 9만 명이라는 기록적인 규모의 관중이 지켜보는 가운데 중국 팀을 꺾고 통산 두 번째 월드컵 우승을 차지하는 모습을 4000만 명이 TV로 시청했다.

프레즈노주립대는 CalNOW 동의판결 이후 1999년 12월까지 스포츠 시설 개선에 890만 달러[약 116억 원]를 지출했다.[49] 학교는 여자 축구부와 여자 승마부를 추가하고 남자 수영부와 남자 수구부를 없앴다. NFL 팀 선수 규모의 두 배인 미식축구부 110명은 줄이지 않기로 했다.[50]

학교 행정관리자들은 1999년 4월 OCR에 서신을 보내어, 프레즈노주립대의 스포츠 프로그램은 공평한 스포츠 참여 판정의 두 번째 요건, 즉 꾸준하고 지속적인 개선을 이루었으므로 타이틀 나인을 준수했다고 언급했다. 2001년에 이 대학 운동선수 중 여성의 비율이 52퍼센트에 도달함에 따라, OCR은 프레즈노주립대의 시정 방안에 관한 사안을 종결했다. CalNOW는 15년 동안 7개 대학과 3개 고등학교에 관한 진정을 지지 또는 제기했으나, 동의판결에 따라 주립대학교 스포츠에 행해진 필수적 감시 관찰은 2000년 3월로 종료했다.[51]

이제는 프레즈노주립대가 법을 자발적으로 준수하는 일만 남아 있었다.

2000~2010

· 10 ·

보복

2000년 4월 어느 날, 라이트 감독과 소프트볼 선수 한 명이 서류 확인차 체육부 운영사무실에 들렀다.

"저게 뭐예요?" 그 학생이 물으며 눈살을 찌푸렸다.

벽에 붙은 가로 90, 세로 120센티미터짜리 방습지 포스터에 12센티미터 크기의 손 글씨로 "못생긴 여자 운동선수의 날"이라고 적혀있었다. 그 제목 밑에 누가 막대 인간을 여러 개 그리고, 그중 두 개에 체육부 차장 스콧 존슨과 홍보부장 스티브 위클런드Steve Weakland의 얼굴 사진을 프레즈노주립대 홍보 책자에서 오려내 붙여놓았다. 그 두 사람이 직원들과 오찬 모임을 하는 그림이었다. 순간 사무실이 조용해졌다.

아, 저거요, 하고 사무실 여직원이 설명했다. 며칠 전 사무실 직원들이 위클런드가 존슨에게 여자 운동선수들은 전부 못생겼다고 "농담"하는 것을 듣고서, 그들을 조롱하려고 '못생긴 여자 운동선수의 날 기념 오찬' 포스터를 제작했다는 것이다.

필수로 봐야 하는 성적 괴롭힘 관련 동영상을 그해 체육부 직원 전원이 시청했는데도 그 포스터가 학생들에게 어떤 영향을 줄지 고려한 사람은 없었다. 훈련 중이던 소프트볼 팀은 그 얘기를 듣자마자 운영사무실로 몰려가 포스터를 떼어냈다.

밀류티노비치가 점심 먹고 사무실에 돌아왔는데 운영사무실 여직원 하나가 찾아왔다. "소프트볼 팀이 무슨 짓을 했는지 아세요?" 그 직원은 학생들이 포스터를 제거한 일을 불평했다. 밀류티노비치는 운동장에 나가 학생들의 이야기도 들었다. 그는 학생들에게 그 '오찬' 포스터가 모욕적인 것은 맞다고 했다. "그것이 옳지 않다는 것은 여러분에게 동의해요. 하지만 직접 떼어낼 것이 아니라 제거해달라고 요청하는 게 맞습니다. 여러분 것이 아니니까요." 그와 라이트는 몇몇 선수를 운영사무실에 데리고 가서 구겨진 포스터를 반환하고 사과하게 했다.

밀류티노비치가 자기 사무실로 돌아오기가 무섭게 복도에서 시끄러운 소리가 들렸다. 여자 테니스 팀을 지도하는 남자 코치가 소프트볼 선수들에게 소리를 질렀다. "이것들이 어디서 건방지게?" 운영사무실 여직원들이 그걸 만들려고 얼마나 애를 썼는데 너희들이 무슨 권리로 그걸 가져갔느냐고 고함쳤다.

"저기요, 이보세요!" 밀류티노비치가 목청을 높였다. "학생들에게 소리치는 건 옳지 않습니다." 그가 선수들과 남자 코치 사이에 버티고 섰다. "가서 당신 팀이나 챙기세요."

그 일로 소프트볼 팀 분위기가 안 좋아졌다고 라이트 감독이 말했다. 프레즈노주립대는 '못생긴 여자 운동선수의 날' 사건에 연루

된 코치와 행정직원들을 견책 처분했다.

타이틀 나인이 대통령 선거에서 전국적으로 이슈가 된 것은 2000년 대선 때가 처음이었는데, 특히 이 법을 학교 스포츠에 어떻게 적용하느냐가 화두였다. 기자들은 대통령 후보들에게 타이틀 나인이 도가 지나치지 않은지 질문했다. 고등교육과 관련하여 공화당은 "남자 운동부에 부정적인 영향이 가지 않게" 타이틀 나인 적용을 "합리적으로" 접근하겠다는 공약을 내놓았다.[1] 선거 결과 공화당이 백악관을 탈환하고 하원을 장악했다. 상원 의석은 민주당과 공화당이 50 대 50으로 아슬아슬하게 반분했다.

새로 취임한 조지 W. 부시 대통령은 타이틀 나인의 집행을 감독하는 직위에 흑인 남성 두 명을 임명했다. 로더릭 R. 페이지Roderick R. Paige 교육부 장관은 미식축구 코치, 대학 학장, 교육감 출신이었고, 제럴드 레이놀즈Gerald Reynolds OCR 국장은 적극적 우대조치에 반대하는 보수 싱크탱크 회장 출신이었다. 타이틀 나인 옹호자들은 다시 한번 법을 수호할 준비를 했다.

밍크 의원은 회계감사원에 타이틀 나인의 효과에 관한 보고서를 요청하여 입학, 학교 스포츠, 공평한 학자금 측면에서 이뤄진 진전을 모든 사람에게 상기시켰다.[2] 그는 현 제도가 "여학생이 아니라 남학생을 부당하게 대우한다"라고 주장하는 보수 헤리티지재단의 공격에 맞서 여성교육공평법WEEA을 옹호했다.[3] 의회는 최신 2001년 교육법의 일부로서 WEEA를 재승인하고 관련 예산으로 2001~2006년에 매년 약 300만 달러[약 39억 원]를 책정했으나, WEEA는 2000년대를 끝으로 종료되었다. 2007~2010년에 재정 지

원이 180~240만 달러로 감소했고, 이후 완전히 중단됐다.[4]

샌들러는 공화당이 새로 다수가 된 점을 염려했다. 이즈음 여성 연구교육연구소Women's Research and Education Institute에서 책임연구원으로 일하던 그는 여전히 자문이나 강연을 위해 여러 대학을 방문했다. 그는 2001년 1월 친지에게 보내는 신년 안부 편지에서 앞으로 타이틀 나인에 가해질 공격이 걱정되지만, "쉽게 바뀌지 않을 부분이 많다는 점, 그리고 오랜 세월 이룬 성과를 빼앗기지 않기 위해 여러 훌륭한 사람들이 애쓰고 있는 점을 잘 알기에" 위로가 된다고 적어 보냈다.

일부 여성은 다른 여성만큼 그런 성과의 혜택을 쉽게 누리지 못했다.

어느 날 브릿 킹Britt King이 밀류티노비치의 사무실에 찾아왔다. "다이앤, 저는 이제 이런 일이 지긋지긋해요." 킹이 말했다. 그는 여자 야구부 감독이자 프레즈노주립대 최초의 흑인 감독으로, 선수 유치를 위해 출장 갔다가 전날 밤 비행기로 돌아온 참이었다. 비행기가 연착하는 바람에, 공항에 세워둔 포드 익스페디션 대형 SUV에 그가 올라탔을 때는 ― 학교 체육부에서 내어준 공용 차량이었으나 차에 그런 표시는 없었다 ― 벌써 새벽 1시에 가까웠다. 집을 향해 몇 킬로미터 달렸을 때 "흑인이면서 차를 몬다"는 구실로 경찰이 차를 세웠다. 킹이 차를 정지시킨 이유를 물었다. 경찰은 차가 중앙선을 넘는 걸 봤다고 했다. 하지만 그 경찰은 흑인이 그렇게 비싼 차를 몰다니 뭐가 잘못된 거라고 생각하는 듯했다.

킹이 프레즈노주립대 공용 차량을 몰다가 길에서 정지당한 일은 이번이 처음이 아니었다. 몇 주 전에도 늦은 시간에 연습을 마치고 돌아가는데 경찰이 그를 세웠다. 다가온 경찰이 킹이 입은 프레즈노주립대 유니폼을 보더니 브레이크등이 나갔다고 했다. 그래서 킹이 차를 정비소에서 가져갔으나 브레이크등에는 아무 이상이 없었다.

밀류티노비치는 킹과 함께 앨 볼 체육부장 사무실에 갔다. 어쩌면 그가 어디에 전화라도 넣어서 괴롭힘을 멈추게 해줄 수 있지 않을까?

볼은 문제점을 인식하지 못했다. 뭐가 그리 대수냐고 했다. 자기도 가난하게 자라서 차별을 느꼈지만, 그런 것에 개의치 않고 헤쳐왔다고 했다.

"하지만 앨, 거기에는 큰 차이점이 있어요." 밀류티노비치가 말했다. "가난은 바꿀 수 있지만, 흑인이라는 점은 본인이 아무리 애써도 바꿀 수 없어요. 여성이라는 점도 바꿀 수 없고요. 당신이 가난하게 자랐는지 아닌지는 아무도 모르잖아요." 볼이 고개를 저었다. 그냥 참는 수밖에 없다고 했다.

밀류티노비치는 그런 반응을 짐작해야 했으리라. 일부 백인 남자 코치가 인종차별적이고 성차별적인 만화와 연하장을 자기 사무실 문에 붙이고 모든 사람의 편지함에 넣는 행동을 수년간 해왔지만, 윗사람들의 제재는 드물고도 미약했다.

20년 전 9퍼센트였던 프레즈노주립대 교수진의 유색인종 비율은 1997년에 26퍼센트로 증가했다. 여자 교수 비율은 이제 41퍼센트였다. 재학생 1만 8000명 가운데 51퍼센트가 유색인종이고 56퍼센트가 여성이었다. 대부분의 학교처럼 프레즈노주립대도 성별 또는 인종별로 데이터를 추적했을 뿐, 성별과 인종의 조합을 고려해서 추적하지는 않았다.

학교 운동부에는 백인이 더 많았고, 교외에 사는 경제적으로 부유한 학생들이 많이 참가했다. 한 연방정부 설문조사에 따르면 2001~2002학년도에 학교 대항 시합에 참가한 고등학교 2학년 여학생 가운데 백인은 52퍼센트, 히스패닉은 36퍼센트였다.[5] 대학에서 지난 10년간 타이틀 나인 준수를 위해 추가한 축구, 라크로스, 골프, 조정, 승마 같은 종목은 도심에 있는 대다수 고등학교는 공간이나 자금이 없어 엄두도 못 냈다. 타이틀 나인 덕분에 여자 스포츠 장학금이 늘어났지만, 그 대부분은 남보다 일찍 해당 종목에 입문하여 유리했던 '최우수' 선수들에게 돌아갔으며, 그중 다수가 비싼 유료 스포츠 클럽에서 기량을 연마했다.[6]

"그런 종목에 장학금을 늘리면 유색인종 학생에게는 도움이 안 된다"라고 티나 슬론 그린Tina Sloan Green 흑인여성스포츠재단 회장이 단언했다. "그러나 그것은 저들의 관심사가 아니다. 타이틀 나인은 백인 여성을 위한 것이었다. 흑인 여성이 혜택받은 적이 없다고 말하려는 것은 아니다. 하지만 그들은 소외됐다."[7]

"혜택을 받긴 했으나 소외됐다"라는 그린의 평가를 2003년에 나온 한 연구가 뒷받침했다. 1971년에서 2000년까지 학교 대항 시합에 참가한 유색인종 여학생의 숫자는 955퍼센트 증가했으며, 이들에 대한 스포츠 장학금도 10만 달러[약 1억 3000만 원]에서 8200만 달러[약 1066억 원]로 늘었다. 타이틀 나인이 수많은 여성의 대학 진학과 운동선수로서의 진로 선택을 도운 것은 분명하지만, 더 큰 개선을 이룰 수도 있었다. 유색인종 여성은 이제 대학생의 25퍼센트를 차지하지만, 대학 운동선수의 15퍼센트에 불과하다고 여성스포츠재단은 밝혔다. 이 연구는 타이틀 나인이 유색인종 남학생에게 해가 된다는 미신의 허구성도 폭로했다. 유색인종 남성은 대학생의 22퍼센트, 대학 운동선수의 22퍼센트를 차지했다. 유색인종 남녀 학생 모두 대다수 종목에서 — 유색인종 남학생은 25종목 가운데 14종목에서, 유색인종 여학생은 25종목 중 20종목에서 — 유색인종 재학생 비율에 비해 낮은 참가 비율을 보였고, 농구·미식축구·육상 등 몇몇 종목에서만 높은 비율을 보였다.[8]

또한 타이틀 나인은 경기에서 여전히 배제되던 또 다른 집단, 즉 임신한 여자 선수들에게도 혜택을 주었다. 2001년 프레즈노주립대 코치들은 1999년 NCAA 정책 변경에 맞추어 임신한 여학생 선수를 연습과 시합에서 즉시 제외하는 방침을 입안했다. 밀류티노비치는 NCAA에 항의 서신을 보내고 동료들에게도 NCAA 규칙이 편향적이고 가부장적이며 위법하다고 설명했다. NCAA는 의사들의 의견도 듣지 않고 임신부나 태아에 대한 잠재적 위험 면에서 예컨대 임신 2개월을 6개월이나 8개월과 똑같이 취급했다.[9]

"그러게 누가 임신하래." 프레즈노주립대 코치 하나가 몇몇 여자 선수에게 말했다. "걔는 임신하지 말았어야 해." 타이틀 나인이 임신 또는 육아를 이유로 차별하는 행위를 금지한다는 것을 모르고 하는 말이었다. 다행히 프레즈노주립대 법률고문이 임신한 선수를 배제하려던 방침을 차단했다.

2000년대 초에는 대다수의 대학에 임신한 선수에 대한 공식 방침이 없었다. 일부 여자 선수는 팀에서 퇴출당할까 봐 임신 사실을 최대한 숨겼는데, 그것은 본인과 태아에게 위험할 수 있었다. 코치에게 임신 사실을 알린 선수는, 부상으로 한동안 출전하지 못하는 선수에게 제공되는 편의를 똑같이 누리지 못하고 장학금을 빼앗겼다. 한 명 이상의 여학생이 NCAA 경기 참가 자격을 1년 연장해주는 '의료 레드셔츠'medical redshirt [*] 자격을 부인하고 장학금을 취소한 대학을 상대로 소를 제기하여 승소했다.[10]

2007년 5월 13일, 스포츠 채널 ESPN이 임신한 선수에 대한 노골적인 차별 실태를 다룬 부도 프로그램 〈열외: 임신으로 멈추나〉 Outside the Lines: Pregnant Pause를 방송했고, 그것을 계기로 이 문제에 관해 더 많은 뉴스 보도가 이뤄졌다. 이에 대해 OCR은 〈동료들에게〉를 발행하여, 학교가 임신이나 출산을 다른 임시 장애와 동일하게 취급해야 한다는 점을 상기시켰다. NCAA도 결국은 타이틀 나인과 임신에 관해 여성 전문가 두 명이 작성한 임신 관련 표준 정책을 발표했다.[11]

2002년 1월, 웰티 총장은 밀류티노비치, 비버스, 라이트가 강한 여성과 여자 스포츠에 대한 스콧 존슨의 적개심을 지적하며 서면으로 제출한 반대 입장을 무시하고 존슨을 프레즈노주립대 체육부장으로 임명했다. 존슨은 오로지 밀류티노비치를 해고할 목적으로 재빨리 체육부 '조직 개편'에 돌입했고, 예산 압박을 개편의 구실로 내세웠다. 해고에 대한 진정 절차에서 밀류티노비치는 부총장을 만나

---

[*] NCAA 선수는 대학 4년 동안 선수 자격이 주어지는데 부상 등으로 레드셔츠 지위를 인정받을 경우 1년간 출전하지 못해도 선수 자격이 유지된다.

해고 이유의 부당성을 조목조목 지적했다. 해고 이유가 "스퓨리어스$_{spurious}$**하게 들린다"며 그가 동의했다. 밀류티노비치는 빨리 집에 가서 사전을 찾아보고 싶었다. 그의 주변에는 '스퓨리어스' 같은 단어를 쓰는 사람이 없었다.

2002년 8월, 대학 당국은 밀류티노비치를 학생처장 자리로 재배치했다. 체육부만 아니면 된다는 뜻이었다. 그의 후임으로 들어온 프레즈노주립대 체육부 상급 여성 행정관리자와 그다음 후임도 둘 다 자기는 타이틀 나인을 잘 모른다고 시인했다.[12]

타이틀 나인 30주년인 2002년, 전국여성법률센터$_{NWLC}$는 여자 선수들에게 돌아가야 할 스포츠 장학금 총 650만 달러[약 85억 원]를 부당하게 지급하지 않은 혐의로 30개 대학에 관해 진정을 제기했다.[13] 2002년 NCWGE가 발표한 젠더 형평성 '성적표'는 타이틀 나인 제정 이후 고등교육에서 이룬 진전에 성적을 매겼다. 수학과 과학 B-, 스포츠 C+, 임신 및 육아 중인 학생에 대한 처우 C+, 성적 괴롭힘은 C였다. 그냥 보통 수준이고, 인상적인 성적은 아니었다.[14]

그해 전국레슬링코치협회는 공평한 스포츠 참여 3대 요건 가운데 첫 번째 요건(선수 성비가 재학생 성비에 상응할 것)이 남학생에게 불공평하다고 주장하면서 교육부를 상대로 소를 제기했고, 여기에 예일대학교와 마켓대학교 동문들이 합세했다. 샌들러는 1970년대 여성 운동가들이 모든 것을 절반으로 나누기를 원했을 때 NCAA와 미식축구 감독들이 좀 더 복잡한 그 3대 요건을 고안했다

** 겉으로만 그럴싸하지 진정하지 않다는 의미.

는 점을 모든 사람에게 상기시켰다.[15] "근본적으로 그 불평은 여전히 타이틀 나인 자체를 적대하고 있다"라고 마샤 그린버거는 《뉴욕타임스》에 말했다.[16] 항소법원은 레슬링코치협회가 제기한 소송을 2004년에 기각했다.[17]

2002년 6월에 열린 상원 공청회에서 발언자 5인이 30주년을 맞은 타이틀 나인에 찬사를 보내자, 페이지 교육부 장관이 불길한 언급을 했다. 그는 학교체육기회위원회Commission on Opportunity in Athletics를 신설해 타이틀 나인을 검토하게 하고 "모든 운동선수를 위해 공정성을 확보할 기회"를 마련하겠다고 선언했다. 불만에 찬 남자들을 위로하겠다는 암시였다. 공청회장에 와 있던 NWLC 직원들이 "NWLC가 부시 정부에 고한다: '타이틀 나인을 가만 놔두라'"라는 제목의 보도자료를 배포했다.[18]

페이지 장관이 설치한 위원회는 처음부터 남자에게만 초점을 맞췄다. 위원 다수가 대규모 미식축구 팀을 갖춘 대학교 관계자들로 구성되었고, 초등학교나 고등학교 스포츠를 대변하는 사람은 아무도 없었다. 그들 대다수는 타이틀 나인의 내용을 거의 이해하지 못하는 듯했다.

8월 말 애틀랜타 도심의 한 호텔에서 이틀 동안 열린 그 위원회의 제1차 공청회에서 바이 의원이 증언했다. "기회균등. 평등. 이것이 지난 200년 동안 평등한 정의에 자부심을 지녀온 나라에서 논란거리가 되어서는 안 되죠." 그가 말했다.[19] 위원회는 시카고, 콜로라도스프링스, 샌디에이고에서 세 차례 더 공청회를 열었고, 샌디에이고 공청회에서는 밀류티노비치와 프레즈노주립대 총장 웰티도 증언했다.

예상대로 타이틀 나인 반대자들은 타이틀 나인이 할당제를 요구하고 남자를 피해자로 만드는 "도가 지나친" 법이라고 주장했다. 똑같은 소리를 수십 년쯤 반복하면 진실로 둔갑하겠거니 여기는 듯했다. 타이틀 나인 지지자들은 1992~2000년에 여자 운동부를 추가한 대학의 72퍼센트가 남자 운동부를 해체하지 않았으며, 전체적으로 보면 추가된 남자 운동부의 수가 해체된 남자 운동부보다 많았다고 설명했다.[20]

시간이 갈수록 미식축구는 더 많은 자원을 집어삼켰다.[21] 앤드루 짐벌리스트Andrew Zimbalist 스미스대학교 경제학 교수는 현재 미식축구와 야구 감독 수십 명이 받는 100만 달러 이상의 연봉을 20만 달러 수준으로 낮추면(그렇게 줄여도 교수 99퍼센트가 받는 연봉보다 높았다), 대학마다 3~6개 종목을 더 추가할 수 있다고 공청회에서 증언했다.[22]

위원회가 제1차 공청회를 열던 무렵, 밍크 의원은 수두에 걸려 자가 격리 상태였다. 이틀 뒤 그는 폐렴으로 호놀룰루의 한 병원에 입원하여 중환자실에 입실했다. 2002년 9월 28일, 그는 가족이 지켜보는 가운데 향년 74세로 세상을 떠났다.[23]

사망하기 몇 달 전, 밍크는 타이틀 나인 30주년을 맞아 타이틀 나인의 여정을 시작부터 지켜본 사람으로서 각종 담화와 인터뷰에 모습을 드러냈다. 밍크와 동료 하원의원들은 페이지 장관에게 서신을 보내, 전국 1만 6000개 고등학교에 스포츠 성 형평성 통계자료의 제출을 요구하라고 촉구했다. 페이지는 그건 "상당한 부담"이라며 거절했다.[24] 2002년 봄 밍크는 제8회 NCAA 연례 타이틀 나인 세미나에서 기조연설을 했다.[25] NOW는 밍크에게 '선구적 여성상'을 수여하여 그의 치적을 기렸으나, 수상 근거에 "타이틀 나인의 제정을 주도한 공"을 포함시켜 사실을 다소 과장했다.[26] 여성전국농구협회Women's National Basketball Association: WNBA도 올스타 경기 하프타임에 농구장 중앙 서클에서 밍크의 공적에 경의를 표했다.

그해 6월, 밍크는 하원에서 발언권을 얻어 타이틀 나인 30주년 기념일을 축하하고 타이틀 나인이야말로 "의원으로서 내가 성취한 가장 중요한 업적에 속한다"라고 언급했다. 말을 조심스럽게 고르기는 했지만, 타이틀 나인 탄생사에서 자신의 역할을 다소 부풀린 감이 있었다.[27]

하지만 타이틀 나인이 페이지가 만든 위원회에 공격받는 상황에서 밍크의 발언은 더욱 생생하게 다가왔고, 밍크가 사망하자 3일 동안 하원의원 72명이 자리에서 일어나 추모사로 고인을 기렸다. 그중 40명이 밍크를 타이틀 나인과 연결 지어 언급했다. 밍크를 가리켜 타이틀 나인의 공동 입안자, 또는 단독 입안자, 또는 타이틀 나인의 어머니라고도 했다. 한 동료 의원은 밍크의 이름을 따서 WEEA의 명칭을 바꾸자고 제안하기도 했는데, 그랬다면 적절했을 것이다. 하지만 그러는 대신 의회 공동 결의로 타이틀 나인을 '패치 타케모토 밍크 교육기회평등법'으로 개칭했다.[28] 얼마 안 있어 사람들이 잘 모르고 올린 인터넷 포스팅 때문에 밍크가 타이틀 나인의 입안자라는 전설이 굳어졌다.

《의회 의사록》에 기록된 샌들러의 추도사는, 타이틀 나인의 기반을 다진 그린 의원을 밍크가 도운 점, 타이틀 나인 제정 후 공격에 맞서 법을 수호한 점, WEEA의 모태 역할을 한 점 등을 칭송했다. 그 주에 WEEA 프로그램을 통해 구매할 수 있었던 자료 목록만 봐도 밍크가 남긴 다양한 유산을 살필 수 있다고 샌들러는 언급했다. 《장애물 걷어내기: 소녀들의 과학, 수학, 전산 참여 증진에 진짜 효과적인 600가지 전략》*Lifting the Barriers: 600 Strategies That Really Work to Increase Girls' Participation in Science, Mathematics and Computers* 같은 간행물을 비롯해 이민자 학생, 북미 원주민, 라틴계 여성과 소녀, 남부 여성, 쿠바계 미국 여성, 장애인 소녀, 싱글맘 등에 대한 WEEA의 지원 자료를 찾아볼 수 있었다. "심지어는 소년들에게 공평성을 제공하는 문제에 관한 자료도 냈다"라고 샌들러는 강조했다.[29]

위원회가 최종 회의를 진행하던 2003년 1월, NOW와 페미니스트다수재단Feminist Majority Foundation이 조직한 집회에 온 대학생들은 비를 맞으며 행진 시위를 벌이고 회의 장소인 워싱턴DC의 한 호텔 앞에서 "타이틀 나인을 구하자"라고 구호를 외쳤다.[30] 2월 26일, 위원회는 법적 구속력 없는 보고서를 발행하여 대학교 남자 운동부의 축소를 막는 방향으로 타이틀 나인 지침의 개정을 권고했으나 여자 선수들이 여전히 겪는 차별에 대해서는 언급하지 않았다.

이 위원회 소속 위원 2인 — 여성스포츠재단 전 회장 도나 데 바로나Donna de Varona와 인기 축구 선수 줄리 파우디Julie Foudy — 은 위원회의 성급하고 엉성한 심사 과정과 잘못된 결론에 이의를 제기하는 소수 의견 보고서를 공개 배포했다. 언론이 그 두 보고서를 널리 보도하여 대중의 거센 반발을 촉발했고, 심지어 마일스 브랜드Miles Brand

NCAA 회장도 "타이틀 나인은 고장 나지 않았으니 고칠 필요가 없다"라고 말했다.[31]

격렬한 반발이 일자 OCR은 신중하게 대응했다. 위원회의 논란 많은 권고안을 수용하는 대신 2003년 7월 11일에 〈동료들에게〉를 발행하여 타이틀 나인 시행규정을 이전처럼 유지한다는 취지를 알렸다. 그리고 타이틀 나인에는 남자 운동부의 축소를 요구하는 규정이 없다는 점, 그리고 OCR은 위원회의 전략을 선호하지 않는다는 점을 재차 명확히 했다. 학교가 3대 요건 중 하나만 충족해도 법을 준수하는 것으로 본다고 거듭 알리고, 운동부를 위한 민간 사금 모금은 허용되나 타이틀 나인이 학교에 요구하는 공평성 의무에는 변함이 없다고 밝혔다.[32]

2002년 10월 9일, 밀류티노비치와 다른 몇 사람이 기자회견을 열었다. 장소는 프레즈노주립대 표지가 설치된 사거리에서 대각선 건너편에 있는 마리 캘린더 레스토랑 바로 옆 '피카딜리 인' 호텔 로비였다. 밀류티노비치는 삼각대를 설치하고 프레즈노주립대의 재정에 관한 차트를 올려놓았다. 그는 프레즈노대학의 차별과 보복 조치를 이유로 평등고용기회위원회EEOC, 캘리포니아주 정부, OCR 등에 이미 진정을 낸 상태였다. 소송으로 가는 첫 단계였다.

그를 대리하는 변호사와 평등권옹호회에서 나온 또 다른 변호사 하나가 예산 제약 때문에 밀류티노비치를 해고했다는 프레즈노주립대의 주장을 철저하게 반박했다. 2001년에 적자 조짐이 있기는 했지만, 그때 학교 체육부는 미식축구 감독의 임금을 올려주고, 실리콘밸리 볼 대회 출전에 25만 달러[약 3억 2000만 원]를 쓰고, 스카이박스 창문 수리비로 15만 달러[약 2억 원] 넘게 지출했다. 2002~2003학년도 체육부 예산은 26만 4000달러[약 3억 4000만 원]의 흑자를 예상했다. 또한 체육부는 새로 6인을 채용하고 존슨이 삭감한 세 자리 중 밀류티노비치의 자리만 빼고 두 자리를 다시 복원했다.[33]

그런데도 웰티 총장은 기자들에게 체육부 조직 개편을 시행한 이유는 오로지 예산 부족 때문이라고 말했다.[34]

그다음 달에 밀류티노비치는 담당 변호사 레이마 처치Rayma Church와 배구 감독 린디 비버스가 만나도록 주선했다. 2002년 말 비버스의 계약이 종료되는데, 2년 재계약 정도가 최선이었다. 반면에 미식축구, 야구, 농구 감독은 전부 5년 계약이었다. 존슨은 계약 연장 조건으로 일정 관리, 출석률, 경기 승리 등 다른 감독들에게는 요구하지 않는 성과 목표를 추가했다. 비버스를 쫓아내기 위한 작업으로 보였다. 밀류티노비치와 처치는 퇴근 후 자택으로 비버스를 찾아가 밤 11시까지 존슨의 이메일에 함께 답신을 작성했다. 비버스의 반박 내용이 정확한지 확인하고 혹시 필요할 경우에 대비해 문서 기록을 남기기 위한 조치였다. 그들은 메일에 담은 정보를 조심스럽게 확인하고 수정에 수정을 거듭했다.

2003년 11월 프레즈노주립대는 새로 세이브마트센터 체육관을 개장했다. 거기서 여자배구 시즌 경기 13개가 열릴 예정이었으나, 존슨은 단 한 차례 시합을 치른 뒤 규모도 더 작고 훨씬 노후한 노스짐 체육관으로 여자 배구 시합 장소를 변경했다. 그러면 비버스의 입장에서 선수 모집이 힘들어지고, 따라서 계약서에 적힌 성과 요구 사항도 충족하기 어려워질 터였다. 2004년 5월 비버스는 OCR에 진정을 냈다.[35] 7개월 뒤 프레즈노주립대는 비버스의 계약 연장을 거부했다. 프레즈노주립대 사상 가장 많은 승리를 거두고 '서부 체육연맹 올해의 감독'으로 세 차례나 선정된 배구 감독을 학교가 내쫓고 말았다. 그리고 디비전 I 여자 배구 선수들을 한 번도 코치해본 적이 없는 남자를 후임으로 고용했다. 그는 고전하며 3년간 18승 71패를 기록했다.

처치는 밀류티노비치와 비버스 두 사람 다 승소 가능성이 있다고 느꼈지만, 그래도 그들에게 경고했다. 프레즈노주립대 관계자들이 여자 스포츠와 관련해 뭔가 해야 할 때 그들이 할 수 있는 일은 셋 중 하나였다. (A) 옳은 일, (B) 옳지도 그르지도 않은 일, (C) 그른 일. 처치가 볼 때 프레즈노주립대는 항상 (C)를 택했다. 의뢰인들이 대학 당국이 옳은 선택을 할 거라고 지나치게 기대할 때마다 그는 대학이 (C)를 택할 거라고 일러주었다.

몇 주 후 처치가 일하는 로펌의 파트너 변호사 제임스 D. 에머슨 James D. Emerson이 처치를 자기 사무실로 불렀다. "이 사건은 맡지 말았어야 했어요." 에머슨이 그렇게 말했다고 처치는 회고했다. 로펌 홍보에 안 좋다고 했다. 중요한 의뢰인을 놓칠 수 있다고 했다. 프레즈노는 작은 동네였다. 처치가 뜻을 굽히지 않자, 동료 변호사들이 법적 동업자 관계를 해소하고 로펌에서 그를 밀어냈다. 그는 가족이 있는 미주리주로 돌아가 거기서 변호사로 개업했으나 밀류티노비치, 비버스와는 계속 연락을 주고받았다.

밀류티노비치와 비버스는 사방에 변호사를 알아봤으나 하나같이 자기들은 과거에 프레즈노주립대를 대리한 적이 있어서 이해관계 충돌 때문에 사건을 수임할 수 없다고 했다. 소송을 제기할지 말지 결정해야 하는 시간이 비버스에게 다가오고 있었다. 밀류티노비치가 오클랜드에서 활동하는 민권 변호사 댄 시걸Dan Siegel이 참석하는 미국여대생협회 오찬 간담회에 가보자고 제안했다. 거기서 둘 다 시걸에게 사건을 맡기는 데 성공했다.

체육부에서 밀류티노비치가 사라지자, 2005년도 여자 스포츠 예산이 24퍼센트에서 20퍼센트로 축소되었다. 프레즈노주립대는 육상과 승마에서 여자 선수를 대폭 늘렸다. 승마부는 여자 선수가 너무 많아져서 (2003년 1월에 96명이었다) 선수 1인당 일주일에 기껏 2시간 정도 연습할 수 있었다. 밀류티노비치가 공개 증언했다. "그것은 여자들에게 진정한 기회가 아닙니다. 겉으로만 그렇게 보일 뿐입니다."[36]

존슨은 소프트볼 감독 마지 라이트를 20년간 썼던 사무실에서 내보내 육상 코치들이 쓰는 사무실보다도 더 멀리 떨어진 방으로 옮기게 했다. 존슨이 소프트볼 예산도 축소하고, 경기장 관리비와 마케팅 예산도 삭감했다고 라이트는 말했다. 그로 인해 팬을 모으기도, 선수를 유치하기도 어려워졌다. 라이트는 NCAA 디비전 I 소프트볼 대회 사상 최다 우승을 거둔 감독이었다. 행정관리자들은 일부러 라이트를 괴롭혀서 자진해서 그만두게 할 셈이었다고, 나중에 다른 코치 하나가 증언했다.

라이트와 비버스가 남녀를 통틀어 프레즈노주립대 1군 팀 중 NCAA 토너먼트 경기에 출전한 유일한 두 감독인 동시에, 임금 인상도 없고 고용계약도 5년으로 체결하지 못한 유일한 두 감독이었다는 사실을, 밀류티노비치는 2004년 OCR 샌프란시스코 지부에써 보냈다.[37]

OCR 관계자들은 밀류티노비치, 라이트, 그리고 여자 수영 선수한 명이 제기한 진정과 관련해 조사에 착수할 것이라고 프레즈노주립대에 통고했다.[38] 2004년 10월, 밀류티노비치는 타이틀 나인 위반과 보복성 해고를 이유로 프레즈노주립대를 상대로 소를 제기했다.

체육부장 스콧 존슨은 2002년 밀류티노비치를 해고하기 두 달전 여자 농구부 감독으로 스테이시 존슨클라인Stacy Johnson-Klein — 존슨과 친척 관계는 아니다 — 을 채용했다. 존슨은 존슨클라인이 "홈팀"이라며 — 이성애자임을 가리키는 은어였다 — 연봉도 높여주고 다른 여자 감독보다 계약 기간도 길게 잡아주었다. 존슨클라인은 다른 여자 감독들과 거리를 두었다. 웰티 총장은 호화로운 교내총장 공관에서 존슨클라인이 결혼식을 올리도록 배려하고 체육부는 결혼사진을 홈페이지에 게재했다.[39] 스콧 존슨은 레즈비언으로짐작되는 코치와 행정관리자를 해고하려고 살생부를 만들고 밀류티노비치, 비버스, 라이트를 레즈비언, 무신론자로 일컬었다고 훗날 존슨클라인이 언급했다.[40]

장신에 금발인 존슨클라인의 도발적인 이미지가 프레즈노 지역일대의 빌보드, 포스터, 기사, TV 광고, 잡지 표지를 장식했다. 그는 몸에 딱 붙는 드레스를 입고 맨살을 훤히 드러냈고, 분홍색 모피판초 차림으로 농구 코트 사이드라인에서 10센티미터 굽 하이힐을신은 발을 굴렀고, 불도그 마스코트가 그려진 노출 심한 홀터넥 셔

캘리포니아주 베벌리힐스에서 열린 2008년 여성스포츠재단
"빌리상"(빌리 진 킹의 이름을 딴 것이다) 시상식 전 환영 연회에 참석한
마지 라이트, 다이앤 밀류티노비치, 린디 비버스. (© 레이마 처치)

츠를 입고 포즈를 취했다.[41] 밀류티노비치에 따르면 그는 탁월한 감독이기도 했다. 다섯 시즌 연속 패배했던 팀이 존슨클라인이 감독으로 부임한 첫해에 21승 13패의 성적을 올렸다. 관중 수도 798퍼센트 증가하고, 시즌 티켓 구매자도 66명에서 4500명으로 늘어났다.[42]

이내 체육부의 일부 남성들이 그에게 고약하게 굴기 시작했다. 존슨클라인에 따르면, 스콧 존슨이 세차장을 통과하던 자동차 안에서 그의 젖가슴을 만지고, 배우자는 놔두고 둘이서만 자기 호숫가 별장에서 만나자고 조르고, 중요한 기부자가 그를 "일대일"로 만나고 싶어 한다는 말도 했다. 새로 임명된 체육부 차장 랜디 웰니악Randy Welniak도 옷차림이나 외모에 관해 성적인 언사를 던지며 그를 괴롭히기 시작했다.[43]

2004년에 존슨클라인은 여자 농구부 부감독 자리를 계속 공석으로 남겨둔 점, 자격증을 갖춘 트레이너가 부족한 점 등을 지적하며 남녀 농구부에 대한 불공평한 처우를 행정관리자들에게 항의했다. 2005년 1월에는 웰니악의 성적 괴롭힘 언행을 중단시키라고 존슨에게 요청했다. 대학 당국은 존슨클라인의 요청을 들어주기는커녕 오히려 그를 '조사'하기 시작했다. 그는 3주 내로 정직 처분을 받고 3월 2일에 해고당했다. 그는 밀류티노비치에게 조언을 구했고, 밀류티노비치는 그에게 변호사를 구해주었다.

프레즈노주립대 관계자들은 이번에도 역시나 선택지 (C)를 택하여, 380쪽에 달하는 존슨클라인 조사 보고서를 온라인에 올렸다. 그가 재정 비리를 저지르고, 일부 선수에게 가혹 행위를 하고, 한 선수에게 진통제를 요구했다고 비난하는 내용이었다. 존슨클라인이 다른 곳에 채용될 길을 확실하게 봉쇄할 셈이었다. 그래서 그는 소송을 걸었다.

존슨클라인만 직장을 잃은 것이 아니라 스콧 존슨 체육부장도 물러났다. NCAA 규칙 위반을 수백 건 저지른 남자 농구부 감독이 압박감을 느끼고 사임한 뒤, 존슨이 갑자기 은퇴했다. 하지만 은퇴하고도 그해 말까지 몇 달 동안 월급을 받았다.[44]

많은 학교가 봄방학 중이던 2005년 어느 금요일 늦은 오후, 부시 정부의 OCR이 슬쩍 새 지침을 발표했다. 공평한 스포츠 참여 3대 요건 중 세 번째 요건(여자 선수들의 관심과 능력에 맞을 것)을 더 쉽게 충족할 수 있게 고안한 지침으로, 국민 의견 수렴 절차도 생략했다. 사실 그 전에도 1992년에서 2002년까지 OCR이 조사한 130개 대학 스포츠 프로그램 가운데 3분의 2가 그 세 번째 요건을 충족하여 타이틀 나인 준수 판정을 얻어냈다. 새 지침에 따라 이제 학교는 스포츠에 대한 학생의 관심을 이메일 설문조사로 판별할 수 있게 되었고, 응답이 없으면 스포츠에 관심이 없는 것으로 간주할 수 있었다.[45]

여러 여성·교육·체육·민권 옹호 단체가 즉각 격렬하게 항의하고 설문조사의 방법론적 결함을 지적했다. 이메일에 답이 없으면 그저 무응답일 뿐 다른 의미로 간주할 수 없었다. 미국 상원 세출위원회의 요구로 OCR이 제출한 더 자세한 보고서는 엉성한 논리를 드러냈다. NCAA는 OCR에 최신 지침의 철회를 촉구하고 회원 대학에 그 지침을 무시하라고 통지했다. 2006년 말 의회는 스포츠 활동에 대한 학생의 관심을 조사하는 이메일 설문은 타이틀 나인 준수 판정에 단독으로 사용할 수 없고 다른 사항들과 반드시 함께 고려할 것을 요구하는 법안을 통과시켰다.[46]

한편 2005년에 연방대법원이 내린 잭슨 대 버밍엄 교육위원회 Jackson v. Birmingham Board of Education 판결은 여성들이 프레즈노주립대를 상대로 제기한 소송에 커다란 힘을 실어주었다.[47]

앨라배마주에서 고등학교 여자 농구부를 코치하는 흑인 남성 로더릭 잭슨Roderick Jackson이 학교 당국과 해당 교육구에 남녀 팀에 존재하는 격차를 시정하라고 요구했다. 남학생은 좋은 체육관에서 연습하는데 여학생은 바닥은 미끄럽고, 농구 백보드는 합판 재질이고, 코트와 골대는 표준 규격에도 안 맞는 97년 된 낙후한 체육관 건물에서 연습했다. 동료들이 그에게 말했다. "입조심하는 게 좋을 거야. 괜히 문제 일으키지 말고."[48] 버밍엄 교육위원회는 그가 부차적으로 수행해온 코치직을 박탈했다. 잭슨은 보건·체육 교사로 계속 근무하면서 교육위원회의 보복성 조치에 소를 제기했다.

전국여성법률센터가 연방대법원에 제기된 항소를 지원했다. 전국유색인종지위향상협회, 미국유대인총회, 아랍계 미국인 차별반대위원회, 전국 게이 레즈비언 태스크포스 등 180개 단체로 구성된 민권지도자회의 연합도 잭슨을 지지하는 의견서를 제출했다. 심지어 부시 정부도 잭슨 편을 들었다.

연방대법원은 성차별의 직접적인 대상이 아닌 자가 성차별에 항의할 때 그 사람에게 보복하는 행위도 타이틀 나인에 의해 금지된다고 판결했다. 2006년 11월, 버밍엄 교육구는 잭슨이 입은 금전적 손해를 배상하고 그를 코치로 복직시키기로 합의하여 사건을 매듭지었다.

2006년 2월, 밀류티노비치 측 변호사들은 재판 준비 절차로서 웰티 프레즈노주립대 총장을 신문했다. 이후 밀류티노비치는 미묘한 변화를 감지했다. 그가 일하는 학생처 상급자들이 그와 거리를 두려는 것 같았다. "아무래도 저 해고될 것 같아요." 밀류티노비치가 변호사들에게 말했다. 변호사들이 그렇지 않을 거라고 그를 안심시켰다. "당신을 두 번이나 해고하는 멍청한 짓은 안 할 겁니다."

프레즈노주립대는 이번에도 (C)를 택했다. 2006년 7월, 밀류티노비치는 해고당했다.

2007년 타이틀 나인 35주년에 남자 스포츠 옹호 세력은 타이틀 나인을 약화하려고 교육부에 소송을 걸었다. 이 단체는 스스로 '공평체육회'Equity in Athletics로 이름 붙이고 1990년대에 이미 코언 대 브라운 판결에서 거부당한 바 있는 논거를 재탕했다. 항소법원은 소송을 기각했다.[49] 같은 2007년에 보수 단체 퍼시픽법률재단Pacific Legal Foundation이 OCR에 3대 요건의 폐지를 또 요청했으나 OCR이 이를 거절했다. 이런 식으로 타이틀 나인이 학교 스포츠에 적용되지 못하게 막으려던 소송과 캠페인은 30년 넘게 실패를 거듭하다가 마침내 서서히 사그라들었다. 그러나 공평한 스포츠 프로그램을 제공하지 않는 교육기관이 여전히 많았다.

타이틀 나인은 인기 있는 법이었다. NWLC가 성인 1000명을 대상으로 시행한 2007년 여론조사에서 82퍼센트가 타이틀 나인을 지지했다고 그린버거가 2007년 6월 19일 미국 하원의원 12인 앞에서 증언했다.[50] 그러나 부시 정권 4년 동안 OCR이 행한 타이틀 나인 준수 심사는 단 한 건이었다고 그린버거는 언급했다. 그리고 지난 4년간 제기된 스포츠 관련 진정 416건 가운데 코치들이 제기한 진정 비율은 8퍼센트에 불과했는데, 불공평성의 증거에 가장 쉽게 접근할 수 있는 코치들이 진정을 제기하기를 꺼린 이유는 보복에 대한 두려움이었다. 실제로 진정을 제기한 코치 중 절반이 보복 조치를 당한 것으로 보고되었다.

배구 감독 린디 비버스는 타이틀 나인 위반에 대한 자신의 내부고발을 대학이 보복한 점, 젠더와 혼인 여부(그는 비혼자였다)를 근거로 차별하고 성적 지향을 지레짐작하여 차별한 점을 이유로 2006년 2월 프레즈노주립대에 소를 제기했다. 2007년 6월 4일 프레즈노시에 별다른 큰 뉴스거리가 없던 뜨거운 여름날, 상자처럼 네모반듯하고 벌집 같은 외관을 콘크리트로 마감한 8층짜리 법원 건물로 언론 매체가 꾸역꾸역 모여들었다. 이곳에서 앞으로 5주간 재판이 진행될 예정이었다.[51]

밀류티노비치는 옷깃에 'IX'* 모양의 핀을 꽂고 증언했다. 라이트 감독은 '스파이크화를 신은 레즈비언' 언급, '못생긴 여자 운동선수의 날' 사건 등에 관해 증언했다. 그러자 라이트의 사무실로 협박 전화가 걸려왔다. 교내 경비 담당이 매일 저녁 다른 길로 운전해서 귀가하라고 조언했다. 증인석에 오른 존슨클라인은 체육부 행정관리자들이 동성애자 혐오 발언을 일삼은 일, 비버스의 직장생활을

---

* 타이틀 나인의 '나인'을 로마 숫자로 표기한 것.

괴롭게 만들어주라고 스콧 존슨이 체육부 직원들에게 지시한 일 등을 증언했다.

배심원단의 평결이 있던 날, 지지자들이 법정을 가득 메웠다. 지지자 중 한 명인 프레즈노주립대 전 농구 감독 도나 피켈은 5주 내내 재판일마다 노트북 컴퓨터를 가져와 스포츠 관련 옹호자 네트워크에 상황을 요약해 발송했다. 평결일 저녁에 나간 메시지에는 이렇게 적혀있었다. "린디가 이겼어요! 린디가 이겼어요! 린디가 이겼어요! 포인트! 게임! 매치**!!!!!!!"

재판 전에 프레즈노주립대는 비버스에게 1만 5000달러[약 2000만 원]를 줄 테니 소를 취하하라고 제안했다. 배심원단은 그에게 585만 달러[약 76억 원]를 지급하라고 평결했다.[52] 배심원들은 재판에서 증언한 프레즈노주립대 고위 임원 5인에게 자기들이 "거짓말쟁이 패뷸러스 파이브_fabulous five_***"라는 별명을 붙여줬다고 비버스 측에 알려주었다. 밀류티노비치와 다른 비버스 지지자들은 레스토랑 '라임라이트'에 모여 비버스가 오기를 기다렸다. 그가 들어오자 30여 명의 응원군이 환호하고 박수치며 축배를 들었다.

몇 달 후 프레즈노주립대는 밀류티노비치에게 소를 취하하는 대가로 350만 달러[약 46억 원]를 제시했다. 그가 제기한 소송은 비버스나 존슨클라인보다도 승소 가능성이 클 것으로 예상됐다. 재판을 진행하면 더 큰 금액을 받을 수도 있겠지만, 장담할 수는 없었

** 테니스에서 경기 종료를 가리키는 용어.

*** 직역하면 '환상적인 5인'이지만, 미국 스포츠계에서 베스트 5를 부를 때 흔히 사용하는 애칭이기도 하다.

다. 대학이 비버스가 받은 평결에 항소했기 때문에 아직 상황이 끝난 것이 아니었다. 존슨클라인 소송은 또 어떻게 될지 아무도 몰랐다.

"돼지들은 어차피 도살당하게 돼있어." 오빠와 남동생이 그를 위로했다. 밀류티노비치는 욕심부리고 싶지 않았다.

120만 달러는 변호사 수임료, 100만 달러는 세금으로 나가고, 130만 달러가 남을 것으로 계산했다. 밀류티노비치는 59세여서 퇴직이 얼마 남지 않았다. 앞으로 생활비로 쓰고 명예를 회복한 기분을 느낄 만큼의 금액이면 충분했다. 게다가 가족에게 재판 때문에 더는 스트레스를 주고 싶지 않았다.

법원에서 열린 기자회견에서 밀류티노비치는 어머니와 형제들이 지켜보는 가운데 합의 사실을 발표했다. 그 합의에 의해 밀류티노비치는 체육부 명예 차장 직위를 얻었으며, 비밀유지조항도 없어서 사건에 대해 자유롭게 발언할 수 있었다. 5년에 걸친 그의 투쟁은 공정함을 위해 불의에 맞서는 일이 얼마나 중요한지 보여주었다. 그가 말했다. "바라건대, 그렇게 함으로써 뒤에 오는 사람들에게 보다 좋은 여건을 남겨주었으면 합니다."[53]

합의 사실이 알려지자 사람들은 다시 라임라이트에 모여 축하했다.

곧이어 열린 스테이시 존슨클라인 소송에서, 존슨클라인이 교통사고로 인한 어깨 통증 때문에 자기가 지도하는 농구 선수 한 명에게 강력한 진통제인 바이코딘 한 알을 달라고 한 일을 당사자 모두가 사실로 인정했다. 감독은 그것이 "어리석은 판단"이었으며 한 알을 복용했다고 시인했다.[54] 그러나 그해 프레즈노주립대는 존슨클라인을 정직시키고, 학교에 못 나오게 막고, 팀도 만나지 못하게 하고, 해고 사실을 공개적으로 발표했으며, 그의 여러 비위 사실을 비난하는 보도자료까지 배포했다. 반면에 남자 농구부 감독 레이 로프스Ray Lopes의 비위에 대한 학교의 대우는 달랐다. 그가 저지른 NCAA 규칙 위반은 457건이었다. 그는 선수 모집과 관련해 허용되지 않는 전화를 했고, 선수들의 약물 사용 사실을 알고서도 아무 조치도 취하지 않았으며, 살인 사건과 관련해서 한 선수를 의심받지 않도록 도와준 것으로 추정되었다. 행정관리자들은 해당 시즌이 종료될 때까지 로프스에게 급료를 지급하고 퇴직금도 챙겨주었으며, 공개적으로 견책하지도 않았다.

9주간 이어진 존슨클라인 소송의 법정 공방이 마무리되자, 배심원단이 평결을 내리려면 며칠 걸릴 것으로 다들 예상했다. 변호사들은 평결이 빨리 내려지면 대학이 승소한 것일 가능성이 크다고 예견했다. 밀류티노비치가 집에 있는데 배심원단이 평의에 들어간 지 불과 4시간 만에 전화가 울렸다. 평의가 끝났고 곧 평결이 내려질 것이라는 소식이었다. 그는 법원으로 SUV를 몰면서, 차 안에서 친구들에게 차례로 전화했다. 지지자 수십 명이 좁은 2층 복도에 모여 서로 포옹하고 휴대전화로 통화했다.

이전에 밀류티노비치와 비버스를 대리하다가 로펌에서 밀려나 미주리주로 이사한 레마 처치는 멀리서도 그 재판을 면밀히 주시하고 있었다. 처치는 몇 개월 전 비버스 소송에서 배심원 선정과 비버스의 증언 준비를 돕기 위해 자비를 들여 비행기를 타고 날아왔다. 그는 자기가 그간 프레즈노를 그리워했다는 것을 깨달았다. 비버스 소송이 끝난 후 그는 프레즈노시로 돌아와 고용법 전문 1인 개업 변호사로 일하다가, 처치를 내보낸 후 고전하던 이전 로펌으로부터 원하는 조건을 들어줄 테니 돌아오라는 제안을 받았다.

처치는 존슨클라인 평결을 기다리는 군중에 합류하려니 마음이 안정되지 않아, 본 지 6년 된 '포드 익스플로러 스포트 트랙' 픽업트럭을 타고 드라이브를 나갔다. 돌아와서 사무실 주차장에 주차하는데 휴대전화가 울렸다. 기어를 파킹으로 해놓고 전화를 받았다. 전화를 건 비버스가 큰 소리로 신나게 웃었다.

"뭔데요? 뭔데요?" 처치가 물었다.

비버스는 그 신속한 평결에 놀라고 기쁜 나머지 말을 못 잇다가, 간신히 두 단어를 입 밖에 냈다. "1900만 달러래요." 배심원단이 존슨클라인에게 1910만 달러[약 248억 원]를 지급하라고 평결했다. 그때까지 어떤 차별을 이유로 제기한 소송에서 배심원단이 평결한 역사상 가장 큰 금액이었다.[55] 처치는 트럭에서 내려 사무실 건물로 들어가는 옆문을 열었다. 로펌의 전 직원이 복도 양편에 늘어서서 박수를 쳤다. 잠시 후에 그는 라임라이트에서 다른 모든 사람을 만났다.

그로부터 몇 년 내로 전국 여러 대학을 상대로 비슷한 소송을 건 원고들이 수백만 달러의 손해배상을 받았다.[56]

판사들은 배심원단이 비버스와 존슨클라인에게 주도록 한 손해배상액을 줄였고 대학은 항소했다. 결국 대학은 세 사건을 합쳐 합의금 약 1800만 달러(비버스에게 540만 달러[약 70억 원], 밀류티노비치에게 350만 달러[약 46억 원], 존슨클라인과 그의 담당 변호사들에게 900만 달러[약 117억 원])를 지급하는 것으로 일을 매듭지었다. 캘리포니아주립대학교 시스템 전체가 이전 5년간 280만 달러[약 36억 원]를 지급한 것과 크게 비교되었다.[57] 2000년대에 프레즈노주립대는 다른 여자 코치와 비서 몇 사람이 제기한 세간에 덜 알려진 성차별 사건에서도 합의금 약 50만 달러[약 6억 5000만 원]를 지출했다.[58] 지급액 대부분은 대학이 가입해둔 보험으로 충당했다.

웰티 총장과 캘리포니아주립대학교 시스템을 총괄하는 총책임자는 오히려 임금이 올랐다. 두 사람 모두 아무 잘못도 인정하지 않았다.

밀류티노비치, 비버스, 존슨클라인은 그 후 어떤 대학에서도 코치로 일하지 못했다.

그것은 타이틀 나인에 규정되어 있지 않은 형태의 보복이었다. "누구를 고용하라고 강제할 방법은 없다"라고 밀류티노비치는 말했다. 아이오와대학교, 미네소타대학교 덜루스 캠퍼스 등에서도 여자 코치 여러 명이 일자리를 잃었다. 그중 일부는 타이틀 나인 소송을 제기했지만, 다시 일할 수 없었다. 반면에 남자 코치가 일자리를 잃으면 두서너 번씩 계속 기회가 주어졌다.

마지 라이트 감독은 해고되지 않고 프레즈노주립대 체육부에 남았다. 그는 2008년 타이틀 나인 진정 조정 절차를 통해 연봉과 수당을 약 60만 5000달러[약 8억 원]로 올려 받고 5년마다 재계약할 수 있는 고용계약과 소프트볼 프로그램의 개선을 약속받았다. 그는 2012년 프레즈노주립대 역사상 최다 승리 감독이라는 쾌거를 이룬 뒤 퇴직했다가, 학교가 소프트볼 경기장을 '마지 라이트 다이아몬드'로 개칭한 2014년 5월에 경기장을 찾아와 시구를 던졌다.[59]

밀류티노비치가 소송과 별개로 OCR에 제기했던 타이틀 나인 진정이 의외의 방향으로 흘러갔다. 프레즈노주립대에서 고용한 컨설턴트가 잠재적 편향성 문제를 피하려고 OCR을 설득하여 샌프란시스코 지부가 아니라 시애틀 지부로 이 사안을 이송하게 했다. 밀류티노비치는 태평양 연안 북서부 지역에서 가장 유명한 타이틀 나인 활동가 허브 뎀프시Herb Dempsey에게 조언을 구했다.

뎀프시는 1990년대에 교육과 법 집행 분야에서 은퇴한 후 취미 삼아 교육기관의 타이틀 나인 준수를 감시했다. 그는 학교 스포츠에서 불공평성을 목격할 때마다 필요하면 학교와 OCR에 전화하고 편지했다. 그의 활동이 알려지자 전국에서 여학생과 학부모가 그에게 도움을 청했다. 그는 쇠파리gadfly처럼 극성인 소수 정예의 아빠 부대와 소통했는데 —《스포츠 일러스트레이티드》가 이들을 가리켜 "쇠파리 아빠들"dadflys로 칭했다 — 이들은 1970년대에 일찌감치 학교 스포츠 성차별 소송을 주도했던 아빠들과 똑같이 딸들을 위해 투쟁했다.

언쟁하기 좋아하는 대머리 백인 할아버지 뎀프시는 2007년까지 자기가 제기한 타이틀 나인 진정이 거의 1000건에 달하고, 지난 10년 동안 OCR이 다룬 워싱턴주 학교 스포츠 관련 사안 가운데 자기가 관여한 것이 약 3분의 2쯤 된다고 어림잡았다.[60] "편견이야 누구나 갖고 있죠." 워싱턴주 배틀그라운드시에서 활동하는 뎀프시가 말했다. "하지만 누가 자기 편견을 강제하는 일에 내 세금을 쓴

다면, 그리고 그 편견이 돼지 같은 성차별주의자의 편견이라면, 그놈이랑 나랑 한판 붙어야지요."[61]

컴퓨터 기술의 발전으로 그의 일은 더 손쉬워졌다. 뎀프시는 구글어스를 이용해 확인 대상 학교로 '날아갔다'. 화면으로 봐서 야구장은 조명등이 있는데 소프트볼 구장에는 없다든지, 남자 팀은 잘 정리된 경기장에서 시합하는데 여자 팀은 늪지에서 뛴다든지 하면 그가 연락을 시도했다. 그가 OCR에 줄줄이 진정을 내는 것을 모두가 달갑게 여긴 건 아니었다. NWLC의 일부 직원은 뎀프시가 제출하는 진정이 너무 많아서 더 큼직하고, 조사도 더 잘 되어있고, 더 강력한 영향력을 잠재한 사안들의 처리가 뒤로 밀린다고 느꼈다. 재정과 직원이 부족한 OCR이 모든 사안을 다 처리할 수는 없었다.

뎀프시는 자신의 일과 NWLC의 일이 상호 보완적이라고 여겼다. 그는 전국고등학교연합 자료를 근거로 이런 진전 속도로는 남녀 청소년이 스포츠 기회를 동등하게 누리려면 앞으로 131년이 더 걸릴 것으로 계산했다. 그는 NWLC에서 작성한 진정서 한 장을 가져와 기재된 상세 정보를 지우고 공란으로 만든 뒤 견본으로 이용했으며 쇠파리 아빠들과도 공유했다.

OCR은 밀류티노비치가 제기한 타이틀 나인 진정에 근거하여 결국 프레즈노주립대 스포츠 프로그램에 45개의 시정 조치를 요구했다. 완수하려면 수년이 걸릴 만한 내용이었다. OCR은 2016년이 되어서야 사안을 종료했다.[62]

2008년 한 해에만 대학의 80퍼센트가 타이틀 나인을 위반한 것으로 한 컨설턴트는 추정했다.[63] OCR은 2008년 9월 17일에 또 한 차례 〈동료들에게〉를 발행하여 스포츠를 정의하는 기준을 명확히 했다. 예컨대 치어리딩처럼 다른 스포츠를 응원하는 활동은 스포츠에 해당하지 않았다.[64]

2008년 대통령 선거 운동 기간에 민주당 버락 오바마는 타이틀 나인 집행의 강화를 약속하고 고등학교에 스포츠 통계자료의 보고를 강제하는 법안을 지지하겠다고 밝혔다.[65] 그는 대선에서 승리했지만, 법안은 통과하지 못했다. 오바마 정부의 OCR은 2010년 4월 20일, 이메일 설문에 대한 무응답을 스포츠에 대한 무관심으로 해석함으로써 공평한 스포츠 참여 3대 요건 중 세 번째 요건을 약화하여 논란을 일으켰던 2005년 지침을 정식으로 철회했다.[66]

전국이 극심한 경제 침체를 겪는 동안에도 대학 미식축구에 대한 지출은 전혀 줄어드는 조짐이 없었다. NCAA 디비전 I '미식축구 볼 서브디비전'Football Bowl Subdivision* 소속 팀 미식축구 감독 100여 명은 연봉을 100만 달러[약 13억 원] 넘게 받았다.[67] 2010년 남자 운동부 감독의 기본 연봉은 평균 26만 7000달러[약 3억 5000만 원]인 데 비해, 여자 운동부 감독은 9만 8100 달러[약 1억 3000만 원]였다. 수당이나 기타 소득까지 합치면 그 격차는 더 커졌다. 발표되지 않은 한 연구에 따르면, 대학 대항 팀 코치 1100명을 설문 조사한 결과, 그중 대다수가 타이틀 나인에 관해 정식 교육을 못 받고 언론을 통해서 알게 됐다고 응답했다.[68] 이런 식으로 제도에 심어진 의도적인 무지가, 고의적인 차별이든 의식하지 못한 차별이든 둘 다 필요

---

* NCAA 디비전 I에서 가장 뛰어난 미식축구 팀들이 경합하는 최상위 대학 미식축구 리그.

이상으로 발생하기 쉬운 환경을 조성했다.

K-12 학교에서도 타이틀 나인은 소녀들의 스포츠 활동에 변혁을 일으켰으나, 도심 지역 아동이나 유색인종 또는 이민자 공동체에 미친 영향은 상대적으로 적었다고 2008년 여성스포츠재단이 보고했다.[69] 교외 지역에서는 스포츠에 참여하는 비율이 소녀 50퍼센트, 소년 54퍼센트로 거의 비슷했다. 그러나 도심 지역에서는 소녀 35퍼센트, 소년 51퍼센트여서 차이가 났다. 장애 아동을 위한 스포츠 프로그램은 교외든 도심이든 어디서도 찾아보기 어려웠다.

도심 지역 소녀들은 흔히 무급이거나 빠듯한 급료를 받는 코치 밑에서 연습하고, 유니폼을 사기 위해 돈을 꾸고, 경기 출전을 위해 각자 알아서 교통수단을 찾아야 한다고 《뉴욕 타임스》는 보도했다. 도심 지역 소녀들은 — 유색인종, 이민자, 경제적으로 취약한 가정 출신일 경우가 많았다 — 타이틀 나인이 생기던 시점에 모든 소녀가 겪던 어려움을 지금도 겪으며 애쓰고 있다.[70] 학교 스포츠에서 일어난 타이틀 나인 혁명의 여파는 아직 모든 사람에게 동등하게 도달하지 않았다.

2000~2010

· 11 ·

성폭행

새로운 세기가 시작됐지만, 겝서 판례와 데이비스 판례가 법정에 그림자를 드리웠다. 그 두 판결 때문에 타이틀 나인 위반을 법정에서 다투기 어려워져서, 학생이 성적 괴롭힘을 당하고도 학교의 도움을 못 받을 경우 민권사무국OCR에 진정하는 선택이 더욱 중요해졌다.

2000년대에 타이틀 나인에 대한 세간의 관심이 주로 스포츠에 쏠려있는 동안 성적 괴롭힘과 성폭력 반대 운동이 사회 모든 분야에서 기세를 확장했고, 여기에 맞서 가해 혐의자와 그들을 두둔하는 보수 세력이 이전보다 더 조직적인 반격을 가했다. 성폭력과 성적 괴롭힘 생존자들이 가해자만 감싸고 생존자를 돕지 않는 학교 방침을 거세게 비판함에 따라, 교육기관의 무대응이나 심지어 방해 행위가 더욱 확연하게 드러났다. 학생 생존자들은 가해자의 악랄한 행위를 고발하는 데 그치지 않고 제도화된 차별을 점점 더 문제 삼았다.

OCR은 클린턴 정부 말기인 2001년에 〈동료들에게〉를 발행하여 1997년에 마련된 성적 괴롭힘 관련 타이틀 나인 시행규정에 겝서 및 데이비스 판례를 반영해 업데이트하는 한편, 학교 행정관리자에게 성적 괴롭힘 문제를 예방하고 공정하게 처리할 책임이 있다는 점을 거듭 강조했다.[1] "성적 괴롭힘이 발생한 경우 무대응은 무조건 잘못된 반응이다"라고 적은 것을 보면, 학교에 요구하는 기준도 상당히 낮았지만 당시 많은 대학에서 일이 어떤 식으로 처리됐는지 — 또는 처리되지 않았는지 — 잘 드러난다. 2002년에 이뤄진 한 조사는 단 한 명의 강간범이라도 학교가 제대로 대처하지 않을 때 어떤 잠재적 피해를 일으킬 수 있는지 보여주었다. 이 조사에서 설문 대상인 남자 대학생 1900명 가운데 120명이 강간 또는 강간 미수의 구성요건을 충족하는 행동을 한 적이 있다고 답했고, 그중 63퍼센트는 그런 행위를 1회 이상 저질렀으며, 가해자 1인당 피해자 수는 평균 6인이었다.[2]

부시 정부가 임명한 관리들은 부시 취임 직후 OCR의 2001년도 성적 괴롭힘 관련 지침을 보류하고 홈페이지에서 삭제해버렸다.[3] 그들은 그 지침을 "그냥 안내 책자 정도로만" 취급했다고 한 직원이 말했다. 그러나 국민은 대부분 이를 몰랐다.[4]

2001년 지침은 성적 괴롭힘 신고를 조사할 때 '우세한 증거'의 원칙을 사용하라고 명시하지 않았지만, 타이틀 나인 민사 사건 진행 원칙은 형사사건에 적용되는 법 원칙과 다르며 그게 타당하다고 강조했다. 실제로 OCR은 2000년대에 수차례에 걸쳐 학교가 '우세한 증거'의 원칙에 따라 성적 괴롭힘 고발 사안을 판단해야 한다고 명확하게 설명했다. 그렇지 않고 더 엄격하게 '명백하고 설득력 있는 증거'를 요구하거나 형사소송법처럼 '합리적인 의심을 배제할 수 있는 증거'의 원칙을 적용할 경우 피해자의 학습권을 침해할 가능성이 컸기 때문이다. OCR은 1995년 에버그린주립대에 보냈던 내용을 조지타운대학교와 버지니아대학교에 보내는 서신에서도 되풀이하면서 '명백하고 설득력 있는 증거'를 요구하는 두 학교의 방침을 비판했다.[5] 2004년 한 OCR 관계자는 "그러면 학교가 성적 괴롭힘을 저지른 학생과 교직원에게 책임을 묻기가 필요 이상으로 어려워질 우려가 있다"라고 적었다.[6]

2002년과 2004년에 시행된 설문조사에서 대다수 대학은 학생 징계 사안에 어떤 증거 원칙을 적용하는지 밝히지 않았다. 질문에 응답한 20퍼센트 가운데 81퍼센트는 '우세한 증거'의 원칙을 적용했다.[7]

성폭력 인식이 높아지면서 교육기관의 대응 방식에 관한 연구도 확대되었다. 더 많은 생존자가 정의를 요구했으며, 이에 대한 언론도 관심도 커졌다.

1999년에 나온 연구는 대학이 성폭행을 저마다 다르게 정의하고, 성폭행 방지 교육을 거의 하지 않고, 클러리법에 규정된 범죄 정보 공개 의무도 일관성 없이 수행한다고 밝혔다.[8] 법무부가 지원한 2002년 연구에 따르면 대학의 3분의 1 이상(36퍼센트)이 클러리법이 요구하는 방식으로 범죄 통계를 공개하지 않았다. 웨스트버지니아주 세일럼국제대학교는 교내 성범죄에 관해 기록해둔 내용을 클러리법에 따른 보고서에 전혀 담지 않아 2005년 연방 과태료 20

만 달러[약 2억 6000만 원]를 물었다. 팬실베이니아주 라살대학교
는 2007년 8만 7500달러[약 1억 원]를 물었다. 2008년에는 정부가
이스턴미시간대학교에 35만 달러[약 4억 5000만 원]의 과태료를
부과했다.[9] 교육부에도 일부 잘못은 있었다. 1990년에 제정된 클러
리법의 내용을 설명하는 안내서를 2005년에야 발간했기 때문이다.

성폭력 문제 인식을 방해하는 개인적인 장애 요소는 이미 1980
년대부터 다른 연구들이 밝혀낸 바 있었다. 많은 젊은 남녀가 자기
체험이 성적 괴롭힘이나 강간의 법률적 정의를 충족할 때조차 그것
을 성적 괴롭힘이나 강간으로 인식하지 못했고, 인식했을 경우에도
도움을 요청하기를 꺼린다는 내용이었다.

매사추세츠주 메드퍼드에 있는 터프츠대학교 재학생 와가트웨
완주키Wagatwe Wanjuki는 만취한 남자친구를 숙소까지 안전하게 데려다
주려고 그를 부축하여 푸르고 드넓은 교정 잔디밭을 가로질렀다.
"이게 다 너 때문이야!" 남자친구가 소리 질렀다. 그는 학교 외부의
한 술집에서 있었던 학생 행사에서 쫓겨난 일로 애꿎은 완주키에게
화풀이했다.

완주키는 그가 그냥 괜히 시비 거는 거라고 생각했다. 그가 시비
걸 때 달래는 법은 이미 터득했다. 그래도 그의 트집이 속상했다.[10]

완주키는 부모가 각각 케냐와 바하마 출신인 엄격한 이민자의
딸로, 2004년 터프츠대학교에 입학할 때까지 독립된 사회생활을
거의 못 해보다가 입학 후에 다른 대학생처럼 한껏 자유를 누렸다.
그의 부모는 딸이 부유한 미국 백인과 똑같은 자신감을 갖도록 최
선을 다했다. 백인이 사는 교외로 이사도 하고, 딸을 장학생으로 사

립 명문 여고에 다니게 했다. 완주키는 보스턴과 가깝고 백인이 대부분인 사립 터프츠대학교에 장학생으로 입학했다. 입학 첫해에는 성적을 잘 받지 못했는데, 남에게 도움 청하는 법을 몰랐던 것이 일부 원인이었다. 그 전에는 워낙 남에게 도움 청할 일이 없었다. 그러나 여름 학기를 들으며 다른 동기들을 따라잡을 수 있었다.

남자친구가 생긴 것은 2학년 때였다. 그가 완주키의 침묵을 동의로 간주한 것이 이상했다. 그에게 성을 "강탈당한" 느낌이었다. 그리고 그들은 종종 충돌했다. 한번은 말다툼하던 중에 그가 가라고 했다. 완주키가 빨리 가지 않자, 그가 경찰을 불렀다. 경찰이 왔을 때 그는 완주키가 터프츠대 학생이 아니라고 거짓말했고, 경찰이 완주키를 체포했다. 그 사건이 두 사람 사이에서 역학관계를 바꿔놓았다. 남자친구는 언제든지 경찰을 부르는 선택을 할 수 있다는 것을 완주키는 깨달았다. 둘 다 흑인이었지만, 경찰은 완주키보다 남자친구의 말을 믿었다.

한 달 후 남자친구가 회원으로 있는 남학생 동호회에서 핼러윈 파티가 열렸다. 거기서 완주키는 데이트 강간 약물을 탄 것으로 추정되는 음료를 마시고 정신을 잃다시피 했다. 다음 날 아침 남자친구의 숙소에서 정신을 차렸을 때 완주키는 그들이 섹스한 것을 알아차렸다. 하지만 전날 밤 그는 동의할 수 없는 상태였다. 머릿속에서 작은 목소리가 맴돌았다. '그건 강간이야. 경찰에 신고해야 해.' 하지만 경찰이 도와줄 것 같지 않았다. 친구들에게도 털어놓을 수 없었다. 자기를 미쳤다고 여길 것 같았다. 그냥 남자친구와 계속 사귀면서 관계 유지에 애쓰는 편이 더 쉽고, 왠지 더 품위 있게 느껴졌다.

그러나 쉽지 않았다. 남자친구는 완주키를 교묘하게 고립시켰다. 남에게 완주키를 욕해서 그들이 완주키를 외면하게 만들었다. 또한 완주키의 이메일을 확인하고 전부 지워버렸다. 완주키는 다시 학업에 뒤처졌고, 혼자 지냈다. 그러나 4학년이 됐을 때, 완주키는 건전한 관계에 관해 토론하며 배우는 학생 단체에 가입했다. 그리고 그동안 있었던 많은 일들이 괜찮지 않다는 것을 받아들이기 시작했다.

2007년 12월 그날 밤 술집에서 남자친구는 만취 상태로 완주키에게 죽이겠다고 협박했다. 모든 사람이 들었다. 술집 직원들이 그를 쫓아냈다. 완주키는 돌보는 역할에서 여전히 벗어나지 못하고 남자친구와 행사장을 일찍 떠났다. 그가 혹시라도 숙소에 도착하기 전에 의식을 잃고 쓰러져 토사물에 질식할까 봐 걱정됐기 때문이다. 하지만 그가 자기를 밀쳐서 팔에 통증이 일자, 내부에서 무언가가 탁 끊어지면서 정신이 번쩍 드는 느낌이 들었다.

'이제 끝이야.' 완주키는 생각했다. 이 사람하고는 '완전히 끝났어.'

커다란 정신적 충격을 받고 고전하던 완주키는 기말시험 전에 중도 하차했다. 터프츠대학 당국으로부터 학사경고 처분을 받아서 2009년 봄학기 전에는 복학이 허용되지 않았다. 그는 터프츠대 피해자 옹호 담당관에게 전화했다. 그리고 그 여성의 격려를 받아 전 남자친구를 대학 경찰에 신고했다. 그러나 아무 진전이 없었다. 2008년 봄에는 터프츠대의 학생 품행 불량에 관한 포괄 심판 절차를 통해 상세한 신고서를 제출했다. 그것도 진전이 없었다. 완주키가 보기에 애초부터 학교 행정관리자들은 전 남자친구를 더 걱정해주고, 자기는 남자에게 차여 복수하려고 이를 가는 여자로 취급하는 듯했다. 터프츠대 관계자들은 고발된 학대 행위가 대부분 신고 시한 1년을 넘겨서 대응할 필요가 없다고 판정했다. 그들은 학업이나 다른 면으로도 완주키를 전혀 지원하지 않았다. 완주키는 집으로 돌아갔다. 전 남자친구는 제때 졸업했다.

완주키는 2009년 봄학기에 복학했으나 경제적으로나 정신적으로 예상보다 힘들었다. 공부에 집중하기가 쉽지 않았다.

그가 처음으로 들은 여성학 강의에서 알게 된 동료 학생이 자기도 성폭행을 당했다고 털어놓았다. 이 학생은 사건이 발생하자마자 즉시 학교에 신고하고 강간 증거 수집용 키트도 제출하여 자신의 주장을 뒷받침하는 등 모든 것을 "제대로" 처리했는데도, 터프츠대가 여전히 아무 대응도 하지 않았다고 했다. "오." 완주키는 깨달았다. "이건 구조적인 문제야."

두 사람은 강간근절활동학생회Student Active For Ending Rape: SAFER 터프츠대 지부를 발족했고, 그러면서 타이틀 나인을 알게 되었다. 학생들이 터프츠대 행정관리자들에게 생존자에 대한 지지 방침 강화를 요구했으나 결실이 없자, 그들은 기말시험 기간에 대규모 '타운홀' 미팅을 조직하여 성폭력 생존자들이 자발적으로 발언하는 자리를 마련했다. "저를 강간한 사람을 매일 교내에서 마주쳐요." 한 학생이 그렇게 말하고는 울먹이며 행사장에서 뛰어나갔다.

완주키는 떨어진 학점을 만회하려고 여름학기를 수강했다. 그런데 학기 도중에 편지 한 장이 날아왔다. 터프츠대학교가 완주키를 성적 미달로 제적 조치한다는 내용이었다. 청원서를 냈으나 거부당했다. 그는 또다시 뉴저지에 있는 부모님에게 돌아갔다.

이제 완주키는 대학 졸업장도 없고, 건강보험도 없고, 제2차 세계대전 이래 최악의 경제 침체기에 엄청난 학자금 빚을 진 흑인 여성 실업자 신세였다. 실의에 빠져 불안에 시달리며 방황하던 그는 89센트를 내고 인터넷 도메인 — RapedAtTufts.info — 하나를 등록하여 블로그를 열고 자신이 겪은 수모에 관해 글을 올리기 시작했다. 소셜미디어 초창기 시절이었다. 그는 인종, 성, 사회경제적 계급이 경찰과 터프츠대가 그를 대우한 방식에 영향을 주었다고 보았다. 트위터 계정 @rapeattufts도 만들었다.

그러자 터프츠대가 주목하기 시작했다. 얼마 안 있어 대학은 방침을 변경해 강간 신고 기한을 늘렸다. 2010년 완주키는 OCR에 터프츠대를 고발하는 타이틀 나인 진정을 익명으로 제출했다. 그는 서서히 삶을 재건했다. 학자금 지원을 받아 2011년 커뮤니티 칼리지에 등록하고 곧 장학금도 탔다. 여기서 자신감을 얻은 그는 럿거스대학교로 편입하여 학사 학위를 받았다. 터프츠대에 입학한 지 10년 만이었고, 여전히 빚에 짓눌린 상태였다.

전국의 활동가들은 대학의 방침을 개선하기 위해 다양한 방법을 동원했다. 하버드대학교가 주관한 보고서 하나가 성폭력 신고를 조사하기 전에 신고자에게 사건 발생에 대한 "충분하고 독립적인 확증"을 요구하라고 권고했다. 하지만 성폭력은 흔히 아무 목격자나 증거가 없는 은밀한 공간에서 일어나기 때문에 그런 방침은 피해자에게 불리했다. 2002년 6월, 어느 익명의 하버드대 학생이 웬디 J. 머피Wendy J. Murphy 변호사의 도움을 받아 그 방침에 항의하는 진 정을 OCR에 제출했다. 수개월 동안 OCR의 조사를 받은 후 하버드 대는 '확증' 요구를 철회했고, OCR은 그렇게 변경된 방침을 타이틀 나인에 부합하는 것으로 보고 받아들였다.[11]

다른 활동가들도 단체를 설립했다. '여자 입장에서 1마일 걸어 봐'Walk a Mile in Her Shoes는 2001년에 발족하여 대학가에서 인기 있는 행 사로 자리 잡았다. 남학생, 특히 남자 동호회 소속 학생들이 이 행사 에 등록해 하이힐을 신고 1마일을 걷고 성폭력 반대 자료도 받았는 데, 그렇게 하여 공감대를 구축하고 잠재적으로 데이트 폭력, 성폭 력, 스토킹 등을 줄인다는 전제가 깔려있었다. 그러나 2015년에 나 온 연구에서 '여자 입장에서 1마일 걸어 봐'가 오히려 젠더 불평등 을 심화하고 대다수 성폭력의 기저에 있는 젠더화된 권력 남용 문 제를 간과했다는 의견이 제시되었다.[12]

완주키가 발족을 도운 SAFER 터프츠대 지부는 원래 2000년 컬 럼비아대학교 학생들이 창설한 단체를 모체로 했다. 이 단체는 학 생들이 자기 대학의 성폭력 대응 방침을 개혁할 수 있도록 자료를 제공하고 운동 조직 방법을 교육했으며 2004년에 전국적인 비영리 조직으로 전환했다.[13] 2006년에는 타라나 버크Tarana Burke가 비영리단 체 '(주)저스트비'Just Be Inc.를 설립하고 성적 괴롭힘과 성폭력을 당한 흑인 청소년 피해자를 지원하는 자체적인 '미투' 프로그램을 마련 했다.[14] 같은 2006년에 역사적인 흑인 여자 대학 스펠먼대학교 학 생들이 역사적인 흑인 남자대학인 인근 모어하우스대학교 학생들 의 성폭행을 고발했다. 이 사건을 계기로 스펠먼대학교 졸업생 로라 홀먼 라먼Laura Holman Rahman은 역사적인 흑인 대학에서 일어나는 성폭력을 다룬 다큐멘터리영화 〈파괴된 사회계약〉Broken Social Contracts을 제작했다.[15]

또 어떤 활동가들은 학교가 성적 괴롭힘 사건을 조사할 때 통상 학생에게 요구하는 '함구령', 즉 기밀유지합의에 반대하는 투쟁을 벌였다. 학교 당국은 교육 관련 개인정보를 보호하는 '가족의 교육권 및 개인정보보호에 관한 법률'Family Educational Rights and Privacy Act을 핑계로 삼았으나 지나치게 억압적인 함구령은 학생의 개인정보보다는 학교의 평판을 보호하기 위한 것이었다.

비영리단체 '대학안전'Security on Campus 소속 S. 대니얼 카터S. Daniel Carter는 조지타운대학교, 윌리엄앤드메리대학교 등이 신고자에게 함구령을 내리고 조사 결과를 가해 혐의자에게만 통고하고 신고자에게 알리지 않은 점을 근거로 클러리법 및 타이틀 나인 위반 진정을 제기해 소기의 성과를 거뒀다.[16] (타이틀 나인 관련 절차에서 사용하는 중립적인 용어로 성폭행이나 성적 괴롭힘을 신고한 사람은 '신고자'complainant, 가해자로 지목된 사람은 '피신고자'respondent이며, 해당 교육기관은 연방 지원금의 '수령자'recipient로서 피해자의 학습권을 보호할 의무를 진다.) 의회는 2008년 클러리법을 개정하여 고등교육기관은 성범죄 및 강력범죄 관련 징계 처리 결과를 신고자와 피신고자 양측 모두에게 공개해야 한다고 명시적으로 규정했다. 그토록 기초적인 공정성의 원리를 왜 대학들이 지키려고 하지 않았는지, 지금의 기준으로는 상상이 안 된다.[17]

일부 성폭력 생존자는 타이틀 나인을 몰랐어도 — 흔한 문제점이었다 ─ 불의와 투쟁했다. 위스콘신대학교 학생 로라 던Laura Dunn 은 2005년에 조정 선수 한 명과 다른 몇 명에게 강간당한 일을 학교에 신고한 뒤 학교가 10개월이나 대응하지 않다가 조사를 망친 일을 어느 리포터에게 알렸다. 그 보도를 본 S. 대니얼 카터가 이메일을 보내 던이 가진 권리에 대해 알려주었고, 그렇게 해서 던은 타이틀 나인을 처음으로 알게 되었다. 결국 OCR은 위스콘신대학교가 신속하게 대응하지 않았다는 주장을 "증거 불충분"으로 판정했으나 학교가 앞으로 신고를 어떻게 적시에 처리할 것인지 목표를 설정하라고 요구했다.[18] 던은 이후 법학전문대학원을 졸업하고 비영리단체 서브저스티스SurvJustice를 설립하여 성폭행 생존자에게 법률구조 서비스를 제공했다.

일부 사안은 결과가 좋지 않았다. 펜실베이니아주립대학교 학생 앤절라 테작Angela Tezak은 학교가 강간범에게 학위 수여 1년 유예처분만 내리고 말자, 며칠 뒤에 수면제를 다량 복용하고 5일간 입원했다. 테작은 대학을 중퇴하고 다른 학교로 편입했다. 뉴욕주에 있는 도미니칸대학교에 다니던 메건 라이트Megan Wright는 윤간을 당했는데, 학교가 경찰의 수사만 기다리고 실질적으로 아무 대응도 하지 않아서 생생한 기억에 고통받다가 결국 학교를 중퇴했다. 라이트는 2006년 집에서 비닐백으로 질식사를 유도하여 스스로 목숨을 끊었다. 2년 후 도미니칸대학교는 타이틀 나인 조정관을 임명하기로 동의하고(벌써 30년 넘게 요구된 의무 사항이었다) 범죄 통계를 거짓 보고한 행위로 주정부에 과태료 2만 달러[약 2600만 원]를 냈다. 2004~2007년에 성폭행 조사 지연으로 OCR이 잘못을 물은 학

교가 세 군데 이상 더 있었다.[19]

신체적 또는 성적인 공격을 체험한 여성 2005명을 대상으로 시행한 사례 대조군 연구에 따르면, 이들은 그런 경험이 없는 여성보다 두통, 요통, 질 출혈, 질염, 성병, 골반통, 성교통, 요로감염, 식욕부진, 복통, 소화불량 등 부인과 질환이나 만성 스트레스 관련 질환, 또는 중추신경계 질환을 겪을 확률이 50~70퍼센트나 더 높은 것으로 드러났다. 여성 304명을 대상으로 시행한 또 다른 연구는 성폭행 피해자의 경우 심한 우울증, 불안장애, 수면장애를 겪을 위험이 높아진다고 밝혔다.[20]

성폭력, 그리고 자기를 도와줘야 할 기관의 배신은 피해자에게 명백하게 상처를 주고, 더 나아가 피해자가 계속 학교에 다닐 수 없게 만들었다. 스포츠 성차별처럼 성폭력도 근절 운동의 역사가 수십 년이나 되지만 문제는 여전히 끊이지 않았다. 권력을 쥔 사람들이 성폭행이 일어나는 현실을 부인하거나 문제 해결을 위해 노력하지 않기 때문이기도 했고, 문제를 간과한들 그 여파가 그들에게 미치지 않기 때문이기도 했다. 그들은 '정상적인' 성적 행동을 오해한다며 여자를 비난하고, 가해자의 행동에 관해 거짓말했다. 또 다른 요인은 성폭력이 우연한 단발 사건이라는 끈질긴 믿음이었다. 성폭력이 도처에 얼마나 흔한지 사회가 전반적으로 아직 깨닫지 못한 상태였다.

그러다가 미군, 가톨릭교회, 미국 보이스카우트 등에 만연하던 성폭행을 주요 언론 매체가 폭로하면서 변화가 생기기 시작했다.[21] 하지만 대학 성폭력을 대서특필하는 일은 드물었고, 그럴 때도 주로 인기 대학 스포츠에서 발생한 성폭력 사건 위주로 보도했다.

막강한 노스캐롤라이나대학교 여자 축구부에서 활약하던 두 선수가 앤슨 도런스Anson Dorrance 감독 때문에 성적으로 적대적인 환경이 조성되었다고 주장하며 1998년에 타이틀 나인 소송을 제기했다. 이 소송은 10년에 걸친 법적 분쟁으로 번졌다. 대학은 원고들에게 35만 5000달러[약 4억 6000만 원]를 지급하고 성적 괴롭힘 대응 방침을 시정하기로 합의했다.[22]

2004년 11월, 버니스 샌들러는 전국에 방송되는 TV 토크쇼 〈제인 폴리 쇼〉The Jane Pauley Show에 출연해 코치가 선수를 성적으로 괴롭히는 문제에 관해 이야기했다.[23] 샌들러는 당시 질병통제예방센터 전국성폭력자료센터 자문위원회에서 일했고, 2005년에는 해리엇 M. 스톤힐Harriett M. Stonehill과 함께 두 번째 저서 《K-12 학생 간 성적 괴롭힘: 교실, 학교, 지역에서 활용할 수 있는 교육 전략 및 해결책》Student-to-Student Sexual Harassment, K-12: Strategies and Solutions for Education to Use in the Classroom, School, and Community을 냈다.[24] 그는 대학 강연 외에도 불공평한 학교 스포츠, 성적 괴롭힘, 적대적 환경 등에 관한 자문 요청을 매달 학생, 직원, 교수로부터 몇 건씩 받았다. 애리조나주의 한 여학생은 파티에서 강간당한 뒤 여러 단계를 거치는 과정에서 샌들러에게 15~20차례 연락해 조언을 구했다.

2004년에는 콜로라도대학교 볼더 캠퍼스가 스캔들에 휘말렸다. 신입 선수를 포함해 미식축구 선수 5인에게 강간당한 리사 심프슨Lisa Simpson이 학교가 자신의 신고를 부적절하게 처리했다며 소를 제기했다. 항소법원은 콜로라도대학교가 "고등학교에서 모집한 신입 선수들이 대학을 방문하면 '즐거운 시간'을 보내게 해주라는 공식 방침"만 내고 선수들의 행동을 충분히 감독하지 않아서 "그런 비행이 발생할 가능성이 아주 명백했으므로 콜로라도대학교의 실책은 의도적 무시의 결과"라고 비판했다. 대학은 3년 후 심프슨에게 합의금 285만 달러[약 37억 원]를 주고 타이틀 나인 소송을 마무리했다.[25]

인종차별, 성차별, 동성애 혐오, 연령 차별, 계급 차별, 종교적 불관용에서 높은 수치를 기록하는 대학생은 강간에 관한 통념을 받아들일 가능성도 더 높다는 조사 결과가 2006년에 나왔다.[26] 또한 2007년도 연구는 남학생 전체와 비교했을 때 남자 운동부나 남학생 동호회처럼 강간 통념을 용인하고 전원 남성으로 이뤄진 집단의 구성원이 성폭력을 저지를 확률이 더 높다고 밝혔다.[27]

뉴스 매체가 관심을 보이는 성폭행 생존자는 주로 백인 여성이었다. 매력 있고, 젊고, 신체 건강한 이성애자 백인 여성에 주목하는 언론의 성향 때문일 것이다. 설문조사에 따르면 주변화된 집단일수록 성폭력을 겪을 확률이 높았으나 이야기를 들어주고 도와주는 사람이 없어서 추가적인 장벽에 부딪혔으며, 이들이 겪은 사건은 뉴스에 나오는 일도 드물었다.

어느 유수 대학에서 학생들이 백인 남자 교수의 인종주의적 스토킹을 행정관리자에게 신고했다. 그 교수는 "일본 여자는 순종적일 것 같고" "성 노예"가 있으면 좋겠다면서 일본 여학생들을 표적으로 삼았다. 신고한 학생들의 요구는 지나치지 않았다. 그 교수가 여성을 성적으로 종속시키려는 욕망을 극복할 수 있도록 상담을 받게 할 것과 HIV 상담을 받게 할 것, 그 두 가지였다. 학교 관계자는 그 교수는 학교의 "대리인"이 아니므로 그의 행동은 학교 당국의 손이 미치지 않는 범위에서 일어난 "사적"인 것이라고 주장했다. 학생들이 신입생들에게 그 교수에 관해 경고하려고 하자, 교수와 학교 당국이 명예훼손과 사생활 침해로 법적 대응을 하겠다고 위협했다. 어느 책에서 이 사건을 한 챕터로 다뤘는데, 학생들에게 여파가 미치지 않도록 관련 학생과 학교의 이름을 익명으로 처리했다.[28]

2006~2007년에 언론 매체와 인터넷으로 전국에 보도된 듀크대학교 라크로스 팀 윤간 혐의 사건은 성폭행을 부정하는 세력에게 승리를 안겨주었고, 그들은 그 사건을 수년간 우려먹었다. 흑인 여자 대학생이자 두 아이를 키우는 싱글맘 크리스털 맹검Crystal Mangum은 듀크대학교 라크로스 팀 공동 주장인 백인 남자 선수 3인에게 "이국적 댄서"*로 고용되어 대학 외부에 있는 그들의 숙소에 갔다가 강간과 성폭행을 당했다고 경찰에 신고했다. 수사가 이뤄졌고, 대배심**은 기소 처분을 내렸다. 그러나 의학적으로 검사한 DNA 증거가 세 선수의 DNA와 일치하지 않은 사실을 지방검사가 숨겼고, 이에 피고인 측 변호사들은 검사의 증거 인멸과 사건에 관한 지나친 공개 발언을 노스캐롤라이나주 변호사협회에 고발하여 징계 절차에 회부되도록 하는 유례없는 조치를 취했다. 그 지방검사는 강간 혐의는 무혐의 처리하고 나머지 혐의에 대해서는 맹검의 요청에 따

---

* 스트립 댄서를 가리키는 말.
** 미국 형사사건에서 피의자의 기소 여부를 결정하기 위해 국민을 무작위로 선발하여 구성하는 배심원단으로, 유무죄를 결정하는 소배심과 구별된다.

라 수사를 계속하다가, 결국 노스캐롤라이나주 변호사협회에서 자신의 행위를 변호하기 위해 주 검찰총장에게 사건을 넘기고 물러나야 했다.

맹검은 법정에 서볼 기회조차 얻지 못했다. 주 검찰총장 로이 쿠퍼Roy Cooper는 나머지 혐의도 무혐의 처리하고 선수들이 "무고하다"라고 일방 선언했다. 그는 맹검에게 거짓 고발한 혐의를 묻지 않았으나, 언론의 보도는 여자들이 성폭행을 당하지도 않고 당했다고 거짓말한다는 통념을 그대로 답습했다. 논평가들은 다른 곳에서 발생한 성폭행 혐의 사건에도 듀크대 라크로스 팀 사건을 들이대며 반박했다. 당시 라크로스 선수들을 대놓고 옹호하여 출세를 도모한 극우 극렬분자가 두 사람 있었는데, 바로 공화당 정치고문 스티븐 밀러Stephen Miller와 백인우월주의자 리처드 스펜서Richard Spencer였다.[29]

듀크대 사건에서 드러나는 젠더·인종·계급의 중첩적 영향이 대중매체에서 섬세하게 논의되는 일은 드물었지만, 인종, 성, 계급, 성적 지향, 그 밖의 요소들이 겹치고 교차하는 효과에 대한 인식은 점차 높아졌다. 이제 사람들은 예컨대 유색인종 여성이 인종과 젠더가 맞물리는 효과로 인해 경험하는 차별을 더 뚜렷이 인식하게 되었다.

여성지위향상센터Center for the Advancement of Women가 2003년에 시행한 조사에 따르면, 많은 백인 페미니스트 지도자의 직관에는 어긋날지 몰라도, 백인 여성보다는 유색인종 여성이 자신을 페미니스트로 여기는 경우가 더 많았다. 그러나 유색인종 여성이 주류 페미니즘 운동에 거리감을 느낀 이유는, 주류 페미니즘이 예컨대 총기 폭력처럼 소수자 공동체가 중요하게 여기는 이슈에 오랫동안 무심했기 때

문이다.[30]

2000년대 후반에 3개 재단이 3년에 걸쳐 학계, 풀뿌리 조직, 전국적 단체 등에서 다양한 여성(특히 유색인종 여성) 지도자를 규합하여 '신여성운동 구상'New Women's Movement Initiative이라는 명칭으로 모임을 조직했다. 조직자들은 참가자에게 성, 연령, 인종, 민족, 지역, 경제 지위 등의 차이를 조정하고 극복하여 여성운동을 위해 새로운 의제에 합의를 이루자고 요청했다. 그 의제는 이론과 실천의 연결고리가 되어주는 "사회정의 페미니즘"에 기반해야 한다고 참가자들은 결의했다. 실천은 하의상달식으로 이뤄져야 하며, 교차적 차별에 의해 지탱되는 구조를 해체하려면 사회의 가장 힘없는 자들의 지도력을 지지해야 한다고 크리스틴 캘섬Kristin Kalsem과 버나 L. 윌리엄스는 주장했다. 윌리엄스는 데이비스 대 먼로 카운티 교육위원회 사건을 맡아 연방대법원에서 변론했던 전직 전국여성법률센터 변호사로 나중에 신시내티대학교에서 법학교수로 재직했다.[31]

그런 개념들이 사회개혁 운동에서 호응을 얻으면서, OCR에 접수되는 차별 진정도 다양해졌다. 스테파니 먼로Stephanie Monroe OCR 국장은 2006년 1월 25일 자 〈동료들에게〉에서 "상당수의 학생이 여전히 성적 괴롭힘을 당한다"라고 지적하고, 부시 정부가 보류했던 2001년 타이틀 나인 지침을 재발행했다. 그는 성적 괴롭힘과 관련해 타이틀 나인 준수 심사를 시행할 예정이라고 학교 관계자들에게 통보했다.

OCR은 2000년대를 통틀어 학교 스포츠뿐 아니라 다른 이슈로도 바빴다. 미국 보이스카우트가 동성애자, 트랜스젠더, 무신론자를 배제하기로 방침을 정하자, 일부 학교가 교내 시설을 보이스카우트의 모임 장소로 제공하지 않기로 했다. 그러자 의회는 학교가 다른 "애국" 단체의 학교 시설 이용을 허락할 경우 보이스카우트만 제외할 수는 없다는 내용의 법을 2002년에 통과시켰다. OCR은 2006년과 2009년에 〈동료들에게〉를 각 학교에 배포해 그 법을 지킬 것을 요청했다.[32] 이후 보이스카우트는 지난 72년 동안 스카우트 지도자 7819명이 단원 1만 2254명을 성폭행한 혐의를 알고도 숨겨왔다는 기록이 2012년에 폭로되어 큰 스캔들에 휩싸였다. 수백 건의 소송에 휘말릴 상황에 직면하자 보이스카우트는 파산 신청을 했다. 2021년 7월까지 보이스카우트 시절에 성추행을 당했다고 밝힌 사람은 8만 4000명이 넘었다. 보이스카우트 조직은 피해자들에게 총 8억 5000만 달러[약 1조 1050억 원]를 지급하기로 동의했다.[33]

보수 이론가들은 성적 괴롭힘 고발을 표현의 자유를 억압하는 과민 반응으로 몰아갔다. 그러자 OCR은 2003월 7월에 〈동료들에게〉를 배포하여 민권법 규정은 수정헌법 제1조가 보장하는 표현의 자유를 제한하지 않는다고 언급했다. 또한 OCR은 일부 학교의 심사 과정에서 타이틀 나인 조정관 선정, 조정관 연락처 배포, 차별 금지 방침의 이행, 고충처리 절차의 채택 등 타이틀 나인이 규정하는 가장 기초적인 사항마저 여전히 도입하지 않은 것을 보고, 2004년 4월 24일 자 〈동료들에게〉에서 각 학교에 타이틀 나인의 의무 사항을 상기시켰다.

남녀를 분리하는 단일 성별 교실과 단일 성별 학교도 뜨거운 쟁점이 되었다. 연방 보고서가 단일 젠더 교육은 타이틀 나인, 연방 헌법, 주 헌법에 위배될 수 있다고 판단했음에도 2004년 조지 W. 부시 정부의 OCR은 공립학교 단일 성별 교육을 허용하는 다소 애매한 타이틀 나인 하부규정을 도입했다.[34] 곧 학교에 단일 성별 교육을 도입하는 계획이 수백 건 등장하더니 도무지 "멈출 조짐이 안 보인다"라고 샌들러는 2007년 한 기고문에 적었다. "이것은 타이틀 나인에 대한 가장 위험한 공격이다. (…) 왜냐하면 단일 성별 교육이 일반적으로 성별 고정관념을 강화하기 때문이다. (…) 아주 드문 경우를 제외하면, 공립학교를 단일 성별 교육 및 단일 성별 교실로 운영하면 거의 언제나 여학생이 손해를 본다."[35]

학교에서 발생하는 괴롭힘bullying에 대한 우려가 커지자, OCR은 2010년 10월 10쪽 분량의 〈동료들에게〉를 발행했다. 이 지침에 담긴 성적 괴롭힘 및 젠더 괴롭힘 항목은, 타이틀 나인 하에서 교육자는 학생이 어떤 성적 또는 젠더 지향을 지녔든 괴롭힘을 당하지 않게 막아야 하고 "학생에게 가해자를 직면하도록 요구할 수 없다"는 점을 명확히 상기시켰다.

2007년 타이틀 나인 35주년을 맞아, 미국여대생협회AAUW의 리사 M. 마츠Lisa M. Maatz는 의회의 한 분과위원회에서 연 공청회에 출석하여 성적 괴롭힘 문제에 다시 한번 사람들을 주목시켰다.[36] 마츠는 AAUW의 2001년도 조사 결과를 인용해 고등학생 80퍼센트가 성적 괴롭힘을 당했고 그중 4인에 1인꼴로 '자주' 당했다고 응답한 사실을 그 자리에서 공유했다. 성적 괴롭힘을 겪은 대학생의 비율은 62퍼센트였다.[37] OCR은 학교 행정관리자가 시정하겠다고만 하면 학교를 전혀 제재하지 않았고, 연방대법원도 소송을 피해자에게 불리하게 만들어놨기 때문에, 학교 입장에서는 누가 신고하지 않는 한 문제를 못 본 척할 유인이 생겼고, 신고하는 생존자도 극소수라고 마츠는 언급했다. 그는 겝서 판결과 데이비스 판결이 끼친 피해를 의회가 복구할 수 있다고 주장했다. 학교에서 발생한 성적 괴롭힘을 증명하는 일이 직장에서 발생한 성적 괴롭힘을 증명하는 일보다 어렵지 않도록 바로잡는 법이 필요했다.

의회는 그 일을 하지 않았지만, 연방대법원은 학생이 의지할 수 있는 수단 하나를 강화했다. 또래에게 괴롭힘을 당한 초등학생의 부모가 타이틀 나인과 수정헌법 제14조 평등보호 조항을 근거로 소를 제기했는데, 하급 법원은 그럴 수 없다고 했으나 2009년 연방대법원은 원고가 교육기관에서 발생한 성차별로 소를 제기할 때 타이틀 나인과 수정헌법 제14조를 동시에 근거로 삼을 수 있다고 판결했다.[38]

법무부 자료에 따르면 2008년에 26개 대학에서 6개월 동안 학생 6450명이 성폭행을 당한 것으로 추산됐지만, 대학 징계 절차에 회부된 사건은 25건에 불과했다. 교육 분야의 차별 진정은 2002년 이래 27퍼센트 증가했으나 2009회계연도에 OCR 직원 수는 사상 최소였다(상근 직원 582명).[39] 그러나 지역 사회에서 여성들이 변화를 위해 행동에 나섰고, 성폭력·성폭행 예방 프로그램을 도입하는 학교도 늘어났다.

2008년 가을, 남녀 배우가 무대에 오르자 예일대 신입생 수십 명이 빨간색 소형 '정지' 표지를 만지작거렸다. 행사 운영자가 관객에게 지시했다. "보시다가 저건 선을 넘는 행동이다 싶으면 정지 표지를 번쩍 들어주세요." 신입생 오리엔테이션의 일부로 진행된 이 '성 신호'Sex Signals 연극은 연출된 강간 장면을 통해 넘지 말아야 할 선에 관해 토론하기 위한 것이었다.[40]

학생 알렉산드라 브로드스키Alexandra Brodsky는 자기 눈을 의심했다. 꽤 많은 학생이 '정지' 표지를 한 번도 들지 않았다. 연극이 끝난 후 행사 운영자가 관객을 몇 그룹으로 나눠 학생 주도로 토론하게 했다. 브로드스키는 점점 더 불편해졌다. 그가 속한 그룹은 그 연극을 두고 폭력에 대한 진실은 아무도 모른다는 듯, 모든 견해가 동등하게 유효하다는 듯이 이야기했다.

"뭐 여자가 남자에게 젖가슴을 만지도록 허락했잖아요. 그러면 이후에 일어나는 일은 다 괜찮다는 뜻이죠." 한 남학생이 말했다. 브로드스키는 참을성을 잃었다. 그 남학생이 해롭고 성차별적인 가정을 하는 거라고 날카롭게 반박했다. 다른 학생들이 깜짝 놀랐다. 그가 예일대에 입학한 첫 주에 있었던 일이다.

'어휴' 그는 혼자 생각했다. '이제 학교에서 딱 이런 여자애로 찍히겠네.'

게다가 그 첫 학기에 브로드스키는 그것 말고 다른 '여자애' ─ 다른 학생에게 성폭행과 스토킹을 당한 바로 그 애 ─ 가 되었다. 가해자가 책임을 시인하는 서면 자백이 있었는데도 예일대 당국은 브로드스키에게 정식 조치를 취하지 말라고 말렸다. "너의 '평판'을 위해서라도 남에게 알리지 말라"라고 조언했다. 브로드스키는 타이틀 나인에 대해 몰랐다. 그는 가해자를 자기 근처에 오지 못하게 막고 싶었다. 학교가 가해자에게 브로드스키와 같이 수강하는 소규모

영문학 강의를 다른 강의로 변경하고 브로드스키에게 접근하지 말라고 설득했다. 그는 가해자가 생활하거나 자주 다니는 장소를 피해 다니게 되었고, 그러자 교정이 줄어드는 기분이 들었다. 거기다 친구들이 다른 남자에게 성폭행당한 이야기를 들려주자 그런 기분은 더욱 심해졌다. 친구들도 다들 가해자가 있을 만한 곳을 피해 다녔고, 성폭행 사건을 신고했다가 "분명히 그 사람이 학생을 너무 사랑하는 거네. 그래서 그러는 거예요" 따위의 소리를 들었던 사무실 근처도 가기를 꺼렸다.

브로드스키는 뉴욕주의 부유한 웨스트체스터 카운티에서 자랐고, 어려서부터 내내 스포츠 활동을 했다. 그는 백인 특권층으로 예일대에 입학하여 학교에서 이질감은 안 느꼈지만, 그의 신고를 쉬쉬하는 대학의 행태에서 이 교정이 그의 것이 아님을 깨달았다. 폭력 자체보다도 그것이 더욱 마음 아팠다. 이런 권력과 특권의 공간에서 자연스럽게 편안함을 느끼지 못하는 학생이라면 같은 경험을 했을 때 그 충격이 얼마나 클지, 그는 상상이 가지 않았다.

2000년대에 수많은 예일대 여학생이 성적 괴롭힘과 성폭력 근절을 위해 '밤을 되찾자' 행사를 벌이고 주요 잡지에 기고하는 등 캠페인을 벌였다.[41] 2004년 8월에는 예일대가 성범죄 보고서에 학교가 경찰에 의뢰한 사건만 넣고 학교가 독자적으로 심판한 성폭행 사건은 누락한 점에 대해 누군가 클러리법 위반으로 진정을 냈다. 예일대는 2007년 보고서를 보완했으나 2011년 5월 23일 교육부는 예일대가 범죄 통계를 공개하지 않은 점을 언급했다.[42]

2004년에 남학생 동호회가 예일대 성폭행 생존자들의 작품을 담은 티셔츠 네 장을 몰래 훔쳐 입고 사진을 찍었다. '밤을 되찾자' 행사의 일부인 '빨랫줄 프로젝트'Clothesline Project에 전시된 티셔츠였다. 이듬해에는 남학생 동호회 신입들이 빨랫줄 프로젝트 티셔츠 48장을 훔쳤다. 동호회는 2006년과 몇몇 다른 해에도 신입 회원을 시켜 "싫다는 건 좋다는 뜻! 좋다는 건 항문성교 하자는 뜻!"이라고 구호를 외치며 교내를 행진하게 했다.[43]

2006년 4월, 학생이 만드는 풍자 잡지에서 아시아계 미국인 학생을 극도로 정형화하여 성적으로 순종적인 "꽃뱀"(여성)이나 이성에게 "무매력"(남성)으로 묘사한 인종주의 기사를 싣자, 크리스틴 헝Christine Hung과 아넷 웡Annette Wong이 인종주의 규탄 성명을 내고 예일대의 소수 인종·민족 학생 단체 15개가 그 성명에 지지를 표했다.[44]

앤 올리바리어스가 알렉산더 대 예일 소송을 제기한 지 거의 30년이 흘러, 그의 딸 체이스Chase가 2006년 9월 예일대에 입학했다. 둘째 딸 캐스린Kathryn도 2007년에 입학했다. 그들은 예일여성센터를 중심으로 형성된, 다양하고 지적 자극을 주는 공동체에 흠뻑 빠져들었다.[45] 둘 다 각각 1년간 예일여성센터 운영위원회에서 봉사하면서 '더피 과자점' 옆에 있는 더피홀 지하 회의실에서 많은 시간을 보냈다.

머지않아 체이스는 강간당한 여학생 세 명을 알게 되었다. 기숙사 복도에 성차별적인 남학생 동호회 파티 광고가 나붙은 것도 보았다. "형들과 걸레녀들"Bro's and ho's이라는 문구가 들어간 광고, 소녀가 허리를 굽히고 맨 엉덩이를 드러낸 만화 이미지와 함께 "샴페인과 여고생"이라는 제목이 붙은 소아성애증적 광고도 있었다. 체이스가 두 번째 학기를 맞았을 때, 예일대 의학전문대학원 학생 150명이 성폭행 8건을 포함해 학내 성적 괴롭힘을 규탄하는 서한에 서명했다.[46] 행정관리자는 대응 방침을 검토하겠노라고 했다.

캐스린이 여성센터 운영위원회에 합류한 2008년 1월, 제타 프사이Zeta Psi 남학생 동호회 신입 회원들이 "우리는 예일대 헤픈녀들을 사랑해"We Love Yale Sluts라고 적힌 플래카드를 들고 여성센터 앞에 모여들었다. 동호회가 그 사진을 페이스북에 올렸다. 여성센터와 가장 깊숙이 연관된 학생들과 이들을 지지하는 학생들이 분노의 이메일을 주고받았다.

"이건 소송감이야!" 체이스가 주장했다.

여성센터 운영위원회는 《예일 데일리 뉴스》Yale Daily News에서 동호회의 행동을 맹렬히 성토하고 "이 문제의 구조적인 본질"에 대응하지 못한 예일대 행정관리자들을 비판했다. 이 이슈는 학생 식당과 온라인 토론장에서 큰 화젯거리가 되었다. 어떤 댓글에서는 동호회 플래카드에 기분 나빠 하는 여성을 "쌍년"cunts이나 "징징대는 개년"whining bitches으로 지칭했다.[47] 체이스는 문제를 확대해 정면 대결하고 싶었다. 캐스린은 대화를 주장했다. 이번 논란을 남학생 동호회, 신입생 등과 성적 괴롭힘에 관해 소통할 기회로 여겼다. 한편 여성센터 운영위원회 위원들은 — 그중 약 절반은 유색인종 여성이고 계급, 성적 지향, 출신 지역 면에서 다양했다 — 계속해서 학교 행정관리자들과 만났다.

그들은 소를 제기하지 않았다. 사건을 맡으려는 변호사가 없었

다. 예일대 대책위원회가 제타 프사이 사건을 조사했고, 2년 뒤 김 빠진 보고서를 발표했다.[48]

2009년 가을 학기가 시작될 무렵, 누군가가 남자 운동부와 동호회에 나돌던 익명의 이메일을 폭로했다. "프리시즌 선수 모집 보고"라는 제목이 달린 그 이메일에는 여자 신입생 53명을 외모로 순위 매긴 내용이 담겨있었다. 학교 당국은 아무도 징계하지 않았다.[49]

그러나 2009년 9월 예일대 실험실 직원이 결혼식을 며칠 앞둔 대학원생 애니 리Annie Le를 성폭행하고 목 졸라 살해하는 사건이 발생했을 때, 캐스린은 최근 몇 년 동안 전개해온 항의운동이 어느새 대화의 논조를 바꿔놓은 것을 분명하게 느낄 수 있었다. 주간지《피플》은 그 사건을 그저 기이하고 끔찍한 범죄로 보도했지만, 학생들은 같은 사건을 젠더 폭력으로 논했다.

2010년 10월 수요일 밤 9시 30분, 델타 카파 엡실론DKE 동호회 소속 남학생 35명이 눈을 가린 신입 회원 20여 명을 줄 세워 여성센터 앞으로 이끌었다. 그들은 각각 앞 사람 어깨를 손으로 잡고 행진하면서 선원들 뱃노래 하듯 음을 맞춰 구호를 외쳤다. "내 이름은 잭. 나는야 시체성애자. 죽은 여자 따먹고 내 정액으로 채워준다." "싫다는 건 좋다는 뜻! 좋다는 건 항문성교 하자는 뜻!" 여성센터 운영위원회 위원들이 즉각 회의를 열었다. 이들은 그것이 "혐오 발언"이라는 점과 "성폭력을 적극 선동"한다는 점을 기사화하라고《예일 데일리 뉴스》에 촉구했다. 또한 남학생이 구호를 외치는 동영상을 유튜브에도 올리고 여학생 동호회를 비롯해 여러 학생 단체에 이메일로 보냈다.[50]

이튿날 아침 그 사건이 학교에서 화제가 되었다. 대학에 대응을 촉구하는 청원서에 학생과 동문 수천 명이 서명했다. DKE 동호회 지도부가 금요일에 사과하자 여성센터 운영위원회는 서면으로 이렇게 언급했다. "우리는 동호회 형제들이 폭력을 부추기려는 의도가 있었다고 생각지 않는다. 그보다는 아마 그들의 용어 선택이 우리 공동체에 어떤 영향을 줄지 고려하는 일을 소홀히 했을 가능성이 크다." 3일 후《예일 데일리 뉴스》는 여성센터 운영위원회가 "올바른 종류의 페미니즘"이 아닌 "급진주의"를 표방하며 과민반응을 보인다고 꾸짖는 사설을 내보내 거의 모든 사람에게 충격과 분노를 안겼다. 한편 예일대는 DKE 지도부 학생들의 학적에 징계 사실을 기록하고 해당 동호회를 5년간 대학 행사와 지원 대상에서 제외했다.

DKE 사건 이후, 알렉산드라 브로드스키는 예일대를 고발하는 타이틀 나인 진정의 제출을 고려중인 학생들이 있다는 얘기를 친구에게 들었다. "좋아, 좋아, 좋아!" 브로드스키가 말했다. "나도 도울게." 그는 그동안 법대에서 성적 권리에 관한 강의를 수강하고 타이틀 나인을 공부했다. 브로드스키는 진정을 제기할 학생을 더 모집하는 일을 조용히 도왔고, 그들과 서로 아파트를 오가며 계획을 세웠다.

2011년 3월 15일, 예일대 학생 16명이 — 여성, 남성, 학생, 최근 졸업한 동문 등 — 지난 7년 동안 있었던 교내 성적 괴롭힘과 성폭력을 기록한 26쪽 분량의 진정서를 OCR에 제출했다. 그들은 대학의 무대응이 적대적인 교육 환경을 초래했다고 언급했다. 처음부터 그들은 진정서에 적힌 내용을 공개하거나 거기에 담긴 개개인의 사연은 거론하지 않기로 합의했다. 아직 재학 중인 관련 당사자들을 보호하기 위해서였다. 그들 가운데 일부는 스토킹 피해자였다. OCR이 사안을 조사하겠다고 답변하자, 이들은 3월 31일에 기자회견을 열었다.

"나는 1학년 때 성폭행을 당할 뻔한 후 학교를 떠났고 스트레스 때문에 병이 나서 이틀 입원하기도 했다. 복학한 뒤 시험에서 D 학점을 받았는데, 나는 그때까지 A 학점만 받던 학생이었다." 진정인 한 명이 적은 글이다. "가해자가 관심 가질 만한 과목은 수강을 피했다. 가해자와 공통의 친구들이 있었는데 그들과도 더 이상 어울리지 않고 그가 가입한 단체도 멀리했다. 그와 마주치면 공황발작 증상이 일어났다."[51]

예일대가 성폭행을 징계하지 않으면 문제는 이어질 것이며 피해자가 계속 학습권을 침해받게 될 것이라고 진정인 여러 명이 기자들에게 언급했다. "표절만 해도 퇴학이나 정학을 당하는데 강간에 대한 관용은 거의 무한대인 듯하다"라고 프레스카 안Presca Ahn이 말했다. 유색인종 학생 6인은 예일대에서 유색인종 여성을 상대로 저질러진 성적 괴롭힘과 성폭력 사건을 《예일 데일리 뉴스》 기고문에 열거하고 이번에 제기된 타이틀 나인 진정에 교차적 차별의 측면이 담겨있음을 설명했다.[52]

그 외에도 성폭행 생존자들은 크리스틴 롬바디Kristen Lombardi 기자와 접촉했다. 가톨릭교회의 아동 성폭행 은폐 사건을 보도한 바 있는 롬바디가 저널리즘 학회에서 그 보도를 주제로 강연을 마쳤을 때, 그들이 그에게 접근하여 직접 겪은 대학의 성폭력 은폐 이야기를 들려주었다. 그 이야기에 영감을 얻은 롬바디와 공공진실성센터 Center for Public Integrity 소속 기자 두 명은 1년간 탐사 취재를 진행하여 여러 편의 기사를 내고, 그것을 모아 100쪽 분량의 보고서 〈대학 성폭행: 정의를 찾기 위한 좌절의 시간〉Sexual Assault on Campus: A Frustrating Search for Justice을 발표했다.[53] 이들은 대학 위기 지원 프로그램 152개를 조사하고, 전문가 50인과 재학생 또는 졸업생 생존자 33인을 인터뷰하고, 지난 10년간 제기된 타이틀 나인 진정, 클러리법 진정, 소송 관련 자료 등을 검토했다.

미국 공영 라디오 NPR이 공동으로 보도한 그 조사 결과에 따르면, 여자 대학생의 20퍼센트가 성폭행을 당했는데 그중 사건을 신고하는 비율은 20분의 1에 그쳤다. 신고하지 않은 피해자는 자신을 탓하거나, 누가 도와줄 것으로 생각지 않거나, 일어난 사건이 성폭행의 요건을 충족해도 그걸 성폭행으로 인식하지 못했다. 신고한 피해자의 경우 거의 절반이 형사 고소에 실패했으며, 학교의 대응 절차에도 배신감을 느꼈다고 응답했다. 그들은 모두 절차상 신고 의욕이 꺾이는 경험을 했으며, 타이틀 나인이 보장하는 권리를 몰라서 사건이 OCR 조사로 이어지는 경우도 드물었다. 연방 지침은 성폭행에 결부된 트라우마와 힘의 불균형을 고려해 피해자와 가해자의 중재를 피할 것을 권고했지만, 대학은 대체로 중재를 밀어붙였다. 피해자의 성폭행 신고로 가해자가 처벌되는 경우는 드물었다.

공공진실성센터의 보도와 보고서는 획기적이었으나 타이틀 나인의 일차적 목적인 공평한 학습권 보장을 거의 간과한 채 이슈를 가해자 처벌의 문제로만 설정했다. 그렇게 응징과 정의에 치우친 관점은 타이틀 나인의 목표와 형사사법제도의 목표를 합쳐놓고 구분하지 않았다.

성폭력 사건을 무시하거나 잘못 처리하는 대학을 신고하는 진정이 OCR에 계속 들어왔다. 일부 학교는 아직도 성적 괴롭힘이나 성폭행을 처리할 때 타이틀 나인을 어떻게 준수해야 할지 혼란스럽다고 주장했다. 공공진실성센터 보고서는, OCR이 성폭행 사건을 잘못 처리한 학교를 조사하고도 규정 위반 판정을 내린 경우는 드물었다고 지적했다.

러슬린 알리Russlynn Ali OCR 국장은 앞으로 더 잘하겠다고 약속했다.

우연히도 예일대 학생 기자회견 며칠 뒤였던 2011년 4월 4일, 알리 국장은 오바마 대통령의 지지를 업고 조 바이든 부통령, 언 덩컨Arne Duncun 교육부 장관과 나란히 뉴햄프셔대학교에서 기자회견을 가졌다. OCR은 새로 나온 19쪽 분량의 〈동료들에게〉와 간략한 배경 설명서, 그리고 2쪽짜리 전단 〈당신의 권리를 알아두라: 타이틀 나인은 당신이 다니는 학교에서 성적 괴롭힘과 성폭력을 금지한다〉를 발표했다. OCR이 1981년 이래 모든 성폭력 관련 지침에서 사용해온 "성적 괴롭힘"이라는 표현은 불쾌한 성적 언사에서 난폭한 성폭행까지 전부를 포괄했다. 이번 지침 역시 "성폭력"을 분명하게 문제점으로 명시하여, 어떤 교육기관도 몰랐다고 주장할 수 없도록 했다. 또한 이전에 나온 여러 편의 〈동료들에게〉와 각종 지침처럼 이번 지침도 타이틀 나인을 준수하려면 더 구체적인 지침이 필요하다고 하는 교육기관에 상세한 정보를 제공하고 앞으로 OCR이 상황을 더욱 주시할 것이라고 통고했다.

바이든 부통령이 말했다. "오늘 우리는 학교와 대학 내 성폭행에 대한 대응을 강화합니다."[54]

2011~2014

·12·

가속화

1972년, 의회는 타이틀 나인을 제정함으로써 이전부터 공평한 교육을 요구해온 소녀와 여성들에게 도구 한 세트를 안겨주었다. 처음에는 단단한 막대기 정도에 불과했던 이 둔탁한 용구의 도움으로 그들은 여성운동의 물살 위에서 방향을 잡아갔다. 1979년 OCR의 정책설명은 타이틀 나인 시행규정이 제공한 막대기 하나를 좀 더 유용한 모양으로 다듬었으며, 여성들은 그것을 노로 삼아 공평한 스포츠를 향해 맹렬히 저어갔다. 이제 성폭행 생존자들은 2011년에 나온 〈동료들에게〉를 통해 제대로 된 노 한 쌍을 얻었다. 그들은 그 노를 힘차게 저어, 성폭력, 인종차별, 경찰 잔혹 행위, 경제 불평등 확대에 반대하고 성소수자 권리와 이민자·난민에 대한 인도적 처우를 옹호하는 각종 사회정의 운동이 소용돌이치며 한데 합쳐지고 가속화하는 지점으로 진입했다.

2003년 미국의 이라크 침공에 반대하여 일어난 대규모 시위는 전쟁은 막지 못했으나 무슬림 미국인을 겨냥해 증가하던 혐오 범죄에 대한 대중의 저항을 촉발하는 데 기여했다. 2006년에 시작된 이 민자 권리 행진은 드림법DREAM Act* 제정과 더욱 광범위한 정책 개혁을 촉구했으며, 그 주도자 중에는 스스로 성소수자로 정체화한 미등록 라틴계 여성, 흑인 여성, 아시아계 여성들이 압도적으로 많았다. 2011년 9월 17일에는 맨해튼에 2000명이 집결하여 주코티 공원을 두 달간 점거하고 — 이른바 월가 점령 — 계급 억압과 터무니없는 경제 격차를 전 세계의 의식에 각인했다. 여기에 공조하여 세계 각지에서 유사한 시위가 열렸다.[1]

2009년, 베이에어리어 도시철도 경찰이 오클랜드의 한 기차역에서 싸움이 났다는 신고를 받고 출동하여, 무기도 소지하지 않은 흑인 남성 오스카 그랜트Oscar Grant를 승강장의 콘크리트 바닥에 엎드린 자세로 제압하고, 이어서 백인 남자 경찰이 그를 사살했다. 이 살해 사건 후 관련 소송 여러 건이 수년간 이어졌는데, 패멀라 프라이스와 다른 변호사들이 유가족 측 변호사 존 버리스John Burris를 도와주었다. 당시 경찰의 총격 장면을 포착한 해상도 낮은 휴대전화 동영상은, 소셜미디어로 경찰의 유색인종 살해를 폭로하는 새로운 시대에 널리 공유된 최초의 동영상이었다. 2012년 2월에는 플로리다주 샌퍼드에서 총기를 지니지 않은 17세의 흑인 청소년 트레이번 마틴Trayvon Martin이 사살됐는데, 자경단을 자처하며 그를 살해한 백인 범인이 2013년에 무죄 방면되자 전국에서 시위가 일어났다. 얼리샤 가자Alicia Garza, 파트리스 컬러스Patrisse Cullors, 오펄 토메티Opal Tometi 등 세

* Development, Relief and Education for Alien Minors Act. 외국인 미성년자 개발구제교육법.

여성이 시작한 '흑인 생명은 소중하다'Black Lives Matter 운동은 처음부터 교차적 차별에 초점을 두었고, 주로 젊은 대졸 흑인 여성들이 주도했다. 그중에는 스스로 성소수자로 정체화한 사람이 두드러지게 많았다.[2]

성폭행 생존자 학생들도 이 같은 사회정치적 물결에 참여하여 다른 여러 변혁 운동에 성폭력 문제를 담아 반영시켰다. 그들은 참고할 만한 지침서도 없이 활동했다. 때로는 활동가라는 역할이 부분적으로 그들을 혼란스럽게 했다.

알렉산드라 브로드스키는 사람들이 자기도 성폭행 피해자라고 털어놓을 때 무슨 말을 해야 좋을지 몰랐다. 다른 피해자에게 상담사나 사회복지사 역할을 해줄 준비가 되어있지 않은 것은 열아홉 살 때나 지금이나 마찬가지였다. 예일대 진정인들의 기자회견 이후, 여러 학교 학생과 수십 년 전 졸업한 동문들까지 수많은 메시지를 보내왔다. 그들은 대학 성폭력을 전국적인 이슈로 미처 생각해보지 못했다고 했다. 코앞에 놓인 문제에 사로잡혀 큰 그림을 보지 못했다고 했다.

OCR이 2012년에 낸 예일대 관련 보고서는 그런 문제의 일부를 상세하게 서술했다. 예일대는 직원 중에서 타이틀 나인 조정관을 지정하여 다른 직무와 병행하게 했으나, 누가 조정관인지 학생과 직원에게 알리지 않아서 아무도 알지 못했다. 조정관도 자기 직무를 명확하게 몰랐다. 학생들은 예일대에 존재하는 두 가지 고충처리 절차를 혼동했으며, 두 절차 모두 가해 혐의자에게 유리했다. 예일대는 이런 문제와 그 밖의 부족한 점을 시정하기로 OCR과 합의하고 합의서에 서명했지만, 예일대 행정관리자가 성폭행 생존자를 입막음하거나 창피 주는 이야기가 브로드스키의 귀에 계속 들려왔다.[3]

OCR에 성적 괴롭힘과 성폭행 사건을 잘못 처리한 4년제 대학을 고발하는 진정은 이미 2006년부터 늘어나기 시작하는 추세였고, 2010년부터는 더욱 가속화했다.[4] 2011년 〈동료들에게〉는 학생이 자기 학교가 법적 의무 사항을 충족하는지 판단할 수 있도록 상세한 내용을 더 많이 제공했다.

또한 2011년 〈동료들에게〉는 과거에 OCR이 이미 통지한 사항 몇 가지를 거듭 명시했는데, 사실 그렇게 반복할 필요가 없어야 했다. 모든 학교는 적절하게 훈련된 타이틀 나인 조정관을 지정하고 차별금지 방침을 배포하고 고충처리 절차에 대한 정보를 알려야 한다는 점, 성적 괴롭힘에는 성폭행도 포함된다는 점, 이해관계 충돌 때문에 체육부는 운동선수가 저지른 성폭력에 대한 항의 사건을 관장하면 안 된다는 점, 타이틀 나인 하에서 성폭행을 주장하는 측에 적용되는 적절한 증거 원칙은 '우세한 증거'의 원칙뿐이며 그것이 신고자와 피신고자 모두에게 평등한 권리를 보장하는 유일한 기준이라는 점 등이 재차 언급되었다. 이 〈동료들에게〉가 발행되기 직전에 이뤄진 조사에 따르면, 고등교육기관의 61퍼센트가 이미 '우세한 증거' 원칙을 따르는 것으로 나타났다.[5]

〈동료들에게〉는 잠재적으로 혼란이 있을 수 있는 부분에 대해서도 분명하게 설명했다. 성폭행은 "당사자의 의사에 반하거나 당사자가 동의의 의사표시를 할 수 없는 상태일 때 가하는 신체적인 성적 행동"으로 정의된다는 점, 학교는 소속 학생이 당한 성폭행이 교내에서 발생하지 않았더라도 반드시 조사해야 한다는 점, 단 한 건의 성폭력 사건으로도 적대적 환경을 초래하기에 충분하다는 점, 성폭력 사건에서 중재는 절대로 적절하지 않다는 점 등이었다.

그럼에도 혹시 누가 여전히 대응의 필요성을 의심할까 봐 〈동료들에게〉는 2007~2008학년도에만 공립고등학교에서 강간 800건, 성추행 3800건이 신고된 사실을 강조했다. 2009년에 대학교에서는 물리력을 사용한 성범죄 3300건이 신고됐다. 그것이 빙산의 일각에 불과하다는 것은 누구나 아는 사실이었다. 성폭행당한 대학생 가운데 4~8퍼센트만 대학 당국에 신고했고, 경찰에 신고하는 비율은 고작 2퍼센트였다.[6]

대다수 학생이 타이틀 나인을 모른다는 문제점은 여전했다.

그러나 성폭행에 관한 논의는 이전보다 보편화되었다. 2012년에는 군대에서 일어나는 강간을 소재로 삼은 다큐멘터리영화 〈보이지 않는 전쟁〉The Invisible War이 여러 대학에서 상영됐다.[7] 그해 8월, 오하이오주 스튜번빌에서 남자 고등학생들이 의식 잃은 소녀를 강간하는 동영상이 큰 물의를 일으켰다.[8]

그 뒤로 2년 동안 대중은 타이틀 나인 하면 성적 괴롭힘과 성폭행 문제를 연상했다. 1970년대에 타이틀 나인이 학교 스포츠에 결부되었던 것과 비슷했고, 그렇게 된 이유도 비슷했다. 피해 소녀와 여성의 숫자가 워낙 엄청나서 성차별 피해자를 위해 공평성을 요구하던 기존 운동이 확장되었고, 그런 변화가 싫은 남성들이 강력하게 반발해 대중의 큰 관심을 끌었다는 공통점이 있었다.

브로드스키는 친구를 통해서 애머스트대학교에 다니는 대나 볼저Dana Bolger를 소개받았다. 볼저는 강간과 스토킹을 당한 이후 학내에서 시위를 벌여왔다. 그가 학교에 강간당한 일을 신고하자, 학장이 볼저에게 휴학을 권했다. "스타벅스나 반스앤노블 서점 같은 데서 아르바이트 좀 하다가 가해자가 졸업하면 돌아오세요." 학장이 말했다. 자신의 권리에 대해 몰랐던 볼저는 학장의 비윤리적이고 불법적인 권유를 받아들였다. 하지만 곧 친구가 그를 피해자권리법센터Victim Rights Law Center와 연결해주었다. 2003년부터 미국에서 성폭행 피해자 지원만 전문으로 해온 최초의 비영리 단체였다. 이 단체가 그에게 타이틀 나인이 스포츠뿐만 아니라 성폭행에도 적용된다는 사실을 알려주었다.

그는 이미 한 학기를 낭비했다. 애머스트대학교에 복학한 볼저는 학생 주도로 운영되는 생존자 지원그룹에 가입했다. 2012년 봄, 그는 소넘 딕시트Sonum Dixit, 킨잘 퍼텔Kinjal Patel, 낸시 윤 탱Nancy Yun Tang과 함께《그 일이 여기서 일어난다》It happens here를 창간했다. 애머스트대에서 일어나는 강간 사건을 전문으로 다루는 잡지로, 처음에는 종이 잡지를 내다가 이후 온라인으로 전환했다. 여름에는 전국여성법률센터NWLC에서 인턴으로 일했다. 그해 6월, 애머스트대에 다니는 21세 남학생이 강간당한 뒤 자살했다. 그가 남긴 자살 유서가 '좋은 남자 프로젝트'The Good Men Project* 홈페이지에 공개되었고, 유족의 동의를 얻어《그 일이 여기서 일어난다》에도 게재됐다.*

* 남성에 대한 고정관념을 깨고 현대 남성의 변화하는 역할을 논의하기 위해 2009년에 개설된 온라인 플랫폼.

이런 상황이 상당한 관심을 모았으나, 2012년 10월 학생 신문 《애머스트 스튜던트》에 실린 기사 하나가 불러일으킨 관심에 비하면 아무것도 아니었다. 앤지 에피퍼노Angie Epifano라는 학생이 다른 학생에게 강간당한 뒤 교내 정신병동에 강제로 수용되는 등 학교 당국의 부당한 처우를 받은 일을 장문으로 설명한 전례 없는 기고문이 실렸기 때문이다. 그때까지 대학 성폭행이 피해자에게 끼치는 영향과 피해자를 도와야 할 사람들의 배신을 그토록 자세히 묘사하여 공개한 사람은 아무도 없었다. 이 글 때문에 게재 첫날 조회 수 10만을 넘기며 신문 홈페이지가 접속 불능 상태에 빠졌고, 이후 수백만 명이 이 글을 조회했으며, 전국의 언론 매체가 이 일을 보도했다.

일주일 후 볼저와 지수 리Jisoo Lee는 애머스트대 성폭행 생존자(또는 그 대리자) 11인의 사진을 공개했다. 그들이 손에 든 플래카드에는 강간당한 일을 밝혔을 때 사람들에게 들은 말이 적혀있었다. "섹스하고 싶었던 게 아니면 왜 2주 전 그 사람 침대에 앉았던 거야?" "그 남자 취했었냐? 그럼 별 거 아니네." 다음은 학장이 했던 말이다. "절대로 소송 걸지 마. 그래야 정식으로 강간 생존자가 되는 신세를 면할 수 있어."[10]

최근에 강간당한 18세 학생부터 대학 때 강간당한 일을 아무에게도 털어놓지 않았다는 80세 여성에 이르기까지, 도처에서 메시지가 쏟아져 들어왔다. 트위터로 볼저에게 메시지 하나가 들어왔다. 노스캐롤라이나대학교 채플힐UNC 학생들이 보낸 메시지였다.

애니 클라크는 2007년 낯선 사람에게 난폭하게 강간당한 뒤 UNC 관계자에게 도움을 요청하면서 지원을 기대했다. 그런데 행정관리자가 이렇게 말했다. "강간은 미식축구와 비슷해요. 경기를 되짚어보는 셈 친다면, 학생이 그 상황에서 어떻게 다르게 행동했으면 좋았을까요?" 강간은 미식축구와 전혀 다르다고 클라크가 대답했다. "음, 학생 혹시 그때 취했어요?" 그 여성이 물었다. 클라크의 귀에는 전부 네 잘못, 네 잘못, 네 잘못이라는 소리로만 들렸다.

그 경험을 계기로 클라크는 4학년 때 학생 옹호 프로젝트를 구상했다. 그는 교내 여러 곳에 '의견함'을 설치하여 학생이 익명으로 성폭행을 신고하고 지원 정보가 담긴 팸플릿도 집어 갈 수 있게 했다.[11]

2012년 봄, 안드레아 피노 실바Andrea Pino-Silva가 그 의견함에 익명의 편지를 투입했다.

당시 2학년에 스무 살이던 피노는 친구들과 학교 밖에서 열린 파티에 갔다가 파란 눈에 갈색 머리를 한 잘생긴 백인 남자와 춤을 추었다. 낯선 사람이었다. 술은 마시지 않았으나 나머지 일이 잘 기억나지 않았다. 그 남자는 피노를 화장실로 끌고 가서 난폭하게 성폭행했다. 피노가 통증과 혼란을 겪으며 밖으로 나왔을 때 친구들은 이미 가고 없었다. 그는 혼자 걸어서 기숙사로 돌아왔다. 다음 날 아침에 일어나 보니 침대에 피가 묻어있었다. 생리가 시작된 줄 알았다. 일주일도 더 지나서 토바코 하프마라톤 행사에서 뛰는데 또 출혈이 있었다. 피노는 친구들에게 그날 밤 무슨 일이 있었는지 묻기 시작했다. 그가 강간당한 사실을 완전히 인식하는 데 수개월이 걸렸다. 피노는 목에 감긴 강간범의 손을 잡아떼려고 애쓰는 선명한 악몽을 여러 차례 꾸었고, 깨어나 보면 목에 피가 나도록 긁은 자국이 나 있었다.

그는 정신적으로나 학업으로나 고전했다. 2015년도 조사에 따르면 강간, 성폭행, 성학대를 겪은 생존자 대다수가 평점 평균이 한 등급 떨어졌고 도움을 받지 못해 대학을 중퇴할 가능성도 높았다.[12] 피노는 건강 문제를 이유로 몇 과목의 수강 철회를 신청했다. 담당자가 철회를 허락했지만, UNC 강의를 따라가기에 벅찬 것 아니냐며 그를 조롱했다. 나중에 피노는 우울증, 범불안장애, 외상후스트레스장애 진단을 받았다.

그는 두 과목을 수강 취소하고 자신감을 잃었다. 그리고 클라크가 설치한 상자에 익명의 신고장을 투입했다.

피노는 2012년 가을 학기에 페미니스트 정치이론 과목을 들으면서 처음으로 타이틀 나인과 알렉산더 대 예일 사건에 관해 알게 되었다. 이것이 그의 관점을 뒤흔들어놓았다. 그는 UNC에 들어오려고 정말로 열심히 공부했다. 자기나 다른 학생이나 모두 성폭행을 겪고 나서 방치된 채 학교 다니기를 두려워하거나, 낙제하거나, 중퇴할 것이 아니라, 학교 안내 책자가 약속한 교육을 당당히 받을 자격이 있었다.

그는 1학년 때 클라크를 잠시 만난 적이 있었다. 피노는 졸업하고 오리건주에 가 있던 클라크에게 페이스북으로 메시지를 보냈다. "뭘 좀 의논해도 될까요?"

클라크와 나눈 대화로 용기를 얻은 피노는 성폭행 사실을 사람들에게 밝혔다. 그러자 UNC 강간 생존자 9인이 그와 접촉했다. 클라크가 4년 전에 총장과 만났던 것처럼, 피노는 학생처장, 부총장과 만날 일정을 잡았다. 그러나 그들이 보아하니 대학 당국은 지금

학생들이 나가고 학교에 대해 아무것도 모르는 신입생이 들어와 학생 순환이 한 바퀴 이뤄질 때까지, 어떻게든 일을 무시하거나 대응을 지연하려고 했다.

"여기서 일어나는 일이 사방에서 똑같이 일어나는데도" 그것들을 연결 짓는 사람이 없다고 피노가 클라크에게 말했다. 두 사람은 타이틀 나인과 관련 법률을 샅샅이 조사하기 시작했다. 피노가 볼저에게 트위터 메시지를 보냈고, 그 둘과 클라크가 스카이프로 대화했다. 볼저는 피노와 클라크를 브로드스키와 연결해주었다. UNC 여학생들은 애머스트대학에 관한 에피퍼노의 글을 보고 그에게도 연락했다. 그들은 1970년대에 활동하던 타이틀 나인 운동가들도 찾아내 연락했다. NWLC와 리걸 모멘텀Legal Momentum*에도 연락했으나 변호사를 고용할 돈이 없었다. 이 일은 많은 에너지를 소모했다.

새벽 4시에 침대에 앉아있던 클라크에게 깨달음이 왔다. "우리도 클러리법에 근거해 진정하면 안 되나? 클러리법은 소멸시효가 없잖아." 그럴듯했다. 피노도 동의했지만, 누가 벌써 이 일을 시도해봤는지 두 사람 다 알지 못했다. 좀 더 조사해봐야 했다.

피노는 UNC의 드넓은 교내 잔디밭을 사방으로 가로지르는 적황색 벽돌길을 천천히 걸으며, 걸어야 하는 전화를 안 걸 수 있으면 얼마나 좋을까 하고 생각했다. 어머니가 전화를 받았다.

피노는 쿠바계 미국 가정과 UNC 학교생활이라는 별개의 두 세

---

* 1970년 베티 프리던과 뮤리얼 폭스가 공동 설립한 여성 법률 옹호 단체.

상에 살았다. 본인은 자신이 당한 일을 성폭행과 강간이라고 담담히 부를 수 있었지만, 부모에게는 도저히 말할 수 없었다. 부모는 식구 중에 최초로 대학에 진학한 딸을 영웅으로 여겼다. 부모가 사실을 알게 된 것은 피노가 학생 신문에 쓴 칼럼을 봤기 때문이었다. 게다가 그는 지난해 자신이 레즈비언이라는 것을 깨달았다. 그것도 부모와 대화하기 껄끄러운 주제였다.

"저희가 《데일리 타르 힐》*Daily Tar Heel* 기자와 협력하고 있다는 사실을 알려드리려고요." 피노가 어머니에게 말했다. "기자회견을 할 거예요." 그들은 UNC를 고발하는 진정을 냈고, 연방정부가 이 사안을 조사하기로 했다. 사람들이 어떻게 반응할지는 예측할 수 없었다. "일이 커질 수도 있고요, 아닐 수도 있어요. 잘 모르겠어요. 하지만 일이 벌어지긴 할 거예요."

어머니는 딸이 장학금을 잃을까 봐 걱정했다. "모르겠어요." 피노가 말했다. "제가 어떤 일을 감당하게 될지는 저도 몰라요." 더 중요한 것은 앞으로 입학할 모든 후배를 위해 안전한 학교를 만들려는 노력이었다.

피노 어머니의 부모는 쿠바혁명 직전에 플로리다로 도피했다. 피노의 아버지는 쿠바 출신의 이민 1세였다. 피노는 마이애미 도심 노동자 거주지 '리틀 아바나'에서 자랐다. 이 지역의 학교 관계자들은 권위적인 교사를 싫어하고 총명하고 자기 의견이 강한 라틴계 여학생을 잘 도와주지 않았다. 피노는 고등학교에 다닐 때 벌써 커뮤니티 칼리지에서 몇 과목을 수강했는데, 백인 교수가 너 같은 열여섯 살짜리가 그렇게 출중한 보고서를 쓰다니 "그럴 리가 없다"며

남의 글을 베꼈다고 몰아세웠다.

피노는 모범생이 되려고 있는 힘을 다했다. UNC에 합격하자 꿈이 실현된 듯했다. 하지만 성폭행이 그의 삶을 뒤바꾸어 놓았다. 그는 하이힐을 신거나 드레스를 입는 일도 그만두었다. 달리기도 그만두었다. 전공 때문에 야간 강의를 들어야 하자 전공도 바꿨다. 학교 안이 안전하게 느껴지지 않았다. 성폭행 때문만은 아니었다. UNC 관계자가 자기를 보호하거나 도와주지 않을 것이 분명해 보였기 때문이다.[13]

대학 성폭행 생존자 가운데 많은 사람이 그 부분을 가장 힘들어했다. 그들이 사랑한 학교가, 그들이 믿고 의지할 수 있어야 하는 학교가 그들을 배신한 점 말이다. 본인이 인지했든 아니든, 강간이나 강간미수를 신고한 학생 가운데 거의 절반이 학교에 배신당했다고 한 조사는 밝혔다. 오리건대학교 심리학과 제니퍼 J. 프라이드Jennifer J. Freyd 교수 팀은 2008년부터 "기관의 배신"institutional betrayal을 연구하여 그런 배신이 부가적인 해악과 연관성이 있다고 밝혔다. 예컨대 피해자의 트라우마 증세도 더 심하고, 불안과 우울도 더 많이 보고되며, 교육에도 더 큰 방해가 되는 것으로 드러났다.[14]

2013년 1월 17일 클라크, 피노, 다른 UNC 학생 2인은 익명의 피해자 64인과 스스로를 대표해 OCR에 진정하고 34쪽 분량의 사유서를 첨부했다. 학생처에서 부처장을 지낸 멀린다 매닝Melinda Manning 도 그 진정에 합류했다. 매닝은 상부로부터 학내 성폭행 통계를 실제보다 축소하라는 압력이 들어오자 UNC를 사직했다고 말했다. 그가 재직하는 동안 적어도 학생 100명이 그에게 찾아와 성폭행을 신고했으며, 그가 아는 한 퇴학당한 가해자는 한 명도 없고, 몇몇 가해자는 반복해서 범행을 저질렀다.[15]

이들이 제기한 진정은 타이틀 나인, 클러리법, 대학성폭행피해자 권리장전, 가족의 교육권 및 개인정보보호에 관한 법률, 1964년 민권법 제6편과 제7편, 미국장애인법 제2편의 위반을 주장했다.[16]

OCR이 사안을 접수하자, 학생들이 기자회견을 열었다. "우리는 이 전국적인 운동을 실제 사람의 얼굴로 만나보시라고 이 자리에 나왔습니다." 클라크가 말했다.

UNC 관계자들은 책임을 부인했다. "그 혐의는 거짓이다. 진실이 아니다. 명백히 잘못된 얘기다." 대학 측 변호사가 말했다. 그래도 피노가 장학금을 잃지는 않았다.

UNC 기자회견 후, 누군가가 피노가 사는 기숙사에 침입해 스프레이 페인트로 벽에 거대한 남자 성기 그림을 그리고 사방에 살벌한 메시지를 남겼다. 그리고 피노의 방에 칼 한 자루를 놓아두고 갔다. 누군가 익명으로 트윗했다. "넌 죽어도 싸. 너도 좆까고 너네들의 광신적 피해의식도 다 좆까."[17] 한 남자는 아예 클라크의 얼굴에 대고 말했다. "탕탕, 개년아, 죽어." 이런 괴롭힘은 알렉산더 대예일 사건에서 앤 올리바리어스가 당한 괴롭힘, 1970년대 이후 타이틀 나인을 근거로 자신의 권리를 주장한 다른 수천 명의 학생이 당한 괴롭힘과 일맥상통했다.

ACLU는 2012년 타이틀 나인 40주년을 맞아 타이틀 나인의 역사에서 가장 영향력이 컸던 활동가 9인을 선정해 발표했는데, 버니스 샌들러, 알렉산더 대 예일 사건 원고들과 다른 몇 사람이 여기에 포함되었다. 2012년 6월에는 평등권옹호회가 연례 모금행사에서 패멀라 프라이스의 공적을 치하했으며, 이를 기념해 프라이스와 알렉산더 대 예일 사건의 주임 변호사 앤 E. 사이먼이 샌프란시스코에서 지지자 수백 명과 오찬 간담회를 가졌다. 프라이스는 2000년대에 캘리포니아주 교도 시설(이와 관련해 수임한 사건이 여러 건이었다), 암트랙(연방대법원에서 변호했다), 오클랜드시 당국, 컨트라코스타 카운티 등에서 직원이 당한 성차별이나 인종차별 사건을 맡아 승소하고 거액의 손해배상을 받아냈다. 프라이스와 그의 변호사 팀이 맡아 진행한 한 소송은 캘리포니아주 교정본부의 정책수립으로도 이어져, 수감자가 여성 교도관을 성적으로 괴롭히는 문제에 대한 대응 방침이 주 전체에서 시행되었다.[18] 또한 프라이스는 2000년대에 샌프란시스코에 있는 민권변호사위원회Lawyers Committee for Civil Rights 이사회에도 합류하여 한동안 임시 집행이사직을 맡기도 했다.

타이틀 나인 40주년 기념으로 타이틀 나인이 학교 스포츠에 기여한 공로를 기리는 행사도 있었다. 2012년 4월, 샌들러와 마샤 그린버거는 NCAA 여자 농구 챔피언십이 열리는 경기장 중앙으로 나와 스포트라이트를 받으며 환하게 웃었다. NCAA는 하프타임에 그 두 사람과 다른 타이틀 나인 운동가 4인의 공적을 받들고, 스포츠 분야에서 수많은 여성이 '최초'를 기록할 수 있게 해준 그들의 활동을 치사했다.

그러나 타이틀 나인에 관한 기본 지식조차 없는 교육자가 아직도 많다는 사실이 샌들러에게 충격을 주었다. 2012년 2월 8일, 여군도 최전방에서 전투 임무를 수행할 수 있다고 국방부가 발표한

콜로라도주 덴버에서 열린 2012년 NCAA 여자 농구 4강전에서
하프타임에 관중에게 손을 흔드는 전국여성법률센터(NWLC)
공동 설립자 마샤 그린버거. (© 크리스 험프리스/《USA 투데이》 스포츠)

바로 그날, 덜러스 독립교육구는 흑인 역사의 달 체험학습으로 5학년 남학생만 — 여학생은 제외하고 — 5000명을 버스에 실어 '터스키기 에어맨'_{Tuskegee Airmen}* 이야기를 담은 영화 〈레드 테일스〉_{Red Tails}를 관람하게 했다. 기자들이 입수한 학교 이메일을 보면, 교장이나 행정관리자가 체험학습에 관해 연락하면서 여학생을 제외한 조치가 적절한지 전혀 의문을 품지 않은 것으로 드러났다. 샌들러가 얻은 핵심 메시지는, 교육대학에서 타이틀 나인을 법 과목 시간에만 언급하고 말 것이 아니라 미래의 교육자들에게 타이틀 나인을 제대로 가르치기 위해 좀 더 노력할 필요가 있다는 점이었다.

연구자들은 언론의 타이틀 나인 40주년 보도가 정치·문화 갈등을 얼버무리고 차별을 과거사로 치부하는 축하의 서사를 선호했다고 지적했다. 언론은 타이틀 나인을 이야기하면서 교차적 차별은 대체로 간과했다. 스포츠에 참여하는 여자 고등학생은 1972년 29만 4015명에서 2013년에는 거의 3300만 명으로 증가했지만 — 확실히 축하할 만한 일이었다 — 스포츠에 참여하는 흑인 여자 고등학생의 비율만 따로 보면, 1972년 35퍼센트에서 2002년 27퍼센트로 낮아졌다. 타이틀 나인 제정 이후 백인 여자 대학생과 흑인 여자 대학생의 스포츠 참여 격차도 커졌다.[19] 교차적 관점에서 봤을 때, 타이틀 나인은 성공하지 못했다.

학교 스포츠와 관련된 일에 종사하는 흑인 여성 20인이 그해 6월 할렘에 모여 "타이틀 나인 40주년에 언급되지 않는 것"이라는 주제

---

* 제2차 세계대전 당시 흑인들로 구성된 미국 제332 전투 비행대.

로 비공개 토론회를 열었다. 숌버그흑인문화연구센터Schomburg Center for Research in Black Culture가 주최한 행사였다. 참석자들은 타이틀 나인의 수혜자가 대체로 백인 여자 선수와 백인 여자 스포츠 행정관리자였다는 점에 의견이 일치했다고 《뉴욕 타임스》가 보도했다.[20] 그보다 며칠 앞서 워싱턴DC에서도 비슷한 타이틀 나인 40주년 기념 토론회가 있었는데 — 이것은 공개 행사였다 — 이 토론회에서 스포츠 전문가 4인으로 구성된 패널이 교차적 차별에 대한 이해 부족을 언급했다. "우리는 그동안 딱 한 가지, 젠더 불평등, 그것 하나만 해결하면 된다고 생각하던 1970년대식 사고방식에 머물러 있었습니다." 디온 L. 콜러Dionne L. Koller 스포츠법센터 회장이 말했다.[21]

교차적 차별 문제는 점점 더 큰 관심을 불러일으키기 시작했다. 소수자 학생은 백인 학생보다 징계도 더 심하게 받고, 경험이 부족한 저임금 교사에게 배우고, 철저하고 엄격한 고교 교육과정에 접근하지 못하는 것으로 2012년 OCR은 보고했다.[22] 미시간대학교에서 시행한 연구에 따르면, 성폭행도 백인이나 이성애자 학생보다 유색인종이나 성소수자 학생이 피해자가 될 확률이 두 배 이상이었다. 또한 2011년 질병통제예방센터 연구는 복합인종 여성이 성적 괴롭힘을 당하는 경우가 다른 시스젠더 인종 집단보다 5배에서 32배까지 많았다고 밝혔다.[23]

성폭행 생존자 지원 운동을 펼치는 학생 운동가들은 전통적인 언론 매체를 통해 서로의 존재를 알게 되거나 디지털 매체를 통해 연결되는 것이 일반적이었다. 생존자들은 탈위계적 협력을 바탕으로 즉흥적으로 궐기했다. 초대받아 가입하는 성폭행 생존자 학생

페이스북 그룹 '나인 커넥션'이 생기자, 전국에서 약 800명이 가입했다. 브로드스키와 볼저는 와가트웨 완주키의 블로그 '터프츠대에서 강간당함'RapedAtTufts을 눈여겨봤다. 그리고 완주키에게 연락해 청년 활동가 네트워크로 끌어들였다. 캘리포니아대학교 버클리, LA의 옥시덴털대학교의 학생과 교수들은 노스캐롤라이나대학교 진정 소식을 듣고 피노와 클라크에게 연락을 취했다.

브로드스키와 볼저는 조언을 구하는 수많은 사람을 도와줄 방도를 생각하다가 생존자 여러 명을 규합하여 소송, 학생운동 조직화, 자기 돌봄 등에 관한 자료를 공유하는 웹사이트를 마련했다. 그리하여 2013년 봄 '타이틀 나인을 알자'Know Your IX 홈페이지를 열었을 때 그들은 그것을 일회성 프로젝트로 여겼다. 그와 동시에 볼저, 브로드스키, 완주키 등은 교육부 산하의 OCR을 압박하는 취지에서 '교육부, 지금 행동하라'라는 명칭으로 활동을 조직했다.

2013년 7월, 그들은 폭염 속에 땀을 흘리며 워싱턴DC 교육부의 육중하고 납작한 콘크리트 건물 앞에 모였다. 페이스북 프로필 사진으로 서로를 알아본 학생 수십 명이 함께 구호를 외쳤다. "이, 사, 육, 팔, 폭력 근절, 혐오 근절! 삼, 오, 칠, 구, 타이틀 나인, 준수하라!" 그들은 교대로 확성기를 받아 들고 집회 참석자와 기자들에게 자기 사연을 들려주었다. "정의를 위해 일어섭시다." 완주키가 말했다. "내가 겪은 일을 다른 학생은 겪지 않게 합시다."[24]

치마나 반바지에 자기 학교 로고가 찍힌 민소매 티셔츠, 반팔 티셔츠를 받쳐 입은 시위자들이 종이 상자를 몇 개를 들고 왔다. 타이틀 나인과 클러리법을 더 엄중하고 신속하게 집행할 것을 요구하는 온라인 청원에 11만 5471명이 서명한 청원서가 그 안에 가득 담겨 있었다. 교육부 관계자들이 집회 후 '교육부, 지금 행동하라' 주도자들과 만나기로 미리 동의한 바 있었으나, 마사 캔터Martha Kanter 교육부 차관이 직접 청원서가 담긴 상자를 받으러 밖에 나오자 시위대는 깜짝 놀랐다. 캔터는 그들을 시원한 실내로 불러들여 언 덩컨 교육부 장관과 만나게 해주었다.[25]

사실 그 전날 백악관 관계자의 연락을 받았을 때는 더욱 놀랐다. 부통령실과 백악관 여성및소녀전담위원회White House Council on Women and Girls 관계자를 만나보라고 초청하는 전화였다. 집회 후 시위자 7인은 단정한 옷으로 갈아입고 법무부로 향했다. 그 7인은 유색인종 여성 3인(완주키, 케이트 재선 심Kate Jae Sun Sim, 수재나 보바디야Suzanna Bobadilla)과 백인 여성 3인(브로드스키, 볼저, 로라 던), 퀴어 활동가 존 켈리 등이었다. 모두 명문대 출신이었다. 보안 책임자가 유색인종 여성 두 명을 못 들어오게 하자 — 둘 다 이민 2세이고 이름이 신분증과 정확하게 일치하지 않았다 — 나머지 다섯 명은 그 두 사람을 빼놓고 미팅하기를 거부했다. 잠시 지연된 뒤, 관계자들이 그 두 명을 들어오게 했다. 미팅은 긴장된 분위기로 진행됐다. 학생들은 정부에 배신감을 느끼며, 폭력에 대응하지 않는 것은 그 폭력에 공범이 되는 거라고 정부 관계자들에게 말했다. 정부에 정책을 요청하라는 제안을 받은 '교육부, 지금 행동하라' 주도자들은 몇 가지 정책을 요구하고 수차례의 전화 회의로 진행 상황을 확인했다.[26]

브로드스키와 볼저가 시작한 '타이틀 나인을 알자'KYIX는 발족 이후 몇 개월 동안 저절로 자생력을 갖추기 시작했다. 학생들이 연

왼쪽부터 2013년 제1회 '교육부, 지금 행동하라' 시위에서
서명된 청원서를 전달하는 야나 리스트, 수재나 보바디야,
알렉산드라 브로드스키, 와가트웨 완주키. (© S. 대니얼 카터)

락하여 더 많은 정보를 요청했다. 의원들도 법안 입안에 조언을 구했다. 그러나 젊은 활동가들의 눈에 반발이 시작되는 조짐이 보였다. 거기에 다 대응하려면 실체적인 조직이 필요하다고 그들은 판단했다. 비영리단체 청소년옹호회Advocates for Youth에서 일하는 사람이 볼저의 언급을 듣고 재정 후원자가 되어 모금 방법을 지도해주었고, 그렇게 모인 충분한 자금 덕분에 볼저는 2013년 12월 졸업 후 KYIX의 유일한 상근 직원으로 일할 수 있었다. KYIX는 학교에서 활동을 조직하고 정책 입안자에게 우려를 제기하는 방법을 학생들에게 지도하고 거기에 필요한 도구를 제공했다.

피노와 클라크는 직접적인 서비스를 더 많이 제공하고 싶었다. 다른 생존자에게 전해 듣거나 2013년 1월 UNC 기자회견 뉴스를 본 학생들이 전국에서 그들에게 도움을 청해왔다. 클라크와 피노는 학생들에게 타이틀 나인 진정 제기 방법을 지도하기 시작했다. 2013년 3월《뉴욕 타임스》1면에 두 사람의 사진과 활동가 네트워크의 성장을 취재한 기사가 실리자, 이메일, 소셜미디어 메시지, 전화가 홍수처럼 밀려들었다.[27]

그들은 UC버클리 성폭행 생존자 소피 커래섹Sofie Karasek과 옥시덴털대학교 대니엘 더크스Danielle Dirks 교수, 캐럴라인 헬드먼Caroline Heldman 교수와 팀을 이뤄 2013년 자원봉사단체 '대학강간근절'End Rape on Campus: EROC을 공동 창립했다. 그들은 생존자가 원할 경우 OCR에 사건을 진정하고 대중에 알리는 방법을 단계별로 상세히 알려주고, 생존자 개개인의 사연을 더 거시적인 문제와 연결 지으려고 노력했다. EROC는 이 문제가 보편적이고 구조적인 문제라고 강조했다.

예를 들어 스워스모어대학교와 옥시덴털대학교 학생들은 일부러 동시에 진정을 제기하고 기자회견에서 서로에 관해 언급했다.

피노는 한 학기 휴학하고 오리건주에 사는 클라크의 집에 입주했다. 클라크도 직장을 그만두고 두 사람 다 학내 성폭행에 반대하는 전국 운동에만 오롯이 전념했다. 집 안 벽면에 미국 지도를 걸고 학생들이 성폭행을 신고한 곳마다 분홍색 스티커를 붙였다. 오하이오주립대학교, 텍사스 A&M대학교, 애펄래치언주립대학교, 털사대학교 등 수십 곳이었다. 책상과 탁자가 타이틀 나인 관련 논문과 보고서로 온통 뒤덮였다. 두 사람은 저금과 아르바이트로 생계를 유지했다.[28]

'다트머스 변혁' '우리 하버드는 더 잘할 수 있다' '강간반대교수회' 등 다른 활동가 단체도 많이 생기고 졸업식에서 학생들이 사각모에 빨간색 테이프로 "IX"(나인)이라고 써 붙이는 이벤트도 벌였지만, 주로 개별 학교 차원에서 조직되었고 대개는 단명했다.

의회는 2013년 여성폭력방지법을 재승인할 때 여성계의 촉구에 따라 그때까지 강제력이 없던 2011년 OCR 〈동료들에게〉의 일부 내용을 강화하는 규정을 추가했다. 대학성폭력근절법Campus Sexual Violence Elimination Act: SaVE이라는 별칭으로 불리는 여성폭력방지법 제304절은 클러리법을 개정하여 대학마다 신입생과 신규직원에게 반드시 성폭력 방지 교육을 실시하게 했으며, 그 내용이 문화적으로 적절하고, 공동체의 요구에 부응하고, 다양한 집단과 정체성을 포함해야 한다고 규정했다. 또한 그 교육은 주변인 개입 방법을 반드시 다뤄야만 했다. 이 법안은 클러리법에 따라 의무적으로 보고해야 하는 범죄 통계에 가정폭력, 데이트 폭력, 스토킹 등 세 범주를 새로 추가하고, 혐오 범죄의 판단 기준이 되는 편견에는 젠더 정체성과 출신국 등 두 범주를 추가했다.[29]

물론 OCR의 작업은 다른 분야에서도 계속 이어졌다. 2013년 6월에 발행된 〈동료들에게〉와 안내 책자는 임신 및 육아 중인 학생이 학업을 마치도록 돕는 것도 타이틀 나인이 요구하는 교육자의 책임이라고 주의를 환기했다. OCR 자료는 20세 이전에 출산한 젊은 여성 가운데 22세를 넘기기 전에 고등학교를 졸업한 비율이 51퍼센트에 그친다고 지적했다.[30] 캘리포니아주에서 10대 임신율이 가장 높은 프레즈노, 마데라, 툴레어 카운티의 22개 교육구 가운데 임신하거나 육아 중인 10대를 위해 지원 프로그램을 도입한 곳은 OCR의 지침이 나온 지 2년 가까이 지났을 때에도 일곱 군데뿐이었다. 임신한 여학생은 흔히 보습학교로 보내지거나 혼자 공부했다.[31]

OCR과 법무부가 2014년 1월 8일 〈동료들에게〉를 발행하여 인종차별적인 학생 징계는 민권법 제6편 위반이라는 점을 상기시키던 즈음, NWLC와 '흑인 생명은 소중하다' 운동가 등은 보고서와 성명서를 통해 학교의 편향된 '무관용' 원칙 적용 때문에 유색인종 여학생이 너무 쉽게 교도소에 가는 현상에 주의를 촉구했다.[32] 2014년 5월 14일에 또 한 차례 발행된 〈동료들에게〉에서 OCR은 민권법이 공립 차터스쿨*에도 적용된다는 점을 명백히 했다.[33]

---

* 세금으로 운영되고 학비가 무상인 공립학교이지만, 일반 공립학교와 다르게 지역 당국과 맺은 계약 '차터'(charter)에 따라 운영에서 일정한 자율성을 누린다.

성폭행 관련 진정이 제출된 대학교를 표시한 지도 아래 앉은 안드레아 피노와 애니 클라크. 2013년.
(© 토머스 패터슨/뉴욕 타임스/리덕스)

그러나 연방정부가 더 크게 주시하는 문제는 대학 성폭행이었다.

"세상의 모든 성폭행 피해자에게 끊임없이 말해줘야 합니다. 당신은 혼자가 아니라고 말입니다." 2014년 1월 22일, 오바마 대통령이 기자회견에서 학생 성폭행 방지를 위한 고위급 대책본부의 발족을 알리며 한 말이다. 성폭행 감소와 학교의 대응 방침 개선을 위해 90일 내로 권고 사항을 마련하는 것이 이 대책본부의 임무였다.[34]

오바마의 발표 직후 볼저의 전화기가 울렸다. 백악관 여성및소녀전담위원회 위원장 티나 첸Tina Tchen이 볼저에게 축하의 말을 건네고 그의 공적에 감사를 표했다. 발족한 연방 대책본부의 5대 목표 중 4개가 6개월 전 '교육부, 지금 행동하라'가 청원서로 촉구한 사항과 일치했다. 볼저는 활동가 친구들에게 즉시 이메일을 보냈다. 그들은 그런 대책본부가 생기리라고 생각지도 못했다. 머지않아 이들은 백악관 관계자들과 두 번째로 만났다. 대책본부는 학생 활동가, 학부모, 학교 행정관리자 등 여러 사람의 '이야기를 듣는 시간'을 27차례나 가졌다.

OCR은 학생 활동가들의 최우선 요구 사항에 마침내 동의하여, 성폭행 사건의 부적절한 처리로 조사받고 있는 27개 주 55개 대학을 2014년 5월에 공개했다. 피노와 클라크가 그 55개 대학을 지도에 표시해보니 오리건주 집 벽면 지도에 표시했던 것과 거의 일치했다. OCR이 조사 중인 진정 가운데 3분의 2가 그들이 관여한 사안으로 짐작되었다.

그해 4월 29일, 백악관 대책본부는 20쪽 분량의 보고서 〈혼자가 아니다〉Not Alone를 발표하고, 대학이 "교내 분위기 설문조사"를 시행하여 성폭력 심각성이 어느 정도인지 더 제대로 파악하도록 촉구했다. 또한 학교 행정관리자에게 피해자가 겪는 트라우마에 관한 교육을 실시하여, 성폭행이 지닌 특유한 측면, 예컨대 피해자가 흔히 자신을 탓하는 현상, 트라우마로 인한 신경학적 변화로 기억이 흐릿해져서 마치 거짓말을 하는 것처럼 보이는 현상 등에 관해 이해를 높인다는 목표를 설정했다. 몰이해한 질문은 피해자에게 더 큰 상처가 될 수 있었다.

같은 날 OCR은 대책본부의 보고서를 구체적으로 부연하는 지침을 내고, 2001년과 2011년에 발행된 〈동료들에게〉에 따른 법적 의무 사항을 좀 더 명확하게 설명했다. 각 학교는 Q&A 형식으로 작성된 46쪽 분량의 지침과 5개 언어로 마련된 2쪽짜리 전단 〈당신의 권리를 알아두라: 타이틀 나인에 따라 당신의 학교는 성폭력에 대응할 의무를 진다〉를 받았다. 이 패키지에는 교내 분위기 설문조사를 위한 설문지 샘플, 성폭력 대응 체크리스트를 비롯해 여러 가지 자료가 담겨있었다. 오바마 정부는 NotAlone.gov 웹사이트도 개설하여 안내 자료, 대응 방침 샘플, 도움이 될 만한 정보 목록 등을 한눈에 찾아볼 수 있게 했다.

성폭력 반대 운동은 소셜미디어 덕분에 전에 없이 확대되었다. 여자 대학생 동호회 회원들을 죽이겠다고 벼르던 남자가 캘리포니아대학교 샌타바버라 부근에서 여섯 사람을 살해하고 자살하자 #그렇다모든여자가당한다#yesallwomen 해시태그가 생성되면서 여성들이 겪은 괴롭힘, 위협, 폭력 경험담 포스팅이 수천 건 올라왔다. 그러자 이번에는 집단 방어기제로서 #모든남자가가해자는아니다#notallmen 해시태그가 등장하여, 여성의 경험에 귀 기울이는 대신 관심의 방향을 남자들 쪽으로 되돌렸다.[35]

컬럼비아대학교에 다니는 복합인종 학생 에마 설코위츠Emma Sulkowicz는 20킬로그램이 넘는 파란색 싱글 매트리스를 2014년 9월부터 사방에 들고 다니기 시작했다. (설코위츠는 자신의 젠더 정체성을 논바이너리로 규정하고 젠더 중립 대명사 'they'와 'them'을 사용했다.) 그 매트리스는 기숙사 매트리스, 그러니까 설코위츠가 백인 학생 폴 넌게서Paul Nungesser에게 성폭행당한 매트리스와 똑같은 종류였다. 설코위츠와 다른 두 학생은 넌게서에게 성폭행당한 일을 학교에 신고했다. 넌게서는 혐의를 부인했고 어머니가 자기를 페미니스트로 키웠다고 주장했다. 대학 징계위원회는 첫 번째 성폭행 사안은 그에게 책임이 없다고 판정했고, 또 다른 사안도 신고자가 부담을 느껴 협조하길 관두자 기각해버렸으며, 세 번째 사안에 대해서만 그에게 성추행 책임을 물었다. 넌게서는 항소했고, 신고한 학생이 졸업하자 징계위원회의 결정은 번복되었다. 대학은 설코위츠의 항소를 받아주지 않았다.

컬럼비아대학교 성폭행 생존자인 재학생과 동문 23인은 대학이 그들의 학습권을 보장하지 못했음을 이유로 100쪽 분량의 사유서를 첨부하여 OCR에 진정을 제출했다.

〈매트리스 퍼포먼스: 그 무게를 짊어지다〉Carry That Weight는 설코위츠가 시각예술 졸업 프로젝트로 기획한 퍼포먼스 아트였다. 컬럼비아대학이 넌게서를 학내에 접근하지 못하게 하거나 자기가 졸업하거나, 둘 중 어느 쪽이 먼저든 그때까지 매트리스를 들고 다닐 작정이었다. 뜻을 함께하는 학생들이 다가와 "공동으로 짊어지기"를 도와주었다. 설코위츠는 2015년 졸업식에서 졸업장을 받으러 단상에 오를 때도 매트리스를 들고 올라갔다. 넌게서는 매트리스 퍼포먼스가 타이틀 나인이 금지하는 괴롭힘이라며 컬럼비아대가 그 퍼포먼스를 허용했다는 이유로 학교에 소송을 걸었으나 1심에서 패소했다. 넌게서와 학교는 2017년 비공개로 합의했다.[36]

2014년 10월, 약 100여 개의 대학에서 운동가들이 자신의 매트리스나 베개를 들고 다니면서 대학 성폭행 문제를 널리 알렸다. 이들은 '그 무게를 짊어지다'라는 명칭으로 단체를 설립했다가 나중에 KYIX와 합쳤다. 뜻을 같이하는 신규 단체가 여러 개 생겼다가 차차 정리되면서, 일부는 KYIX와 EROC로 흡수되고 다른 단체들은 사라졌다.

2014년 9월 9일, 오바마 정부는 대학 성폭력 방지에 더 많은 남성이 참여하도록 "그건 우리 책임"It's On Us이라는 명칭으로 대대적인 대중 인식 개선 캠페인을 개시했다.

그해 가을, 예일대에서 새로 발생한 스캔들이 《뉴욕 타임스》 1면을 장식했다. 성적 괴롭힘을 저지른 예일 의대 심장내과 과장 마이클 시먼스Michael Simons에게 내려진 징계를 학장이 일방적으로 감경했기 때문이다.[37] 당시 예일 법대 2학년이던 브로드스키는 1년 전 법대 신입생 오리엔테이션 때 동기들 사이에서 성차별을 접했다. 학부생 시절 오리엔테이션에서 마주한 성차별과 하등 다를 바 없었다. 동기 남학생들이 여자 신입생 중에서 누가 예쁜지 순위를 매겼는데 그중 네가 몇 등이라고, 한 학생이 그에게 알려주었다. 또 다른 남학생은 브로드스키에게 성폭행을 주제로 대화할 때 개인적인 감정으로 한 말도 아닌 것에 너무 흥분하지 말라며 훈수를 뒀다.[38]

브로드스키는 어느 날 블루 스테이트 커피숍에서 예일 동문인 기자를 만났다. 그 기자는 타이틀 나인 운동이 새롭게 펼쳐지는 이 시대적 현상에 배경 설명을 부탁했다. 그 여성이 물었다. 왜 브로드스키 세대는 나와 우리 세대처럼 폭력을 당해도 굳세게 견디며 헤쳐 나가지 못하는지? 그 기자는 브로드스키보다는 알렉산더 대 예일 사건의 원고들 연령에 더 가까워서, 1970년대에 로니 알렉산더에게 똑같은 언급을 했던 여학생들과 여자 동문들을 연상시켰다. 브로드스키와 그의 친구들은 윗세대 여성들에게 그런 말을 너무나 여러 번 들었다. 브로드스키는 그 여성들이 스스로 더 나은 대접을 받을 자격이 있다고 믿지 않는 것이 슬펐고, 스스로 더 나은 대접을 받을 자격이 있다고 인식하는 젊은 세대 여성을 못마땅해하는 것에 화가 났다.[39]

현재 활동가들이 직면하는 어려움 가운데 많은 부분이 옛날과 다를 바 없었다. 브로드스키와 볼저가 OCR 시행규정안을 논의하는 미팅에 하이힐을 신고 가자, 나이 지긋한 여자 변호사가 미팅이 끝나고 브로드스키를 따로 불러 물었다. "하이힐을 대체 왜 신어요?" 옛날에 샌들러는 백악관에 바지를 입고 가면서 '여성스러워' 보이지 않으면 신뢰를 잃을까 봐 걱정했는데, 브로드스키의 조언자는 그들이 너무 '여성스러워' 보이면 상대방이 그들을 진지하게 여기지 않을까 봐 걱정했다.

밝은 분홍색 양복 재킷에 하얀 터틀넥을 받쳐 입고 검정 바지를 입은 샌들러가 2013년 10월 전국 여성 명예의 전당_{National Women's Hall of} _{Fame}에 등재될 다른 8인과 함께 연단에 앉아있다가 벌떡 일어났다. 명예의 전당 공동 회장이 보라색과 흰색 리본에 매단 큼직한 메달 을 목에 걸어주자, 샌들러가 활짝 미소 지었다.

"타이틀 나인은 단순한 여성운동이 아닙니다. 단순한 페미니즘 운동도 아닙니다." 뉴욕주 세네카폴스에 모인 수백 명의 청중에게 샌들러가 말했다. "타이틀 나인은 앞으로 여러 세대에 걸쳐 완성해 야 할 전 세계적인 혁명입니다."

샌들러는 이제 80대였으나 여전히 여러 대학을 다니며 학내 지 도자와 신세대 학생들을 만났다. 2014년 11월에는 강연 차 프레즈 노주립대를 방문하여 교내 성폭행 대응 방침을 개선하려는 여성 학과 학생 및 교수진과 1시간 넘게 대화했다. 학생들의 불만 하나 는, 대학 당국이 위원회를 설치하면서 지난 수십 년간 성폭행 이슈 에 매진한 두 학생 단체 — 프레즈노주립대여성연합 및 여성역량강 화·대표성증진모임People Organized for Women's Empowerment and Representation: POWER — 를 제외한 점이었다. 샌들러는 여성학과 사람들에게 타이틀 나인 과 그들의 목소리를 전달하는 방법에 관해 조언했다. 그 자문을 마 지막으로 그는 2015년 87세에 건강 악화로 공식 업무에서 물러났 다.[40]

샌들러는 다음 날 저녁 프레즈노대학교 초청자들과 함께, 밀류 티노비치를 프레즈노 스포츠 명예의 전당에 등재하고 타이틀 나인 을 옹호한 공적을 치사하는 공식 행사에 참석했다.

타이틀 나인은 스포츠 분야에서 여전히 필요했다. 2010년에도

NWLC는 전국 12개 교육구에서 발생한 스포츠 성차별로 진정을 제기했다. 여기에 맞서 2011년에 보수적인 퍼시픽법률재단이 공평한 스포츠 참여 3대 요건을 폐지하려고 소를 제기했지만, 이번에도 역시 패소했다. 2013년 10월, 워싱턴DC의 학교들은 NWLC와 극성스러운 타이틀 나인 활동가 허브 뎀프시가 각각 진정을 제출하자 여학생의 스포츠 참여 기회를 늘리기로 동의했다.[41]

'타이틀 나인을 지지하는 노인회'Old Guys for Title IX를 자칭하는 뎀프시와 은퇴자들의 느슨한 네트워크는 2013년에 최소한 1558개 대학, 2014년에는 1545개 대학을 겨냥해 스포츠 성차별 고발 진정을 대량으로 제출했다. OCR은 '타이틀 나인을 지지하는 노인회'가 학생을 대리할 "적격"이 없다는 이유로 그 진정 사건들을 각하하거나, 학교에 타이틀 나인의 요건을 충족했는지 밝히라고 요구할 게 아니라 학교가 공평한 스포츠 참여 3대 요건을 충족하지 않았다는 증거를 가져오라고 뎀프시에게 요구했다. 차별이 실제로 일어났다 하더라도 학생, 학부모, 교수, 직원이 제기한 진정이 아니면 각하했다.[42]

2011년 〈동료들에게〉는 학교 운동선수가 저지른 성폭행이 신고되었을 경우, 그 학교 체육부가 해당 사안을 관장하지 말도록 구체적으로 권고했으나 3년 뒤 설문조사를 시행한 결과 4년제 대학 440곳 가운데 20퍼센트가 그 권고를 따르지 않은 것으로 미 상원 분과위원회는 보고했다.[43]

학교 스포츠 관련 성폭행 생존자들은 때로 살벌할 수 있는 언론의 조명 아래로 꿋꿋하게 이슈를 드러냈다.

북부 캘리포니아 사라토가고등학교 2학년 오드리 팟Audrie Pott은

2012년 어느 파티에서 학교 운동선수들에게 성폭행당했는데, 그 장면을 담은 사진이 소셜미디어에 퍼지면서 정신적으로 무너졌다. 8일 후 그는 스스로 목숨을 끊었다. 다큐멘터리영화 〈오드리와 데이지〉Audrie & Daisy에 그 이야기가 담겼다. 완주키와 다른 네 명의 성폭행 생존자에 관한 다큐멘터리영화 〈그 일이 여기서 일어났다〉It happened here도 대학가에서 관심을 끌었다.**44**

《롤링 스톤》지는 2014년 11월 버지니아대학교의 한 남학생 동호회 건물에서 일어난 윤간 혐의에 관해 충격적인 특종 기사를 내보냈다가 5개월 후 오보를 이유로 기사를 철회함으로써 강간 혐의의 신빙성을 전반적으로 깎아내리고 싶어 하는 비판 세력에게 새 무기를 안겨주었다. 플로리다주립대 스타 쿼터백 제이미스 윈스턴Jameis Winston과 밴더빌트대학교 미식축구 선수들, 그 밖에 여러 운동선수의 강간 혐의가 스포츠계를 뒤흔들었지만 미식축구에 진심인 펜실베이니아주립대에서 일어난 스캔들에 비하면 약과였다.**45** 전설의 미식축구 감독 조 패터노Joe Paterno (2012년 1월 사망)와 그레이엄 스패니어Graham Spanier 총장이 제리 샌더스키 부감독이 저지른 아동 성학대를 알고도 묵인한 증거를 경찰이 밝혀내자 이사회가 두 사람을 해임했다. 샌더스키는 남자 아동 10인에 대한 상습 성폭행 45건에 유죄판결을 받고 수감되었다. 교육부는 클러리법 위반으로 펜실베이니아주립대에 240만 달러[약 31억 원]라는 기록적인 과태료를 부과했으며, 지역 법원 배심원단은 샌더스키를 내부 고발했다가 해직당한 코치에게 대학이 손해배상 730만 달러[약 95억 원]를 지급하라고 평결했다. 또한 대학은 샌더스키에게 성폭행당한 피해자

33인에게 총 9300만 달러[약 1209억 원]를 지급했다.[46]

2011년 〈동료들에게〉 발행 후 치열한 운동이 벌어진 첫 몇 년 동안, 신세대 학생들은 타이틀 나인을 성폭행 관련 법으로만 이해했다. 그러나 이번에는 타이틀 나인의 또 다른 적용례, 그러니까 트랜스젠더 학생을 보호하는 방침이 큰 반발에 부딪혀 곧 또다시 헤드라인을 장식했다.

2015~2016

· 13 ·

임계점

샌들러는 1994년 셋째 손주가 태어났을 때 귀여운 두 손자에 이어 이번에는 손녀를 얻었다고 크게 기뻐하면서, 찾아본 것 중 제일 예쁘고 주름장식이 잔뜩 들어간 옷을 선물로 보냈다. 그가 연하장에 적었다. "고정관념에서 벗어난다는 게 이 모양이야!"[1]

JJ는 성인기를 앞두고 자신을 샌들러의 손녀딸이 아니라 트랜스젠더 손자로 정체화했다. 샌들러는 처음에 충격을 받았다. 정말로 이해하기 어려워서, 관련 자료에 의존해 어떻게 받아들여야 좋을지 탐독했다.

게다가 지난 몇 년 사이 JJ 본인이 인식하는 정체성이 여성도 남성도 아닌 논바이너리로 변화하여, 샌들러의 입장에서는 더욱 혼란스러웠다. 샌들러는 "내 최애 맏손자" "내 최애 막냇손자" 하는 식으로 모든 손주에게 별명을 붙여줬는데 이제는 JJ를 "내 최애 손녀"로 부를 수 없게 되었다. 그래서 "내 최애 젠더 중립 손주"로 바꿔 불렀다. 또한 손주를 새 이름 JJ로 부르고, 그가 선호하는 대명사(she/

her/hers가 아니라 they/them/their)를 사용하려고 최선을 다했으나, 오래된 습관이 잘 고쳐지지 않았다. 샌들러는 JJ가 이 일을 30~40년 전이 아니라 지금 겪는다는 사실에 감사했다. 옛날이었으면 그가 훨씬 더 힘들어했을 것이 분명했다.

미국의 다른 여러 해방운동과 마찬가지로, 시스젠더 이성애자 표준에서 벗어나는 사람들의 민권 투쟁도 1960~1970년대에 한층 가시화·조직화되었지만, '트랜스젠더'라는 용어는 1990년대에 와서야 비로소 널리 확산했다. 1969년 뉴욕시 스톤월 인 항쟁*에 참여했던 초기 트랜스젠더 운동가 실비아 리베라_Sylvia Rivera와 마샤 P. 존슨_Marsha P. Johnson은 그때 각각 17세, 23세였다. 그 항쟁은 경찰의 괴롭힘에 항거하여 각지에서 일어난 과격 시위 중 하나로, 동성애자 권리운동에 불을 붙였다. 푸에르토리코 출신인 리베라와 흑인 여성인 존슨은 그 이듬해 '거리 복장전환 행동 혁명가 모임'_Street Transvestite Action Revolutionaries: STAR을 발족했다.[2]

1990~2000년대에 와서는 '퀴어' 정체성의 발달, 페미니즘 교차성 이론, 인터넷 확산, 그 밖의 여러 요인에 의해 트랜스젠더에 대한 이해의 폭이 커졌다. 저술가들은 젠더를 생물학적 성별(생식기로 남녀를 구분하거나, 양성의 특징을 함께 보유하면 인터섹스로 규정)과 구분하여 젠더는 의복, 꾸밈새, 소통 방식, 그 외 일상생활의 많은 것이 그렇듯 사회적·문화적으로 구축되어 남녀에게 부여된 특징이라고 설명했다. 이윽고 레즈비언, 게이, 양성애자 단체가

---

* 경찰이 게이 바 스톤월 인을 급습하자 동성애자들이 집결해 항의 시위를 벌인 사건으로 동성애자 권리 운동이 본격화하는 주요 분기점이 되었다.

자기들 명칭에 '트랜스젠더'를 추가하고, 주요 할리우드 영화, 서적, TV 드라마, 학술 연구 등이 트랜스젠더 이슈를 건드리기 시작했다.

OCR이 퀴어 학생 차별에 타이틀 나인의 적용을 최초로 거론한 것은 1997년 성적 괴롭힘을 다룬 최초의 지침에서 성적 지향성을 언급하면서였다. 그러나 이 지침은 '타이틀 나인은 성적 지향성에 근거한 차별을 금지하지 않으나 성적인 속성을 지닌 행동은 관련 당사자의 성적 지향성과 무관하게 타이틀 나인을 위반할 수 있다'라고 복잡하게 말하는 바람에 많은 사람에게 혼란을 주었다.

OCR은 2001년에 1997년 지침을 개정하면서 "성 고정관념에 근거한 젠더 괴롭힘으로 학생의 (교육) 프로그램 참여 또는 수혜 능력이 충분히 심각하게 부인 또는 제한될 경우 타이틀 나인을 적용한다"라고 분명하게 밝혔다. 따라서 예컨대 한 소년이 너무 여성스러워 보인다고 다른 학생들에게 놀림 당한 나머지 성적이 떨어질 경우, 학교가 가해 학생들의 행동에 대응할 책임을 질 수 있었다. 또한 OCR은 "피해 학생이 남성성과 여성성에 관한 고정관념에 따르지 않는다는 이유로 괴롭힘을 당했을 경우 그것은 성차별일 수 있다"라고 2001년 지침에 적었는데, 이것은 트랜스젠더 학생들에게 생명줄과 다름없었다.

트랜스젠더 학생들에게는 확실히 생명줄이 필요했다. 2011년 트랜스젠더 성인 6456명을 대상으로 시행된 최초의 대규모 트랜스젠더 설문조사, 그리고 2016년 2만 7175명을 대상으로 시행된 후속 설문조사는 트랜스젠더들이 겪는 문제를 일부 드러냈다. 다수 응답자가 학교, 직장, 기타 장소에서 차별을 경험한 것으로 나타났다.[3] 2015년에 나온 또 다른 연구는 트랜스젠더 청소년의 82퍼센트가 학교에서 안전하지 않다고 느끼며 44퍼센트가 신체적 폭력을 당한 것으로 밝혔다. 이에 5개 전국 단체가 협력하여 학교 행정관리자, 교사, 학부모를 대상으로 온라인 가이드를 마련하고 트랜스젠더 학생들을 위해 교내 분위기가 개선되도록 힘썼다.[4]

2003년 샌프란시스코 교육구는 트랜스젠더 학생이 자신의 젠더 정체성에 따라 화장실, 탈의실 등의 학교 시설을 이용할 수 있도록 허락한 최초의 교육구가 됐다. 2007년 봄학기에 프레즈노고등학교에서 트랜스젠더 학생 신시아 코버루비아스Cinthia Covarrubias가 '프롬킹'*에 입후보하면서 논란이 일었다. 하지만 일부 학생은 초연했다. 한 학생이 말했다. "프롬킹은 꼭 남자 운동선수가 해야 하고 치어리더들에게 둘러싸여야 한다는 식의 고정관념은 이제 없어져야죠. 우리는 지금 남자가 여자고 여자가 남자인 시대에 사니까요."[5]

2007년 초, 4개 학교가 워싱턴 학교대항활동협회Washington Interscholastic Activities Association: WIAA에 연락해 남녀가 구분된 운동경기나 치어리더 활동에 참가하려는 트랜스젠더 학생을 어떻게 해야 할지 자문을 구했다. 트랜스젠더 운동선수에 관한 방침을 갖춘 고교 활동 단체는 전국 어느 주에도 없었으며, 그건 NCAA도 마찬가지였다. WIAA는 트랜스젠더의 스포츠 참여와 관련해 국제올림픽위원회 규정을 채택했으나, 그 규정은 기본적으로 사춘기 이후의 트랜스젠더 고등학생 거의 모두를 스포츠 경기에서 배제했다. "그 방침은 완벽하지 않

* 미국 고등학교 졸업 댄스파티 '프롬'에 앞서 사전 투표로 최고 인기 남녀 학생을 뽑아 프롬킹, 프롬퀸으로 명명한다.

다." 전국레즈비언권리센터National Center for Lesbian Rights 대변인이 말했다. "그러나 아예 아무것도 없으면 개선할 대상도 없다."[6] 이제부터 시작이었다.

JJ는 고교 시절에 오빠 외에 아무에게도 자신의 트랜스젠더 정체성을 밝히지 않았다. 그가 트랜스젠더로 커밍아웃한 것은 나중에 캘리포니아대학교 샌타크루즈(UC샌타크루즈)의 포용적인 환경에서 공부할 때였다. JJ는 대학을 졸업한 후 북부 캘리포니아 K-12 학교 몇 군데에서 처음에는 교사 보조원으로, 좀 더 지나서는 대체 교사로 근무했고, 극장에서 시간제 무대 감독으로도 일했다. 학교 동료 교사들은 그에게 대명사 사용 문제를 언급하지 말라고 — 즉 트랜스젠더임을 드러내지 말라고 — 설득했다. 그것과는 별개의 이유로 JJ는 교사를 그만두고 풀타임으로 무대 감독이 되었다.

그보다 몇 년 앞서 버지니아주 글로스터고등학교 2학년 개빈 그림Gavin Grimm은 교사들이 자기를 지칭할 때 남성 대명사를 써줄 것을 요청하며 교장에게 자신의 젠더 전환에 지지를 부탁했다. 몇 주 후 그는 남자 화장실 사용을 허락해달라고 요청했다. 그림은 유치원 때부터 남자애들과 논다고 놀림을 받았다. 8학년 때 그는 친구들에게 자기가 트랜스젠더라고 말하고, 가족에게도 그렇게 말했다. 머리를 짧게 자르고, 남자 옷을 입고, 테스토스테론 주사를 맞고, 법적으로 남자 이름으로 개명했다. 학교 이외의 장소에서는 남자 화장실을 써도 아무도 개의치 않았다. 그러나 2014년 가을학기에 그가 학교에서 남자 화장실을 쓰기 시작하자 일부 학부모들이 학교 교육위원회에 항의했다.

격론이 오간 두 차례의 공개회의 후 학교 교육위원회는 남녀 분리 화장실은 "표시된 것과 일치하는 생물학적 성별"을 지닌 학생만 이용할 수 있다는 방침을 채택했다. 교육위원회 일원이지만 선거권이 없는 학생 위원 캠벨 퍼리나Campbell Farina는 논의가 상식에 어긋난다고 말했다. "이게 만약 인종분리 문제라면 다들 어떤 기분이 들겠습니까? 이것도 똑같은 문제예요."[7]

그림과 미국시민자유연합ACLU은 그 방침이 타이틀 나인, OCR 지침, 수정헌법 평등보호조항 위반이라고 주장하며 2015년에 소를 제기했다.

이 이슈는 마틴 제리Martin Gerry 전 OCR 국장(1975~1976년 재임)이 "변소 논리"latrine theory로 명명한 바 있는 민권 반대 논리의 또 다른 발현이었다. 과거에 백인들은 민권법 제6편에 반대하면서 그런 법이 생기면 흑인 학생과 백인 학생이 학교 화장실을 같이 쓰게 된다는 것을 이유로 댄 적이 있었다. 샌들러는 1970년대에 상원 사법위원회에서 ERA와 관련해 증언할 때 전략적으로 "화장실 전문가" 역할을 떠맡았다. 샌들러가 그 문제에 특별한 식견이 있어서가 아니라 ERA가 통과되면 남녀가 공중화장실을 같이 쓰게 된다는 불필요한 불안 조장을 반박하기 위해 꼭 필요한 증언이었다. 그는 상원의원들에게 성인 남녀, 소년, 소녀가 집이나 비행기에서 이미 화장실을 같이 쓰며, 그럼에도 세상이 무너지지 않았음을 상기시켰다. 1970년대에 타이틀 나인 반대 세력은 남자 기숙사에 여자를 받을 수 없다며 화장실을 같이 써야 하는 점을 그 이유로 들었다. 샌들러는 층마다 교대로 남녀 화장실을 따로 지정하면 된다고 제안했다.

1970년대에 재활법 제504절, 1980년대에 미국장애인법과 관련해 가장 반발이 심했던 부분도 장애인이 쉽게 화장실을 이용할 수 있도록 하는 데 드는 비용이었다.[8] 그랬는데 이번에 또 트랜스젠더의 화장실 사용이 문제된 것이다.

캐서린 레이먼Catherine Lhamon OCR 국장은 다른 공무원보다 트랜스젠더 권리 문제를 다룰 준비가 잘된 편이었다. 예일 법대에 다닐 때 민권법 제7편을 트랜스젠더에 적용하는 문제를 주제로 중요한 논문을 쓴 적이 있었기 때문이다. 2014년 12월 1일, OCR은 K-12 학교의 단일 성별 교실 문제를 다룬 Q&A 형식의 지침에서, 학생은 자기 젠더 정체성에 부합하는 교실에 출석할 수 있어야 한다고 분명하게 설명했다.[9]

보수 세력은 과거에 정부의 민권법 강행에 반대했던 자들이 그랬던 것처럼 이를 신앙에 위배되거나 '전통적인' 가족에 대한 또 다른 공격으로 여기고, 트랜스젠더 학생들을 그들의 젠더 정체성에 맞게 처우하는 일에 반대했다. 제정된 지 40년이 넘도록 아직도 많은 학교가 타이틀 나인의 기초적인 요구 사항조차 이행하지 못한 상황에서, 학교 행정관리자들에게 트랜스젠더 이슈는 너무나 선진적인 타이틀 나인 관련 주제였다.

OCR은 2015년 4월 자 〈동료들에게〉에서 학교는 타이틀 나인 조정관을 반드시 임명해야 한다고 강조하는 등 타이틀 나인의 기초적인 내용을 또 한 번 되풀이해야 했다. 페미니스트다수재단의 2016년 조사에 따르면 전국에 타이틀 나인 조정관이 최소한 10만 명은 되어야 하는데도 2만 3000명에 불과한 것으로 나타났다.

OCR은 타이틀 나인 조정관들에게 〈타이틀 나인 자료 안내〉Title IX Resource Guide를 우송해 그들의 책무를 다시 한번 알려주었다. 미국여대생협회가 조직한 '타이틀 나인 배달'Title IX Delivery 프로젝트에 호응한 700명 이상의 활동가들이 29개 주에서 K-12 학교 타이틀 나인 조정관을 만나 직접 〈타이틀 나인 자료 안내〉를 전달하기도 했다.[10] 2016년에 별도로 발행된 〈동료들에게〉는 요즘 '커리어기술교육'Career and Technical Education으로 불리는 직업교육에 내재하는 끈질긴 불공평성 문제를 제기했다.

트랜스젠더 화장실 사용 문제를 둘러싸고 버지니아, 사우스다코타, 오리건, 텍사스, 테네시, 위스콘신, 메인, 오하이오 등 여러 주에서 갈등이 커지자 OCR은 성적 괴롭힘과 성폭행 문제를 다루었던 2011년 〈동료들에게〉 이래로 가장 논쟁적인 지침을 발표했다.

"교육부는 많은 트랜스젠더 학생이 (…) 학교에서 안전하지 않게 느끼고 언어적·신체적 괴롭힘이나 폭행을 겪는다는 점, 그리고 이 학생들이 괴롭힘을 당할 때 학업에 지장이 올 수 있다는 점을 알게 되었다." OCR과 법무부가 2016년 5월 13일 자 〈동료들에게〉에 담아 K-12 학교 행정관리자들에게 보낸 내용이다. 여기에는 트랜스젠더 학생의 학습권 보장을 위한 방침 및 최신 실무 사례를 담아 Q&A 형식으로 작성한 19쪽 분량의 안내문이 첨부되었다.[11] 법무부 산하 민권국 수장 배니타 굽타Vanita Gupta 부차관보가 대언론 공식발표에서 말했다. "우리 지침은 전국의 트랜스젠더 학생에게 다음과 같이 분명한 메시지를 전달합니다. 이곳 미국 땅에서 당신은 안전하고, 당신은 보호받으며, 당신 본연의 모습 그대로 일원으로 인정됩니다."

그때까지 최소한 13개 주와 워싱턴DC, 그리고 추가로 다른 4개
주의 수백 개 교육구가 학교에서 발생하는 젠더 정체성에 근거한
차별을 금지했다. 그러나 텍사스주를 비롯한 20개 주는 2016년 〈동
료들에게〉 내용에 반대하여 소를 제기했고, 텍사스주 연방지방법
원 판사가 전국에 시행중지명령을 내려 그 지침을 차단했다.

개빈 그림이 제기한 소송도 2016년 봄 어느 지방법원 판사가 기
각했으나, 그해 8월 제4 순회구역 연방항소법원이 그 결정에 이견
을 제시하고 그의 소송권을 인정했다. 그림이 고등학교 졸업반이
되었을 때 연방대법원은 사건을 심리하기 전까지 교육구 방침을 유
지한다는 '긴급유예'emergency stay 결정을 내렸고, 여기에 전국 트랜스젠
더 투쟁의 초점이 맞춰졌다.

프레즈노주립대에서는 아즈텍/나우아족 후예인 트랜스젠더 학
생이 학교 직원들의 지지를 받아 이 학교 최초로 학생증 이름을 새
이름인 알렉스 러브Alex Love로 변경했다. 그 직원들은 대학과 협력해
트랜스젠더 학생의 화장실 사용 방침도 개선했다. 그해 프레즈노주
립대 인근의 보수적인 클로비스Clovis 통합교육구가 트랜스젠더와 논
바이너리 학생을 위한 젠더 중립 복장 규정의 채택을 거부했을 때,
학생들이 항의 표시로 옷을 서로 바꿔 입었다.[12]

반트랜스젠더 활동가들은 트랜스젠더 소녀가 여학생 화장실이
나 탈의실을 사용하면 다른 소녀들의 사생활이나 안전에 위협이 된
다고 주장했다. 그러나 통계자료에 따르면 트랜스젠더 학생은 소
녀, 여성과 함께 위험에 처하는 집단에 속했다. 2015년 27개 대학

교 학부생 15만여 명을 대상으로 실시한 대학 성폭행 관련 대규모 설문조사에 따르면 — 남녀 이분법을 벗어난 젠더 범주를 사용한 최초의 설문조사였다 — 조사 대상자의 12퍼센트가 동의하지 않은 삽입 성교나 성추행을 당한 적이 있다고 응답했다. 특정 학생의 피해는 더 심각해서, 여학생의 19퍼센트, 그리고 트랜스젠더, 젠더퀴어genderqueer*, 퀘스처닝questioning** 또는 젠더비순응gender nonconforming*** 학생의 22퍼센트가 성폭행이나 성추행을 겪은 것으로 나타났다. 그보다 더 넓은 의미의 성폭력을 경험한 여학생은 23퍼센트였는데, 이 수치는 여자 대학생 4~5인에 1인꼴로 피해를 겪는다는 기존의 여러 보고서와 일치했다.[13]

성폭행과 관련해 타이틀 나인의 집행을 강화하려는 OCR을 비판하던 세력은 인종주의 메시지로 유권자를 공략하던 공화당 정치인들과 이해를 같이했다. 많은 공화당 정치인이 타이틀 나인의 수십 년 역사와 OCR이 꾸준히 발행해온 〈동료들에게〉 지침들을 고의로 무시한 채, 오바마가 2011년 〈동료들에게〉로 "새롭고" "과중한" 규칙을 강요한다며 대통령을 직접 비난했다. OCR은 민주당 정권에서나 공화당 정권에서나 타이틀 나인은 형사절차가 아니라 민사절차로 처리된다는 것을 분명히 알렸고, 법원 판결과 OCR이 1977년 알렉산더 대 예일 사건 이래로 학교는 성적 괴롭힘과 성폭행에 효과적으로 대처해야 한다고 내내 명시했으나 그건 그들에게

* 이분법적 성별 구분에서 벗어나 남성도 여성도 아닌 성 정체성을 지님.
** 자신의 젠더 정체성이나 성적 지향에 의문을 제기함.
*** 전통적인 성별 표현이나 성역할대로 행동하기를 거부함.

2018년 샌프란시스코 덜로리스 공원에서 개최된 트랜스젠더 행진에서 연설하는
트랜스젠더 학생 개빈 그림. (© 팩스 아힘사 게센)

중요하지 않았다. 대학 성폭행의 죗값을 치르는 백인의 수가 늘어났다는 이유로 그들은 흑인 대통령을 욕했다.

그들은 여자는 성폭행에 관해 거짓말하는 경우가 흔하다는 미신도 퍼뜨렸다(거짓 고발도 있었으나 다른 범죄 관련 거짓 고발의 비율과 비슷한 2~8퍼센트 수준이었다). 학생품행관리협회Association for Student Conduct Administration가 "모든 학생을 존중하고 근본적으로 공정하게" 대우하는 유일한 원칙으로서 '우세한 증거'의 원칙을 지지했는데도, 그들은 대학 성폭행 징계 절차에서 피신고자에게 유리한 증거 원칙의 채택을 요구했다.[14]

전국남성연합National Coalition for Men (1970년대부터 존속), 교육개인권재단Foundation for Individual Rights in Education: FIRE (2009년 창립), 남학생·여학생동호회 정치행동위원회Fraternity and Sorority Political Action Committee (2005년 창립) 등의 가부장제 수호 세력은 학교가 성폭행 가해자를 징계하면 가해자를 비판하는 대신 타이틀 나인을 비난했다. 때때로 학교가 피신고자에게 불공정한 방식으로 조사를 진행하다가 일을 그르치는 경우도 분명히 있었지만, 그럴 때면 타이틀 나인 반대 세력은 학교가 법의 시행규정을 제대로 따르지 않은 점을 탓하는 대신 시행규정 자체를 흠잡았다. 신고자와 피신고자가 제기하는 비판 중 많은 부분이 — 예컨대 조사에 관해 통지받지 못했다거나 절차에서 배제되었다거나 — 시행규정에 이미 담겨있는 내용이었다. 학교가 그것을 준수하지 않는 것이 문제였다.

2016년에 OCR은 이 문제와 관련해 최초로 대학에 타이틀 나인 위반 판정을 내렸다. 델라웨어주 웨슬리대학교가 성폭행 혐의 학생을 퇴학 처분했는데 그 과정에서 그 학생에 대한 차별이 있었기 때문이다. 이 학교는 타이틀 나인에 따라 신고자와 피신고자 모두에게 보장되는 권리를 퇴학당한 학생과 다른 성폭행 혐의 학생 3인에게 부여하지 않았다.[15]

2011년 〈동료들에게〉 발행 이후 21개월 동안 대학 성적 괴롭힘 혐의자가 '적법절차'를 문제 삼아 제기한 소송은 7건이고, 2013년에는 7건의 소송이 더 제기됐다. 그중에는 대학과 협상할 때 유리한 조건을 조성하려는 의도로 소송을 건 경우가 많았지만, 일부는 진심으로 자기가 마땅히 누려야 할 권리를 침해당했다고 믿었다. 이와 유사한 소송의 숫자는 2015년에 45건, 그리고 ─ 2016년 FIRE가 공개적으로 원고들을 모집한 이후 ─ 2017년과 2018년에는 각각 78건으로 늘어났다.[16]

2014년에는 성폭력으로 퇴학 또는 정학 처분을 받은 학생의 어머니들이 대학공평성옹호가족회Families Advocating for Campus Equity: FACE와 '우리 아들을 구하라'Save Our Sons: SOS를 설립했다. 이들은 데이터가 아니라 개인적인 일화나 감정에 근거하여 타이틀 나인 집행이 남자들에게 적대적인 환경을 조성했다고 주장했다. 현실은 달랐다. 예컨대 2017년 미시간대학교에서 조사한 성폭력 사안 18건 가운데 네 건만 가해 혐의 학생에게 책임을 지웠으며, 한 명만 퇴학당하고 나머지는 정학도 당하지 않았다.[17]

대학 성폭력 가해자 징계에 반발하는 세력 중 다수가 대학에 성폭력 신고가 들어오면 의무적으로 경찰에 사건을 의뢰하게 하는 법을 대거 지지했다. 그들은 지난 수십 년간 경찰과 검찰이 젠더 폭력을 '심각하게' 받아들이도록 애써온 페미니스트 진영의 용어를 포섭하여, 학내 강간은 너무나 심각한 사안이므로 학내 징계 절차도 ─ 피해자에 불리한 것으로 잘 알려진 ─ 형사소송절차 기준과 일치해야 한다는 논리를 내세웠다. 2015~2017년에 최소한 7개 주에서 의무의뢰법안이 발의됐다.[18]

2015년 타이틀 나인을 알자KYIX와 전국성폭력근절연합National Alliance to End Sexual Violence이 시행한 설문조사에 따르면, 성폭행 생존자의 88퍼센트가 의무의뢰법이 존재할 경우 피해자가 학교나 경찰에 신고하는 사례가 감소할 것이라고 응답했다.[19] 특히 경찰에 불균형적으로 폭력적인 대우를 받는 집단(유색인종, 이민자, 성소수자, 저소득층)은 경찰의 개입이 두려워서 신고를 주저할 이유가 충분했다.

타이틀 나인 절차의 형사소송화를 요청하는 움직임은, 경찰이 '흑인이면서 차를 몬다'는 이유로 차를 세우고 총기를 소지하지 않은 흑인을 죽이고도 처벌받지 않는 인종주의적 형사사법제도에 대한 대중의 저항이 거세지던 시기에 일어났다. 오스카 그랜트와 트레이번 마틴 살해 사건 이후, 2014년 미주리주 퍼거슨에서 경찰이 18세인 마이클 브라운 주니어Michael Brown Jr.를 사살하는 사건이 발생해 사건 후 일주일 동안에만 전국에서 100건 이상의 거리 시위가 벌어졌다.[20] 이후 에릭 가너Eric Garner, 프레디 그레이Freddie Gray, 미셸 쿠소Michelle Cusseaux 등 경찰이 살해한 수많은 피살자에 대한 동영상이나 뉴스 기사가 나오면서, 경찰과 교정제도의 개혁을 촉구하는 시위와 캠페인이 이어졌다.

타이틀 나인 민사소송은 학생들에게 형사소송 이외의 또 다른 선택지였으며, 생존자가 학교에 남을 수 있게 도와주었다.

타이틀 나인에 대한 역풍에 반격하기 위해서 여성계, 성소수자 공동체, 소수자 집단을 대표하는 80개 단체가 2016년 7월 13일 OCR의 타이틀 나인 집행 노력을 옹호하는 서신에 공동 서명하고 이것을 존 B. 킹 주니어 교육부 장관에게 보냈다. 그들은 이 서신에서, OCR 지침은 급진적으로 새로운 내용을 도입한 것이 아니라 타이틀 나인이 보장하는 기존의 권리를 명확히 설명하고 신고자와 피신고자가 동등하게 적법절차의 권리를 누리는 점을 학교에 상기시켰다고 지적했다. 서명인에는 NWLC, NAACP, KYIX, EROC, 반명예훼손연맹Anti-Defamation League, 라라자전국협의회, 인권캠페인Human Rights Campaign 등이 포함됐다.[21]

세 개 이상의 보수 단체가 2011년 〈동료들에게〉의 무효를 주장하며 2016년 정부를 상대로 소를 제기했다. 〈동료들에게〉가 "새로운" 규정을 채택하면서 "공지 및 의견 수렴"을 하지 않아 규칙 제정 절차를 완전하게 거치지 않았다는 것이 그 이유였지만, 그것은 이전에 발행된 모든 〈동료들에게〉가 다 마찬가지였다. 공화당의 2016년 선거 공약은 민주당이 타이틀 나인을 이용해 "성차별에 성적 지향이나 젠더 같은 다른 범주까지 넣어 부당하게 재정의함으로써 미국 국민에게 사회·문화 혁명을" 슬그머니 부추긴다고 비난했다. 공화당은 대학 성폭행 사건을 전부 법정에 보내 형사소송법상의 "합리적인 의심을 배제할 수 있는" 증거의 원칙으로 해결하게 해서 생존자가 타이틀 나인으로 누리는 민법상 권리를 무력화하는 OCR 방침을 세우겠다고 공약했다.[22]

스스로 변화의 희생자로 여기며 불만을 품던 백인 남성들은 그런 자신의 감정을 대변한 토론토대학교 심리학과 교수를 대중의 영웅으로 떠받들었다. 캐나다가 자국 인권법에 젠더 정체성과 젠더 표현을 추가하자, 조던 B. 피터슨Jordan B. Peterson 교수가 "정치적 올바름에 반대하는 교수"라는 제목으로 유튜브에 세 편의 동영상 시리즈를 올리면서 1990년대 초에 정치적 올바름이라는 용어를 둘러싸고 일어났던 보수 세력의 히스테리를 소생시켰다.[23] 1970년대에 강간에 핑계를 달아준 프레더릭 스토래스카와 비슷하게 피터슨도 여기저기 강연을 다녔다. 그의 저서 《12가지 인생의 법칙: 혼돈의 해독제》12 Rules for Life: An Antidote to Chaos는 출간 4개월 만에 100만 부 넘게 팔려 나갔다. 그는 여성성은 혼돈이고 남성성은 질서라고 했다. 그래서 책임은 남자가 맡는 거라고 했다. 다른 헛소리도 있었다.[24]

생존자 옹호 네트워크는 타이틀 나인을 무력화하는 의무의뢰법안과 그 밖의 법 제정에 맞서 투쟁하는 일에 엄청난 시간과 에너지를 소모했으며, 대체로 성공을 거뒀다. 심지어 생존자를 지지하는 사람들도 교육해야 했다. 활동가들에게 우호적인 키어스턴 질리브랜드Kirsten Gilibrand (민주당-뉴욕주) 상원의원과 클레어 매캐스킬Claire McCaskill (민주당-미주리주) 상원의원은 둘 다 전직 검사 출신으로, 생존자 옹호자들의 이야기를 경청하고서 의무의뢰법안에 대한 지지를 철회했다. 한편 2016년 민주당 대선 후보 버니 샌더스Bernie Sanders 는 이 문제에 관해 널리 알려진 글을 읽지도 않은 채 어느 인터뷰에서 학생 강간은 언제나 반드시 경찰이 수사해야 하는 "아주 심각한 범죄"라고 언급했다.[25]

KYIX 제2대 대표 마로 자한기리Mahroh Jahangiri는 성폭행 생존자이자 무슬림이자 파키스탄 이민자의 딸로, 2016년 볼저가 예일 법대에 입학한 후 대표직을 이어받았다. 자한기리는 벌써 근무한 지 2년 된 KYIX에서 앞으로 인종주의적이고 성차별적인 형사사법제도의 문제점을 더욱 철저히 비판하려고 벼르며 기대에 부풀었다. 왜 피해자가 경찰에 신고하지 않는지, 왜 학교 징계 절차가 그 대안이 되어야 하는지 이해하지 못하는 사람이 아직도 너무 많았다. 사람들은 교차적 차별을 알지 못했고, 사건을 경찰에 의무적으로 의뢰하는 제도가 취약 집단 구성원에게 더 위험할 수 있다는 점도 이해하지 못했다.

자한기리와 많은 유색인종 여성으로 구성된 KYIX 팀원들은 경찰 폐지, 감옥 폐지, 가혹한 학교징계 폐지를 지지하는 최초의 타이틀 나인 옹호 조직이 되었다. 자한기리의 리더십 속에서 KYIX는 국가폭력 반대 운동과 지속적인 관계를 구축하고, 인종차별적인 경찰 제도의 도움 없이 성폭력 피해자를 지원하는 일에 초점을 맞췄다. 성폭행 사건의 경찰 신고를 의무화하는 주 법안 또는 연방 법안 가운데 KYIX가 적극 반대한 법안은 전부 무효화되었다고 자한기리는 말했다. 그가 이끈 KYIX 캠페인의 도움으로 성폭행에 최소 의무 형량을 제안한 캘리포니아주 법안도 막아냈다.* 그 법안이 스탠퍼드대학교 학생이 대형 쓰레기통 뒤에서 의식 잃은 여성을 강간하고

---

* 최소 의무 형량제는 최소한의 형량을 명시해놓고 그 이하로 관대한 선처를 내릴 수 없게 판사의 재량을 제한하기 때문에 미국의 많은 진보 단체가 이를 가혹하고 사회 약자에게 불리하다고 보아 반대한다.

카운티 교도소에서 고작 3개월 수감됐다가 나오자 수많은 생존자 옹호자가 격렬하게 항의해서 마련된 것이었음에도 그러했다.

KYIX의 이런 입장은 당시 성폭력 반대 운동의 전형에서 벗어났지만, 점차 성장하던 감옥 폐지 운동과 궤를 같이했다. 특히 '흑인 생명은 소중하다' 운동은 인종차별적인 경찰과 감옥의 잔혹성에 눈 뜨게 해주었다. 그리고 언제나 그랬듯 타이틀 나인은 자칫하면 학습권을 되찾지 못할 수 있는 성폭행 피해자나 성차별 피해자를 돕는 또 다른 핵심 장치가 되어주었다.

2017년 자한기리도 KYIX를 떠나 법대에 입학했다. 그가 들어간 하버드 법대는 여성 전임 교수 비율이 아직도 23퍼센트에 그쳤다. 졸업 후 첫 직장은 경찰이 저지르는 성폭력 문제를 다루는 펠로십 자리였다.

패멀라 프라이스는 2014년 선거 정치에 입문하여 교도소 재정 축소, 민권 지지, 교육 재정 확대, 중소기업 지원 등을 공약하며 캘리포니아 주의회 의원에 입후보했다. 그는 빠른 변화를 원했다. 그러나 예비 선거에서 3위를 기록하여 결선 투표에 못 나가고 왜 소수 특권층만 공직에 출마할 수 있는지 깨달았다. 대부분의 사람은 그렇게 어마어마한 자원과 시간을 투입할 여유가 없었다. 그가 운영하는 법률사무소에도 타격이 왔다. 결혼생활도 힘들어졌다. 프라이스와 남편은 2016년 이혼 절차에 들어가 2018년에 절차를 종료했다.

2016년 4월, 샌프란시스코 베이에어리어 전국변호사길드는 프라이스가 타이틀 나인의 역사에서 수행한 역할과 그의 민권 변호사

경력을 기려 "정의의 투사"Champion of Justice로 칭하고 그 공적을 치사했다. 그는 그때까지 여러 상을 받았지만 이만큼 의미 깊은 찬사는 없었다. 이 길드 회원들은 거인들이었다. 급진적이고 당당한 정의의 사도들이어서 프라이스도 변호사 업무를 할 때 언제나 그들을 따라 하려고 노력했다. 동시에 그는 자신이 그 상을 받은 최초의 흑인 여성이라는 것을 알고 실망도 했다.

2016년 그는 기록적인 득표로 캘리포니아 주의회 제18선거구 앨러미다 카운티 민주당 중앙위원회 위원으로 선출되었다. (그리고 재선되었다.) 같은 날 민주당은 힐러리 클린턴을 대통령 후보로 지명했다. 여성이 주요 정당의 대선 후보가 된 것은 처음이었다.

학생들이 경찰의 흑인 살해에 항의하는 전국 시위에 참여하고 자기 학교에서 일어나는 인종차별에 저항하면서 '흑인 생명은 소중하다' 운동이 대학가로 확산했다.

예일대 학생 브리아나 버로스Briana Burroughs가 2016년에 쓴 에세이는 흑인 여성으로서 학생 식당, 남학생 동호회 건물, 뉴헤이븐시 길거리에서 남학생 동호회 회원과 학교 운동선수들에게 신체적·언어적으로 괴롭힘 당한 체험을 묘사했다. 가해자들은 그를 "빈민가 흑인 개년"으로 부르고, 그의 몸을 만지고, 소리 지르거나 엉덩이를 철썩 때렸다. 그런 일이 일어날 때마다 그는 홀로였고 이를 목격한 주변인은 아무것도 하지 않았다. 그는 동료 학생들에게 인종주의와 여성혐오를 규탄하고 특히 남학생 동호회의 인종주의와 여성혐오를 비판하라고 촉구했다.[26]

2016년 예일대학교 문리대학 교수평의회는 대학에서 일어난 반인종주의 시위에 동조하여 신랄한 보고서 한 편을 발표했다. 이 보고서에 따르면 예일대는 포용성을 찬미하면서도 다른 한편으론 여성·소수자 교수와 대학원생에게 적대적인 환경이 조성되도록 방치했다.[27] 예일대 학부생의 42퍼센트가 소수자였지만, 교수 중 소수자 비율은 17퍼센트였다. 이것과 비교해 2017년 프레즈노주립대는 교수의 42퍼센트가 소수 인종·민족이고 여자 교수의 비율은 절반 이상이었다.

2015년 11월, 미주리대학교 컬럼비아 캠퍼스 미식축구 팀은 학교에서 인종차별 사건이 증가하자 미주리대학교 시스템의 총책임자가 사임할 때까지 경기를 거부했다. 다음 경기에 참가하지 않으면 미주리대 시스템이 100만 달러의 손해를 볼 상황이었기에 총책임자가 사임했다. 다음 달, 미네소타대학교 미식축구 팀이 이를 전략적으로 모방하여 성폭행 신고를 받고 정학당한 학생 10인(미식축구 팀 선수 포함)을 복귀시키지 않으면 경기를 거부하겠다고 선언했다. 이틀 뒤 대학이 발표한 사건 조사 보고서에는 성폭행 사건의 충격적인 내용이 자세히 담겨있었다. 팀은 경기 거부를 중단했다.[28]

K-12 학교의 경우, NWLC가 2015년에 보고서 〈꼴찌가 되다〉 Finishing Last를 펴내어 학교 스포츠에서 특히 유색인종 소녀들이 차별받고 있는 점을 또 한 차례 보고했다. 일반적으로도 소녀들은 아직도 학교에서 스포츠에 참여할 기회가 소년들보다 훨씬 적은 데다가, 구조적으로 인종이 심하게 분리된 미국 학교 제도에서 유색인종 소녀들이 경험하는 스포츠 참여 격차는 더더욱 빈번하고 심각했

다. 미국 공립고등학교의 42퍼센트 이상이 백인 학생 비율이 90퍼센트가 넘든지 아니면 소수자 학생 비율이 90퍼센트가 넘었다. 소수자 학생이 대부분인 학교의 40퍼센트, 그리고 백인 학생이 대부분인 학교의 16퍼센트가 운동부에 여자 선수보다 남자 선수가 10퍼센트 이상 많아 스포츠 참여에 큰 성별 격차를 드러냈다.[29]

K-12 학교에서 소수자 학생이 과도한 징계를 받고 너무 쉽게 학교에서 교도소로 보내지는 현상에도 관심이 높아졌는데, 주로 유색인종 여성 학자와 활동가들이 이를 주도했다. 조사에 따르면 흑인 남학생이 백인 남학생보다 정학당할 확률이 3배 높았고, 흑인 여학생은 백인 여학생보다 거의 6배 높았다. 백인 여학생과 비교해 북미/알래스카 원주민 여학생이 정학당할 확률은 3배 높았고, 라틴계 여학생은 2배 높았다. 이런 구별된 처우는 이미 유치원에서 시작됐다.[30]

NWLC는 2016년 11월 온라인 도구를 선보이면서, 유색인종 여학생을 불공평하게 징계하는 학교 방침을 어떻게 판별하고 학교에 어떤 방식으로 개선을 요구할지 조언을 곁들였다. 법대를 졸업하고 NWLC에서 연구원으로 근무하던 알렉산드라 브로드스키는 2018년 4월 차별적인 복장 규정을 집중 조명한 보고서의 발행을 도왔다. NWLC는 2019년 9월에 후속 보고서를 내놓았다. 지역 뉴스와 전국 뉴스가 이 이슈를 다루자, 학부모들이 운동을 조직하고 학생들이 시위에 나섰다. 어느 학교 고등학생들은 점심시간에 항의 퇴장으로 학교를 당혹시켜 복장 규정을 재검토하게 유도했다. 또 다른 학교에서는 학생편람에 금지 규정이 없는데도 헤드스카프를 쓴다고 징계하자, 여기에 맞서기 위해 학생들이 '헤드스카프 맞대응' 운동을 조직하고, 모든 학생에게 머리에 헤드스카프, 보닛, 두건 등을 쓰고 등교할 것을 요청했다.

또한 2019년에 나온 NWLC 보고서는 학교가 라틴계 여학생의 정신 건강 문제를 간과하는 현상을 조명했다. 필라델피아에서는 라틴계 여학생 7인 중 1인이 자살을 시도했다.[31]

EROC는 '주변부의 중심화'Centering the Margins 계획에 착수하여, 성폭력 피해를 가장 크게 받는 주변부 집단 출신 — 유색인종 여성, 성소수자 학생, 이민자, 저소득 학생, 장애인 등 — 생존자 지원에 나섰다. 그러나 안드레아 피노가 EROC에서 일하는 동안, 단 한 명의 기자도 그에게 라틴계 생존자로서의 관점을 물어보지 않았다.[32]

2016년 10월, 타이틀나인이행자협회Association of Title IX Administrators: ATIXA는 연례 회의에서 "흑인 생명도 소중하다는 근본적인 진실"을 확인하고 "제도적 인종주의의 유해성과 다양한 형태의 혐오와 억압에 내재하는 교차성"을 인정하는 성명을 발표하여 기립 박수를 받았다. 타이틀 나인 이행자들이 교차적 차별 관련 사건을 신고받는 경우가 증가하고 있다고 어느 협회 간부가 언급했다. 예를 들어 흑인 동성애자 학생은 흑인 남자답지 않게 행동한다는 이유로 괴롭힘 당할 수 있었고, 여학생의 경우는 남이 볼 때 여자에게 문화적으로 기대되는 옷차림이나 행동을 하지 않는다고 괴롭힘 당할 수 있었다.[33]

타이틀 나인 집행을 비판하는 일부 세력은 최근 성폭행 고발 증가 현상에는 유색인종 남성을 거짓으로 고발하는 인종주의 경향이 담겨있다는 아무 근거 없는 주장을 했다. 그러면서 유색인종 여성이 폭행당하는 현상에 대해서는 아무 말이 없었다. 학교는 일반적으로 개인정보 보호를 위해 관련 당사자의 신상을 비공개 처리하기 때문에, 사실상 타이틀 나인 신고자와 피신고자의 인종 비율을 정확히 아는 사람은 없었다. 학자이자 법률가 낸시 치 캔털루포Nancy Chi Cantalupo는 클러리법이나 민권자료수집Civil Rights Data Collection 방식 등을 개정하여, 연구 목적으로 학교에 익명의 인구 통계자료를 제출할 의무를 지우는 새 법의 도입을 촉구했다.[34]

터프츠대 사건 이후 교차적 차별과 타이틀 나인 관련 논란에 여러 차례 목소리를 높였던 와가트웨 완주키는 '씨발 당연하지, 페미니스트들아!'Fuck Yeah, Feminists!라는 제목의 블로그를 개설하여 순식간에 구독자 1만 6000명을 확보했다.[35] 성폭행 사건에 대한 터프츠대의 잘못된 처리를 고발하는 다른 진정이 더 들어온 후, 2014년 OCR은 터프츠대에 타이틀 나인 위반 판정을 내렸다. 터프츠대 학생들은 과거에 학교가 완주키에게 행한 처사를 보상하는 의미에서 명예 학위 수여를 요청하는 탄원서를 제출했지만 성공하지 못했다.[36]

그가 프리랜서로서 쓰는 에세이는 주류 매체 사이트, 페미니즘 사이트, 소셜미디어 등에 게재되었다. 그는 블로그 포스팅을 통해 대학 성폭행 사건을 형사사건으로 다루는 일에 반대했으며, 여자들이 성폭력 당했다고 거짓말하는 건 "피해자 지위"가 "특권을 안겨주는 탐나는 지위"가 됐기 때문이라고 2014년 6월에 주장한 보수지 칼럼니스트 조지 윌의 논리를 반박했다. "내 생존자 특권 어디 갔냐?" 완주키는 트위터에 그렇게 쓰고, #생존자특권#survivorprivilege 해시태그를 달아 인기를 끌었다. "나 퇴학당했고, 민간 학자금 수만

달러 대출받아서 나 강간당한 거 상관도 안 하는 학교에 냈음." 그
는 또 이렇게 트위터에 올렸다. "가해자랑 마주칠까 봐 너무 겁나서
기숙사에 처박힌 게 #생존자특권."[37]

그는 같은 흑인 여성이고 하버드 법대 출신 성폭행 생존자인 커
밀라 윌링엄Kamilah Willingham과 함께 단기간이었지만 강간문화철폐생존
자회Survivors Eradicating Rape Culture라는 단체를 꾸린 적이 있었다. 완주키는
터프츠대학 로고가 박힌 회색 티셔츠를 바비큐 그릴에 던져 태우
고, 그 시위 장면을 소셜미디어에 실시간 스트리밍으로 공개해 기
관의 배신이 불 지른 분노를 상징적으로 표출했다. 이 단체가 주도
한 #그냥미안하다고해#JustSaySorry 캠페인은 부당한 방침 때문에 도움
받지 못한 생존자에게 학교가 사과할 것을 촉구했다. 이들은 매주
기억이 담긴 물건 — 터프츠대 학칙안내서, 윌링엄의 하버드대 바
지와 하버드 법대 합격통지서 등 — 을 태우고 그것을 실시간으로
스트리밍했다.[38]

안드레아 피노와 애니 클라크는 오리건을 떠나 자동차로 전국
을 돌며 학생 생존자의 신고를 도왔다. 때로는 자동차에서 자고 패
스트푸드 식당 화장실에서 씻었다. 로스앤젤레스에서는 한동안 46
제곱미터 크기의 원룸 아파트에서 지내며 커피숍에서 아르바이트
하고 이런저런 프리랜서 일로 생계를 이어갔다. 당시엔 할리우드
근처에서 지내는 것이 이치에 맞았다. 영화 제작진 하나가 벌써 2
년 가까이 그들을 따라다니며 다큐멘터리를 촬영했기 때문이다.

유행병처럼 만연하는 대학 내 성폭행을 다룬 다큐멘터리 〈더 헌
팅 그라운드〉The Hunting Ground가 2015년에 개봉되자 EROC는 전국적으

로 주목받았다. 영화는 여러 대학생 활동가를 다루었으나 특히 피노와 클라크에 초점을 두었는데, 이들의 활동이 좀 더 영화적인 줄거리를 제공했기 때문이다. 그들이 유명 대학 출신인 것도 이야기 전개에 도움이 됐다.

1971년 그린 의원이 제시한 타이틀 나인 법안을 가장 격렬하게 거부했던 일류 대학들처럼, 이 최신 타이틀 나인 논란에서도 최고의 명문대들이 아주 볼 만하게 기대를 저버렸다. 성폭행 사안을 공정하게 처리하는 데는 "아이비리그 대학들이 최악"인데 "왜냐하면 제일 거만하고 남이 자기들에게 감히 이래라저래라 할 수 없다고 여기기 때문입니다". 한 대학교 성폭행 전문가가 영화 제작 팀에게 말했다.[39]

이 영화는 영화관 외에도 학교 1000여 곳과 지역 공동체 센터 및 정부 기관에서 상영됐다. 피노와 클라크는 다시 차를 끌고 먼 길을 나섰고, 상영회가 열리는 여러 장소에 모습을 드러냈다. 백악관, OCR, 법무부, 일부 주의회, 그리고 NCAA도 상영회를 열었다. 2015년 11월에는 CNN이 전국에 이 영화를 방영했다.

EROC는 후원자가 생겨서 직원 몇 명에게 (피노와 클라크 포함) 낮은 임금이나마 월급을 줄 수 있게 되었다. 첫해에는 사무실도 없어서 집에서 일하거나, 밖에 있을 때는 무료 와이파이가 터지는 곳이면 어디에서나 일했다. 피노와 클라크는 워싱턴DC로 거처를 옮긴 후에는 종종 집에서 일주일 내내 직원 미팅을 했고, 그럴 때면 밤늦게까지 이야기 나누면서 와인도 마시고 서로 머리도 땋아주었다.[40] 피노는 자신의 21세 생일에도 스워스모어대학교 학생들의 진정 제출을 도왔다.

도움을 요청하는 사람들에게 연속으로 폭행 경험담을 듣는 일은 대리 트라우마와 같아서 부담이 없지 않았다. 하지만 그와 동시에 다른 생존자와의 교감으로 힘을 얻었다.

"그게 내가 아침에 일어나는 유일한 이유야." 또 다른 생존자를 만나러 가면서 피노가 차 안에서 클라크에게 말했다. "만일 그때 내 말을 믿어주는 사람, 나를 도와주는 사람이 있었으면 내가 가진 모든 걸 내줬을 거야."[41]

2016년 2월, 거의 3000만 명의 시청자가 지켜보는 가운데 팝 디바 레이디 가가가 아카데미 시상식 무대에서 〈더 헌팅 그라운드〉 주제가를 조용히 부르기 시작했다. 우아한 흰색 바지 정장을 입고 뒤에 쳐진 검은 커튼을 배경으로 하얀 피아노에 혼자 앉아 건반을 두드렸다. "그 일이 당신한테 일어날 때까지 그게 어떤 느낌인지 당신은 몰라요." 그가 노래했다. 그는 그게 어떤 느낌인지 알았다. 본인이 성폭행 생존자였기 때문이다.[42]

커튼 뒤 어둠 속에서 피노, 완주키, 그리고 다른 사람들이 조용히 기다리고 있었다. 다양한 구성원으로 이뤄진 이 그룹에는 한 가지 공통점이 있었다. 하버드 법대생, 텍사스주 공화당원, 기업체 사장, 국립대성당 테너, 그 외 여러 사람이 서로 손을 꼭 붙잡았다. 그중 흑인과 갈색인의 수는 평상시에 아카데미 시상식 무대에서 볼 수 있는 것보다 훨씬 많았다.[43] 레이디 가가가 건반을 내리치듯 두드리며 격정적으로 선율을 고조시킬 때 뒤에서 커튼이 열렸다. 젊은이 50명의 실루엣이 나타났다. 그들이 들어 올린 팔에서 관객은

2016년 아카데미 시상식 무대에서 팝 디바 레이디 가가가 〈더 헌팅 그라운드〉 주제가를 부른 뒤
성폭행 생존자 학생들과 손잡은 모습. (ⓒ 패트릭 T. 팔런/뉴욕 타임스/리덕스)

거기에 쓰인 메시지를 볼 수 있었다. "그 일이 내게 일어났다." "생존자." "나를 무너뜨릴 수 없다." 가장 많이 보이는 메시지는 이거였다. "우리는 당신 말을 믿어요."

피노에게 그건 유체이탈 체험이었다. 무대 스태프들이 리허설 때 기립박수를 쳐주었다. 배우들도 다가와 그들을 포옹하고 "고맙다"라고 했다. 그러나 피노는 그 영화가 성폭행 생존자 가운데 성소수자 학생이 얼마나 많은지 명확하게 다루지 않은 점을 안타깝게 여겼다. "〈더 헌팅 그라운드〉에서 내가 라틴계 퀴어 여성인 것을 분명하게 보여줬으면 어땠을까?" 그는 궁금했다. 젊은 라틴계 퀴어 여성들이 그 영화에서 자신들이 대표되는 모습을 봤으면 도움이 되지 않았을까?

또한 그 영화는 '영웅의 여정'을 보여주면서 깔끔하지 않은 부분은 덜어냈다. 이를테면 피노가 여러 차례 겪은 공황발작은 화면에 전혀 나오지 않았다. 활동가들이 대체로 건강보험이 없다는 사실도 나오지 않았다. 그가 자신의 '퀴어함'을 어떻게 받아들여야 할지, 가족과 쿠바인 공동체에 그 점을 어떻게 이야기하면 좋을지 (지금도 여전히) 고민하는 장면도 찾아볼 수 없었다. 쿠바 사람들 가운데 일부는 피노가 강간당해서 퀴어가 됐다고 믿었다. 하지만 그것은 진실이 아니었다.

피노는 EROC 사이트에 반드시 스페인어 정보가 담기도록 했다. 그는 클라크와 함께 에세이집 《당신 말을 믿어요: 대학 성폭행 생존자들이 발언하다》We Believe You: Survivors of Campus Sexual Assault Speak Out를 편집하고 이 책의 홍보를 위해 또 한 차례 순회 여정에 나섰다. 피노는 건강 문제로 EROC 일을 서서히 줄여나갔다. 마침내 학사 학위를 받았지만, 성적 외상의 후유증과 수년간의 운동으로 학업이 끊기는 바람에 원래보다 3년 늦게 졸업했다. 4학년 기말시험을 일주일 앞두고도 그는 의회에 방문해 성폭행 생존자에게 어떤 이슈가 중요한지 상원의원들에게 설명했다. 이후 피노는 전국레즈비언권리센터에서 일하다가 박사과정에 입학했다.

2015년, 오해로 인한 성폭행 초래를 방지하기 위한 '적극적 동의'affirmative consent 방침이 최소한 800개 대학과 캘리포니아주에 도입됐다. 성행위 전에 의식이 있고 취하지 않은 상대방에게 반드시 동의를 받아야 한다는 방침이었다. 과거에 알렉산더 대 예일 소송의 팀원이었던 법학자 캐서린 매키넌은 "'싫다는 건 싫다는 뜻이다'가 '싫다는 건 좋다는 뜻이다'보다 낫다"라고 인정하면서도 '동의'라는 형법 개념을 타이틀 나인에 적용하는 일에 우려를 표했는데, 왜냐하면 그런 개념이 "피해자를 재단"하며, 또한 동의처럼 보이는 강요도 있을 수 있기 때문이었다.[44]

대학 성폭행 문제에 관한 그 모든 홍보와 연구에도 불구하고 2015년 설문조사에 따르면 대학 총장 가운데 3분의 2 이상이 미국 대학에 성폭행이 만연해 있다고 믿지 않았다.[45] 2015년 중반에 OCR은 124개 대학에서 발생한 성폭행 관련 진정 140건과 K-12 학교에서 발생한 성폭행 관련 진정 41건을 조사 중이었다.[46] 2016년 6월에는 195개 대학에서 발생한 성폭행 사안 246건(그리고 성적 괴롭힘 사안 68건)을 조사 중이었다.[47]

생존자 옹호자들과 언론은 신고 증가 추세를 따라잡고 정보를 비교할 수 있도록 온라인 도구를 마련했다. 2016년 2월, 자원봉사자들은 일반에 공개된 학계 성폭력 사례의 관련 문서와 사건 결과를 모은 '학계 성폭력 데이터베이스'Academic Sexual Misconduct Database를 선보였다. 2016년 6월에는 《크로니클 오브 하이어 에듀케이션》Chronicle of Higher Education*이 OCR이 조사 중인 사건을 확인할 수 있는 '타이틀 나인 추적 정보'Title IX Tracker를 개시했다. 타이틀 나인 반대 단체인 '모두를 위한 타이틀 나인'Title IX for All도 성폭력 혐의자 측이 제기한 소송을 추적 관찰하는 웹사이트 '타이틀 나인 법률 데이터베이스'를 개설했다.

2015년 KYIX는 새내기 대학생 활동가 250명을 멘토링하고, 고등학교 재학생과 졸업생에게 타이틀 나인에 따른 권리를 알려주는 최초의 도구를 공개하고, 대학생을 대상으로 제1회 타이틀 나인 활동가 부트캠프 훈련을 개최했다. KYIX와 EROC는 의회에서 증언하고, 청원서에 수만 명의 서명을 받아 잠재적으로 해로울 수 있는 법안을 성공적으로 막아내고, 그 밖에도 많은 활동을 벌였다.

대학의 타이틀 나인 의무 사항 이행을 돕는 컨설턴트도 우후죽순 늘어나 산업을 형성했다. 예컨대 'NCHERM 그룹'(전국고등교육위험관리센터National Center for Higher Education Risk Management의 후신)은 2011년 〈동료들에게〉 발행 이후 직원을 배로 늘리고 타이틀나인이행자협회를 설립했다.[48]

대학 성폭행 및 성적 괴롭힘 반대 운동은 이제 어떤 임계점에 도

---

* 매주 미국 학계의 주된 뉴스를 제공하는 신문.

달하여 다시는 무시할 수 없게 된 것처럼 보였다.

2016년 가을학기에 하버드대, 컬럼비아대, 프린스턴대, 애머스트대 등에서 익숙한 성적 괴롭힘 스캔들이 터졌다. 여러 남자 운동부가 다른 학생들에 관해 여성혐오, 인종주의, 동성애 혐오, 외설 발언으로 가득한 이메일과 소셜미디어 메시지를 돌리다가 발각됐다. 이번에는 행정관리자들이 그 대응책으로 학내 토론회를 마련하고 운동부의 경기 출전을 정지하거나 일부 선수를 정학 조치하는 모습을 보였다.[49]

베일러대학교는 2016년 봄학기에 미식축구 선수들의 강간 혐의 스캔들이 대서특필되자, 미식축구 감독을 해임하고 케네스 스타 Kenneth Starr 총장을 직위 강등했다. 1990년대에 빌 클린턴 대통령 성추문 사건을 끈질기게 파고든 검사로 유명한 바로 그 케네스 스타였다. 3개월 후 그는 베일러 법대 교수직을 사임했다. 베일러대학이 강간범들이 가해 행위를 할 수 있는 여건을 조성하고 생존자를 부당하게 대우한 점을 문제 삼아, 최소한 10인의 성폭행 생존자가 소를 제기했다. 이 대학이 2014년에 최초로 고용한 상근직 타이틀 나인 조정관은 2016년에 사임했다. 또 다른 타이틀 나인 이행 담당이었던 여성 직원은 신고된 성폭행 사건을 조사하다가 보복당했다고 주장하며 베일러대학에 소송을 걸었다.[50] 같은 해 인디애나대, 밴더빌트대, 미시간주립대 등도 미식축구부 강간 사건으로 이미지를 구겼다.[51]

심지어 "타이틀 나인의 아버지"조차 심판에 직면했다. 2016년에 한 여성 기자가 버치 바이 전 상원의원이 1990년대에 차 안에서 자기를 추행했다고 트위터에 적었다. 바이는 그 비난에 반응하지 않았다. 그는 3년 뒤 91세를 일기로 사망했다.

샌들러가 최초로 성차별 진정을 제기할 때 멘토가 되어준 빈센트 매컬루소는 2016년 11월 8일 향년 94세에 울혈성 심부전으로 별세했다. 바로 그날 미국인들은 매컬루소가 맞서 싸운 모든 종류의 차별을 자랑스럽게 옹호하던 인물을 대통령으로 뽑았다. 공화당 소속 도널드 트럼프가 인종을 차별하고, 여성을 성적으로 괴롭히고, 이민자를 욕하고, 장애인을 비웃은 전력은 잘 알려진 사실이었다. 근소한 표 차이였지만, 어쨌든 그는 이겼다.

매컬루소가 트럼프의 승리에 상심하여 사망한 것으로 추측할 사람도 있을지 모른다. 하지만 그가 마지막으로 들은 정치 뉴스는 힐러리 클린턴이 승리할 가능성이 99퍼센트라는 여론조사였다. 그는 미국이 드디어 최초의 여성 대통령을 보게 됐다고 믿으며 행복하게 숨을 거뒀다고 그의 아내가 말했다.

그러나 클린턴이 아니라 트럼프가 미국 제45대 대통령이 됐다. 트럼프는 타이틀 나인을 포함한 여러 민권법을 향해 재빨리 철거용 쇳덩이를 겨누었다.

2017~2020

· 14 ·

다시 역풍

"가족 여러분." 2016년 12월, '타이틀 나인을 알자'KYIX가 분노의 이메일을 발송했다. "힘겨운 한 달이었습니다." 공화당은 백악관을 탈환했을 뿐 아니라, 상원과 하원도 여전히 장악했다.

KYIX가 제시한 실행 방안에는 사회정치적 예상 피해 범위와 앞으로 닥칠 다면적 난국이 반영되어 있었다. (1) 앞으로 이민자 추방이 증가할 것에 대비하여 미등록 이민자 학생을 돕기 위해 각자 자기 학교에 '성역 학교' 선포를 요구한다.* (2) 기후변화 반대 투쟁에서 '다코타 엑세스 송유관'** 저지를 위해 투쟁하는 스탠딩록Standing Rock 원주민 보호구역의 젊은 원주민을 도와 청원서에 서명하고, 백악관에 전화하고, 기부한다. (3) 연방대법원에 올라간 개빈 그림 사

---

* 도시나 학교에서 '성역'(sanctuary)을 선포하면 미등록 이민자를 불심 검문이나 기습 단속으로 체포하는 일이 금지된다.

** 노스다코타주 유전과 일리노이주 석유 저장탱크 시설을 연결하며 미국 중서부를 관통하는 1886킬로미터 길이의 지하 송유관으로, 인근에 거주하는 미 원주민과 환경단체들이 반대 운동을 벌였다.

건에서 ACLU와 KYIX의 협업을 지원하여 트랜스젠더 학생들을 보호한다. (4) 그리고 OCR에 타이틀 나인 진정을 내려고 고려 중이라면, 변호사와 먼저 상의할 것을 권한다. 소송은 그 나름대로 문제점이 있지만, 지금 같은 상황에서는 OCR에 호소하는 것보다 소를 제기하는 편이 더 생산적일 수 있다.[1]

레이건이 1980년 대선에서 승리했을 때 일부 페미니스트들이 낙담하여 마비 상태에 빠졌던 것과 달리, 이번에는 여성계와 그 동맹 세력이 트럼프의 차별적인 의제에 저항하기 위해 거의 즉시 집결했다.

트럼프 취임일 바로 다음 날 미국 대도시와 중소도시에서 약 400만 명이 — 외국에서 일어난 시위까지 합하면 100만 명이 더 추가된다 — 거리로 몰려나와 여성행진Women's March을 벌였다. 1일 시위로서는 역사상 최대 규모였다. 활동가들은 여성행진을 주도한 백인 조직자들에게 더 다양한 집단을 포함할 것을 촉구했다. 이에 조직자들은 수일 내로 유색인종 여성과 성소수자에게 주도 책임을 맡기고, 교차적 차별과 투쟁할 것을 명시적이고 공개적으로 약속했다.[2]

워싱턴 거리를 가득 메운 수백만 시위자가 잠시 행진을 멈추었을 때 그 군중 속에서 버니스 샌들러와 그의 친구가 웃었다. 군중의 규모뿐 아니라 그 다양성에 샌들러는 감격했다. 그리고 저 푯말들을 보라! "너무 열받아 내향인인데도 나왔음." "내 보지는 아무나 만지라고 있는 게 아님." "사랑이 증오를 이긴다." "갈색은 아름답다." "아직도 이런 엿 같은 일로 투쟁해야 한다니 안 믿김." 샌들러 특유의 하얀 단발머리, 커다란 안경, 함박웃음을 알아본 사람들이 있었다. 젊은 페미니스트 몇 명이 그를 알아보고서, 수많은 사람 사이를 뚫고 샌들러에게 다가와 말을 걸었다. 역시 그를 알아본 좀 더 나이 든 여성들도 클리블랜드, 시애틀, 그 밖의 다른 도시에서 샌들러를 만난 적이 있다며 인사했다.[3]

행진 이후 유권자 수천 명이 자기 지역을 대표하는 상원의원에게 연락하여, 트럼프가 교육부 장관 후보로 지명한 공화당 기부자이자 억만장자 베치 디보스Betsy DeVos의 인준안 통과를 막고자 했다. 디보스는 공적 자금으로 사립, 영리, 종교학교를 지원하려고 했다. 그는 공교육에 거의 아무 경험도 없었고, 인준 청문회에서 차별에 맞설 것을 약속하겠느냐는 질문에 그러기를 거부했다. 2017년 2월 7일, 민주당 상원의원들은 밤을 새워 가며 릴레이 반대 연설을 했지만, 인준 표결 결과 가부 동수가 되어 마이크 펜스 부통령이 캐스팅보트를 행사함으로써 인준안이 통과했다. 내각 인준에서 캐스팅보트가 필요했던 최초의 사례였다.[4]

디보스는 임기 첫해에 교육부 직원을 13퍼센트 감원했다. 그 대부분이 OCR과 연방학자금지원국 직원들이었다.[5] 그는 또한 교육구 조사 요건을 엄격하게 바꿔서 OCR이 교육구를 쉽사리 조사할 수 없게 만들었다. 그렇지만 OCR이 일단 조사에 착수하는 경우 교육기관에서 대체로 양호한 합의를 받아냈기 때문에, 자신이 국장이었어도 아마 결재했을 거라고 오바마 정권에서 일한 캐서린 레이먼 전 OCR 국장이 말했다.[6]

취임하고 2주 후, 디보스는 트랜스젠더 학생의 권리에 관한 OCR의 2016년 〈동료들에게〉를 철회했다.[7] 이에 따라 연방대법원은 3월로 예정되었던 개빈 그림의 타이틀 나인 사건 구두변론을 취소하고 제4 순회구역 연방항소법원으로 돌려보내 재심리하게 했다. 그러나 이듬해 다른 연방법원들이 또 다른 트랜스젠더 고등학생 두 명에게 자기 젠더 정체성에 부합하는 화장실을 쓸 권리를 인정했다. 2019년 5월, 연방대법원은 그중 한 건의 항소를 기각했다.[8]

그림 사건은 2019년 말 마무리되는 것처럼 보였다. 교육구가 그에게 남학생 화장실을 쓰지 못하게 한 지 5년이 흘렀다. 법관 3인으로 구성된 제4 순회구역 연방항소법원 재판부는, 트랜스젠더 학생에게 자기 젠더에 부합하는 화장실 사용을 금지하고 성적표에 성명 변경을 거부하는 학교 방침은 헌법에 위배되고 타이틀 나인 위반이라는 연방지방법원의 하급심 판결을 확정했다. 교육구가 제4 순회구역 연방항소법원에 재심을 청구했으나 판사들이 기각했다.[9] 그림은 이미 고등학교를 졸업한 지 1년이 넘었다. 그러나 트랜스젠더 권리에 반대하는 세력의 활동은 그림 사건과 그 밖의 사건에서 집요하게 계속되었다.

보수 세력은 2017년 첫 5개월 동안 아동 입양과 상업 분야 등에서 성소수자 권리를 축소하는 법안을 29개 주에서 100개 이상 발의했다. 그중 6개 법안이 통과됐다.[10] 트럼프 정부의 법무부 장관 제프 세션스Jeff Sessions는 민권법 제7편으로 트랜스젠더 노동자를 보호한다는 방침을 철회했다.[11] 반면에 2018년 하와이주는 성적 지향과 젠더 정체성 또는 젠더 표현에 근거한 학교 성차별을 금지한 16개 주가운데 하나가 됐다.[12]

트랜스젠더 권리와 나머지 타이틀 나인 이슈에 연방정부의 도움을 기대하기 어려워지자, KYIX는 2017년에 '학교 성폭행 근절을 위한 주 정책 각본'State Policy Playbook for Ending Campus Sexual Assault을 마련했다. 여기에는 학생들이 자기가 사는 주의 정책을 강화할 수 있도록 돕는 자료와 정보가 담겼다. KYIX가 새롭게 낸 '대학 운동조직 툴킷'도 지역 단위 활동을 촉진했다.

모어하우스대학교 학생들이 저지른 강간을 2006년부터 고발해온 스펠먼대학교 학생들은 2014~2017년 사이에 운동을 한층 더 조직화했다. 이들은 #침묵은폭력이다#SilenceIsViolence 촛불 집회, 성폭력을 주제로 한 타운홀 미팅, 익명의 트위터 계정 @RapedAtSpelman 운영 등 여러 활동을 통해 성폭력에 대한 학교 당국의 무대응에 항의했다. 2017년 11월 8일 아침, 활동가들이 서로 인접한 스펠먼대와 모어하우스대 교내 곳곳에 전단을 붙였다. 그 전단에는 "스펠먼대가 강간범을 보호한다" "모어하우스대가 강간범을 보호한다"라는 표제와 함께 강간 혐의자의 이름, 그들과 연관된 조직, 그리고 해시태그 #우린너희가한짓을알아#WeKnowWhatYouDid가 담겨있었다. 스펠먼대 교수 70명 이상이 공동행동을 위한 지지 서명을 했다.[13]

하워드대학교 학생들은 2018년 3월과 4월에 9일 동안 대학 행정 부서가 있는 건물을 점거하고 여러 가지 개선을 요구했다. 이 연좌 농성은 성폭행 대응 방침을 개선하고, 푸드뱅크를 개설하고, 학부 등록금 동결을 검토하고, 대학 경찰의 총기 소지 허용을 재검토하는 것 등에 대학 관계자들이 동의함으로써 종료했다.[14]

활동가들이 소셜미디어 앱 인스타그램에 학교 인종차별 고발 포스팅을 올리는 것을 보고 고무되어, 덴버대학교와 로욜라대학교 학생들도 2020년 봄학기에 성폭행, 성적 괴롭힘, 학교 당국의 서투른 대응을 같은 방식으로 고발했다. 30년 전 학생들이 화장실 벽에 강간범들의 이름을 적었던 것처럼, 이들도 사건 내용을 익명으로 (생존자가 괴롭힘당하지 않도록) 인스타그램에 올렸다. 그 정보는 그 대학 한 곳만이 아니라 수백만 명에게 도달했다. 2020년 6월에 몇몇 인스타그램 계정에 게시된 익명의 포스팅은 메릴랜드 교육구에 속하는 중·고등학교 12곳 이상에서 100건 넘는 성폭행 및 성적 괴롭힘이 발생한 사실을 폭로했다. 포스팅에 강간 혐의자의 이름을 밝히는 경우도 흔했다. 메릴랜드 교육구 관계자는 경찰에 신고해 수사를 요청했다.[15]

2019년 UC버클리와 스탠퍼드대 간에 전통의 라이벌 경기인 이른바 '빅게임' 미식축구 경기가 열렸을 때, 보안 요원들이 한 무리의 학생을 스탠퍼드대 경기장 밖으로 데리고 나갔다. 그들이 학교 설문조사를 바탕으로 "스탠퍼드 여학생 40퍼센트가 원치 않는 성접촉을 경험한다"라는 현수막을 제작해서 경기장에 내걸었기 때문이다.[16]

EROC 공동 창립자 소피 커래섹 등이 2014년에 제출한 진정에 관해 조사를 마친 OCR은, 2018년 3월 버클리에 타이틀 나인 위반 판정을 내리고 해결 방안 합의를 발표했다. 한편 커래섹과 다른 두 여성이 2015년에 제기한 소송 덕분에 2020년 1월에 제9 순회구역 연방항소법원에서 장래에 유사한 소송에 영향을 줄 수 있는 참신한 판결이 나왔다. 성폭행 신고를 받은 후에 대학이 그것을 의도적으로 무시했다는 사실을 입증해야 하는 엄격한 요건을 원고들이 충족하지 못했음에도, 법원은 소송을 진행할 수 있다고 판결하면서 대학 측이 가해 행위가 발생하기 전에 교내 성폭력에 제대로 대처하지 못하여 원고들의 성폭행 피해 위험을 높였고, 따라서 타이틀 나인을 위반했다는 점을 그 근거로 들었다.[17]

이 판결이 제시하는 흥미로운 가능성은 연방대법원의 1992년 프랭클린 대 귀넷 판결을 떠올리게 했다. 당시 연방대법원은 그 판결에서, 타이틀 나인의 역사가 그때 벌써 20년이고 학교 스포츠를 공평하게 하는 방법에 관해 OCR의 폭넓은 지도가 있었으므로 만일 학교 스포츠에 성차별이 있다면 그것은 고의일 가능성이 높다고 언급한 바 있었다. 그렇다면 OCR이 성적 괴롭힘과 성폭행 대응법에 관한 지침을 장기간 일관되게 유지할 수 있을 경우, 장래에 이 부분에서 발생하는 타이틀 나인 위반에서도 고의성을 전제할 수 있게 되고, 그러면 위반자에게 더 비싼 값을 치르게 할 기회가 열리는 셈이었다.

이미 여러 대학이 교수 성폭력에 관한 언론의 탐사보도와 소송 등으로 피고용자의 가해 행위를 묵과한 책임을 지고 전례 없이 엄청난 손해배상금을 지급하고 있었다.

UC버클리는 직원 1인에게 170만 달러[약 22억 원]를, 그리고 박사과정 학생 1인에게 8만 달러[약 1억 원]를 지급했다. UC샌타크루즈는 학생 생존자 1인에게 115만 달러[약 15억 원]를 지급하기로 합의했다. UC샌프란시스코 역시 학생 생존자 1인에게 15만 달러[약 2억 원]를 지급했다. 일간지 《샌프란시스코 크로니클》San Francisco Chronicle은 학생, 동료, 환자를 성폭행한 UC 계열 교직원 57명

중에 해고된 사람은 절반도 안 된다고 분석했다.[18] 한편 캘리포니아주립대[CSU] 계열 대학은 2014~2017년 사이에 4개 캠퍼스에서 발생한 5건의 성적 괴롭힘 사건으로 손해배상 44만 500달러[약 5억 7000만 원]을 지급하여 캘리포니아주 납세자와 보험사에 추가로 부담을 떠안겼다.[19]

그 금액은 2018년 미시간주립대학교 스포츠의학 전문의 래리 내서[Larry Nassar]에게 성폭행과 성추행을 당한 미성년·성년 여자 선수 250여 명에게 대학이 지급하기로 한 합의금 5억 달러[약 6500억 원]에 비하면 새 발의 피였다. 이 사건과 관련해 교육부는 클러리법 위반으로 미시간주립대에 과태료 450만 달러[약 59억 원]를 부과했다. 판사는 나사르에게 아동 포르노 범죄로 징역 60년형에 추가로 징역 45~175년 형을 선고했다.[20]

다트머스대학교는 학생 9인이 어느 학과 교수가 15년간 저지른 성폭력 혐의를 근거로 집단소송을 제기하자, 1400만 달러[약 182억 원] 합의금 지급에 동의했다.[21] 미시간대학교는 수십 년 동안 학생 800여 명을, 그것도 주로 남학생을 성추행한 스포츠의학 전문의 로버트 E. 앤더슨[Robert E. Anderson] 때문에 2020년 10월까지 1070만 달러[약 139억 원]의 비용을 치렀고, 금액은 앞으로 더 늘어날 것으로 보인다. 오하이오주립대에서는 체육부 소속 주치의 리처드 스트라우스[Richard Strauss]가 역시 대부분 남학생을 상대로 수십 년간 상습적으로 성폭력을 저질렀는데, 2018~2021년에 피해자 수백 명이 앞으로 나서서 이를 폭로했다. 일부 학생이 학교 당국에 이 문제를 제기한 것이 벌써 1979년의 일이었다. 조사 결과 2005년에 사망한 스트라우스가 저지른 강간이 127건 이상, 성추행은 약 2200건인 것으로 드러났다. 오하이오 주립대가 그의 범행을 막지 못한 점을 문제 삼아 약 400명의 남성이 소를 제기했다. 대학은 그중 185명에게 합의금 약 4700만 달러[약 611억 원]를 지급하기로 했으며, 다른 소송도 2021년에 진행 중에 있었다.[22]

서던캘리포니아대학교는 이 학교 학생보건센터에서 근무한 부인과 의사 조지 틴들George Tyndall의 환자였던 학생 수백 명에게 위의 합의금을 다 합친 금액의 거의 두 배에 달하는 11억 달러[약 1조 4300억 원]를 지급한다고 발표했다. 틴들이 수십 년 넘게 환자를 성추행하고 인종주의 괴롭힘을 저지른 점, 그리고 학교가 그를 막지 않은 점을 근거로 몇 개의 소송이 제기된 상태였다. 2021년 3월에 세 건의 소송에서 결정된 합의금은 성폭력 관련 합의금으로는 사상 최대 규모였다. 검사는 틴들을 35건의 중죄 혐의로 기소했고, 그는 그 혐의들을 부인했다.[23]

2017년 타이틀 나인 45주년을 맞아 타이틀 나인의 효과를 다시 한번 평가할 시간이 돌아오자, 여성및소녀교육전국연합NCWGE은 크게 향상된 측면과 명백하게 부족한 측면을 모두 보고했다.

과학·기술·공학·수학STEM 박사 학위를 취득한 여성의 수는 2013년까지 10배 증가했으나, 이 분야 정교수 가운데 여성의 비율은 24퍼센트에 그쳤다고 NCWGE는 언급했다. 전통적인 여성 직종이 아닌 '커리어기술교육'(이 과정을 마치고 취업하면 미용술 같은 전통적인 '여성' 직종보다 높은 임금을 받았다)에서 거의 0퍼센트였던 여성의 비율은 2013년에 28퍼센트까지 늘어났다.[24]

학교 스포츠에서는 2015~2016학년도 고등학교 운동선수의 42 퍼센트가 여자였지만, 사람 수로 따지면 1972년에 운동선수였던 남자 고등학생의 숫자보다 여전히 적었다. 더 우려스럽게도, 소수 인종 학생이 90퍼센트 이상인 고등학교에 다니는 여학생의 선수 활동 기회는 백인이 많은 고등학교에 다니는 여학생이 누리는 기회의 39퍼센트 수준이었다. 대학처럼 스포츠 참여 실태와 지출에 관한 자료를 공개하도록 고등학교에 강제하는 연방법은 아직 없었다. 대학에서 남학생은 이제 소수인데도 운동선수 자리는 여학생보다 4만 2258개 더 많았다. 여성스포츠재단이 추산한 바에 따르면, 1997년에서 2017년까지 20년 동안 대학이 여자 스포츠에 지출한 총액은 남자 스포츠에 지출한 총액보다 20억 달러[약 2조 6000억 원] 적었다.[25]

2000년 이후 단일 성별 교육 붐이 일어 여자 공립학교나 남자 공립학교가 100개 이상 새로 생기고, 2011~2012학년도 기준으로 1000곳 이상의 공립 K-12 남녀공학에서 이런저런 단일 성별 교육 프로그램을 운영했다. 두 명의 인기 컨설턴트 레너드 색스Leonard Sax 와 마이클 거리언Michael Gurian이 설파한 이론이 여기에 영향을 주었는데, 많은 전문가가 이를 엉터리 이론으로 간주했다. 이를테면 남학생과 여학생은 청각이 다르므로, 교사가 남학생에게는 부드럽게 말해야 하고 여학생에게는 소리 지르듯 말해야 한다는 식이었다. 특히 ACLU는 대중의 감시를 거의 받지 않는 차별적인 단일 성별 교육의 저지에 커다란 노력을 기울였다. 예컨대 웨스트버지니아주 우드 카운티에서 남학생은 자유롭게 돌아다니게 하고 여학생은 자리에 앉혀놓는 일이 벌어졌다. 또는 시험을 본 다음 거기에 대한 보상이랍시고 남학생은 밖에 나가 놀게 하고 여학생한테는 스티커를 주었다.

NWLC는 무엇보다 임신 및 육아 중인 학생을 위해 타이틀 나인 감시자의 역할을 이어갔다. 2015년 조지아주의 한 대학에서 의학적으로 침상 안정이 필요한 여학생의 결석을 정당한 결석 사유로 인정해주지 않자, 학교가 그 학생에게 결석 보충을 허락하고 학교 방침을 바꾸도록 NWLC가 나서서 대학 당국을 설득해냈다.

그러나 트럼프 시대의 역풍이 막 불기 시작한 시점에, NWLC는 설립 이래 최대의 변화를 거치려는 참이었다. 2017년 마샤 그린버거와 NWLC 공동 설립자 낸시 더프 캠벨은 지난 45년간 수행한 총책임자 역할을 내려놓고 물러나기로 했다. 그동안 두 사람은 막강한 페미니스트 로펌을 구축하고 수백만 소녀와 여성의 삶을 향상하는 데 이바지했다. 그린버거는 버니스 샌들러의 지명을 받아 2015년 전국 여성 명예의 전당에 등재됐다.

NWLC 이사회는 2017년 7월 1일 퍼티마 고스 그레이브스Fatima Goss Graves에게 팀원 60여 명으로 이뤄진 조직의 통솔권을 넘겨주었다. 예일 법대 출신의 흑인 그레이브스는 그간 NWLC에서 10년 넘게 일하면서 다양한 역할을 맡아 지도력을 발휘해왔다.

"여성과 소녀의 권리와 경제적 안정이 전례 없이 공격받고 있다." 고스 그레이브스가 성명을 통해 언급했다. "이 난국을 헤쳐 나가려면 우리가 하는 일에 반드시 다양한 집단을 아우르고, 특히 성소수자, 유색인종 여성, 이민자 여성, 저소득 가정의 경험과 그들이 겪는 상호 연관된 위협에 초점을 맞춰야 한다."[26]

그러는 동안 트럼프 정부는 타이틀 나인과 기타 민권법에 공격의 수위를 높였다.

디보스 밑에서 캔디스 잭슨 임시 OCR 국장은 2017년 7월 성폭행 생존자들을 조롱하며 《뉴욕 타임스》에 이렇게 말했다. "고발의 90퍼센트가 '우리 둘 다 술에 취한 상태였다' '사귀다 헤어진 지 6개월 됐는데 난데없이 내가 타이틀 나인 조사 대상이라는 거다. 우리가 마지막으로 같이 잔 게 뭔가 잘못됐다고 구 여친이 나를 신고했기 때문이다' 이런 범주에 해당하더군요." 《워싱턴 포스트》는 "대학 성폭행이 진정한 문제가 아니라고 생각하는 사람은" 대학 성폭행에 타이틀 나인을 적용하는 정당한 문제를 꼼꼼히 살피기에 "애초에 자격 미달"이라고 지적하며 잭슨의 사임을 촉구했다.[27]

잭슨은 나중에 그 언급을 사과했지만, 잭슨과 OCR 직원들은 '거짓' 대학 강간 사건 때문에 괜히 남자 대학생을 핍박한다고 주장하는 3개 단체, 학대폭력환경근절Stop Abusive and Violent Environments: SAVE, 대학공평성옹호가족회, 전국남성연합 노스·사우스캐롤라이나 지부 National Coalition for Men Carolinas: NCFMC와 최소한 4개월 동안 협력했다.[28] 디보스가 이 단체들과 만나던 날, 100여 명의 생존자 옹호자들이 다시 한번 7월의 폭염 속에 모여 워싱턴 교육부 건물 앞에서 집회를 열었다. 생존자들이 디보스에게 "강간 문화의 영속이 아니라 근절을 도와달라"라고 촉구하는 '베치에게' 캠페인을 벌였다. 디보스는 그들을 단 한 번, 냉정한 태도로 만나주었다.

2017년 9월 8일 디보스가 2011년 〈동료들에게〉를 곧 폐지한다고 발표하자, 버지니아주 알링턴에 있는 조지메이슨대학교에서 학생들이 시위를 벌였다. 2주 후 잭슨 OCR 국장은 2011년 〈동료들에게〉와 2014년 Q&A 지침을 성폭력 대처에 관한 '잠정' 지침으로 갈아치웠다(그러나 이것도 이전의 모든 〈동료들에게〉와 마찬가지로 확정성을 지녔다).[29]

타이틀 나인 옹호 세력은 격렬하게 항의하며 더 공정한 지침으로 되돌리라고 탄원했다. 알렉산드라 브로드스키가 공동 작성한 탄원서에는 레이먼 전 OCR 국장과 NWLC 대표 고스 그레이브스를 비롯해 예일대 동문 145명이 서명했다.[30]

디보스는 계속 파괴적 행동을 감행하여 그다음 달에는 장애인 학생 민권 관련 방침 72개를 철회했다. 2018년 3월에 새로 나온 OCR 사건 처리 매뉴얼은 진정을 각하하기 쉽게, 그리고 조사를 종료하기 쉽게 개정하여 오바마 정부로부터 물려받은 민권 사안 1200여 건의 조사를 종료해버렸다.[31] 2018년 12월, 디보스는 유색인종 학생에 대한 불공평한 징계를 방지하는 2016년 지침도 공식 취소했다.[32]

이에 여성계가 지난 수십 년에 걸쳐 구축한 장치들이 신속하게 작동에 들어가, 디보스의 타이틀 나인 지침에 조직적으로 대응하기 위한 단체 간, 세대 간 조정이 이뤄졌다. NWLC, 미국여대생협회, 평등권옹호회 등 기성 단체 네트워크는 KYIX, EROC, SurvJustice 같은 젊은 단체를 대면 회의와 주간 전화 회의에 포함시켰다. KYIX는 스스로 민권 투쟁 단체로 여겼지만 광범위한 민권 단체 연합의 인정을 받는 데 시간이 걸렸고, 그중 일부는 KYIX를 단순히 성폭행 반대 운동 단체로 간주했다. 일례를 들면 KYIX는 아직 민권인권지도자회의에 가입하지 못했는데, 상근 직원이 한 명이고 학생 운영자 팀은 각지에 널리 흩어져 약소한 급료를 받고 일했기 때문에 가입에 필요한 인적·물적 자원이 없었다.[33]

NWLC는 여성, 양성애자, 트랜스젠더가 겪는 각종 성차별 문제를 자문해줄 변호사를 전국에서 모집하여 2017년 10월 초 젠더형평성 법률네트워크Legal Network for Gender Equity를 발족했다. 샌프란시스코에서 활동하는 평등권옹호회도 변호사와 활동가의 전국 네트워크를 발족하여 변호사 수백 명에게 타이틀 나인으로 성폭행 생존자를 돕는 방법을 교육하고, 이 사업을 '교육계 성폭력 근절 추진방안'Initiative to End Sexual Violence in Education으로 명명했다.

노린 페럴Noreen Ferrell 평등권옹호회 대표는 "OCR이 타이틀 나인을 지키지 않겠다면 우리가 지킬 것"이라고 기자들에게 말했다.[34]

자신이 겪은 일을 공개하는 성폭행 생존자 학생들의 용기는 사회의 다른 부문으로도 확산했다. 각종 산업 분야와 삶의 모든 측면에서 겪는 괴롭힘을 목청 높여 이야기하는 여성이 많아졌다.

《뉴욕 타임스》와 《뉴요커》 기자들은 할리우드의 거물 영화 제작자 하비 와인스틴이 수십 년 동안 수많은 여성 배우를 강간하고 성적으로 괴롭힌 혐의를 폭로했다. 백인 여성 배우 얼리사 밀라노Alyssa Milano가 2017년 10월 15일에 트윗을 올렸다. "당신이 성적 괴롭힘이나 성폭행을 당했다면 이 트윗에 '미투'me too라고 답글을 달아주세요."

수천만 명이 다양한 소셜미디어에 해시태그 #미투#metoo를 달아 여기에 화답했다. 첫 24시간 안에 페이스북에만 1200만 명 이상이, 그리고 1년 안에 트위터에 1900만 명이 미투라고 써서 올렸다. 성적 괴롭힘과 성폭행이 얼마나 만연해 있는지 잘 보여주는 현상이었다. 유색인종 활동가들은 이 운동의 기원이 흑인 여성 타라나 버크가 2006년에 창시한 '미투' 운동이라고 지적했다. 버크가 낸 목소리를 밀라노와 다른 사람들이 증폭시킨 셈이었다.[35]

이 일이 있자마자 거의 즉시 비영리단체, 법조계, 정계, 연예계 여성들이 만나 자체적으로 '이젠 끝'Time's Up이라고 이름 짓고 직장 젠더 형평성 소송을 맡을 변호사 네트워크의 조성과 자금 지원을 의논하기 시작했다. 2017년 11월 10일에는 전국여성농민연합이 할리우드 성폭력 생존자들에게 보내는 공개편지가 주간지《타임》에 실렸다. 작성자는 전국여성농민연합 공동 설립자 모니카 라미레스Monica Ramirez였으며, 농사 현장에서 성폭행 반대 투쟁을 해온 여성 농민 70만 명이 이 편지로 연대를 표명했다. '이젠 끝'은 저소득 여성 지원에 초점을 맞추기로 하고 NWLC를 통해 우선 자금 1400만 달러[약 182억 원]를 지원했다. 주요 할리우드 스타들은 일제히 검은색 옷을 입고 버크, 라미레스, 가사도우미 옹호 활동가 아이젠 푸Ai-jen Poo 등의 '이젠 끝' 활동가들과 동반하여 수백만 시청자에게 방송되는 2018년 골든 글로브 시상식에 나타났다.[36]

2018년 1월 제2회 여성행진에서는 전국 여러 도시에서 약 200만 명이 또 한 번 거리로 나서서 트럼프의 정책에 저항했다.[37]

2018년 1월 25일 OCR은 안드레아 피노, 애니 클라크 등이 노스캐롤라이나대학교 채플힐UNC을 고발하는 진정을 낸 지 5년이 지

나서야 UNC에 타이틀 나인 및 기타 법 위반 판정을 내렸다. OCR
은 UNC가 학생들의 신고에 너무 느리게 대응했고, 적절한 대응 방
침과 고충처리 절차가 미비했으며, 그 밖에도 흠결이 있었다고 판
정했다. UNC 관계자들은 몇 가지를 개선하는 데 동의했다.

그 직후에 클라크는 EROC 대표 자리에서 물러났다. 수년간
EROC 일을 하면서 겪은 그 모든 대리 외상이 클라크와 피노 두 사
람 모두에게 정신적으로 막중한 부담을 안겼다. 그들은 각자의 길
을 갔다.

클라크와 피노는 그동안 생존자가 도움을 청하는 이메일을 밤
낮없이 하루에 수백 통씩 받았다. 그들은 생존자의 이야기를 듣고,
사건에 대응하고, 치유를 돕고, 그들의 학습권을 다시 찾아주는 각
단계마다 온라인으로 그들의 곁을 지키며 수없이 많은 시간을 보냈
다. 클라크는 사임하기 얼마 전 앨라배마주의 한 젊은 여성을 도와
주는 일에 상당한 시간을 할애했는데 그 여성이 스스로 목숨을 끊
었다. 그 일이 특히 타격이 컸다.

클라크가 EROC를 떠나면서 EROC와 KYIX 창립 멤버 전원이
조직을 떠나 제 갈 길을 갔지만, 그들 대다수는 자문역이나 이사회
임원으로 남아 계속 일에 관여했다. EROC의 1년 예산은 2018년에
68만 3000달러[약 8억 9000만 원]로 성장했으며 그해 8월 기존 상
근 직원 5인에 6인을 더 충원했다.[38] 그러나 2019년 말 이사회가 갑
자기 직원들을 정직시킨 뒤 한 명만 남기고 전부 해고했다. EROC
는 그 사실을 발표하면서 관리 부실과 재정난을 간접적으로 언급했
다. 사태가 진정되자 EROC는 케뇨라 퍼럼Kenyora Parham을 첫 흑인 여

성 대표로 맞아들이고 하던 일을 계속 이어갔다.[39]

2019년 교육부는 UNC가 클러리법을 위반했다고 판정함으로써 클라크와 피노가 제출한 2013년 진정의 타당성을 재확인했다.[40] 교육부는 2020년 6월 UNC에 과태료 150만 달러[약 20억 원]를 부과하고 3년간 감시 처분을 내렸다.

"이로써 내 학생운동 시절이 일단락됐다." 피노가 그날 트윗에 올렸다. "캐롤라이나를 더 나은 곳으로 만드는 책임은 우리 모두에게 있다. 계속 가자."

언론 매체의 탐사보도와 정부 발행 보고서는 K-12 학교와 대학원에서 일어나는 성폭력 사건에도 대중의 관심을 불러일으켰다.

AP가 1년간 취재하여 2018년에 발표한 탐사보도는 K-12 학생이 저지르는 또래 성폭행이 4년 동안 1만 7000건이라는 '숨겨진 참상'을 폭로했다. 성폭행은 빠르면 5~6세에 시작되어 약 14세까지 빈도가 증가했다.[41] OCR이 시행한 K-12 성폭행 및 성적 괴롭힘 진정 조사는 2012년 가을학기에서 2018년 가을학기까지 조사 대상 학교들로부터 222건의 해결 방안 합의를 이끌어냈다.[42]

《시카고 트리뷴》 탐사보도는 시카고 공립학교들이 1999~2018년에 타이틀 나인 조정관을 두지 않고 성폭력 피해 학생을 무시하거나 방치했다고 밝힘으로써, 얼마나 많은 교육 관계자가 타이틀 나인의 가장 기초적인 의무 사항마저 별생각 없이 무시하는지 다시 한번 폭로했다. OCR은 2012~2018년에 400여 개 학교에서 발생한 학생 간 성적 괴롭힘 또는 성폭행 신고 2800건과 성인이 학생에게 저지른 성폭력 신고 280건에 시카고 교육구가 어떻게 대응했는지 조사했다. 시카고시 관계자들이 협조하지 않자, OCR은 새로운 전술을 시도했다. 모든 연방 재정 지원을 일제히 정지하는 '극단적 선택' — 타이틀 나인이 규정하는 유일한 제제였다 — 을 택하는 대신, 시카고 '매그닛 스쿨'*에 지급하는 대규모 지원금을 선택적으로 겨냥하여 그중 400만 달러[약 52억 원]를 차단하고, 1100만 달러[약 143억 원]를 추가로 지급 중지하겠다고 위협했다. 시카고시 관계자들은 OCR이 지원금 차단 전에 지켜야 할 적법절차를 위반했다며 소를 제기했으나, 결국 2019년 9월 해결 방안에 합의하고 상당한 구조적 개선을 약속했다.[43]

한편 고등교육 부문에서는 2018년 전국 과학·공학·의학 아카데미National Academies of Science, Engineering and Medicine가 2개년 보고서를 발표하여, 각 대학과 연구소가 타이틀 나인에서 한 걸음 더 나아가 성적 괴롭힘을 단순한 법의 문제가 아니라 문화의 문제로 다룰 것을 촉구했다. 이 보고서는 과학·공학·의학 3개 분야에서 공부하는 여학생의 20~50퍼센트가 교수나 사무직원에게 성적 괴롭힘을 당하고 여자교수도 약 58퍼센트가 성적 괴롭힘을 경험한다고 언급하면서, 제도적 변화를 촉구했다. 예컨대 성폭력을 연구 부정행위처럼 심각하게 다룰 것, 각 대학원생에게 지도교수를 한 명만 배정하는 대신 여러 명으로 구성된 지도교수단을 배정하여 학생 진로에 미치는 교수의 권력을 분산할 것 등을 권고했다.[44]

버니스 샌들러가 대학원 시절 제도화된 차별을 겪은 지 50년 가

---

* 거주지와 상관없이 모든 학생에게 개방되어 있고 특정 교과에 집중한 교육과정을 운영하는 일종의 대안적 공립 특목고 내지 특성화고.

까이 지났건만, 확실히 지금도 대학원에는 성차별이 횡행했다.

2018년 3월 3일에 샌들러는 90세 생일을 맞았다. 차갑고 매서운 바람이 부는 날씨에도 수많은 친지가 생일 축하를 위해 보라, 하양, 파랑 헬륨 풍선으로 장식한 워싱턴DC 여성전국민주당클럽 연회장을 찾았다. JJ는 드레스를 입었고, 샌들러는 양단 칼라를 덧댄 남방 밑에 하얀 실크 터틀넥을 받쳐 입고 그 위에 빨간 새틴 재킷을 걸쳤다. 거대한 케이크 윗면에 아이싱으로 문구가 새겨져 있었다. "타이틀 나인의 대모 버니, 90세 생신을 축하해요."

그해 봄에 '젊은 샌들러'가 예일대의 호퍼 카바레 무대에 올라 자신의 이야기를 들려주었다. 하지만 그 사람은 샌들러 본인이 아니었다. 예일대 4학년 로라 브로드윈Rora Brodwin이 청백색 줄무늬 남방 밑에 하얀 터틀넥을 받쳐 입은 모습으로 사흘 동안 매일 밤 샌들러를 연기했다. 샌들러는 오지 못했지만, 나머지 가족은 거의 다 이곳에 찾아와 브로드윈이 연기하는 단막극 〈타이틀 나인의 대모, 버니〉Bunny, Godmother of Title IX를 관람했다. 이것은 브로드윈의 미국학 졸업 프로젝트로, 타이틀 나인의 제정 과정과 그 파급 효과를 연극으로 꾸민 것이었다. 브로드윈은 샌들러를 정겹게 "이모할머니"로 부르며 그들의 관계를 시사했다. 브로드윈의 할머니와 샌들러는 절친한 사촌지간이었다.

"제가 그동안 버니에게 말하고 싶었는데 말하지 못한 것이 있어요." 브로드윈이 연기 중에 잠시 배역에서 벗어나 관객에게 말했다. "제가 말하고 싶은 것은 이겁니다. '버니, 저 성폭행당했어요. 그 일로 육체적으로나 정신적으로 기운을 많이 잃었어요.'" 그리고 이렇게 말했다. "당신 덕분에 — 바로 당신 덕분에 — 제도가 확립되었고, 바로 이 제도 속에서 사람들이 제게 기운을 되찾아주었습니다. (…) 만약 당신이 마련해놓은 그 힘과 권한에 의지할 수 없었다면, 저는 아마 딴 사람이 됐을 거예요." 예일대 타이틀 나인 사무실은 다음 학기에 교직원을 대상으로 그 연극을 재상연하도록 지원금을 대주었다.

2019년 예일대는 홈페이지에 타이틀 나인 조정관 23명의 명단을 올려놓았다. 그 조정관들이 2019년에 신고받은 성폭행, 파트너 폭력, 스토킹은 115건이었으며, 여기에 성적 괴롭힘이나 다른 형태의 성폭력까지 합하면 그 수는 훨씬 많았다. 학생 수가 예일대(1만 2458명)의 약 두 배인 프레즈노주립대(2만 4403명)에서 2019~2020학년도에 신고받은 성폭력, 데이트 또는 가정 폭력, 스토킹은 총 75건이었다. 이것 역시 성적 괴롭힘과 다른 성폭력을 제외한 숫자였다.[45] 프레즈노주립대는 2018년에야 비로소 상근직 타이틀 나인 조정관을 임명했다. 일반적으로 신고가 늘어나는 것은 꼭 성폭행이나 그 밖의 성폭력이 이전보다 많아져서라기보다는 타이틀 나인 절차에 대한 이해와 신고 의사가 더 높아졌음을 시사하는 것일 수 있다고 전문가들은 말한다. 신고하는 것도 하나의 선택지라는 것을 더 많은 사람이 알게 되고, 신고하면 해가 되기보다 도움이 될 것이라는 믿음도 커졌기 때문일 수 있었다.

성폭력 반대 운동은 미국 문화에서 이전에 검토된 적 없는 부분에도 영향을 미쳤다. 디즈니 테마파크는 2018년 '캐리비안의 해적' 놀이기구에서 로봇들이 펼치는 장면 하나를 변경했다. 여자들이 몸이 묶인 채 팔려 가기를 기다리는 장면을 남녀 해적들이 훔친 물건을 경매하는 장면으로 바꾼 것이다. 해적들이 음흉한 얼굴로 여자를 뒤쫓는 장면도 분노한 여자들이 해적을 뒤쫓는 장면으로 변경했다.[46]

2018년 트럼프 대통령이 예일대 학부와 법대를 졸업한 보수 성향의 브렛 캐버노Brett Kavanaugh 연방항소법원 판사를 연방대법관으로 지명하자, 여러 여성이 나서서 고교 시절과 예일대 재학 시절 캐버노가 저지른 성적 괴롭힘과 성폭행을 폭로했다. 세이지 카슨Sage Carson 대표가 이끌던 KYIX는 사람들을 규합해 인준 과정이 진행되던 몇 주 동안 국회의사당에서 거의 온종일 진을 쳤다. 그중에는 '나인 하이'IX High라고 불리던 고교 성폭행 생존자들의 새로운 모임도 포함되어 있었다. 전국 각지에서 법학 교수 250명이 캐버노의 연방대법관 임명에 반대하는 편지에 서명했다. KYIX 공동 설립자 볼저와 브로드스키도 비슷한 내용의 서한을 작성하여 예일 법대 동문 수백 명의 서명을 받았다.

당시 예일 법대 3학년이던 볼저는 다른 사람들과 예일대 주변 곳곳에 "#미투" "우리는 크리스틴 블레이지 포드Christine Blasey Ford 박사의 말을 믿는다"라고 쓴 전단을 붙였다. 포드는 캐버노를 고발한 사람 중 하나였다. 상원 인준 청문회에서 포드의 기품 있는 증언이 있고 난 뒤, 캐버노는 울먹이고 화내고 으르렁거리며 자기가 피해자인 척했다.

27년 전 클래런스 토머스가 인준 청문회에서 보여준 모습과 크게 다르지 않았다. DARVO라는 두문자어로 많이 알려진 전략의 절묘한 구사로 보였다. 제니퍼 프라이드 교수가 만든 이 용어는 혐의 부인, 공격, 피해자와 가해자 뒤바꾸기Deny, Attack, and Reverse Victim and Offender 라는 성폭행 혐의자의 전형적인 대응 방식을 가리켰다.[47] 프라이드가 그 전략에 명칭을 단 이유는 그런 실태를 바꾸거나, 최소한 그런 전략에 대한 세간의 반응을 바꾸기 위해서였다.

볼저는 버스에 예일 법대생 100명을 태우고 워싱턴DC로 가서 캐버노 연방대법관 지명 항의 시위를 벌였다. 상원에서 역사상 최소 표 차로 캐버노의 인준이 통과되자 상원 회의장 관람석에 있던 수많은 여성이 "창피한 줄 알라! 창피한 줄 알라!"를 연호했다. 그보다 1년 전에는 트럼프가 또 다른 보수 판사 닐 고서치Neil Gorsuch를 연방대법관 자리에 앉혔다. 오바마 대통령이 지명한 후보의 인준을 공화당이 1년이나 거부하면서 트럼프의 대통령 당선을 기다린 것이다.

캐버노 인준 한 달 뒤인 2018년 11월, 유권자는 100명이라는 기록적인 숫자의 여성 의원을 선출했다. 기존 의원까지 총 126명의 여성 의원 가운데 43명이 유색인종이어서, 제116대 의회는 역사상 가장 다양성 높은 의회가 됐다. 그리고 민주당이 하원을 탈환했다.

패멀라 프라이스는 지역 단위에서 도전에 나섰다. 2018년 캘리포니아주 앨러미다 카운티 지방 검사 예비선거에서 개혁 후보로 출마하여, '흑인 생명은 소중하다' 운동의 공동 창시자 얼리샤 가자, 전 하원의원 로널드 델럼스Ronald Dellums, 활동가 앤절라 데이비스 등의 지지를 끌어냈다.[48] 프라이스는 수십 년 동안 여러 상을 받았지만, 그중에서도 가장 뜻깊은 상을 바로 그해에 받았다. 미국흑인정책포럼African American Policy Forum에서 주는 '폴리 머리 선구자상'Pauli Murray Trailblazer

$_{\text{Award}}$이었다. 프라이스는 지방검사 예비 선거에서 패했으나 비교적 신인 후보였던 점을 감안하면 꽤 인상적인 지지를 끌어냈다. 그는 지체 없이 2018년 가을에 열린 오클랜드 시장 선거에 뛰어들어 3위를 기록했다.[49] 그러나 한 번씩 선거를 치를 때마다 시간적·금전적으로 타격이 심했다. 프라이스는 선거 후 매번 자기 법률사무소를 재건해야 했으나 2020년 들어 업무가 회복되었다. 그는 '민중의 힘 진보'$_{\text{People-Powered Progressives}}$ 후보로 앨러미다 카운티 민주당 중앙위원회 위원에 재선됐다.

진보 세력은 연방정부가 하는 일에 거의 아무 영향력이 없었다. 디보스는 2018년 11월 타이틀 나인 시행규정 개정안을 제시하고 '공지 및 의견 수렴' 단계에 들어갔다. 시행규정 개정은 40년 만에 처음이었다. 간간이 발행되는 지침이나 〈동료들에게〉는 법적 구속력이 없지만, 이렇게 긴 과정을 거쳐 디보스가 원하는 방향으로 시행규정이 개정되면 법적 효력이 생겼다. 디보스의 개정안은 성폭력 혐의를 받는 학생에게 관대했으며 교육기관의 책임도 줄여주었다.[50]

디보스의 개정안은 학교가 신고 접수 권한을 지닌 직원의 수를 제한할 수 있게 했다. 디보스의 시행규정이 예전에 적용되었더라면 어땠을지 상상해보라. 만약 패멀라 프라이스가 교수의 성적 강압을 신고할 때 정확히 접수 권한을 갖춘 학장에게 신고하지 않았거나, 알렉산드라 브로드스키가 자신을 성폭행한 학생을 정확한 권한을 가진 담당자에게 신고하지 않았을 경우, 예일대는 조사 책임을 부담하지 않았을 것이다. 코치들도 권한이 없다는 구실로 선수가 저지른 성폭행을 못 본 척했을 것이다. 또한 디보스의 개정안은 학교가 오로지 교내에서 일어난 사안에만 책임을 지는 것으로 되어 있었다. 만약 그랬다면 프라이스는 퍼트리샤 H.를 돕지 못했을 것이다. 퍼트리샤의 두 딸이 음악교사에게 성추행당한 장소는 교내가 아니었기 때문이다. 교육부는 개정이 이뤄지면 학교가 조사해야 하는 신고 사안이 감소할 것이므로 향후 10년간 총 2억 8600만~3억 6700만 달러[약 3718억~4771억 원]가 절약될 것으로 추산했다.[51]

변호사 단체들은 생존자 옹호자들의 개정안 비판에 항상 동의하지는 않았다. 미국재판변호사회American College of Trial Lawyers는 민사소송 원칙인 '우세한 증거'의 원칙 대신 개정안이 허용하는 '명백하고 설득력 있는 증거의 원칙'을 지지했다. ACLU는 여기에 반대하고, 또 개정안의 다른 부분에도 반대했지만, 실시간 대면으로 징계 청문과 교차 심문의 진행을 요구하는 규정에는 찬성했다. 대다수의 생존자 옹호자는 그것이 잠재적으로 신고자에게 또 한 번 트라우마를 줄 수 있기에 반대했다.[52]

디보스의 개정안에 12만 4000여 개의 의견이 교육부로 쏟아져 들어왔다. 1974년 최초의 타이틀 나인 시행규정이 마련될 때 샌들러와 그의 모든 동맹 세력이 제출한 의견의 10배가 넘었다. 대다수 의견이 디보스의 개정안에 반대했다. OCR이 그 모든 의견에 응답하고 시행규정 제정을 마무리할 수 있으려면 1년 넘게 걸릴 터였다.

2018년 말, JJ는 샌들러의 워싱턴 아파트 거실에서 널찍한 황갈색 소파에 앉아 샌들러에게 엠앤엠즈 초콜릿을 권했다. 샌들러가 제일 좋아하는 간식이었다. 샌들러는 비행기 탈 일이 있으면 언제나 한 봉지를 들고 탑승해서 이륙하기 전에 다 먹어버렸다. 혹시라도 비행기가 추락할 경우 그게 마지막 식사가 됐으면 해서였다. 실직 상태였던 JJ는 2018년 후반에 할머니를 자주 방문해 소중한 시간을 함께 보낼 수 있었다. JJ는 그 엠앤엠즈 한 봉지 한 봉지가 정말로 할머니의 마지막 식사가 될 수 있다는 것을 알았다.

샌들러는 혈액암의 일종인 다발성 골수종 진단을 받았다. 그는 그것을 달게 받아들였다. "사람들은 대부분 자기가 무엇으로 죽을지 잘 모르잖아요." 그가 말했다. "이제 저는 알아요." 샌들러는 가정 호스피스 돌봄을 받다가 2019년 1월 5일에 세상을 떠났다.

2019년 6월 26일, 친지와 옛 동료들이 다시 한번 여성전국민주당클럽에 모여 샌들러의 삶과 유산을 기렸다.

"버니 샌들러가 타이틀 나인에 그 어떤 의원보다 크게 이바지한 것을 우리는 알고 있습니다." 엘리너 홈스 노턴Eleanor Holmes Norton 하원의원이 말했다. 노턴은 평등고용기회위원회 위원장을 지낸 최초의 여성(이자 최초의 흑인 여성)이며, 1980년에 민권법 제7편에 따라 직장 성적 괴롭힘을 금하는 EEOC 최초의 지침을 확립한 인물이다. "제가 집행의 영광을 누렸던 1964년 민권법, 1965년 투표권법과 1968년 공정주택법 같은 민권법들의 역사를 살펴보면 '그 사람 아니었으면 과연 이만큼 나아질 수 있었을까' 하는 생각이 들게 하는 인물 하나를 콕 집어내기 어렵습니다." 타이틀 나인의 경우는 바로 샌들러가 그런 사람이었다.

샌들러는 사람들의 관심이 자기에게 집중되는 것을 즐겼는데 죽기 전 그 추모 행사 계획을 들어서 알고 있었다. "재미있겠네." 그가 말했다. "나도 참석할 수 있으면 좋을 텐데."[53]

테이블마다 손님들은 1900년대 초 여성 참정권 운동가들의 상징인 파랑새와 "건방진 여자들이 뭉친다"Uppity Women Unite 슬로건이 들어간 알록달록한 카드를 받았다. 그 카드에는 샌들러에게 마지막으로 조금 남아있던 단추형 타이틀 나인 배지가 붙어있었다. 각자 집에 가져가서 그를 기리며 착용해달라는 의미였다. 카드 옆에는 엠앤엠즈 봉지들이 놓여있었다.

그로부터 9개월 후 온 나라에 죽음이 가득했다. 2019년 말부터 전에 없던 치명적인 바이러스가 전 세계로 퍼졌다. 2020년 봄에 벌써 수만 명이 코로나바이러스감염증-19(이하 '코로나')에 감염되어 죽어갔고, 뉴욕과 전 세계 도시에서 병원이 포화 상태가 됐다. 수많은 초·중·고등학교와 대학교가 문을 닫고 전교생을 집에 보낸 뒤, 급하게 마련한 실시간 온라인 원격 수업으로 학년을 마치게 했다. UNC와 다른 몇 학교가 가을 학기에 다시 학생을 등교시켰다가 역시나 코로나 확진자가 급증하자 재빨리 집으로 돌려보냈다.

2020년 11월 중반까지 전국 1700여 개 대학에서 학생과 교직원 가운데 약 32만 1000명의 확진자가 나왔다. 그중 학생 4~5인을 포함하여 80명 넘게 사망했다. 많은 학교가 유증상자만 검사했으므로 실제보다 적은 수치였다. 자료를 공개하려는 의지도 대학마다 달랐다.[54]

이 대규모 유행병 사태에도 불구하고 미식축구 경기를 계속 허락한 학교가 많았다. 그리고 유일하게 미식축구만 허락하는 경우가 일반적이었다. 명백한 타이틀 나인 위반이었으나 아무도 문제 제기하지 않았다. 그런 위반이 불러올 수 있는 위험에는 양면성이 있었다. 왜 남자 선수는 경기해도 되고 여자 선수는 안 되는가? 왜 남자 선수만 더 큰 감염 위험에 노출되어야 하고 여자 선수는 아닌 가? 미식축구 선수와 코치 수십 명이 코로나에 걸려 타인의 건강을 위협하는 상황이 되자, 2020년 11월 21일까지 적어도 81개 경기가 연기되거나 취소됐다. 최대 규모와 최고의 기량을 자랑하는 NCAA 디비전 I '미식축구 볼 서브디비전'에 소속된 90여 개 대학의 체육 부에서 5000명 이상의 확진자가 나왔다. 이 또한 실제보다 적은 수 치였다. 수십 팀이 감염 자료의 공개를 거부했다.[55]

이런 전염병 유행의 와중에 대학 체육부들이 코로나 사태로 예 산이 부족하다며 비주류 남자 운동부를 없애버렸다. 하지만 미식축 구에 손을 대는 일은 드물었다. 프레즈노주립대와 다른 대학들도 일부 여자 운동부의 폐지를 선언하여 남자 선수의 비율이 불균형적 으로 커졌다. 여기에 맞서 여자 선수들이 프레즈노주립대와 아이오 와대학교에 소를 제기했다. 다트머스대, 이스트캐롤라이나대, 윌리 엄앤드메리대, 브라운대 등은 소송의 위협을 인지하고 폐지했던 여 자 운동부를 복원했다. 여기서 놀라운 것은 여자 운동부가 이 충돌 에서 승리했다는 점이 아니라 학교 당국이 아직도 타이틀 나인을 무시할 수 있다고 생각했다는 점이다.[56]

NCAA는 학생 운동선수가 "성폭력, 대인관계 폭력, 또는 그 밖 의 폭력 행위"로 조사, 징계, 또는 유죄판결을 받은 적이 있을 경우 그 사실을 의무적으로 학교에 알리게 하는 새 방침을 코로나 대유 행을 핑계로 철회해버렸다. 성폭력으로 퇴학 등의 징계 조치를 받은 운동선수가 자신의 전력을 모르는 동네로 전학해서 다시 경기에 참가하는 일이 빈번히 일어난다고 《USA 투데이》가 탐사 보도한 후 여론의 압박으로 도입했던 방침이었다. 운동선수는 전체 학생의 3퍼센트 미만이었지만, 성폭력을 저지른 것으로 밝혀진 학생 중 약 9퍼센트를 차지했다. 특히 미식축구 선수는 전체 학생의 1퍼센트 미만이면서 성폭력으로 징계받은 학생의 6퍼센트 이상을 차지했다. 코로나 사태가 발생하자, NCAA는 선수의 성폭력을 묵과하는 대학 체육부를 향후 2년간 제재하지 않겠다고 언급했다.[57]

여자 육상 선수 세 명이 NCAA의 규칙 부재 때문에 유명한 높이뛰기 코치가 자신들을 성적으로 학대할 수 있었다고 주장하며 NCAA를 상대로 소를 제기하자, NCAA는 자기들은 학생 운동선수를 보호할 법적 책임이 없다고 주장했다. NCAA는 선수의 성적 부진이나 대마초 흡연 같은 비폭력적인 규칙 위반을 조사해 징계하는 일은 직원을 60명 가까이 따로 고용해 전담시켰으면서, 성폭행에 관해서는 처벌 규정을 정하는 일조차 거부했다.[58]

코로나 사태는 직장 여성, 특히 유색인종과 저소득 취업 여성이 오랜 세월 겪어온 젠더 불공평성을 더욱 악화했다. 학교가 문을 닫자 집에 있는 자녀를 돌보는 책임은 주로 여자에게 맡겨졌다. 이 기간에 여자 교수는 남자 교수보다 논문 수도 훨씬 적었고, 학생에게 더 신랄한 평가를 받았으며, 높아진 강의 부담과 돌봄 역할 사이에서 곡예해야 했다.[59]

코로나 유행이 한창이던 2020년 5월 25일 미니애폴리스 경찰이 흑인 남성 조지 플로이드George Floyd를 체포하는 과정에서 아무 무기도 소지하지 않은 그의 목을 무릎으로 8분 넘게 눌러 질식사시켰다. 그 살해 장면을 촬영한 동영상이 공개되자(10대 소녀 다넬라 프레이저가 그 장면을 목격하고 촬영했다), 이후 44일간 전국 50개 주 2500개 도시, 교외, 시골에서 4700여 건의 '흑인 생명은 소중하다' 시위가 발생했다. 이때 약 1500~2600만 명, 즉 미국 인구의 4~8퍼센트가 참여한 것으로 추정되는데, 그렇다면 '흑인 생명은 소중하다' 시위는 미국 역사상 최대 규모의 저항 운동이라고 할 수 있었다. 플로이드의 죽음과 새로 발생한 경찰의 흑인 남녀 폭행 사건에 항의하는 시위가 지역에 따라 수개월씩 이어졌다. 초창기 '흑인 생명은 소중하다' 시위와는 달리 이번에는 시위가 발생한 카운티의 약 95퍼센트가 백인 다수 지역이었으며, 시위 발생 카운티의 약 4분의 3은 백인 인구가 75퍼센트가 넘었다.[60]

마침내 백인들도 유색인종이 너무 오랫동안 확연하게 겪어온 제도적 인종주의와 교차적 차별을 이해하기 시작했다.

이 시위와 트럼프 당선 이후에 일어난 다른 시위 — 여성행진, 기후변화 반대, 총기 폭력 반대, 난민 아동과 부모를 분리하는 트럼프 정책 반대 등 — 는 민중 저항의 극적인 증가 현상을 설명해주었다. 트럼프 정권 때 미국인 5인 중 1인이 시위에 참여했다. 그중 19퍼센트는 전에 한 번도 시위에 참여한 적이 없었다.[61]

사회정의 운동도 자기 성찰에 들어갔다. 주로 주 단위에서 활동하는 성폭행·가정폭력 반대 연합 46여 개가 2020년 6월 성명서를 내고 그들의 운동이 — 특히 백인 지도자들이 — 흑인 페미니스트 해방운동가와 다른 유색인종 동지의 목소리를 경청하지 않은 점을 시인했다. 그들이 운동이 흑인, 원주민, 기타 유색인종 지도자가 구축한 지역 중심의 변혁적 정의transformative justice 접근법을 무시하고 치안유지와 가해자 수감에 치중하는 "잘못된 해결책"을 추진한 점을 반성했다.[62]

그러나 트랜스젠더 권리에 반대하는 보수의 움직임이 탄력을 받고 있었다. 반트랜스젠더 세력은 화장실과 체육관 탈의실 관련 소송에서 한 걸음 더 나아가 트랜스젠더 소녀가 학교 운동경기에서 선수로 뛰는 것을 문제 삼아 소송을 걸었다. 트랜스젠더 소녀는 신체적으로 유리하므로 시스젠더 소녀의 선수 자리를 빼앗아 간다는 논리였다. 아이다호주는 트랜스젠더 선수가 미성년·성년 여자 스포츠 팀에서 경기할 수 없게 금지한 첫 번째 주가 됐다.[63] 2020년 봄과 여름, 디보스 치하의 OCR은 트랜스젠더 여학생의 경기 출전을 허락하면 연방 지원금을 철회하겠다며 코네티컷주 6개 교육구와 코네티컷 학교대항경기연맹Connecticut Interscholastic Athletic Conference을 위협했다. 이에 ACLU가 개입하여 트랜스젠더 선수들을 대표했다.[64]

2020년 6월, 보수 성향의 대법관이 다수인 연방대법원에서 민권법 제7편은 성적 지향이나 젠더 정체성에 근거한 고용 차별을 금지한다고 6 대 3으로 판결하여 많은 사람을 놀라게 했다. 그때까지 그런 차별은 21개 주에서 적법했다. 동성애자와 트랜스젠더 직원을 보호하는 이 새로운 조치는 앞으로 법원 판결이 트랜스젠더 학생의 권리를 보호하는 방향으로 이뤄지지 않을까 하는 희망을 주었다.[65] 아니나 다를까 2020년 8월까지 아이다호주 2개 항소법원과 연방법원에서 내려진 세 건의 판결이 위의 연방대법원 판결을 인용하면서, 타이틀 나인과 헌법에 따라 트랜스젠더 학생이 자기 젠더 정체성에 맞는 화장실을 쓰거나 스포츠 팀에서 경기할 수 있다고 판단함으로써 개빈 그림을 포함한 트랜스젠더 학생의 권리를 지지했다.[66]

타이틀 나인에 가해진 금세기 최대의 타격은 디보스 치하의 OCR이 타이틀 나인 시행규정 개정을 마무리한 2020년 5월에 찾아왔다. 개정된 시행규정은 2020년 8월 14일에 발효됐다. 2033쪽에 달하는 개정 시행규정의 상당 부분은 앞서 수렴된 국민 의견 12만 4196개에 대한 답변에 할애되었는데, "대학, 옹호 단체, 성폭행 생존자, 학내 지도자의 빗발치는 비판"이 그 국민 의견의 상당 부분을 차지했다고 《워싱턴 포스트》가 보도했다.[67]

새 시행규정은 성적 괴롭힘을 협소하게 정의했다. 민권법 제7편에 규정된 직장 성적 괴롭힘의 정의나 인종주의 괴롭힘과 기타 괴롭힘에서 사용하는 정의보다 엄격한 데이비스 판결의 표현을 채택했다. 달갑지 않은 행위가 극심하고, 또한 만연하고, 또한 객관적으로 불쾌하여 학습을 방해할 정도에 이르러야 성적 괴롭힘으로 보았다. 그리고 시행규정은 소송에서 원고가 학교의 '의도적 무시'를 입증해야 한다고 요구했다. 이것은 학교가 성폭력을 알았거나 정황상 알았던 것이 분명하다는 점을 입증하는 것보다 더 엄격한 요건이었다.

학생들은 변호사를 선임할 수 있었지만, 어느 일방이 변호사를 선임할 형편이 안 되면 그건 어쩔 수 없었다. 학교는 피신고자(성폭력 혐의자)에게 당신은 무죄로 추정된다고 서면으로 통지할 의무가 있었으나, 신고자(피해자라고 주장하는 자)에게는 당신이 진실을 말하는 것으로 추정된다고 통지할 필요가 없었다. 누가 진술서, 문자 메시지, 이메일 등을 증거로 제출해도 교차 심문을 거부하면 그 증거는 폐기됐다.

새 규정의 많은 부분이 성폭력 신고 처리를 대학의 민간 절차가 아니라 법원의 사법절차처럼 둔갑시켰다. 다른 유형의 대학생 품행 불량은 이렇지 않은데 오로지 성폭력에 대해서만 그랬다.

"#타이틀 나인은 형사사법제도의 대체물이 아니며 우리는 그런 것을 원한 적이 없다." 안드레아 피노가 반대 의견을 트윗했다. "모든 학생은 안전하고 동등한 학습권을 누리며, 성폭력 위협은 그것을 불가능하게 만든다." 와가트웨 완주키의 트윗은 더 넓은 관점을 제시했다. "베치 디보스의 타이틀 나인 개정은 우리가 아는 기존의 교육 민권을 말살하려는 우익 운동의 일부다." 퍼티마 고스 그레이브스 NWLC 대표와 데릭 존슨 NAACP 대표는 일간지《애틀랜타 저널 컨스티튜션》*Atlanta Journal-Constitution*에 이렇게 기고했다. "이 모든 개정은 성적 괴롭힘을 신고할 때 더 큰 위험부담을 감수하는 흑인 여성과 흑인 소녀에게 특히 해가 된다. (…) 우리 두 단체는 타이틀 나인에 대한 공격이 곧 모든 민권에 대한 공격이라고 누차 강조한 바 있다."[68]

옹호자들의 노력으로 최종안에서 약간의 유용한 수정이 이뤄졌다. 디보스의 개정안은 학교 밖에서, 이를테면 학교 운동선수가 임차한 주택에서 성폭력이 발생하면 학교가 이를 무시해도 된다고 했으나, 이를 변경하여 학생이나 활동을 학교가 상당 부분 통제할 수 있는 '장소, 행사, 상황'에서 성폭력이 발생하는 경우 학교가 반드시 대응하게 했다. 대학은 실시간 교차 심문을 허용해야 했으나 신고자 심문은 성폭력 혐의자 본인이 아니라 그 대리인만 할 수 있게 제한하고 쌍방이 다른 방에 들어가 통신 장비를 이용해서 교차 심문을 진행할 수 있게 했다. 학교는 '우세한 증거'의 원칙 또는 명백하고 설득력 있는 증거의 원칙 가운데 하나를 선택할 수 있었지만, 둘 중 어느 쪽을 택하든 학생과 교수에게 똑같이 적용해야 한다는 규정을 옹호자들이 얻어냈다. 또한 생존자의 성 또는 정신건강 이력을 2차 가해나 모욕의 수단으로 사용하지 못하게 하는 '강간 피해자 보호규정'rape shield도 담아냈다.[69]

"우리의 투쟁은 계속된다. 그리고 이 시행규정은 공정한 사법심사를 거치면 버틸 수 없을 것으로 생각되므로 아직 최종 결정이 난 것이 아니다." 알렉산드라 브로드스키가 트윗했다. "필리스 슐래플리의 유령이 아직도 교육부 복도를 배회하며 디보스 장관을 붙들고 하소연하나 본데, 그런 고루하고 위험한 관점이 현대 공공정책을 좌지우지하게 놔둘 수 없다."

NWLC, 주 검찰총장 18인, 평등권옹호회, 뉴욕 교육위원회, 그리고 ACLU가 KYIX와 다른 단체를 대리하여, 개정된 타이틀 나인 시행규정의 저지를 목표로 여러 소송을 제기했다. 2021년 3월까지 그중 세 건의 소송이 진행됐다.[70]

디보스는 역사상 가장 많이 소송당한 교육부 장관이 되었다. 4년이 채 못 되는 기간에 디보스와 교육부에 제기된 소송이 2020년 10월까지 적어도 455건(오바마 정부 때는 8년 동안 356건)이었다. 그리고 승소보다 패소가 많았다.[71] 그러나 새 타이틀 나인 시행규정이 발효되자, 남성 권리 단체 '우리 아들을 구하라'는 승리를 고하더니 홈페이지에 작별 인사를 올리고 해산해버렸다.

트럼프와 공화당이 다수인 상원은 2020년 9월 루스 베이더 긴즈버그 연방대법관이 87세로 사망하자 재빨리 세 번째 연방대법관을 지명했다. 에이미 코니 배럿Amy Coney Barrett 판사는 과거에 타이틀 나인 관련 사건에서, 동기생을 성폭행한 책임으로 1년 정학 처분을 받은 퍼듀대학교 학생에게 학교를 상대로 소를 제기하는 것을 허락한다고 판결했다. 배럿이 작성한 재판부 법관 3인의 만장일치 판결문에서 그는 OCR의 타이틀 나인 집행 노력이 남자에 대한 편견의 증거라는 논리를 폈다. 브로드스키가 비영리 법률 옹호 단체 '공공정의'Public Justice에서 운영하는 블로그에 적었다. "배럿 판사의 논리에 따르면, 남자를 차별하는 것처럼 보이지 않을 유일한 방법은 남자가 처벌받지 않도록 보장하는 것이다."

그로부터 몇 주 후, 팽팽한 접전이 펼쳐진 대선에서 유권자는 트럼프에 등을 돌리고 민주당 조 바이든을 대통령으로, 카멀라 해리스를 최초의 여성, 유색인종, 흑인, 인도계 부통령으로 선출했다. 상원은 민주당과 공화당이 동수로 양분하여 해리스가 결정적인 한 표를 던지는 역할을 맡게 됐다. 하원은 민주당이 아슬아슬하게 다수를 유지했다. 643명이라는 기록적인 숫자의 여성이 의원 후보로 출마했으며, 2021년 1월 제117대 의회에서 취임 선서한 의원 가운데 여성이 27퍼센트였다. 이 또한 신기록이었다. 유색인종 여성은 하원 535석 가운데 9퍼센트를 차지했고, 미국 자치령과 워싱턴DC가

하원에 보내는 투표권 없는 파견대표까지 더하면 세 명이 더 있었다.[72]

오바마 정부 부통령 시절에 타이틀 나인의 강력한 지지자였던 바이든은 2021년 3월부터 트럼프가 타이틀 나인 시행규정에 가한 변경을 되돌리는 긴 절차를 개시하고, 특히 성적 괴롭힘과 성폭행 관련 부분에 중점을 두었다. 수년이 걸릴 것으로 예상됐지만, 대세는 다시 공평성을 추구하는 방향으로 바뀌었다.

2021년 6월 바이든 정부의 미겔 카도나Miguel Cardona 교육부 장관은 타이틀 나인이 동성애자 학생, 트랜스젠더 학생에게 적용된다고 확인하고, 직장에서 트랜스젠더 직원이 민권법 제7편에 의해 보호받는다는 연방대법원의 2020년 보스톡 대 클레이턴 카운티Bostock v. Clayton County 판례를 그 근거로 인용했다.[73] 한편 연방대법원은 그림을 지지한 항소법원의 2020년 판결을 재검토해달라는 버지니아주 글로스터 카운티 교육위원회의 상고가 있자, 개빈 그림 사건에 마지막으로 한 번 더 행동을 취했다. 연방대법원은 별도의 언급 없이 그 상고를 기각했다. 그림이 최종 승리한 것이다.[74]

"드디어 최후의 승리자가 된 기분이다." 그가 《워싱턴 포스트》에 기고했다. "그러나 그렇게 힘들게 싸울 필요가 없었어야 했다."[75]

2021년 상반기에 보수 세력은 주의회에서 반트랜스젠더 법안을 110건 넘게 발의했다. 트랜스젠더 아동과 청소년을 겨냥해 전례 없는 맹공격이 가해졌다. 6월 중순까지 그중 13개 법안이 통과됐다.[76] 싸움은 아직 끝난 것이 아니었다.

· 15 ·

지난 50년의 성과

버니스 샌들러는 한때 순진하게도 타이틀 나인 제정 후 2년 정도 지나면 교육 분야에서 성차별이 사라질 걸로 생각했다. 그는 2년 뒤 그 예측을 5년으로 연장했다. 그리고 다시 10년으로 연장했다. 결국 그는 그 과정이 자신의 생애보다 길어질 것을 깨달았다.

그리고 이제 그의 생애는 지나갔다.

샌들러의 도움으로 탄생한 타이틀 나인은 여성운동과 성폭력 반대 운동에 힘을 실어주는 도구가 되어 사회에 지대하고 긍정적인 변화를 초래했다. 타이틀 나인의 혜택은 아직 모든 여학생에게 골고루 돌아가지 않지만, 제도적 차별과 교차적 차별에 대한 인식의 확대는 어쩌면 타이틀 나인이 모두에게 약속한 바가 마침내 실현되는 새 시대의 문턱에 우리가 와 있음을 시사하는 것일 수도 있다.

타이틀 나인의 목적이 성취되려면 사회에 추가로 근본적인 변화가 일어나야 한다. 그중 몇 가지는 진행되는 조짐이 보인다.

타이틀 나인 덕분에 고등교육기관에 진학하는 여성은 꾸준히 증가하여 1979년에 대학생의 다수, 2016년에 법학전문대학원생의 다수, 2017년에 의학전문대학원 신입생의 다수를 차지하게 되었다.[1] 수십 년 동안 배출된 대졸 여성이 교수진과 법률사무소에 합류하고 사회 각 분야에 진출하여 여성의 재능과 관점을 펼쳤다. 2018년에 ─ 샌들러가 원래 꿈꾸던 직업인 ─ 여성 전임 교수의 비율은 거의 절반에 달했다. 하지만 여성은 여전히 낮은 직급에 몰려있었다. 정교수는 3분의 1만 여성이었다.[2] 유색인종의 경우도 2021년에 학부생의 거의 절반을 차지했으나 유색인종 교수의 비율은 5분의 1에 그쳤다.[3]

타이틀 나인이 생기고 반세기가 지났는데도 여자와 남자 교수 비율이 같아지지 않은 이유는 뭘까? 타이틀 나인과 각종 민권법이 가장 극심한 차별 관행을 금지한 이후에도 학계의 성차별과 인종차별은 교묘한 방식으로 이뤄졌으며, 보육시설 부족과 남성을 기준으로 구축된 정책 등 제도화된 장애물이 여성 지위 향상의 발목을 잡았다. 2011 월가 점령에서 최근 보편적 기본소득 운동에 이르기까지 점점 많은 사람이 경제 격차를 문제 삼고 있는데, 이 경제 격차를 지탱한 것은 수 세기 동안 주변화된 집단의 교육 접근을 어렵게 하고 그들을 재난에 취약하게 만든 재정 차별이었다. 코로나 사태의 부수 효과로서 한 가지 생생하게 드러난 것이 있다면, 유색인종 여성과 다른 많은 여성이 학교나 집에서 불공평하게 돌봄노동을 떠맡아 연구와 기타 경력에 중요한 다른 일을 할 시간이 모자란다는 현실이었다.

유색인종 민권운동에 교차성을 가미해 현대적으로 재현한 지난

10년간의 '흑인 생명은 소중하다' 운동은 견고한 인종주의에 맞서 사회가 새로 활기차게 투쟁하도록 도왔으며, 동맹 세력 안에 자리 잡은 인종주의도 예외가 될 수 없었다. 2015년에 백인 시간강사 레이철 돌레잘Rachel Dolezal이 흑인 여성인 척하다가 진실이 밝혀진 후, 유색인종인 척하는 백인 학자가 더 있다는 사실이 폭로되었다. 2020년에만 그런 사람이 다섯 명 이상 나왔다.[4] 한편 백인인 토니 밴 펠트Toni Van Pelt NOW 대표는 여러 해 이어진 NOW의 인종주의 논란 끝에 2020년 8월 건강을 이유로 사임했다. NOW 부대표를 지낸 미국 원주민 길다 야지Gilda Yazzie가 조직 내의 인종주의 괴롭힘을 문제 삼았다가 보복당했다며 NOW에 소송을 걸었고, 과거에 NOW에서 근무한 직원과 인턴 15명이 유해한 근무 환경을 항의했으며, 회원과 직원 10여 명이 앞장서서 일부 NOW 지부 사람들이 유색인종 여성을 괴롭히고 폄하한 일을 밝혔다.[5]

타이틀 나인의 50년 역사상, 고용과 대학 입학이 문제시 된 초창기 이후로 가장 끈질기게 반복된 최대의 논란거리는 구식 성역할 관념에 흠뻑 젖은 분야, 즉 스포츠와 성폭력이었다.

2017년 고등학교 여자 운동선수는 50년 전보다 10배 이상 많아졌지만, 그 숫자는 타이틀 나인이 탄생한 1972년 당시 고등학교 남자 운동선수의 숫자보다도 적고, 그동안 남자 선수의 숫자는 그때보다 늘었다. 2018년에 여자 대학생 비율은 57퍼센트가 되었으나, NCAA 경기에 참가하는 여성 비율은 44퍼센트에 그쳤다. 타이틀 나인 제정 전에 15퍼센트였던 것에 비하면 엄청난 향상이지만, 격차가 지속되는 현상을 용인해야 할 이유는 없다.

2018년에 그 44퍼센트에 해당하는 NCAA 팀 여자 선수의 69퍼센트가 백인이었는데, 여자 대학생 전체 가운데 백인 비율이 53퍼센트인 것보다 훨씬 높은 비율이었다.[6] 여자 팀 감독은 거의 전부 백인이고(85퍼센트) 주로 남자였다(59퍼센트). 인종, 성별, 기타 요소의 교차적 차별을 해결하는 방향으로 스포츠 체계를 고안하지 않으면, 타이틀 나인은 앞으로도 불공평하게 특정 집단에 혜택을 주게 될 것이다.

벌써 여러 세대의 여학생이 타이틀 나인 밑에서 신체와 정신의 힘을 자각하고 내 의견에 상대방이 귀 기울일 것을 기대하며 자랐다. 이것이 우리에게 안겨준 한 가지 보물은 여성전국농구협회로, 여기에 소속된 선수들은 프로 선수로서는 처음으로 사회정의를 위해 한목소리를 냈다. 2016년 이래로 여러 WNBA 팀이 '흑인 생명은 소중하다' 운동을 지지하는 워밍업 티셔츠를 착용하고, 인종차별이나 총기 폭력에 맞서 무릎을 꿇거나 다른 항의 표시를 했으며, WNBA의 정치 메시지 억제 방침을 바꾸기 위해 언론 회피 운동을 벌였다.[7]

학교가 소녀와 여성에게 공평하게 스포츠 참여 기회를 부여한다면, 이런 발칙한 선수 활동가가 더 많아질 것이다. 그러나 그런 학교는 드물다. 체육공평성공개법이 요구하는 보고서에 따르면 2018~2019학년도에 예일대학교는 전체 여학생 비율과 한 개 이상의 운동부에서 선수로 활동하는 여학생 비율이 6퍼센트 차이 났다. 프레즈노주립대는 그 격차가 9퍼센트였다. 학교가 여학생에게 스포츠의 공정한 몫을 주는 경우는 드물다. 그렇다면 우리는 왜 계속 필요 이상으로 복잡한 '공평한 스포츠 참여 3대 요건'으로 타이틀 나인 준수 여부를 심사하여 여학생에게 불리하게 악용되도록 용인하는가?

고 루스 베이더 긴즈버그 연방대법관은 연방대법원에 여성 대법관이 몇 명이 있어야 충분하겠는지 질문받자, 이런 유명한 대답을 남겼다. "아홉 명 전부요." 그리고 이렇게 이유를 달았다. "아홉 명 전부 남자일 때는 아무도 거기에 이의를 달지 않았으니까요."[8] 언젠가 소녀와 여성이 지금까지 남자들이 그랬듯 선수 자리를 절반 이상 차지한다면, 우리는 그때야 비로소 타이틀 나인의 스포츠 관련 심사 절차를 공정한 것으로 여길 수 있을지 모른다.

금전 문제는 비교적 간단하게 해결할 수 있다. 만일 학교가 스포츠 예산을 남녀 재학생 비율에 맞춰 남녀 운동부에 배정한다면, 아무도 그것을 성차별이라고 하지 못할 것이다. 그러면 남자들끼리 주어진 몫을 미식축구에 쓸지 아니면 다른 종목에 쓸지 정하고 그 결정을 여자 탓으로 돌리는 일을 멈출 수 있다.

하지만 대학 스포츠라는 거대 산업 속에서 그동안 거금의 수혜자였던 사람들은 평등한 예산이라는 관념을 받아들이려고 하지 않았다. 예일대와 프레즈노주립대의 2018~2019학년도 체육공평성 공개법 보고서에 따르면, 두 학교 모두 운동부 감독이 남자인 경우가 여자인 경우보다 약 두 배 많았다. 또한 여자 팀 감독에게 지급하는 연봉이 남자 팀 감독의 연봉보다 훨씬 낮아서, 예일대의 경우 총 6만 4000달러[약 8300만 원] 낮았고, 프레즈노주립대는 총 50만 달러[약 6억 5000만 원] 낮았다. 예일대는 남자 선수 모집보다 여자 선수 모집에 50만 달러 적게 지출했으며, 프레즈노주립대는 19만 3000달러[약 2억 5000만 원] 적게 지출했다. 최강 팀 리그전에 참가하는 대규모 대학들은 그 격차가 더욱 심했다. 현 타이틀 나인 시행규정에서 그게 적법한지 아닌지를 떠나서, 그런 격차는 공정하지 않다.

이 수치들은 체육공평성공개법 규정에 따라 대학이 의무적으로 제출하는 자료를 출처로 한다. 고등학교에 같은 의무를 지우는 법은 아직 없기에 고등학교에서 일어나는 스포츠 성차별은 추적하기 어렵다. 바로 그 점이 중요하다.

학교는 감시자가 지켜보지 않으면 타이틀 나인 의무를 소홀히 한다. 시애틀 근처에 있는 쇼어라인 커뮤니티 칼리지는 2020년 1월 남녀 축구부 폐지를 고려하다가 '타이틀 나인을 지지하는 노인회'의 허브 뎀프시의 편지를 받았다. 폐지가 안 돼도 그 학교 여자 재학생 비율은 51퍼센트이고 여자 선수 비율은 40퍼센트인데, 폐지하면 여자 선수 비율이 더 낮아진다고 (당신들도 잘 알지 않느냐고) 지적하는 편지였다. 이 대학은 뎀프시가 지켜보는 것을 의식하여 여자 축구부를 그대로 유지했다.

타이틀 나인 덕분에 수많은 저소득 여성과 소수자 여성이 스포츠 장학금으로 대학에 진학했다. 그러나 이 교차성 짙은 세상에서 그것만 가지고 스포츠 공평성이 이뤄졌다고 하기에는 부족하다. 스포츠 예산을 남녀 간에 동등하게 나누는 것 역시 충분하지 않다. 대학 팀에 모집된 여자 선수를 보면, 본인이 스포츠클럽 가입비를 낼 여유가 있거나, 운동부에 충분한 자원을 쏟는 고등학교에 다닌 경우가 점점 늘고 있기 때문이다.

만일 사회가 스포츠를 교육의 중요한 일부로 여긴다면, 경제 형편이 가장 어려운 사람들에게 교육의 모든 측면을 완전하게 제공할 혁신적인 방법을 찾아내야 한다. 일부 정치인이 주장하는 대학 무상교육도 도움이 될 수 있다.

갈등과 위기는 중대한 변화를 이루는 기회가 될 수 있다. 코로나 사태는 예산 압박도 초래했지만, 그와 동시에 나이트대학대항체육위원회Knight Commission on Intercollegiate Athletics*의 설문조사가 보여주듯 기형적으로 상업화된 대학 스포츠를 바로잡아 선수의 학업·건강·안전을 우선시하려면 점진적인 변화보다는 "큼직한 해결책"이 필요하다고 보는 견해를 널리 확산시켰다.[9]

타이틀 나인에 따라 공평성을 보장하는 '큼직한 해결책'이 되려면, 남녀 스포츠에 동등한 자원을 배분하는 꿈이 이뤄져도 여전히 해결되지 않을 문제들을 공략해야만 한다. 모든 젠더의 장애인 학생이 겪는 스포츠 기회 부족은 어쩔 것인가? 그리고 남녀 이분법은 인터섹스 선수나 논바이너리 정체성을 지닌 선수를 위한 여지를 남기지 않는다. 스포츠가 교육의 중요한 일부라면 모든 사람이 참여할 수 있어야 한다.

최근 몇 년 동안 보수와 우익 종교 단체는 학교 스포츠에서 선수로 뛰는 트랜스젠더 소녀와 여성에 대해 히스테리를 부추기려고 페미니즘 용어까지 포섭해 활용했다. 타이틀 나인이 남자에게 돌아가

---

* 존 나이트와 제임스 나이트 형제가 대학 체육 개혁을 위해 창설한 독립 위원회.

야 하는 자원을 여자에게 주어 남자 스포츠를 망친다는 구닥다리 신화 대신 ─ 그 신화가 사그라드는 데 족히 35년이 걸렸다 ─ 보수는 이제 타이틀 나인이 시스젠더 여성의 선수 활동 기회를 트랜스젠더 여성이 "훔치도록" 놔두어 여자 스포츠를 망치고 있다고 주장한다. 그 두 가지 주장은 더 중요한 이슈를 보지 못하게 한다. 여자 스포츠는 어떤 여성이 참여하든 지금도 계속 남자 스포츠보다 뒷전으로 밀린다. 그렇다면 모든 여성에게 공평성을 확대하는 일에 직접 주목해야 하지 않을까? 그러나 저들은 남자 스포츠가 여전히 자원을 독식하는 점을 인정하거나 모든 사람을 포함하는 방식으로 제도를 재편하기보다는 트랜스젠더 소녀들을 공격하는 편을 택했다.

NWLC, ACLU, KYIX 같은 타이틀 나인의 확고한 옹호자들은 트랜스젠더 권리를 지지하고 위협으로 여기지 않는다. 많은 학생 운동선수도 마찬가지다. 2021년 3월, 85여 개 대학 운동선수 약 550명이 NCAA에 서신을 보내 트랜스젠더 선수의 경기 참여를 실질적으로 금지하는 법을 고려중이거나 제정한 주에서 선수권 대회와 각종 행사를 중단할 것을 요구했다.

사실《USA 투데이》탐사보도에 따르면, 전국 고등학교 운동선수 가운데 트랜스젠더 선수는 30명뿐이며 이들의 경기 참가에 제기된 항의는 단 두 건이었다. 반트랜스젠더 법안을 옹호하는 주의회 의원들도 자기 주에서 그런 법안이 적용될 만한 사안을 한 건도 제대로 지적하지 못했다. 트랜스젠더 여학생이 여자 스포츠를 독식한다는 소리는 거짓말 내지는 과장이었다. 반트랜스젠더 법안을 여러 건 입안한 보수 단체 자유수호연합Alliance Defending Freedom이 전국에 공포를 조성하려고 그런 캠페인을 벌였다.[10] 고등학교 선수 자리 수천 개가 여학생 대신 남학생에게 돌아가는 타이틀 나인 위반 현실을 생각할 때, 그런 점은 무시하고 자기들은 여학생을 옹호한다고 주장하는 보수의 저의를 의심하지 않을 수 없다.

그럼에도 2021년 전반부에 주의회에서 발의된 반트랜스젠더 법안 110여 건은 대부분 트랜스젠더 여학생이 여자 팀 선수로 출전하는 것을 금지하는 데 중점을 두었다.

적은 수지만 놀랍게도 꽤 여러 페미니스트가 보수의 논리에 공감했는데, 또 '남자'가 여자에게서 자원을 뺏어간다는 반사적 거부감 때문이었다. 이들은 타이틀 나인의 역사를 통틀어 스포츠 기회와 자원이 대부분 소년과 남성에게 돌아가는 것을 보며 지친 상태였다. 그리고 트랜스젠더 소녀를 소녀로 인정할 준비가 되어있지 않았다. 그래도 근본적으로 페미니즘은 모든 사람이 경기장에 들어설 방도를 찾기 위해 노력하고 있다.

사춘기 이후의 트랜스젠더 소녀 중에는 '평균적인' 시스젠더 소녀보다 경기에서 유리할 수 있는 호르몬을 투여받는 학생도 있고 아닌 학생도 있을 것이다. 그들을 경기에 포함할 가장 공정한 방법은 무엇일까? 이분법적 젠더 범주에 잘 들어맞지 않는 인터섹스나 젠더 중립 운동선수는 어떻게 아우를 것인가? 이 문제는 학교 스포츠에서 성이나 젠더가 꼭 기준이 되어야 하느냐 하는 물음을 다시금 던진다. 이 논쟁은 타이틀 나인 시행규정을 처음 마련할 때 선수의 몸무게, 나이, 신장을 기준으로 경기를 짜거나 득점 방식을 다르게 하는 등 더 나은 방법을 강구하기 위해 논의했던 일을 떠올리게 한다. 어쩌면 그때 그 발상들이 시대를 너무 앞서갔는지 모른다. 우리는 이제 그것들을 채택할 준비가 됐는가?

이런 질문들은 궁극적으로 학교 스포츠를 크게 바꿔놓겠지만, 현재 또 다른 이슈가 학교 스포츠의 다른 측면에 변화를 가하고 있다. 성폭력 반대 운동이 가해자 운동선수들이 보호받는 현실에 도전장을 낸 것이다.

형사사법제도가 대학 성폭행과 성적 괴롭힘 피해자를 돕지 못했을 때 타이틀 나인이 그들에게 생명줄을 내밀었다. 패멀라 프라이스, 알렉산드라 브로드스키, 안드레아 피노 같은 활동가들이 학교를 상대로 타이틀 나인에 따라 학교가 성폭력 피해자의 학습권이 침해되지 않게 할 책임을 진다는 점을 인지시켰다. 지난 10년간 미국 대학가에서 가속화한 성폭력 반대 운동은 전 세계에 같은 운동을 촉발했고, 여기에 용기를 얻어 전에 없이 많은 여성이 성폭력 근절과 생존자 지원 개선을 요구했다. 하지만 최근에도 대학에서 학생과 교원의 58퍼센트가 성적 괴롭힘을 겪어서, 산업별 성적 괴롭힘 발생 비율 2위를 기록했다. 1위는 군대였다.[11]

수십 년에 걸친 노력, 성폭력 반대 운동의 현저한 성장, OCR이 타이틀 나인과 성폭력 문제에 기울여온 관심에도 불구하고 대학 성폭력는 2019년까지도 크게 감소하지 않은 상태였다. 미국대학협회가 대학생 18만 1752명을 대상으로 시행한 교내 분위기 설문조사에 따르면 학부생의 약 33퍼센트가 학교에서 강제로, 또는 벌어진 상황에 동의하거나 거부할 능력이 없는 상태에서 원치 않는 성 접촉을 경험했다고 응답했다. 이 조사에서 성폭력 생존자는 여자 학부생의 26퍼센트, 남자 학부생의 7퍼센트로 나타났다. 그 비율을 2018년도 전국 학부생 1660만 명에 적용하면 500만 명 이상이 피해자라는 뜻이 된다.[12]

성폭력은 지난 5년 동안 OCR에 제출된 타이틀 나인 진정 사유 1위였고, 2019회계연도에 보고된 타이틀 나인 위반 사례의 29퍼센트를 차지했다.[13] 그러나 OCR의 타이틀 나인 집행은 행정부를 장악한 정당의 의지와 OCR에 배정되는 연방 자금에 좌우된다. 레이건 시절에 정부는 작아야 한다는 생각이 자리 잡은 후 공화당 정권이나 민주당 정권이나 모두 OCR 상근 직원을 감축하여, 1980년 1148명에서 2014년 544명으로 직원 수가 대폭 줄었다. 같은 기간에 OCR이 접수한 진정 수는 연간 3497건에서 9989건으로 늘었다.[14]

이 많은 사건을 제대로 처리하려면 OCR에 새로 활기를 불어넣지 않고는 불가능하다. 지금까지 OCR은 직무를 완전하게 수행하기에 충분한 재원을 확보한 적이 없었다. 재원 문제 외에도 OCR은 타이틀 나인 집행에 쓸 수 있는 가장 강력한 수단, 그러니까 학교나 교육구에 연방 지원금을 끊으려는 의지가 없었다. 어느 한 곳에 지원금을 끊으면, 변화가 더딘 다른 학교들도 금방 변할 것이 틀림없다.

학교 행정관리자는 어떤가? 학교마다 성차별을 부추기는 학내 환경을 바꾸려고 애쓰는 사람도 있고, 그보다는 법적 책임을 피하려고 최소한의 일만 하는 사람도 있다. 현재 타이틀 나인 조정관은 부족한 자원으로 직무를 수행해야 하는 압박이 심한 직책이며, 학교 고위 관계자의 방해를 받을 때도 있다. 《크로니클 오브 하이어 에듀케이션》이 타이틀 나인 조정관 30여 명을 인터뷰한 결과, 일에

압도되고 감정적으로 지치고 기력을 소진한 사람이 많은 것으로 드러났다.[15]

그렇지만 567개 대학을 대상으로 시행한 또 다른 《크로니클 오브 하이어 에듀케이션》 설문조사에 따르면, 2020년 1월 대학 행정 관리자의 97퍼센트가 2011년 〈동료들에게〉 발행 이후 성폭력 예방과 대응 노력에 개선이 있었다고 매우 또는 다소 자신했다. 설문 대상 기관의 86퍼센트가 타이틀 나인 조정관을 고용하거나 교직원 가운데서 임명했고, 91퍼센트가 2011년 이후 성폭력 대응 방침을 개정했다고 응답했다. 응답자들이 느끼기에 가장 실효성 있었던 조치는 '우세한 증거' 원칙의 적용, 온라인 익명 신고 제도의 도입, 생존자 또는 피해자 지원 확대 등이었다.[16]

그러나 성폭력 예방 노력에 실제로 성과가 있는지를 성공의 척도로 삼는 대학은 소수였다. 이를테면 익명의 교내 분위기 설문조사를 통해 성폭력 건수가 감소했는지 살피는 대학은 40퍼센트였다. 85퍼센트는 필수 온라인 교육 등에 참여하는 학생, 교원, 직원의 숫자를 개선의 척도로 삼았다.

대학은 클러리법이 요구하는 그 온라인 교육에서 학생과 교직원에게 타이틀 나인이 보장하는 권리를 반드시 알려주지 않아도 클러리법을 준수했다고 주장할 수 있었다. 재클린 곤잘러스Jacqueline Gonzales는 2020년 9월 프레즈노주립대에 입학한 첫 달에 신입생과 복학생에게 요구되는 성폭행, 데이트 폭력, 스토킹 관련 온라인 교육을 빠르게 해치웠다.[17] 교육을 완료하려면 시험에서 80퍼센트 이상 답을 맞혀야 하기 때문에 보면서 노트 필기도 했다.

곤잘러스는 유색인종, 백인, 퀴어, 휠체어 탄 학생 등 다양한 학생이 동영상 메시지를 전달하는 부분과 특히 성폭력이나 스토킹 생존자의 실제 경험담이 마음에 와닿았다. 또한 투명 플라스틱 컵에 각각 다른 분량의 독주를 담아 알코올 강도를 알려주는 부분에서, 이전에 정확히 몰랐던 사실을 배웠다.

그 학기에 약 700개 대학의 학생들이 '이제는 그만'Not Anymore이라는 제목의 동일한 온라인 교육을 이수했다. 성인지 감수성을 높이고, 강간 통념을 깨고, 주변인 개입 방법을 가르쳐서 성폭력 예방에 도움이 되도록 고안된 교육이었다.

가장 첫 슬라이드에는 프레즈노주립대 타이틀 나인 사무실 안내 정보와 차별금지정책이 담겼으나 너무 빨리 지나가서 알아보기 어려웠다. 나머지 슬라이드와 연결성도 없어 보였다. 그 차별 관련 조항은 개인의 생각, 행동, 교훈, 성폭행이 끼치는 육체적·정신적 영향이 강조된 개별적인 상황별 일화들과 잘 어울리지 않았다.

학교마다 변형해서 사용할 수 있는 여분의 슬라이드 몇 장이 프레즈노주립대에도 주어졌다. 그때마다 화면에 뜨는 것은 캘리포니아주립대학교 시스템 행정명령 1097호였다. 캘리포니아주립대학교 시스템의 자세한 방침을 작은 폰트로 촘촘하고 길게 담아두었기에 학생들이 안 읽고 지나갈 것이 뻔했다. 곤잘러스도 10~15초 정도 읽다가 그냥 넘어갔다. 그는 화면에 읽었다는 체크 표시를 했고, 이로써 프레즈노주립대는 타이틀 나인과 클러리법의 요구 사항을 준수했음을 입증하는 체크 표시를 확보했다.

프레즈노주립대 학생들에게 유용할 수 있는 내용은 언급되지 않고 지나갔다. 학생이 성폭행을 익명으로 신고해도 되나? 만일 학생이 전과가 있거나 집에 미등록 이민자 가족이 있을 경우 성폭행 당했을 때 도움을 요청해도 괜찮을까? 프레즈노주립대 학생 대다수가 학교 밖에서 살고 있는 상황에서, 학교 밖에서 학생의 성적 괴롭힘 장면을 목격하면 어찌해야 하나?

곤잘러스는 온라인 교육에서 보고 배운 내용이 마음에 들어서 전체적으로 "훌륭하다"라고 평가했다. 그러나 못 보고 못 배운 것은 평가할 수 없는 법이다. 학생들은 성적 괴롭힘과 성폭행이 어떻게 성차별일 수 있는지 배우지 못했고, 학교가 모든 학생에게 공정한 학습권을 보장할 책임이 있다는 것도 배우지 못했다. 성폭력이 피해자에게 끼치는 정신적 영향을 거론한 부분에서도 그런 영향이 어떻게 피해자의 학습권을 침해하거나, 어떻게 피해자에게 장기적으로 금전적 손실을 초래할 수 있는지 언급하지 않았다. 성폭력 생존자 구제 서비스를 제공하는 것이 학교의 의무라는 설명도 하지 않았다. 권리가 존재한다는 사실을 모르면 누릴 수도 없다.

이 교육에서 가해자 책임에 관한 유일한 논의는 술이나 약물에 취해 성폭행을 저지르면 술이나 약물에 취해 운전하다가 사람을 쳤을 때 감옥에 가는 것과 마찬가지로 징역형을 받을 수 있다고 언급한 부분이었다. 성적 괴롭힘이나 성폭행을 저지르면 정학이나 퇴학 처분을 받을 수 있다는 말은 없었다. 하지만 현실적으로 성폭행 가해자가 감옥에 가는 일은 드물다. 그리고 성폭행 생존자가 가해자의 수감을 꼭 바라지 않는 경우 그 정보만 보고 신고를 안 할 수 있고, 신고를 안 하면 생존자가 학교에 남아 학업을 지속하게 도와주는 구제 서비스를 이용할 수 없게 된다.

이 온라인 교육 마지막 부분에서 선택 항목인 "지원 정보" 탭을 열면 피해자 지원실, 학생보건센터 등 교내에서 지원받을 수 있는 곳 세 군데가 나왔다. 그러나 타이틀 나인 사무실 정보는 없고, 대신에 프레즈노주립대 경찰서가 맨 먼저 나왔다. 타이틀 나인의 민사적 보호는 뒷전으로 하고, 많은 학생이 회피하는 형사법적 접근을 우위에 둔 것이다.

'이제는 그만' 교육은 학생에게 타이틀 나인이 보장하는 권리를 가르치지 않았다. 맨 처음 빠르게 지나간 슬라이드 한 장을 제외하면 타이틀 나인은 아예 언급조차 하지 않았다. 곤잘러스가 기억하기에 입학하고 첫 학기에 타이틀 나인에 관해 얻은 정보는 그 엉성한 슬라이드 한 장이 전부였다.[18] 어린 학생과 학부모에게 그들이 가진 민권을 일찌감치 가르쳐야, 나중에 필요한 순간이 찾아왔을 때 변화를 요구할 힘을 길러줄 수 있다.

그리고 샌들러가 언급한 대로, 교원, 교육 행정관리자, 운동부 코치 등은 전반적으로 타이틀 나인에 대한 지식이 거의 없기 때문에 이들을 교육하는 기관에서 타이틀 나인에 관해 더 제대로 가르칠 필요가 있다.

또한 변화가 지속되려면 제도, 문화 권력, 남성성 관념 등 여러 면에서 문화가 바뀌어야 한다.

2013년 대나 볼저는 애머스트대학교가 발행한 55쪽 분량의 대학 성폭력 위원회 보고서에 "성차별" "남성성" "가부장제" 같은 용어가 나오지 않는다고 지적했다. "성폭력의 근본 원인부터 먼저 이해하지 않으면" 강간 예방과 대응을 논해봐야 소용없다고 그는 적었다. 그 보고서는 강간을 난데없이 일어나는 이변처럼 취급했다. 그러나 볼저가 대학 시절 알았던 강간범 아홉 중 일곱이 상습범이었다. 그 상습성은 타자의 신체에 힘이나 통제를 가하고 싶은 욕망과 그럴 자격이 있다고 여기는 권리 의식에서 비롯된다고 학자들은 말한다.[19]

제니퍼 프라이드 오리건대학교 교수는 2019년 2월에 열린 스탠퍼드대학교 심포지엄에서 지난 10년간 많은 교육기관이 대학 성폭력 문제를 진단하고 해결안을 평가하기 위해 체계적인 데이터 수집을 시작했다고 언급했다. 일부 학교는 성폭행 생존자에게 '기관의 배신'을 안기지 않기 위해 더 큰 노력을 기울였다. 예컨대 오리건주 코밸리스에 있는 오리건주립대학교의 대학 경찰이 1998년에 브렌다 트레이시Brenda Tracy에게 남자 네 명(그중 두 명은 그 대학 미식축구 선수였다)에게 윤간당한 사건을 신고받고도 16년이나 방관하다가, 2014년 피해자와 기자가 이 일을 폭로하여 비난 여론이 들끓었다. 그러자 학교 관계자들이 사과하고, 잘못을 인정하고, 방침을 변경하고, 트레이시를 2년간 컨설턴트로 고용했다. 트레이시의 임무 중 하나는 성폭력 예방을 위해 미식축구부와 대화하는 일이었다.[20]

프라이드는 이런 대응을 가리켜 '기관의 배신'에 반대되는 의미로 "기관의 용기"라고 칭하고 2020년 5월 '기관의 용기를 위한 센터'Center for Institutional Courage를 설립하여 학교와 기업이 "진실을 추구하고 도덕적으로 행동"하고 "해당 기관에 의존하는 사람들을 보호하고 돌보도록" 지원했다.[21]

그것은 타이틀 나인의 성공을 확대하는 한 가지 방법이 될 수 있다. 또 다른 방법은 옛날에도 있었던 아이디어인데, 평등권 수정안을 마침내 통과시키는 것이다. 또는 교육 분야에서만 성평등권을 보장할 것이 아니라 1964년 민권법 제6편에 '성별'을 추가하여 더 많은 사회 분야에서 성차별을 금지하는 방법도 있다. 이디스 그린 하원의원의 보좌진이 타이틀 나인 법안의 초안을 작성할 때 대다수 페미니스트는 민권법 제6편의 보호 대상 범주인 "인종, 피부색, 또는 출신국"에 '성별'을 추가하자고 주장하며 민권의 결속을 옹호했다. 하지만 정치인들은 그러지 않고 정치적 필요나 분할 정복 전략에 따라 집단들을 분열시켰다. 정치인들은 민권법 제6편의 표현을 차용해 타이틀 나인을 만들고 교육 분야의 성차별을 금지했으며, 그런 다음에는 또 기본적으로 같은 문구를 이용해 장애 차별이나 연령 차별을 금지하는 법을 따로따로 제정했다. 시행규정도 법마다 다 달랐다.

그 결과 학교에서 차별 사건을 다루는 절차는 무슨 차별이냐에 따라 달라지기 일쑤여서 누가 교차적 차별을 겪는 경우 곤란에 빠진다. 학생들이 타이틀 나인 신고는 어디 가서 하면 될지 알아도, 인종·장애·종교 관련 괴롭힘이나 차별은 누구와 상담해야 할지 잘 모른다고 대학 행정관리자들은 말한다.[22] 예를 들어 유색인종 여학생이 차별을 받았을 경우 어떻게 해야 할까? 이때 성폭력 예방과 인종차별 방지 노력을 한데 합치고, 다른 유형의 차별과 괴롭힘을 겨냥하는 학내 프로그램들을 마련하면 도움이 될 수 있다.

이제는 민권법 제6편에 '성별'$_{sex}$을 추가해도 그것으로 부족하다.

오늘날 그 '간단한' 알파벳 세 글자는 50년 전에 사람들이 생각하던 것보다 훨씬 더 복잡한 개념이 되었다. 성소수자 옹호자들은 1964년 민권법 중 제6편과 몇몇 다른 부분에 '성별'(성적 지향과 젠더 정체성 포함)을 추가하는 '평등법'Equality Act 법안을 지지한다. 이 법안(H.R. 5)은 2021년 초에 하원을 통과했으나 상원에서 완강한 반대에 부딪혔다.

한편 '생존자의 의제'Survivors' Agenda가 교차적 차별에 대한 이해와 사회정의 페미니즘을 바탕으로 성폭력 대응법 모델을 제시하는 일에 앞장섰다.

생존자의 의제는 법률 네트워크 '이젠 끝'의 공동 창립자인 네 유색인종 여성 모니카 라미레스, 타라나 버크, 아이젠 푸, NWLC의 퍼티마 고스 그레이브스가 #미투 운동의 열기를 법조계와 정책 입안에 불어 넣기 위해 2020년에 조직한 활동이다. 이들은 생존자 1100여 명을 대상으로 설문조사를 시행하고 NWLC, 평등권옹호회, 성폭행근절전국유색인종자매회National Organization of Sisters of Color Ending Sexual Assault 등 21개 단체로 이뤄진 운영위원회를 구성했다. 여기에 ACLU, EROC, KYIX 등 60개 이상의 단체가 파트너로 참여했다. 40여 명의 대표자가 여러 달 동안 매주 만나 의제를 마련하고 이것을 2020년 9월에 열린 온라인 생존자 정상회담에서 제시했다.[23]

생존자의 의제는 경찰 폐지나 교도소 폐지를 주장하지 않지만, 그렇다고 가해자 처벌을 강조하지도 않는다. 그보다는 생존자의 삶을 개선하는 방안을 옹호한다. 자신을 방어하다가 상대방에게 해를 가한 생존자를 처벌하지 말 것, 트럼프 정부가 타이틀 나인 시행규정에 가한 변경을 취소할 것, 보편적 의료 보장을 도입할 것, 유치원부터 동의에 관해 교육할 것, 늦어도 중학교부터는 성교육(동의 개념 포함)을 시행할 것 등등 여러 가지 행동 방안을 제안한다. 생존자의 의제는 문화에 뿌리를 둔 공동체 사업, 경찰의 대안이 될 수 있는 "재난 팀", 처벌보다 피해 회복에 중점을 둔 프로그램에 재정을 지원할 것을 권고한다. 또한 빈곤, 약물 남용, 주거 부족, 교통수단 부족, 가부장적 폭력과 백인 우월주의를 부추기는 사회 통념 등 성폭력 위험을 높이는 요소를 해소하는 일에 투자할 것을 촉구한다.[24]

타이틀 나인은 지금까지 여성과 남성과 그 중간인 사람 수백만 명이 학습권을 누리고, 교육 분야에 취업하고, 학교 스포츠에 참여하도록 도왔으며, 성적 괴롭힘과 성폭행 생존자 지원을 위한 정책 개선에도 기여했다. 또한 타이틀 나인은 임신한 학생을 계속 학교에 다니게 하고, 퀴어와 트랜스젠더 학생을 위한 보호 장치를 만들고, 용접기사는 남자, 미용사는 여자라는 식의 고정관념에 개의치 않고 학생이 원하는 대로 '커리어기술교육'을 받도록 기회를 열어 주었다. 여러모로 타이틀 나인의 첫 50년은 성공이었다.

그러나 타이틀 나인이 치른 그 모든 전투 하나하나가 아직도 끝나지 않았고, 우리는 아직도 갈 길이 멀다. 이제까지는 주로 백인, 경제적으로 안정된 계층, 신체 건강한 사람, 시스젠더, 이성애자, 본토박이가 타이틀 나인의 혜택을 과도하게 가져갔다. 그런 특권이 존재하는 원인, 즉 성차별과 교차하는 인종차별, 경제 장벽, 그 밖의 요인들부터 따져보지 않으면 타이틀 나인은 앞으로도 완전하게 성공하지 못할 것이다.

다행히 많은 사람이 사회정의 페미니즘 개념을 포용하고 있으며, 무엇보다 젊은 세대가 기성세대의 문제 해결만 기다리고 있지 않다. 과거 10년 동안 젊은 세대가 보여준 활약과 정치 리더십은 지난 반세기 동안 보지 못했던 대단한 수준이었다. 그들은 성폭력, 경제 억압, 미국 사회 구석구석에 깊숙이 스며든 인종주의, 기후 변화, 총기 폭력, 경찰 만행 등 각종 폐단에 반대하는 운동을 한꺼번에 강력하게 추진했다.

이제까지 늘 그랬듯 이들도 역풍과 차질을 겪을 것이다. 그러나 이들의 미래에 희망이 있다.

· 16 ·

향후 50년을 바라보며

2016년 트럼프의 대통령 당선 소식에 버니스 샌들러의 딸이 속상해하다가, 어머니가 그 뉴스를 어떻게 받아들일지 걱정되어 전화를 걸었다. "길이란 오르막길도 있고 내리막길도 있는 법이야. 멀리 보고 바른길을 가야 해." 샌들러가 딸을 위로했다. "참정권 운동을 했던 여자들은 가는 길이 평탄치 않다고 해서 포기하지 않았어. 그들은 장애물이 존재한다는 이유로, 그들이 사는 세상이 비협조적이라는 이유로 운동을 멈추지 않았어. 사는 동안 그들이 하는 일의 결과를 보지 못할 것도 알았고. 그래도 하던 일을 꿋꿋이 이어갔어."[1]

공화당 정권 28년 동안 타이틀 나인은 공격받거나 무시당했고, 민주당 정권은 그보다는 나아도 여전히 노력이 아쉬웠지만, 그래도 샌들러는 타이틀 나인을 가장 오래 사수한 운동가로서 하던 일을 꿋꿋이 이어갔다. 그는 이제 세상을 떠났으나, 젊은 활동가들이 공평성과 정의 실현을 위해 운동을 이어가고 있다.

"어쩌다가 우리는 부서진 것이 아니라 그저 미완일 뿐인 국가를 견뎌내고 목격했다." 시인 어맨다 고먼_{Amanda Gorman}은 조 바이든 대통령 취임식에서 샛노란 코트 차림에 진홍색 새틴 헤어밴드를 왕관처럼 쓰고 연단을 환하게 밝히며 축시를 읊었다. 2017년 초대 청소년 계관시인으로 선정된 젊은 흑인 여성 고먼은 2021년 1월 그날 그 자리에 참석한 정치인은 물론 민권을 지키고 공정하고 건전한 세상을 만드는 일에 동조하는 모든 사람을 감동시켰다. 그는 사람들에게 행동을 촉구하며 시를 마무리했다.

> 빛은 언제나 있지만,
> 그 빛은 우리가 용감해야 볼 수 있고
> 용감해야 우리가 그 빛이 될 수 있다.

> For there is always light,
> if only we're brave enough to see it
> If only we're brave enough to be it.[2]

그로부터 5일 전, 패멀라 프라이스는 2022년 캘리포니아주 앨러미다 카운티 지방검사직에 재도전하겠다고 선언했다. 프라이스는 2021년 1월 28일 지지자들에게 보내는 이메일에서, 경찰의 살인과 '흑인 생명은 소중하다' 운동처럼 2020년에 일어난 사건들이 "망가진 형사사법제도를 가리던 커튼을 열어 우리 형사사법제도에 내재하는 인종, 사회경제, 젠더 차별을 선명하게 폭로했다"라고 적었다. 그는 기업의 지원 없이 민중이 주도하는 풀뿌리 선거운동을 약속하고 "인정 있는 정의"Justice with Compassion를 구호 삼아 공정성의 본보기가 되기 위해 또 한 번 대담한 도전을 시도했다.

일간지 《프레즈노 비》가 분석한 경찰 자료는 캘리포니아 전역에서 끈질기게 이어지는 차별 한 가지를 드러냈는데, 바로 '흑인이면서 차를 몬다'는 이유로 경찰에 정차당하는 사례였다. 프레즈노주립대 브릿 킹 야구부 감독이 20년 전에 당한 바로 그 일이었다. 2020년 전반부에 프레즈노시에서 경찰에게 정지당한 흑인 운전자는 백인과 히스패닉 운전자의 두 배였다. 백인 운전자가 모는 차량에서 금지된 물건이 발견될 확률이 더 높았는데도 경찰은 흑인 운전자를 훨씬 더 높은 비율로 수색하고, 체포하고, 수갑 채웠다.[3]

프라이스가 법과 정치를 통해 인종·젠더 차별과의 투쟁을 이어가는 동안, 프레즈노에서는 밀류티노비치가 학교 스포츠의 공평성을 계속 날카롭게 감시했다. 그는 여전히 불도그 팬이어서, 코로나 사태로 시합이 취소되기 전까지 프레즈노주립대의 멋진 스타디움에서 정기적으로 소프트볼 경기를 관람했다. 밀류티노비치가 즐긴 소프트볼, 남자 농구, 미식축구 시즌 티켓은 소송 합의의 일부로 받은 것이었다.

그는 프레즈노주립대 체육법인 회의에 — 대면 회의든 화상 회의든 — 매번 빠짐없이 참석했다. 《프레즈노 비》기자가 가끔씩 묻는 것을 제외하면 구체적으로 젠더 형평성을 문제 삼는 참석자는 밀류티노비치뿐이었다. "누가 잘 지켜보지 않으면 뭔가가 삐걱하면서" 타이틀 나인을 위반할 수 있다고 그는 말했다.

밀류티노비치는 워싱턴DC에 있는 NWLC와 뉴욕시에 있는 여성스포츠재단의 연례 갈라 행사에도 참여하고 그 참에 타이틀 나인이나 여성 스포츠 관련 회의에도 참석했다. 그렇게 미시시피강 동쪽으로 여정에 오를 때마다 따로 짬을 내 뉴욕 브로드웨이 쇼도 보러 갔다. 코로나 사태 동안에는 그런 연계 활동이 온라인에서 이뤄졌지만, 그의 휴대전화는 자주 울렸다. 전국 각지에서 코치, 학교 행정관리자, 변호사가 타이틀 나인 이슈 관련 전략을 그에게 자문했다. 코로나 기간에 여자 운동부를 축소한 대학에 소를 제기하려는 선수들도 그에게 조언을 구했다.

그는 그들에게 "정보가 힘'이라고 말했다. 체육공평성공개법에 따라 학교가 발표한 보고서를 잘 검토하고 있는지? 운동부 추가나 폐지에 관한 학교 방침을 숙지하고 있는지? 해고될 염려 없이 소신 있게 발언할 수 있도록 지원 정보를 활용하고 학내 관계망을 구축하는 요령을 아는지?

밀류티노비치가 계산해보니 2022년 타이틀 나인 50주년이면 자기 나이가 74세였다. 언젠가 그가 세상을 뜨면 감시인 자리를 이어받아 타이틀 나인을 증진할 후배가 없었다. 그가 이야기 나눠본 체육 전문인들은 팀원이 아니라 '타자'로 보일까 봐 두려워하고, 승진하지 못할까 봐 두려워하고, 공평성을 요구하다가 일자리를 잃을까 봐 두려워했다. 그것은 타당한 두려움이기 때문에 NWLC, 여성스포츠재단, 챔피언 위민Champion Women 등 비교적 덜 취약한 단체들의 역할이 더 중요해질 수밖에 없었다.

올림픽 수영 금메달 3관왕 출신 변호사 낸시 호그스헤드 메이카Nancy Hogshead-Makar가 2014년에 설립한 챔피언 위민이 계산한 바에 따르면, 대학 스포츠만 따졌을 때 아직도 남자가 가져가는 장학금과 선수 유치비가 여자보다 약 10억 달러[약 1조 3000억 원] 더 많았고, 선수 자리도 남자가 여자보다 20만 개 더 많았다. 또한 여자 선수를 차별하여 타이틀 나인을 위반하는 대학이 90퍼센트에 달하는 것으로 이 단체는 추산했다. 2022년 6월 23일 타이틀 나인 50주년을 앞두고 챔피언 위민은 평등연맹Equality League과 합동으로 전국 50개 주에서 여자 대학생 가운데 소를 제기할 원고를 모집하는 캠페인을 벌였다.⁴ 더 많은 여성을 법대와 스포츠 분야로 진입시킨 타이틀 나인의 파급 효과는 계속해서 관례에 대한 도전으로 이어지고 있다.

밀류티노비치가 아직 그 지역에서 후임자를 못 찾았어도 그의 치적과 학교 스포츠에서 일어난 광범위한 타이틀 나인 혁명이 남긴 유산은 분명했다. 리자 헬러 에토Liza Heller Eto는 뉴저지주 파크리지고등학교를 졸업한 지 33년 만에 아버지와 동반하여 그 고등학교에서 열린 2018년 체육상 시상식에 참석했다. 아버지가 후원자상을 받는 자리였다. 에토는 운동부 여학생 숫자에 감탄했다. 그날 밤 여자 선수들은 시즌 경기 하이라이트 언급과 함께 강인함과 팀워크를 인정받는 등 남자 선수들과 똑같이 찬사받았다. 시상식이 끝나고 에토는 체육부장에게 다가갔다. "제가 여기 입학했을 때는 여자 운동부가 아예 없었어요. 그러다 최초로 생긴 여자 육상부에 제가 가입했습니다." 그리고 현재 이 학교의 스포츠 프로그램을 보니 얼마나 기쁜지 모르겠다고 덧붙였다. 그 젊은 체육부장은 옛날에 그렇게 불공평했느냐며 믿기지 않아 했다. 어느 정도였는지 그는 짐작도 못 했다.

젊은 타이틀 나인 활동가들이 불공평한 학교 성폭력 확산을 바로잡기 시작한 지는 얼마 되지 않았으나, 그들은 자기 목소리를 발견했고 침묵당하지 않을 작정이었다. 알렉산드라 브로드스키는 민권 변호사가 되어 비영리 법률 옹호 단체 '공공정의'에서 일했다. 그는 2021년 첫 저서 《성 정의: 희생자 구제, 적법절차 확보, 보수 역풍 저지》Sexual Justice: Supporting Victims, Ensuring Due Process, and Resisting the Conservative Backlash에서 타이틀 나인의 "적법 절차"를 둘러싼 양극화된 논쟁을 상세히 분석했다. 브로드스키와 그 세대를 타이틀 나인 운동만으로 규정지을 수 없지만, 타이틀 나인 운동은 항상 그들의 일부를 이룰 것이다.

2020년 3월 10일, 잠에서 깬 안드레아 피노는 벌써 알았다. 달력을 볼 필요도 없었다. 그는 8년 전 이날 강간당했다. "하지만 슬퍼하며 깨지 않았어요." 피노가 팔로워들에게 트윗을 날렸다. "희망에 차서 깼습니다. 다른 사람과 나 자신에게 사랑받는다고 느끼니까요. 지금 기쁨을 못 느끼는 모든 분들, 겨울이 지나면 언제나 봄이 옵니다."

브로드스키와 피노, 그리고 그 또래 활동가들은 아직 20대이지만 학생운동을 이끌기에는 이제 나이가 들어서 그들이 구축한 단체들이 그들의 후임을 지원했다.

2018년 디트로이트 여성행진대회에서 제스 데이비드슨Jess Davidson EROC 임시 대표가 참고 자료가 놓인 탁자를 맡아 지키고 있는데 한 소녀와 그의 친구가 다가왔다. 열서너 살 정도로 보였다.

"우리 학교에 강간 방지 동아리가 있어요." 한 소녀가 말했다.

그 전날에는 좀 더 나이 든 10대들이 그 탁자에 찾아왔다. 그중

한 명이 데이비드슨에게 말을 붙였다. "저는 우리 고등학교 성폭행 문제 해결에 힘쓰고 있어요." 그들이 말이 데이비드슨의 어깨에서 무게감을 덜어주었다.

스물두 살의 데이비드슨은 성폭력 반대 운동 베테랑이었다. 그는 덴버대학교 3학년 때 강간당한 뒤 대학 성폭행 대응 방침의 개선을 위해 거의 쉼 없이 활동해왔다. 고되고 감정적으로 힘든 일이었다. 그는 어느 순간 외상후스트레스장애 증상이 생긴 것을 알아챘다. 앞으로 해야 할 고된 일이 얼마나 더 많은지 생각하면 특정 대학에서 성취한 진전의 희열감이 사그라들었다.

바로 그때 어린 친구들이 나타나서 자기들이 횟불을 이어받을 준비가 됐다고 그에게 상기시킨 것이다. 데이비드슨은 대학생이 되기 전에는 '적극적 동의'라는 말을 들어본 적도 없었다. 그런데 이 중·고등학생들은 페미니즘 개념에도 익숙하고 성폭력 근절을 목표로 삼았다. 이 아이들이 성폭력 근절을 위해 일하고 있었다.

변화가 확실하게 다가오는 중이라고, 그는 생각했다.

카오스 이론은 나비의 날갯짓이 수천 마일 떨어진 곳에서 회오리바람을 일으킬 수 있다고 말한다. 조건만 알맞으면 작은 행동이 큰 영향을 미칠 수 있다. 2017년 캐서린 매키넌은 성 형평성, 젠더 형평성 운동이 나비 떼와 비슷하다고 했다. 일부는 자동차 앞 유리에 철썩 부딪치겠지만, 그래도 계속 날아온다는 것이다. 그 저력은 "집단적 반복의 협업 효과"에 있다고, 그는 페미니스트 작가 케이트 밀렛의 글귀를 인용하여 말했다.[5]

타이틀 나인의 역사는 변화무쌍한 나비 떼, 계속되는 운동과 새로운 시작의 모험담, 진전과 좌절의 연대기, 그리고 이전의 진전과 좌절을 모르더라도 일을 밀어붙이는 추진의 역사다. 이 책의 결말은 간단히 말해서 이 이야기에 결말이 없다는 것이다. 문화의 변화가 법의 변화보다 뒤처질 수 있고, 또는 그 반대일 수도 있지만, 민권의 근본적인 공정함을 인정하는 흐름을 없던 일로 하기란 쉽지 않다. 일단 문제에 이름을 붙이면 그것을 바로잡을 수 있다. 눈가리개를 벗은 사람은 본 것을 안 본 것으로 되돌릴 수 없다.

미처 몰랐던 것을 발견하고 흥분해서 지른 소리 하나가 무수한 함성으로 바뀔 수 있다. 그땐 이미 돌이킬 수 없다.

나는 이번에 타이틀 나인에 관해 집필하면서 많은 선생님들께 배움을 얻었다.

타이틀 나인의 오랜 옹호자였던 여러 중요 인물을 아쉽게도 이 책에 다 담지 못했다. 타이틀 나인의 생명은 이 책에 나오지 않는 그 사람들 하나하나를 통해서도 이어진다. 버니스 샌들러, 패멀라 프라이스, 다이앤 밀류티노비치 등 이 책의 주요 등장인물은 타이틀 나인의 역사와 밀접하게 얽혀있고 몇 십 년씩 차별과 투쟁했다. 한정된 지면 때문에 잠시 언급만 되거나 생략된, 다른 오랜 타이틀 나인 옹호자들의 이야기도 풀어놓았으면 좋았을 텐데 그러지 못했다. 다른 저술가들이 그 일을 해주기를 바란다.

특별히 다음에 열거하는 도서관과 기록보관소의 멋진 직원들은 내게 과거를 활짝 열어 보여주었다. 매사추세츠주 케임브리지 슐레진저도서관 미국여성사 자료실, 워싱턴DC 국회도서관, 포틀랜드 오리건역사학회, 블루밍턴 인디애나대학교 도서관, 코네티컷주 뉴헤이븐 예일대학교 스털링메모리얼도서관, 캘리포니아주립대학교 프레즈노 헨리매든도서관, 매사추세츠주 노샘프턴 스미스대학교 소피아스미스 소장 자료실.

최소한 72명이 100여 차례의 인터뷰를 너그럽게 허락해주신 덕택에 이 책이 더 생생하게 살아났다. 어떤 분은 자신이 소장하는 자료와 사진을 공유하거나 원고에 의견을 보태주었다. 얼마나 감사한지 모른다. 특히 버니스 샌들러, 패멀라 프라이스, 다이앤 밀류티노비치, 마거릿 덩클은 타이틀 나인 이야기를 아낌없이 들려주었다.

또한 아래 열거한 정보 제공자와 익명으로 남기 원한 분들에게도 감사드린다. 조직별로 정리하고 사람 이름을 알파벳 순서로 소개했다(하나 이상의 단체에 소속된 사람도 있다).

전 OCR 국장: 신시아 브라운, 마틴 제리, 캐서린 레이먼.

타이틀 나인 초창기에 관해 정보를 준 워싱턴 정부 관계자: 데버러 애슈퍼드, 제이슨 버먼, 알렉산드라 빅, 바버라 딕슨, 아본 프레이저, 엘런 호프먼, 빈센트 매컬루소.

전국여성법률센터 전현직 직원: 니나 쇼드리, 마샤 그린버거, 마거릿(마지) 콘.

PSEW 전직 직원: 줄리 에어하트, 진 휴스, 프랜실리아 글리브스 매킨드라, 케이 메키스.

NCWGE를 잘 아는 다른 "선구자 어머니들"foremothers: 할리 녹스, 메리 앤 밀샙, 줄리아(주디) 노럴, 마고 폴리비.

이 책에 나오는 일부 주요 인물의 친척: 로라 브로드윈, 리처드 그린, JJ 허시, 그웬돌린 밍크, 데버러 샌들러.

예일대학교나 패멀라 프라이스와 연관된 사람들: 필리스 L. 크로커, 앤 올리바리어스, 체이스 올리바리어스, 캐스린 올리바리어스, P. 바비 셔클라, 앤 E. 사이먼.

대학 성폭력 반대 운동을 전개한 활동가와 학자: 대나 볼저, 알렉산드라 브로드스키, 세이지 카슨, 앤 E. 클라스, 제스 데이비드슨, 제니퍼 프라이드, 마로 자한기리, 칼리 미, 웬디 머피, 안드레아 피노 실바, 베치 설킨드, 칼리 스미스, 와가트웨 완주키.

캘리포니아주립대학교 프레즈노를 잘 아는 정보 제공자: 제시카 애덤스, 데버러 애디시언 애스톤, 스테파니 카날레스, 레이마 처치, 캐스린 포브스, 캐런 험프리, 브릿 킹, 메그 뉴먼, 레일러니 오버스트리트, 도나 피켈, 린디 비버스, 마지 라이트.

학교 스포츠 관련 기타 활동가: 허브 뎀프시, 롤린 해퍼.

그 외 다양한 분야: 커비 딕, 노린 페럴, 타일러 킹케이드, 마티 랭글런, 러노라 래피더스, 주디스 L. 릭트먼, 테리 사리오, 대니얼 스윈튼, 그리고 익명으로 남기를 원한 다른 분들.

미국시민자유연합, 기관의 용기를 위한 센터, 평등권옹호회, 대학강간근절, 타이틀 나인을 알자, 전국레즈비언권리센터, 전국여성법률센터, 서브저스티스 등은 일부 정보 제공자와 인터뷰를 주선하거나 그 밖의 정보를 제공했다.

변호사이자 특별한 친구인 리자 헬러 에토는 법률적인 실수로부터 나를 구해주었다. 이 책에 여전히 남은 모든 실수는 온전히 내 몫이다. 내 초고를 읽어준 나카이 애디, 리처드 모스, 엘리아나 살라자, 그리고 사진을 찍어 공유한 S. 대니얼 카터에게 감사드린다. 엘리엇과 필리스 프래거는 캘리포니아주 샌타바버라와 매사추세츠주 케임브리지에서, 팸 재클린은 오리건주 포틀랜드에서 내가 자료 수집 여행을 할 때 고맙게도 잠자리를 제공하고 환대를 베풀었다.

제라시 레지던트 아티스트 프로그램, 메사 레퓨지, 하이퍼샤 인 더 우드 등 세 입주작가 프로그램은 내가 아무런 방해도 받지 않고 사색과 집필에 매진할 수 있는 소중한 시간과 공간을 제공했다.

이 책을 믿어준 로스윤에이전시의 게일 로스와 다라 케이, 그리고 이 책을 정교하게 편집해준 뉴프레스 출판사의 줄리 R. 엔저에게 감사드린다.

나는 남자만 받다가 1970년대에 공학으로 바뀐 대학교에 처음 들어간 여학생이었는데도, 1980년대 중반까지 타이틀 나인에 대해 전혀 알지 못했고, 심지어 들어본 적도 없었다. 나의 아내이자 최고의 스승인 메그 뉴먼이 내게 타이틀 나인을 알려주었으며 이 책의 탄생에 막대하게 기여했다.

무엇보다 공정하고 살맛 나는 세상을 요구하는 모든 젊은이와 동지에게 가장 큰 감사의 마음을 전한다.

1972년 6월 23일 의회는 공법 92-316 제9편 성차별 금지의 원문을 통과시켰다. 의회는 1974년에 이를 개정하여 첫 절(제1681절)에 제6항을 추가하고, 1976년에 또 한 차례 개정하여 같은 절에 제7항~제9항을 추가했다. 1988년 민권복원법은 뒤에 절 두 개를 추가하여 제1687절과 제1688절로 표시했다. '다른 법 개정'에 관해 아래 나오는 원문 외에 완전한 버전을 보려면, 미국 법무부 홈페이지 https://www.justice.gov/crt/title-ix-education-amendments-1972 에서 미국법전 제20편(20 U.S. Code) 제1681~1688절을 참조하면 된다.

미국법전 제20편 교육 제1681절~1688절
제38장 성별 또는 시력상실에 근거한 차별

제1681절 성별

(a) 차별금지, 예외

미국에서 그 누구도 성별을 이유로 연방정부의 재정 지원을 받는 모든 교육 프로그램 또는 활동에서 제외되거나, 혜택을 받지 못하거나, 차별 대상이 되어서는 안 된다. 다만, 다음을 예외로 한다.

(1) 차별금지 적용 대상인 교육기관

교육기관 입학 허가와 관련하여 이 절은 직업교육기관, 전문교육기관, 대학원, 공립대학교 학부 과정에만 적용한다.

(2) 입학 변경 계획을 시행하는 교육기관

교육기관 입학과 관련하여 이 절은 이하에 적용하지 않는다.

가. 법 제정일인 1972년 6월 23일로부터 1년 동안 이 절을 적

용하지 않는다. 또는 단일 성별의 입학만 허용하다가 교육부 장관의 승인을 받아 두 성별의 입학을 허용하는 것으로 변경 절차를 개시한 교육기관의 경우, 법 제정일로부터 6년 동안 이 절을 적용하지 않는다.

나. 또는 단일 성별의 입학만 허용하다가 교육부 장관의 승인을 받아 두 성별의 입학을 허용하는 것으로 변경 절차를 개시한 교육기관의 경우, 변경 절차를 개시한 날로부터 7년 동안 이 절을 적용하지 않는다. 법 제정일이나 입학 변경 절차 개시일 가운데 나중 날짜를 기준으로 계산한다.

(3) 이 규정과 상반된 교리를 지닌 종교 단체 소속 교육기관

이 절에서 규정하는 내용의 적용이 종교 단체의 교리와 상반될 경우, 해당 종교 단체가 운영하는 교육기관에는 이 절을 적용하지 않는다.

(4) 군대 복무자 또는 상선 승무원을 훈련하는 교육기관

미국 군대 복무자 또는 상선 승무원 훈련이 주된 목적인 교육기관에는 이 절을 적용하지 않는다.

(5) 전통적이고 지속적인 입학 제도를 유지한 공립 교육기관

개교 이래 전통적이고 지속적으로 단일 성별의 입학을 유지해 온 모든 공립대학교 학부 과정에는 이 절을 적용하지 않는다.

(6) 남학생 또는 여학생 사교 동호회, 청소년 자원봉사 단체

다음의 회원제 조직에는 이 절을 적용하지 않는다.

가. 미국법전 제26편 제501절 제a관에 따른 면세 대상인 남학생 또는 여학생 사교 동호회로서, 활동 중인 회원이 일차적으로 고등교육기관 재학생인 경우.

나. 같은 면세 대상인 남자기독교청년회, 여자기독교청년회,

걸스카우트, 보이스카우트, 모닥불 소녀회 및 청소년 자원
봉사 단체로서, 회원이 전통적으로 단일 성별이고 원칙적
으로 19세 미만으로 제한되는 경우.

(7) 청소년 대회

다음의 경우 이 절을 적용하지 않는다.

가. 주소년단Boys State 대회, 전국소년단Boys Nation 대회, 주소녀단
Girls State 대회, 전국소녀단Girls Nation 대회의 준비 또는 운영과
관련하여 미국재향군인회American Legion가 진행하는 모든 프
로그램 또는 활동.

나. 구체적으로 다음의 목적을 위한 모든 중학교 또는 중등교
육기관의 프로그램 또는 활동.

(i) 주소년단 대회, 전국소년단 대회, 주소녀단 대회, 전국
소녀단 대회의 홍보.

(ii) 그런 대회에 참석할 학생의 선발.

(8) 교육기관에서 진행하는 부자 또는 모녀 활동

이 절은 교육기관에서 진행하는 부자 또는 모녀 활동을 금지하
지 않는다. 다만, 그런 활동이 어느 한 성별의 학생에게만 제공
될 경우, 다른 성별의 학생에게도 적절하게 비슷한 활동을 제
공해야 한다.

(9) '미인'대회 관련 고등교육기관 장학금

용모, 태도, 재능 등의 요소를 종합적으로 심사하고 참가 자격
을 단일 성별로 제한하는 미인대회에서 수상한 개인에게 고등
교육기관이 장학금을 수여하거나 그 밖의 재정 지원을 할 경
우, 그 미인대회가 연방법의 다른 차별금지 조항을 준수한다면
이 절을 적용하지 않는다.

(b) 연방정부 지원 혜택에 대한 참여 또는 수혜의 불균형으로 인한 우대나 다른 처우, 불균형에 대한 통계 증거

이 절의 제a관의 어떤 내용도, 연방정부의 지원을 받는 프로그램 또는 활동의 참가자나 수혜자 중 특정 성별의 인원이나 비율이 지역사회, 주, 구역, 또는 기타 지역에서 특정 성별의 인원이나 비율과 비교하여 불균형하다는 이유로 교육기관이 그 성별을 우대하거나 다르게 처우해야 하는 것으로 해석되어서는 안 된다. 다만, 이 관은 그런 프로그램 또는 활동의 참가나 혜택과 관련하여 불균형한 성비를 보여주는 통계 증거가 있을 경우 이 절에 따른 청문회나 절차에서 그 통계 증거의 고려를 금지하는 것으로 해석되어서는 안 된다.

(c) "교육기관"의 정의

이 장에서 교육기관이란 모든 공·사립 유치원, 초등학교, 중학교, 또는 모든 직업교육, 전문교육, 고등교육기관을 말한다. 다만, 교육기관이 하나 이상의 개별 행정 단위인 학부, 단과대학, 학과로 이뤄진 경우에는 교육기관은 그런 개별 학부, 단과대학, 학과를 의미한다.

제1682절 연방정부의 시행: 의회 위원회에 대한 보고

교육 프로그램 또는 활동에 보조금이나 대출로, 또는 보험이나 보장이 아닌 계약 형태로 연방정부의 재정 지원을 제공할 수 있는 권한을 가진 각 연방 부서와 기관은 그 프로그램이나 활동과 관련해 보편적으로 적용할 수 있는 규칙, 규정, 또는 명령을 발함으로써 제1681절의 규정을 시행할 권한과 임무를 지니며, 그 조치는 재정 지원 권한을 부여하는 법규의 목적을 달성하는 일과 부합해야 한다. 그런 규칙, 규정, 또는 명령은 대통령의 승인으로써 비로소 효력을 갖는다. 이 절에 따라 도입될 모든 의무사항은 다음과 같이 준수될 수 있다.

  (1)   위의 프로그램이나 활동과 관련해 청문회의 결과 수혜 기관이 기록상 의무 사항을 준수하지 않은 것으로 명백하게 드러

난 경우, 지원을 종료하거나 지원의 연장을 거절할 수 있다. 그러나 그와 같은 종료나 거절의 대상은 의무 사항을 위반한 것으로 밝혀진 특정 정치 단체나 그 일부, 또는 다른 수혜 기관으로 한정하며 그 효력의 범위는 그런 의무 사항 위반이 발견된 특정 프로그램이나 그 일부로 한정한다.

(2) 또는 법이 허락하는 그 밖의 모든 방법을 통해서도 의무사항이 준수될 수 있다. 다만, 그와 같은 조치는 의무 사항을 위반한 당사자들에게 관계 부서나 기관이 이행을 권고하고 자발적 준수에 대한 보장이 없다는 판단을 내린 후에만 가능하다. 이 절에 따라 도입될 의무 사항을 준수하지 않아서 지원 종료 또는 지원 제공 거절이나 지원 연장 거절 조치가 내려진 경우, 연방 부서나 기관의 장은 해당 프로그램 또는 활동에 대한 입법적 관할권이 있는 하원 및 상원 위원회에 그런 조치를 취하게 된 상황과 이유를 담은 상세한 보고서를 서면으로 제출해야 한다. 그 보고서를 제출한 날로부터 30일이 경과한 뒤 비로소 해당 조치의 효력이 발생한다.

제1683절 사법심사

이 편 제1682절에 따라 모든 연방 부서나 기관에서 발한 조치는 해당 부서나 기관이 법에 따라 다른 사유로 발하는 유사한 조치와 마찬가지로 사법심사의 대상이 된다. 별도 사법심사의 대상이 아닌 경우, 이 편 제1682절에 따른 의무 사항 위반으로 부과된 재정 지원 종료 또는 지원 제공 거절이나 연장 거절 조치의 피해자(주정부, 주정부의 정치적 세부 단위, 그리고 두 조직의 산하 기관도 여기에 포함된다)는 미국법전 제5편 제7장에 따른 사법심사를 확보할 수 있으며, 해당 부서나 기관의 조치는 제5편 제701절에서 의미하는 사법심사 대상이 아닌 재량으로 간주하여서는 안 된다.

제1684절 시력상실 또는 시력장애, 차별금지

미국에서 그 누구도 시력상실이나 중증 시력장애를 이유로 연방정부의 재정 지원을 받아 교육 프로그램 또는 활동을 진행하는 수혜 기관의 교육과정에 입학을 거부당해서는 안 된다. 그러나 이 절의 어떤 내용도 그런 기관이 시력상실이나 시력장애가 있는 사람에게 특별 지원을 제공할 의무가 있는 것으로 해석되어서는 안 된다.

제1685절 다른 법에 따른 권한은 유지됨

이 장의 내용은 보험이나 보장 계약의 형태로 연방정부의 재정 지원을 받는 모든 프로그램 또는 활동과 관련하여 기존 권한을 확대하거나 축소하지 않는다[다음 부분은 법안 원문에 제906절로 들어갔으나 온라인으로 게시된 미국법전 제9편 전문에는 나오지 않는다 — 저자].

다른 법에 대한 수정조항
제906절

(a) 1964년 민권법 제401절 제b관, 제407절 제a관 제2항, 제410절, 제902절(42 U.S.C. 2000c(b), 2000c-6(a)(2), 2000c-9, 2000h-2)은 각각 "종교"라는 단어 뒤에 "성별"이라는 단어를 넣어 수정한다.

(b) (1) 1938년 공정노동기준법 제13절 제a관(29 U.S.C. 213(a))은 "제6절의 규정"이라는 어절 뒤에 다음과 같이 "다만, 이 관의 제(1항의 경우 제6절 제d관은 예외로 한다)"를 넣어 수정한다.
   (2) 동법 제3절 제r관 제1항(29 U.S.C. 203(r)(1))은 "초등학교 또는 중학교"를 삭제하고 그 자리에 "유치원, 초등학교 또는 중학교"를 넣어 수정한다.
   (3) 동법 제3절 제s관 제4항(29 U.S.C. 203(s)(4))은 "초등학교 또는 중학교"를 삭제하고 그 자리에 "유치원, 초등학교 또는 중학교"를 넣어 수정한다.

제1686절 기숙 시설 관련 해석

이 장의 다른 부분과 상충하는지 여부와 관계 없이, 이 장의 어떤 내용도 이 법에 따라 재정 지원을 받는 교육기관이 성별을 달리하여 기숙 시설을 운영하는 것을 금지하는 것으로 해석되어서는 안 된다.

제1687절 "프로그램 또는 활동"의 해석

이 장에서 "프로그램 또는 활동" 그리고 "프로그램"이라는 용어는 다음 기관이 운영하는 모든 활동을 의미한다.

(1) 가. 주정부 또는 지역정부의 부서, 기관, 특별계획구역, 또는 그 밖의 대행 기관.

　나. 또는 지원금을 지급하는 주정부 또는 지역정부의 법인, 그리고 주정부 또는 지역정부가 연방정부의 재정 지원을 받을 경우에는 그 지원금을 지급받는 각 부서나 기관(및 그 밖의 주정부 또는 는 지역정부 단체).

(2) 가. 단과대학, 대학교, 그 밖의 중등교육 이상의 기관, 또는 공립대학교 시스템.

　나. 또는 (1965년 초중등교육법 제198절 제a관 제10항에서 정의하는) 지역 교육구, 직업교육 제도 또는 기타 학교 제도.

(3) 가. 다음에 해당하는 주식회사, 합자회사, 그 밖의 민간 단체, 또는 자영업체.

　　(i) 그런 주식회사, 합자회사, 민간 단체, 또는 자영업체가 지원금을 받거나

　　(ii) 주로 교육, 의료, 주거, 사회복지, 또는 공원 및 레크리에

이션 사업에 종사하는 경우.

나. 그 밖의 주식회사, 합자회사, 민간 단체, 또는 자영업체에서 연
방정부의 재정 지원을 받아 운영하는 공장 또는 그것과 유사하
고 지리적으로 분리된 시설.

⑷ 제1항, 제2항, 또는 제3항에 설명된 법인 가운데 두 개 이상이 설립
한 그 밖의 모든 법인. 또는 그런 법인의 일부로서 연방정부의 재정 지
원을 받을 경우. 다만, 이 편 제1681절을 종교 단체가 운영하는 법인의
활동에 적용하는 것이 그 종교 단체의 교리와 상반될 경우 그 활동은
여기에 포함하지 않는다.

제1688절 낙태에 대한 중립성

이 장의 어떤 내용도 낙태와 관련하여 개인이나 공공 또는 민간단체가
시설 사용을 포함한 혜택 또는 서비스를 제공하거나 그 비용을 지급하
는 일을 강제하거나 금지하는 것으로 해석되어서는 안 된다. 이 절의
어떤 내용도 합법적인 낙태와 관련한 혜택이나 서비스를 구하거나 받
은 사람 또는 개인의 처벌을 허용하는 것으로 해석되어서는 안 된다.

주

주 자료 보관소에서 입수한 참고문헌은 그 자료 보관소의 명칭, 자료함 번호, 폴더 번호 또는 폴더 이름, 그리고 자료 항목을 표시했다. 예를 들어 버니스 샌들러 문서(papers)를 인용한 첫 번째 참고문헌 이후에 "Sandler papers, 51.10"으로만 표시했을 경우, 같은 자료 보관소에 있는 샌들러 문서의 자료함 번호 51번, 폴더 번호 10번을 가리킨다. 아래에서 인용한 그 밖의 항목은 특별히 다르게 표시되지 않은 경우 온라인으로 검색했다.

| 1장 |

1   U.S. Census data, 1952. 반면에 흑인 여성들은 결혼해도 직업을 갖지 않을 선택
    의 여지가 거의 없었다. 돈을 벌지 않으면 생존할 수 없다는 사실을 그들은 알고
    있었다. 흑인 여성과 기타 유색인종 여성은 백인 여성이나, 또는 인종과 무관하게
    모든 남성보다 교육에 대한 접근 기회가 훨씬 적었으며, 가사도우미 같은 저임금
    직종에서 일할 확률이 높았다.

2   여성공평행동연맹(WEAL)은 1971년 11월 29일 미국 보건교육복지부에 제출
    한 진정에서 인디애나대학교의 정교수 가운데 오직 4퍼센트, 부교수 가운데 9
    퍼센트만이 여성이라는 점을 지적했다. Women's Equity Action League
    (WEAL) Records, 1967-1990, MC 500, Schlesinger Library on the History
    of Women in America, Radcliffe Institute, Harvard University (이하 WEAL
    MC 500).

3   Friedan interview in "She's Beautiful When She's Angry", directed by
    Mary Dore and Nancy Kennedy (Music Box Films, 2014).

4   Papers of Bernice Resnick Sandler, 1963-2008, MC 588 Schlesinger
    Library, box 34, folder 3 (이하 Sandler papers).

5   Katherine Turk, *Equality on Trial: Gender and Rights in the Modern
    American Workplace* (Philadelphia: University of Pennsylvania Press,
    2016), 14.

6   National Organization for Women, "NOW Bill of Rights", 1968 (adopted
    at its 1967 national conference, https://350fem.blogs.brynmawr.edu/
    about/1968-bill-of-rights/).

7   Ruth Rosen, *The World Split Open: How the Modern Women's
    Movement Changed America* (New York: Penguin Books, 2000); Molly
    Vorwerck, "Groundbreaking 1968 Pageant Proved Black Is Beautiful",

USA Today, February 15, 2018.

8   Author interviews with Bernice Sandler on July 25, September 17, and November 4 and 5, 2014; January 20, April 10, July 13, October 21, and December 6, 2015, and April 6, November 28, and December 6, 2016. 샌들러를 인터뷰한 다른 사람들은 샌들러의 그 깨달음이 강의실에서 찾아왔다는, 조금 다른 설명을 하기도 한다. Katherine Hanson, Vivian Guilfoy, and Sarita Pillai, *More Than Title IX: How Equity in Education Has Shaped the Nation* (Lanham, MD: Rowman & Littlefield, 2009), 13.

9   Bernice Resnick Sandler, "Title IX: How We Got It and What a Difference It Made", *Cleveland State Law Review* 55, no. 4 (2007): 473.

10   글레이저와의 구술역사 인터뷰 녹취록에서 발췌. 펜실베이니아주립대학교 도서관 소장. https://libraries.psu.edu/about/collections/few-good-women/vera-glaser

11   제리도 일찍이 공영방송과 관련 로비, 특히 공영방송에 TV와 더불어 라디오가 포함되도록 하는 의회 로비 활동에서 핵심 역할을 했기 때문에 자신보다 정치 감각이 더 앞섰다고 버니스는 말했다. 또한 버니스는 임금 인상을 요구하는 방법 등 실질적인 정치 요령을 제리에게 배웠다. Women's Equity Action League (WEAL) Records, 1967-1990, MC 311, box 152 (이하 WEAL MC 311).

12   제6편(U.S.C., vol. 42, sec. 2000d)은 이렇게 규정한다. "미국에서 그 누구도 인종, 피부색, 또는 출신국을 이유로 연방정부의 재정 지원을 받는 모든 프로그램 또는 활동에서 제외되거나, 혜택을 받지 못하거나, 차별 대상이 되어서는 안 된다."

13   U.S.C., vol. 42, sec. 2000e. "편"(Title: 타이틀)이란 어떤 법률의 한 부분으로서 그 법률 내에서 번호가 연속으로 이어지며, 다른 법률의 편수와는 무관하다. 본서의 "타이틀 나인"은 1972년 교육개정법 제9편을 가리키는 용어이며, 이 책에서 설명하는 제6편, 제7편과는 달리 1964년 민권법의 일부가 아니다.

14   8802호와 관련된 행정명령의 간략한 역사에 관해서는 다음을 참조. https://www.dol.gov/agencies/ofccp/about/executive-order-11246-history 하지만 2021년에 작성된 이 문서가 행정명령 11375호를 언급하지 않은 점은 흥미롭다.

15   에스더 피터슨이 버니스 샌들러에게 구두로 전달한 내용.

16   EO 11375 of October 13, 1967, 32 FR 14303, 3 CFR, 1966-1970 Comp., p. 684.

| 2장 |

1   샌들러가 그를 알게 되기 전에 이미 그는 행정명령 지침서를 (특별히 교육 분야에 관한 것은 아니었다) 작성하고 있었다. 마사 그리피스 하원의원은 1969년 2월 5

일 연방계약이행 사무국(OFCC) 국장 대리에게 보내는 서한에서 다음 문서에 관해 언급했다: "The proposed guidelines on sex discrimination, published as 41 C.J.R. Part 60.20, in the Federal Register of Jan. 17, 1969 (34 J.R. 758)". Patsy T. Mink papers, 1883-2005, MSS 84957, Library of Congress, box 393.2 (스미스대학교에 보관된 Mink papers와 구별하기 위해서, 이하 Mink papers LOC로 표기한다). 1965년에 생긴 OFCC는 1975년 연방계약이행 사업 사무국(Office of Federal Contract Compliance Programs: OFCCP)으로 개편됐다.

2   Correspondence from Sandler to Nancy Dowding of WEAL, Sandler papers, 148.

3   "'Second-Wave'" Feminism on Campus", University of Chicago Library, https://www.lib.uchicago.edu/collex/exhibits/exoet/second-wave-feminism/.

4   Amelia Thomson-DeVeaux, "When Women Came to Princeton", Princeton Alumni Weekly, October 5, 2016.

5   WEAL National Newsletter 1, no.2 (June 1975); Mink papers LOC, 184.11.

6   그러나 APGA가 사안의 마무리를 계속 미루자, 샌들러는 1970년 4월 APGA와 미국심리학회가 채용과 관련해 민권법 제7편을 위반한 점을 지적하는 진정을 EEOC에 제출했으며, 노동부에는 행정명령 위반을 지적하는 진정을 제출했다. Sandler papers, 44.7 and 49.7.

7   Sandler papers, 51.1.

8   Correspondence from Sandler to Dr. Dolan, cc'd to WEAL's Boyer, October 2, 1969, WEAL MC 311, 147.

9   Bernice Sandler, "Sex discrimination at the University of Maryland", Sandler papers, 51.1.

10   Correspondence from Sandler to Boyer, November 10, 1969, WEAL MC 311, 53.

11   Correspondence from Sandler to WEAL's Nancy Dowding, December 10, 1969, WEAL MC 311, 148, folder "FCCE — Nov-Dec '69".

12   Correspondence from Sandler to Dowding, January 2, 1970, WEAL MC 311, 149.

13   Correspondence from Sandler cc'd to Boyer, October 2, 1969, WEAL MC 311, 147.

14   Correspondence from Betty Boyer to Jo Freeman, January 15, 1969, WEAL MC 311, 149. 이 서한에서 보이어는 프리먼(논문 "Women on the Social Science Faculty Since 1892"의 저자)에게 시카고 관련 자료를 샌들러에게 보내

달라고 요청했다.

15   Nicolas von Hoffman, "Women Scholars: Stymied by System",
      Washington Post, February 24, 1969, Sandler papers, 51.1.

16   Judith Anderson, "Academic Equality", *San Francisco Chronicle*,
      September 28, 1971, 21, in Edith Green Papers, 1955-1975, Mss
      1424, Oregon Historical Society, box 196, folder "Education: Sex
      Discrimination" (이하 Green papers).

17   Linda Greenhouse, "Columbia Accused of Bias on Women", *New York
      Times*, January 11, 1970, Sandler papers, 51.1.

18   예를 들어 샌들러가 버지니아대학교 채용팀장 로런스 A. 심슨(Lawrence A.
      Simpson)에게 그의 펜실베이니아주립대학교 1968년 박사 학위 논문을 요청하
      자 그가 보낸 1970년 1월 6일 답신을 참조. Sandler papers, 51.2.

19   메릴랜드대학교 교육대학에서 학과장직을 맡은 여성은 한 명뿐이었다("보살
      핌"[nurturing]의 분야는 여성을 잘 받아주는 것으로 여겨지는 분야인데도 그러
      했다). 학교 전체로 따지면, 120명의 정교수 가운데 8퍼센트만 여성이었으며, 총
      436명의 교수 가운데 12퍼센트가 여성이었다. Sandler papers, 51.1.

20   Correspondence from Sandler to Dowding, December 22, 1969, Sandler
      papers, 148, folder "FCCE — Nov-Dec '69"; and February 12-28, 1970,
      Sandler papers, 150, folder "FCCE Feb. 12-28, 1970".

21   Sandler papers, 10 and 149.

22   WEAL 진정에 따르면, 1879년에 3분의 1이 넘었던 대학교 여성 교원의 비율은
      1940년에 28퍼센트, 1960년에 22퍼센트(명문 사립대의 경우 불과 10퍼센트로
      감소했다). Edwin C. Lewis, *Developing Women's Potential* (Ames: Iowa
      State University Press, 1968)에서 인용.

23   "Report of the Virginia Commission for the Study of Educational
      Facilities in the State of Virginia, 1964". 1964년 2월 6~8일에 있었던 민권법
      제7편에 관한 미국 하원의원 토론회에서 인용되었으며, 이후 WEAL 진정서에도
      인용됐다.

24   Correspondence from Sandler to Dowding, February 6, 1970, WEAL MC
      311, 149, folder "FCCE Jan.-Feb. 11, 1970".

25   Correspondence from Sandler to Vincent Macaluso, February 6, 1970,
      WEAL MC 311, 149.

26   Correspondence from Sandler to Dowding, February 6, 1970. 이 서신은
      같은 날 《워싱턴 포스트》 기사 "Women Charge Sex Bias"의 내용을 인용하고
      있다. WEAL MC 311, 149, folder "FCCE Jan.-Feb. 11, 1970".

27   Sandler papers, 51.1.

28   일부 대형 도서관 참고도서 코너에 가면 샌들러가 이디스 그린 하원의원
      을 위해 정리한 내용을 1971년에 두 권으로 출간한 자료를 찾아볼 수 있
      다. *Discrimination Against Women: Hearings Before the Special
      Subcommittee on Education of the Committee on Education and labor,
      House of Representatives, Ninety-First Congress, Second Session,
      on Section 805 of H.R. 16098* (Washington, DC: Congressional Printing
      Office, 1970). R.R. 보우커 사(R.R. Bowker Company)가 1973년에 축약
      본 *Discrimination Against Women: Congressional Hearings on Equal
      Rights in Education and Employment*를 출판했는데, 독자에게는 이 문헌
      이 더 접근하기 편할 것이다. 이 책 미주에서는 전자를 인용할 때 *Hearings* Part
      I, II로 표기하고 페이지를 적되, 축약본에도 그 부분이 있는 경우 보우커 사 판
      본의 페이지를 괄호로 표시해 둔다. 따라서 여기서는: "Statement of Bernice
      Sandler, Chairman, Action Committee for Federal Contract Compliance
      in Education, WEAL", *Hearings* Part I, 307 Bowker 422.

29   출처는 "She's Beautiful When She's Angry".

30   Jessica Bennett and Jesse Ellison, "Young Women, Newsweek, and
      Sexism", *Newsweek*, March 18, 2010.

31   Georgiana Vines, "The Day Women Broke the Rules and Wore Pants in
      the News Sentinel Newsroom", *News Sentinel*, August 26, 2019.

32   Mary Ann Millsap, "Advocates for sex equity in federal education law:
      The national coalition for women and girls in education". dissertation,
      Harvard University, 1988, courtesy of Millsap.

33   Correspondence from Sandler to Joan Joesting, Sandler papers, 51.2.

34   Arvonne Fraser, *She's No Lady: Politics, Family, and International
      Feminism* (Minneapolis: Nodin Press, 2007).

35   Thomas D. Snyder, ed., *120 Years of American Education: A Statistical
      Portrait*, U.S. Department of Education, National Center for Education
      Statistics, Office of Education Research and Improvement, January 1993.

36   Sandler papers, 47.15.

37   Sandler papers, 49.15.

38   Sandler, "Title IX: How We Got It".

39   Sandler papers, 7.

40   샌들러는 케이트 밀렛의 《성 정치학》(*Sexual Politics*)을 읽은 뒤 그린 의원에게
      넘겨주었다. 샌들러는 밀렛에게 그린 의원이 그 책을 "탁월하게 여겼다"라고 적어
      보냈다. Correspondence to Kate Millett, August 23, 1970, WEAL MC 311,
      156, folder "FCCE Aug '70".

41   Correspondence from Sandler to Ann Scott, April 14, 1970, WEAL MC 311, 152, folder "FCCE Apr '70".

42   샌들러와 스콧 사이에 오고 간 여러 서한을 참조. WEAL MC 311, 151.

43   Sandler papers, 55.6.

44   Sandler papers, 49.14.

45   Sandler papers, 51.7, 51.9, and 55.6. Letter from Arthur A. Fletcher, assistant secretary of labor, to Bernice Sandler, June 2, 1970, Sandler papers, 51.9.

46   "Michigan U. to lose aid contracts for bias", *Washington Post*, November 6, 1970과 그 밖의 미시간대학교 사건에 관한 기사들. Mink papers LOC, 195.1 and 195.2. 미시간대학교에서 벌어진 운동에 관한 자세한 내용은 다음을 참조. Sara Fitzgerald, *Conquering Heroines: How Women Fought Sex Bias at Michigan and Paved the Way for Title IX* (Ann Arbor: University of Michigan Press, 2020).

47   Sandler papers, 47.15.

48   *Higher Education and National Affairs* 19, no. 13 (April 10, 1970), Mink papers LOC, 195.1. U.S. Census Bureau data at https://www.census.gov/content/dam/Census/library/working-papers/2002/demo/POP-twps0056.pdf

49   "Facts About Women's Absenteeism and Labor Turnover", U.S. Department of Labor, August 1969.

50   "Fact Sheets on the Earning Gap", Higher Education and National Affairs 19, no. 13 April 10, 1970, Mink papers LOC, 195.1.

51   Correspondence from Ann Scott to Sandler, March 30, 1970, WEAL MC 311, 151.

52   Correspondence from Sandler to George Shultz, May 27, 1980, Sandler papers, 51.11.

53   Ann Scott, "A Plan for Affirmative Action to End Discrimination Against Women", Mink papers LOC, 195.1.

54   worldcat.org에 게시된 Women's Liberation, Marlene Sanders, ABC News, ABC Media Concepts, 1970을 참조.

| 3장 |

1   공청회 관련 참고문헌에 관해서는 2장 미주 28에 필자가 기입한 설명을 참조. 이 디스 그린 하원의원은 1970년 6월 17, 19, 26, 29, 30일과 7월 1일 및 31일에 자

신이 발의한 성차별 규정에 관한 공청회를 열었다. 이에 관한 설명은 다음을 참조. Karen Blumenthal, *Let Me Play: The Story of Title IX* (New York: Atheneum Books for Young Readers, 2005), 30.

2   경력 후반에 밍크는 1960년대 말과 1970년대 초에 교육 현장의 성차별 문제를 해소할 법 제정의 필요성에 관해 자신과 그린이 — 둘 다 하원 교육노동위원회 소속이었다 — 얼마나 자주 서로 뼈아프게 공감했는지 묘사했다. 밍크가 그린보다 훨씬 더 타고난 페미니스트에 가까웠다면, 그린은 법 제정을 더 성공적으로 해낸 편이었다. 그린은 평등임금법의 입안자였으며, 수년 동안 캠페인을 벌여 마침내 1963년에 법을 통과시켰다. 정보 제공자들에 따르면, 그린은 타이틀 나인 같은 법안을 발의하고 싶어 한 지 오래였으나 법 제정을 위해 싸울 만한 충분한 자료나 넓은 지지층이 있는지 회의하던 차에, 바로 샌들러가 진정을 제기했던 것이라고 한다. 물론 그린은 밍크(당시 전국 어린이집에 관한 법안 통과를 위한 노력을 주도하던 인물), 마사 그리피스 의원(하원에서 ERA의 제정을 주도한 인물) 등 의회 내의 다른 여성 의원들과 협의하여 일을 진행했다. 그린은 결국 1971년에 법안에 적대적이었던 소속 분과위원회에서 법안을 통과시켰으며(그린은 그 분과위원회에서 유일한 여성 의원이었다), 교육노동 전체위원회의 승인까지 얻어냈다. 그래서 밍크 의원까지 합쳐 전체위원회 소속 의원 총 37명 모두가 법안 찬성자 명단에 올라가게 되었다. 많은 사람이 밍크가 타이틀 나인을 입안했다고 오해한다. 인터넷에도 그가 타이틀 나인의 입안자로 널리 표시되어 있다. 그린의 서류, 밍크의 서류, 동시대 인물 인터뷰 등 어느 자료를 살펴보아도 그런 주장을 뒷받침하지 않는다.

3   "Statement of Bernice Sandler", *Hearings*, 297-328 (Bowker 60-67).

4   샌들러는 자기 증언에 첨부할 진술서를 제출하여 자신의 최초로 "승리"한 사연을 업데이트했다. APGA의 1970년 3월 채용 공고에는 여전히 성별을 취업 자격의 하나로 포함하는 구인 광고들이 실려있었다: "조교수 또는 부교수, 남성을 선호함 (노스이스턴 일리노이주립대학교, 시카고)" "상담전문가 (…) 남성 (머서 카운티 지역전문대학, 뉴저지주 트렌턴)" 샌들러가 (WEAL을 대리하여) 윌리스 두건 APGA 상임이사와 여러 차례 서신을 교환하고 두건이 그런 불쾌한 정책을 폐지하겠다고 약속했음에도 그러했다. 샌들러가 작성한 대략적인 집계표에 나타난 자료에 따르면, 상담 및 지도 분야의 박사과정 학생 가운데 21퍼센트가 여성임에도 불구하고 343개 대학의 상담교육학과 가운데 85퍼센트가 교수진에 여성이 한 명이거나 아예 없었다(Sandler papers, 10). 샌들러의 추산은 Director of Counselor Educators, 1967-68(OE-25036-N)에 나오는 자료를 근거로 한 것이다.

5   Jack Anderson, "On Washington Merry-Go-Round", *El Paso Times*, September 7, 1969, and other articles, Green papers, 375, folder "Edith Green Scrapbook — 1969 Personal".

6   그린의 아들 리처드 그린과의 인터뷰.

7   로이 윌킨스 전국유색인종지위향상협회(NAACP) 회장은 1972년 5월 오리건주 포틀랜드 시민에게 그린을 가리켜 "그는 여러분의 친구가 아니다 (…) 여러분의 자녀가 좋은 교육을 받을 유일한 방법은 버스를 타는 길뿐이다"라고 말한 뒤 이렇게 말했다: "저들이 인종을 분리하느라고 (유색인종이 없는 학교로) 자녀를 버스에 태워 보내던 시절에는 버스 통학을 누구도 문제 삼지 않았다. 그런데 이제는 인종 분리를 시정하느라고 버스 통학 방침을 시행하는 일이 고약한 일이란다." Green papers, 375, folders "Scrapbook 1972 Education" and "Edith Green Scrapbook — 1969 Personal".

8   Correspondence from Sandler to Ann Scott, October 31, 1970, WEAL MC 311, 54, folder "Corr. 1970".

9   인드리츠는 의회에서 너무나 소중하고 사랑받는 존재가 된 나머지 그가 1970년대 초에 은퇴한 뒤에도 의회는 그를 위해 1994년까지 하원 부속 건물에 특별히 책상과 전화를 계속 놓아두었다. Bart Barnes, "Phineas Indritz Dies at 81", *Washington Post*, October 18, 1997.

10   Correspondence from Green to Sandler, February 6, 1970, Green papers, 191, folder "Control Files, 1970".

11   샌들러는 1970년 2월 9일에 HEW에서 근무를 시작했다. Sandler papers, 8.6 and WEAL MC 311, 149. Martha Griffiths speaking on sex discrimination, 91st Cong., 2nd sess., *Congressional Record* 116, pt. 5 (March 9, 1970): 6398-6400.

12   Correspondence from Sandler to Betty Boyer, March 8, 1970, WEAL MC 311, 150, folder "FCCE Feb. 12-28, 1970".

13   1972년 6월 23일 심착은 타이틀 나인 제906절 제b판을 바로잡을 방안을 이렇게 제시했다: (b)(1) Section 13(a) of the Fair Labor Standards Act of 1938 (29 U.S.C. 213(a)) is amended by inserting after the words "the provisions of section 6" the following: "(except section 6(d) in the case of paragraph (1) of this subsection)".

14   "Morag Simchak, 64, Ex-Adviser on Women's Activities for AID", obituary in *Washington Post*, September 17, 1978; "Daughters of the Stars: Lives of Local Women", Shenandoah County Library. Also, interviews with Bernice Sandler.

15   A Matter of Simple Justice, Presidential Task Force on Women's Rights and Responsibilities, December 15, 1969. Also in *Hearings* Part I, 37-75.

16   Sandler papers, 49.14.

17   노스캐롤라이나대학교 채플힐 입학처의 보고서에 따르면, 1969년도 신입생의 여

성 비율은 18퍼센트, 그리고 학부생 전체의 여성 비율은 30퍼센트에 그쳤다. 이 보고서는 입학 자격을 충족하는 모든 지원자를 입학시킬 수 없었으며 "신입생 중 여성의 입학은 특별히 우수한 지원자로만 제한될 것"이라고 적고 있다. 다시 말해 남자는 자격이 평균이나 평균 이하여도 입학이 가능한데 여자는 월등히 우수해야만 입학할 수 있다는 뜻이었다. 그 결과 1970년 신입생 가운데 남자는 약 1900명이고 여자는 426명에 불과했다. Sandler papers, 51.1. 뉴욕시립대학교(CUNY)의 일부인 버로오브맨해튼 커뮤니티 칼리지는 교원 227인 중 41퍼센트가 여성이었으나 주로 낮은 직급에 몰려있었다. 전임 교수는 25인 중 7인(28퍼센트)만 여성이었다. Sandler papers, 52.14.

18 Correspondence from Sandler to Jane Pollock, April 6, 1970, WEAL MC 311, 152.

19 ERA는 1923년에 최초로 발의되고 이후 여러 차례 재시도되었다가 제2 물결 페미니즘이 부상하면서 드디어 통과될 기회를 얻은 것처럼 보였다. 하지만 통과되지 않을 경우를 대비해 여성 운동가들은 교육, 금융 등 여러 구체적인 분야에서 일어나는 성차별을 겨냥하는 법안들도 동시에 밀어붙였다. 패치 밍크가 H.R. 916을 지지하며 하원 제4 사법분과위원회에서 언급한 내용을 참조. Patsy T. Mink Papers, 1965-1982, Sophia Smith Collection, Smith College, Northampton, MA, box 4, folder 10.

20 ACE 로비스트로부터 전화를 받은 해리 호건이 샌들러에게 이 이야기를 전달했다.

21 "Statement of Dr. Pauli Murray, Professor of American Studies, Brandeis University", *Hearings* Part I, 328-82 (Bowker 67-86).

22 머리는 1966년 NOW를 공동 설립했으나 NOW가 소수자 여성의 요구에 적절히 부응하지 않는다고 느꼈기 때문에 이사진에서 곧 물러났다. 그린 의원의 공청회에서 이뤄진 그의 진술은 중첩적인 차별 문제를 제기할 필요성을 강조했다. "인권의 불가분성을 완전하게 인식하는 일을 등한시함으로써 (…) 우리는 그동안 주로 목소리 큰 사람의 일부터 해결하는 식으로 반응하고, 백인 빈곤층, 여성, 북미 원주민, 푸에르토리코, 멕시코, 아시아 출신 미국인 등 다른 사회적 약자 집단의 정당한 요구에는 충분한 주의를 기울이지 못했다. 그럼으로써 우리는 반발을 부르는 상황을 촉발할 때가 많았다." "Statement of Pauli Murray", in *Hearings* Part I.

23 다음을 참조. Rosalind Rosenberg, *Jane Crow: The Life of Pauli Murray* (New York: Oxford University Press, 2017).

24 "Statement of Hon. Shirley Chisholm, a Representative in Congress from the State of New York", *Hearings* Part II, 617-22 (Bowker, 189-94). 메모: 패치 밍크 하원의원은 그 공청회에서 진술하지 않았으나 그린이 발의한 법안을 지지하는 의견서를 제출했다. *Hearings* Part I, 433-34.

25   치점에 관한 설명의 출처는 Barbara Winslow, *Shirley Chisholm: Catalyst for Change* (Bolder, CO: Westview Press, 2014); "Dear Representative Shirley Chisholm: An Avoice Issue Forum Honoring Her Historic Leadership", *African American Voices in Congress*, September 25, 2009.

26   "Statement of Hon. Frankie M. Freeman, Commissioner, U.S. Commission on Civil Rights; Accompanied by Howard H. Glickstein, Staff Director; Judith Lichtman, Staff Member, and John H. Powell, Jr. Counsel", *Hearings* Part II, 661-76 (Bowker 222-33). 하워드 H. 글릭스타인(Howard H. Glickstein) 민권위원회 선임부장은 프리먼의 우선순위에 동의했다. 1970년 6월 30일 호건이 그린에게 보낸 메모에서 호건은 글릭스타인이 최근 어느 연설에서 민권은 흑인 문제를 일차적으로, 여성의 권리는 이차적으로 다뤄야 한다고 말했음을 지적했다. Green papers, 191, folder "Control Files — 1970". 1970년도 민권위원 목록은 다음을 참조. Stranger in One's Land, U.S. Commission on Civil Rights Clearinghouse Publication No. 19, May 1970.

27   "Statement of Mrs. Elizabeth Duncan Koontz, Director, Women's Bureau; Accompanied by Carol Cox, Solicitor's Office; and Mrs. Pearl Spindler, Women's Bureau", *Hearings* Part II, 691-704 (Bowker 249-61).

28   피터 뮤어헤드 보건교육복지부(HEW) 차관보(*Hearings* Part II, 642-61; Bowker, 208-22), 프랭키 M. 프리먼(미주 93 참조) 및 제리스 레너드 법무부 차관(*Hearings* Part II, 677-91; Bowker 235-49)의 진술 참조. 이들은 제805절에 따라 민권법 제6편이 개정되면 단일 성별 체육관 또는 단일 성별 오락 및 체육 활동을 제한하게 될 것이라고 제각기 주장했다. 스포츠 관련 주제가 타이틀 나인 재검토에 관한 상원 토론에서 두 차례 거론됐다. 1971년 바이 의원은 동 법안이 남녀 혼성 미식축구를 요구하지 않는다고 설명했다. 92nd Cong., 1st sess., *Congressional Record* 117, pt. 23 (August 6, 1971; Bowlier 235-49)): 30407 참조. 1972년 그는 타이틀 나인 규정에 따르더라도 운동 시설에서 개인의 프라이버시는 유지된다고 말했다. 92nd Cong., 2nd sess., *Congressional Record* 118, pt. 5 (February 28, 1972): 5807 참조.

29   "Statement of Dr. Pauli Murray", *Hearings* Part I.

30   나중에 샌들러 등은 소수인종 단체의 지도자들이 제6편 개정에 반대했다고 희미하게 기억했는데, 그랬다가 자칫 제6편을 약화하는 적대적 개정이 촉발될까 봐 우려했기 때문이었다. 어쩌면 그들은 프리먼의 진술을 염두에 두었을 수 있다. 나는 그린, 샌들러, 바이, 밍크 문서 등에서 이 문제에 관한 그 밖의 의사소통이 이뤄진 흔적을 찾지 못했지만, 이런 종류의 소통은 문서로 이뤄지지 않았을 가능성도 있다. 한편, 전국여성법률센터 공동 설립자 마샤 그린버거는 제6편 개정에 대한 반대가 ERA 반대와 비슷하게 경제적인 요소가 작동한 것으로 기억했다. 즉 금

전적 이해에 얽힌 사람들은 성차별에 근거한 기존의 비즈니스 모델이 바뀌어, 예컨대 여성이 내던 낮은 보험료가 인상되는 것 같은 변화가 일어나기를 원치 않았다는 것이다. "아무 진전도 이뤄지지 않을 것이 명백했다." 그래서 의원들은 교육 분야로 초점을 좁혔다. 덩클은 제6편을 개정하는 것과 같은 광범위한 법안은 의회 내에서 여러 개의 위원회로 분산되어 결국 법 제정에 실패할 것이라는 염려가 있었고, 바로 그런 두려움이 법안 축소의 원인이 되었을 것이라고 언급했다. Discussions in "Video History from Women Behind Title IX", Women's National Democratic Club, Washington, DC, January 26, 2015, posted at sherryboschert.com, February 21, 2015. Also Green papers, 195, folder "Memos to Mrs. Green", and correspondence from Glickstein to Reb. Carl D. Perkins, May 11, 1971, Green papers, 214, "Women Folder 4 of 4"를 참조.

31 머리와 샌들러는 1970년대 초에 서로 자주 서신을 교환했다. Sandler papers, 7.

32 "Title IX: A Brief History", WEEA Equity Resource Center, August 1997, Mink papers LOC, 2041.5.

33 Sandler papers, 7.

34 Correspondence from Ruth B. Ginsburg to Sandler, Jun3 29, 1970, Sander papers, 51.10.

35 긴즈버그가 샌들러에게 처음으로 편지를 보낸 날짜는 1969년 6월 29일이다. 두 사람은 거의 10년 동안 서로 간간이 서신으로 의견을 나눴다. WEAL MC 311, 154.

36 Correspondence from Ginsburg to Sandler, September 8, 1970, Sandler papers, 51.10.

37 Green papers, 184, "Education and Labor: Sex Discrimination Folder 1".

38 Catharine R. Stimpson, "Introduction", Hearings (only in Bowker, xiv).

39 Correspondence from Sandler to Murray, October 15, 1970, Sandler papers, 7.9.

40 Sandler papers, 7.

41 Sandler papers, 10.

42 "Pocketbook Politics", Women's Wear Daily, October 5, 1970, in Green papers, 775, folder "Scrapbook — 1970 Equal Rights (Women)".

43 "List of universities and colleges charged with sex discrimination", up to around April 1972, WEAL MC 311, 160, folder "FCCE May 71-1973, n.d".

44 Sandler papers, 58.2. Also, additional Records of the National Organization for Women, 1970-2011, MC 666, Schlesinger Library (hereafter NOW MC 666), 209.25.

45 Bernice R. Sandler, "Too strong for a woman — the five words that

created Title IX", *Journal of Equity & Excellence in Education* 33, no. 1 (2000): 9-13. Amy Erdman Farrell, *Yours in Sisterhood: Ms. Magazine and the Promise of Popular Feminism* (Chapel Hill: University of North Carolina Press, 1998), quoted in Susan Ware, *Game, Set, Match: Billie Jean King and the Revolution in Women's Sports* (Chapel Hill: University of North Carolina Press, 2011), 48.

46   Green papers, 214, "Folder 4 of 4 Women".

47   Correspondence from Ginsburg to Rep. Edith Green, June 22, 1971, and other dates, Green papers, 214, "Folder 2 of 4 Women".

48   마벨라 이야기의 출처는 1979년 유방암으로 사망한 후 6개월 뒤에 출간된 그의 자서전이다. *Marvella: A Personal Journey* (New York and London: Harcourt Brace Jovanovich, 1979).

49   Senators Bayh and Dominick speaking on S. 659, 91st Cong., 1st sess., *Congressional Record* 117, pt. 23 (August 6, 1971): 30407.

50   바이 의원의 수정안은 50 대 32로 입법에 실패했다. "Sex bias ban for colleges urged on Hill", *Washington Post*, August 31, 1971, A2, Green papers, 375, folder "Edith Green Scrapbook 1981 Equal Rights (Women)".

51   마벨라는 미국 암협회의 대변인으로 자원봉사하다가 나중에는 급료를 받으며 컨설턴트로 근무했다. 그는 또한 NBC 연계 방송국의 순회 리포터로 일하면서 1976년 미국 독립 200주년 기념 인터뷰를 담당하기도 했다. 1979년 4월 마벨라가 사망한 후 버치는 재혼했다.

52   이 법안(H.R. 18728)은 사법위원회에서 폐기되었다. 이 법안의 1971년도 버전인 "여성평등법"(The Women's Equality Act)은 H.R. 916이었다. 그린의 법안과 비슷하면서도 좀 더 광범위했던 이 법안은 공정노동기준법 내지 평등임금법 개정을 목표로 하여 전문직 여성에 대한 면제 규정을 삭제하고자 했다. 또한 EEOC, 법무부, 민권위원회의 강제 이행 권한을 강화하여 고용, 교육, 주택 등에서 성차별을 금지하고, 사회보장법을 변경해 남편들도 아내가 장애인이 되거나 사망했을 경우 지원금 혜택을 받을 수 있게 하고, 직장 여성이 보육원 비용이나 가사도우미 비용을 업무 비용으로 수입에서 공제할 수 있도록 했다. 이것이 1971년도 법안에 담긴 내용의 예다. Lynn Langway, "Women's Equality Act Pushed", *New York Times* (exclusively from the *Washington Post*). 연도가 표시되어 있지 않으나 맥락으로 미루어 1971년이다.

53   1969년 크레이턴대학교와 밴더빌트대학교는 의대에 여학생 입학을 불허했다. "Statement of Frances S. Norris, M.D., Washington, DC", *Hearings* Part I, 510-84 (Bowker 162-77).

54   Richard Nixon, "Statement on Signing the Health Manpower and Nurse

Training Bills", November 18, 1971, online at Gerhard Peters and John T. Woolley, The American Presidency Project, https://www.presidency. ucsb.edu/node/241247

55   Comprehensive Health Manpower Training Act of 1971과 Nurse Training Amendments Act of 1971의 입법사 참조. *Congressional Record* 117, pt. 23: 222-64, 25: 119-22, 25, and 25: 181-86 (1971).

56   여기서 샌들러가 언급하는 사람은 위원회 소속인 존 브래더머스 하원의원 (민주당-인디애나주)과 앨버트 크위 하원의원(공화당-미네소타주)이다. Correspondence from Sandler to Sen. Edmund Muskie, NOW MC 666, 209.82.

57   Green papers, 214, folder "2 of 4 Women".

58   그는 훗날 프랜실리아 글리브스 매킨드라(Francelia Gleaves McKindra)라는 이름으로 널리 알려진다.

59   Author interviews with Francelia Gleaves McKindra, January 26 and 28, 2015.

60   Correspondence from Sandler to Murray, September 12, 1971, Sandler papers, 7.9.

61   Judith Anderson, "Academic equality", *San Francisco Chronicle*, September 28, 1971, 21, Green papers, 196, folder "Education: Sex Discrimination".

62   Correspondence from Green to Mr. and Mrs. Richard Feeney, September 24, 1971, Green papers, 328, folder "EG/Personal, 2 of 6".

63   92대 회기 하원 교육노동위원회 소속 의원 목록 참조. https://www.c-span. org/congress/committee/?2109&congress=92

64   "Sex bias bill gains in House", Wall Street Journal, September 30, 1971, Green papers, 275, folder "Edith Green Scrapbook 1971 Education".

65   "Sex balance by edict", *New York Times*, August 15, 1971, sec. 4, 14. "Women's Rights and the Colleges", *Washington Post*, September 16, 1971, A18, cited in Blumenthal, Let Me Play, 35.

66   Correspondence from Green to Avery Russell, Carnegie Corporation, December 17, 1971, Green papers, 196, folder "Education: Sex Discrimination".

67   얼렌본에 의해 기록으로 남겨진, 이들 대학 및 기타 대학 총장들의 서한을 참조. Extensions of Remarks, "Opposition to Title IX of the Higher Education Bill", Hon. John N. Erlenborn, 92nd Cong. 1st sess., *Congressional Record* 117: pt. 29 (November 1, 1971): 38639-365.

68   Higher Education Act of 1971, HR 7248, 92nd Cong., 1st sess., *Congressional Record* 117, pt. 30 (November 4, 1971): 39248-365.

69   "Higher Education Conference Report", Democratic Study Group Fact Sheet 92-26, June 2, 1972, Mink papers LOC, 182-12.

70   Higher Education Act of 1971, H.R. 7248, 92nd Cong., 1st sess., *Congressional Record* 117, pt. 30 (November 4, 1971): 39353-54.

71   Extensions of Remarks, "Day of Catestrophe", Patsy T. Mink, 92nd Cong., 1st sess., *Congressional Record* 117, pt. 30 (November 5, 1971): 39672-73.

72   U.S. Association of Former Members of Congress, Edith Green Oral History Interview, 103, Manuscript Room, Library of Congress, Washington, DC.

73   Green papers, 196, folder "Education: Sex Discrimination".

74   Correspondence from Green to NOW's Academic Task Force chairwoman Suzanne Gwiazda, December 8, 1971, Green papers, 214, folder "2 of 4 Women".

75   Memo from Paul Vanture to Green, November 10, 1971, 195, folder "Memos: To Mrs. Green".

76   Green papers, 218, folder "Ad Hoc Subcommittee on Discrimination: Folder 1 of 2". 1972년 4월경까지 "성차별로 고발당한 대학교 목록"(List of Universities and Colleges Charged with Sex Discrimination)에 따르면, 그중 273개 대학이 100건 이상의 진정에 의해 고발당했다. WEAL MC311, 160, folder "FCCE May 71-1973, n.d".

77   1973~1974년에는 회의와 학회 참석이 52건으로 늘어났다. "Meetings 1971-72", Records of the Project on the Status and Education of Women (Association of American Colleges), 1969-1991(inclusive), 1971-1985(bulk), MC 577, Schlesinger Library(이하 PSEW records), 53.3.

78   Interview with former Ford Foundation staffer Terry Saario, June 14, 2016.

79   아르메니아 이민자의 딸인 체임벌린은 하버드대학교에서 경제학 박사 학위를 취득했다. 당시로는 여성으로서 드문 성취였다. 1967년 그는 포드재단 고등교육사업부장이 되었고 1971년부터 1981년까지 프로그램 책임자로 일했다. 그가 마련한 500만 달러 규모의 장학금은 여성에 의한 교육, 그리고 여성에 관한 교육에 막대한 영향을 끼쳤으며, 이로 인해 그는 "여성학의 소중한 대모"라는 평판을 얻었다. "Mariam Chamberlain, Women's Champion, Dies at 94", *New York Times*, April 7, 2013. 테리 사리오에 따르면, 1980년대 초에 포드재단이 체임벌린을 해고했을 때 그가 연령 차별임을 지적하고 협상하여 상당한 합의금을 받았다

고 한다. Susan M. Hartmann, *The Other Feminists: Activists in the Liberal Establishment* (New Haven, CT: Yale University Press, 1998)를 참조.

80   NOW MC 666, 23.60.

81   밍크 하원의원의 이름도 오리건주에서 반전을 표방하는 후보로서 대통령 후보자 명단에 올랐다.

82   Amendment 874 to S. 659.

83   Sen. Bayh, speaking on Amendment 874 to S. 659, 92nd Cong., 2nd sess., *Congressional Record* 118, pt. 5 (February 28, 1972): 5802-16.

84   Bernice Sandler, "The Status of Women: Employment and Admissions", 92nd Cong., 2nd sess., *Congressional Record* 118, pt. 5 (February 29, 1972): 5809-12.

85   "On Campus with Women", PSEW newsletter, no. 3 (April 1972), PSEW records.

86   ERA는 1972년 3월 22일에 의회를 통과했으나 각 주의 비준이 필요했으며, 개인의 행동이 아니라 해당 주의 조치에만 영향을 미치게 되어있었다. 공립학교와 공립대학에만 적용되고 사립학교에는 적용되지 않았기 때문에 여성들은 여전히 타이틀 나인이 필요했다. 하원과 상원 법안의 차이점에 관해서는 다음을 참조. Memo from Green to Sally, March 2, 1972, Green papers, 195, folder "Memos to Mrs. Green", and Green letter to Ricki Ninomiya, March 10, 1972, 324, folder "4 of 4".

87   Green correspondence to NOW leader, March 14, 1972, Green papers, 218, folder "Women — Miscellaneous".

88   "Higher Education Conference Report".

89   Blumenthal, *Let Me Play*, 46-48.

90   1972년 5월 24일 상원은 동 법안을 찬성 63표, 반대 15표로 통과시켰다. "Higher Education Conference Report".

91   1972년 6월 타이틀 나인이 통과하기 전에, 일부 여성 단체 대표들이 그린과 만나 법안 로비를 비롯해 그린이 시키는 일은 무엇이든 하겠다고 자청했다고 샌들러는 회상했다. 샌들러에 따르면, 그린은 그들이 로비 활동을 하면 이슈가 널리 알려지면서 오히려 더 큰 반발을 부를까 봐 단호하게 로비를 막았다. "나는 그린 하원의원이 제정신이 아니라고 생각했지만, 우리는 그의 말을 따라야 했다"라고 샌들러가 여러 인터뷰에서 언급했다. 샌들러의 기억에 의하면 그린의 전략에는 타이틀 나인을 보호하려는 의도가 담겨있었다. 그러나 여성 단체 대표들과의 만남이 정확히 언제 이뤄졌는지는 불분명해서, 그린이 이미 타이틀 나인을 희생시켜서라도 일괄교육법안을 폐기하려고 했던 것일 수도 있고, 그래서 여성 운동가들의 법안 로비를 원치 않았던 것인지도 모른다. 이전에는 그린이 자기 집무실로 연락하는 모

든 사람에게 (연락하는 사람이 많았다) 의원들을 상대로 차별 반대 수정안을 지지하는 로비를 벌이라고 강력히 권고했으며, 그런 기록이 서류상으로도 남아있다. 예컨대 학부모교사전국회의(National Congress of Parents and Teachers)는 1970년 6월 그린의 공청회 첫날이 지나자 바로 제805절 지지 선언을 했다. 교사의 평등한 임금이 교사의 수업 준비의 질을 향상할 것으로 판단했기 때문이다. Green papers, 289, folder "H.R. 16098 – Section 805 (Discrimination Against Women)", and Sandler, "Title IX: How We Got It".

92   Green papers, 215, folder "1 of 2: H.R. 7248 Education & Labor Committee".

93   Green letter and Sanford memo, Mink papers LOC, 183.1.

94   Correspondence from La Raza National Lawyers Association president Mario G. Obledo to Mink, June 7, 1972, Mink papers LOC, 183.1.

95   마사 그리피스 의원은 투표하지 않았다. 다음을 참조. The vote of 218 to 180 to approve the conference report at 92nd Cong., 2nd sess., *Congressional Record* 118, pt. 16 (June 8, 1972): 5446-47.

96   Public Law 92-318, 20 U.S.C. Section 1681 and what follows.

97   Robert B. Semple Jr., "President Signs School Aid Bill: Scores Congress", *New York Times*, June 24, 1972, A1.

98   타이틀 나인에 제6편을 개정하는 조항이 빠지자, 이후 연령이나 장애를 이유로 차별하는 행위를 금지하는 법들도 제6편을 개정하기보다는 별도의 법률을 통과시키는, 타이틀 나인과 같은 형식을 따랐다.

99   Staff summary comparing House and Senate versions, March 3, 1972, Green papers, 209, folder "1972 Controls A-L". Also, correspondence from Bayh to Arvonne Fraser, February 24, 1972, WEAL MC 311, 160, folder "FCCE May '71-1973, n.d".

100   Correspondence from Green to Sandler, August 12, 1972, Green papers, 215, folder "Ad Hoc Subcommittee to investigate discrimination against women".

101   Interviews with Sandler and Margaret Dunkle.

| 4장 |

1   "Revolution in Women's Sports", special section of *womenSports* magazine, September 1974. 타이틀 나인 관련 소송에 관한 요약 정보는 Linda Jean Carpenter and R. Vivian Acosta, *Title IX* (Champaign, IL: Human Kinetics, 2005), chapters 6 and 7, 115-64을 참조.

2   Adele Simmons et al., Exploitation from 9 to 5: *Report of the Twentieth Century Fund Task Force on Women and Employment* (Lexington, MA: Lexington Books, 1975), 151; Brenden v. Independent School District 742, 342 F. Supp. 1224 (D. Minn. 1972); Reed v. Nebraska School Activities Association, 341 F. Supp. 258 (D. Neb. 1972); Haas v. South Bend Community School Corporation, et al., No. 10715309 (Indiana Supreme Court, 1972).

3   뉴먼은 필자의 아내.

4   Author interview with Meg Newman on April 20, 2018.

5   1975년 연방정부가 타이틀 나인을 학교 스포츠에 적용하기 위한 세부 법률 제정을 완료할 때까지, 고등학교 여자 운동선수의 비율은 1971년 13인 중 1인에서 1973년 5인 중 1인, 그리고 1974년 4인 중 1인으로 늘어났다. 1970년대가 끝날 무렵 고등학교 운동선수 가운데 여학생의 비율은 3인 중 1인이었다. Blumenthal, *Let Me Play*, 41 and 52, and Ware, Game, Set, Match, 129-30.

6   여대생 수의 증가에도 불구하고 1970년도 조사에 따르면 여성은 전체 교원의 22퍼센트, 정교수의 9퍼센트에 그쳤다. 대학교의 90퍼센트가 자신들은 남녀 구분 없이 동일한 승진 방침을 적용한다고 주장했으나, 각 학교에서 여성 학과장은 평균 세 명이었다. 대학 법인이사회에서 이사는 네 곳 중 하나의 비율로 100퍼센트 남성이었다. Ruth M. Oltman, "Campus 1970: Where Do Women Stand?", American Association of University Women, Mink papers LOC 183.4.

7   Welch Suggs, *A Place on the Team: The Triumph and Tragedy of Title IX* (Princeton, NJ: Princeton University Press, 2005), 50.

8   Mary Jo Festle, *Playing Nice: Politics and Apologies in Women's Sports* (New York: Columbia University Press, 1996), 122.

9   Author interview with Margot Polivy, January 27, 2015.

10   James S. Murphy, "The Office for Civil Rights's Volatile Power", The Atlantic, March 13, 2017.

11   마거릿 덩클은 1972년 8월 9일 OCR 소속 버트랜드 테일러에게 서한을 보내 전날 그와 학교 스포츠에 관해 나눈 대화에 감사를 표하면서, Women's Rights Law Reporter 등의 출처에서 얻은 자료를 그에게 보냈다. PSEW records, 9.12.

12   샌들러는 1972년 12월 20일 긴즈버그에게 보내는 편지에서 긴즈버그가 남녀 통합 스포츠여야 하는가 아니면 "분리하되 평등한" 스포츠여야 하는가에 관한 글을 썼다는 얘기를 들었다고 언급하면서, HEW가 타이틀 나인을 학교 스포츠에 어떻게 적용할지를 고심하고 있다고 알렸다. 긴즈버그와 덩클도 이 주제에 관해 서신을 교환했다. PSEW records, 30.13.

13   Ware, *Game, Set, Match*, 50-51, cites October 4 and October 20, 1972,

memos from OCR attorney Gwen Gregory to OCR Director J. Stanley Pottinger on "Sex Discrimination in Athletics", in the papers of Margaret Dunkle, 1957-1993, MC 530, Schlesinger Library hereafter Dunkle papers.

14 이매뉴얼 셀러(Emanuel Celler) 하원의원과 윌리엄 매컬로크(William McCulloch) 하원의원은 소수인종 민권의 열렬한 옹호자로 존경받았으나 ERA에 반대했다. 다음의 서신과 메모를 참조. Records of the National Organization for Women, 1959-2002 (inclusive), 1966-1988 (bulk), MC 496, M152, Schlesinger Library (hereafter NOW MC 496), 55.1, folder "Leadership Conference on Civil Rights, 1972-1976".

15 Simmons et al., *Exploitation from 9 to 5*, 146-47, 160.

16 Bill Gilbert and Nancy Williamson, "Sport is unfair to women (Part 1)", Sports Illustrated, May 28, 1973, 88-98, cited in Nancy Hogshead-Makar and Andrew Zimbalist, eds., *Equal Play: Title IX and Social Change* (Philadelphia: Temple University Press, 2007), 35-48.

17 Ware, *Game, Set, Match*, 63.

18 그린버거가 LSAT을 치른 지 2년 후 대학원생을 위한 징병 연기 제도는 이미 중지된 상태였으나 하버드대학교에서 LSAT을 치던 한 남학생이 당시 20대의 힐러리 로덤(훗날 클린턴)에게 같은 식으로 시비를 걸었다. "넌 여기서 뭐 하냐?" 그가 힐러리를 꾸짖었다. "네가 입학하면 내 자리를 빼앗는 거야. 넌 그럴 권리가 없어. 집에나 가서 결혼이나 하지?" 클린턴이 그 기억을 이야기했다. "Humans of New York" interview on Facebook, September 8, 2015. 또한 "Fact Checker: Hillary Clinton's Story of a Vietnam Era Confrontation over Law School Admissions", *Washington Post*, September 14, 2016을 참조.

19 징병 연기 제도가 중지되자, 남자 동기생 여러 명이 중퇴하여 재학생 수가 줄었다.

20 나중에 그린버거가 취직한 첫 직장은 워싱턴 소재 로펌 캐플린&드리스데일이었다. Author interview with Marcia Greenberger, January 26, 2015.

21 Simmons et al., *Exploitation from 9 to 5*, 148-51.

22 셜리 매큔(Shirley McCune, 전국교육협회 소속 성평등 운동가), 올리아 마골린 (Olya Margolin, 유대여성 전국연맹 소속 고참 로비스트), 조이 사이먼슨(Joy Simonson, 주간 여성위원회 협회장), 마거릿 러월트(Marguerite Rawalt, 고참 연방법 변호사 겸 여성 운동가) 등도 힘을 보탰다. Millsap, "Advocates for Sex Equity in Federal Education Law"을 참조.

23 2020년 현재의 가치로는 1억 9200만 달러[약 2496억 원]에 해당하는 금액이다.

24 Author interviews with Wendy Mink, September 17, 2014, and January 20, 2015. 그 40퍼센트 비율을 뒷받침하는 문헌은 다음을 참조. "Academic Equality", *San Francisco Chronicle*, September 25, 1971, p. 21.

25   *Hearings* Before the Subcommittee on Education of the Senate Committee on Labor and Public Welfare, on S. 2518, October 17 and November 9, 1973. 분과위원회 위원장 클레이본 펠(Claiborne Pell, 민주당-로드아일랜드주) 상원의원은 먼데일 상원의원이 공청회를 주도하도록 했다.

26   Ware, *Game, Set, Match*, 1-14.

27   Blumenthal, *Let Me Play*, 62-63, and Festle, *Playing Nice*, 159.

28   1973년 10월 19일 밍크는 여성교육평등법(H.R. 11149) 수정안을 발의했다. 이 법안은 1975회계연도에 지원금 1500만 달러, 1976년에 2500만 달러, 1977년에 4000만 달러를 승인하게 되어있었다. 또한 전국여성교육사업자문위원회를 설치해 교육부 장관의 자문역을 담당하게 하는 내용도 담겨있었다. NOW MC 666, 50.50.

29   Ware, *Game, Set, Match*, 54.

30   Correspondence from Mink to Morgan, July 5, 1974, NOW MC 666, 50.50.

31   The Women's Educational Equity Act of 1974, 20 USC 1866, in Public Law 93-380, the Education Amendments of 1974. See https://www.congress.gov/93/statute/STATUTE-88/STATUTE-88-Pg484.pdf

32   WEAL Fund paper on WEEA history, July 1977, WEAL MC 500, 77.58.

33   계류 중인 41개 법안 가운데 10개 법안은 벨라 앱저그가, 7개 법안은 마사 그리피스가 작성했다. WEAL "Washington Reporter" newsletter, September 20, 1973, Green papers, 224, folder "Women".

34   Ware, *Game, Set, Match*, 56.

35   "What constitutes equality for women in sport?", Project on the Status and Education of Women, April 1974. Accessed online at https://files.eric.ed.gov/fulltext/ED089640.pdf

36   Debora L. Brake, *Getting in the Game: Title IX and the Women's Sports Revolution* (New York: New York University Press, 2010), 8-13. 이 문헌은 페미니즘의 다양한 줄기와 그것이 타이틀 나인 관련 토론에서 각기 어떤 식으로 모습을 드러냈는지 간명히 설명한다. 샌들러, 긴즈버그, WEAL 등은 형식적 평등을 중시하는 자유주의 페미니스트였다. 즉 남성 지배적인 스포츠의 구조 자체를 문제 삼지 않고 남녀에게 동일한 조건을 적용하는 방식의 평등한 대우를 강조했다. 한편 NOW의 제안들 가운데 일부는 반종속 페미니즘(어떤 관례나 법률이 여성을 부당하게 대우하거나 억압하는지 묻는 페미니즘)이나 문화적 페미니즘(여성 "문화"가 타인과의 관계와 연결성을 소중하게 여기는 점을 가리켜 "다른 목소리" 페미니즘이나 "관계적" 페미니즘이라고도 부른다) 성향을 반영했다. 후자의 페미니즘은 좀 더 실질적인 평등을 겨냥하여 법률과 정책이 여성들의 특징적인 이해관계, 욕구, 경험을 남자들의 이해관계, 욕구, 경험에 못지않게 인정하고 중요시할

것을 촉구한다. 1975년, 타이틀 나인과 관련해 학교 스포츠 분야에 적용할 최종 시행규정에는 이 모든 가닥이 함께 보태졌다. 또 다른 줄기인 비판적 인종 페미니즘("사회정의" 페미니즘으로도 일컬어진다)은, 다중적으로 교차되는 차별(인종주의, 동성애 혐오 등) 문제를 제기하지 않는 페미니즘 접근법은 묵시적으로 백인 이성애자 여성의 권리를 우선시하게 되고, 다른 여성을 방치하는 한 절대로 성공할 수 없다고 주장한다. 지금도 타이틀 나인의 운명은 그러하다.

37   Sandler, "Title IX: How We Got It".

38   NAACP가 1975년에 제기한 또 다른 소송은 미국 북부와 서부 33개 주의 초등 및 중등교육에서의 차별에 초점을 맞추었다.

39   원고는 다음과 같다. WEAL, NOW, National Education Association, Federation of Organizations for Professional Women, American Women in Science. WEAL press release, November 28, 1974, WEAL MC 500, 42,28.

40   PEER Perspective 1, no. 1 (January 1975), Records of the Project on Equal Education Rights, 1966-1991, MC 607, Schlesinger Library (hereafter PEER records). 제504절은 1973년 재활법 거의 맨 뒤에 들어갔다. 닉슨 대통령이 1973년 9월 26일 이 법에 서명한 뒤 1990년 미국장애인법이 통과되기까지 이 재활법 제504절은 장애인들이 행사할 수 있는 가장 강력한 법적 도구의 역할을 했다. 다음을 참조. Lennard J. Davis, *Enabling Acts: The Hidden Story of How the Americans with Disabilities Act Gave the Largest US Minority Its Rights* (Boston: Beacon Press, 2015).

41   애덤스/WEAL 사례들은 정부가 법을 이행하는 방식에 큰 재량을 행사할 수는 있어도 법 이행을 아예 하지 않을 수는 없다는 점을 확고히 했다. 또한 OCR는 접수된 차별 관련 진정을 조사하고 해결해야 할 것이라는 기대치도 확고히 설정했다. 다른 류의 진정은 — 예컨대 민권법 제7편의 EEOC 관련 진정 — 개인이 스스로 챙겨서 소송을 제기해야 한다.

42   상원의원 보좌진 중에서는 먼데일 의원 보좌관 엘런 호프먼과 바이 의원 보좌관 바버라 딕슨, 그리고 돈 프레이저 하원의원 보좌관 아본 프레이저가 여성 교육 옹호 연결망의 주요 동맹이었다.

43   Millsap, "Advocates for sex equity in federal education law".

44   Passed on May 20, 1974, the Javits amendment read in full: "Provision Relating to Sex Discrimination. Sec. 844 of the Education Amendments of 1974. The secretary shall prepare and publish, not later than 30 days after the date of enactment of this act, //20 USC 1681 Note. // proposed regulations implementing the provision of Title IX of the Education Amendments of 1972 //86 Stat. 373, 10 USC 1681.// relating to the prohibition of sex discrimination in federally assisted education

programs which shall include with respect to intercollegiate athletic activities reasonable provisions considering the nature of particular sports." Hogshead-Makar and Zimbalist, *Equal Play*, 64.

45   Festle, *Playing Nice*, 178.

46   Carpenter and Acosta, *Title IX*, 6, and Millsap, "Advocates for sex equity".

47   PEER Perspective newsletter 1, no. 1 (January 1975), 1, in PEER records.

48   Author interviews with Holly Knox, January 2015, and Millsap, "Advocates for sex equity".

49   "A look at women in education: Issues and answers for HEW", 1972, cited in PEER Perspective 1, no. 1 (January 1975), PEER records.

50   포드재단 테리 사리오는 녹스와 그 밖의 전도유망한 페미니스트들을 적극적으로 채용하여, 그들의 아이디어를 모아 지원금 조성에 나섰다. 그때부터 1978년까지, 사리오와 같은 포드재단 소속이었던 메리엄 체임벌린은 PEER에 67만 6000달러 (2020년도 화폐가치로 280만 달러), PSEW에 18만 1000달러(75만 달러), 법사회 정책센터의 그린버거와 ACLU의 여성권리프로젝트에 각각 20만 달러(각각 82만 9000달러), 그리고 WEAL에 15만 달러(62만 2000달러)를 보냄으로써, 이전 6년 동안 포드재단이 여성 교육 사업에 지원한 총액 약 800만 달러(3300만 달러) 가운데 140만 달러[약 18억 원]에 해당하는 금액을 지원했다. 사리오가 포드 내부 보고서를 나와 공유했다. "The Education and Research Division's Program on Sex Discrimination and Equality of Opportunity for Women: Information Paper for the Education Committee", March 1978.

51   여성및소녀교육전국연합National Coalition for Women and Girls in Education의 초기 모태 단체의 구성원은 다음과 같다. NOW 소속 메리 엘런 버헤이든-힐야드(Mary Ellen Verheyden-Hillyard), WEAL 소속 로이스 쉬퍼 (Lois Schiffer), 미국교육협의회 소속 도나 샤블릭(Donna Shavlik), 전국교육협회 소속 셜리 매큔과 마티 매슈스(Marty Matthews), 유대여성 전국연맹 소속 올리아 마골린, 여성법률구조기금 소속 주디스 릭트먼, 전문직여성조직연합 (Federation of Organizations for Professional Women) 소속 줄리아 리어 (Julia Lear), 그리고 여성유권자연맹 소속 말린 프로바이저(Marlene Provisor).

52   Millsap, "Advocates for Sex Equity". 또한 2015년 1월 26일, 타이틀 나인 초창기에 관여했던 여성 운동가 11인이 참석한 워싱턴DC 소재 여성전국민주당클럽 오찬 간담회를 필자가 촬영한 동영상 참조. http://www.sherryboschert.com/women-behind-title-ix-video

53   이에 따라 타이틀 나인은 보이스카우트, 걸스카우트, 모닥불 소녀회(Camp Fire Girls), 남녀 기독교청년회(YMCA/YWCA) 등 주로 19세 미만의 청소년이 회원인 단일 성별 "자발적 청소년 봉사단체들"의 가입 관례에는 적용되지 않게 되었

다(하지만 연방 지원금을 받거나 또는 연방 지원금을 받는 기관으로부터 "중대한 지원"을 받을 경우, 리틀야구연맹(Little League) 같은 청소년 레크리에이션 단체도 여전히 적용을 받았다). 또 타이틀 나인은 남녀 대학생 동호회 가입에도 더는 적용되지 않았다(그러나 남녀 명예 동호회나 전문 동호회는 여전히 적용 대상이었다). 다음을 참조. Section 3 of P.L. 93-568. Margaret Dunkle and Cecile Richards, *Sex Discrimination in Education: A Policy Handbook*, August 1977, National Coalition for Women and Girls in Education; Margaret Dunkle and Bernice Sandler, "Sex Discrimination Against Students: Implications of Title IX of the Education Amendments of 1972", *Inequality in Education* (October 1974), 12; Bernice Sandler, "Title IX: Antisexism's Big Legal Stick", *American Education* 13, no. 4 (May 1977).

54   Sandler papers, box 7,8.

55   샌들러의 말로는, 1970년대의 정확히 어느 연도에 그 일이 있었는지, 행정부의 누구와 만났는지, 정확히 무슨 내용으로 이야기했는지, 잘 기억나지 않는다고 했다. 시행규정 협상에 수년이 소요됐기 때문이다. 그러나 샌들러는 자신의 옷차림을 염려했던 일에 대해서는 명료하게 기억했다.

56   샌들러도 폴리비도 그날 백악관에서 만난 사람이 정확히 누구였는지 기억하지 못했다.

57   이를테면 신고자는 학교의 모든 고충처리 절차를 먼저 거쳐야만 OCR에 도움을 요청할 수 있었다. 이것은 다른 민권법에서는 요구되지 않는 의무 사항이었다. 고충처리 기한이 없다는 점도 학교가 신고 사안을 영구히 묻어버릴 수 있다는 것을 뜻했다. 또한 과거의 차별 행태를 바꾸기 위해 적극적인 조치를 장려하는 규정과 학교 스포츠 연례평가를 의무 사항으로 하는 규정도 삭제됐다. "Tougher Sex Bias Laws Eyed", *Washington Post*, April 27, 1975, Mink papers LOC 186.3.

58   바이 의원 보도자료 및 포드에게 보낸 서한과 변경을 제안한 메모. April 20, 1975, PEER records, 20.5.

59   이 회의는 1975년 4월 조지아주 클라크대학에서 개최됐다. *On Campus with Women*, no. 12 (November 1975).

60   40 Fed. Reg. 24, 128 (June 4, 1975)에 게시되었다. 포드 대통령이 왜 감독들의 요구대로 미식축구를 타이틀 나인의 적용 면제 대상으로 삼지 않았는지와 관련해, 나는 OCR 전 국장들로부터 두 가지 풀이를 들었다. 피터 홈스(Peter Holmes) 전 OCR 국장(1973~1975 재임)에 따르면, 정부 내 법률자문들이 포드에게 어떤 스포츠도 면제되면 안 된다고 조언했다는 것이다. 포드 대통령은 예의상 미식축구부 감독들과 만나주었는데, 그래야 감독들이 돌아가 면제 지지자들에게 할 수 있는 모든 것을 다 해보았다고 말할 수 있었기 때문이다. 워싱턴까지 가서 포드를 만난 미식축구 감독 중에는 미시간대학교의 보 셈베클러(Bo Schembechler),

텍사스대학교의 데럴 로열(Darrell Royal), 오클라호마대학교의 베리 스위처(Barry Switzer) 등이 있었다. Interview with Holmes by Eileen H. Tamura, March 15 and 22, 2016, courtesy of Prof. Tamura. 두 번째 풀이는 마틴 제리(Martin Gerry) 전 OCR 국장(1975~1977 재임)의 견해로, 포드 대통령에게 딸이 있어서 미식축구를 면제하는 일을 불공평하게 여긴 것이 일부 이유가 됐을 것으로 보았다. 사실 제리 본인, 포드 대통령, 와인버거 HEW 장관, 그의 후임 장관이 된 데이브 매슈(Dave Mathews) 등, 타이틀 나인 시행규정을 마련한 남성 최고 책임자들이 전원 딸이 있었다고 제리 전 국장은 언급했다. "논쟁하거나 누구를 설득하려고 노력할 때마다, 나는 꼭 상대방이 자기 딸을 생각해보게 유도했다"라고 제리는 말했다. 당시 OCR이 그 시행규정을 내놓은 것은 맞지만, 이행을 강제하는 일은 드물었다.

61 전국적으로 여성 스포츠에 할당된 대학교 예산은 남성 스포츠 예산의 2퍼센트에 그쳤다. Margaret Dunkle, "Title IX: New Rules for an Old Game", *Capitol Hill Forum*, 1, no. 8 (July 1975).

62 Jocelyn Samuels and Kristen Galles, "In Defense of Title IX: Why Current Policies Are Required to Ensure Equality of Opportunity", *Marquette Sports Law* Review 14, no. 1 (2003). 시행규정의 검토를 허용하는 법 규정은: Section 431(d)(1) of the General Education Provisions Act, Pub. L. 93-380, 88 Stat. 567, as amended, 20 U.S.C. Section 1232(d)(1) (2000). 의회 승인 요건 규정도 나중에 대법원에서 무효화되었다.

63 ACE 로비스트가 그린 의원의 제805절과 성차별 공청회를 무시했던 일이 있은 지 3년 후인 1973년에 ACE에 여성고등교육 사무국이 설치되었다.

64 이에 관한 신중하고 자세한 분석은 다음을 참조. Ware, *Game, Set, Match*, chapter 5: "The Feminist Moment That Wasn't", 특히 pp. 171-78.

65 Millsap, "Advocates for sex equity" 및 덩클과 도나 샤블릭의 대화.

66 Millsap, "Advocates for Sex Equity" 및 2015년 1월 26일 여성 운동가 11인이 참석한 여성전국민주당클럽 오찬 간담회를 필자가 촬영한 동영상 참조.

67 Sandler interview, November 4, 2014; Author interview with Julia (Judy) Norrell, January 25, 2015, Washington, DC. 노럴은 당시 여성유권자연맹 소속 로비스트였다. 유대여성 전국연맹 소속 올리아 마골린도 NCWGE 회원들에게 로비하는 방법을 교육했다고 덩클은 말했다.

68 Mink papers LOC 184.7.

69 Samuels and Galles, "In Defense of Title IX". 또한 "Title IX: New Rules for an Old Game"에서 덩클은 제임스 마틴 상원의원(공화당-노스캐롤라이나주), 제시 헬름스 상원의원(공화당-노스캐롤라이나주), 제임스 오하라 하원의원(민주당-미시간주), 밥 케이시 하원의원(민주당-텍사스주) 등이 발의한 타이틀 나인

반대 결의안을 열거하고 있다.

70 Interview with Julia (Judy) Norrell, January 25, 2015.

71 Mink papers LOC 184.11, 184.12.

72 제임스 오하라 하원의원과 타워 상원의원은 각각 학교 체육부에 타이틀 나인의 적용을 막는 법안을 발의했다. WEAL은 1975년 8월 전국에 경보를 보냈다: "타이틀 나인이 위기에 처했다. 바로 지금, 당신의 도움이 필요하다." WEAL MC 311, box 139, folder "Educ. Comm. 1969-78"; Letter from Arvonne Fraser, August 27, 1975. 바이 의원, AIAW 및 기타 여성 옹호 운동가들의 압박으로 두 법안을 모두 막아냈다.

73 "Ban on sex integration is rejected", *Washington Post*, July 19, 1974, p. 1, PEER records, 55.9.

74 WEAL MC 500, box 5.18.

75 "Rep. Mink wins a vote even while in Ithica", *Ithica Journal*, July 19, 1975, Mink papers 184.7. 또한, 94th Cong., 1st sess., *Congressional Record* 121, pt. 18 (July 18, 1975): 23504-09.

76 Dunkle 4.7 and 4.8.

77 C.F.R. Section 106 (2003). 미국교육협의회 소속 도나 샤블릭은 대학의 자체 평가를 시행규정에 담는 작업을 주도했으며, 대학의 자체 평가에 도움이 되는 문서를 발간했다. "또한 제6편 관련 의무 사항은 아니지만, 고등교육에서 소수자를 돕는 일에 어떤 제도적 진전이 이뤄졌는지 평가하는 데 도움이 되는 유사한 문서를 발간하기 위해 소수자고등교육 사무국과 협력하는 기회를 가졌다." Email from Shavlik to Dunkle for the January 25, 2015 luncheon, "Video History from Women Behind Title IX", sheeryboschert.com. 샤블릭과 뉴욕주립대학교의 셰리 페니(Sherry Penney)는 뉴욕주립대학교 시스템에 속하는 많은 캠퍼스를 순회하며 각 캠퍼스가 자체 평가 및 타이틀 나인의 다른 규정을 이행하도록 지침을 제공했다. 이 작업은 교육 분야에서 여성의 지위를 향상하기 위한 ACE의 다른 여러 사업으로 이어졌다.

78 샌들러는 타이틀 나인 조정관이라는 아이디어를 자신이 냈다고 했다.

79 "민권법 집행 및 강제에 관한 통합 절차 규정"(The Consolidated Procedural Rules for Administration and Enforcement of Certain Civil Rights Laws), June 4, 1975. 이 규정은 타이틀 나인에서 규정하는 성차별 진정에만 적용되는 것이 아니라, 제6편에서 규정하는 인종, 종족, 출신국에 근거한 차별과 제504절의 장애 차별(당시는 장애를 "핸디캡"이라고 불렀다)에도 적용됐다. 그해 말인 1975년 11월, 의회는 연령차별금지법(The Age Discrimination Act)을 제정했다. 제시된 통합 절차 규정은 연령 차별에도 적용되었을 것이다. 타이틀 나인과 마찬가지로 연령차별금지법도 제6편의 표현을 차용했다: "미국에서 그 누구도 연령을 이유

로 연방정부의 재정 지원을 받는 모든 프로그램 또는 활동에서 제외되거나, 혜택을 받지 못하거나, 차별 대상이 되어서는 안 된다."

80 Memo from Susan Kakesako to Mink, June 9, 1975, Mink papers LOC 185.1.

81 이 부분은 주로 세 가지 출처를 토대로 한다: Milsap의 "Advocates for Sex Equity"에서 묘사된 통합 절차 규정에 대한 반응; Dunkle and Richards, *Sex Discrimination in Education;* and "Speech of Sen. Birch Bayh to the New York Women's Political Caucuas", November 23, 1975, in Hogshead-Makar and Zimbalist, *Equal Play*, 56-58. 그리고 "Rights Groups Assail E.D. To Reduce Investigations of Bias", *New York Times*, July 16, 1975, PEER records, 55.9.

82 원래 엘리엇 리처드슨 HEW 장관과 OCR을 상대로 민권법 이행을 요구하기 위해 시작한 소송이어서 애덤스 대 리처드슨 사건으로 일컬어졌으나, 원고들이 정권이 바뀐 이후에도 소송을 지속하여, 시간이 지나면서 피고의 이름이 바뀌었다. 이때쯤은 HEW 장관이 캐스퍼 와인버거여서 사건명이 애덤스 대 와인버거였다.

83 "HEW yields to protests on rules", *Washington Star*, March 16, 1976, WEAL MC 500, 42.28.

84 NACWEP의 첫 회의는 6월 18~20일에 열렸다. 샌들러와 녹스도 참석했다. Sandler papers, 40.7.

85 덩클을 NCWGE 의장으로 추천한 것은 샌들러였다. 샌들러는 그 일까지 맡고 싶지 않았고, 그 일이 아니더라도 할 일이 너무 많았다. 1976~1977년에만 샌들러는 18개의 위원회 및 자문위원회에서 근무하고, 10개 이상의 단체와 소통했으며, 의회에서 두 차례 증언했다.

86 PSEW records, 10.4.

87 Memo from OCR director Peter E. Holmes in September 1975 on "Elimination of Sex Discrimination in Athletic Programs", accessed on Department of Education website.

88 Margaret Dunkle, "Competitive athletics: In search of equal opportunity", HEW Office of Education. 덩클은 OCR 및 교육 분야 "성 역할에 관한 자료센터"(Resource Center on Sex Roles in Education)와 계약을 맺어 일했다.

89 법원 판결은 1978년 1월 9일에 내려졌다. NCAA v. Califano, 444 F. Supp. 425 (D. Kan. 1978). 이후 항소법원은, NCAA가 스스로 당사자능력을 갖지는 않으나 회원을 대리해 소송을 제기할 수는 있다고 판결했다. 622 F.2d 1382 (10th Cir. 1980). 그러나 타이틀 나인을 겨냥한 이 소송 위협은 이미 소멸됐다. Hogshead-Makar and Zimbalist, *Equal Play*, 52-54 and 84.

90 "Students free 14 trustees held at a college for black women", *Associated*

Press, April 23, 1976, published in *New York Times*, April 24, 1976, 20. 스 펠먼대학교 홈페이지에는 1976년 도널드 스튜어트 박사가 흑인 남성의 후임으로 총장이 됐다고 적혀있다. 그 이전에는 4명의 백인 여성이 총장으로 재임했다.

91 Correspondence from Margaret Dunkle for the NCWGE to HEW secretary F. David Mathews, Septembner 30, 1976, in Dunkle and Richards, *Sex Discrimination in Education*.

92 이 같은 통찰은 Millsap, "Advocates for sex equity"의 덕분이다.

93 "교육 프로그램 또는 활동"을 교육과정 또는 졸업요건으로만 한정하여 장학금, 고용, 아니면 과외 활동 같은 기타 분야에서는 차별을 허용할 수 있도록 다시 규정하려고 시도하던 법안 하나를 물리치는 일에 바이 의원이 주도적인 역할을 했다. 또 다른 법안은 학비 보조금처럼 연방정부의 간접 지원만 받는 학교를 법 적용 면제 대상에 넣으려고 했다. 하지만 그런 보조금은 학생뿐 아니라 학교에도 혜택을 주는 것이다. 92nd Cong., 2nd sess., *Congressional Record* 122, pt. 22 (1976): 28136-48. 특정 청소년 단체를 면제하려던 법안도 세 개 있었다. 또 다른 법안은 미인대회 우승자에게 주는 장학금에 적용을 면제한다는 말을 지나치게 개괄적으로 표현하여 스포츠 장학금을 남자가 대부분 가져가는 결과가 허용될 가능성이 있었다. 한 법안은 직장 및 명예 학회를 면제하려고 했다. 어느 법안은 신고 해결 과정의 기간을 늘리고자 했고, 또 다른 법안은 입학 "할당제, 목표치" 등을 금지하고자 했으며 통계자료의 수집도 막으려고 했다. 미인대회 관련 법안은 잭 에드워즈(Jack Edwards, 공화당-앨라배마주) 하원의원이 발의한 H.R. 10418이다. 청소년 단체 관련 법안들은 H.R. 11428, H.R. 11630, S.2881 등이다. 더슨 매시스(Dawson Mathis, 민주당-조지아주) 하원의원은 학회 관련 면제 규정을 지지했다. 샌들러의 메모는 그 외에도 최소한 두 개의 주요 법안을 열거한다. PSEW records, 5.7. 수전 카케사코는 1976년 6월 22일 밍크에게 메모를 보내, 랠프 레걸러(Ralph Regula, 공화당-오하이오주) 하원의원이 세출법안을 수정하여 정부가 남녀공동 스포츠 교육을 강제하지 못하게 하려고 계획하고 있다고 설명했다. 반대편이 그 계획을 철회하도록 그를 설득했다. Mink papers LOC, 185.5.

94 "Ford reinstates 'father-son' activities", *Washington Star*, July 7, 1976, A10; "Ford acts to permit schools to hold father-son events", *Washington Post*, July 8, 1976, A1; "Civil rights madness", *Washington Post*, July 8, 1976, A18; Correspondence to Mink from U.S. Civil Rights Commission staff director John A. Buggs, with test of letter to President Ford, September 17, 1976. All from Mink papers LOC 183.8.

95 NCWGE는 1977년 1월에 제시된 시행규정에 관해 18쪽 분량의 의견서를 제출하고 5월에는 11쪽 분량의 의견서를 추가로 제출했다. Millsap, "Advocates for Sex Equity", and correspondence from the NCWGE, May 2 and 9, 1977, in

Dunkle and Richards, *Sex Discrimination in Education*.

96   Correspondence from the NCWGE to the director of the Office of Education's Women's Program Staff, December 6, 1976, in Dunkle and Richards, *Sex Discrimination in Education*.

| 5장 |

1   "The Black Panther raid and the death of Fred Hampton", *Chicago Tribune*, December 19, 2007.

2   프라이스의 위탁 양육자는 앨리스 아론(Alice Aaron), 에이미 젠킨스(Amy Jenkins), 로리나 오도넬이었다.

3   우모자 공동체 프로그램은 "아프리카 디아스포라와 아프리카계 미국인 디아스포라의 유산을 반영하는 교과과정을 통해 모든 학생이 성공적으로 학업을 마치고 향상된 삶을 살도록 촉진한다." umojacommunity.org 참조.

4   출처는 프라이스와의 인터뷰 및 법적 기록에 나오는 그의 진술이다.

5   그로 인해 초래된 소송과 관련해 엘런 브리 번스 판사가 작성한 1978년 7월 2일 자 판결 메모에서 되짚은 사건의 발생 순서는 약간 다르다. 메모는 프라이스와 또 다른 학생 한 명이 그날 밤 사건을 발로그에게 신고한 다음 프라이스가 17일 후 럼에게 말했으며, 럼의 요청에 따라 프라이스가 작성한 서면 진술을 럼이 관리자들에게 보냈다. 필자가 인터뷰한 프라이스의 말로는 번스 판사가 잘못 알고 있으며, 자신은 발로그에게 즉시 신고했고 며칠 후 뉴헤이븐을 떠났다고 했다. Yale Women's Center Records, RU 1130, Yale Sterling Memorial Library (이하 Yale Women's Center records), 3, folder "Alexander v. Yale 1977-1980"; Ellen Lesser, "Sexus et Veritas: Yale Sued for Sexual Harassment", *Seven Days*, February 23, 1979, 25-26, Records of Women Organized Against Sexual Harassment, 1978-1980, Schlesinger Library (이하 WOASH records), 1,2.

6   "Yale Women Strip to Protest a Lack of Crew's Showers", *New York Times*, March 4, 1976, 47; 〈A Hero for Daisy〉, directed by Mary Mazzio (50 Eggs, 1999). 예일대 여자 운동선수들이 알몸으로 항의 표시를 한 것은 이것이 두 번째였던 것 같다. 앤 올리바리어스는 자기가 그보다 몇 년 전에도 소송을 준비하면서 여자 수영 선수들의 알몸 시위를 조직했다고 언급했으나 그 사건을 다룬 언론 보도는 찾지 못했다.

7   다른 공동 창립자는 캐서린 타이슨(Katherine Tyson), 예일대 1975년 졸업, "Women's caucus fights oppression", *Yale Daily News*, November 11, 1974.

8   "Rough Draft ⋯ Statement on the Corporation Report in Regard to Third World Women", Yale Women's Center records, 4, folder "Third World Women 1979-80". 또한 이 기록 보관함에는 1979년 11월 3일 예일 법인으로 우송한 3쪽 길이의 서한도 보관되어 있다. 이 서한은 예일대의 정책과 행적에 관해 자세히 기술하면서 "제3 세계 출신자들이 직면한 상황을 의식적으로 무시하고 사실상 더 악화"한다고 언급한다. 또한 남아프리카공화국의 아파르트헤이트 정권과 거래하는 기업에 대한 투자를 철회하지 않은 예일대의 결정을 비판하는 8장짜리 성명서도 있다. 이 문서에는 예일학부여성회를 비롯해 학내 7개 단체가 서명했다.

9   Author interview with Ann Olivarius, February 14, 2017; "A report to the Yale Corporation from the Yale Undergraduate Women's Caucus", March 1977, accessed online, and a March 1977 draft in Yale Secretary's Office Records, 1938-2007, RU 52, Yale Sterling Memorial Library, 16.337.

10   "Female protesters disrupt rape lecture", *Springfield Union*, April 17, 1975, NOW MC 666, 31.6; "Rape! Storaska rebuked", *the uwm post*, University of Wisconsin-Milwaukee student publication, November 6, 1975, 1, accessed online; Do it NOW 8, no. 4 (July/August 1975), in NOW records.

11   추가로 다음의 문헌을 참조. Danielle L. McGuire, *At the Dark End of the Street: Black Women, Rape, and Resistance — a New History of the Civil Rights Movement from Rosa Parks to the Rise of Black Power* (New York: Penguin Random House, 2011).

12   이 장에서 예일대 경우의 범위를 넘어서는 역사적 설명은 대부분 다음의 문헌에 의존했다. Carri N. Baker, *The Women's Movement Against Sexual Harassment* (New York: Cambridge University Press, 2008), 14.

13   *On Campus with Women*, no. 6 (May 1973), PSEW records; "Coeds air problems of rape", *Washington Star*, April 10, 1972, and other articles, Sandler papers, 69.6. See also Takebackthenight.org history online and Rape Counseling Services of Fresno, rcsfresno.org.

14   Mary Ann Largen, Rape Task Force Report, February 28, 1974, NOW MCC 666, 49.5.

15   *WEAL National Newsletter* 1, no. 2 (June 1975), Mink papers LOC, 184.11.

16   National Crime Victimization Survey, 2010-2016 (2017), Department of Justice, Office of Justice Programs, Bureau of Justice Statistics, Rape, Abuse, and Incest National Network (RAINN) website.

17   NOW Rape Task Force report on "The Case of Joan Little", Yale Women's Center records, 4, folder "Rape 1976-1985". Also, "Aug. 15, 1975: Joan Little

Acquitted", Zinn Education Project, online.

18 이 단체는 이후 뉴욕으로 본거지를 옮기고 취업여성연합연구소라고 명칭을 변경
했다가 나중에는 다시 간략히 취업여성연구소로 변경했다.

19 Paulette Barnes, Barnes v. Train; Diane Williams, Williams v. Saxbe;
Margaret Miller, Miller v. Bank of America; Adrienne Tomkins, Tomkins v.
Public Service Electric and Gas; Jane Corne and Geneva DeVane, Corne
v. Bausch and Lomb, Darla Jeanne Garber, Garber v. Saxon Business
Products.

20 Claire Safran, "What men do to women on the job", 148 (1976): 149,
cited in Phyllis L. Crocker and Anne E. Simon, "Sexual harassment in
education", *Capital University Law Review* 10 (1980-81): S41.

21 올리바리어스 이야기에 관한 문헌은 다음과 같다: 저자의 인터뷰, February
14, 2017, "In Court and on campus: How sex education fights sexual
harassment", Yale Sex Week keynote speech by Olivarius, February 4,
2012; Nicole Allan, "To break the silence" (senior thesis, Yale University
2009); and Ann Olivarius, "Title IX: Taking Yale to Court", *New Journal*
42, no. 55 (April 2020), online.

22 Lesser, "Sexus et Veritas", WOASH records, 1.2.

23 Anne E. Simon, "Alexander v. Yale University: An Informal History", in
Directions in Sexual Harassment Law, ed. Catherine A. MacKinnon and
Reva B. Siegel (New Haven, CT: Yale University Press, 2004), 51-59.

24 직장 성적 괴롭힘이 민권법 제7편에서 규정하는 성차별임을 확인하는 대법원 의
견은 알렉산더 대 예일 소송이 제기된 1977년 여름 이전에는 찾아볼 수 없었다. 타
이틀 나인의 경우도 핵심 이슈들이 법체계를 한번 거쳐 정착하기까지 수년이 걸렸
다. 대법원은 개인이 타이틀 나인을 근거로 소를 제기할 권리를 1979년 캐넌 대 시
카고대학교(Cannon v. University of Chicago, 441 U.S. 677) 사건에서 인정했
다. 1982년 노스헤이븐 교육위원회 대 벨(North Haven Board of Education v.
Bell, 456 U.S. 512) 사건에서는 타이틀 나인이 고용 차별에 적용된다는 판결이 내
려졌다.

25 1974~1979년 예일대 교수로 재직한 잭 윙클러는 여성학 과정을 설치하는 일에
기여했다. 그가 알렉산더 대 예일 소송에 원고로 참가한 1977년에 그가 조직을 도
왔던 예일대 제1회 동성애자 권리주간은 미국 대학교에서 최초로 열린 행사였
으며, 이 행사를 도운 교수는 그가 유일했다. 윙클러는 예일대 게이연맹의 회원
으로서, 여성의 권리와 소수인종의 민권 없이는 동성애자의 권리도 있을 수 없다
고 주장하며 다른 회원들을 설득했다. 그는 낙태권을 옹호하고, 흑인의 출입을 금
지하는 게이바에 항의하고, 예일대 서비스 종사 직원의 파업을 지지하는 집회 등

에 자주 참여했다. 남녀 퀴어가 서로 거의 협력하지 않던 시절에 벌써 윙클러는 매주 성소수자 라디오 방송을 공동 제작하여 게이연맹 소속 남성들과 예일스비언(Yalesbians) 소속 여성들을 초대손님으로 모셨다. 그는 1979년 스탠퍼드대학교로 자리를 옮겼다. 1987년 에이즈 진단을 받고 휴직에 들어간 뒤 1990년 캘리포니아주 팰로앨토에서 사망했다. 예일대 에이즈 기념사업 https://web.archive.org/web/20210421141531/yamp.org/profiles/jackwinkler 참조.

26 "Alexander v. Yale 1977-1980", Yale Women's Center records, 3.

27 Diane Henry, "Yale faculty members charged with sexual harassment in suit", *New York Times*, August 22, 1977, 30, WOASH records, 2.6.

28 1977년 7월 최초의 원고 5인은 알렉산더, 올리바리어스, 스톤, 윙클러, 그리고 학생인 유지니아 레프트위치(Eugenia Leftwich)였다. 1977년 11월 항의를 수정할 때 레프트위치는 하차하고, 프라이스와 레이플러가 새로 참가했다. Diane Henry, "Yale Faculty Members Charged".

29 "Sexual harassment: A hidden issue", Project on the Status and Education of Women, June 1978, Sandler papers, 41.8.

30 WEAL records, 38.34.

31 Simon, "Alexander v. Yale University: An Informal History".

32 Allen, "To Break the Silence".

33 Author interview with Anne E. Simon, January 19, 2017.

34 F. Supp. 1 (D. Conn. 1977).

35 F. 2d 178 (2d Cir. 1980).

36 Baker, *The Women's Movement Against Sexual Harassment*, 98, cites *Alexander v. Yale: Collected Documents from the Yale Undergraduate Women's Caucus and Grievance Committee*, Yale University, 1978.

37 Pamela Price statement, December 21, 1977, Yale Women's Center records, 3, folder "Alexander v. Yale 1977-1980". Also, WEAL records, 38.34.

38 Baker, *The Women's Movement Against Sexual Harassment*, 181.

39 Yale Women's Center records, 3, folder "Alexander v. Yale 1977-1980".

40 Van Arsdel v. Texas A&M, 628 F2d 344 (5th Cir. 1980).

41 Correspondence from Sandler to Martha C. Dean, January 27, 1995, Sandler papers, 32.3.

42 직장 성적 괴롭힘에 관한 법원 판결을 계기로 샌들러는 성적 괴롭힘에 관한 문서를 작성했다(J.Y. Smith, "Court Supports Job Rights of Women Rejecting Boss", *Washington Post*, July 23, 1977). 샌들러의 문서는 상사나 교수(동료 학생이 아니고)가 부하직원이나 학생을 상대로 저지르는 성적 괴롭힘에 주로 주목

했던 당대의 경향에 맞춰 기록되었다. 동 문서가 권고 사항에서 약간의 재량의 여지를 주는 것이 흥미롭다. 고충처리 절차는 "마땅하지 않을 경우 다른 고충처리 장치들과 똑같을 필요가 없으며", 또한 "기관들은 학생과 직원을 위해 다른 방식의 절차도 마련할 수 있다." 이런 흔한 사고방식이 일관성 없는 기준을 만드는 데 기여했고, 그것은 다른 비위 사건보다 성적 괴롭힘 사건에서 신고자에게 더 불리하고 피신고자에게 더 유리하게 작용했다. *Sexual Harassment: A Hidden Issue and The Problem of Rape on Campus*, PSEW records, 83.8, and WEAL MC 500, 77.61.

43   Alexandra Buek, *Sexual Harassment: A Fact of Life or Violation of Law? University Liability Under Title IX*, July 1, 1978, Sandler papers, 42.4.

44   Marcy Kates, "Sex Harassment: 'Bad Odds,'" *Independent and Gazette*, August 14, 1979, WOASH records, 2.6.

45   WEAL records, 38.34.

46   Lesser, "Sexus et Veritas", WOASH records, 1.2.

47   Memorandum of Decesion, July 2, 1978, Pamela Price v. Yale University, Civil No. N-77-277, Yale Women's Center records, 3, folder "Alexander v. Yale 1977-1980".

48   Updated statement, Yale Women's Center records, 3, folder "Alexander v. Yale 1977-1980".

49   이를테면 NOW와 WEAL의 변호 및 교육기금, 법사회정책센터에서 그린버거가 이끄는 팀, 샌프란시스코 소재 평등권옹호회, 흑인변호사 전국협의회, 흑인여성 정치행동조직, WOASH, 취업여성연구소 등.

50   Baker, *The Women's Movement Against Sexual Harassment*, 92-93.

51   *On Campus with Women*, Summer/Fall 1979, PSEW records.

52   Baker, *The Women's Movement Against Sexual Harassment*, 82-89.

53   Donna J. Benson and Gregg E. Thomson, "Sexual harassment on a university campus: The confluence of authority relations, sexual interest, and gender stratification", *Social Problems* 29, no. 3 (1982): 236-51, cited in Linda M. Blum and Ethel L. Mickey, "Women organized against sexual harassment: A grassroots struggle for Title IX enforcement, 1978-1980", *Feminist Formations* 30, no. 2 (Summer 2018): 175-201.

54   "Feminists push case against UC", *San Francisco Examiner*, March 2, 1979, 4, WOASH records, 1.1.

55   Kates, "Sex Harassment".

56   WOASH 회원이자 밀레니얼 세대 학자가 분석한, WOASH의 역사에 관한 대단히 흥미로운 설명과 관련해서는 다음을 참조. Linda M. Blum and Ethel L. Mickey,

"Women organized against sexual harassment: A grassroots struggle for Title IX enforcement, 1978-1980", *Feminist Formations* 30, no. 2 (Summer 2018): 175-201.

57   Sally Lehrman, "Senate wants disclosure of UC sexual harassment report", November 30, 1979, WOASH records, 1.1.

58   Author interview with Phyllis L. Crocker, June 10, 2019.

59   "저자들이 눈여겨본 서면 처리 절차 가운데 어느 것도 사건에 적절하게 대응할 것이라는 충분한 확신을 주지 못했다." Crocker and Simon, "Sexual harassment in education".

60   대규모 대학 열 곳의 고충처리 정책을 검토한 결과 MIT와 미시간주립대학교가 최악이었다. 두 학교 모두 성적 괴롭힘 관련 고충처리 위원회가 없었으며 성적 괴롭힘을 저지른 교수를 학생이 직접 상대하게 했다. 최고의 사례는 미네소타대학교로, 구체적인 제재를 제시했고 신고자에게만 서면 신고서를 요구한 것이 아니라 신고당한 자에게도 서면으로 응답할 것을 요구한 유일한 학교였다. 그러나 이 대학도 신고 사례와 해당 사례의 해결에 대한 자료를 수집해서 발표하려고 하지는 않았다. 예일대는 서면 답변도, 구체적인 제재도 필수가 아니었으며, 결정을 학장에게 맡겼다. 위스콘신대, 브라운대, 스탠퍼드대는 별도의 성적 괴롭힘 고충처리 위원회를 갖추었으나 그 권한, 처리 과정, 조직 등을 상세히 규정하지 않아 실질적으로 아무 힘이 없었다. "Where does Yale stand on sexual harassment?", *Aurora*, Fall 1981-Winter 1982, 15, Yale Women's Center records, 1.

61   Blum and Mickey, "Women organized against sexual harassment".

62   Simon, in MackKinnon and Siegel, *Directions in Sexual Harassment Law*, cites Louise F. Fitzgerald, "Institutional policies and procedures", in *Combating Sexual Harassment in Higher Education*, ed. Bernice Lott and Mary Ellen Reilly (1996), 130, which cites Claire Robertson, Constance E. Dyer, and D'Ann Campbell, "Campus Harassment: Sexual harassment policies and procedures at institutions of higher learning", *Signs: Journal of Women in Culture and Society* 13, no. 4 (1988): 792. 패치 밍크의 딸 그웬돌린(웬디)도 코넬대학교 대학원 재학 당시 고충처리 정책의 도입을 추진한 학생 가운데 한 사람이었다. Author interview with Wendy Mnk, September 14, 2014, and January 20, 2015.

| 6장 |

1   흔히 그렇듯 교수진이 아니면서 학교와 연계된 사람들이 이 과목을 가르치기 시작했다. 예를 들어 예일대학교에서 1970년대 초에 여성학 과목을 강의한 사람들은

대학원생, 교수의 여성 배우자들, 또는 재단에서 별개의 재정 지원을 받는 객원 교수들이었다. Simmons et al., *Exploitation from 9 to 5*, 159.

2 그린의 서류에는 그가 프레즈노에 갔다는 이야기가 없다. Record of phone call from Bonne Newman, February 18, 1971, Green papers, 207, folder "Telephone Sheets Jan. Thru March 1971".

3 마고 폴리비는 자신이 AIAW에서 변호한 많은 스포츠 감독과 관리자들이 보수적이고 조심스럽게 레즈비언임을 감추었다고 확인해 주었다. 그렇지 않고 레즈비언으로 인식된 다른 사람들은 안 좋은 파급 효과에 직면했다.

4 1977년 전국여성대회와 그 행사와 경쟁했던 "생명 중시, 가족 중시" 집회에 대한 설명의 출처는 다음과 같다: Marjorie J. Spruill, *Divided We Stand: The Battle over Women's Rights and Family Values That Polarized American Politics* (New York: Bloomsbury, 2017), 205-61; Gloria Steinem, *My Life on the Road* (New York: Random House, 2016); "Equal Rights Plan and Abortion Are Opposed by 15,000 at Rally", *New York Times*, November 20, 1077, 32; and "Women's Conference Approves Planks on Abortion and Rights for Homosexuals", *New York Times*, November 21, 1977, 44.

5 Spruill, *Divided We Stand*, 227.

6 "Phyllis Schlafly, 'Mrs. America,' was a secret member of the John Birch Society", *Daily Beast*, April 22, 2020.

7 샌들러의 기억을 다른 말로 바꿔 표현했다.

8 한 해 전에도 같은 이슈가 WEAL대회에서 진영을 갈라놓았다. WEAL의 새로운 위원회 대다수가 "라이프스타일과 성적 지향"을 이유로 차별하는 행위에 반대하는 결의안을 지지했을 때, WEAL 창립자 베티 보이어가 크게 당황하여 샌들러에게 편지를 썼다. "제 뒤에 앉아있던 노스캐롤라이나주 여성들이 놀라고, 언짢아하고, 염려하면서, 이런 일이 시작되면 — ERA를 위한 노력은 고사하고 — 노스캐롤라이나주에 돌아가서 완전히 난처해질 거라고 했습니다. 그 말이 정말 믿겨집니다." Correspondence from Betty Boyer to WEAL president "Eileen", June 2, 1976, WEAL MC 311, 81, folder "Corr., May 18-Aug. 76". 또한 다음을 참조. Correspondence from Boyer to WEAL board and officers, June 9, 1976, WEAL 311, 205, folder "Bert Hartry, WEAL, 1976, WEAL Fund, 1978". 이 폴더에는 WEAL의 첫 집행이사 하트리의 짜증 섞인 메모가 담겨있다. 보이어는 클리블랜드 자택에서 마이다 E. 테일러(Maida E. Taylor)라는 여성과 여러 해 동거했으나, 내가 아는 한 자신의 성적 지향에 관해 공개적으로 언급한 적은 없었다. 샌들러는 WEAL 관련 출장에서 그들과 함께 지냈을 때 보이어의 침실 탁자 위에 테일러의 사진 액자가 놓여있는 것을 보았다. 보이어가 이성애자냐 동성애자냐 하는 것과 무관하게 동성애자 권리를 지지하는 일이 WEAL을 분열시킬까 봐 두려워했

던 것은 확실하다.

9 Correspondence from Sandler to Lila, June 13, 1999, Sandler papers, 34.6.

10 Correspondence from Sandler to Jing Lyman, May 9, 1979, PSEW records, 16.5.

11 Correspondence from Sandler to Margaret Hardy, July 10, 1978, PSEW records, 16.4.

12 타이틀 나인 관련 진정은 1973년에 129건에서 1974년에 208건으로, 그리고 1976년 1월에서 10월 사이에 424건으로 증가했다. *Stalled at the Start: Government Action on Sex Bias in the Schools*, Project on Equal Education Rights, 1977, 1978. 자료를 공유한 할리 녹스에게 감사드린다.

13 California State University, Fresno papers on Title IX, Henry Madden Library, California State University, Fresno, CA (hereafter Fresno Title IX papers), and *Stalled at the Start* data forms for Fresno, CA, 1975–1976, PEER records, 34.27.

14 Correspondence from Meg Newman to Joanne Schroll, Pat Thomson, Gene Bourdet, Gaylord O. Graham, and Norman Baxter, March 1977, provided by Newman.

15 Kathy Freeman, "Discrimination: Women athletes want equitable funding; possible suit", and "Athlete claims SCUR sex discrimination", *Collegian* (Fresno State student newspaper), approximately spring 1977, Diane Milutinovich papers, shared with the author.

16 Abbe Smith, undated report, Yale Women's Center records, 3, folder "Athletics 1976–1985".

17 "Testimony on Extension of the Women's Educational Equity Act Before the Subcommittee on Elementary, Secondary and Vocational Education, House Education and Labor Committee", July 14, 1977, in Dunkle and Richards, *Sex Discrimination in Education*. 증언자로 출석한 사람은 다음과 같다: Holly Knox of PEER, Dunkle as chair of the NCWGE, Carol Parr of WEAL, and Donna Shavlik of the Federation of Organization for Professional Women. WEEA는 1978년 9월에 유효기한이 종료될 예정이었고, 이 청문회는 WEEA를 재승인하기 위한 법안을 다루기 위해 열렸다.

18 그 네 개 주는 조지아, 인디애나, 사우스다코타, 버몬트였다. *Title IX and the State: A Report on State Agency Compliance*, 1976, PEER records, 54.9.

19 Stalled at the Start, PEER records.

20 U.S. Commission on Civil Rights, *More Hurdles to Clear: Women and Girls in Competitive Athletics*, 33, cited in Suggs, A Place on the Team,

83.

21 "A Policy Interpretation: Title IX and Intercollegiate Athletics", *Federal Register* 44, no. 239 (December 1979), at 71413.

22 Title IX News, August 24, 1978, PSEW records, 134.1에 담긴 항목을 참조.

23 이 정책설명에 담긴 기본 원칙들은 대학 대항 운동경기를 대상으로 고안됐으나 스포츠 동아리, 교내 운동경기, 중고등학교 대항 운동경기에도 적용된다고 OCR은 언급했다.

24 Correspondence from Terry Sanford to college leaders, July 5, 1979, Dunkle papers, 85.6, and correspondence from Edith Green to HEW secretary Harris, November 17, 1979.

25 미국에 빈곤을 이유로 차별하는 행위를 막는 민권법이 없다는 사실은 평생 브라운을 신경 쓰이게 했다.

26 Author interviews with Cynthia Brown, January 23 and 26, 2015. Also Cynthia G. Brown, "40 years after Title IX, men still get better sports opportunities", *U.S. New and World Report*, June 27, 2012.

27 Cannon v. University of Chicago, 441 U.S. 677 (1979); "High court strengthens sex bias law", article in unidentified newspaper, May 15, 1979, B6, in WOASH records, 1.2.

28 "Coaches may sue SCUF for Title IX violation", *Insight*, February 28, 1979, 1, copy provided by Leilani Overstreet.

29 "'Hold the Line': Women athletes campaign for anti-bias law", *Washington Post*, April 23, 1979, plus articles in the *Chicago Tribune* and *Philadelphia Inquirer*, April 24, 1979, Dunkle papers, 22.3.

30 Festle, *Playing Nice*, 189-90.

31 PSEW records, 16.5.

32 WEAL MC 500, 5.37. Ware, *Game, Set, Match*, 95.

33 이 총 사례 수에는 적체된 진정 1003건과 1977년에 처리가 개시되었으나 마무리 되지 못한 사례 368건이 포함되어 있었다. 일부는 법원의 결정이 아직 내려지지 않아서 OCR이 처리를 지연하고 있는 것도 있었다. OCR은 정책설명을 작성하는 동안 학교 스포츠 관련 사례들의 처리를 미뤄두었다. Per author interview with Cynthia Brown, January 23, 2015. Memo from Joan Z. Bernstein in the General Counsel's office to the Secretary of HEW, November 19, 1979, Dunkle papers, 85.6.

34 "Title IX of the Education Amendments of 1972; A Policy Interpretation: Title IX and Intercollegiate Athletics", *Federal Register* 44, no. 239 (December 1979), accessed on the Department of Education website.

WEAL records, 43.11. 1979년 정책설명은 그 적법성을 심사한 8개의 연방 항소법원에서 하나도 빠짐없이 적법 판결을 받았다. Hogshead-Makar and Zimbalist, *Equal Play*, 52-54.

35   규정 준수가 요구되는 13개 분야는 다음과 같다. 관심과 능력에 맞춘 스포츠 활동의 기회; 운동 장비와 물품; 경기와 훈련 일정; 경기를 위한 여행과 경비; 스포츠 활동을 코치받고 개인 교습을 받을 기회; 코치와 개인 지도교사의 배정과 보수 지급; 탈의실 및 연습과 경기를 위한 시설; 의료 및 훈련 시설과 서비스; 숙소 및 식당; 홍보; 선수 모집; 지원 서비스; 그리고 재정 지원(장학금).

36   Sandler, "Title IX: How We Got It". 폴리비와 그 밖의 사람들이 여성 단체들이 아니라 남성 옹호자들이 그 타협안을 밀어붙였다고 내게 언급했다.

37   그 지침서의 내용은 명료했고 가시가 있었다고 그린버거가 말했다. "Video History From Women Behind Title IX", January 16, 2015. 그래서 해당 기관들이 학교 스포츠에 존재하는 성차별을 좌시하고도 무사히 넘어갈 만한 "법적 여지가 많지 않았다." 덩클은 필자에게 보낸 2015년 11월 2일 자 편지에서 1975년 시행규정도 이미 명료했고 1979년 추가 설명은 OCR이 강제 이행을 할 준비가 되었음을 시사했다고 말했다: "거기에 담긴 정치적 메시지도 최소한 그 내용만큼이나 중요했습니다."

38   National Center for Education Statistics, Digest of Education Statistics, at https://nces.ed.gov/programs/digest/d13/tables/dt13_303.10.asp

39   Author interview with Sandler, July 25, 2014.

40   덩클은 나중에 1975년 타이틀 나인 시행규정과 1979년 정책설명을 나란히 놓고 상세히 비교한 글을 발표했다. *Chronicle of Higher Education*, June 21, 1989; PSEW records, 11.4.

41   Statement by Knox for PEER, Decembner 4, 1979, NOW MC 496, 87.42.

42   Author interview with Leilani Overstreet, July 12, 2018. Enrollment data are from Institutional Research Office records, box 1, Henry Madden Library, California State University, Fresno.

43   Blumenthal, *Let Me Play*, 52 and 97.

44   Festle, *Playing Nice*, 190-191.

45   "Women & Sports: A Summary of Major Court Cases", WEAL report, WEAL MC 500, 27.10.

46   *Enforcing Title IX: A Report of the United States Commission on Civil Rights*, October 1980.

47   Ware, *Game, Set, Match*, 69.

7장

1   Terrel H. Bell, *The Thirteenth Man: A Reagan Cabinet Memoir* (New York: Free Press, 1988), 2, citied in Suggs, *A Place on the Team*, 87.

2   Ronald Reagan Presidential Library and Museum, "The Reagan Presidency", https://www.reaganlibrary.gov/reagans/reagan-administration/reagan-presidency

3   James S. Murphy, "The office for civil rights's volatile power", *The Atlantic*, March 13, 2017.

4   Millsap, "Advocates for sex equity".

5   Millsap, "Advocates for sex equity"; and U.S. General Accounting Office, *Women's Educational Equity Act: A Review of Program Goals and Strategies Needed*, December 1994.

6   Dunkle papers, 22.2.

7   대학생들이 의원들에게 압박을 가하는 캠페인에 참여했다. 예컨대 인디애나대학교 학생들은 엽서와 함께 1200명이 서명한 탄원서를 보냈으며, 네브래스카대학교 학생들은 엽서 1000장을, 캘리포니아대학교 데이비스 학생들은 편지 150통과 300명이 서명한 탄원서를 보냈다. Dunkle papers, 22.2. 로스앤젤레스 교육구 여성위원회 위원장이자 WEEA 수여자 필리스 쳉은 운동을 조직해 의회로 1500통의 편지를 보냈다. Millsap, "Advocates for sex equity".

8   예를 들면 오린 해치(공화당-유타주) 상원의원은 타이틀 나인이 직원이 아닌 학생에게만, 그리고 직접 연방 재정 지원을 받는 프로그램에만 적용되도록 제한하려고 S.1361을 발의했다. 별도의 "가정보호법" 제정은 차별을 이행하는 교육기관이나 프로그램에 연방 재정 지원을 정지하는 잠재적 벌칙을 없앨 수도 있었다. *WEAL Washington Report*, October-November 1981, WEAL records.

9   PSEW records, 66.23.

10   Millsap, "Advocates for sex equity", and PEER *Equal Education Alert* 2, no. 7 (1982), PEER records.

11   닉슨 정권 시절 '여성의 권리와 책임에 관한 대통령 직속 대책본부' 팀장이었던 버지니아 앨런(Virginia Allan)이 이 그림자 민권위원회의 위원장을 맡았다. 위원 중 일인인 밍크 전 하원위원은 "이 나라의 여성은 배신당했다. (레이건의 NACWEP는) 책임을 방기하고 있다"라고 언급했다. 하원은 1988년 NACWEP를 완전히 폐지하고 1988년 호킨스-스태퍼드(Hawkins-Stafford) 수정안으로 WEEA를 재승인했다. Millsap, "Advocates for sex equity", and PSEW records, 6.10.

12   1981~1982년 법학전문대학원에 입학한 여성의 수는 4만 4902명이었다. Blumenthal, *Let Me Play*, 97.

13   코네티컷주 노스헤이븐 교육구는 1년간 출산휴가를 마친 종신직 특수교육 교사 아일린 더브의 복귀를 거부하고, 타이틀 나인은 학생에게게만 적용되고 직원에게는 적용되지 않는다고 주장하면서 OCR의 조사에 협조하지 않았다. OCR이 해당 교육구의 연방 재정 지원을 취소하자, 학교 관계자들이 HEW를 상대로 소송을 제기했다. 유사한 사건들 사이에 상충되는 판결이 내려지자 문제 해결이 대법원에 맡겨질 수밖에 없었다. 그런버거 팀은 혼란이 생긴 원인의 일부가 타이틀 나인이 민권법 제6편을 모델로 한 데서 비롯한다고 법정의견서에서 설명했다. 제6편은 직원을 예외로 하지만 타이틀 나인은 그렇지 않았다. 대법원은 여기에 동의했다. 타이틀 나인의 용어 선택과 그 규정은 직원에게도 적용됐으며, 하원은 그 규정을 받아들였다. 이후 교육부는 연방 지원금을 중단할 근거를 발견했는데, 노스헤이븐 교육위원회가 더브가 민권을 주장했다는 이유로 더브에게 보복 조치를 했기 때문이다. 더브는 복직과 더불어 근무하지 못한 동안 받지 못한 체불 임금과 변호사 비용 12만 4000달러[약 1억 6000만 원]를 요구했으나, 1985년 6월에 이뤄진 합의에 따라 5만 달러[약 6500만 원]를 지급받았다. "News Update", *Education Week*, August 22, 1985. Author interview with Marcia Greenberger, January 26, 2015, August 24, 2016, and January 4, 2021.

14   *Haffer et al. v. Temple U. of the Commonwealth System of Higher Education et al.*, 524 Supp. 531 E.D. Pa. 1981, affirmed, 688 F. 2d 14 (3d Cir. 1982).

15   그 밖의 중요한 소송의 예로는 U. of Richmond v. Bell, 543 F. Supp. 321 (E.D. Va. 1982), 힐스데일대학이 제기한 소송, 웨스트텍사스주립대학에서 제기된 소송 등이 있다.

16   Grove City College v. Bell, 687 F. 2d 691 (3d Cir. 1982), affirmed, 465 U.S. 555 (1984). 다수 의견은 바이런 화이트(Byron White) 판사가 작성했다. 그는 콜로라도대학교 재학 당시 스타 미식축구 선수였다.

17   "Questions and answers about Grove City College v. Bell", NCWGE, March 19, 1984, Dunkle papers, 84.11.

18   이 사례의 출처는 PPER's "Injustice under the law: The impact of the Grove City College decision on civil rights in America", in PSEW *Update*, April 11, 1985, PSEW records, 83.16.

19   Carpenter and Acosta, *Title IX*, 119-121.

20   Marcia Greenberger and C.A. Beier, "Federal funding of discrimination: The impact of Grove City v. Bell", pamphlet, PSEW records, cited in *On Campus with Women* 17, no. 2 (Fall 1987).

21   "Civil Rights Stalemate", *Washington Post*, March 12, 1986, PSEW records, 99.11. OCR이 종료한 사안 중에는 장애인 학생들이 기숙사에 들어가지 못하여

제출한 진정 및 전교 1등한 흑인 고등학생이 전국우등생단체(National Honor Society)에 초청받지 못하여 제출한 진정 등이 포함되어 있었다. Blumenthal, *Let Me Play*, 95-96. 종료한 사건의 발생 장소는 여자 운동선수를 차별한 것으로 밝혀진 메릴랜드대학교, 워싱턴대학교, 그리고 펜실베이니아주립대학교, 앨라배마대학교, 듀크대학교, 아이다호주립대학교, 미시시피대학교, 앨라배마주 오번대학교 등이다. "23 cases on civil rights closed after court rules", *New York Times*, June 3, 1984, NOW MC 496, 89.18. "As debate continues on Grove City ruling, U.S. delays action on complaints of bias", *Chronicle of Higher Education*, April 3, 1984, PSEW records, 99.10. National Women's Law Center "Federal funding of discrimination: The impact of Grove City v. Bell", in Greenberger's testimony before the U.S. Senate, *Hearings Before the Committee on Labor and Human Resources on S. 557*, 100th Cong., 1st sess., March 19 and April 1, 1997, citied in Festle, *Playing Nice*, 248n102.

22 PSEW *On Campus with Women* 14, no. 4 (Spring 1984), PSEW records.

23 1976회계연도에서 1982회계연도까지 OCR이 접수한 진정 가운데 가장 큰 비중을 차지하는 것은 제6편이 적용되는 차별 사례였다. 또 장애를 이유로 하는 차별을 금지하는 제504절 관련 진정 5820건, 타이틀 나인 관련 진정 3782건, 하나 이상의 법이 동시에 적용되는 진정 240건, 그 밖의 진정 28건을 접수했다. WEAL MC 500, 42.27.

24 Millsap, "Advocates for sex equity".

25 Millsap, "Advocates for sex equity".

26 "Education secretary backs civil rights proposal", *Washington Post*, May 24, 1984, PSEW records, 99.11. 여러 해에 걸쳐 그래왔듯 NCWGE는 1984년 9월 10일 보도자료에서 OCR에게 "이중, 삼중으로 차별을 겪는 소녀와 여성의 특수한 문제를 조사하라"라고 촉구하면서, 조사 및 규칙 준수 검토 과정에서 어떤 패턴이 드러나는지 확인을 요구했다. "예컨대 히스패닉 여학생들의 경험은 히스패닉 남학생과 대조하여 어떠한가? 백인 여학생과 대조했을 때는 어떠한가? 흑인 장애 여학생은 소수자가 아닌 장애 여학생이나 흑인 장애 남학생과 비교했을 때 다른 처우를 받는가?" Dunkle and Richards, *Sex Discrimination in Education*.

27 존 댄포스(공화당-미주리주) 상원의원은 낙태를 제외할 것을 제안했는데, 그래야 낙태가 타이틀 나인에 따라 평등한 보건 서비스의 적용을 받지 않게 되기 때문이었다. 하원에서는 토머스 타우크(공화당-아이오와주) 의원과 F. 제임스 센젠브레너 주니어(공화당-위스콘신주) 의원이 같은 제안을 했다. 1986년 3월 수백 명의 여성이 미국 국회의사당에 모여 이 제안 및 종교를 이유로 예외 사항을 확대하려는 움직임에 반대하는 로비를 했다. "Women lobby congress on abortion

rules", *New York Times*, March 19, 1986, PSEW records, 99.11. 통과된 수정안은 낙태에 이 법을 적용할 것을 강제하지도, 금지하지도 않았다. Hogshead-Makar and Zimbalist, *Equal Play*, 116.

28   필자가 2021년 2월 23일에 행한 그린버거 및 주디스 릭트먼과의 인터뷰에서 이 시나리오가 묘사된다. 릭트먼과의 구술 인터뷰 채록을 참조. (April 10, 2006; April 17, 2006; May 5, 2006; March 18, 2010), https://abawtp.law.stanford. edu/exhibits/show/judith-lichtman 흥미롭게도 노동부 직원 캐서린 이스트는 1960년대와 1970년대에 네트워크 조직 활동으로 "여성운동의 산파"라는 별명을 얻기도 했는데, 그가 동지들에게 10쪽 길이의 청원서를 보내, 어쩔 수 없는 상황이라면 낙태 수정안을 받아들이자고 호소했다. 그는 이렇게 적었다. "법안이 통과되지 못한다면 여성들에게 무슨 이득이 있겠는가? 일부 소수 여성들은 그로브 시티 판례에도 불구하고 민권사무국 소관에 해당하는 사례의 경우 낙태에 건강보험을 적용받을 권리를 누릴 수 있을 것이다. 그러나 그로브시티 판례 이전에 존재했던 타이틀 나인의 완전한 적용은 다시는 누리지 못하게 될 것이다." Dunkle papers, 5.3.

29   *National NOW Times* 20, no. 5 (December 1977/January 1988), NOW records.

30   U.S.C. section 1687 (1988), Public Law 100-259. Carpenter and Acosta, *Title IX*, 32, and https://www.govtrack.us/congress/bills/100/s557

31   또한 해퍼 판례는 남자 운동부와 여자 운동부가 받는 혜택을 비교할 틀을 제공했다. Suggs, *A Place on the Team*, 93-94.

32   "Hats off to Fresno State's new sports administrator", *Fresno Bee*, July 31, 1981, D2.

33   NCAA는 1981-82년 디비전 II와 III 여성 챔피언십을 마련했고, 1982-83년에는 디비전 I을 마련했다. NCAA는 AIAW 경기가 아니라 자기들이 조성한 여성 챔피언십 경기에 참여하는 학교에 회비를 내주겠다고 제안했다. NCAA가 TV 및 라디오와 맺은 계약은 방송사들이 AIAW가 아니라 NCAA의 여성 챔피언십을 방송할 것을 의무 사항으로 삼았다. AIAW가 NCAA를 상대로 제기한 독점금지 소송은 1983년 실패로 끝났다. Author interviews with Margot Polivy, January 25, 2014, January 20, 2015, and November 4, 2019; Carpenter and Acosta, *Title IX*, 114.

34   Office for Civil Rights, "Interim Title IX Intercollegiate Athletics Manual", July 28, 1980, and "Guidance for Writing Title IX Intercollegiate Athletics Letters of Finding", 1982.

35   미국 올림픽 농구 팀과 배구 팀 여성 선수 전원과 수영 팀의 일부 여성 선수들이 타이틀 나인 덕분에 대학에서 스포츠 장학금을 받을 수 있었다. *The Eleanor*

Smeal Report, August 31, 1984, NOW records, 89.18.

36 1982년에 제정된 캘리포니아 성형평교육법(SEEA), AB3133, Chapter 1117은 주의 재정 지원을 받거나 관련 혜택을 받는 교육기관, 또는 주의 지정 지원을 받는 학생이 재학하고 있는 교육기관의 성차별을 금지했다. 또 1975년에 제정된 AB1559, Chapter 789는 고등학교 운동부의 참여 및 재정 지원에 있어서 평등성을 요구했다. 1984년에 제정된 캘리포니아 SB2252, Chapter 1371은 SEEA가 성적 괴롭힘에도 적용된다고 명시했다. "Women and equality: A California review of women's equity issues in civil rights, education and the workplace", California Senate Office of Research, February 1999. 동 캘리포니아법은 타이틀 나인보다 더 포괄적이며, 스포츠, 고용, 임신 등을 명시적으로 다루었다. 뒤이어 알래스카·플로리다·조지아, 하와이, 일리노이, 아이오와, 메인, 미네소타, 네브래스카, 뉴저지, 뉴욕, 로드아일랜드, 사우스다코타, 워싱턴 등 다른 주들도 스포츠에서 성차별을 구체적으로 금지했다. Hogshead-Maker and Zimbalist, *Equal Play*, 104.

37 PEER 보고서 *Toward Educational Equity: An Overview of the Law* (1985년경 발표)는 알래스카, 캘리포니아, 콜로라도, 코네티컷, 플로리다, 하와이, 일리노이, 아이오와, 매사추세츠, 미네소타, 몬태나, 네브래스카, 뉴저지, 오리건, 펜실베이니아, 워싱턴 주에 타이틀 나인과 유사한 법률이 존재하는 점, 그리고 미시간, 오하이오, 뉴욕 주에서는 법안이 발의된 점을 확인했다. PEER records, 54.10.

38 Ware는 이 전략을 "자유주의 페미니즘의 정수"라고 일컫는다. *Game, Set, Match*, 97.

39 "Where does Yale stand on sexual harassment?", *Aurora*, 15, Yale Women's Center records, 1, folder, Aurora: Fall 1981-Winter 1982. Cherrie Moraga and Gloria Anzaldúa, eds., *This Bridge Called My Back: Writings by Radical Women of Color* (New York: Kitchen Table; Women of Color Press, 1981).

40 Caroline Kitchener, "When helping rape victims hurts a college's reputation", *The Atlantic*, December 17, 2014, in PEER records, 54.17.

41 OCR Policy Memorandum from Antonio J. Califa to Regional Civil Rights Directors, August 31, 1981, as quoted in *Sexual Harassment: It's Not Academic*, pamphlet published by OCR in September 1988. The memo from Califa, OCR's director for Litigation, Enforcement, and Policy Service broadly defined sexual harassment based on EEOC guidelines and court rulings on lawsuits under Title VII. Baker, *The Women's Movement Against Sexual Harassment*, 126.

42 PSEW는 하버드대학교, 프린스턴대학교, MIT, 펜실베이니아주립대학교, 미시간

대학교, 미네소타대학교, 세인트루이스대학교, 미네소타 법학전문대학원, 힐스보로 커뮤니티 칼리지, 라마포대학뉴저지주 등 여러 대학에서 발생한 성적 괴롭힘 사건에 관한 뉴스를 나눴다. *On Campus with Women* in the PSEW records.

43 Yale Women's Center records, 1.17.

44 Baker, *The Women's Movement Against Sexual Harassment*, 158-59.

45 진정은 1981년 3661건에서 1990년 5557건으로 증가했다. Baker, *The Women's Movement*, 170.

46 예컨대 인디애나주 먼시에 있는 볼주립대학교에서 남학생을, 그리고 엘 파소에 있는 텍사스대학교에서 여학생을 성적으로 괴롭힌 혐의로 고발된 남자 교수들이 각각 1984년과 1985년에 헌법상의 권리인 적법절차의 원칙과 평등보호조항 침해를 주장하며 소속 대학교를 상대로 소송을 걸었다. 클라크대학교 사회학과 교수 한 명은 명예훼손을 주장하며 학생 2인, 동료 교수 2인, 비서 1인을 상대로 소를 제기했다. 일반적으로 이런 사건은 법정 밖에서 합의로 해결하거나 증거 불충분으로 기각되었다. Baker, *The Women's Movement*, 140-43.

47 Baker, *The Women's Movement*, 135-61, 170.

48 샌들러는 담배를 완전히 끊기까지 1, 2년씩 끊은 적도 있고, 한 번은 6년 동안 끊은 적도 있다. 샌들러는 담배를 끊기 위해 그래야만 할 이유를 30가지 이상 적은 목록을 작성하여, 흡연하고 싶을 때마다 그 목록 중 적어도 25가지 이유를 암송했다. 그러고 나서도 담배 생각이 나면 한 개비를 피웠지만, 그런 경우는 별로 없었다. Sandler papers, 1.4 – 1.5.

49 Sandler speech, "The classroom climate — a chilly one for women", PSEW records, 20.2.

50 저자. Roberta M. Hall, with assistance from Bernice R. Sandler, PSEW records, 83.13.

51 다음 문헌에 언급됨. PSEW's report to the Ford Foundation, January 15, 1987, PSEW records, 6.11.

52 윤간을 뜻하는 "돌림빵"(gang bang)이라는 표현은 이후 인종화되어, 백인 남학생 동호회 회원들이 아니라 흑인 남자들이 강간 행위를 하는 이미지를 촉발하게 되었다.

53 PSEW records, 98.3.

54 저자. Julie K. Ehrhart and Bernice R. Sandler.

55 *Times*, *Newsweek*, NPR, CBC 등 많은 언론 매체가 이 연구 논문을 기사로 다뤘다.

56 그 논문에 인용된 사람은 뉴햄프셔대학교의 앤드루 머턴(Andrew Merton)이다.

57 예컨대 2007년 10월에 발표된 "대학 성폭행 연구"(Campus Sexual Assult Study)는 남자 학부생 1375명 가운데 6퍼센트가 성폭행이나 성폭행 미수를 겪었

다고 보고했다. https://www.ojp.gov/pdffiles1/nij/grants/221153.pdf

58   Helen Zia, "The University of Michigan's silent crime", *Metropolitan Detroit*, January 1985, PSEW records, 98.2.

59   PSEW records, 98.1, 98.2, and 98.3.

60   Mary P. Koss, Christine A. Gidycz, and Nadine Wisniewski, "The scope of rape: Incidence and prevalence of sexual aggression and victimization in a national sample of higher education students", *Journal of Consulting and Clinical Psychology* 55, no. 2 1987: 162-70.

61   *Women's Education Equity Act: A Review of Program Goals and Strategies Needed*, General Accounting Office, December 1994.

62   1980년대에 "기본으로 돌아갈 것"을 강조하던 보수적인 "교육개혁"은 소수자, 소녀와 여성, 저소득층 학생이 겪는 문제를 거론하지 않았다. PEER의 권고 사항에는 다음이 포함됐다. 교사들이 성차별, 인종주의, 계급 차별을 하지 않도록 교육할 것. 교과과정과 교과서에 편견이 들어가지 않게 할 것. 임신하거나 아이를 보육하는 10대 학생들이 학교를 그만두지 않도록 학교에 탁아시설을 설치할 것. *The PEER Report Card: Update on Women and Girls in America's School — a State-by-State Survey*, Autumn 1985, PEER records, 55.4; *The Heart of Excellence: Equal Opportunities and Educational Reform*, September 1987(이 문헌은 부분적으로 1986년 PEER에서 개최한 공개 토의에서 영감을 얻어 작성되었다), PEER records, 54.17.

63   Drs. Akasha (Gloria T.) Hall, Patricia Bell Scott, and Barbara Smith, cited in Nancy Chi Cantalupo, "And even more of us are brave: Intersectionality & sexual harassment of women students of color", *Harvard Journal of Law and Gender* 42, no. 1 (2018):3.

64   Kimberlé Crenshaw, "Demarginalizing the intersection of race and sex: A black feminist critique of antidiscrimination doctrine, feminist theory and antiracist politics", *University of Chicago Legal Forum*, no. 1 (1989): 139-67; and "Mapping the margins: Intersectionality, identity politics, and violence against women of color", *Stanford Law Review* 43, no. 6 (1991): 1241-99.

65   샌들러가 2005년 10월 30일 딸 데버러와 에밀리에게 보낸 이메일. Sandler papers, 8.3.

66   두 쟁점보고서 모두 진 휴스와 버니스 샌들러가 작성했다.

67   Correspondence from Sandler to Martha Church, cc'd to President Chandler, Board Chair Bette E. Landman, and AAC's incoming president Paula Brownlee, August 2, 1990, Sander papers, 27.4, 27.8.

68   *On Campus with Women*, 19, no. 1 (Summer 1989), PSEW records.

69   Yale Women's Center records, 3, folder "Crime 1989 & Unrelated". See "Rifleman slays 15 'feminists' at university", Associated Press, in *New Haven Register*, December 7, 1989, 1.

70   샌들러의 업적과 해고당한 일에 대한 그의 반응의 출처는 샌들러와의 인터뷰, PSEW의 연례 보고서, 그리고 Sandler papers, 27에 담긴 서한.

71   그보다 10여 년 전, PSEW의 열렬한 옹호자였던 포드재단의 메리엄 체임벌린 과 그 밖의 3인은 1981년 포드재단의 새 회장이 기존 프로그램 담당자 수십 명 을 해고하자 연령 차별을 이유로 EEOC에 진정을 냈다. (포드재단의 PEER 옹호 자 테리 사리오는 동 재단 직원들이 "월요 대학살"이라고 일컬었던 그 대규모 해 고가 있기 직전에 재단을 떠났다.) 체임벌린은 재단과 일정한 재정적 합의에 도 달했고, 비영리단체에 들어가 포드재단에서 하던 일의 일부를 계속할 수 있었다. 출처는 "Cracks in the Foundation?" *Newsweek*, September 7, 1981, 87, PSEW records, 6.3, 필자가 2016년 6월 14일에 행한 테리 사리오와의 인터뷰, 그 리고 "Mariam Chamberlain, Women's Champion, Dies at 94", *New York Times*, April 7, 2013.

72   "Head of college association's project on women dismissed after 20 years in advocacy role", *Chronicle of Higher Education*, December 5, 1990, Sandler papers, 1.9. PSEW의 *On Campus with Women*을 검토한 결과, 성차별, 성적 괴롭힘, 성폭행 등은 1990년대 타이틀 나인의 역사적 변천을 이끈 가 장 중요한 이슈에 해당했음에도 샌들러가 해고된 이후 이런 이슈들은 거의 언급되 지 않았다.

| 8장 |

1   Jim Staats, "Former Marin City administrator returns to help community", *Marin Independent Journal*, July 31, 2008.

2   이 사건 설명은 소송 관련 자료를 바탕으로 한다. 또 다음을 참조했다. Suggs, *A Place on the Team*, 105-6; Mark Walsh, "Issue of sexual harassment in schools moves to Supreme Court", *Education Week*, December 11, 1991; and Dan H. Wishnietsky, *Establishing school policies on sexual harassment*, Phi Delta Kappa Educational Foundation, 1994.

3   프랭클린 판례의 영향에 관해서는 다음을 참조. Suggs, *A Place on the Team*, 105-6; Carpenter and Acosta, *Title IX*, 124-25 and 131-33; Hogshead-Makar and Zimbalist, *Equal Play*, 133; and Brake, *Getting in the Game*, 73 and 147.

4   NWLC가 대법원에 제출한 법정의견서에는 전미교육협회(National Education Association), 미국여대생협회(AAUW), ACLU, NOW, 그리고 멕시코계 미국인, 장애인, 그 밖의 소수자 권익을 옹호하는 단체가 서명했다.

5   Linda P. Campbell, "Court weighs allowing students to collect damages in sex bias cases", *Chicago Tribune*, December 12, 1991.

6   Franklin v. Gwinnett County Public Schools, 911 F. 2d 617 (11th Cir. 1991), reversed by Supreme Court 503 U.S. 60 (1992).

7   Paul M. Anderson, "Title IX at Forty: An Introduction and Historical Review of Forty Legal Developments That Shaped Gender Equity Law", *Marquette Sports Law Review* 22, No. 2 (2012): 325.

8   다른 세 사람은 앤절라 라이트(Angela Wright), 로즈 주데인(Rose Jourdain), 수카리 하드넷(Sukari Hardnett)이었다. Annys Shin and Libby Casey, "Anita Hill and her 1991 congressional defenders to Joe Biden: You were part of the problem", *Washington Post*, November 22, 2017.

9   Baker, *The Women's Movement Against Sexual Harassment*, 144, 152.

10   토머스가 보인 반응은 성적 괴롭힘으로 고발당한 자들의 전형적인 반응이었다. 오리건대학교 제니퍼 프라이드 교수는 그와 같은 전략을 DARVO(deny, attack, and reverse the victim and offender: 혐의 부인, 공격, 피해자와 가해자 뒤바꾸기)라고 명명했다.

11   Turk, Equality on Trial, 199.

12   Chris Mills Rodrigo, "Timeline: A history of the Joe Biden-Anita Hill controversy", *The Hill*, May 4, 2019.

13   아직 하원의원의 약 90퍼센트가 남성이던 시절이었다. 새 회기가 열렸을 때, 나이 많은 하원의원 하나가 퍼트리샤 슈로더 콜로라도주 민주당 소속 하원의원에게 다가오더니 이렇게 말했다. "이제 좀 흡족하신가." "무슨 뜻인지요?" 슈로더가 되물었다. "의회가 쇼핑몰 같아졌잖소." 슈로더가 그의 얼굴을 쳐다봤다. "어디서 쇼핑을 한다는 말씀이신지요?" Shin and Casey, "Anita Hill and her 1991 congressional defenders".

14   퍼트리샤 H. 사건과 관련해 참조한 자료는 Patricia H. v. Berkeley Unified Scho. Dist., 830 F. Supp. 1288 (N.D. CA 1993)에서 판사의 예비심문 판결문, 2017년 1월 13, 동년 1월 21일, 그리고 2020년 2월 5일에 필자가 행한 패멀라 프라이스와의 인터뷰, 그리고 프라이스의 웹사이트에 게재된 포스팅 등이다.

15   전국성폭력자료센터(National Sexual Violence Resource Center)에 따르면 강간은 범죄 중에서 신고되는 비율이 가장 낮다. 37퍼센트만 경찰에 고발되며, 아동 성범죄 신고 비율은 12퍼센트에 불과하다. "Statistics about Sexual Violence", 2015. NSVRC.org

16   이 설명은 진술 기록이 아니라 프라이스의 회고를 바탕으로 한다.

17   1994년 의회는 연방증거법을 개정하여 원고의 "성적 지향"이나 "다른 성행동"
     을 성적 괴롭힘 재판에서 증거로 채택할 수 없도록 했다. California Evidence
     Code section 1106 and Baker, *The Women's Movement Against Sexual
     Harassment*, 174.

18   법정의견서에 서명한 단체는 NWLC, NOW, 평등권옹호회, AAUW, 캘리포니아
     여성법률센터, 그리고 여성법률구조기금.

19   예컨대 Doe by and Through Doe v. Petaluma City School Dist., 949 F.
     Supp. 1415 (N.D. Cal. 1996)을 참조.

20   "Berkeley District to pay $800,000 to settle sexual-abuse suit", *Education
     Week*, September 7, 1994. 이 기사에 따르면 구조화된 방식으로 지급될 합의금
     의 총 가치는 180만 달러[약 23억 원]였다.

21   "With campus crimes capturing public attention, colleges reevaluate
     security measures and stiffen some penalties", *Chronicle of Higher
     Education*, February 6, 1991, Sandler papers, 68.3.

22   이 국제회의는 1991년 10월에 열렸다. Sandler papers, 12.20.

23   듀크대학교는 1992년 가을 학기에 그를 태스크포스 팀장으로 임명했다.

24   원래 의회는 이 법을 '1990년 학생의 알 권리와 대학 안전법'(P.L. 101-542) 제2
     편으로 제정했으며, 이것은 1965년 고등교육법(Higher Education Act)을 개
     정하는 법이었다. 이후 이것은 1998년 고등교육법 개정법에서 '진 클러리 대학
     안전정책 및 대학범죄통계공개법'(Clery Act, 20 U.S.C. 1092)으로 명칭이 바뀌
     었다. 클러리 부부는 리하이대학교를 상대로 소를 제기하면서, 범죄율을 공개했
     으면 살해된 딸이 애초에 그곳에 입학하지 않았을 것이라고 주장했다. 클러리 부
     부는 200만 달러에 합의하고 '대학 안전'이라는 비영리단체 설립했다. 살해범은
     무기징역을 받았다. Gail McCallion, "History of the Clery Act: Fact Sheet",
     Congressional Research Service, October 20, 2014; "Ex-Lehigh student
     sentenced to electric chair for murder", *New York Times*, April 30,
     1987, B9; Valerie J. Nelson, "Crusade for increased campus security after
     daughter's murder", *Los Angeles Times*, January 12, 2008.

25   Center for Public Integrity, *Sexual Assault on Campus: A Frustrating
     Search for Justice*, 2010, https://publicintegrity.org/topics/education/
     sexual-assault-on-campus

26   William Celis 3d, "Date rape and a list at Brown", *New York Times*,
     November 18, 1990, section 1, p. 26.

27   "Campus life: Stanford; Task force seeks revised handling of rape
     charges", *New York Times*, February 10, 1991.

28   "Women's group proposes curfew for men", *National NOW Times*, December 1991, 6.

29   Sandler records, 68.3.

30   Correspondence from Kathryn Allot to Sandler, December 13, 1993, Sandler records, 28.4.

31   Memo from NOW legal intern Jill Weissman to Ginny Montes and Nancy Buermeyer, July 6, 1992, NOW MC 666, 97.16.

32   Baker, *The Women's Movement Against Sexual Harassment*, 173-75; Bernice R. Sandler and Robert J. Shoop, eds., *Sexual Harassment on Campus: A Guide for Administrators, Faculty, and Students*, to be marketed by the National Middle School Association, Sandler records, 10.4.

33   From Sandler's talk in October 1996 to the Grand Valley State University Women's Commission, Allendale, MI, Sandler paper, 10.1.

34   1992~1993년에 그런 자료에 대한 수요가 증가했다. WEEA Program biennial evaluation report for fiscal year 1993-94, DFDA No. 84.083.

35   *Women's Educational Equity Act: A Review of Program Goals and Strategies Needed*, General Accounting Office, December 1994.

36   Memo from Verna Williams to Sandler, August 21, 1996, Sandler papers, 33.2.

37   Correspondence from OCR Region X director Gary D. Jackson to Jane Jervis, president of Evergreen State College, April 4, 1995. See https://www2.ed.gov/policy/gen/leg/foia/misc-docs/ed_ehd_1995.pdf

38   NOW의 부단체장이며 검사 출신인 킴 갠디(Kim Gandy)는 1999년 가을호 *NOW National Times*에서 "대학 징계위원회가 강간 사건을 다뤄야 할 이유가 없다. 강간 사건은 형사사법제도에 넘겨야 한다"라고 주장했다. 아이러니하게도 같은 가을호에는 한 스트립 댄서가 1999년 2월 7일 게인즈빌 소재 플로리다대학교 델타 카이 남학생 동호회 회원들에게 윤간당한 뒤 경찰의 도움을 청한 — 그랬다가 역효과를 본 — 사건을 설명한 장문의 기고문이 실렸다. 리자 기어 킹(Lisa Gier King)은 파티에서 알몸으로 피신한 뒤 어머니에게 전화했고, 킹의 어머니가 대학 경찰에 신고했다. 킹은 목 보호대를 착용하고 들것에 실려 구급차로 병원에 실려 갔다. 남학생 동호회 회원들이 촬영, 편집한 동영상을 보면 강간이 일어나는 동안 일부 회원이 수차례에 걸쳐 "강간해"를 외쳤다. 그중 한 명이 킹에게 거부하면 "목을 부러뜨리겠다"라고 위협하는 말도 들렸다. 그가 킹의 목을 조르며 물었다. "어쩔래? 다시 숨 쉴래?" 그들은 이 동영상 제목을 "백인 쓰레기 마약중독자 년 강간하기"라고 붙였다. 남자 판사는 성폭행의 증거를 찾아볼 수 없다면서 이 동영

상을 공개했다. 이 영상을 "남학생 동호회 강간 실황 테이프"라며 인터넷상에서 판매하는 사람도 있었다. 대학 경찰은 3월 1일 강간 혐의자들이 아니라 킹을 "허위신고"로 체포했다. 플로리다주 검사 로드 스미스는 킹을 한 번도 면담하지 않았고 고발된 강간 사건을 전혀 수사하지 않았다. 스미스는 이전에도 다른 강간 사건을 제대로 수사하지 않아서 다른 강간 피해 여성 네 명이 NOW에 하소연하기도 했다. NOW는 킹을 위해 매주 피켓 시위를 벌이고 탄원서에 3000명의 서명을 받았다. 킹은 7월 양형 거래를 받아들여 무허가 에스코트 서비스업을 한 혐의로 6개월 집행유예를 받고, 대신 검찰은 매매춘과 음란퇴폐행위에 대한 기소를 취하하기로 했다. 대학 당국은 문제의 남학생 동호회에 3년간 정지 처분을 내렸다.

39   OCR이 처음으로 성적 지향과 관련해 타이틀 나인의 적용 문제를 거론했다. OCR은 타이틀 나인이 성적 지향에 근거한 차별을 금지하지 않지만, 성적 괴롭힘 가해자나 피해자의 성적 지향과 관계없이 성적 속성을 지닌 괴롭힘 행위(conduct) 자체를 금지한다고 언급했다. 그 이듬해 대법원은 직장에서 발생하는 동성을 겨냥한 성적 괴롭힘은 보통 남성성과 여성성에 관한 고정관념을 바탕으로 이뤄지므로 민권법 제7편이 적용된다고 판결했다. Oncale v. Sundowner Offshore Services, 523 U.S. 75.

40   *Sexual Harassment Guidance: Harassment of Student by School Employees, Other Students, or Third Parties*, 62 Federal Register(March 13, 1997), 12034 and what follows.

41   Sandler papers, 28.1, 28.2.

42   Sandler papers, 32.5.

43   Sandler papers, 35.1.

44   Sandler papers, 33.2, 33.3, 33.7.

45   Email from Ali P. Crown, director of the Women's Center at Emory, to Sandler, September 22, 1997, Sandler papers, 33.7.

46   Blumenthal, *Let Me Play*, 107.

47   "Title IX: A Brief History", WEEA Equity Resource Center, August 1997, Mink papers LOC, 2041.5.

48   NCWGE, *Title IX at 25: Report Card on Gender Equity* (Washington, DC: National Women's Law Center, 1997), citied in Susan J. Smith, "Title IX and Sexual Harassment", WEEA Digest, October 1998; and a 1993 Louis Harris and Associates survey of 1,600 public school students commissioned by the American Association of University Women. See http://www2.edc.org/WomensEquity/pubs/digests/digest-title9-harass.html

49   "Celebrate the 25th Anniversary of Title IX", Mink's "Dear Colleague"

letter of June 23, 1997, asked the committee members to sign on to the concurrent resolution. Mink papers LOC, 2041.2, 2041.3.

50   MacKinnon and Siegel, *Directions in Sexual Harassment Law*, 61 (emphasis in original).

51   Nicole M. v. Martinez Unified School Dist., 964 F. Supp. 1369 (N.D. Cal. 1997).

52   Emily Gurnon, "Women object to sex suit costs", *San Francisco Examiner*, July 15, 1997.

53   U.S. 274 (1998).

54   Catherine M. v. San Francisco Community College District, Nos. A078308 and A079443 (Cal. Ct. App. August 27, 1998). 항소법원은 완전히 무관한 근거를 바탕으로 내린 하급법원의 약식 판결을 인정했다.

55   U.S. 629 (1999).

56   더 상세한 논의는 다음을 참조. Cantalupo, "And even more of us are brave".

57   Blumenthal, *Let Me Play*, 113.

58   Michele Goodwin, "Sex, theory, & practice: Reconciling Davis v. Monroe & the harms caused by children", *DePaul Law Review* 51, no. 3 (2002): 805, 821.

59   Correspondence in August 1998 and January 1999 from the secretary of education to school superintendents and college and university presidents, respectively. Also, Office for Civil Rights, *Revised Sexual Harassment Guidance: Harassment of Students by School Employees, Other Students, or Third Parties*, January 2001.

60   Pamela Y. Price, "Eradicating sexual harassment in education", in MacKinnon and Siegel, *Directions in Sexual Harassment Law*, 64.

61   프라이스의 의뢰인 클로드 레이스너(Claude Reissner)는 펠리컨베이 주립교도소에서 근무하던 유대인 간호사였다. 그가 흑인 수감자들을 인간적으로 대한다는 이유로 교도관들이 그에게 인종차별적 언사와 유대인 혐오 발언을 하여 강제로 사직하게 했다. 3주간 이어진 소송 끝에 연방배심원은 그에게 차별에 대한 배상으로 50만 1000달러[약 6억 5000만 원] 이상을 지급하라고 평결했다. Pamela Y. Price, in MacKinnon and Siegel, *Directions in Sexual Harassment Law*, 66.

62   프라이스는 캘리포니아주 교정부를 상대로 한 소송에서 판사와 배심원단으로부터 세 차례의 승소를 얻어냈다. 두 사건에서 130만 달러[약 17억 원]를, 한 사건에서 62만 9000달러[약 8억 원]의 배상금을 받아냈다. 또 상사에게 성폭행당한 오클랜드시 당국 직원을 위해 82만 5000달러[약 11억 원]의 배상금을, 그리고 인종차

별을 당한 정유업체 정비공을 위해 90만 5000달러[약 12억 원]의 배상금을 받아 냈다.

| 9장 |

1   Favia v. Indiana University of Pennsylvania, 812 F. Supp. 578 (W.D. Pa. 1993).

2   "National collegiate athletic association: Final report of the NCAA Gender Equity Task Force, July 26, 1993", in Susan Ware, *Title IX: A Brief History with Documents* (Boston: Bedford/St. Martin's, 2007), 86.

3   Debra E. Blum, "A different 'equity,'" *Chronicle of Higher Education*, May 18, 1994, A35, and "Forum examines discrimination against black women in college sports", *Chronicle of Higher Education*, April 21, 1993, A39, cited in Festle, *Playing Nice*, 273.

4   Kenneth Tolo, "Gender equity in athletics: The inadequacy of Title IX enforcement by the U.S. Office for Civil Rights", Lyndon B. Johnson School of Public Affairs, University of Texas, Austin, 1993, cited in both Hogshead-Makar and Zimbalist, *Equal Play*, 136-37, and Suggs, *A Place on the Team*, 128-29. See also "Equal Opportunity in Intercollegiate Athletics", OCR, 1991.

5   *Gender Equity: Men's and Women's Participation in Higher Education*, U.S. General Accounting Office Report to the Ranking Minority Member, Subcommittee on Criminal Justice, Drug Policy and Human Resources, Committee on Government Reform, House of Representatives, December 2000.

6   "Intercollegiate athletics: Status of efforts to promote gender equity", General Accounting Office, HEHS-97-10, October 25, 1996; Suggs, *A Place on the Team*, 129; Hogshead-Makar and Zimbalist, *Equal Play*, 137.

7   Author's analysis of date requested from OCR.

8   *National NOW Times*, June 1993, NOW records.

9   Memo from Linda Joplin, California NOW Athletic Equity Committee Chair, to Women Athletic Administrators, September 17, 1993, Milutinovich papers.

10   Carpenter and Acosta, *Title IX*, 131.

11   Brake, *Getting in the Game*, 74-77; See Cohen v. Brown University, 809 F. Supp. 978 (D.R.I. 1992), affirmed, 991 F. 2d 888 (1st Cir. 1993), remanded

to, 879 F. Supp. 185 (D.R.I. 1995), affirmed in part and reversed in part, 101 F. 3d 155 (1st Cir. 1996), cert. denied, 520 U.S. 1186 (1997). Also, Suggs, *A Place on the Team*, 109-23.

12   Carpenter and Acosta, *Title IX*, 133-34; Hogshead-Makar and Zimbalist, Equal Play, 135; Festle, *Playing Nice*, 173-279. Deborah Brake and Elizabeth Catlin, "The path of most resistance: The long road toward gender equity in intercollegiate athletics", *Duke Journal of Gender Law & Policy* 3, no. 51 (1996): 51-92.

13   이 장 및 다른 장에 등장하는 밀류티노비치 관련 부분은 2019년 2월 1일 및 13일, 그리고 같은 해 12월 18~20일에 필자와 밀류티노비치의 인터뷰 및 뉴스 보도를 바탕으로 한다.

14   George Hostetter, "Spencer Out as FSU Women's Basketball Coach", *Fresno Bee*, March 30, 1993, C1.

15   이 장 및 다른 장에 등장하는 린디 비버스 또는 마지 라이트 관련 부분은 필자가 2019년 2월 19일과 2월 16일에 비버스, 라이트와 각각 한 인터뷰 및 2018~2019년 밀류티노비치와 6번에 걸쳐 행한 인터뷰를 바탕으로 한다.

16   해체된 운동부의 대부분이 NCAA 디비전 I 소속으로서 특히 레슬링부와 남자 체조부가 많이 축소됐다. 미식축구와 남자 농구 선수의 숫자는 NCAA 모든 디비전에서 증가하거나 같은 수준을 유지했다. Suggs, *A Place on the Team*, 139.

17   NCAA, *1982-2001 Sports Sponsorship and Participation Statistics Report*, cited in Hogshead-Makar and Zimbalist, *Equal Play*, 105-6.

18   Samantha Schmidt, "Judge bars disgraced former House Speaker Dennis Hastert from being alone with children", *Washington Post*, December 13, 2017.

19   Eric Lipton and Monica Davey, "Wrestling propelled Hastert's career, and provided opportunity for abuse", *New York Times*, April 22, 2016.

20   Statements by NCAA executive director Richard D. Schultz and NWLC's Ellen J. Vargyas before the House Subcommittee on Commerce, Consumer Protection, and Competitiveness, April 9, 1992, Mink papers LOC, 2041.7.

21   See Miami U. Wrestling Club v. Miami U., 302 F. 3d 608 (6th Cir. 2002), Gonyo v. Drake University, 879 F. Supp. 1000 (S.D. Iowa 1995), and Kelly v. Board of Trustees, 35 F. 3d 265 (7th Cir. 1994), cited in Brake and Catlin, "The path of most resistance", 68. Also see Deborah E. Blum, "Slow progress on equity", *Chronicle of Higher Education*, October 26, 1994, A47.

22   Mike Digiovanna, "Cal State system's plan to bring women's opportunities

in line with men's could have nationwide ramifications", *Los Angeles Times*, October 22, 1993.

23   Jim Wasserman, "No excuse for ignoring FSU sports for women", *Fresno Bee*, August 29, 1993, Milutinovich papers.

24   Correspondence and report from John E. Palomino, OCR regional civil rights director, to Dr. Joh Welty, April 6, 1994, Milutinovich papers.

25   Carol Herwig, "Federal office gets tougher with Title IX", *USA Today*, July 21, 1994, Milutinovich papers.

26   캐런 험프리(Karen Humphrey) 프레즈노 전 시장과 메리 루이즈 프램턴(Mary Louise Frampton) 변호사가 이 연합을 공동 창립했다.

27   Bill McEwen, "Women aren't sinking Bulldogs", *Fresno Bee*, November 9, 1995, D1. Christopher Livingston, "The 'Wright' Honor: Dogs dedicate softball Diamond to applaud winningest coach", *Collegian*, May 4, 2014. Author interview with Margie Wright, February 16, 2019.

28   Equity in Athletics Disclosure Act, 20 USC 1092 [g].

29   Corrective Action Plan Correspondence and Corrective Action Plan from OCR regional director John Palomino to John D. Welty, June 20, 1994, Milutinovich papers.

30   *Data Books, Students, 1997*, Institutional Research Office records, box 1 of 2, Madden Library, California State University, Fresno.

31   "Excerpts from *Hearing on Title IX of the Educational Amendments Act of 1972: Hearing Before the Subcommittee on Postsecondary Education, Training, and Life-Long learning of the Committee on Economic and Educational Opportunities*, House of Representatives, 104th Cong., 1st sess., May 9, 1995", in Ware, *Title IX: A Brief History*, 96-114.

32   Aron Sorkin, *The American President* screenplay, on dailyscript.com

33   "Dear Colleague" letter and "Clarification of intercollegiate athletics policy guidance: The three-part test", January 16, 1996, Office for Civil Rights.

34   "Dear Colleague" letter from Norma Cantú to Bowling Green State University, July 23, 1998, and made available to other institutions.

35   2007년 린디 비버스 재판에 증인으로 출두한 레이먼드는 그런 발언을 한 사실을 부인했다.

36   1980년대 말 기물 파손자들이 캘리포니아주립대학교 프레즈노 성소수자 학생들의 부스를 방화했다. 1989년 2월에는 쿠클럭스클랜이 게이, 레즈비언, 바이섹슈

얼 학생들의 학회를 방해하고 기조 연설자를 공격하려고 계획했으나 대학 경찰이 그들의 학내 진입을 막았다. Milutinovich papers; Dan Waterhouse, "Sexual Orientation an Issue in CSU Fresno Athletic Department", *Community Alliance*, December 2007, 9, Milutinovich papers.

37   Robert Lipsyte, "Penn State coach will abide by lesbian policy, but won't discuss it", *New York Times*, December 20, 1991, B14, cited in Festle, *Playing Nice*, 267-68.

38   Excerpts from Lucy Jane Bledsoe, "Team sports brought us together", *Harvard Gay & Lesbian Review* 4, no. 3 1997, 18-20, as "Lucy Jane Bledsoe: Homophobia in Women's Sports, (1997)", in Ware, *Title IX: A Brief History*, 147.

39   Unofficial transcript of the Appleton broadcast on October 26, 1995, Milutinovich papers.

40   KMJ press release, June 16, 1997, Milutinovich papers.

41   Suggs, *A Place on the Team*, 132-34; Brake, *Getting in the Game*, 159; "Advocacy group charges 25 colleges with violating Title IX", *Chronicle of Higher Education*, June 13, 1997.

42   또한 OCR은 성적 괴롭힘에 중점을 둬 5건, 입학 허가에 중점을 둬 5건, 그리고 기타 한 건의 규정 준수 검토를 시행했다. *Gender Equity: Men's and Women's Participation in Higher Education*, U.S. General Accounting Office Report to the Ranking Minority Member, Subcommittee on Criminal Justice, Drug Policy and Human Resources, Committee on Government Reform, House of Representatives, December 2000.

43   또 이 NCWGE 행사에서 *Title IX at 25: Report Card on Gender Equity*를 발간했다.

44   "Nondiscrimination on the basis of sex in education programs or activities receiving federal financial assistance: Final common rule", Federal Register 65, no. 169 (August 30, 2000): 52857.

45   *Title IX: 25 Years of Progress*, Department of Education, 1997, Mink papers LOC, 2041.5. Also, OCR's January 1999 fact sheet.

46   *Women and Equality: A California Review of Women's Equity Issues in Civil Rights, Education and the Workplace*, California Senate Office of Research, February 1999.

47   Milutinovich papers.

48   Blumenthal, *Let Me Play*, 110.

49   시설 개선이 전부 여성을 위해서만 이뤄진 것은 아니었다. 시설 개선이 이뤄진 사

항은 다음과 같다. 소프트볼 경기장과 언론석 410만 달러[약 53억 원], 여자 탈의실 120만 달러[약 16억 원], 여자 농구부와 배구부가 경기하는 노스짐 체육관 68만 8000달러[약 9억 원], 여자 축구부 사무실, 축구장, 수영장 탈의실 등.

50   1993년에 캘리포니아주립대학교 프레즈노의 미식축구부 선수는 110명이었다. Michele Kort, "Full Court Press", *Ms.*, Spring 2008, 46-51.

51   Correspondence from OCR's Robert E. Scott to John D. Welty, September 27, 2001, Milutinovich papers; Jill Lieber Steeg, "Disputes reflect continuing tension over Title IX", *USA Today*, May 13, 2008, A1.

| 10장 |

1   "2000 Republican party platform", July 31, 2000, online at The American Presidency Project, University of California, Santa Barbara.

2   1997년에 여성은 대학생의 56퍼센트를 차지했고, 학자금 지원을 받을 확률도 남학생과 비슷했다. 1972~1997년 사이에 법학전문석사를 취득한 여학생 비율은 7퍼센트에서 44퍼센트로, 의학전문석사를 취득한 여학생 비율은 9퍼센트에서 41퍼센트로 증가했다. *Gender Equity: Men's and Women's Participation in Higher Education*, U.S. General Accounting Office Report to the Ranking Minority Member, Subcommittee on Criminal Justice, Drug Policy and Human Resources, Committee on Government Reform, House of Representatives, December 2000.

3   Krista Kafer, "Gender equity program in the chairman's mark", The Heritage Foundation, May 9, 2001, Mink papers LOC 2041.9.

4   "Women's educational equity, funding status: Archived information", U.S. Department of Education website.

5   Mary Jo Sylvester, "Hispanic girls in sport held back by tradition", *USA Today*, March 29, 2005; Brake, *Getting in the Game*, 116.

6   다음 문헌에서 발췌. Welch Suggs, "Left behind: Title IX has done little for minority female athletes — because of socioeconomic and cultural factors, and indifference", *Chronicle of Higher Education*, November 30, 2001, p. 35, in Ware, *Title IX: A Brief History*, 140-47.

7   Ware, *Title IX*, 35.

8   *Title IX and Race in Intercollegiate Sport*, Women's Sports Foundation, June 2003.

9   Correspondence from Milutinovich to NCAA assistant director for health and safety Randall W. Dick, November 26, 2001, Milutinovich papers. See

Guideline 3b in the NCAA's *Sports Medicine Handbook 1999-2000*.

10   Amy Rainey, "What athletes can expect when they're expecting", *Chronicle of Higher Education*, May 26, 2006.

11   See Brake, *Getting in the Game*, 171, 186-87.

12   Press packet for Milutinovich's October 9, 2002, press conference, Piccadilly Inn Hotel, Fresno, Milutinovich papers.

13   Hogshead-Makar and Zimbalist, *Equal Play*, 2; Carpenter and Acosta, *Title IX*, 84.

14   *Title IX at 30 Report Card on Gender Equity*, National Coalition for Women and Girls in Education, June 2002, Mink papers LOC, 2041.2.

15   Bernice Sandler, "Wrestling with Title IX", letter to the editor of the *Chronicle of Higher Education*, March 8, 2002, Mink papers LOC, 2041.1.

16   Bill Pennington, "More men's teams benched as colleges level the field", *New York Times*, May 9, 2002, Mink papers LOC, 2041.1.

17   National Wrestling Coaches Association v. Department of Education, 366 F.3d 930 (D.C. Cir. 2004), cert. denied 545 U.S. 1004.

18   Memo from "RLV" to Mink, June 27, 2002, with notes from the Senate Committee on Health, Education, Labor, and Pensions hearing on "Title IX: Building on 30 Years of Progress", Mink papers LOC, 2041.1. Also, Suggs, *A Place on the Team*, 157-58.

19   Welch Sugg, "Federal commission considers reinterpreting Title IX", *Chronicle of Higher Education*, Septmber 6, 2002.

20   "More men's teams benched"; excerpt from Nancy Hogshead-Maker, "A critique of *Tilting the playing field: Schools, sports, sex and Title IX* by Jessica Gavora", *UCLA Women's Law Journal*, Fall/Winter 2003; *Intercollegiate Athletics: Four-Year Colleges' Experiences Adding and Discontinuing Teams*, U.S. General Accounting Office, March 2001, cited in Hogshead-Makar and Zimbalist, *Equal Play*, 197-217.

21   NCAA 보고서에 따르면 대학 미식축구는 1981년 총 497팀에 팀 평균 선수 82명 이었던 것이 2000년에는 총 603팀에 팀 평균 선수 94명으로 크게 늘었다. "NCAA report on sports participation reveals upswing for women and a drop for men", Chronicle of Higher Education, April 19, 2002, Mink papers LOC, 2041.1.

22   Andrew Zimbalist, "What to do about Title IX", based on his testimony before the U.S. Department of Education's Commission on Title IX, San Diago, November 20, 2002, in Hogshead-Makar and Zimbalist, *Equal*

Play, 239–42.

23 *Patsy Mink: Ahead of the Majority*, directed by Kimberlee Bassford (Making Wave Films, 2008, including outtakes).

24 Correspondence from Secretary Paige to Mink, April 10, 2002, Mink papers LOC, 2041.1.

25 Mink papers LOC, 2041.1.

26 *National NOW Times*, Fall/Winter 2002, NOW records.

27 "Statement by congresswoman Patsy T. Mink in the House of Representatives Celebrating the 30th Anniversary of Title IX of the Education Act Amendments of 1972", June 19, 2002, Mink papers LOC, 2041.1.

28 H.J.R. 113 and S.J.R. 49, which President Bush signed October 31, 2002. House member gave their tributes on September 30 and October 2 and 7, 2002.

29 Patsy T. Mink, *Late a Representative from Hawaii: Memorial Addresses and Other Tributes* (Washington, DC: U.S. Government Printing Office, 2003).

30 Welch Suggs, "Smoke obscures fire in Title IX debate as federal panel adjourns", *Chronicle of Higher Education*, February 7, 2003, A31.

31 Donna de Varona and Julie Foudy, "Minority views on the report of the Commission on Opportunity in Athletics", in Hogshead-Makar and Zimbalist, *Equal Play*, 256–75.

32 "Further clarification of intercollegiate athletics policy guidance regarding Title IX compliance", Dear Colleague letter, Office for Civil Rights, July 11, 2003.

33 Press packet from Milutinovich's October 9, 2002, press conference, Milutinovich papers.

34 Andy Boogaard, "Milutinovich: Switch was payback", *Fresno Bee*, October 20, 2007, D1.

35 Kort, "Full court press", 46–51; Bryant-Jon Anteola, "Local law firm will not represent Vivas", *Fresno Bee*, December 23, 2004, Milutinovich papers.

36 E.J. Schultz, "Panel on Title IX bias targets Fresno State in heated hearing", *Sacramento Bee*, July 25, 2007, A3.

37 Correspondence from Milutinovich to OCR's Pat Shelton, February 3, 2004, Milutinovich papers.

38   Correspondence from Charles R. Love of OCR's San Francisco office to Rayma Church, April 26, 2004, Milutinovich papers. 여자 수영부는 한 달 동안 두드러기, 탈모, 호흡곤란이 심해지는 증상을 겪은 후 2004년 가을 학기에 수영장 입장을 거부했다. 수질이 양호하다는 관리 직원들의 주장은 결함 있는 화학 실험에 근거했다. 카운티 보건 관계 당국의 최종적인 판정에 따르면, 훈련받지 않은 직원이 인체에 무해한 것으로 간주되는 기준치의 8배에 달하는 염소 소독제를 수영장 물에 첨가한 것으로 드러났다. 수영부 부원들은 신체적 상해로 소송하여 결국 합의에 도달했다. Robert Rodriguez and Robert Kuwada, "Female swimmers sue Fresno State over pool chlorine", *Fresno Bee*, October 21, 2003, A1.

39   Kort, "Full court press", 46-51; Dan Waterhouse, "Sexual Orientation an Issue in CSU Fresno Athletic Department", *Community Alliance*, December 2007, 9.

40   존슨은 나중에 법정 진술에서 그런 언급을 하지 않았다고 부인했으며, 두 증인이 존슨과 웰티가 레즈비언들을 공정하게 대우했다고 증언했다. Bryant-Jon Anteola, "Defense contests anti-gay portrait", *Fresno Bee*, June 26, 2007, Milutinoivich papers; Waterhouse, "Sexual Orientation an Issue".

41   Melanie Warner, "Think you know Stacy? Think again! 52 things you didn't know about Stacy Johnson-Klein", *Fresno Magazine*, February 2005, 34-40.

42   From Donna Pickel's notes at the Johnson-Klein trial. Fred Farrar, "The Scandal Zone", *Fresno Magazine*, April 2005, 51-54; Jeff Davis, "Bulldogs women's basketball coach put on leave", *Fresno Bee*, February 9, 2005.

43   Pickel's notes at Johnson-Klein trial.

44   Waterhouse, "Sexual Orientation an Issue", 9.

45   Dear Colleague letter from James F. Manning, "Additional clarification of intercollegiate athletics policy: Three-part test — Part Three", and "User's guide to developing student interest surveys under Title IX", March 17, 2005.

46   Hogshead-Makar and Zimbalist, *Equal Play*, 285.

47   Jackson v. Birmingham Board of Education, 544 U.S. 167.

48   Christine Lagorio, "From Grimy Gym to Supreme Court", Associated Press, November 26, 2004, online on CBS News site.

49   Equity in Athletics, Inc. v. Dept. of Educ., March 8, 2011, 639 F3d 91 (4th Cir. 2011).

50   "Building on the success of 35 years of Title IX", Hearing before the

Subcommittee on Higher Education, Lifelong Learning, and Competitiveness, Committee on Education and Labor, U.S. House of Representative, June 19, 2007, Serial No. 110-48. The materials released by NWLC included the survey results, the *Barriers to Fair Play* report on OCR's enforcement, the *Who's Playing College Sports* analysis, the *Breaking Down Barriers* manual, and the FairPlayNow.org website.

51 Vivas v. Bd. of Trs. of the Cal. St. Univ., No. 06CECG00440 (Cal. Super. Ct. Fresno County, February 9, 2006).

52 그 손해배상금은 캘리포니아주립대학교들을 위해 보험 서비스를 제공하는 준공 공단체 '캘리포니아주립대학교 위험관리국'(California State University Risk Management Authority)이 지급하게 되어있었다. George Hostetter, "Fresno State suit is settled for $3.5m", *Fresno Bee*, October 12, 2007, A1.

53 Hostetter, "Fresno State suit is settled for $3.5m".

54 Associated Press, "Upheaval at Fresno State", *Deseret News*, March 29, 2005.

55 Jill Lieber Steeg, "Record awards follow ruling allowing suits by Title IX whistleblowers", *USA Today*, May 13, 2008, 2A, Milutinovich papers.

56 플로리다 걸프코스트대학교, 하워드대학교, 오리건주립대학교 등도 평결이나 합의에 따라 손해배상금을 지급했다. 2008년에 소송당한 학교는 캘리포니아대학교 데이비스, 몬태나주립대학교, 하와이대학교, 캘리포니아주립대학교 소노마·샌디에이고·노스리지, 서던캘리포니아대학교, 그리고 캘리포니아 소재의 2년제 대학 네 곳이다. Milutinovich papers and Lieber Steeg, "Record awards".

57 Kort, "Full court press", 46-51.

58 Milutinovich and the California State Universities Committee of the Whole report dated March 11-12, 2008. 이 문헌에 따르면, 체육부 비서 아이리스 레베스크(Iris Levesque)가 남자 농구부 감독 레이 로프스의 차별 행위와 방침 위반을 고발했다. 학교는 2005년에 예산 위기를 내세워 레베스크를 해고하고 교내 다른 직무로의 배치를 거부했다. 캘리포니아주립대학교 프레즈노는 레베스크의 보복 행위 주장에 합의금으로 12만 5000달러[약 1억 6000만 원]를 지급하기로 했다. 육상경기 던지기 종목 코치 라모나 페이글(Ramona Pagel)은 체육부 내 남자 동료들의 반대에도 불구하고 육상부 감독에 지원했다가 강제 해고당했다. 그가 소를 제기하자 학교는 합의금 30만 달러[약 4억 원]를 지급했다. 그 밖의 사례도 있다.

59 "Margie Wright Diamond", Fresno State website, gobulldogs.com.

60 Author interviews with Herb Dempsey November 28, 2018, and February 12, 2020; Alexander Wolff, "Father figures: A girl's best friend in the fight

for playing time was often her dad", *Sports Illustrated*, May 7, 2012, 65.

61 Tom Goldman, "40 years on, Title IX still shapes female athletes", *All Things Considered*, National Public Radio, June 22, 2012.

62 Correspondence from Linda M. Mangel, Seattle Office director, to Dr. Joseph I. Castro, February 9, 2016.

63 Jill Lieber Steeg, "Disputes reflect continuing tension over Title IX", *USA Today*, 1A는 샌디에이고에서 타이틀 나인 컨설턴트로 활동하며 캘리포니아주립대학교 프레즈노를 의뢰인으로 두었던 발레리 보네트(Valerie Bonnette)를 인용하고 있다.

64 무엇이 스포츠에 해당하는지에 관한 기준에는 팀의 구조와 운영, 팀의 준비 과정과 경기 등이 포함된다. Dear Colleague letter from Stephanie Monroe, assistant secretary for civil rights, September 17, 2008.

65 고등학교스포츠정보수집법(High School Sports Information Collection Act)을 제정하려는 노력은 2009년에 수포로 돌아갔다.

66 Dear Colleague letter from Russlynn Ali, April 20, 2010: "Intercollegiate athletics policy clarification: The three-part test — Part Three", with accompanying "User's guide to student interest surveys under Title IX" and a related technical report.

67 "Division I FBS Athletics: Revenues and Expenses", NCAA flyer, 2011, Milutinovich papers.

68 Katie Thomas, "Colleges cut men's programs to satisfy title IX", *New York Times*, May 1, 2011; Erin Buzuvis and Kristine Newhall, "Coaches' Title IX literacy called into question", Title IX Blog, July 2, 2010.

69 *Go Out and Play: Youth Sports in America*, Women's Sports Foundation, October 2008.

70 Katie Thomas, "A city team's struggle shows disparity in girls' sports", *New York Times*, June 13, 2009, cited in Brake, *Getting in the Game*, 117-18.

| 11장 |

1 Office for Civiil Rights, "Revised sexual harassment guidance: Harassment of students by school employees, other students, or third parties", *Federal Register*, January 19, 2001.

2 David Lisak and Paul M. Miller, "Repeat rape and multiple offending among undetected rapists", *Violence and Victims* 17, no. 1 (2002): 73, 80.

3 여성이 직장에서 누리는 권리에 관한 정보 배포도 중단했다. U.S. Commission

on Civil Rights, *Redefining Rights in America: The Civil Rights Record of the George W. Bush Administration, 2001-2004*, September 2004 draft report, accessed online.

4   Per former OCR official C. Todd Jones, in Center for Public Integrity, *Sexual Assault on Campus*.

5   Center for Public Integrity, *Sexual Assault on Campus*, 25-26.

6   2004년 5월 5일 OCR 워싱턴DC 사무소의 팀장 셰럴린 골드베커(Sheralyn Goldbecker)가 존 J. 드조이아(John J. DeGioia) 조지타운대학교 총장에게 보낸 서신. 2002년 4월 성폭력 사건에 대한 대학 당국의 대처에 항의하는 내용을 담고 있다. OCR의 조사에 따른 대응책으로 조지타운대학교 당국은 2003~2004학년도 학생행동규범 지침을 개정하여 '우세한 증거'의 원칙을 채택했다. 2003년 10월 16일 OCR 워싱턴DC 집행사무소 수석변호사 하워드 켈럼(Haward Kallem)이 조지타운대학교 제인 E. 겐스터(Jane E. Genster)에게 보낸 서신도 참조할 것.

7   Deborah L. Blake, "Fighting the rape culture wars through the preponderance of the evidence standard", *Montana Law Review* 78, no. 1 2017: 109, 128; Nancy Chi Cantalupo, "Title IX's civil rights approach and the criminal justice system", in *The Crisis of Campus Sexual Violence: Critical Perspectives on Prevention and Response*, ed. Sara Carrigan Wooten and Roland W. Mitchell (New York: Routlege, 2015), 134.

8   Heather M. Karjane, Bonnie S. Fisher, and Francis T. Cullen, *Campus Sexual Assault: How America's Institutions of Higher Education Respond*, final report to the National Institute of Justice, No. 196676.

9   Center for Public Integrity, *Sexual Assault on Campus*, 49-50, 51-54.

10   완주키 이야기의 출처. Author's interview, June 4, 2018; the films It Was Rape, directed by Jennifer Baumgardner (Soapbox Productions, 2013), and The Hunting Ground, directed by Kirby Dick and Amy Ziering (Chain Camera Pictures, 2016); Wanjuki's blog, rapedattufts.tumblr.com; Wagatwe Wanjuki, "The conversation that needs to happen about sexual violence on campus", Cosmopolitan.com, October 29, 2014; Tyler Kingkade, "The woman behind #SurvivorPrivilege was kicked out of school after being raped", Huffpost, June 12, 2014; Watgatwe Wanjuki, "Dear Tufts administrators who expelled me after my sexual assaults", theestablishement.co, April 21, 2016; Dana Bolger, "Gender-based violence costs: Schools' financial obligations under Title IX", *Yale Law Journal* 125, no. 7 (2016): 2106-30.

11   Wendy J. Murphy, "Using Title IX's 'prompt and equitable' hearing requirements

to force schools to provide fair judicial proceedings to redress sexual assault on campus", *New England Law Review* 40, no. 40 (2006): 1007-22; Center for Public Integrity, *Sexual Assault on Campus*, 79-80.

12   Kristina M. Kamis and Susan V. Iverson, "Powerful or playful? A case study of 'Walk a Mile in Her Shoes,'" in *Preventing Sexual Violence on Campus: Challenging Traditional Approaches Through Program Innovation*, ed. Sara Carrigan Wooten and Roland W. Mitchell (New York: Routledge, 2016).

13   https://www.nsvrc.org/organizations/3521 참조.

14   Sandra E. Garcia, "The woman who created #MeToo long before hashtags", *New York Times*, October 20, 2017.

15   Clarissa Brooks, "How HBCUs can make it hard for sexual assault survivors to speak up", *Teen Vogue*, December 21, 2017.

16   Center for Public Integrity, *Sexual Assault on Campus*, 24-25.

17   Gail McCallion, "History of the Clery Act: Fact Sheet", Congressional Research Service, October 20, 2014.

18   Center for Public Integrity, *Sexual Assault on Campus*, 75-77.

19   다음 학교들이 견책 처분을 받았다: Metropolitan College of New York, Oklahoma State University and Temple University. Center for Public Integrity, *Sexual Assault on Campus*, 31-45, 65, 77.

20   J. Campbell et al., "Intimate partner violence and physical health consequences", *Archives of Internal Medicine* 162, no. 10 (2002): 1157-63. Rebecca C. Thurston et al., "Association of Sexual Harassment and Sexual Assault with Midlife Women's Mental and Physical Health", *JAMA Internal Medicine* 179, no. 1 (2019): 48-53, 10.1001/jamainternmed.2018.4886.

21   U.S. Commission on Civil Rights, Sexual Assault in the Military, 2013. 1991, 1996, 2003년에도 군대 내 성폭력에 관한 보도가 전국적으로 관심을 모은 바 있다. https://www.hsdl.org/?abstract&did=744910 참조. 일간지 *Boston Globe* 는 2002년 가톨릭교회가 사제들의 아동 성폭행을 은폐한 사건을 연재 기사로 보도하여 퓰리처 상을 수상했다(이 이야기를 담은 2015년 영화 〈스포트라이트〉가 아카데미상 최우수작품상을 받았다).

22   두 원고는 데비 켈러(Debbie Keller)와 멜리사 제닝스(Melissa Jennings). Brake, *Getting in the Game*, 215에 언급됨. Jennings v. University of North Carolina, 481 F.3d 686 (4th Cir. 2007). "North Carolina and coach Dorrance settle 1998 harassment suit for $385,000", *Women in Higher Education*, February 1, 2007, 3.

23   Correspondence from Ayesha Z. DeMond of *The Jane Pauley Show to Sandler*, November 20, 2004, Sandler papers, 36.5.

24   Bernice Resnick Sandler and Harriett M. Stonehill, *Student-to-Student Sexual Harassment, K-12: Strategies and Solutions for Educators to Use in the Classroom, School, and Community* (Lanham, MD: R&L Education, August 11, 2005).

25   Center for Public Integrity, *Sexual Assault on Campus*, 21-22; Simpson v. Univ. of Colo. Boulder, 500 F.3d 1170 (10th Cir. 2007).

26   Allison C. Aosved and Patricia J. Long, "Co-occurrence of rape myth acceptance, sexism, racism, homophobia, ageism, classism, and religious intolerance", *Sex Roles* 55, no. 7 (2006): 481-92.

27   Sarah K. Murnen & Marla H. Kohlman, "Athletic participation, fraternity membership, and sexual aggression among college men: A meta-analytic review", *Sex Roles* 57, nos. 1-2 (2007): 145, 147. 이 문헌은 다음 출처에서 인용됨. Deborah L. Blake, "Back to basics: Excavating the sex discrimination roots of campus sexual assault", *Tennessee Journal of Race, Gender, & Social Justice* 6, no. 1 (2017): 7-39.

28   Sumi K. Cho, "Converging stereotypes in racialized sexual harassment: Where the model minority meets Suzie Wong", in *Critical Race Feminism: A Reader*, ed. Adrien Kathrine Wing (New York: New York University Press, 2003).

29   William D. Cohan, "Remembering (and misremembering) the Duke lacrosse case", *Vanity Fair*, March 10, 2016; Reeves Wiedeman, "The Duke lacrosse scandal and the birth of the Alt-Right", *The Intelligencer*, April 14, 2017.

30   Kristin Kalsem and Verna L. Williams, "Social Justice Feminism", *UCLA Women's Law Journal* 18, no. 1 (2010), 131-93.

31   Kalsem and Williams, "Social Justice Feminism".

32   Boy Scouts of America Equal Access Act (Boy Scouts Act), 20 U.S.C. 7905, 34 C.F.R. Part 108.

33   James Barron, "Nearly 8,000 boy scout leaders have been accused of sexual abuse since 1944, researcher found", *New York Times*, April 23, 2019; Timothy Bella and Gina Harkins, "Boy scouts of America settles for $850 million with more than 84,000 sexual abuse victims", *Washington Post*, July 2, 2021.

34   *Issues Involving Single-Gender schools and Programs*, U.S. Government

Accountability Office, 1996.

35   Sandler, "Title IX: How we got it".

36   "Building on the success of 35 years of Title IX", Hearing before the Subcommittee on Higher Education, Lifelong Learning, and Competitiveness, Committee on Education and Labor, U.S. House of Representatives, June 19, 2007, Serial No. 110-48.

37   Jodi Pilson, ed., *Hostile Hallways: Bullying, Teasing, and Sexual Harassment in Schools*, American Association of University Women Educational Foundation (AAUWEF), 2001; Catherine Hill and Elena Silva, *Drawing the Line: Sexual Harassment on Campus*, AAUWEF, 2006.

38   U.S. 246 (2009); Fitzgerald v. Barnstable School Committee, 504 F.3d 165, 170 (1st Cir. 2007).

39   Center for Public Integrity, *Sexual Assault on Campus*, 38, 74, 81.

40   브로드스키 이야기의 출처는 2018년 3월 1일 필자가 행한 브로드스키와의 인터뷰, 트위터로 브로드스키와 주고받은 메시지, 그리고 영화 〈더 헌팅 그라운드〉.

41   동문인 나오미 울프는 2004년 《뉴욕 매거진》에 기고한 글에서 재학 당시 영문학과 교수에게 "성적 접근"을 당하고서 9개월에 걸쳐 예일대 관계자들에게 전화와 이메일로 신고했으나 묵살당한 일을 서술했다. Haily Fuchs and Adelaide Feibel, "Students revive sexual misconduct allegations against three Yale professors", *Yale Daily News*, December 16, 2017.

42   Center for Public Integrity, *Sexual Assault on Campus*, 49. Also Burhans v. Yale, 23, at https://cdn.atixa.org/website-media/atixa.org/wp-content/uploads/2013/01/12194339/Burhans-v-Yale-Title-IX-Retaliation-Complaint.pdf

43   Tess Korobkin, "Silencing rape victims sanctions the crime", *Yale Daily News*, April 15, 2015; Presca Ahn, "Why we file the Title IX complaint", *Yale Daily News*, April 1, 2011.

44   Christine Hung and Annette Wong, "Racially based humor reflects badly on school", *Yale Daily News*, April 17, 2006; "AASA accuses publications of racism", *Yale Daily News*, April 17, 2006.

45   올리바리어스 자매나 예일대와 관련한 전반적인 서술은, 필자가 행한 2017년 3월 10일 체이스 올리바리어스와의 인터뷰, 2017년 3월 20일 캐스린 올리바리어스와의 인터뷰, 2017년 2월 14일 앤 올리바리어스와의 인터뷰, 그리고 예일대학교 기록보관소에 보관된 뉴스 기사와 기록들을 바탕으로 한다.

46   Divya Subrahmanyam, "Med. School to revise anti-sexual-harassment policies", *Yale Daily News*, March 6, 2008.

주

47 Alexandra Schwarz, "Days later, officials still ignoring 'sluts' incident", *Yale Daily News*, January 30, 2008.

48 Ahn, "Why we filed".

49 Laura Rosenthal and Vivian Yee, "Vulgar e-mail targets freshmen", *Yale Daily News*, September 3, 2009.

50 Sam Greenberg, "DKE chants on old campus spark controversy", *Yale Daily News*, October, 2010; Nora Caplan-Bricker, "Thinking aloud", *Yale Daily News*, April 27, 2012; Ahn, "Why we filed".

51 Christina Huffington, "Yale students file Title IX complaint against university", *Yale Herald*, March 31, 2011.

52 Christine Chen, Suraiya Jetha, Chris Lapinig, Peter Lu, Altaf Saadi, and Annette Wong, "Title IX's resonances for race", *Yale Daily News*, April 18, 2011.

53 Center for Public Integrity, *Sexual Assault on Campus*; Kristine Villanueva, "Q&A: Kristen Lombardi on the legacy of her sexual assault on campus series", Center for Public Integrity, December 6, 2019.

54 "Vice President Biden announces new administration effort to help nation's schools address sexual violence", Department of Education press release, April 4, 2011; "At Yale, some say misogyny goes unheeded", *New York Times*, April 7, 2011.

| 12장 |

1 Ruth Milkman, "A new political generation: Millennials and the post-2008 wave of protest", *American Sociological Review* 82, no.1 (2017): 1-31.

2 Milkman, "A new political generation".

3 OCR Voluntary Resolution Agreement with Yale, Complaint No. 01-11-2027.

4 Celene Reynolds, "The mobilization of Title IX across U.S. colleges and universities, 1994-2014", *Social Problems* 66, no. 2 (2019): 245-73.

5 Angela F. Amar et al., "Administrators' perceptions of college campus protocols, response, and student prevention efforts for campus sexual assault", *Violence and Victims* 29, no. 4 (2014): 579, 584, citied in Brake, "Fighting the rape culture wars".

6 Amar et al., "Administrators' perceptions of college campus protocols".

7 The Invisible War, directed by Kirby Dick (Chain Camera Pictures, 2012).

8   Anne McClintock, "Who's afraid of Title IX?", *Jacobin*, October 24, 2017.

9   "Lead a good life, everyone: Trey Malone's suicide note", The Good Men Project, November 5, 2012.

10   Angie Epifano, "An account of sexual assault at Amherst College", *Amherst Student*, October 17, 2012; Dana Bolger and Jisoo Lee, "Surviving at Amherst College", *It Happens Here*, October 23, 2012; Richard Pérez-Peña, "Student's account has rape in spotlight", *New York Times*, October 26, 2012.

11   Rebecca Johnson, "Campus sexual assault: Annie E. Clark and Andrea Pino are fighting back — and shaping the national debate", *Vogue*, October 9, 2014.

12   Cecilia Mengo and Beverly M. Black, "Violence victimization on a college campus: Impact on GPA and school dropout", *Journal of College Student Retention: Research, Theory & Practice* 18, no. 2 (2015).

13   Michele Kort, "Interview: The activist survivors of 'The Hunting Ground,'" *Ms.*, February 28, 2015.

14   강간 또는 강간 미수를 신고한 학생의 46퍼센트가 학교 당국으로부터 외면당했다. Carly Parnitzke Smith and Jennifer J. Freyd, "Institutional Betrayal", *American Psychologist* 69, no. 6 (2014): 575, 578-83, and other studies by Freyd and associates.

15   The Hunting Ground film.

16   Tyler Kingkade, "University of North Carolina routinely violates sexual assault survivor rights, students claim", *Huffington Post*, January 16, 2013.

17   2013년 4월 14일자 트위터 게시글을 캡처한 화면이 영화 〈더 헌팅 그라운드〉에 등장한다.

18   Freitag v. Department of Corrections. See Price's website, pypesq.com.

19   Erin Whiteside and Amber Roessner, "Forgotten and left behind: Political apathy and privilege at Title IX's 40th anniversary", *Communications and Sport* 6, no. 1 (2018): 3-24. 학교 스포츠 참여에 관한 통계의 출처는: Pamela Bass, "Second Generation Gender Bias in College Coaching: Can the Law Reach That Far?", Marquette Sports law Review 26, no. 2 (2016), 671.

20   William C. Rhoden, "Black and white women far from equal under Title IX", *New York Times*, June 10, 2012.

21   Rhoden, "Black and white women far from equal". The Aspen Institute Sports and Society Program hosted the latter panel, "Title IX and Beyond: How do we get the rest of our girls in the game?"

22 출처는 NCWGE 2017 report for Title IX's forty-fifth anniversary, *Title IX: Advancing Opportunity Through Equity in Education*에 인용된 2009-10 Civil Rights Data Collection, part 2.

23 Matthew J. Breiding et al., "Prevalence and characteristics of sexual violence, stalking, and intimate partner violence victimization — National intimate partner and sexual violence survey, United States, 2011", *Morbidity and Mortality Weekly Report* 63, no. 8 (2014).

24 영화 〈더 헌팅 그라운드〉에 나오는 시위 장면.

25 Author interviews with Alexandra Brodksy March 1, 2018, and Dana Bolger May 27, 2018. Allie Grasgreen, "Enforcement for the enforcers", *Inside Higher Ed*, July 16, 2013.

26 Laura L. Dunn, "Afterword: The anti-campus sexual assault activism movement under the Title IX", in *Preventing Sexual Violence on Campus: Challenging Traditional Approches Through Program Innovation*, ed. Sara Carrigan Wooten and Roland W. Mitchell (New York: Routledge, 2016).

27 Richard Pérez-Peña, "College groups connect to fight sexual assault", *New York Times*, March 9, 2013.

28 피노는 2014년에 강연 한 건으로 번 약 2000달러의 과세전 소득을 신고했다고 말했다.

29 The Campus SaVE Act was H.R. 2016 and S. 834. Gail McCallion, "History of Clery Act: Fact Sheet", Congressional Research Service, October 20, 2014.

30 Dear Colleague letter from Seth Galanter and accompanying pamphlet, "Supporting the academic success of pregnant and parenting students under Title IX of the Education Amendments of 1972", June 25, 2013.

31 ACLU of California, *Breaking Down Educational Barriers for California's Pregnant & Parenting Students*, January 2015.

32 National Women's Law Center and the NAACP Legal Defense Fund, *Unlocking Opportunity for African American Girls: A Call to Action for Educational Equity*, 2014.

33 Dear Colleague letter from Catherine E. Lhamon, May 14, 2014.

34 Ruth Tam, "Activists applaud White House effort to fight campus rape", *Washington Post*, January 25, 2014.

35 Rebecca Solnit, "Listen up: Women are telling their story now", *The Guardian*, December 30, 2014.

36 T. Rees Shapiro, "Columbia University settles Title IX lawsuit with former student involving 'Matress Girl' case", *Washington Post*, July 13, 2017; Jia Tolentino, "Safe spaces: Could small changes in campus life reduce the risk of sexual assault?", *New Yorker*, February 12 and 19, 2018.

37 Nicole Ng and Vivian Want, "Despite progress, sexual misconduct policies still draw ire", *Yale Daily News*, November 21, 2014.

38 Tweet by Alexandra Brodsky@azbrodsky, January 22, 2021.

39 Author interview with Brodsky March 1, 2018 and text messages through Twitter.

40 샌들러가 캘리포니아주립대학교 프레즈노 학생들과 만나 대화하는 동영상 참조. http://www.sherryboschert.com/fresno-tied-title-ix-decades/

41 Brigid Schulte, "D.C. schools agree to give girls opportunity to play sports to settle civil rights complaints", *Washington Post*, October 1, 2013.

42 "Failure to enforce Title IX?", Inside Higher Ed, April 22, 2014; Christina Jedra, "Title IX complaint alleges gender discrimination in Emerson athletics", *Berkeley Beacon*, September 10, 2014.

43 *Sexual Violence on Campus: How Too Many Institutions of Higher Education Are Failing to Protect Students*, U.S. Senate Subcommittee on Financial and Contracting Oversight, July 9, 2014.

44 Audrie & Daisy, directed by Bonni Cohen and Jon Shenk (AfterImage Public Media, Actual Films, 2016); It Happened Here, directed by Lisa F. Jackson (Neponsit Pictures, 2014).

45 "Writing rape: How U.S. media cover campus rape and sexual assault", Women's Media Center, 2015.

46 Katherine Mangan, "Feuding over Sex-Assault Scandal Intensifies Spotlight on Baylor", Chronicle of Higher Education, November 11, 2016, A26; Brad Wolverton, "Anlcon Falls, and a President with Him", *Chronicle of Higher Education*, November 18, 2011, A1; "In the News", *Chronicle of Higher Education*, November 11, 2016, A3, and November 18, 2016, A3.

| 13장 |

1 Sandler papers, 32.3.

2 Susan Stryker, *Transgender History: The Roots of Today's Revolution* (New York: Hachette, 2008; repr. 2017).

3   Stryker, *Transgender History*, 202.

4   Amy Graff, "New guidelines aim to protect transgender students", *San Francisco Chronicle*, August 6, 2015.

5   Erin Buzuvis, "Nest gender equality quote from a high school student…", Title IX Blog, April 22, 2008; Kevin Fagan, "Obama's restroom policy is reversed", *San Francisco Chronicle*, February 23, 2017.

6   Laura Onstot, "Shoulder pads, pom-poms, and the angry inch", *Seattle Weekly*, October 16, 2007.

7   Josh Fischel, "Beyond the bathroom", *Amherst Magazine*, Summer 2017, 28-35.

8   Author interviews with Sandler; "Interview with Martin Gerry, 1985", Dunkle papers, 88.10.

9   "Questions and answers on Title IX and single-sex elementary and secondary classes and extracurricular activities", Office for Civil Rights, December 1, 2014.

10   Sue Klein, "Reinvigorating the role of the Title IX coordinator: A requirement and resource", Feminist Majority Foundation, September 2016. The American Association of University Women anecdote is from NCWGE, "Title IX: Advancing opportunity through equity in education", 2017.

11   Dear Colleague letter from Catherine Lhamon and Vanita Gupta, May 13, 2016, including "Examples of policies and emerging practices for supporting transgender students".

12   Mackenzie Mays, "Becoming Mr. Love: Fresno State ID means better life for trans student", *Fresno Bee*, October 21, 2016.

13   Association of American Universities, *AAU Climate Survey on Sexual Assault and Sexual Misconduct*, 2015.

14   Chris Loschiavo and Jennifer L. Waller, "The preponderance of evidence standard: Use in higher education campus conduct processes", Association for Student Conduct Administration.

15   Sarah Brown, "Education Dept. Cities Title IX right of student accused of sex assault", *Chronicle of Higher Education*, October 21, 2016, A18.

16   Jeremy Bauer-Wolf, "Title IX lawsuits have skyrocketed in recent years, analysis shows", *Education Dive*, January 5, 2020.

17   Sage Carson and Sarah Nesbitt, "Balancing the scales: Student survivors' interests and the Mathews analysis", *Harvard Journal of Law & Gender*

43, no. 2 Summer 2020: 319-74. 이 문헌에 나오는 미시간 자료의 출처는 "Student Sexual Misconduct Annual Report", Office for Institutional Equity, University of Michigan, 14. Anemona Hartocollis and Christina Capecchi, "'Willing to do everything': Mothers defend sons of accused of campus sexual assaults", *New York Times*, October 22, 2017.

18 Cantalupo, "Title IX's civil rights approach", 125-46; Alexandra Brodsky, "Against taking rape 'seriously': The case against mandatory referral laws for campus gender violence", *Harvard Civil Rights-Civil Liberties Law Review* 53, no. 1 (2018): 131-66.

19 Dana Bolger, "Where rape gets a pass", *New York Daily News*, July 6, 2014; "Testimony of Dana Bolger Before the Senate Committee on Health, Education, Labor and Pensions, Hearing on Reauthorizing the Higher Education Act: Combating Campus Sexual Assault", July 29, 2015.

20 John Eligon, "Black Lives Matter grows as movement while facing new challenges", *New York Times*, August 28, 2020.

21 Tyler Kingkade, "Stop attacking the Education Department for enforcing Title IX, 80 advocacy groups say", *Huffington Post*, July 13, 2016.

22 *Republican Party Platform*, July 18, 2016, posted online by The American Presidency Project, University of California, Santa Barbara.

23 Dorian Lynskey, "How dangerous is Jordan B. Peterson, the rightwing professor who 'hit a hornets' nest'?", *The Guardian*, February 7, 2018.

24 Nellie Bowles, "Jordan Peterson, custodian of the patriarchy", *New York Times*, May 18, 2018.

25 Brodsky, "Against taking rape 'seriously.'"

26 Briana Burroughs, "Just say it", *Yale Daily News*, November 3, 2015.

27 Beth McMurtrie, "A 'devastating account' of Yale's efforts to diversify its faculty", *Chronicle of Higher Education*, June 10, 2016, A10.

28 Sarah Brown, "Activist athletes", *Chronicle of Higher Education: The Trends Report*, March 3, 2017, B10, B13.

29 Fatima Gross Graves et al., *Finishing Last: Girls of Color and School Sports Opportunities*, National Women's Law Center, 2015.

30 National Women's Law Center, *Let Her Learn: A Toolkit to Stop School Push Out for Girls of Color*, November 2016; Monique W. Morris, *Pushout: The Criminalization of Black Girls in Schools* (New York: The New Press, 2016).

31 NWLC, Let Her Learn. Also three reports by the NWLC: *Dress Coded:*

Black Girls, Bodies, and Bias in D.C. Schools, April 2018; *Dress Coded II: Protest, Progress and Power in D.C. Schools*, September 2019; and *We Are Not Invisible: Latina Girls, Mental Health, and Philadelphia Schools*.

32 Author interview with Andrea Pino, June 14, 2019, Washington, DC.

33 Author interview with Daniel Swinton, ATIXA senior associate executive director, October 26, 2016.

34 Cantalupo, "And even more of us are brave".

35 It Was Rape film.

36 Alex Flanagan, John Kelly, Phoenix Tso, and Ruby Vail, "She's earned it", *Tufts Daily*, September 17, 2014.

37 Tyler Kingkade, "The woman behind #SurvivorPrivilege was kicked out of school after being raped", *Huffington Post*, June 12, 2014.

38 Allison Pohle, "Seeking an apology, local college alumni burn belongings to protest sexual assault policies", *Boston Globe*, August 24, 2016.

39 Kirby Dick and Amy Ziering, *The Hunting Ground: The Inside Story of Sexual Assault on American College Campuses* (New York: Hot Boooks, 2016), companion book to film, 40-41.

40 Anna Voremberg, "Anna's this-isn't-goodbye goodbye blog", EROC website, June 30, 2017.

41 The Hunting Ground film.

42 Chloe Allred, "An artist and survivor joins Lady Gaga on stage at the oscars", *Huffington Post*, March 4, 2016.

43 Andrea L. Pino, "Our Hermanitas's Heroes", in *Colonize This! Young Women of Color on Today's Feminism*, ed. Daisy Hernández and Bushra Rehman (New York: Seal Press, 2019), 239-44.

44 출처는 2017년 9월 11일 UC버클리 법사회정책센터에서 열린 매키넌의 강연 내용과 강연 후 토의. 이미 제정됐거나 입법을 고려 중인 적극적 동의법(affirmative consent laws)에 관한 추가 정보는 다음을 참조. http://affirmativeconsent. com/affirmative-consent-laws-state-by-state/

45 Constance Matthiessen, "Introduction", in Kirby Dick and Amy Ziering, *The Hunting Ground* (New York: Hot Books, 2016), v.

46 Tyler Kingkade, "124 colleges, 40 school districts under investigation for handling of sexual assault", *Huffington Post*, July 24, 2015.

47 Tyler Kingkade, "There are far more Title IX investigations of colleges than most people know", *Huffington Post*, June 16, 2016.

48 Sarah Brown, "An uncertain future for Title IX consultants", *Chronicle of*

Higher Education, February 10, 2017; Alexandra Brodsky and Elizabeth Deutsch, "The promise of Title IX: Sexual violence and the law", *Dissent Magazine*, Fall 2015.

49   Jack Stripling, "Behind ugly locker-room talk, divisions of class and race", *Chronicle of Higher Education*, February 24, 2017, A13-A17.

50   Nicole Chavez, "Ex-frat leader's plea deal is the latest in a series of Baylor sex assault scandals", CNN, December 12, 2018.

51   "Accountability", *Chronicle of Higher Education*, July 8, 2016; Kelly McLaughlin, "A stunning new report details how Michigan State University's 'Dream Team' recruiting class crumbled after 4 football players were accused of sexual assault", *Business Insider*, January 15, 2020.

| 14장 |

1   "IX-CAN Newsletter: What You Should Know", Know Your IX, December 2, 2016.

2   Cantalupo, "And Even More of Us Are Brave".

3   Marty Langelan, "The Godmother of Title IX", Ms., Spring 2019, 40-41; De Elizabeth, "40 Signs from the Women's March on Washington", *Teen Vogue*, January 21, 2017.

4   Emmarie Huetteman and Yamiche Alcindor, "Betsy DeVos Confirmed as Education Secretary; Pence Break Tie", *New York Times*, February 7, 2017.

5   Linda Jacobson, "DeVos on the Docket: With 455 Lawsuits Against Her Department and Counting, Education Secretary Is Left to Defend Much of Her Agenda in Court", *The 74*, October 26, 2020.

6   Author interview with Catherine Lhamon, March 6, 2018, Washington, DC.

7   2017년 2월 22일에 발행된 〈동료들에게〉 작성자는 샌드라 배틀(Sandra Battle) 과 T.E. 휠러(Wheeler). 이후 OCR은 2017년 6월 6일에 "트랜스젠더 학생 관련 진정에 관한 현장 지침"을, 그리고 2018년 11월 19일에는 업데이트된 "사건 처리 매뉴얼"을 직원들에게 배포했다.

8   "Supreme Court Allows School District Restroom Policies Supporting Transgender Students to Stand", ACLU press release, May 28, 2019; Erin Buzuvis, "Supreme court cancels hearing in transgender bathroom

case", Title IX Blog, March 6, 2017; Moriah Balingit, "Court sides with transgender student in his fight to use the boys' bathroom", *Washington Post*, May 22, 2028. 그림(Grimm) 판례와 더불어 다음 판례를 참조. Doe v. Boyertown Area Sch. Dist., 2018 WL 3581456 (3d Cir. July 26,, 2018) 및 Parents for Privacy v. Dallas Sch. Dist. No. 2, 2018 WL 3550267 (D. Or. July 24, 2018).

9   "Fourth Circuit Court of Appeals Again Rules in Favor of Gavin Grimm", ACLU press release, August 26, 2020; 13 News Now Staff, "ACLU: Circuit Court denies appeal in Gavin Grimm case", WVEC-TV, September 22, 2020.

10   Susan Miller, "Onslaught of anti-LGBT bills in 2017 has activists 'playing defense,'" *USA Today*, June 1, 2017.

11   Associated Press, Sadie Gurman and David Crary, "Feds end job protections", *San Francisco Chronicle*, October 6, 2017.

12   Nico Lang, "Hawaii Governor signs bill banning discrimination against LGBTQ students", *Into*, July 16, 2018. 16주의 목록 전체에 관해서는 다음을 참조. National Center for Transgender Equality, "School Action Center".

13   Clarissa Brooks, "How HBCUs can make it hard for sexual assault survivors to speak up", *Teen Vogue*, December 21, 2017.

14   Vanessa Romo, "9-day student protest at Howard University ends with a deal", National Public Radio, April 6, 2018.

15   Nina Petrovic, "DU campaign against sexual assault and gender violence goes national", *Westword*, March 23, 2020; Kaitlin Quigley, "Sexual violence allegations linked to Loyola surface on Instagram", *Greyhound*, June 27, 2020; Caitlynn Peetz, "MCPS, police investigating dozens of sexual assault and harassment claims", *Bethesda Magazine*, June 26, 2020.

16   Leily Rezvani, "Students hang banner with sexual miconduct statistic in big game demonstration", *Stanford Daily*, November 23, 2019.

17   Karasek v. Regents of the Univ. of Cal., 948 F.3d 1150 (9th Cir. Jan. 30, 2020); Greta Anderson, "Increased legal scrutiny for sexual assault politics", *Inside Higher Ed*, January 31, 2020.

18   Nanette Asimov, "US settles in former student's rape case", *San Francisco Chronicle*, February 1, 2017; Nanette Asimov and Jill Tucker, "How UC handled sexual offenses", *San Francisco Chronicle*, March 3, 2017; Nanette Asimov, "UC settles sex harassment lawsuit for 1.7 million",

San Francisco Chronicle, April 19, 2017; Nanette Asimov and Cynthia Dizikes, "UC pays 80,000 in harassment settlement", *San Francisco Chronicle*, December 20, 2017; Catherine Ho, "UCSF professor faces sex harassment lawsuit", *San Francisco Chronicle*, December 10, 2017, A16.

19 Marjorie Lundstrom, "From hidden cameras to crotch-watching: California pays out millions for sexual harassment", *Sacramento Bee*, January 26, 2018.

20 Kim Kozlowski, "UM's cost from Anderson allegations: $10.7M and rising", *Detroit News*, October 21, 2020; Erica L. Green, "Record federal fine levied on University in abuse case", *San Francisco Chronicle*, September 7, 2019, A6; Susan Svrluga, "Former Michigan State President arraigned on charges of lying to police about Nassar sex-abuse scandal", *Washington Post*, November 26, 2018; David Eggert and Mike Householder, "Sports doctor gets 40 to 175 years in prison", Associated Press, *San Francisco Chronicle*, January 25, 2018, A7

21 Nick Anderson, "Dartmouth plans $14 million settlement of suit accusing college of 'Animal House' climate on sexual misconduct", *Washington Post*, August 8, 2019; Michael Casey, "Alumni pressure Dartmouth over sex-abuse claims", Associated Press, *San Francisco Chronicle*, November 30, 2018, A12.

22 Kantele Franko and Julie Carr Smyth, "University was aware of abuse, report says", Associated Press, *San Francisco Chronicle*, May 18, 2019; Anna Clark, "Robert Anderson's survivors are seeking justice from the university that ignored them for decades", Michigan Radio, August 25, 2020; Associated Press, "Ohio State tallies hundreds more instances of abuse by doctor", *Sports Illustrated*, December 18, 2020; Associated press, "More men were abused by former Ohio State doctor, new lawsuit says", *Sports Illustrated*, June 29, 2021.

23 Shawn Hubler, Time Arango, and Anemona Hartocollis, "U.S.C. agrees to pay $1.1 billion to parents of gynecologist accused of abuse", *New York Times*, March 25, 2021; Eli Meixler, "93 more women accuse former USC gynecologist George Tyndall of sexual misconduct", *Time*, October 19, 2018; Erin Richards, "'Extraordinarily egregious': USC slammed for not stopping predatory doctor George Tyndall", *USA Today*, February 27, 2020; James Queally, "Six more counts of sex assault, battry filed against former USC gynecologist George Tyndall", *Los Angeles Times*, July 9,

24   National Coalition for Women and Girls in Education, *Title IX: Advancing Opportunity Through Equity in Education*, June 2017.

25   "Title IX — Play Fair", Women's Sports Foundation flyer, 2017, Milutinovich papers.

26   "Fatima Goss Graves appointed next CEO and President of the National Women's Law Center; Co-presidents Greenberger and Campbell stepping down in July", NWLC press release, February 23, 2017.

27   Erica L. Green and Sheryl Gay Stolberg, "Campus rape policies get a new look as the accused get DeVos's ear", *New York Times*, July 12, 2017; Editorial Board, "Myths about sexual assault on campus from the Department of Education", *Washington Post*, July 14, 2017.

28   Hélène Barthelemy, "How men's rights groups helped rewrite regulations on campus rape", *The Nation*, August 14, 2020.

29   Dear Colleague letter form Candice Jackson, September 22, 2017, and "Q&A on campus sexual misconduct"; Nanette Asimov, "Sexual assault rules set to change", *San Francisco Chronicle*, September 8, 2017, A1.

30   Britton O'Daly, "Alumni urge Yale to stand by Title IX", *Yale Daily News*, September 27, 2017.

31   Annie Waldman, "DeVos has scuttled more than 1,200 Civil Rights probes inherited from Obama", ProPublica, June 21, 2018.

32   National Women's Law Center, *Dress Coded II: Protest, Progress and Power in D.C. Schools*, September 2019.

33   Author interview with Sage Carson, KYIX manager, March 4, 2018; "Student phone call with organization leaders to discuss Title IX and the campus sexual assault movement", EROC announcement, n.d.

34   Kathryn Joyce, "The Takedown of Title IX: Inside the fight over federal rules on campus sexual assault", *New York Times Magazine*, December 5, 2017.

35   Sandra E. Garcia, "The woman who created #MeToo long before hashtags", *New York Times*, October 20, 2017; Monica Anderson, "How social media users have discussed sexual harassment since #MeToo went viral", Pew Research Center, October 11, 2018.

36   Time staff, "700,000 female farmworkers say they stand with Hollywood actors against sexual assault", *Time*, November 10, 2017; "'I guess this is my life. I have no options.' Why #MeToo matters more than ever now",

Just Matters blog, Ford Foundation, May 11, 2020; Jake Coyle, "United front in a sea of black", *San Francisco Chronicle*, January 8, 2018.

37   German Lopez, "A year after the first women's march, millions are still actively protesting Trump", *Vox*, January 23, 2018.

38   Email from EROC interim executive director Jess Davidson to the author, July 28, 2018; EROC hiring announcement, late August 2018.

39   Email from EROC chief of staff (later executive director) Kenyora Parham, October 30, 2019.

40   Charlie McGee, "UNC found in violation of crime and safety reporting by U.S. Department of Education", *Daily Tar Heel*, November 18, 2019.

41   Robin McDowell, Reese Dunklin, Emily Schmall, and Justin Pritchard, "Hidden horror of school sex assault revealed by AP", Associated Press, May 1, 2017.

42   Correspondence from OCR director Kenneth L. Marcus to Sen. Ron Wyden, October 8, 2019.

43   David Jackson, Jennifer Smith Richards, Juan Perez Jr., and Gary Marx, "Federal officials withhold grant money from Chicago public schools, citing failure to protect students from sexual abuse", *Chicago Tribune*, September 28, 2018; Emily Zantow, "Chicago schools sue Feds for pulling $4M grant", *Courthouse News Service*, December 3, 2018; Nicole Gaudiano, "Education department recaches agreement with Chicago schools after sexual misconduct investigation", *Politico*, September 13, 2019.

44   Paula A. Johnson et al., *Sexual Harassment of Women: Climate, Culture, and Consequences in Academic Sciences, Engineering, and Medicine, A Consensus Study Report of the National Academies of Sciences, Engineering, and Medicine* (Washington, DC: National Academies Press, 2018).

45   "Report of complaints of sexual misconduct", Yale University, January 1, 2019, through June 30, 2019, and July 1, 2019, through December 31, 2019; "2019–2020 Title IX Annual Report", California State University, Fresno.

46   Dino-Ray Ramos, "Disneyland's pirates of the Caribbean ride makes some changes to controversial bride auction scene", *Deadline*, March 21, 2018.

47   Emily Peck and Paul Blumenthal, "Brett Kavanaugh controversy rocks Yale Law School", *Huffington Post*, September 21, 2018; Susan Svrluga, "'This

is an extraordinary moment': Yale Law faculty call on Senate Committee to treat allegations seriously in Kavanaugh nomination", and "Yale Law students sit out class, travel to Supreme Court to protest Kavanaugh", *Washington Post*, September 21 and 24, 2018. 2018년 9월 24일 대나 볼저의 트윗(@DanaBolger): "예일 법대생들 상원 복도에 집결. 우리는. 돌아. 가지. 않을. 것이다. #미투(#metoo) #나는크리스틴을믿어(#IBelieveChristine)." 2018년 9월 24일 제시 트리파티의 트윗(@jessetripathi): "플레이크(Flake) 상원의원 집무실 앞에 집결. 기억할 것. 예일 법대 교수 대다수가 충분한 조사를 요구하는 청원서에 서명했음. 100명 이상의 예일 법대생이 오늘 DC에서 시위할 예정이고 법대 자체도 연좌 농성으로 강의를 실질적으로 중단했음. 예일 법대는 캐버노를 지지하지 않음. #캔슬캐버노(#CancelKavanaugh)." 또한 Advocates for Youth 2018 annual report를 참조.

48 Rachel Swan, "East Bay D.A. race draws interest and money", *San Francisco Chronicle*, May 12, 2018. Also, e-newsletter from Pamela Price, September 27, 2019; "Voters choose Nancy O'Malley over Pamela Price for Alameda County district attorney", KTVU Fox 2, June 6, 2018.

49 "Oackland mayor Libby Schaaf wins re-election", ABC7 News, November 7, 2018.

50 Dana Bolger, "Betsy DeVos's new harassment rules protect schools, not students", *New York Times*, November 27, 2018.

51 "Nondiscrimination on the basis of sex in education programs or activities receiving federal financial assistance: A proposed rule by the Education Department", 85 FR 30026, pages 30026-578, Docket ID ED-2018-OCR-0064, RIN 1870-AA14.

52 American College of Trial Lawyers, "White Paper on Campus Sexual Assault Investigations", March 2017; "ACLU Comment on Department of Education's Final Title IX Rule on Sexual Harassment", ACLU press release, May 6, 2020.

53 2019년 6월 26일 샌들러 추모식에서 에밀리 샌더스가 언급한 내용.

54 "United States COVID-19 cases and deaths by state", U.S. Centers for Disease Control and Prevention, updated November 23, 2020; "COVID-19 situation update worldwide, as of 24 November 2020", European Center for Disease Prevention and Control.

55 "Coronavirus Live Updates", *San Francisco Chronicle*, November 21, 2020; "Tracking the Coronavirus at U.S. colleges and universities", *New York Times*, updated November 19, 2020.

56 Robert Kuwada, "As revenue declines, Fresno State drops 3 sports including one it just brought back", *Fresno Bee*, October 16, 2020; "Women's lacrosse players file sex discrimination class action against Fresno State for eliminating team and violating Title IX", press release by Bailey Glasser LLP, attorneys for Fresno State women's lacrosse players, February 12, 2021; Kristine Newhall, "COVID and the cuts", Title IX Blog, January 15, 2021; Kayla Gaskins, "The battle to save the tribe: What it took to keep three collegiate women's teams on campus", WAVY News 10, October 22, 2020.

57 Juan Perez Jr., "NCAA delays new sexual violence policy, months after approval", *Politico*, November 18, 2020.

58 Kenny Jacoby, *USA Today* "Predator Pipeline" series: "NCAA looks the other way as college athletes punished for sex offenses play on", "A football star was expelled for rape twice. A secret deal scrubbed it from his transcript", and "College athletes more likely to be disciplined for sex assault", published December 12, 2019; "NCAA defends sexual assault policy", *USA Today*, December 20, 2019; Scott M. Reid, "NCAA argues in former Texas track coach alleged sex abuse case it has no legal duty to protect athletes", *Orange County Register*, June 3, 2020; "NCAA adjusts sexual violence policy, requires disclosure", Associated Press, May 1, 2020.

59 Jillian Kramer, "The virus moved female faculty to the brink. Will universities help?", *New York Times*, October 6, 2020.

60 Larry Buchanan, Bui, and Patel, "Black Lives Matter may be the largest movement in U.S. history", *New York Times*, July 3, 2020.

61 Buchanan, Bui, and Patel, "Black Lives Matter may be the largest movement in U.S. history".

62 "Moment of truth: Statement of commitment to Black Lives", Washington State Coalition Against Domestic Violence website, June 30, 2020.

63 Talya Minsberg, "'Boys are boys and girls are girls': Idaho ist first state to bar some transgender athletes", *New York Times*, April 2020.

64 Mark Walsh, "Education Dept.: High court ruling does not support transgender athletes", *Education Week*, September 14, 2020.

65 Bob Egelko, "U.S. Supreme Court rules discrimination based on sexual orientation or gender identity is illegal", *San Francisco Chronicle*, June 15, 2020.

66   Michael Stratford, "Court rules 'Resoundingly Yes' for transgender rights in Gavin Grimm bathroom access battle", *Politico*, August 26, 2020.

67   Laura Meckler, "Betsy DeVos announces new rules on campus sexual assault, offering more rights to the accused", *Washington Post*, May 6, 2020.

68   Fatima Goss Graves and Derrick Johnson, "NAACP and National Women's Law Center: Attack on Title IX is attack on all civil rights", *Atlanta Journal-Constitution*, May 6, 2020.

69   Erica L. Green, "DeVos's rules bolster rights of students accused of sexual misconduct", *New York Times*, May 6, 2020.

70   Colin Brinkley and Aamer Madhani, "Biden order could change how colleges handle sex misconduct", Associated Press, *San Francisco Chronicle*, March 8, 2021.

71   Jacobson, "DeVos on the docket". Greta Anderson, "Lawsuit against DeVos, Title IX rules is dismissed", *Inside Higher Ed*, October 22, 2020; Bob Egelko, "S.F. Court dismisses challenge to harassment changes", *San Francisco Chronicle*, October 2, 2018; Greta Anderson, "Attorneys General sue DeVos, Education Department over Title IX rule", *Inside Higher Ed*, June 5, 2020; Barthlemy, "How men's rights groups helped rewrite regulations".

72   "Women in the U.S. Congress 2021", Rutgers Center for American Women and Politics, https://cawp.rutgers.edu/women-us-congress-2021

73   Valerie Strauss, "Title IX protects transgender students, Biden's Education Department says", *Washington Post*, June 16, 2021

74   Alison Durkee, "Supreme court declines to hear landmark transgender bathroom case, leaving Gavin Grimm victory in place", *Forbes*, June 28, 2021.

75   Gavin Grimm, "Opinion: I fought for years in court for my basic rights as a trans kid. It shouldn't have been this hard", *Washington Post*, June 30, 2021.

76   Sam Levin and Rashida Kamal, "Mapping the anti-trans laws sweeping Ameirca: 'A war on 100 fronts,'" *The Guardian*, June 14, 2021.

15장

1   "More Women Than Men Enrolled in U.S. Medical Schools in 2017", Association of American Medical Colleges press release, December 18, 2017.

2   "Fast Facts: Race/Ethnicity of College Faculty", U.S. Department of Education, National Center for Education Statistics, 2020, https://nces.ed.gov/fastfacts/display.asp?id=61

3   Sara Brown, "Race on Campus: How One Campus Nearly Doubled Its Black Faculty", *Chronicle of Higher Education*, March 2, 2021.

4   Colleen Flaherty, "Even More White Lies", *Inside Higher Ed*, October 29, 2020.

5   Emily Shugerman, "'Don't Forget the White Women!': Members Say Racism Ran Rampant at NOW", *Daily Beast*, June 6, 2020.

6   "Diversity Research: NCAA Race and Gender Demographics Database", NCAA, http://www.ncaa.org/about/resources/research/diversity-research; U.S. Census Bureau, "More Than 76 Million Students Enrolled in U.S. Schools, Census Bureau Reports", December 11, 2018.

7   Erica L. Ayala, "The NBA's Walkout Is Historic. But the WNBA Paved the Way", *Washington Post*, August 29, 2020.

8   Lauren Hubbard, "12 Powerful Quotes from Ruth Bader Ginsburg", *Town & Country Magazine*, September 19, 2020.

9   "Knight Commission Examining Major Restructuring of College Sports", December 16, 2019, and "Groundbreaking Knight Commission Survey Finds Division I Leaders Overwhelmingly Support Major Reform", October 13, 2020, Knight Commission on Intercollegiate Athletics; Ross Dellenger, "NCAA Reform, Congress and the Most Consequential Election in U.S. College Sports History", *Sports Illustrated*, November 2, 2020.

10   Rachel Axon and Brent Schrotenboer, "Conservatives Want to Ban Transgender Athletes from Girls Sports. Their Evidence Is Shaky", *USA Today*, June 30, 2021.

11   U.S. Census Bureau, Table A-6. Age Distribution of College Students 14 Years Old and Over, by Sex: October 1947 to 2017; "Ending the Pushout of Women in Scientific Research", Equal Rights Advocates press release, September 4, 2019.

12   Association of American Universities, *Report on the AAU Campus Climate Survey on Sexual Assault and Misconduct*, January 17, 2020. "Undergraduate Enrollment", National Center for Education Statistics, updated May 2020.

13   "Annual Report to the Secretary, the President, and the Congress, Fiscal Year 2019", U.S. Department of Education Office for Civil Rights, July 2020. 2019회계연도에 OCR에 접수된 진정 1802건에 포함된 2418개의 타이틀 나인 위반 건수 가운데 성적·젠더 괴롭힘 또는 성폭력이 29퍼센트를 차지했다(성폭력 7퍼센트, 성적·젠더 괴롭힘 22퍼센트). 그 밖에 고발된 위반은 차별적 처우나 혜택 부여 거부(23퍼센트), 보복 행위(18퍼센트), 학교 스포츠 관련 위반(6퍼센트), 고용 관련 위반(5퍼센트) 등의 순으로 많았다.

14   Andy Thomason, "The Strain on the Education Dept.'s Office for Civil Rights, in 2 Charts", *Chronicle of Higher Education*, April 30, 2015.

15   Sarah Brown, "Life Inside the Title IX Pressure Cooker", *Chronicle of Higher Education*, September 5, 2019.

16   "Where College Stand on Sexual Misconduct and Title IX", *Chronicle of Higher Education*, October 15, 2020.

17   곤잘러스(가명)는 그 온라인 교육을 수강하는 모습을 필자가 볼 수 있게 해주었다. 그는 이 책이 출간되는 시점에 아직 학생 신분이어서, 필자의 접근을 허락했다는 이유로 불이익을 받지 않도록 가명으로 표기했다.

18   2020년 가을학기에 프레즈노주립대 학생들은 코로나바이러스 감염 위험을 피해 강의를 원격 화상 기술로 수강했다. 곤잘러스가 등교할 수 있었다면 타이틀 나인에 관한 정보를 다른 방식으로 얻을 수 있었을지도 모른다. 그러나 이 온라인 교육은 타이틀 나인을 알리는 데 실패했고 그럴 기회를 아깝게 놓쳤다.

19   Dana Bolger, "New Amherst College Report on Sexual Violence: 'Something [Went] Wrong,'" *It Happens Here*, February 5, 2013.

20   Scott Jaschik, "What Oregon State Knew on 1998 Gang Rape Allegation", *Inside Higher Ed*, January 2, 2015.

21   Jjfreyd.com 및 institutionalcourage.org 참조. 그가 2019년 2월 12일 스탠퍼드대학교 행동과학고등연구센터 패널 토론에 참석해서 언급한 내용이다.

22   "Where College Stand on Sexual Misconduct and Title IX".

23   Madison Pauly, "A Radical New Plan for MeToo Turns Away from 'Law and Order' Feminism", *Mother Jones*, October 26, 2020.

24   Survivorsagenda.org 참조.

16장

1   샌들러 추모식에서 에밀리 샌더스가 언급한 내용. June 26, 2019, Washington, DC.

2   "READ: Youth Poet Laureate Amanda Gorman's Inaugural Poem", CNN, January 20, 2021.

3   Manuela Tobias, "Fresno Police Stop Black Drivers More Often. Chief Says It's Not Racist, Others Disagree", *Fresno Bee*, February 25, 2021.

4   Equality League and Champion Women webinar to launch the "Title IX 50 By 50" campaign, June 22, 2021; video of the event posted online June 23, 2021 at https://www.youtube.com/watch?v=vQiT3NDtjsU

5   2017년 9월 11일 UC버클리 법사회정책센터에서 열린 매키넌의 강연 및 다음 문헌을 참조. Catharine A. MacKinnon, *Butterfly Politics* (Cambridge, MA: Belknap Press of Harvard University Press, 2017).

옮긴이 후기

이 책을 번역하는 중에 우연히 2021년 아카데미 각본상 수상작 〈프라미싱 영 우먼〉Promising Young Woman을 접했다. 스포일러를 피하기 위해 결말을 제외한 줄거리를 간단히 살펴보면 이렇다.

주인공 캐시는 의대를 그만두고 낮에는 커피숍에서 일하고 밤에는 술집에서 불순한 의도로 접근하는 남자들을 유인하여 혼내준다. 캐시가 이렇게 사는 이유는 같은 의대생이고 절친인 니나의 죽음 때문이다. 니나는 의대 파티에서 남학생에게 성폭행당하고 그 장면을 담은 동영상까지 퍼지자, 괴로움을 견디지 못하고 자살했다. 하지만 가해자와 범행에 가담한 남학생들은 아무도 징계받지 않고 잘살고 있다. 캐시는 그들에게 복수를 결심하고 차근차근 행동에 옮긴다. 복수의 대상에는 가해자를 두둔했던 학장도 포함되어 있다. 앞날이 창창한 남학생의 장래를 망칠 수 없다며 사건을 덮어버린 그 학장과 캐시가 이야기를 나누는 장면을 보며 나는 이 영화의 교묘한 제목을 생각했다.

실제로 2015년 스탠퍼드대학교에서 성폭행 사건이 일어났을 때 이 학교 운동선수인 가해자 브로크 터너를 가리켜 언론이 "앞날이 창창한 청년"으로 일컬었다. 가해자가 전도유망한 남자 선수라는 이유로 관대한 처분을 요청하는 은근한 표현이다. 잘못한 남학생들에게만 유독 그런 표현을 사용한다. 미국 사회의 경우 영화 속 가해자처럼 명문 대학에 다니는 부유층 백인 남학생이면 그들의 잘못에 더욱 너그러워진다. 반면에 앞날이 창창한 젊은 여성의 삶이 성폭력으로 망가지는 것에는 동정이 인색하다. 오히려 2차 가해를 하느라 바쁘다. 이 영화에서도 마찬가지다. 그러게 왜 그렇게 술을 마셨느냐며 피해자를 탓한다. 한국이나 미국이나 여성 성폭행 피해자를 바라보는 가혹한 편견의 시선은 비슷하다. 피해자가 소수자, 이민자, 저소득, 장애인 등 주변부 여성이라면 어려움은 배가된다.

이 영화에서 앞날이 창창한 젊은 여성 두 명이 그 창창해야 할 앞날을 통째로 무참하게 빼앗긴다. 불의에 내 손으로 복수하는 일은 영화 속에서는 멋져 보일지 몰라도, 현실성도 없고 위험하고 근본적인 해결책도 아니다. 더 바람직한 방법은 시간과 자원과 참을성이 요구될지라도 제도를 고쳐서 해결하는 것이다. 법을 제정하고 그에 따라 구체적인 규정과 지침을 마련하여 피해자가 쉽게 접근할 수 있고, 구체적으로 활용할 수 있는 구제 절차를 확립해야 한다. 그리고 단호한 법 집행으로 위반자들을 제재해야 한다. 그래야 같은 일이 되풀이되는 일을 막고 장기적으로 현실을 개선할 수 있다.

번역 중이던 책과의 연결성을 모르고 보기 시작한 영화였지만, 주제가 무엇인지 깨닫자 곧 영화를 시청하는 내내 그리고 영화가 끝나고도 한참 동안 타이틀 나인에 대한 생각이 머리에서 떠나지 않았다. 피해자 니나는 극단적인 선택을 하기 전에 타이틀 나인에 의지해볼 수 있지 않았을까. 의대의 미흡한 사건 처리에 관해 민권

사무국에 진정을 제기할 수 있지 않았을까. 타이틀 나인 진정을 넣겠다고, 정부에서 조사가 나올 테니 각오하라고 학장에게 위협이라도 한번 해봤으면 학장의 태도가 조금은 달라지지 않았을까.

혹시 그런 방법이 있다는 것을 몰랐을까? 그랬을 수도 있다. 실제로 본서에 등장하는 생존자 가운데 많은 사람이 타이틀 나인에 대해 잘 몰랐고, 심지어 들어본 적도 없었다. 있는 법도 모르거나 잘 활용하지 못하는 것이 현실이다. 법 제정은 첫걸음에 불과하다. 그러나 그 첫걸음이 피해자에게는 그야말로 생명줄이 될 수 있다.

물론 영화 줄거리의 전개상 타이틀 나인이 끼어들 여지가 없었다고 하더라도, 타이틀 나인에 관한 번역 작업에 한창 몰입해 있던 내 머릿속에서는 그렇게 연상 작용이 이어졌다. 다행히도 영화와는 다르게 본서에 등장하는 수많은 용감한 여성과 제3의 성에 속하는 차별 피해자, 성폭력 생존자, 그들의 가족이 타이틀 나인을 근거로 진정을 내고 소를 제기하여 성과를 거두고 교육 환경에 변화를 일으켰다.

"미국에서 그 누구도 성별을 이유로 연방정부의 재정 지원을 받는 모든 교육 프로그램 또는 활동에서 제외되거나, 혜택을 받지 못하거나, 차별 대상이 되어서는 안 된다."

1972년에 제정된 타이틀 나인의 첫 37어절이다.

한국에서 포괄적 차별금지법 제정이 논의되고 있는 현 상황에 비추어 보면, 우선 타이틀 나인의 두 가지 측면이 눈에 띈다. 타이틀 나인은 성차별 금지법이고, 교육계에 한정하여 적용하는 법이다. 다시 말해 포괄적 차별금지법이 아니다.

책에서 상세히 설명되듯, 미국에서도 타이틀 나인에 앞서 성차별 금지를 포함한 보다 광범위한 차별금지법의 도입을 모색한 적이 있었다. 하나는 인종, 피부색, 출신국에 근거한 차별을 금지하는 1964년 민권법 제6편에 성차별 금지를 추가하여 더 포괄적인 차별금지법으로 확대하는 방법이었고, 다른 하나는 헌법에 성차별 금지를 명시하는 평등권 수정안ERA을 통과시켜 교육뿐만 아니라 여러 분야에 광범위하게 적용될 수 있는 성차별 금지법을 마련하는 방안이었다. 그러나 보수의 반대에 부딪혀 둘 다 이뤄지지 못했다. 그래서 적용 대상을 교육계의 성차별로 협소하게 잡은 정치적 타협의 결과물이 바로 타이틀 나인이었다.

타이틀 나인이 제정되었을 때 가장 문제가 된 교육계 성차별 이슈는 여자의 입학을 제한하고 여자 교원을 채용하지 않는 대학의 행태였다. 타이틀 나인이 그런 학교를 제재할 수 있는 무기로 기능하기 시작하자, 정말로 입학과 교원 채용에서 서서히 개선이 이뤄졌다.

타이틀 나인의 효용은 거기에서 그치지 않았다. 이번에는 학교 운동부에 가입하거나 학교 대표 선수로 뛰고 싶은 여학생들이 타이틀 나인을 근거로 학교에서 스포츠 활동에 참여할 기회를 달라고 요구했다. 남학생 선수가 누리는 것과 똑같은 시설과 예산과 체육 장학금을 요구하여 받아냈다. 학교 스포츠 성평등에 꾸준한 진전이 이뤄졌고, 이것은 결과적으로 더 많은 여학생의 스포츠 참여로 이어졌다. 오늘날 여자 축구를 비롯해 미국 여자 선수들이 다양한 스포츠 종목에서 세계 최강의 수준을 자랑하게 된 것도 타이틀 나인이 큰 요인으로 작용했다.

타이틀 나인을 발견한 것은 여자 운동선수만이 아니었다. 학교에서 성폭력을 당하거나 그럴 위험에 노출된 여학생과 여성 교직원들도 들고일어났다. 이들은 타이틀 나인을 근거 삼아 학교가 그런 적대적이고 성차별적인 환경을 방지할 책임이 있다고 주장했고, 오랜 밀고 당김 끝에 드디어 학교가 성폭력 방지에 노력을 기울이기 시작했다.

성적 지향 때문에 괴롭힘이나 불이익을 당하는 성소수자 학생들 역시 타이틀 나인을 발견했다. 타이틀 나인은 이 학생들도 지켜주었다. 시간이 가고 사회가 변화함에 따라 이 법의 적용 범위는 쉼 없이 확장되었다. 앞으로 또 다른 학생들이 또 다른 문제에서 타이틀 나인에 의지하게 될 것이 분명하다.

그러나 타이틀 나인이 하지 못한 것이 있다. 성차별과 다른 형태의 차별이 겹치는 상황을 해결하지 못했다. 이를테면 유색인종이고 장애가 있는 여학생이 학교에서 차별당했을 경우, 그 학생이 당한 차별 행위에는 인종차별, 장애인 차별, 성차별의 요소가 동시에 담겨있을 수 있다. 그렇게 차별이 중첩되더라도 타이틀 나인은 오로지 성차별만 다룰 뿐이다. 이것은 이 책의 저자도 결론 부분에서 힘주어 지적하듯, 포괄적 차별금지법이 아닌 타이틀 나인의 중요한 한계다.

미국에서 연령 차별, 장애인 차별을 금지하는 법 역시 민권법 제6편에 추가되지 못하고 각각 따로 제정되었다. 다시 말해 나이 지긋한 유색인종 장애인 레즈비언 여성이 차별받았다면, 어느 법에 호소해야 할지 혼란스러울 수밖에 없다. 법마다 세부 규정과 구제 절차가 다르므로 그것을 일일이 찾아 장단점을 따져보고 어떤 법으로 가장 잘 보호받을 수 있을지 알아내는 부담은 피해자의 몫이 된다. 과장된 사례 같지만, 먼 미국의 일이라고 할 수만도 없다. 한국도 이민자가 증가하고 다양한 스펙트럼의 성소수자와 장애인이 권리 확대에 나서는 등 사회가 다각적으로 변화함에 따라, 앞으로 교차적·복합적 차별 문제가 더 흔하게 불거질 것이다. 그렇다면 포괄적 차별금지법은 하나의 차별 행동에 여러 개의 차별 유형이 겹칠 경우를 통합적이고 효과적으로 해결할 방안이 될 수 있다.

흔히 차별금지법 반대자들은 법을 제정하기 전에 사회적 합의가 있어야 한다고 주장한다. 그러나 인권이 문제 될 때는 법이 주도적으로 문화의 변화를 유도하고 사회적 합의를 끌어낼 수도 있다. 국민 정서나 여론을 앞세워 차별을 정당화할 수 없기 때문이다. 미국에서 인종차별을 금지하는 민권법이 도입됐을 때 미국인 대다수는 여전히 인종주의자였다. 미국에서 타이틀 나인이 제정됐을 때 미국인 대다수는 '여자가 무슨 스포츠냐'고 했다. 지금도 인종차별, 성차별은 엄연히 존재하지만, 민권법과 타이틀 나인의 제정이 미국 사회에 이전과는 비교할 수 없이 긍정적인 변화를 초래했다.

저자는 말한다. "문화의 변화가 법의 변화보다 뒤처질 수 있고, 또는 그 반대일 수도 있지만, 민권의 근본적인 공정함을 인정하는 흐름을 없던 일로 하기란 쉽지 않다. 일단 문제에 이름을 붙이면 그것을 바로잡을 수 있다. 눈가리개를 벗은 사람은 본 것을 안 본 것으로 되돌릴 수 없다."

아무리 부인하려는 사람이 많아도, 한국 사회는 이미 눈가리개를 벗었다. 앞날이 창창한 젊은이들이 눈가리개를 벗었다. 그들에게 본 것을 안 본 것으로 하라고 할 수 없다. 지금 필요한 것은 문제를 문제로 직시하고 해결하려는 의지다. 그래야 이 사회가 차별 생존자들에게 한시라도 빨리 소중한 생명줄을 쥐여줄 수 있다.

2023년 9월,
노시내